John Locke

Paraphrastische Erklärung und Anmerkungen über S. Pauli Briefe

an die Galater, Korinther, Römer und Epheser

John Locke

Paraphrastische Erklärung und Anmerkungen über S. Pauli Briefe
an die Galater, Korinther, Römer und Epheser

ISBN/EAN: 9783743497696

Hergestellt in Europa, USA, Kanada, Australien, Japan

Cover: Foto ©ninafisch / pixelio.de

Weitere Bücher finden Sie auf **www.hansebooks.com**

Johann Locks
Paraphrastische Erklärung
und
Anmerkungen
über
S. Pauli Briefe
an
die Galater, Korinther, Römer und Epheser.

Zweeter Band,

worinnen enthalten sind
die Briefe Pauli an die Römer, und Epheser.

Aus dem Englischen übersetzt
und mit Anmerkungen zur Erläuterung, Beurtheilung, und Widerlegung,
versehen
von

D. Johann Georg Hofmann,
der Theologie ausserordentlichem, der orientalischen Sprachen ordentlichem Lehrer
zu Giessen.

Nebst einer Vorrede
den genauen historischen Verstand der Briefe Pauli,
und der heiligen Schrift überhaupt betreffend.

Frankfurt am Mayn,
in der Andreäischen Buchhandlung, 1769.

Vorrede

von

der Briefe Pauli genauem historischem Verstande.

Da mit diesem zweeten Bande der Beschluß des gegenwärtigen Werkes erscheinet: so fehlet nicht viel, daß ich mir, wegen der damit übernommenen weitläuftigen Arbeit, nunmehr einen Zweifel mache, den ich mir bey derselben Anfange weder gemachet habe, noch machen konnte. Ich habe bey meinen Zusätzen zu Lockens Umschreibung, und Anmerkungen, immer dahin getrachtet, daß ja kein Anfänger in der Theologie, noch sonst ein unerfahrner Leser, durch seine öfters mehr witzigen, als gründlichen, Erklärungen verführet werden möchte; ich habe in der Vorrede zum ersten Bande S. 12. sogar feyerlich erklärt, daß ich der reinen Lehre unserer symbolischen Bücher von Herzen zugethan sey. Ich habe also freylich in den Worten Pauli, welche Begriffe unsers allerheiligsten Glaubens ausdrücken, keinen andern Verstand finden können, als den unsere gründlichsten Ausleger

dar-

darinnen längstens gefunden haben; ich habe mir, da dieser Verstand den Bedeutungen der Worte, dem Zusammenhange, und Endzwecke, der Briefe Pauli, und selbst anderer Schriftstellen, gemäß war, und ihn sogar Locke, bey aller seiner Unbeständigkeit, meistens bekräftigte, vorgestellt, daß dieses der rechte Verstand Pauli, und eben derjenige wäre, welchen seine ersten Leser, an die er seine Briefe schrieb, bey seinen Worten bekamen.

Auf einmal bin ich eines andern belehret worden, da der berühmte hallische Gottesgelehrte, Herr D. Semler, in seinen Beyträgen zu des s. D. Baumgartens Auslegung der Briefe Pauli an die Galater, Epheser, u. s. w. welche im Jahre 1767. herausgekommen sind, behauptet hat, daß die Leser Pauli, an welche er seine Briefe unmittelbar gerichtet hat, z. E. die Galater, Epheser, u. s. f. diese Briefe ganz anders verstanden haben, als wir sie heut zu Tage verstehen, oder, mich seiner eigenen Worte zu bedienen, daß zwar (S. 906. und 907.) unsere gewissenhafte Einsicht die richtige, und gegründete, sey, aber dennoch bey jenen Anfängern im Christenthume viel geringere, und kleinere, Gedanken, als bey uns, von den Lehrsätzen Pauli statt gefunden haben; da er diese geringen, und kleinen, Gedanken, welche sich z. E. die Galater bey Lesung des Briefes an die Galater machten (S. 888.), den damaligen ersten historischen Verstand nennet, und (S. 887.) recht sehr bedauert, daß diese unmittelbaren damaligen Vorstellungen von so vielen Auslegern bisher fast gar nicht entwickelt worden sind; da er diese, wie er glaubt, entwickelt, und daher seinem Beytrage zum baumgartischen Werke den Titel: Beyträge zum genauern Verstande des Briefes an die Galater, u. s. w. giebt, ja (S. 4. der Vorrede) dieses den richtigen historischen Verstand heisset, und sich freuet, zumal angehenden Gottesgelehrten zu mehrerer, und nützlicherer, Uebung auf diese Art behülflich zu seyn, und endlich (S. 5. der Vorrede) sich einem Luther, und Melanchthon, an die Seite stellet, und allen denen trotzet, die bloß darnach urtheilen, ob man fein fortfähret, nach zu sagen, was schon lange, und zwar ehedem sehr gut und rechtmäßig, gesagt worden, und, wenn man dieser breiten ausgetretenen Landstrasse nicht immer nachgehet, schon hieran genug haben, und nun das entscheidende Urtheil ohne Anstand aussprechen.

Diese Gedanken verdienen eine genauere Untersuchung: und ich kann, zum Eingange dieses zweeten Bandes, keine wichtigere Materie wählen, als daß ich mit aller Bescheidenheit, die ich einem so grossen Gelehrten schuldig bin, aufrichtig zeige, daß der Herr Doctor einen eingebildeten historischen Verstand mit dem wahren ersten und genauen verwirre, und daß folglich derselbige zu unserer Einsicht in die h. Schrift unnütze, und nicht so sehr zu erheben, noch, daß er, so wie ihn der H. D. entwickelt, bisher versäumt worden, zu beklagen sey.

Es ist gewiß, daß derjenige Schriftausleger der Religion den wichtigsten Dienst erweiset, welcher deutlich, und gründlich, zeigen kann, was jeder biblischer Stelle unmittelbarer historischer Verstand sey, oder, was die heiligen Männer GOttes bey jedem biblischen Satze, und Worte, die sie niedergeschrieben, selbst gedacht haben; auch, wenn man dieß noch hinzusetzen will, was ihre Leser, oder Zuhörer, bey ihren Worten, wenn sie solche verstanden, gedacht haben. Allein, es ist eben so gewiß, daß derjenige die Kirche verwirret, der einmal den genauen historischen Verstand der Schrift bloß in den Vorstellungen ihrer ersten Leser sucht, und sodenn, was er kann, zusammenraft, und für Vorstellungen, die sich diese Leser von gewissen Stellen machten, ausgiebt. Christus sagt Joh. II. 19: **brechet diesen Tempel ab, und am dritten Tage will ich ihn aufrichten.** Die Juden, die ihn hörten, bildeten sich nach V. 20. ein, daß er unter dem Worte Tempel den Tempel zu Jerusalem verstünde. Diese hatten gewiß nicht den historischen Verstand, ungeachtet sie Christi Worte sogar aus seinem heiligen Munde hörten. Noch weniger würde ihn Jemand haben, wenn er aus rabbinischen Schriften gelehrt zeigte, daß die blinden Juden sich auch mit einem dritten Tempel schmeicheln, und noch gelehrter zu erweisen suchte, daß Christi Zuhörer die angeführten Worte von diesem dritten Tempel ausgeleget hätten.

Dieß ist der Fall, in welchem sich der Herr D. Semler mit seinen belobten Beyträgen befindet; wie ich, der Kürze wegen, nur allein an den Beyträgen zum genauern Verstande der Epistel an die Galater darthun will, ob ich gleich auch hier nur bey dem Allgemeinen werde bleiben müssen, und nicht alles, was zu sagen wäre, berühren können.

Wenn er fürs erste von dem genauern historischen Verstande dieser Epistel redet; so thut er nicht anders, als ob man bisher von demselben wenig, oder gar nichts, gewußt hätte. So schreibet er S. 887, daß die meisten Sätze und Aussprüche dieses Briefes ein viel stärkeres Licht bekommen können, als sie unter den Händen der meisten Ausleger, zumal seit dem sechszehnten Jahrhundert, bekommen haben; daß unter den vielen so genannten Erklärungen dieses Briefes die unmittelbaren damaligen Vorstellungen fast gar nicht sind entwickelt worden; daß man die ersten und unmittelbaren Vorstellungen, so sich auf die damaligen Zeitumstände, und darinn gegründeten Gedanken der damaligen Leser und Christen, beziehen, nicht hätte liegen lassen, und vorbeygehen sollen. Er setzet also diesen Verstand völlig, und allein, in die Vorstellungen der Galater: ob es gleich gar nicht darauf ankommt, was sie gedacht haben, sondern was Paulus gedacht hat; nicht darauf, was für erste und unmittelbare Vorstellungen sie sich gemachet haben, sondern was für Vorstellungen sie sich nach Pauli Absicht machen sollten. Denn, gesetzt, daß sie sich falsche Vorstellungen, und irrige Gedanken, gemachet hätten: so müßten, nach des H. D. Meynung, diese der genaue, und unmittelbare, Verstand dieses Briefes seyn. Wenn nicht der H. D. auf eben der Seite bekennete, daß die Ausleger seit dem sechszehnten Jahrhunderte nicht wenig erbauliche, fruchtbare, und nützliche, Verbindungen der Ideen mitgetheilet haben, zumal in der Lehre von der Rechtfertigung aus dem Glauben; und, daß nach und nach mit dem Wachsthume der übrigen Erkenntniß unter den Christen vollkommnere, und schönere, Begriffe entstanden seyen: so könnte man fast widrige Gedanken von ihm schöpfen.

Dieß

Dieß sey aber ferne! Es ist nur davon die Rede, daß der H. D. behauptet, das, was die Galater von Pauli Briefe an sie dachten, sey der Verstand desselben, und daß auf diese Weise, im Falle sie, wie sich augenscheinlich aus seiner Erklärung zeigen läßt, unrecht dachten (sollte es sich auch auf die damaligen Zeitumstände beziehen), ein ganz falscher Verstand für den genauen historischen Verstand ausgegeben wird.)

Ich muß dieses berühmten Mannes Meynung genauer betrachten. Wenn er bloß von solchen Stellen dieses Briefes redete, zu deren Verstand die Historie den besten Schlüssel geben kann: so würde gar Niemand zweifeln, daß die Galater vieles besser verstehen mußten, als jetzo uns möglich ist, z. E. die vielen kleinen Begebenheiten, und Umstände, der Personen, auf welche Paulus darinnen zielet; wer die Feinde Pauli, die sich bey ihnen eingeschlichen hatten, eigentlich waren, und woher sie kamen, was sie alles gelehret, welcher Kunstgriffe sie sich bedienet, wie weit sie es in dieser Verführung gebracht hatten, u. d. g. Allein, eben dieses erkläret er nicht, sondern schreibet S. 886: wir haben theils wenig, theils unsichere, Nachrichten von diesen jüdischen Eiferern; sonst würde dieser Brief ganz vorzügliches Licht erhalten können. Er macht sich nur über die dogmatischen Stellen dieses Briefes, und bemühet sich, zu zeigen, was die Galater unter dem Worte Gesetz, Geist, Fleisch, verflucht, Erlösung von dem Fluche des Gesetzes, Erfüllung des Gesetzes, Christum anziehen, Schwachheit, u. d. g. verstanden haben; er suchet, uns zu überreden, daß sie von diesen Begriffen, als Anfänger im Christenthume, sehr geringe, und kleine, Gedanken gehegt, und welches, wie des H. D. Beyträge lehren, eben so viel ist, gar geirret haben.

Dieß ist das zweyte, welches unmöglich zum genauern historischen Verstande dieses Briefes gehören kann. Ich sage: Wenn die Galater die angeführten Begriffe so verstanden haben, wie sie der H. D. erkläret; so haben sie geirret, und den an sie geschriebenen Brief nicht verstanden; und, wenn es zum genauern historischen Verstande eines biblischen Buches gehöret, alles, was man in

Rabbi=

Rabbinen, und den geringen Ueberbleibseln der alten Ketzer, findet, zusammen zu lesen, und dafür auszugeben, so ist noch in keinem einzigen der genauere historische Verstand entdeckt. Man kann in der That des H. D. Erklärungen, wovon ich nur die wenigsten anführen will, nicht ohne Schrecken lesen.

Er lehnet sich zuvörderst, und dieß in einer eigenen S. 906. befindlichen Abhandlung: von was für einem Gesetz Paulus in diesem Briefe rede? gegen unsere heutige Eintheilung des göttlichen Gesetzes auf; nicht, sie zu läugnen, sonder diese unterscheidende Erkenntniß den Galatern abzusprechen. Er schreibt S. 906: Dieß ist unläugbar eine historische Frage, ob jene Christen, oder Anfänger im Christenthum, von dem Gesetze schon einen so grossen und ausgedähnten Begriff gehabt haben, daß sie allemal auch das mit verstanden haben, was jezt in unserm Lehrbegriff allemal verstanden, und eingeschlossen werden muß, und S. 908: Es ist unwidersprechlich, daß nach und nach ein an sich richtiger Begriff, eine wahre Sache, unter das Wort Gesetz erst in der folgenden Zeit gesteckt worden, so vorher, da Christus, oder Paulus, von dem mosaischen Gesetze redet, noch nicht damit verbunden worden.

Ich muß nur gleich anfangs erinnern, daß hier der H. D. nichts Grosses entdeckt. Denn, wenn man gleich gerne zugiebt, daß die Galater das göttliche Gesetz nicht eben so eintheilten, wie man es heut zu Tage eintheilt, so folgt doch hieraus nicht, daß sie gar keine Eintheilung kennten; indem sie Mosen nicht lesen konnten, ohne zugleich unterschiedene Arten des Gesetzes in den מצות, חקים und משפטים, Gebothen, Satzungen, und Rechten, zu erblicken. Dieß ist also ein falscher Schluß; und noch irriger ist folgender: wenn die Galater keine Eintheilung des mosaischen Gesetzes kenneten: so kennte Paulus auch keine, und redet folglich nach den irrigen Begriffen der Galater. Daß der H. D. so schlüsse, erhellet aus S. 906, wo er schreibt: Es hat also auch Paulus zunächst von dem Gesetz in demjenigen Verstand damalen geredet, und geschrieben, welcher mit diesem Worte eben verbunden zu werden pflegte.

Der

Der allergrößte Irrthum aber stehet S. 914, wo der H. D. behauptet, das gesammte mosaische Gesetz gehe Christen nichts an, die nicht vorher Juden gewesen sind. So heissen seine Worte: und dieß treibt Paulus am meisten, daß das gesammte mosaische Gesetz die Christen, so nicht vorher Juden gewesen, ganz und gar nicht angehe; niemalen aber nimmt er das Moralgesetz aus, so er doch thun müßte, wenn man unter dem Namen das Gesetz dieses auch mit verstanden, also sich über den schlechten Buchstaben erhoben hätte. Ich muß noch mehr hinzu setzen. S. 915. heißt es: oder, wie er (Paulus) 1 Tim. I. 9. sagt: dem Gerechten, dem Christen, ist kein Gesetz äusserlich gegeben worden (durch Mosen), wohl aber den Ungerechten, Gottlosen, Sündern &c. Es ist also auch der Inhalt der Bücher Mosis nicht zu der allgemein verbindlichen Offenbarung GOttes geradehin zu rechnen, und wenn Paulus so wenig Nutzen und Gebrauch von diesem Gesetz ferner gehofft, und gemacht, hat, ausser bey gebohrnen Juden, die an viele Vorstellungen, Urtheile, und ihren besondern Grund gewöhnet waren: so haben wir gewiß es auch nicht zur Verbindlichkeit, das mosaische Gesetz mit der christlichen Lehre in eine wirklich genaue, und immerwährende Verbindung zu setzen.

Wie folgt dieses aus dem Grundsatze, daß Paulus das Wort Gesetz in dem verwirrten Verstande nehme, welchen, nach des H. D. Vorgeben, die Galater davon hatten? wie folgt, sage ich, daraus: das gesammte mosaische Gesetz gehet die Christen nichts an? Ich will annehmen, wie der H. D. sagt, daß Paulus zunächst von dem Gesetz in demjenigen Verstande rede, welcher mit diesem Worte eben verbunden zu werden pflegte: so muß er, in wie ferne, und wo, er in dieser Epistel mit den Galatern disputirt, das Wort Gesetz für denjenigen Theil des Gesetzes nehmen, den wir heut zu Tage das Caeremonialgesetz nennen, dieser Name mag damals üblich gewesen seyn, oder nicht. Denn, eben diesen Theil gaben die Freunde der Beschneidung, nach Galat. IV. 10. für nöthig zur Seligkeit aus.

Von demjenigen Theile, welchen wir das Moralgesetz nennen, war gar kein Streit, weil Christus, und seine Apostel, die bekehrten Heyden nirgends davon dispensirt haben, und sich also kein Jüdisch gesinnter einfallen ließ, sie dazu anzuweisen. Es brauchte also Paulus nicht, dasselbige, wie der H. D. meynet, auszunehmen. Man dachte bey der gegenwärtigen Streitigkeit ohnehin nicht daran, ob man es gleich sonst für einen Theil des göttlichen Gesetzes hielte. Das ist gar ein schlechter Beweis, daß sich der H. D. auf 1 Tim. I. 9. beruft, und, wie es scheinet, nun einen deutlichen Ausspruch Pauli bringt, daß die Christen das mosaische Gesetz, und auch das Moralgesetz, nicht angehe. Denn, die Worte: den Christen, äusserlich, durch Mosen, stehen nur in seiner Paraphrase, aber nicht im Texte.

Wem ist denn also das ganze mosaische Gesetz, nach seinem ganzen Inhalte, gegeben? Nur allein den Juden! Blos darinnen ist der H. D. nicht mit dem eislebischen Agricola eins, daß er das Gesetz nicht völlig in die weltlichen Gerichte verweiset, sondern ihm lieber, und selbst dem Sittengesetze, unter den Christen alle Verbindlichkeit abspricht. Aber Paulus empfiehlt doch das Moralgesetz in dieser Epistel, und anderwärts, sehr deutlich, z. E. Galat. V. 14-23. Röm. XIII. 8. 1 Tim. I. 5. Der H. D. antwortet: es ist dieß eine Empfehlung des Naturgesetzes, welches (S. 915.) GOtt durch seine weise Regierung in der Welt so bekannt werden lassen, und dessen Aufsuchung so erleichtert worden, theils nach und nach durch redliche Gelehrten ausserhalb des jüdischen Volkes——.

Man muß sich billig wundern, daß unter den lutherischen Gottesgelehrten ein Vertheidiger der heydnisch-philosophischen Moral aufstehet, der Moral, welche die Pflichten gegen GOtt nicht recht lehren kann, weil sie den wahren GOtt nicht erkennet, welche keine andern, als bürgerliche, oder zu dem gesellschaftlichen Leben der Menschen in dieser Welt gehörige, Pflichten lehret, welche das Verderben der menschlichen Natur nicht kennet, und daher offenbar eine unzähliche Menge Fehler selbst da hat, wo sie recht zu lehren scheinet! Jedoch,

Jedoch, der H. D. führet fort: theils, und am allermeisten durch die ganze Lehre Christi, der Apostel, und ihr Beyspiel. Nun sind gar Christus, und seine Apostel, Aristotelis Collegen! Ich will jetzt nicht davon reden, daß der Hauptendzweck, warum GOttes Sohn ins Fleisch kam, nicht die Verbesserung der Sittenlehre war, als die in Mose, und den übrigen Propheten des A. T. treflich genug erkläret ist, sondern nur erinnern, daß, wo Christus, und seine Apostel, Moral predigen, sie ganz anders lehren, als redliche Gelehrte ausserhalb des jüdischen Volkes.

Der Schluß, den hieraus der H. D. ziehet, ist das Beste: daß durch das mosaische Gesetz hierinn jetzo ebenfalls unter den christlichen Societäten mehr nicht geschehen, und erhalten werden kann, als unter dem gemeinen Haufen der Juden geschehen ist. Verstehet er dieß von der Rechtfertigung: so hat es keinen Anstand, weil durch des Gesetzes Werk kein Fleisch gerecht wird, Galat. II. 16. Allein, so nimmt er es nicht. Denn, er setzet hinzu: daß nämlich bloß äusserliche Zucht und Ordnung in der Gesellschaft dadurch erhalten wird, wenn christliche Obrigkeiten eben diese Vorschriften weiter mit äusserlichen ähnlichen Strafen bey ihren Unterthanen belegen. Tiefer könnte das mosaische, oder eigentlich göttliche, Sittengesetz nicht heruntergesetzet werden; und näher kann man unmöglich dem Agricola kommen, oder ihn gar übertreffen. Nach des H. D. Erklärung ist ein Christ, ein Wiedergebohrner, ein Glaubiger, weiter nichts, als ein Philosoph, der über die natürliche Moral denket, obschon aus einer neuen Denkungsart, aus einer ganz neuen Gesinnung (S. 914. und 915.), so durch Wirkungen des H. Geistes, auch unter den Wahrheiten des Naturgesetzes, die nun mit den christlichen so leicht verbunden werden, angerichtet worden, kraft welcher er gerne und aufs fleisigste nach der erhabenern Lehre und Beyspiel Christi lebet, welche das allgemeine Naturgesetz, die kenntlichen Absichten GOttes aufsuchet, und den Menschen in Urtheilen und Neigungen GOtt ähnlich machet.

Es ist schwer, alle Verwirrungen, die in diesen Worten liegen, ordentlich zu erzählen: ich will nur die wenigsten anzeigen. Also wirket 1. der Heilige Geist durch die Vernunft (durch Wirkungen des H. Geistes auch unter den Wahrheiten des Naturgesetzes), und machet in der Bekehrung des Sünders mit dem Rechte der Natur, und der philosophischen Sittenlehre, den Anfang; und setzet das Evangelium von Christo erst hernach aus der heiligen Schrift hinzu. Wodurch wirket er denn bey denen, die keine Philosophie wissen? 2. Wenn nun der Mensch bekehret ist; so muß, nach des H. D. Meynung, der Heilige Geist theils durch die Philosophie, theils durch das göttliche Wort, wirken. Seltsame Verbindung! Galat. III. 3. strafet Paulus die Galater, daß sie im Geiste angefangen haben, und im Fleische vollenden wollen. Der H. D. läßt umgekehrt den Heiligen Geist im Fleische anfangen, und im Fleische und Geist zugleich vollenden. 3. Die Wahrheiten des Naturgesetzes werden mit den christlichen leicht verbunden. Wie lassen sie sich verbinden? Die Wahrheiten, welche die geschwächte Vernunft des gefallenen Menschen aus eigenen Kräften erkennet, und Wahrheiten der heimlichen verborgenen Weisheit GOttes, welche GOtt verordnet hat vor der Welt zu unserer Herrlichkeit, welche keiner von den Obersten dieser Welt erkannt hat? 1. Korinth. II. 7. 8. Ich verlange der menschlichen Vernunft ihren rechtmäßigen Gebrauch in Erlernung der geoffenbarten Wahrheiten nicht abzusprechen: allein, das Wenige, was der natürliche Mensch von dem göttlichen Gesetze erkennt, mit den Wahrheiten des christlichen Glaubens so leicht verbinden zu wollen, ist eben so viel, als die Handgriffe der geschwornen Feldmesser bey den Landleuten mit den tiefen Einsichten eines Mathematici zu verbinden. Dazu kommt, daß der wenigste Theil der Menschen so philosophisch ist, daß er nur eine richtige Erkenntniß des Naturgesetzes ohne fremde Anleitung erlangen kann. Schwerlich wird der H. D. behaupten wollen, daß der Heilige Geist hier wirke, und diese Einsicht verschaffe. Denn, es stehet mit keinem Worte in der Schrift, daß er durch etwas anderes, als Wort und Sacramente, wirke. 4. Was ist die erhabnere Lehre Christi im Gegensatze auf das Gesetz

Mosis?

Mosis? Natürlich seine Moral. Und wo ist diese anzutreffen? Im Evangelio.

So heißt es S. 910. Anm. N. Die Gnostiker haben die Lehre und Moral Christi (Evangelium) als die einzige, so GOtt anständig, und würdig, sey, eben dem Gesetz Mosis entgegen gesetzt ——. Wenn aber diese Bücher (Mosis) wirklich zugleich das Moralgesetz enthalten, und dieß stäts mit zu ihrem Verstand gehöret hat: wie kann es möglich seyn, daß die Gnostiker durchaus diese Bücher nicht mehr unter den Christen leiden wollen, und zwar deswegen, weil sie die bessere Erkenntniß GOttes, und der Moral, hinderten? Ich habe in meinen Anmerkungen über das lockische Werk mehr, als einmal, erinnert, und bewiesen, daß das Evangelium im eigentlichen Verstande keine Moral sey, und beziehe mich jetzo darauf. Das aber kann ich hier nicht ohne Erstaunen lesen, daß der H. D. seinen Beweis, warum die Bücher Mosis nicht das Moralgesetz enthalten können, aus dem Zeugnisse der Gnostiker nimmt; daß er kein Bedenken trägt, im Texte, worunter diese Anmerkung stehet, zu schreiben: ganze Haufen Christen, welche Gnostici genannt worden, und in der angeführten Anmerkung, eben in der Stelle, die ich der Kürze wegen ausgelassen habe, nach 1 Timoth. VI. 20. ἀντιθεσεις της ψευδωνυμου γνωσεως bekennet. Was sind die Gnostiker für Lehrer der christlichen Religion? Der H. D. nennet sie ganze Haufen Christen, obgleich dieses die Sprache der christlichen Kirche nicht ist; obgleich Paulus keine andere, als ψευδώνυμον γνωσιν kennet, und alle Kirchenväter, auf deren Ausspruch sich der H. D. sonst so gerne verläßt, wenn sie dieses lesen könnten, mit Unwillen ausrufen würden: was gehen uns die draussen an? 1 Korinth. V. 12. Ja, fähret der H. D. fort, die sehr grosse Anzahl der Gnostiker, welche alle hierinn übereinkommen, muß wirklich nicht so leicht verachtet werden; da sie sonst von der christlichen Moral viel würdigere Begriffe hatten, als andere Christen. Diesen doppelten, grossen, Beweis sollte man kaum von einem lutherischen

Theologen erwarten. 1. Die sehr grosse Anzahl der Gnostiker, welche alle hierinn übereinkommen. Warum nicht der Türken, der Heyden, der Freygeister? Die Menge der übereinstimmenden Irrenden ist kein Beweis! 2. Da sie sonst von der christlichen Moral viel würdigere Begriffe haben, als andere Lehrer. Der H. D. ist wegen seiner Einsicht in die Kirchengeschichte viel zu berühmt, als daß man ihn hierinnen einer Unwissenheit beschuldigen könnte: es bleibt mir also nichts, als Verwunderung, übrig, wie er die theils irrige, theils unflätige, Sittenlehre der gnostischen Secten als würdige Begriffe von der christlichen Moral anpreisen kann.

So schweift ein grosser Gelehrter aus, um das mosaische Sittengesetz in das Corpus Juris setzen zu dürfen, um einen neuen so genannten genauen historischen Verstand zu finden. Dieß sind aber noch nicht alle Gründe seiner Entdeckung. Er schreibt S. 912. denn, das Moralgesetz mußten sie (die Galater) auch ohne Beschneidung halten; er (Paulus) ermahnet selber dazu C.V.14.f. aber er leitet die Verbindlichkeit dazu aus πνευματι her, und nicht aus der mosaischen Gesetzgebung. Man weiß schon aus dem vorhergehenden, daß Moralgesetz hier nicht den moralischen Theil des mosaischen Gesetzes bedeute, und man siehet es auch zur Noth aus den hier stehenden Worten. Christen verbindet also πνευμα zur Beobachtung des Naturgesetzes; und dieses soll Galat. V. 14. f. stehen. Hier stehet gerade nichts davon, wenn man nicht des H. D. Auslegung pro authentica annehmen muß. Der Apostel sagt V. 14. Denn, alle Gesetze werden in einem Wort erfüllet, in dem: liebe deinen Nächsten, als dich selbst. Er vermahnet hierauf V. 16. die Galater, der Regierung des H. Geistes, nicht aber den Lüsten des Fleisches, zu folgen. Hier stehet in dem Verstande, wie der H. D. die Sache nimmt, keine Sylbe von einer aus πνευματι, dem Heiligen Geiste, zur Erfüllung des Naturgesetzes entstehenden Verbindlichkeit. Der Apostel ermahnet V. 16. die Christen, im Geiste zu wandeln, oder, der Regierung des H. Geistes zu folgen: aber

dieß

dieß heißt noch nicht, daß der H. Geist den Glaubigen eine Verbindlichkeit zur Erfüllung der philosophischen Moral auflege, sondern nur, daß er ihnen zur Erfüllung des Gesetzes Kraft gebe, und sie dazu antreibe. Dieser Beweis schlüßt also nicht.

Der H. D. meynet zwar, in der unter den angeführten Worten befindlichen Anmerkung U. recht viel entdeckt zu haben, wenn er sich auf Galat. III. 17. beruft, und schlüßt: Paulus könnte nicht von dem Moral- oder Naturgesetze (nach des H. D. Erklärung) reden, weil es sonst nicht wahr wäre, daß solches erst 430. Jahre nach dem Bunde, den GOtt mit Abraham gemachet, verkündiget worden sey. Allein, so könnte man ebenfalls sagen, daß Paulus V. 14. 16. 18. nicht die Verheissung von Christo meyne, weil es nicht wahr ist, daß, solche Abraham zuerst bekommen hat. Denn, es folget nicht: GOtt machet etwas feyerlich bekannt; also ist es zuvor völlig unbekannt gewesen. Das Evangelium von Christo ist erst nach Christi Himmelfarth durch grosse Schaaren Evangelisten geprediget, und also feyerlich bekannt gemachet worden: deswegen aber war es vorher, und selbst im A. T. ja sogar von dem Falle der ersten Aeltern an, nicht unbekannt. Man wende dieß auf den gegenwärtigen Fall vom Moralgesetze an; so läugnet V. 17. Paulus nicht, daß solches schon vor der Gesetzgebung bekannt gewesen sey, sondern redet nur von einer feyerlichen Bekanntmachung; so folget nicht, daß in den Büchern Mosis kein Moralgesetz stehe, sondern, daß durch dieses, so wie überhaupt durch kein Gesetz, das Testament, das von GOtt zuvor bestätiget ist auf Christum, nicht aufgehaben werde.

Der H. D. schreibet zwar S. 912. ferner: es wäre ungeschickt, wenn man sagen wollte vom Moralgesetz, es sey den Juden nachher zugesetzt worden, προσετέθη, wenn es nämlich schon vorhanden gewesen wäre. Allein, der Apostel saget auch V. 19. nicht, daß das Gesetz zu dem Gesetze hinzu gesetzet worden, sondern zu der Verheissung. Denn, so heissen die klaren Worte V. 18: GOtt aber hats Abraham durch Verheissung frey geschenkt;

V. 19.

V. 19. was soll denn das Gesetz? Es ist dazu kommen, natürlich: zu der Verheissung, um der Sünde willen.

Einen andern Beweis, daß man zu Pauli Zeiten unter Νόμῳ, Gesetze, nicht das Moralgesetz in unserer heutigen Bedeutung verstanden habe, und folglich solches nicht in den Büchern Mosis zu suchen sey, nimmt der H. D. S. 913. daher, daß Ephes. II. 15. Paulus von Christo sagt: τον νομον των εντολων εν δογμασι καταργησας. Ich mag die Stelle nicht abschreiben, um nicht zu weitläuftig zu werden, und kann ihm das meiste, was er daselbst beybringt, zugeben. Es bleibt doch immer ein falscher Schluß: Christus hat das Gesetz, so in Gebothen gestellet war, abgeschaft; also stehet im Mose kein Moralgesetz. Es ist eine petitio principii, daß es Christus, wenn es in den Büchern Mosis stünde, hätte abschaffen müssen, und zwar eine weit gröbere, als die, worüber der H. D. S. 908. klaget. Denn, in der lutherischen Kirche lehret Niemand, daß schon zu Mosis, oder Christi, Zeiten die heutige Eintheilung üblich gewesen sey: der H. D. aber behauptet, ohne es zu beweisen, daß Christus alles, was in Mose stehet, abgeschaffet habe, und in Mose also kein Moralgesetz stehen könne.

Davon ist kaum der Mühe werth, zu reden, daß der H. D. sich auf die Kirchenväter Irenäus, Tertullian, Clemens, Origenes, Chrysostomus S. 913. beruft, die entweder geradehin die Stelle Ezech. XX. 25. dedi eis praecepta non bona für eine Beschreibung des nicht allgemeinen mosaischen Gesetzes gehalten —— oder, wie Origenes durch Allegorien, und mystische Auslegungen, die elende Gestalt des mosaischen Gesetzes zu erheben, und zu ändern, gesuchet haben. Denn, wie wäre es, wenn diese sonst verdienten, und frommen, Väter in diesem Stücke geirret hätten? wenn sie die angeführte Stelle nicht recht ausgeleget hätten?

Dieß sind die hauptsächlichsten Gründe, warum der H. D. in den Büchern Mosis kein Moralgesetz dulden, und alle Christen, die nicht

nicht vorher Juden gewesen, von dem mosaischen so genannten Sittengesetze lossprechen will. Man wird nun billig fragen: was denn nach seinem Unterrichte von den Büchern Mosis, die schlechthin jüdisches Gesetz in sich begreifen, zu halten sey?

Gerne wollte ich diese Frage unbeantwortet lassen, wenn sie nicht der berühmte H. D. selbst so deutlich beantwortet hätte, und auf diese Beantwortung die ganze Entscheidung des genauen historischen Verstandes dieses Briefes ankäme. Nach dem Grunde, den er einmal geleget hat, kann er unmöglich gut davon sprechen; und ich darf bloß seine Worte anführen, um bey allen, die noch christlich denken, Schrecken, und Abscheu, zu erwecken. Es ist das mosaische Gesetz nach S. 909. ein bloß bürgerliches Gesetz, und als ein solches lassen es selbst die Bücher Mosis ansehen; es ist alles mit den besondern bürgerlichen Strafen, oder Vortheilen, verbunden, wonach sich ein Mitglied der Societät in leiblicher Glückseligkeit, oder Unglück, und Nachtheil, fühlt, und findet. Die Verheissung des Lebens —— ist offenbar eben dasjenige, was sonst heisset: das Land besitzen. Es betrift (S.937.V.12.) lauter äusserliche Beschäftigungen in der leiblichen Welt, und hat nichts vom Glauben (von der geistlichen Gemüthsfassung, und geistlichen Seegen) ——. Eben das. Anm. G. —— Paulus läugnet, daß dieß Gesetz die Absicht habe, geistliches, moralisches, Leben anzurichten. S. 941. Anm. P. Die Propheten haben dieses bürgerliche einheimische Gesetz niemalen angepriesen, oder bestätigt ——. S. 942. Anm. R.—— und das bezieht sich auf die schlechte, unfruchtbare, unkräftige, Beschaffenheit seines (des Gesetzes) Innhaltes; an sich konnte er anders seyn, aber nach seiner jetzigen Absicht sollte er nicht besser seyn. S.910. In allen Handlungen Christi sehen wir daher, daß er das Moralgesetz (aber nicht, wie es in den Büchern Mosis, sondern in den Schriften der Philosophen stehet) vorziehet, und das Caeremonialgesetz sehr wenig achtet.

Christliche Leser werden bey dem Anblicke der letzten Worte dem H. D. sogleich den Einwurf machen, daß doch aber Christus beschnitten, und im Tempel, gleich einem andern jüdischen Kinde, dargestellt worden sey, daß er die Osterfeste richtig besuchet, und sonst Nichts, was der rechte Verstand des Caeremonialgesetzes fordert, versäumet habe, ja, daß er sich selbst erkläret hat Matth. V. 17: ihr sollt nicht wähnen, daß ich kommen bin, das Gesetz, oder die Propheten, aufzulösen; ich bin nicht kommen aufzulösen, sondern zu erfüllen. Allein, der H. D. hat einen genauern historischen Verstand! Was die angeführte Stelle anbelangt; so erkläret er sie S. 942. Anm. R. folgender massen —— so heißt es auch von Christo, er ist gekommen πληρῶσαι τὸν νόμον, das Gesetz viel völliger zu machen; er ist daher τελος, die Vollkommenheit des Gesetzes. Man setze S. 959. hinzu: —— auf diese Weise könnet und sollt ihr das (viel edlere) Gesetz Christi in seiner rechten Vollkommenheit an euch zeigen (und andern recht empfehlen); und die darunter stehende Anmerkung R. Ἀναπληρώσατε ist zu wenig erfüllen, oder man denkt noch nicht das, was her gehört: es soll heissen, zeigt den grossen Umfang des Gesetzes Christi, daß es viel mehr in sich fasset, als jenes jüdische Gesetz. So ist es auch in der Rede Christi: das Gesetz zu erfüllen, oder voll zu machen, Matth. V. 17. zu zeigen, wie sehr vieles noch übrig ist, das bisher in jenem Gesetz nicht begriffen ist. Christus muß also schlechterdings ein Gesetzgeber seyn, und, ehe er dieses nicht würde, das Wörtchen πληρῶσαι eine dem Zusammenhange gar nicht anpassende Bedeutung bekommen. Denn, wie kann, nach des H. D. Erklärung, Christus Matth. V. 17. sagen, daß er das Gesetz viel völliger machen, und ein viel edleres geben, oder, welches eben so viel ist, das alte abschaffen wolle, da er unmittelbar darauf V. 18. sagt: bis daß Himmel und Erde zergehen, werde nicht zergehen der kleinste Buchstab, noch ein Tüttel, vom Gesetze, bis daß es alles geschehe? Er müßte sich widersprechen, wenn er V. 17. von der Gebung eines vollkommnern Gesetzes, als das mosaische, ist, und V. 18. von dessen beständigen

digen Vater redete. Er redet von der Erfüllung des Gesetzes, wie alles, was darinnen enthalten ist, geschehen müsse, also von der Erfüllung in dem gewöhnlichen Verstande, nicht aber, daß er noch zusetzen wolle, was demselben etwa abgienge. Wehe uns, wenn uns Christus ein neues Gesetz gegeben, oder wenigstens dem mosaischen das Abgängige zugesetzet hätte, da nach Apost. Gesch. XV. 10. die Väter, und wir, nicht einmal das mosaische erfüllen können! Diese Bedeutung des Wortes πληρῶσαι ist also dem gegenwärtigen Zusammenhange gar nicht gemäß; und in andern Stellen ist sie es noch weniger. Allein, der H. D. beweiset nun seine Meynung aus den jüdischen Schriftstellern, und schreibt weiter: Wetstein hat die Stelle angeführt aus *Koheleth R.* bey Cap. XI. 8. lex, quam homo discit in hoc mundo est vanitas *prae lege Messiae*; und es giebt mehr Stellen der Rabbinen, welche sagen: daß das Gesetz, oder die Lehre Messiä, viel bessern und grössern Inhalts seyn werde, als Mosis. Ich erinnere hiebey nichts, und bedaure allein, daß ein so grosser Gelehrter die manchfaltigen Bedeutungen des Wortes תּוֹרָה übersieht.

Indessen muß es nach seinem Willen dabey bleiben, daß Christus das mosaische Gesetz wenig geachtet hat. Ja, er ist nach S. 932. von den Juden eben darum hingerichtet worden, weil er die Beobachtung des mosaischen Gesetzes nicht für die eigentliche Art und Weise wollte halten lassen, wonach man die gehörige moralische Beschaffenheit überkäme ——. Es ist aber doch besonders, daß Matthäus Cap. XXVI. 59. u. f f. das Verhör Christi vor den Hohenpriestern beschreibt, und dieser Ursache mit keinem Worte gedenket, sondern die Obersten der Juden in einer solchen Verlegenheit vorstellt, daß sie gar nicht wußten, was sie ihm Schuld geben sollten, und daher falsches Zeugniß gegen ihn suchten. Hätte JEsus je gegen das Gesetz gelehret, oder gehandelt; so hätten sie hier ein wahres Zeugniß gehabt, das sie ihm, nach ihrer Kirchen- und Staatsverfassung, mit vielem Scheine hätten vorrücken können. Aber, es hat sichs der H. D. einmal vorgenommen, nichts, was seit der Reformation in unserer Kirche über die Bücher der heiligen Schrift geschrieben worden, für derselben genauen historischen Verstand gelten zu lassen. Es muß daher Christus das mosaische Gesetz verwerfen, und nach S. 909. dieses alles seine Lehre bestätigen, wenn man Matth. V. mit Nachdenken überlesen will; ungeacht der Augenschein lehret, daß in diesem Capitel Christus nicht gegen Mosen selbst, sondern gegen die pharisäischen Erklärungen seines Gesetzes, eifert.

Ich werde in der That zu weitläuftig, und will daher nur noch einige neue Erklärungen, welche aus diesen Grundsätzen des H. D. theils als Folgen fliessen, theils damit verwandt sind, in der Kürze anführen. Galat. II. 21. ist bey den Worten: Denn, so durch das Gesetz die Gerechtigkeit kommt, so ist Christus vergeblich gestorben, nach S. 932. Anm. U. nicht zunächst an die Genugthuung Christi zu denken, und die Worte sagen weiter nichts, als: Christus würde gewiß sich nicht wegen seiner Verachtung des jüdischen Gesetzes haben kreuzigen lassen, wenn er wollte, daß wir es noch beobachten sollten. Ueberhaupt hatten die Galater, nach des H. D. Erklärung, eine ganz andere Theorie von der Erlösung Christi, als wir jetzo haben. Er schreibt S. 936. über Cap. III. 10. Denn, die mit des Gesetzes Werken umgehen, die sind unter dem Fluch, in der Anm. E. Ich glaube, daß diese Stelle noch nicht gehörig eingesehen worden ———. Wie soll man sie denn einsehen? Er umschreibt: Denn, alle diejenigen, welche diese Heilsordnung GOttes nicht glauben, sondern zwar leibliche Nachkommen Abrahams sind, und das jüdische Gesetz eifrig behalten: sind nicht dieses geistlichen Seegens theilhaftig, sondern leiblich verflucht. (Hier siehet man die Folge aus den oben angeführten Grundsätzen.) Nun wird erst in der Anmerkung der genaue historische Verstand in folgenden Worten entwickelt: das Gesetz ist unter besonderer Dienstleistung der Engel den Juden gegeben worden; daher heißt auch die bisherige Welt den Engeln unterthan (Hebr. II. 5.), dergleichen aber gilt nicht von dem αἰὼν ὁ μέλλων, oder, der christlichen

lichen Gesellschaft; jene Engel hatten also gleichsam das Amt, curandi, ut lex ea tota fieret ab Israelitis &c. wie es Coccejus ganz richtig ausdrückt, in Comment. in Ep. ad Galat. C. 3. sie heissen daher so oft Elohim, quod nomen notat auctoritatem venerabilem, quam nomine Dei habebant in eos, qui sermoni per ipsos dicto erant subiecti, Melchior beym Ode de angelis Sect. I. p. 58. Wer nun nicht alle Gesetze hält, ist verflucht; und wer zu Folge seiner Uebertretung des Gesetzes hat müssen gehenkt werden, der ist maledictio Elohim 5 Mos. XXI. 23, oder ist verfallen unter die Strafen, welche diese Geister und Engel, nach GOttes einmaliger Ordnung, wider ihn ausrichten. So ist wohl diese Stelle Mosis nach dem Hebräischen zu erklären, worüber selbst Juden sich nicht gut helfen konnten. Daher entsteht πνεῦμα δουλείας. und ein Jude muß aus Furcht sein ganz Leben hindurch ein Knecht seyn, der immer der Strafübel gewärtig ist. Christus hat nun demjenigen alle Macht genommen, der des Todes Gewalt hatte, Hebr. II; oder er hat ausgezogen τὰς ἐξουσίας, u. s. w. Coloss. II. 15. in eben diesem Zusammenhange, da es hies, er hat jenes Gesetz und jene Gebothe aufgehoben. Darum ist nun Christus HErr, und über alle Geister, Macht, und Namen, was man nur als ein Jude sich einbilden mag. Von dem geistlichen Fluche, der die Uebertretung des geistlichen und sittlichen Gesetzes begleitet, ist hier die Rede nicht; denn diese jüdischen Gesetze sind bloß dem rohen Volke gegeben, das sich vor den täglichen Aufsehern und Strafgeistern fürchten muß, welche als Heerschaaren, Zebaoth, und als Myriaden, vorgestellet werden. Ehe Christus und der Glaube kam, war man diesen Engeln, und dem durch sie gegebenen Gesetze, unterworfen; man wird ein Fluch derselben, oder sie haben nun Macht, einen zu verderben; man wird also andern Menschen ein Abschen, und daher muß dergleichen Verfluchter noch vor der Sonnen Untergang begraben werden. Es kommen hier noch mehr Vorstellungen zusammen, welche in jene Zeiten gehören, wovon man in Balaks und Bileams Historie Beyspiele sieht; dergleichen auch bey den Bannflüchen mit vorausgesetzet werden. Dieser Fluch aber erstreckt sich auch auf den Zustand nach dem Tode; da gerathen die Menschen in das Reich und Gebieth des Todes, ohne Hofnung.

Es liesse sich bey dieser langen Stelle fast über jede Zeile etwas erinnern: ich will aber nur zwo Anmerkungen machen. 1. Der H. D. hebt sonst in seinen Schriften alle Wirkungen der Engel auf andere Geschöpfe auf, und schreibt alles, was sie gethan haben sollen, GOtt zu: wie ändert er sich nun auf einmal so, daß er, seinen angezeigten Quellen zu Gefallen, die Engel, es seyen gute, oder böse (denn, diese Dunkelheit hat er nicht aufgekläret), das ganze A. T. und wohl noch bis diese Stunde die Juden regieren läßt? 2. War das menschliche Geschlecht von Niemanden, als von der Gewalt der Engel, zu befreyen; so war es wahrhaftig nicht der Mühe werth, daß GOtt seinen Sohn von einem Weibe gebohren werden ließ, unter das Gesetz, dieses elende, menschliche, Gesetz that, und endlich, weil er dieses Gesetz, als GOtt und Mensch, nicht billigen konnte (ich rede nach des H. D. Sätzen), zum Tode des Kreuzes übergab. GOtt, den alle Engel anbethen, konnte befehlen: so hatte die Herrschaft der Engel über die Juden ein Ende. Denn, nach der Theorie des H. D. erstreckte sie sich ohnehin nicht über die Heyden.

Wenn es zum genauen historischen Verstande unseres Briefes genug ist, den Galatern alle mögliche falsche Begriffe von Grundwahrheiten des christlichen Glaubens beyzulegen: so hat gewiß denselben noch Niemand glücklicher entdeckt. Denn, kein Irrthum ist grösser, und gefährlicher, als welcher die Lehre von Christi Genugthuung verstellt. Es hilft sich der H. D. damit gar nichts, daß er zu Ende der angeführten Stelle schreibt: Dieser Fluch aber erstreckt sich auch auf den Zustand nach dem Tode; da gerathen die Menschen in das Reich und Gebieth des Todes, ohne Hofnung. Denn, hieraus entstehet eine neue Schwierigkeit; weil

weil man mit Rechte fragen kann, wie GOtt, ohne seine Gerechtigkeit zu verletzen, Menschen, die ein blosses bürgerliches Gesetz übertreten, ewig strafen könne? Ich will eine noch viel ärgere Stelle, die sich S. 945. und 946. in der Umschreibung des 4ten Verses im IVten Cap. und der darunter stehenden Anmerkung D. findet, gar nicht anführen. Denn, das, was der H. D. daselbst vorgiebt, daß nicht GOtt es ist, welchem Christus das λύτρον bezahlet, sondern der, so des Todes Gewalt über die Menschen gehabt, folgt nicht aus den von ihm angeführten Stellen der Alten, als die sich ganz anders auslegen lassen; und wenn es folgte, so wären diese Alten, und sollten es Väter der vier ersten Jahrhunderte seyn, die authentischen Ausleger der heiligen Schrift noch lange nicht.

Ich muß bey diesen Proben des genauen historischen Verstandes, welchen der H. D. in der Epistel an die Galater gefunden zu haben glaubt, stehen bleiben, und kann nicht mehrere anführen, z. E. wie er die Worte: Geist, Fleisch, Christum anziehen, Schwachheit, u. d. g. erklärt: obgleich dieses alles eine umständliche Prüfung verdiente, und auch zu dem, was ich bisher geschrieben habe, noch ungemein viel zugesetzt werden könnte. Ein jeder unpartheyischer Leser wird schon aus dem, was ich angeführt habe, sehen, daß das, was der H. D. für den genauen historischen Verstand der Epistel an die Galater ausgiebt, noch lange nicht seine hermenevtische Richtigkeit habe; weil Rabbinen in der lateinischen Uebersetzung, und im Grundtexte, alte Ketzer, ein paar Stellen aus den Kirchenvätern, und neuern Schriftstellern, uns unmöglich sagen können, was Paulus gedacht hat.

Die Hauptfrage ist jetzt diese: haben die Galater die wenigen bisher angeführten Stellen so verstanden, wie sie der H. D. in ihre Seele erklärt? Wer kann diese Frage beantworten? Wer hat so viele, und genaue, Nachrichten von ihnen? Der H. D. hat mit keiner Sylbe bewiesen, daß sie den an sie gerichteten Brief so, wie er

ihn

ihn in ihrem Namen auslegt, verstanden haben; und er wird es auch, wegen Ermanglung hinlänglicher Nachrichten, in Ewigkeit nicht erweisen können. Er schlüßt immer nur so: Man hat zu Pauli Zeiten das mosaische Gesetz nicht so, wie heut zu Tage, eingetheilet; also hat man es gar nicht eingetheilet; also ist gar kein Unterschied zwischen den Arten dieses Gesetzes; also ist es lauter jüdisches, und bürgerliches, Gesetz. Wer kann ihm diese Folge zugeben? Wie, wenn er auch schlösse: es ist lauter jüdisches, und bürgerliches, Gesetz; also hat es Moses nicht aus Eingebung des Heil. Geistes geschrieben? Eines folget, wie das andere. Auf gleiche Weise schlüsset der H. D. daß das, was er nach seiner erstaunenden Belesenheit, aus unchristlichen, und christlichen, Schriftstellern über die in dieser Epistel enthaltenen Begriffe zusammen gesammelt hat, der Verstand seyn müsse, welchen die Galater bey Erblickung der Worte Pauli bekamen. Wer kann dieses glauben? Der H. D. hat zu seiner Erklärung viele jüdische Träume gesammelt, wie er sie S. 911. selbst nennet; er hat neue Scribenten genützt, wie der Augenschein lehret. Wer kann diese Träume, und neuen Begriffe, bey den Galatern vermuthen? Es ist weltkündig, daß sie vor ihrer Bekehrung zu Christo keine Juden, sondern Heyden, waren. Der H. D. nimmt sie also für viel zu jüdisch an, wenn er ihnen die angeführten Geheimnisse der jüdischen Schriftgelehrten so bald nach ihrer Bekehrung in die Seele legt. Ihre jüdischen Verführer suchten sie zwar jüdisch zu machen: aber sie fiengen, sehr klug, erst bey der Beschneidung, und nicht bey den vom H. D. angeführten transcendentalischen Lehrsätzen, an. Diese zu lernen, kostet allemal mehr Mühe, als die einfältige, und rechtglaubige, Lehre von Christo dem Gekreuzigten. Dazu waren gewiß die wenigsten Galater, so wie die wenigsten Deutschen, und Franzosen, gelehrt. Wie konnten sie also auf diese Begriffe kommen? Und wir wollen sie alle, wie sie waren, gelehrt seyn lassen; so waren sie, nach aller Historie, nicht hebräisch, sondern griechisch, gelehrt. Griechische Philosophen hätte also der H. D. wählen, und daraus diese Epistel, nach dem Sinne der Galater, erklären sollen, wenn sie sie ja nicht einfältig, nicht christlich, nicht nach dem Zusammen-

hange

hange des N. und A. T. das sie in der griechischen Uebersetzung haben konnten, oder, noch kürzer, nach dem mündlichen Unterrichte Pauli, verstehen sollten. Das hätte noch einen Schein, weil es in dem ersten Jahrhunderte noch keinen Targum, Talmud, oder Rabbinen, giebt. Ich gebe gerne zu, daß nicht alle Galater über die Glaubenswahrheiten disputiren konnten, und daß, nach unserer heutigen Art zu reden, die meisten Katechismus-Schüler waren; aber daraus folget nicht, daß sie die Grundwahrheiten des Christenthumes jüdisch, oder socinianisch, verstanden haben.

Der H. D. hilft sich hier sehr listig, indem er S. 916. Anm. 3. schreibet: Man kann so gar behaupten, daß Pauli Briefe nicht an alle Christen eines Orts überhaupt, sondern an die Vorsteher der christlichen Gesellschaft gerichtet sind, und also nur die Gelehrtesten in den Gemeinen zu Lesern dieser Briefe annimmt. Er suchet dieß am angeführten Orte in der Anm. 3. daher zu beweisen, daß ἀδελφοὶ sowohl in Pauli Briefen, als auch in kirchlichen Verfassern, nicht auf gemeine Christen, sondern auf diejenigen oft gehe, welche zum Lehramt gehören —— also Amtsbrüder sind. Er führet Stellen an, die dieses zeigen sollen. Man kann ihm alles zugeben, und es folgt dennoch nicht, daß dieser Brief allein an die galatischen Lehrer geschrieben ist. Denn, wenn ἀδελφοὶ nur oft Lehrer bezeichnet: so bezeichnet es solche nicht immer. Zudem widerleget sich die Sache selber, wenn man nur die ganze Epistel, und besonders Cap. I. 2. III. 1. 4. IV. 8. u. ff. VI. 6. aufmerksam ansehen will.

Es ist also gar nicht bewiesen, daß die Galater den an sie geschriebenen Brief Pauli so, wie ihn der H. D. erkläret, verstanden haben. Und nun will ich nicht weitläuftig untersuchen, was von dem Nutzen, den er aus dieser Arbeit zumal angehenden Gottesgelehrten, und ihrer Uebung, verspricht, zu halten sey? Ich will nicht zeigen, daß es eine schlechte Uebung für sie seyn würde, den Verstand der Schrift nicht aus der Schrift selbst, sondern aus allen möglichen Büchern zusammen zu tragen, sondern nur dieses einzige erinnern, daß die meisten unter ihnen diese Art Uebung gerade am wenigsten bedürfen. Die Erfahrung lehret, daß der gröste Hauffe derer, welche sich der Gottesgelahrheit widmen, wenn sie auf Universitäten kommen, von dem Grundterte des A. und N. T. entweder gar nichts verstehen, oder, daß sie solchen buchstäblich übersetzen können, und nun über allen weitern Unterricht hinaus zu seyn glauben. Den erstern ist nicht mit des H. D. Beyträgen, sondern mit einer guten Grammatik, zu helfen: den andern aber werden diese Beyträge ein Irrlicht werden, das sie, in der Hofnung, zu einer gründlichern Einsicht zu gelangen, auf Abwege führt, und der Kirche unbrauchbar macht. Denn, was hilft dem sogenannten Gottesgelehrten aller Fleis, und alle Belesenheit, wenn er dadurch nichts weiter erhält, als daß er endlich nach langer Bemühung zwar nicht schwere, und dunkle, Stellen deutlich machen, aber doch deutliche, und längst gründlich erklärte, durch eine gelehrte Wolke verdunkeln kann? Könnten, und möchten, doch erst alle, die auf Universitäten die Theologie lehren, möchten doch alle, die sonst zum Baue der Kirche Christi etwas beyzutragen, vermögend sind, der Verachtung steuern, welche noch immer so viele, die Lehrer der Schrift werden wollen, gegen die Schrift bezeigen! Die Universitäten sind nicht da, um neue Wunder zu schaffen, um täglich etwas hervor zu bringen, womit unwissende, oder müssige, Menschen zur Verkleinerung der Ehre GOttes, und zur Vertilgung der Religion, spielen können, sondern die Ehre GOttes, gleich der ganzen Schöpfung, mit der Kirche Christi, deren Glieder, und Diener, sie sind, zu befördern! Unterdessen giebt es viele Gelehrte, die auf dieses alles nicht sehen, wenn sie nur ihre Belesenheit zeigen können, Gelehrte, welche nur neu denken wollen, wenn sie auch nicht gründlich, noch fromm, sondern übereilt denken. Denn, unsern Zeiten ist es ein Eigenthum, neu zu denken.

Indem ich hier schliessen wollte; so werde ich von meinem anfangs geäusserten Gedanken, daß meine Anmerkungen einigen neu denkenden

Schrift-

Schrift-Auslegern nicht gefallen dürften, dadurch überzeugt, daß mir ein entfernter Freund das 138te Stück der neuen braunschweigischen Zeitung überschickt, worinnen sie völlig nach dem Geschmacke einiger Neulinge beurtheilet sind. Es bestätiget dieses Urtheil meine Meynung von der heutigen Denkungsart viel zu deutlich, als daß ich solches, so weit es meine Arbeit, und nicht bloß Lockens Verdienste betrift, hier nicht wörtlich sollte abdrucken lassen. Es heißt: „Genug „ von der Urschrift. Die Uebersetzung ist ziemlich. Aber die An„ merkungen? Wir hätten sie dem H. Hofmann herzlich gerne „ geschenkt. Er ist ein wahrer Antipode vom Lock, abergläubisch„ orthodox, schwört auf ein System, und auf seine gelernte Vorstel„ lungen, und wo er die nicht findet, da findet er gleich Ketzerey „ und Irrthum; kurz, er ist der leibhafte Calov. Man wird sich „ von seinen Anmerkungen schon daraus einen Begriff machen, „ wenn man in der Vorrede unter Lockens Irrthümern auch die „ gerügt findet, daß er den Unterschied zwischen der sichtbaren, und „ unsichtbaren Kirche nicht gekannt, und der Erbsünde nicht erwähnet. „ Damit nun diese und andere Irrthümer Niemand verführen mögen, „ so nimmt der Uebersetzer sich die Freyheit, statt der lockischen Um„ schreibungen seine eigene in den Text einzurücken, unter welchem er „ jene nur anzeigt, Zusätze einzuschalten, und die ihm misfälligen „ Erklärungen durch besondere Zeichen zu brandmarken. Warum „ mag er sich doch mit einem Schriftsteller bemengt haben, den er so „ oft für leichtsinnig und unwissend ausschreyet? Aufrichtig gesagt, „ wir wünschten, daß Lock in bessere Hände gefallen wäre, wiewohl „ wir nicht zweifeln, daß dieser ihn eben so gut verkaufen wird, als „ Grotius den Calov".

Wenn ich im geringsten ruhmsüchtig wäre, so würde ich dem Verfasser dieses Artikels, der, wie ich aus sichern Kennzeichen sehe, nicht in den Herzoglich-Braunschweigischen Landen lebt, einen weitläuftigen Dank für das mir wider Willen ertheilte Lob erstatten. Denn, in der lutherischen Kirche ist für einen Theologen kein grösseres Lob, als, nach dem Beyspiele der Alten, ächt lutherisch zu seyn,

und

und unter den Namen des Lutheraners nicht den Naturalisten, oder Socinianer, zu verbergen. Ich könnte auch auf seine Klagen wegen meiner Zusätze, und was dazu gehöret, umständlich antworten: allein, ich will meine Leser lieber bitten, aus dem Anblicke des Buches selbst statt meiner zu urtheilen; und in Betrachtung der in unserer Kirche so stark einreissenden Freydenkerey mit dem LXXXsten Psalm schliessen:

Du Hirte Israel, höre, der du Joseph hütest wie der Schaafe: erscheine, der du sitzest über Cherubim. Erwecke deine Gewalt —— und komme uns zu Hülfe! ——.

Giesen,
den 24sten Jänner,
1769.

Paraphrastische Erklärung und Anmerkungen über die Epistel S. Pauli an die Römer

welche
im Jahre Christi, 57, und im 3ten Jahre der Regierung des Kaisers Nero geschrieben worden.

Inhalt.

Ehe wir die Betrachtung der Epistel an die Römer selbst vornehmen, wird nicht übel gethan seyn, vorher zu bemerken, daß die wunderbare Geburt, das Leben, der Tod, die Auferstehung, und Himmelfarth, unsers HErrn JEsu Christi lauter Begebenheiten waren, die in den Gränzen von Judäa vorgiengen; und daß die heiligen Bücher des jüdischen Volkes, welche die Christen als göttlich annahmen, zum Beweise für die Wahrheit seiner göttlichen Sendung, und Lehre, angeführet wurden: so daß hiedurch offenbar die Juden zu Bewahrern der Beweise der christlichen Religion gemachet waren. Dieß mußte ihnen, die man selbst in den Tagen unsers Heilandes für GOttes Volk erkennete, nothwendig ein grosses Ansehen unter den bekehrten Heyden verschaffen; weil sie nichts von dem Messias, an den sie glauben sollten, wußten, ausser, was sie von diesem Volke, aus welchem er, und seine Lehre, entstanden war, her hatten. Sie vergassen auch nicht, sich diesen Vortheil auf verschiedene Arten, zur Verwirrung der zum Christenthume bekehrten Heyden, zu Nutze zu machen. Die Juden, sage ich, und selbst diejenigen nicht ausgeschlossen, die das Evangelium angenommen hatten, waren größtentheils dem Gesetze Mosis, und ihren alten Gebräuchen, so andächtig ergeben, daß sie sich auf keine Weise vorstellen konnten, daß dieselben sollten abgeschaffet werden. Sie eiferten dafür eigensinnig, und behaupteten, daß sie nothwendig auch von den Christen, von allen, die GOttes Volk, und ihm angenehm seyn wollten, gehalten werden müßten. Dieß machte unter den neu bekehrten Heyden keine geringe Verwirrung, gereichte dem Evangelio zu grossem Nachtheile; und wir finden daher, daß in mehr, als einer, Stelle darüber geklaget wird. S. Apost. Gesch. XV. 1. 2 Korinth. XI. 3. Gal. II. 4. V. 1. 10. 12. Phil. III. 2. Col. II 4. 8. 16. Tit. I. 10. 11. 14. u. s. w. Diese Anmerkung kann nicht nur dieser Epistel an die Römer, sondern auch verschiedenen andern, welche S. Paulus an bekehrte Heyden geschrieben hat, ein Licht geben (*).

Was

(*) Der gegenwärtigen Epistel giebt diese Anmerkung wenig Licht; weil darinnen nicht, wie in der Epistel an die Galater, die Streitfrage abgehandelt ist: ob auch die Bekehrten aus den Heyden sich beschneiden lassen, und das Gesetz Mosis halten, müßten? Ich berufe mich auf eines jeden Lesers, der diese Epistel mehr, als einmal, aufmerksam durchgehen mag, eigene Erfahrung. Es wird zwar darinnen der Beschneidung Cap. IV. gedacht; es wird der Werke des Gesetzes auf allen Seiten ihres ersten Theiles Meldung gethan; es werden Cap. XIV. und XV. die Bekehrten aus Juden, und Heyden, zu christlicher Verträglichkeit, und Liebe, gegen einander ermahnet: allein, nirgends ist nur die geringste Spur anzutreffen, daß zu Rom, der Hauptstadt der heydnischen Welt, die bekehrten, oder unbekehrten, Juden sich unterstanden hätten, die bekehrten Heyden zur Beobachtung des mosaischen Gesetzes anzuweisen, und dadurch Verwirrung unter ihnen zu verursachen. Sie werden vielmehr Cap. XIV. 1. 2. 5. XV. 1. als Schwache im Glauben vorgestellet, welche die Bekehrten aus den Heyden aufnehmen, und ihre Gewissen nicht verwirren sollten. Sie müssen also nicht die Gewissen der Heyden verwirret haben. Da die Kirche zu Rom aus Juden, und Heyden, bestand, und Paulus an beyde schreibet; so muß er beyden die Vorurtheile zu benehmen suchen, die sie noch aus ihrem ehemaligen Zustande übrig haben, oder durch Veranlassung ihres gegenwärtigen bekommen, konnten. Hierunter gehörte in Ansehung der Juden hauptsächlich das Vertrauen auf die Beschneidung, und die Werke des Gesetzes. Es folget aber nicht daraus, daß bekehrte Juden, und Heyden, hierüber, so wie etwa die Galater, gestritten haben. Wenn heut zu Tage ein Lehrer der evangelischen Kirche schriftlich, oder mündlich, warnet, man solle sich nicht darauf verlassen, daß man in der wahren sichtbaren Kirche lebe, das reine Wort GOttes, Taufe, und Abendmahl, habe: so ist nicht die Folge, daß dieser Irrthum eine öffentlich in der evangelischen Kirche getriebene Streitfrage sey, sondern daß viele so genannte evangelische Christen, aus fleischlicher Sicherheit, denselben hegen. Eben so verhält es sich mit dem Falle, den wir in dieser Epistel bey den bekehrten Römern finden.

Was diese Epistel an die Römer anbelangt, so scheinet darinnen des Apostels vornehmste Absicht zu seyn, sie, durch die Ueberzeugung, daß GOtt sowohl der Heyden, als der Juden, GOtt sey, und nun unter dem Evangelio zwischen Juden, und Heyden, kein Unterschied mehr Statt habe, zu einer unbeweglichen Standhaftigkeit in dem Bekenntnisse des christlichen Glaubens zu ermuntern (*). Dieß thut er auf unterschiedliche Weise.

1. Zeiget er, daß zwar die Heyden grosse Sünder seyen, aber deswegen doch die Juden, die das Gesetz hätten, und nicht hielten, wegen dieses Gesetzes, das, wenn es übertreten würde, nur ihre Sünden vergrösserte, und sie, so weit als die Heyden, von der Gerechtigkeit entfernete, kein Recht besässen, sie unter dem Evangelio nicht für GOttes Volk erkennen zu wollen (**).

2. Daß Abraham der Vater aller Glaubigen, sowohl der Unbeschnittenen, als der Beschnittenen, sey; und folglich diejenigen, die Abrahams Fußstapfen in seinem Glauben nachfolgen, auch ohne beschnitten zu seyn, der Saame seyen, dem die Verheissung geschehen ist, und der den Seegen ererben soll.

3. Daß es vom Anfange her GOttes Vorsatz gewesen sey, unter dem Messias die Heyden zu seinem Volke, statt der Juden, anzunehmen, welche solches bisher gewesen, aber, weil sie den Messias, den ihnen GOtt zum König und Erlöser gesendet, größtentheils verworfen, ebenfalls gröstentheils verworfen worden wären: nur eine kleine Anzahl derselben habe ihn ange-

(*) Diese Ermunterung ist in der Epistel an die Römer, so gut, als in allen Episteln Pauli, anzutreffen: aber als die vornehmste Absicht derselben, die sie von andern unterscheidet, kann ich sie nirgends finden. Die Rechtfertigung aus dem Glauben allein, ohne Werke, die daraus folgende Kindschaft GOttes, die grosse Seligkeit der Glaubigen bey allem Leiden dieser Zeit, und die Nothwendigkeit, im Geiste zu wandeln, lauter unmittelbar mit einander verbundene, und aus einander fliesende, Wahrheiten, sind das, wovon der Apostel am meisten redet. Die Erklärung, Bestätigung, und Vertheidigung dieser Grundlehren des Christenthums sind also, wenn man diesen Brief auch nur obenhin ansiehet, mit weit besserm Rechte für dessen Endzweck zu erkennen. Locke bekennet dieß unten N. 5. zum Theile selbst: und leget dadurch ein Zeugniß von seiner Unbeständigkeit ab.

(**) Er saget mit keinem Worte, daß die bekehrten Juden zu Rom die Heyden nicht hätten für GOttes Volk erkennen wollen: sondern er zeiget vielmehr, daß die Juden, bey aller ihrer Einbildung auf das Gesetz, so gut als die Heyden, Sünder seyen; und bahnet sich dadurch den Weg zum Beweise, daß beyde durch den Glauben müßten gerechtfertiget werden.

nommen; und dieser Ueberrest sey in das Reich Christi aufgenommen worden, und bleibe so, nebst den bekehrten Heyden, noch ferner GOttes Volk, daß beyde nun zusammen genommen die Kirche, und GOttes Volk, ausmachten (*).

4. Daß das jüdische Volk keine Ursache habe, wegen seiner des Unglaubens halber geschehenen Verwerfung GOtt einer Ungerechtigkeit, oder Härte, zu beschuldigen; weil es davor gewarnet, und diese Verwerfung ihm von den Propheten gedrohet worden sey. Ausser dem seye die Erhöhung, oder Erniedrigung, eines Volkes ein Recht der unumschränkten obersten Herrschaft GOttes. Die Erhaltung der Juden in dem ihnen von GOtt geschenkten Lande sey eine Sache, worauf kein Geschlecht der Menschen vor dem andern ein Recht habe. Wenn GOtt es für gut finde, könne er das jüdische Volk nach eben der unumschränkten obersten Herrschaft verwerfen, nach welcher er ehe- dem die Nachkommen Jacobs, mit Vorbeygehung anderer Völker, und selbst solcher, die von Abraham und Isaac abstammeten, zu seinem Volke erwählet habe. Doch, sagt er hiebey, würde sie GOtt endlich wieder in ihren vorigen Zustand setzen (**).

5. Ausser dieser den Römern gegebenen Versicherung, daß sie durch den Glauben an JEsum Christum, ohne Beschneidung, oder andere Caeremonien, was auch immer die Juden sagen möchten, GOttes Volk seyen, als welches den Hauptendzweck dieser Epistel ausmacht, ist ferner zu bemerken, daß, da diese Epistel an eine heydnische Kirche, in der Hauptstadt des römischen Reiches, geschrieben ist, die S. Paulus nicht selbst gepflanzet hat, er, als der Heyden Apostel, aus Vorsorge, daß sie die Lehre des Evangelii recht verstehen

(*) Locke will N. 3. und 4. von dem IX. X. und XIten Capitel dieser Epistel reden. Allein, Paulus redet ganz anders, als er. Er saget nicht, daß GOtt den größten Theil der Juden verworfen habe, sondern ausdrucklich Cap. XI. 2. GOtt hat sein Volk nicht verstossen; er saget nicht, daß GOtt sie endlich wieder in ihren vorigen Zustand setzen werde, sondern daß sie wieder eingepfropfet werden können, wenn sie nicht in dem Unglauben bleiben, Cap. XI. 23. 24. Vom Besitze des Landes Canaan gedenket er gar nichts. Es ist also alles, was in diesen Capiteln vorkommt, die Beantwortung eines Einwurfes, der aus dem bisherigen Vortrage von der Rechtfertigung aus dem Glauben, bey Juden, und Heyden, entstehen konnte, und folgender ist: Wie wird es denn den Juden gehen, wenn man allein durch den Glauben gerecht, und selig, wird? Diese glauben ja nicht an Christum, sondern verlassen sich gänzlich auf das Gesetz: werden also diese nicht selig? hat sie GOtt verworfen? Diese Zweifel beantwortet Paulus.

(**) In wie weit diese Gedanken richtig, oder unrichtig, seyen, wird sich unten an seinem Orte untersuchen lassen.

stehen möchten, die vornehmsten Theile desselben in seinen Vortrag einflicht (*), und ihnen einen kurzen Entwurf von dem Verfahren GOttes mit den Menschen, in Ansehung des ewigen Lebens, vom Anfange bis zum Ende, vorlegt. Die Hauptstücke desselben sind folgende:

Daß durch Adams Uebertretung die Sünde in die Welt kam, und der Tod durch die Sünde, und also der Tod über alle Menschen von Adam bis auf Mosen geherrschet habe.

Daß GOtt durch Mosen den Kindern Israel, die sein Volk waren, d. i. ihn für ihren GOtt erkannten, und von der Abgötterey, und Empörung, der heydnischen Welt frey geblieben waren, ein Gesetz gab (**), durch welches sie, wenn sie ihm gehorchten, das Leben haben, d. i. zur seligen Unsterblichkeit, die durch Adams Fall verlohren gegangen, gelangen konnten.

Daß aber dieses Gesetz, ungeacht es gerecht, heilig, und gut, und zum Leben gegeben war, weil es nicht zugleich die Kraft, das, was es nothwendig fordern mußte, zu vollbringen, ertheilte, dennoch, dem Menschen, wegen der Schwachheit seiner Natur, nicht zum Leben helfen konnte; daß also die Israeliten ihre Gesetze, durch welche ein Mensch, der sie vollkommen erfüllete, das Leben erlangen sollte, alle übertraten, und durch die Werke des Gesetzes die Gerechtigkeit, und das Leben nicht erhielten.

(*) Er flicht sie nicht bloß ein, sondern handelt sie so ausführlich, als sonst irgendwo, ab: wie einen Jeden der Augenschein lehret. Dieß muß selbst unserm Paraphrasten eingeleuchtet haben, weil er solches, neben seinem vermeynten Hauptendzwecke, so fleißig bemerket. Allein, da er alle in diesem Werke befindliche Episteln Pauli zu Streitschriften gegen die Juden macht, die rechte Natur des seligmachenden Glaubens nicht kennet, und schon mit dem äusserlichen Bekenntnisse des als richtig erkannten Lehrbegriffes von Christo das grosse Vorrecht der Kindschaft GOttes, oder, wie er es verwirrt nennet, das Recht, GOttes Volk unter dem Evangelio zu seyn, leichtsinnig verbindet: so ist es kein Wunder, wenn er, bey diesem Mangel schriftmässiger Erkenntniß, die Hauptabhandlung für Nebengedanken, und das Zufällige für den vornehmsten Endzweck des Apostels, ansiehet.

(**) Paulus beschreibet das Verfahren GOttes mit dem Menschen, in Absicht auf seine ewige Seligkeit, nirgends so, daß Adam gefallen sey, und GOtt hernach den Israeliten das Gesetz gegeben, und vorher nichts mit dem Menschen vorgenommen habe; er saget auch nicht, daß er es gegeben habe, damit dadurch die Israeliten die verlohrne selige Unsterblichkeit wieder erlangen sollten: er würde auf diese Weise der heiligen Schrift, und sich selber, widersprechen. Denn, die Schrift erzählet uns, daß GOtt viel eher das Evangelium verkündiget habe, als das Gesetz; und Paulus saget Galat. III. 17. das Gesetz sey über 430 Jahre nach der Verheissung gegeben worden, und V. 21. es sey kein Gesetz gegeben, das da könne lebendig machen, es sey dazu kommen um der Sünde willen, V. 19.

Daß demnach für diejenigen, die unter dem Gesetze stünden, kein Weg zum Leben übrig wäre, als durch die Gerechtigkeit aus dem Glauben an Christum, durch welchen Glauben allein sie Abrahams Saamen wären, welchem der Seegen verheissen worden.

Dieß war der Zustand der Israeliten.

Was die Heyden anbelangt; so saget er ihnen:

Daß, ungeacht sich ihnen GOtt durch sichtbare Kennzeichen seines Wesens, und seiner Macht, in den Werken der Schöpfung zu erkennen gegeben, sie ihn doch nicht geehret, noch sich dankbar gegen ihn bewiesen; daß sie den einzigen wahren GOtt, den Schöpfer aller Dinge, nicht bekennet, noch angebethet, sondern sich gegen ihn empöret, und den aus ihren eigenen eiteln Einbildungen entstandenen Götzen, Holz, und Steinen, den vergänglichen Bildern vergänglicher Dinge, gedienet hätten.

Daß, da sie also die ihrem rechtmässigen HErrn schuldige Treue verletzet, und sich meineidiger Weise in den Dienst anderer Götter begeben, GOtt sie ebenfalls verworfen, schändlichen Lüsten, und der Anführung ihres eigenen verfinsterten Herzens, das sie in alle Arten von Lastern verleitete, überlassen habe.

Daß, da solcher Gestalt beyde Juden, und Heyden, Sünder sind, und vor GOtt des Ruhmes mangeln, GOtt, durch die Sendung seines Sohnes JEsu Christi, sich als der Juden, und Heyden, GOtt bewiesen habe; indem er die Beschnittenen, und die Unbeschnittenen, durch den Glauben rechtfertige, so daß alle, die da glauben, umsonst, durch seine Gnade gerecht würden.

Daß, obgleich die Rechtfertigung zum ewigen Leben einzig aus Gnaden, durch den Glauben an JEsum Christum, erlanget würde, wir dennoch aus allen unsern Kräften uns aufrichtig der Gerechtigkeit befleisigen, und dem göttlichen Gesetze (*) von Herzen gehorchen müßten, als wodurch wir Knechte GOttes würden: denn, desjenigen, dem wir gehorchten, Knechte wären wir, es möchte der Sünde zum Tode, oder der Gerechtigkeit zum Leben, seyn.

Dieß

(*) Locke sagt: den Gesetzen des Evangelii. Man wird aber diesen Ausdruck nirgends in den Episteln Pauli, so wenig als in den übrigen Büchern der heiligen Schrift, finden: so wie er an sich selbst Lockens irrigen Begriff von dem Amte Christi zum Grunde hat.

Dieß sind nur einige der allgemeinsten, und kürzesten, Hauptstücke der christlichen Lehre, die sich in dieser Epistel finden. Der Endzweck einer Einleitung erlaubet mir nicht, mich umständlicher in die besondern Theile derselben einzulassen: nur dieß will ich sagen, daß, wer einen weitläuftigen Abriß von dem wahren Christenthume sucht, wohl thut, wenn er fleißig in dieser Epistel studiert (*).

Verschiedene Ermahnungen nach Beschaffenheit des Zustandes, in welchem sich die Christen zu Rom befanden, machen den letzten Theil dieses Briefes aus.

Er ist übrigens von Korinth im Jahre Christi, 57, nach der gemeinen Zeitrechnung, und im dritten Jahre der Regierung des Nero, ein wenig nach der zwoten Epistel an die Korinther, geschrieben.

(*) Aus allem, was Locke in dieser Einleitung saget, und ich dagegen erinnert habe, ist so viel deutlich, daß er den wahren Inhalt dieser Epistel, wegen seiner Vorurtheile, nicht habe suchen, noch finden, wollen. Sonst würde, denselben seinen Lesern zu entdecken, ihm nicht schwer, und manche gezwungene, oder gar grundirrige, Umschreibung, und Anmerkung, ersparet worden seyn. Denn, Paulus entdecket gleich im Eingange seinen Endzweck, und wovon er reden wolle, selber. Er schreibet Cap. I. V. 11. er wünsche, persönlich nach Rom zu kommen, um auch allda das Evangelium zu predigen, V. 13–15. er sey aber daran bisher verhindert worden. Was er also zur Zeit nicht persönlich thun kann, das thut er schriftlich, und liefert in diesem Briefe den ganzen Inhalt des Evangelii von Cap. I. 16–XI. Es ist GOttes Kraft, und wirket, als solche, den Glauben, und machet die Gläubigen selig, V. 16. Denn, es führet den Menschen zur wahren Gerechtigkeit, in welcher er vor GOttes strengem Gerichte bestehen kann, V. 17. Dieß ist die Wahrheit, die Paulus in den angezeigten Capiteln, als dem theoretischen Theile dieses Briefes, abhandelt. Damit sie desto deutlicher werde, zeiget er von Cap. I. 18–III. 20. daß ausser der Gerechtigkeit des Glaubens, welche das Evangelium lehret, schlechterdings keine Gerechtigkeit für die Menschen, so wohl Juden, als Heyden, weder ohne Gesetz, noch durch das Gesetz, möglich sey. Und nun fängt er erst Cap. III. 21. an, von der Gerechtigkeit des Glaubens, oder der Rechtfertigung aus dem Glauben, umständlicher zu reden. Ich werde bey Gelegenheit der lockischen Abschnitte von allen Theilen dieser Epistel genauer handeln können.

Erster Abschnitt.

Cap. I. Vers 1 — 15.

Enthält den Eingang, nebst der Entdeckung seines Verlangens, die Römer zu sehen.

Paraphrastische Erklärung.

1. Paulus, ein Knecht JEsu Christi, berufen (1) zum Apostel, ausgesondert (2) zur Predigt des Evangelii GOttes,

2. (welches er durch seine Propheten in der heiligen Schrift vorher verheissen hat),

3. von seinem Sohne JEsu Christo, unserm HErrn, welcher dem Fleische nach, d. i. in Ansehung der menschlichen Natur, die (*) er in dem Leibe der gebenedeyeten Jungfrau, seiner Mutter, angenommen hat, von den Nachkommen, und dem Geschlechte Davids (3) ist,

4. aber

Text.

1. Paulus, ein Knecht JEsu Christi, berufen zum Apostel, ausgesondert zu predigen das Evangelium GOttes,

2. (Welches er zuvor verheissen hat durch seine Propheten, in der heiligen Schrift)

3. von seinem Sohn, (der gebohren ist von dem Saamen David nach dem Fleisch,

4. Und

(1) Berufen. Die Art, wie S. Paulus berufen wurde, siehe Apost. Gesch. IX. 1-22.

(2) Ausgesondert, s. Apost. Gesch. XIII. 2.

(*) Locke schreibt: in Ansehung des Leibes, den er ——. Da aber der Leib nicht allein einen Menschen ausmacht, und Locke doch gewiß Christum für einen wahren Menschen hält; so habe ich die Umschreibung wohl mit Recht geändert. Sie lehret uns indessen so viel, daß Locke unserm HErrn Christo entweder keine wahre menschliche Seele zugestanden, oder, was er von seiner Person halten soll, selbst nicht gewußt habe. S. die Anmerkung über V. 4.

(3) Davids. Er würde also auch unter diesem Hause, und Geschlechte, so gut, als seine Mutter, und sein vermeynter Vater, seyn eingeschrieben worden, wenn zu seiner Zeit noch eine zwote Schatzung gewesen wäre. S. Luc. II. 4. Matth. XIII. 55.

4. Und kräftiglich erweiset ein Sohn GOttes, nach	4. aber (*) nach dem Heiligen Geiste, den er, kraft seiner Auferstehung von den Todten,

(*) Ich habe hier, statt Lockens Umschreibung, mit Vorbedacht eine andere gesetzet. Denn, er umschreibt, seinen Vorurtheilen, und Irrthümern, zu Folge, so, daß man bey aufmerksamer Betrachtung seiner Worte endlich nicht weiß, was er sagen will. Seine Worte lauten also: „aber nach dem Heiligen Geiste, d. i. „nach demjenigen reinern, und geistigern, Theile, welcher in ihm alles regierete, „und selbst sein schwaches Fleisch heilig, und auch von den geringsten Sündenflecken „rein, erhielt, und von einem andern Ursprunge war, mit der allergrößten Macht, „daß er der Sohn GOttes sey, durch seine Auferstehung von den Todten, geoffen„baret worden ist.“ Man siehet an dieser Umschreibung sogleich beym ersten Anblicke, 1. daß sie völlig willkührlich ist, und, an statt den griechischen Text, welchem unsere lutherische Uebersetzung fast von Buchstaben zu Buchstaben folget, zu erklären, bloß ihres Urhebers eigene Meynung vorträgt. Denn, wo stehen im Texte die Worte: nach demjenigen reinern ——— von einem andern Ursprunge war; oder, wie kann aus dem Sprachgebrauche der heiligen Schrift bewiesen werden, daß πνεῦμα ἁγιωσύνης, der Heilige Geist, oder der Geist, der da heiliget, dieses bedeute? 2. aber hänget auch diese Umschreibung nicht mit sich selber zusammen, sondern widerspricht sich auf mehr, als eine, Weise. Denn, α. was ist der reinere, und geistigere, Theil Christi, welcher in ihm alles regierte? u. s. w. Der Heilige Geist kann es nicht seyn; weil dieser kein Theil Christi ist. Ist es also seine menschliche Seele, oder seine göttliche Natur? Wenn es seine menschliche Seele ist, so kann dadurch nicht bewiesen werden, daß er der Sohn GOttes sey, wenn er gleich von den Todten auferstanden ist. Denn, es sind mehrere Menschen von den Todten auferstanden; und es ist kein richtiger Schluß: Christus hat eine menschliche Seele, die ohne Sünde ist, und ist von den Todten auferstanden; also ist er der Sohn GOttes. Soll aber dieser reinere, und geistigere, Theil die göttliche Natur Christi anzeigen; so sind die von Locken davon gebrauchten Ausdrücke viel zu geringe, und zweydeutig, sie zu beschreiben: weil es gar keine Vergleichung ist, eine göttliche Person reiner, und geistiger, als den menschlichen Leib, zu nennen. Eine jede menschliche Seele ist schon reiner, und geistiger, als der Leib. Man kann auch der göttlichen Natur Christi in strengem Verstande keinen Ursprung (Extraction) zuschreiben; wie gleichwohl in der Paraphrase stehet. Es scheinet also Locke entweder mit Fleis so geredet zu haben, daß man ihn nicht verstehen sollte: oder, er will doch durch diesen reinern, und geistigern, Theil Christi bloß seine Seele anzeigen; und fällt dadurch in die nur so angezeigte unauflösliche Schwierigkeit. Gesetzt aber, daß er auf gut socinianisch das Wort GOtt, wenn er es von Christo, als dem Sohne GOttes, brauchet, in einem uneigentlichen Verstande nähme: so hat er einmal den längst erwiesenen Sprachgebrauch der Worte Sohn GOttes, da sie, von Christo gebraucht, einen Sohn nach der ewigen Zeugung, und also im eigentlichen Verstande, anzeigen, wider sich; und sodenn wird Paulus dadurch ein seichter Scribent, der hier einen schlechten Gegensatz, und noch schlechtern Schluß, machet. Christus stammet nach seiner menschlichen Natur aus den Nachkommen Davids ab. Ist nun sein reinerer, und geistigerer, Theil seine menschliche Seele, so fehlet hier der Gegensatz, der ihn als den Sohn GOttes beweisen soll. Eine menschliche Seele, und, wenn sie auch von GOtt unmittelbar

Todten, ausgegossen hat, als der Sohn GOttes nach dem Geist, der da heili-

geschaffen, und mit noch so hohen Vorzügen begabet ist, bleibet doch eine menschliche Seele. Was hat also Christus vor dem ersten Menschen Adam voraus, der ebenfalls eine von GOtt unmittelbar geschaffene Seele, so wie einen von GOtt geschaffenen Leib, hatte, mit dem göttlichen Ebenbilde, und also mit so vielen Geisteskräften, als ihm GOtt nach seinem damaligen Zustande geben konnte, versehen war? Wo bleibet hier der Gegensatz? In Ansehung des Leibes ist Christus ein Sohn Davids, in Ansehung der mit sehr hohen Vollkommenheiten begabten Seele, nach Lockens Meynung, ein Sohn GOttes. Kann er denn ohne Seele der Sohn Davids seyn? Machet nur sein Leib allein seine wahre menschliche Natur aus? oder muß er auch eine wahre menschliche Seele dazu haben? Es fehlet auf diese Weise wirklich der Grund, aus welchem Christus der Sohn GOttes heissen kann; weil er Davids Sohn, ohne wahren menschlichen Leib, und eine wahre menschliche Seele, zu haben, nicht mag genennet werden, und also nach der angenommenen Hypothese nichts übrig bleibet, ihn einen Sohn GOttes zu nennen, als der Grad dieser Reinigkeit, und Geistigkeit, seiner Seele. Entweder muß nun Locke diese Reinigkeit, und Geistigkeit, als unendlich, oder als endlich annehmen. Nimmt er sie als unendlich an; so hat Christus gar keine menschliche Seele: und dieß ist wohl keines Socinianers Meynung, daß das unendliche Wesen dem Menschen Christo statt der Seele gedienet habe; denn, so wäre GOtt, nach seinem Wesen betrachtet, Mensch geworden, welches die rechtglaubige Kirche so wenig lehret, so wenig solches ein Socinianer sagt. Nimmt er sie aber als endlich an; so fehlt wieder, wie gesagt, der Grund des Gegensatzes: und Christus bleibet Davids Sohn in Ansehung des Leibes, und der Seele. So viele Verwirrungen stecken in den angeführten Worten dieser Umschreibung. Man wird mehrere finden, wenn man sie weiter untersuchen will. Ich will nur noch 6. diese erwähnen, daß es heißt: dieser reinere und geistigere Theil habe Christi schwaches Fleisch heilig, und auch von den geringsten Sündenflecken rein erhalten. Was soll hier das schwache Fleisch seyn? der Leib allein? oder Leib und Seele zusammen? Man wird wieder fürs erste lauter dunkle Zweydeutigkeit, und wenn man sich aus diesen heraus helfen will, die mehresten der erst angeführten Schwierigkeiten aufs neue sehen. Ist das Fleisch der Leib allein; so ist es falsch, daß der Leib allein von der Sünde rein erhalten werden darf, oder der vornehmste Sitz der Sünde ist: ob es gleich Locke glaubt. Die Vernunft lehret es ja, daß die Seele immer zuerst sündige, und den Leib mehrentheils nur, als ihr Werkzeug, gebrauche. Ist Leib und Seele zusammen das Fleisch; so war also Christus einmal von Natur ein Sünder, wie wir: welches wider die deutlichsten Aussprüche der Schrift streitet, da er schon als das Heilige gebohren wird, Luc. I. 35. u. d. g. Und sodenn gehet aufs neue die Verwirrung an, mit der Frage: was denn also das sey, das Christum von allen Sünden rein erhalten habe? Ja, es machet 7. dieser Zusatz die Frage: was denn der reinere, und geistigere, Theil Christi seyn soll? nach Lockens Meynung, noch unauflöslicher; indem derselbige auf diese Weise seine Seele nicht seyn kann, weil Leib und Seele von der Sünde rein erhalten werden müssen, und die Seele nicht selbst der reinere Theil seyn wird, der sich, als den unreinern, von Sünden heilig, und rein, erhält. Ich glaube, daß dieß genug ist, einzusehen, daß Lockens Umschreibung nicht den geringsten Grund habe: und dieß war alles, was ich zeigen mußte.

Allein

heiliget, sint der Zeit er GOttes mit unendlicher Macht, auf das

aufer- B 2 unwie-

Allein, die Worte Pauli sind schon an sich schwer genug: wie sind sie also zu verstehen? Ich weiß, daß es in unserer Kirche nicht ungewöhnlich ist, durch das πνεῦμα ἁγιωσύνης, den Heiligen Geist, die göttliche Natur Christi zu verstehen, und sich dabey auf 1 Petr. III. 18. zu berufen. Es ist aber dabey, wie mich dünkt, die Schwierigkeit, daß man zwar einsiehet, warum Christi göttliche Natur πνεῦμα heisset, aber nicht, warum sie gerade hier, und sonst nirgends, πνεῦμα ἁγιωσύνης, der Geist der Heiligung, oder, nach Luthero, der Geist, der da heiliget, genennet soll werden; welches ordentlich ein Name des Heiligen Geistes, der dritten Person der Gottheit, ist. Dabey dünkt mich auch dieß einer Tautologie nicht viel unähnlich zu seyn, wenn man die Stelle erkläret: Christus hat sich kräftiglich erweiset, oder, ist auf das unwidersprechlichste geoffenbaret worden, als der Sohn GOttes, nach der göttlichen Natur u. s. w. Es zweifelt ja Niemand, daß die göttliche Natur, wo sie auch ist, GOtt sey; davon ist vielmehr die Frage: ob JEsus, der in seiner Erniedrigung vielen ein blosser Mensch zu seyn schiene, GOtt und Mensch in einer Person sey? Paulus scheinet auch auf diese Weise nicht recht zu beweisen, was er nach dem Zusammenhange beweisen will. Denn, dieser Erklärung nach saget er folgendes: JEsus Christus stammt seiner menschlichen Natur nach von dem Hause Davids ab, aber nach seiner göttlichen Natur ist er durch seine Auferstehung, da er sein Leben selber wieder nahm, auf das unwidersprechlichste als der Sohn GOttes geoffenbaret worden. Ich will nicht anführen, daß nach dieser Erklärung das ἐξ durch heissen muß, welches gewiß nicht gewöhnlich ist: das aber ist doch deutlich, daß der Ausdruck: nach der göttlichen Natur noch immer überflüssig zu seyn scheinet; man mag die erst angeführte Uebersetzung nehmen, oder sie so abfassen: was aber seine göttliche Natur anbelangt, so ist er ——. Wenigstens ist der hier vorkommende Gegensatz noch immer nicht recht deutlich. Ich glaube demnach, daß alles leichter wird, wenn man mit Luthero durch das πνεῦμα ἁγιωσύνης, den Heiligen Geist verstehet, den Christus nach seiner Auferstehung seinen Jüngern ertheilet, Joh. XX. 22. und nach seiner Himmelfarth in noch reicherm Maasse ausgegossen, und wodurch er sich so gut, als durch seine Auferstehung (welchen Beweis für die Gottheit Christi deswegen Niemand läugnet) als den Sohn GOttes bewiesen hat. So hat der Text den ungezwungensten Verstand. Christus ist aus dem Stamme Davids, nach der menschlichen Natur: er ist aber als der Sohn GOttes mit unendlicher Kraft (oder, welches am Ende einerley ist: der allmächtig ist, und unendliche Kraft besitzet) auf das unwidersprechlichste geoffenbaret worden, durch den Heiligen Geist, dessen Ausgiessung eine Frucht seiner Auferstehung von den Todten ist. Diesen Verstand unserer Stelle hat der s. Lutherus nicht nur in der deutschen Uebersetzung angezeiget, sondern auch hin und wieder in seinen Werken vorgetragen, z. E. T. I. f. 742. b. T. II. f. 736. a. T. V. f. 1156. a. T. VII. f. 225. a. der altenburgischen Theile. Es erkennet solchen auch Winkelmann in seinen Disputationen über diese Epistel. Alles kommt kurz darauf an, daß JEsus den Heiligen Geist nicht hätte senden können, daß er von ihm zeugte, und ihn verklärte, wenn er nicht GOttes Sohn wäre. Diese Erklärung hebet den Beweis der Gottheit Christi aus seiner Auferstehung so wenig auf, daß er solchem vielmehr eine neue Stärke giebt. Die Auferstehung von den Todten ist der erste augenscheinliche, und selbst dem sinnlichen Menschen begreifliche,

unwiedersprechlichste, geoffenbaret (4) worden ist,

auferstanden ist von den Todten) nämlich JEsus Christus unser HErr,

5. von welchem ich Gnade erlanget, und das Amt eines Apostels empfangen habe, daß ich die Heyden überall zum Gehorsam des Glaubens, den ich in seinem Namen predige, bringen soll;

5. (Durch welchen wir haben empfangen Gnade, und Apostelamt, unter allen Heyden den Gehorsam des Glaubens aufzurichten unter seinem Namen.

6. und unter dieser Anzahl, d. i. unter den Heyden, welchen ich, zu predigen, gesandt bin, seyd auch ihr, die ihr bereits berufen (5), und Christen worden seyd:

6. Welcher ihr zum Theil auch seyd, die da berufen sind von JEsu Christo.)

7. Allen von GOtt Geliebten (6), und zu Heiligen Berufenen, die zu Rom sind. Gnade, und Friede, sey euch von GOtt unserm Vater, und dem HErrn JEsu Christo.

7. Allen, die zu Rom sind, den Liebsten GOttes, und berufenen Heiligen: Gnade sey mit euch, und Friede von GOtt, unserm Vater, und dem HErrn JEsu Christo.

8. Zuvör-

8. Auf-

liche, Beweis der Gottheit Christi (denn, seine ewige Zeugung ist unbegreiflich: das aber ist leicht einzusehen, daß, wer aus eigener Kraft von den Todten auferstehet, als der Bürge und Mittler des menschlichen Geschlechtes, kein blosser Mensch seyn kann): die Ertheilung und Ausgiessung des Heiligen Geistes, so wohl nach seinen Heiligungsgaben, als nach seinen Wundergaben in der ersten Kirche, ist der andere.

(4) Offenbaret, drucket allein das griechische Wort ὁρισθέντος nicht vollkommen aus; und vielleicht läßt sich auch kein Wort finden, das demselben in dem Verstande, wie es hier der Apostel braucht, vollkommen ähnlich ist. Ὁρίζειν bedeutet eigentlich: durch Gränzen bestimmen, einschränken, umschreiben, wie man sinnliche Dinge durch Figuren entwirft, und bestimmt, daß man sehe, von welcher Art sie seyen, und sie von andern unterscheiden könne. So giebt S. Paulus die Auferstehung Christi von den Todten (und die Ausgiessung des Heiligen Geistes), als das erhabenste, und deutlichste, Merkmaal an, wodurch er, als der Sohn GOttes, gewiß erkennt, und bestimmet wird.

(5) Um hier den rechten Zusammenhang der Rede S. Pauli einzusehen, muß man alles, was nach unserm HErrn, in der Mitte des 3ten Verses bis zu Anfange des 7ten, stehet, als einen Zwischensatz lesen.

(6) Berufen von JEsu Christo, berufene Heiligen, Liebste GOttes, v. 6. und 7. sind nur verschiedene Benennungen derer, die sich zum Christenthume bekennen, (und also von GOtt wirklich berufen sind).

8. Aufs erste danke ich meinem GOtt, durch JEsum Christ, eurer aller halben, daß man von eurem Glauben in aller Welt saget.

8. Zuvörderst danke ich meinem GOtt für euch alle, durch JEsum Christum, daß man von eurem Glauben in der ganzen Welt redet.

9. Denn, GOtt ist mein Zeuge, welchem ich diene in meinem Geist am Evangelio von seinem Sohn, daß ich ohn Unterlaß eurer gedenke,

9. Denn, GOtt, welchem ich aus allen Kräften meines Geistes, durch die Predigt des Evangelii von seinem Sohne, diene, ist mein Zeuge, daß ich unablässig eurer in meinem Gebethe gedenke,

10. Und allezeit in meinem Gebeth flehe, ob sichs einmal zutragen wollte, daß ich zu euch käme durch GOttes Willen.

10. und ihn beständig anflehe, daß er mir endlich, wenn es sein Wille wäre, doch nunmehr eine gute Gelegenheit bescheere, zu euch zu kommen.

11. Denn, mich verlanget euch zu sehen, auf daß

11. Denn, ich habe ein Verlangen, euch zu sehen, damit ich euch eine geistliche Gabe (7) zur

(7) Geistliche Gabe. Wer diese geistlichen Gaben genauer kennen will, darf nur 1 Korinth. XII. lesen (a).

(a) Es ist ganz richtig, daß hier geistliche Gaben erzählet werden: sie machen aber den ganzen Inbegriff der geistlichen Gaben, da es lauter ausserordentliche, und Wundergaben sind, nicht allein aus; ungeacht ich nicht läugnen will, daß Paulus hier eine, oder die andere, solcher Gaben unter der geistlichen Gabe, die er den Römern ertheilen will, mit verstehen kann. Das Wort χάρισμα hat gar eine weitläuftige Bedeutung, und begreifet alles, was GOtt dem Menschen, ohne seine Verdienst, um Christi willen, Gutes erzeiget. So wird es Röm. V. 15. u. ff. der Zurechnung des Falles, und seinen Folgen, entgegen gesetzet, und bedeutet die Zurechnung des Verdienstes JEsu Christi, und dessen Wirkungen. Man verstehet hier also unter der geistlichen Gabe am besten überhaupt alles, was Paulus bey seiner Gegenwart zu Rom persönlich, und mündlich, zur Vermehrung, und Stärkung, des Glaubens der dasigen Christen beytragen konnte; folglich genauern, und vollständigern, Unterricht in den evangelischen Wahrheiten, Auflösung mancher Zweifel, die ihnen, als Neulingen im Christenthume, noch ankleben konnten, Hebung der Aergernisse, die sie verwirren mochten, exemplarische Anweisung zu einem dem Evangelio würdigen Wandel, gute Einrichtung ihrer äusserlichen Kirchenverfassung u. d. g. die Wundergaben nicht ausgeschlossen. Alles, was in diesem Stücke Paulus unter den Römern durch seine Gegenwart Gutes stiften konnte, war in Ansehung seiner Wirkungen, und seines Ursprunges, ein Gnadengeschenk GOttes; und da es nichts Leibliches betraf, eine geistliche Gabe, die folglich zur Stärkung ihres Glaubens diente.

zur Stärkung (8) in eurem Glauben mittheile:

12. Das

daß ich euch mittheile etwas geistlicher Gabe, euch zu stärken:

12. Das

(8) Stärkung. Die Juden waren die Verehrer des wahren GOttes, und nun so viele Jahrhunderte durch sein Volk gewesen. Dieß konnten die Christen nicht läugnen. Diesem nach konnten sie die bekehrten Heyden gar leicht überreden, daß der Messias allein dem jüdischen Volke verheissen, und gesendet worden, sey, und die Heyden keinen Anspruch auf ihn machen, noch eine Wohlthat von ihm hoffen, könnten; oder, wenn sie ja etwas von ihm geniessen sollten, an die Beobachtung des mosaischen Gesetzes gebunden wären, welches den von GOtt seinem Volke vorgeschriebenen Dienst erklärte. Dieß gab an verschiedenen Orten den bekehrten Heyden einen gewaltigen Anstoß. S. Paulus gehet, wie wir schon bemerket haben, in dieser Epistel damit um, daß er beweiset, der Messias seye so gut für die Heyden, als für die Juden, bestimmt, und es werde, um seiner Wohlthaten theilhaftig zu werden, weiter nichts, als der Glaube, erfordert. Diesem nach wünschet er gleich im Eingange dieser Epistel Gelegenheit, nach Rom zu kommen, damit er ihnen einige Wundergaben des Heiligen Geistes mittheilen (a), und sie dadurch in dem rechten Begriffe vom Christenthume gegen alle Angriffe der Juden, die sie entweder von den Vorrechten desselben ausschliessen, oder unter das mosaische Gesetz bringen wollten, fest setzen möchte. Eben so drucket S. Paulus Coloss. II. 7. seine Sorgfalt aus, daß die Colosser im Glauben feste werden möchten; und der ganze Zusammenhang zeiget, daß er sich dem Judenthume widersetze (b).

(a) Wie die Wundergaben das einzige, oder hauptsächlichste, oder nächste, Mittel zur Stärkung des Glaubens seyen, wird Niemand begreifen, der die Sache etwas genauer überlegt. Auf diese Weise könnte heut zu Tage, da es keine Wundergaben mehr giebt, Niemand im Glauben gestärket werden. Sie waren, wie aus 1 Korinth. XII -- XIV. zu sehen ist, Misbräuchen unterworfen, und sollten, nach 1 Korinth. XIII. 13. aufhören, wenn Glaube, Hofnung, und Liebe, bleiben würden. Sie müssen also nicht schlechterdings zur Erlangung, Erhaltung, und Stärkung, des Glaubens nöthig seyn. Sie dienten in der ersten Kirche zu Beweisen der göttlichen Sendung der Apostel, und anderer Lehrer des Evangelii; sie machten Juden und Heyden auf eine Religion, die augenscheinlich von GOtt kam, aufmerksam; sie waren nöthig zu geschwinderer Fortpflanzung des Evangelii: allein, sie machten das Wesen der Religion nicht aus. Locke weiß also nicht, was zur Stärkung des Glaubens gehöret, wenn er sich einbildet, daß solche durch Ertheilung einiger Wundergaben geschehe.

(b) Wenn Locke behauptet, Paulus widersetze sich hier dem Judenthume, so ist dieß ein Traum, der durch keinen Buchstaben des Zusammenhanges bestätiget wird. Müssen die Christen, wenn sie Stärkung des Glaubens bedürfen, Streitigkeiten, mußten ins besondere die Christen zu Rom Juden zu Gegnern haben? Es waren die Juden nicht die einzigen Feinde des Christenthums; sondern die Heyden gehörten auch dazu: und gesetzt, daß Juden, und Heyden, den Glauben nicht anfechten; so hat er am Teufel, der Welt, Fleisch und Blut, Feinde genug, wider welche er Stärkung braucht. Diese wünschte also Paulus

den

12. Das ist, daß ich sammt euch getröstet würde, durch euren und meinen Glauben, den wir unter einander haben.

13. Ich will euch aber nicht verhalten, lieben Brüder, daß ich mir oft habe vorgesetzt zu euch zu kommen (bin aber verhindert bisher): daß ich auch unter euch Frucht schaffete, gleichwie unter andern Heyden.

14. Ich bin ein Schuldner beyde der Griechen und der Ungriechen, beyde der Weisen und der Unweisen.

15. Dar-

12. Das ist (9), damit ich, wenn ich bey euch bin, nebst euch, durch unsern gemeinschaftlichen Glauben, so wohl durch den eurigen, als meinen eigenen, möge noch mehr ermuntert werden.

13. Allein, ich muß es euch, meine Brüder, melden, daß ich bisher gehindert worden bin, so oft ich mir vorgenommen habe, zu euch zu kommen, um auch unter euch, so wie unter andern Heyden, mit meinem Amte einen Nutzen zu stiften.

14. Ich bin alles schuldig, was ich allen Gattungen von Heyden, Griechen und Barbarn, Gelehrten und Gesitteten, und Ungesitteten und Unwissenden, dienen kann;

15. und

den Römern, wie ich in der vorhergehenden Anmerkung erinnert habe, wenn er selbst zu Rom wäre, durch seinen unermüdeten Fleis im Lehren, Ermahnen, Strafen, Trösten, verschaffen zu können.

(9) Das ist. S. Paulus hatte in dem vorhergehenden Verse gesaget, daß er, nach Rom zu kommen, wünsche, um die Römer in ihrem Glauben zu stärken. In diesen Worten, das ist, erkläret, oder, widerrufet er vielmehr gewisser massen dieses, damit er nicht das Ansehen haben möchte, als glaubte er, sie seyen noch nicht hinlänglich im Glauben unterrichtet, oder befestiget, und stellet die Absicht, um welcher willen er zu ihnen zu kommen wünschet, so vor, daß sie sich wechselweise über ihren gemeinschaftlichen Glauben erfreuen wollten, wenn sie zusammen kämen, und einander kennen lernten (a).

(a) Es war auch in der That eine Sache, worüber sich der Apostel freuen konnte, und wodurch er in seinem Amte noch freudiger, und eifriger, werden mußte, wenn er die schöne Verfassung der römischen Kirche, und die Erkenntniß, den Glauben, die Liebe, dieser Christen, die er nicht selbst unterrichtet, und bekehret hatte, als ein Augenzeuge kennen lernte. Hier mußte er noch kräftiger, und lebendiger, von der unendlichen Kraft des Evangelii, das auch ohne Wunder bekehret, überzeuget werden; und hier konnte er wahrnehmen, daß Christus durch dasselbe sein Leben beweise, und die Schwachheit seiner Lehrer dessen göttliche Wirkungen nicht hindere. Denn, zu Rom war der erste Anfang des Christenthums nicht einmal von einem Apostel, sondern nur von gemeinen Christen, gemachet worden. Da sahe Paulus also augenscheinlich, daß er nicht umsonst liefe, noch gelaufen hätte, Galat. II. 2.

15. und so bin ich auch, so viel an mir liegt, bereitet, euch Römern ebenfalls das Evangelium zu predigen.

15. Darum so viel an mir ist, bin ich geneigt, auch euch zu Rom das Evangelium zu predigen.

Zweeter Abschnitt.

Cap. I. Vers 16 — II. 29.

S. Paulus zeiget in diesem Abschnitte, daß sich die Juden des Rechtes, GOttes Volk zu heissen, aus eben den Gründen selbst verlustig machen, aus welchen sie die Heyden nicht dafür erkennen wollen (*).

Er handelt aber diese den Juden so unangenehme Materie, daß die Heyden so gut, als sie, das Recht hätten, unter dem Messias GOttes Volk zu werden, als den Hauptinhalt dieser Epistel, ohne dadurch die Juden zu beleidigen, so künstlich ab, daß man sich nicht genug darüber wundern kann.

Er schildert zwar in dem letzten Theile dieses ersten Capitels die Heyden mit sehr schwarzen Farben ab: allein, er flicht zugleich so geschickt eine Vertheidigung für sie, in Absicht auf die Juden, ein, daß dieses hochmüthige Volk

(*) Wer diesen ganzen Abschnitt durchliest, und vollend bis Cap. III. 20. fortfähret, wird kein Wort davon finden, daß Paulus zeige, die Juden machten sich aus eben den Gründen des Rechtes, GOttes Volk zu seyn, verlustig, aus welchen sie die Heyden nicht dafür erkennen wollten; und eben so wenig wird sich die geringste Spur einer Vertheidigung der Heyden entdecken lassen. Dieß aber ist deutlich, daß der Apostel bis Cap. III. 20. beweiset, daß Juden, und Heyden, Sünder, GOttes Zorn, und der ewigen Verdammniß, schuldig seyen. Diesen Ausspruch thut er Cap. I. 18. überhaupt von allen Menschen, und beweiset 1. daß, besonders die Heyden, die natürliche Erkenntniß GOttes nicht zur Ehre GOttes angewendet, V. 19. 20. 21. 22. sondern aufs schändlichste misbraucht, V. 23. und sich dadurch, aus gerechtem Gerichte GOttes V. 24. 26. in das allerverdammlichste Leben gestürzet hätten, V. 24–32. Er zeiget 2. daß wenn auch einige von Heyden, oder Juden, die erzählten heydnischen Laster misbilligten, sie solches noch nicht vor GOtt gerecht mache, Cap. II. 1–16. Er kommt 3. auf die Juden insbesondere, und weiset, wie sie bey allem Rühmen, und Trotzen, auf das Gesetz, so gut Sünder seyen, als die Heyden, V. 17–29. Er widerleget 4. den Einwurf, daß also die Beschneidung vergeblich seyn müsse, wenn auch die Juden Sünder seyen, und zeiget den wahren Nutzen derselben, Cap. III. 1–8. und beweiset 5. noch einmal aus deutlichen Stellen der Schrift, daß die Juden nicht vor GOtt gerecht seyen, V. 9–20.

Volk nothwendig alle seine Ansprüche auf das Recht, ferner allein GOttes Volk, mit Ausschliessung der Heyden, zu heissen, mußte fahren lassen. Dieß wird man gewahr werden, wenn man das, was er von Juden und Heyden erzählet, aufmerksam liest, und dabey Achtung giebt, wie das, was er im zweyten Capitel von den Juden sagt, sich auf das beziehet, was er in dem ersten den Heyden zur Last geleget hatte. Denn, er vergleichet sie, durch diese zwey ganze Capitel, mit einander, ohne es zu sagen; und so bald man dieses in Acht nimmt, so bald bekommt S. Pauli Vortrag so viel Licht und Schönheit, daß man die darinnen liegende Kunst nicht genug bewundern kann, und ihn, im Ganzen betrachtet, nothwendig für den feinsten, schönsten, und dringendesten Beweis, der möglich ist, erkennen muß: massen er den Juden dafür, daß sie noch ferner, auch unter dem Evangelio, allein GOttes Volk seyn müßten, gar nichts zu sagen übrig läßt. Alles, worauf sie sich verlassen, und wessen sie sich rühmen, giebt ihnen in dieser Absicht vor den Heyden keinen Vorzug; und also auch keinen Grund, dieselben für untüchtig, oder unwürdig, zu erklären, ihre Mitgenossen im Reiche des Messias zu werden (*). So saget er, wenn er von ihnen überhaupt, als von einem ganzen Volke, redet. Betrachtet er aber einen jeden Menschen, in Ansehung seines künftigen Zustandes, insbesondere, so versichert er beyde Juden und Heyden, daß beyder Sünden, sie mögen in der sichtbaren Gemeinschaft mit dem Volke GOttes seyn begangen worden, oder nicht, die Verdammniß verdienen. Welche ohne Gesetz gesündiget haben, die werden auch ohne Gesetz verlohren werden; und welche am Gesetz gesündiget haben, die werden durchs Gesetz verurtheilet werden (**).

Vielleicht sehen es einige Leser nicht für überflüssig an, wenn ich in einem kurzen Entwurfe zeige, wie S. Paulus der Juden Verbitterung (***) gegen die Heyden zu dämpfen, und ihren Anstoß an dem Evangelio, das die Heyden ebenfalls zu dem Volke GOttes unter dem Messias zählet, zu heben, suchet.

Nachdem er erkläret hat, daß das Evangelium die Kraft GOttes sey, diejenigen, welche glauben, selig zu machen, zuvörderst die Juden, aber auch die Heyden; und daß man auf diesem zur Seligkeit geoffenbarten Wege die Gerech-

(*) S. die vorhergehende Anmerkung.

(**) Auch hievon hat der Text nichts, daß Paulus Juden, und Heyden, einmal als ganze Völker, und hernach nach einzelnen Personen, betrachte. Unter Juden, und Griechen, als den allgemeinsten Namen der Menschen seiner Zeit, bezeichnet er ordentlich alle Menschen; s. Röm. X. 12. 1 Korinth. XII. 13. Galat. III. 28. u. s. w.

(***) Da diese Verbitterung in gegenwärtigem Falle noch nicht bewiesen ist; so ist auch Lockens sich darauf beziehende Bemühung überflüssig, und unglücklich.

Gerechtigkeit, die vor GOtt gilt, und aus dem Glauben kommt, erhalte: so saget er, daß nun (*) auch der Zorn GOttes gegen alle Gottesläugnung, Vielgötterey, Abgötterey, und alle Laster der Menschen, welche die Wahrheit in Ungerechtigkeit aufhalten, offenbar sey; weil die Heyden durch die sichtbaren Werke der Schöpfung zur Erkenntniß des wahren GOttes gelangen konnten, und also ohne Entschuldigung wären, da sie sich von dem wahren GOtte zur Abgötterey, und von seinem Dienste zur Verehrung der falschen Götter, gewendet, und dabey so verfinsterte Herzen hätten, daß sie ohne GOtt in der Welt lebten. Deswegen habe sie auch GOtt in schändliche Lüste, und alle Arten von Lastern, dahin gegeben; und in diesem Zustande wüßten sie nach dem Lichte der Natur zwar sonst, was recht, oder unrecht, sey, sähen aber gleichwohl nicht ein, daß besagte Laster den Tod verdienten, und begiengen sie nicht nur selbst, sondern straften sie auch an andern nicht, und giengen vertraut, und gerne, mit denen um, die sie begehen. Hierauf sagt er den Juden, daß sie noch weniger, als die Heyden, zu entschuldigen wären; deswegen, weil sie eben das an den Heyden straften, verdammten, und verabscheueten, was sie selbst mit Vorsatze, und Lust, begiengen. Ihr Richten (**) und Urtheilen sey in diesem Falle ungerecht, und böse: GOttes Urtheil aber sey allezeit gerecht, und gut; und diesem würden gewiß diejenigen nicht entgehen, welche andere um solcher Sünden willen, deren sie selber schuldig sind, verdammen, und nicht bedenken, daß sie GOttes Güte zur Busse leite. Denn, GOtt werde an dem grossen Gerichtstage einem jeden nach seinen Werken geben; nämlich denen, die mit Geduld in guten Werken beharren, das ewige Leben, denen aber, die nur andere richten, hochmüthig, und zänkisch, sind, und dem Evangelio nicht gehorchen, Ungnade, und Zorn, sie mögen Juden, oder Heyden, seyn. Denn, GOtt mache unter beyden keinen Unterschied. Du, der du ein Jude bist, fähret er fort, rühmest dich, daß GOtt dein GOtt sey, und daß er dich durch sein Gesetz, welches er selbst vom Himmel gegeben hat, erleuchtet, und von dem, was gut ist, und zum Leben führet, so wohl, als von dem, was böse ist, und den Tod mit sich bringet, unterrichtet habe. Verunehrest, und reizest du, also, wenn du das Gesetz übertrittst, GOtt nicht mehr, als ein armer Heyd, der GOtt nicht erkennet, noch weiß, daß das, was er thut, den Tod verdiene? wird nicht derselbe,

(*) Dieß ist falsch, daß nun, unter dem Evangelio, der Zorn GOttes offenbar werde. S. unten die 9te Anmerkung.

(**) Diejenigen, welche Cap. II. 1. 3. andere richten, und verdammen, sind nach Pauli Worten nicht Juden, sondern Menschen. Es gehören die Juden auch darunter. Indessen sind sie es nicht allein. Und folglich ist falsch, was Locke daraus von ihrer Verbitterung gegen die Heyden schlüßt.

derselbe, wenn er nach dem Lichte der Natur das, was dem geoffenbarten Gesetze GOttes gemäß ist, vollbringet, dich richten, und verdammen, der du dieses Gesetz durch Offenbarung von GOtt empfangen hast, und nicht beobachtest? Soll nicht dieses eher, als die Beschneidung, einen Israeliten ausmachen? Denn, der ist kein Jude, d. i. einer von GOttes Volk, der nur auswärtig am Fleische beschnitten, aber inwendig am Herzen unbeschnitten ist.

Text.	Paraphrastische Erklärung.
16. Denn, ich schäme mich des Evangelii von Christo nicht: denn, es ist eine Kraft GOttes, die da selig machet alle, die daran gläuben; die Jüden vornehmlich, und auch die Griechen.	16. Denn, ich schäme mich nicht, das Evangelium von Christo selbst zu Rom, in der Hauptstadt der ganzen Welt, zu predigen. Denn, es ist, was auch immer dieses eitle, und hochmüthige, Volk (die Welt) davon (1) denken mag, diejenige Lehre, in welcher GOtt sich selber offenbaret, und durch welche er seine Macht (2) zur Seligkeit derer, die da glauben, beweiset, zuvörderst (3) an den Juden, aber auch an den Heyden.
17. Sintemal darinnen offenbaret wird die Gerechtig-	17. Denn, es wird darinnen die Gerechtigkeit (4), welche die unverdiente Gnade GOttes ist,

(1) S. V. 22. und 1 Korinth. I. 21.

(2) S. Ephes. I. 19.

(3) Zuvörderst. Den Juden wurde das Evangelium zuerst geprediget, und sie werden immer als diejenigen betrachtet, auf welche zuerst darinnen gesehen wird (a). S. Luc. XXIV. 47. Matth. X. 6. XV. 24. Apost. Gesch. XII. 46. XVII. 2.

(a) Nämlich, wie es Paulus selbst Röm. XV. 8. erkläret, um der Wahrheit willen GOttes, zu bestätigen die Verheissung, den Vätern geschehen. So oft, durch so viele Jahrhunderte, auf so vielerley Arten, hatte GOtt nicht nur den Erzvätern, sondern auch dem ganzen israelitischen Volke verheissen, daß aus Zion ein Erretter kommen sollte, daß er sein gefangen Volk erlösen, die zerfallene Hütte Davids wieder aufrichten, ihnen den König David senden wollte u.s.w. daß diese Verheissungen nothwendig durch die genaueste Erfüllung mußten bestätiget, und also der Messias, und seine Gnade, zuerst den Juden angebothen werden.

(4) Δικαιοσύνη Θεοῦ, die Gerechtigkeit GOttes, (die Gerechtigkeit, die vor GOtt gilt;) heisset sie, weil sie eine Gerechtigkeit ist, zu deren Erwerbung GOtt das Mittel

ist (die JEsus Christus erworben (*) hat), geoffenbaret, daß sie einzig und allein aus dem Glauben (5) komme; wie geschrieben stehet: **Der Gerechte wird seines Glaubens leben.**

rechtigkeit, die vor GOtt gilt, welche kommt aus Glauben in Glauben, wie denn geschrieben stehet: Der Gerechte wird seines Glaubens leben.

18. Und

18. Denn,

Mittel erfunden hat, und die auch GOtt allein mittheilet (a). GOtt ist es, der da rechtfertiget, Cap. III. 21–24. 26. 30. VIII. 33. Von dieser Gerechtigkeit saget S. Paulus Phil. III. 9. also: daß ich nicht habe meine Gerechtigkeit, die aus dem Gesetz, sondern die durch den Glauben an Christum kommt, nämlich die Gerechtigkeit, die von GOtt dem Glauben zugerechnet wird.

(a) Man setze noch hinzu: weil sie wahrhaftig GOttes Gerechtigkeit ist; nicht zwar seine wesentliche, sondern die Gerechtigkeit JEsu Christi, der GOtt und Mensch in einer Person ist; und weil diese Gerechtigkeit allein von GOtt, als eine Gerechtigkeit, die ihm gefällt, und vollkommen ist, angenommen wird.

(*) **Locke hat statt dieser Worte: durch JEsum Christum geoffenbaret.** Es ist wahr, daß Christus im Evangelio uns die Gnade GOttes geoffenbaret hat: allein, es ist dieß nicht genug. Denn, er hat sie uns auch durch Thun, und Leiden, erworben, und machet uns derselben theilhaftig, Joh. I. 16. 17. Dieß ist die Ursache, warum ich diese Worte geändert habe.

(5) **Aus Glauben in Glauben.** Da hier S. Pauli Absicht ist, zu zeigen, daß weder Juden, noch Heyden, durch Werke zur Gerechtigkeit gelangen können, d. i. zu einem so vollkommenen, und genauen, Gehorsam, daß sie deswegen könnten für gerecht erkläret werden, welches er Cap. X. 3. eigene Gerechtigkeit nennet: so saget er, daß in dem Evangelio die Gerechtigkeit GOttes (die vor GOtt gilt), d. i. die Gerechtigkeit, wovon GOtt der Urheber ist, und die er als eine Gerechtigkeit von seiner eigenen Erfindung annimmt, geoffenbaret werde, daß sie komme aus Glauben in Glauben, d. i. gänzlich, von einem Ende zum andern, auf den Glauben gegründet sey. Wenn dieß nicht der Sinn dieser Redensart ist, so haben die folgenden Worte: wie geschrieben stehet, der Gerechte wird seines Glaubens leben, keinen rechten Zusammenhang. So aber haben sie eine leichte und natürliche Verbindung, auf folgende Art: wer jemals ist gerechtfertiget worden, es sey ausser dem Gesetze, oder unter dem Gesetze Mosis, oder unter dem Evangelio, der ist nicht durch die Werke, sondern allein durch den Glauben, gerechtfertiget worden, s. Gal. III. 11. welche Stelle gegenwärtige Erklärung erläutert. Die nämliche Art zu reden brauchet S. Paulus auch in andern Stellen in der nämlichen Absicht; Cap. VI. 19. zu Dienst der Ungerechtigkeit, und von einer Ungerechtigkeit zu der andern, d. i. völlig zur Ungerechtigkeit. 2 Korinth. III. 18. von einer Klarheit zu der andern, d. i. völlig klar (a).

(a) Locke hat in der Erklärung der Worte: aus Glauben in Glauben, den Nachdruck des Griechischen übersehen, das so heisset, wie es in der deutschen,

und

18. Denn, GOttes Zorn vom Himmel wird offenbaret über alles gottlose Wesen und Ungerechtigkeit der Menschen, die die Wahrheit in

18. Und es ist um so viel nöthiger, daß das Evangelium, welches die Gerechtigkeit, die von GOtt dem Glauben an JEsum Christum zugerechnet wird, offenbaret, euch Heyden geprediget werde, da [nunmehr] der Zorn GOttes vom Himmel über alle Gottlosigkeit (6), und Unge-

und englischen, Uebersetzung gegeben ist: aus Glauben, in, oder, zum Glauben, ἐκ πίστεως εἰς πίστιν, und bey dieser buchstäblichen Uebersetzung einen guten Verstand giebt. Wenn nämlich GOtt dem Glaubigen die Gerechtigkeit Christi wegen seines Glaubens zurechnet, so ist dabey die göttliche Absicht, daß der Gerechtfertigte im Glauben täglich wachse, und zunehme, bis er ein vollkommener Mann werde, der da sey in der Masse des vollkommenen Alters Christi, Ephes. IV. 13. Der Glaubige wird also um seines Glaubens willen gerechtfertiget, damit er ferner glaube; und er hat auch täglich neue Ursache, sich nicht nur wegen der Vergebung seiner Sünden mit immer stärkerm, von GOtt ihm vermehrtem, Glauben an das Verdienst Christi fester zu halten, sondern auch täglich neue Gnade mit neuen Glaubenskräften von GOtt zu hoffen, und zu erwarten, weil alle sowohl in diesem, als jenem, Leben dem Glauben verheissene Seligkeit ein Gnadengeschenk GOttes ist, das man hoffet, und noch nicht siehet. Wäre also in diesem Leben dem Gerechtfertigten nicht Glaube nöthig, sich der Kindschaft GOttes, der Erhaltung im Stande der Gnaden, des gewissen göttlichen Beystandes gegen die Versuchungen des Teufels, und der Welt, zu versichern: so wäre er schon allein zur gewissen Hofnung der Seligkeit nöthig, so lange wir im Glauben, und nicht im Schauen, wandeln. Die angeführten Schriftstellen rechtfertigen diese gemeine Lehre mehr, als die lockische. Denn, von einer Ungerechtigkeit zu der andern heisset, von einer Sünde in die andere u. s. w.

(6) ἀσέβειαν, Gottlosigkeit, scheinet die Gotteslaugnung, Vielgötterey, und Abgötterey, der Heyden in sich zu begreifen; so wie ἀδικία, Ungerechtigkeit, ihr übriges böses Verhalten, und lasterhaftes Leben. Nach diesem Unterschiede redet S. Paulus in den folgenden Versen unterschiedlich von ihnen; und ich glaube, daß man diese Worte auch in andern Theilen dieser Epistel in diesem Verstande antrift (a).

(a) Man trift sie nicht so an, sondern sie werden vielmehr in ihren Bedeutungen mit einander verwechselt. Röm. V. 7. saget Paulus, Christus sey gestorben, ὑπὲρ ἀσεβῶν. Nun ist er nicht allein für die Gotteslaugner, Abgötter, oder Heyden, gestorben. Ἀσεβὴς und ἀσέβεια muß also nicht diese Laster allein, sondern überhaupt alle Gottlosigkeit, bezeichnen; und folglich ἀδικία in unserer Stelle dem ἀσεβείᾳ nur beygesetzt seyn, um dessen Bedeutung allgemeiner, und weitläuftiger, zu machen, so daß dadurch angezeiget wird, es sey keine Sünde ausgenommen, GOtt zürne über alle.

Ungerechtigkeit, der Menschen (7), die nicht nach dem von GOtt ihnen verliehenen (8) Lichte handeln [durch JEsum Christum], geoffenbaret (9) wird.

19. Denn,

in Ungerechtigkeit aufhalten.

19. Denn,

(7) Der Menschen, d.i. aller Menschen, oder, wie in der gleich anzuführenden Stelle Apost. Gesch. XVII. 30. 31. aller Menschen, von was für einem Volke sie auch seyen. Zuvor waren Gehorsam (aus dem Glauben), und Ungehorsam, nur den Kindern Israel als Wege zum Leben, oder zum Tode (durch eine besondere göttliche Offenbarung), vorgestellet worden.

(8) Die die Wahrheit in Ungerechtigkeit aufhalten, d. i. die nicht ganz ohne Wahrheit sind, sondern nur dasjenige, was sie davon haben, nicht in Acht nehmen, und der von ihnen erkannten Wahrheit zuwider handeln, oder nicht so viel erkennen, als sie erkennen könnten (a). Dieß ist aus den folgenden Worten deutlich, wie auch daraus, daß Cap. II. 8. eben dieß als die Ursache des göttlichen Zornes in den Worten angegeben wird: und der Wahrheit nicht gehorchen, gehorchen aber dem Ungerechten.

(a) Dieses letzte ist es eigentlich, was Paulus mit diesen Worten sagen will. Denn, es ist eine in der Erfahrung gegründete Sache, daß viele Menschen etwas bloß deswegen für erlaubt halten, und sich nicht um die Rechtmässigkeit dieser, oder jener, Handlung ernstlich bekümmern mögen, weil sie schon daran gewöhnet sind, weil sie ihnen fleischliches Vergnügen, und zeitliche Vortheile, schaffet. So muß also die Erkenntniß der Wahrheit, der Ungerechtigkeit, und die stärkste Verbindlichkeit zur Tugend, den Scheinvortheilen der Sünde, weichen. Die alten Römer waren wegen ihrer Gerechtigkeit, und Billigkeit, bey allen Völkern berühmt: die Römer zu Ciceronis Zeiten konnten nicht mehr genug zu plündern, und zu rauben, finden. Und gleichwohl wußten sie es, daß ihre grossen Vorfahren dieses nicht gethan hatten, und erkannten also die Wahrheit. Allein, sie hätten bey der Gerechtigkeit ihrer Vorfahren nicht so wohllüstig, üppig, verschwenderisch, und prächtig, leben können, als sie lebten; sie hätten eben so mässig, als jene, seyn müssen. Dieß war also die Ungerechtigkeit, welche die Wahrheit aufhielte. Dieses Beyspiel könnte durch unzähliche andere, auch aus der heutigen Erfahrung, erläutert werden.

(9) Geoffenbaret wird. S. Apost. Gesch. XVII. 30. 31. Nun aber gebeuth GOtt allen Menschen an allen Enden Busse zu thun; darum, daß er einen Tag gesetzet hat, an welchem er richten will den Kreis des Erdbodens mit Gerechtigkeit, durch einen Mann, in welchem ers beschlossen hat, und Jedermann vorhält den Glauben u. s. w. Diese Worte, die S. Paulus bey den Atheniensern gebraucht, geben den gegenwärtigen an die Römer ein Licht. Ein Leben nach dem Tode, und ein Gerichtstag, an welchem alle Menschen das Urtheil über ihre Handlungen hören, und für ihre Missethaten gestraft werden sollen, war (den Heyden) zuvor unbekannt, und erst durch das vom Himmel geoffenbarte

Evange-

19. Denn, daß man weiß, daß GOtt sey, ist ihnen offenbar: denn GOtt hat es ihnen offenbaret;

20. Da-

19. Denn, GOtt hat ihnen schon seit der Schöpfung der Welt sein göttliches Wesen, und seine ewige Macht, durch eine deutliche Offenbarung seiner selbst, zu erkennen gegeben:

20. so

Evangelium an das Licht gebracht worden (a). 2 Tim. I. 10. Matth. XIII. 40. Luc. XIII. 27; und Röm. II. 5. heisset der Gerichtstag der Tag des Zorns, welches mit dem übereinstimmet, was er hier sagt: GOttes Zorn vom Himmel wird offenbaret.

(a) Der Gewißheit, und dem rechten Begriffe, nach. Denn, überhaupt glaubten die meisten Heyden die Unsterblichkeit der Seele, ob sie solche gleich nicht beweisen konnten; sie wußten auch etwas von einem zukünftigen Gerichte, vor welchem die vom Leibe abgeschiedenen Seelen erscheinen mußten, ob dieß gleich noch lange nicht demjenigen beykommt, was uns die heilige Schrift vom jüngsten Gerichte lehret. Ob übrigens Lockens Erklärung, daß durch Christum, und das Evangelium, der Zorn GOttes offenbaret werde, richtig sey, ist hienächst zu untersuchen. Die aus Apost. Gesch. XVII. 30. 31. angeführten Worte beweisen nicht, daß das Evangelium den Zorn GOttes offenbare. Denn, Paulus gebeuth in denselben, Busse zu thun, und bestraft die atheniensischen Thorheiten. Er hat also hier nicht Evangelium allein, sondern auch Gesetz, geprediget. Daß durch Christum der Zorn GOttes offenbaret werde, saget der Text nicht, sondern Locke, der diese Worte eigenmächtig zusetzet: und es ist dieser Gedanke grundfalsch. Denn, JEsus selbst sagt Joh. III. 17. GOtt hat seinen Sohn nicht gesandt in die Welt, daß er die Welt richte, sondern, daß die Welt durch ihn selig werde. Es ist zwar gewiß, daß JEsus der Richter der Lebendigen, und der Todten, ist, Joh. V. 22. welches auch Apost. Gesch. XVII. 30. 31. und andere Schriftstellen, lehren. Allein, Locke hat falsch geschlossen, und geglaubt, daß durch JEsum Christum der Zorn GOttes schon hier geoffenbaret werde, weil er dereinst am jüngsten Tage, als Richter, den Zorn GOttes offenbaren wird. Es ist wahr, daß JEsus die schröcklichsten Strafgerichte an dem unglaubigen jüdischen Volke vollzogen habe, wie, nach den Propheten, auch Johannes der Täufer, Matth. III. 12. verkündiget hat. Dieß war aber kein Gericht, oder geoffenbarter Zorn, über alles gottlose Wesen, und Ungerechtigkeit der Menschen, die die Wahrheit in Ungerechtigkeit aufhalten, sondern nur über die Juden. Man kann ferner nicht läugnen, daß sich der Zorn GOttes über alle Sünden daraus schlüssen lasse, daß uns die ganze heilige Schrift das Gericht, welches JEsus dereinst halten wird, sehr schröcklich beschreibt. Allein, man muß sich doch auch hüten, einen biblischen Text so zu erklären, daß es das Ansehen haben kann, als sage er, deswegen sey JEsus ins Fleisch gekommen, damit er den Zorn GOttes offenbare. Dieß alles schicket sich zu dem Endzwecke Pauli, und dem Zusammenhange des 17ten und 18ten Verses nicht. Der 17te Vers saget, daß das Evangelium die Gerechtigkeit, die vor GOtt gilt, offenbare: nun kann der 18te nicht behaupten, daß es GOttes Zorn offenbare. Es liegt in unserer Stelle die ganze Schwierigkeit in dem Worte ἀποκαλύπτεται; und, nachdem man dieses übersetzet, so wird entweder klar werden, oder dunkel bleiben, was da sey: GOttes Zorn vom Himmel wird offenbaret ——.

Ueber-

20. so daß dasjenige, was von seinem unsichtbaren Wesen zu wissen nöthig ist, aus der sichtbaren Schönheit, Ordnung, und den Wirkungen, die sich in der Einrichtung, und den Theilen dieses Ganzen wahrnehmen lassen, von denen, die ihre Augen darauf richten, und ihren Verstand dabey gebrauchen (10) wollen, sich deutlich entdecken, und verstehen, läßt: und sie folglich nicht die geringste Entschuldigung haben.

21. Da

20. Damit, daß GOttes unsichtbares Wesen, das ist, seine ewige Kraft und Gottheit, wird ersehen, so man des wahrnimmt an den Werken, nämlich an der Schöpfung der Welt; also daß sie keine Entschuldigung haben.

21. Die-

Uebersetzt man es: er wird offenbaret; so bleibet die Schwierigkeit, daß man fragen kann: wo wird er offenbaret? und diese hat vermuthlich Locken zu seiner Erklärung veranlasset. Uebersetzt man es aber: er offenbaret sich, er ist offenbar (neutraliter); so fällt diese Frage weg, und Paulus trägt in diesen Worten eine allgemeine Wahrheit, die ein jeder Vernünftiger eingestehen muß, zur Bestätigung des 17ten Verses vor. Er hatte da gesaget: das Evangelium offenbare die wahre Gerechtigkeit, in welcher die Menschen vor GOtt erscheinen müssen, wenn er sie gerecht erklären soll. Nun fähret er fort, und beweiset weitläuftig, daß kein Mensch vor GOtt gerecht seyn könnte, wenn GOtt nicht selbst die Gerechtigkeit aus dem Glauben, durch das Evangelium, geoffenbaret hätte. Er fänget seinen Beweis von dem bekanntesten an, und da, wo Niemand läugnen kann; nämlich, daß GOtt nicht offenbare, und abscheuliche, Sünder, wie die Heyden, rechtfertigen könne, sondern vielmehr über sie zornig seyn müsse, und sagt im 18ten Verse: Denn, es ist der Zorn GOttes vom Himmel offenbar, über alles gottlose Wesen ——. So verfinstert waren doch die Heyden noch nicht alle, daß sie nicht göttliche Strafen geglaubt hätten. Dieser von den Heyden erkannten Wahrheit bedienet er sich, ihnen zu zeigen, daß sie nach ihrem eigenen Begriffen von GOtt nichts, als Zorn, zu gewarten hätten, und beschreibet hierauf die abscheulichen Laster, deren sie schuldig waren: er kommet aber hernach auch auf die Juden, und beweiset, daß auch diese die wahre Gerechtigkeit nicht hätten, und den Heyden nicht viel an Lastern nachgaben. So ist sein Beweis fertig. Man kann also den 18ten Vers deutlicher so umschreiben: „ Denn, da wird sich doch der Zorn GOttes, der vom Himmel herab auf das „ Thun der Menschen siehet, offenbaren, da muß doch offenbar GOtt zürnen, „ wo Gottlosigkeit, und Ungerechtigkeit (s. Anm. 6.), wo die schröcklichsten „ Sünden wider GOtt, und die Menschen, im Schwange gehen, wo man selbst „ die erkannte Wahrheit deswegen verläugnet, und hintansetzet, weil sie den „ einmal eingeführten, und zum Rechte gewordenen, Sünden und Schanden „ zuwider ist."

(10) S. Paulus sagt: νοούμενα καθορᾶται, sie werden gesehen, wenn sie gehörig betrachtet werden. Der Mensch kann mit seiner Vernunft, und den Kräften seines Verstandes, das unsichtbare Wesen GOttes erkennen: allein, er muß sie anstrengen, und nachdenken.

21. Dieweil sie wußten, daß ein GOtt ist, und haben ihn nicht gepreiset als einen GOtt, noch gedanket: sondern sind in ihrem Tichten eitel worden, und ihr unverständiges Herz ist verfinstert.

21. Da sich nun GOtt ihnen so deutlich entdecket hat, und sie ihn gleichwol nicht, so wie es die Hoheit der göttlichen Natur erforderte, geehret, noch, als den Urheber ihres Wesens, und den Geber alles Guten, das sie geniessen, mit schuldiger Dankbarkeit erkennet, sondern, indem sie den thörichten Einbildungen ihrer eigenen eitlen Denkungsart (11) folgten, sich selbst erdichtete Götter gemachet, und ihren närrischen Verstand immer mehr verfinstert haben:

22. Da sie sich für weise hielten, sind sie zu Narren worden.

22. so sind sie, da sie sich für weise hielten, und ausgaben (12), zu Narren worden;

23. Und haben verwandelt die Herrlichkeit des unvergänglichen GOttes in ein Bilde; gleich dem vergänglichen Menschen, und der Vögel, und der vierfüssigen, und der kriechenden, Thiere.

23. und haben sich die unbegreifliche Majestät und Herrlichkeit, der ewigen, unvergänglichen, Gottheit sinnlich vorgestellet, und sich die Bilder vergänglicher Menschen, Vögel, Thiere, und Insecten, als Gegenstände ihrer Anbethung, und ihres Gottesdienstes, aufgerichtet.

24. Darum hat sie auch GOtt dahin gegeben in ihrer Herzen Gelüste, in Unrei-

24. Da sie also GOtt verlassen haben, so hat sie GOtt ebenfalls den Lüsten ihres eigenen Herzens, und der Unfläterey, wozu sie dieses verfinsterte

(11) Ἐματαιώθησαν ἐν τοῖς διαλογισμοῖς αὐτῶν, sie sind in ihrem Dichten, ihren Einbildungen, oder Schlüssen, eitel worden. Was in der Sprache der Schrift: eitel werden, heisse, kann man in diesen Worten sehen: sondern wandelten ihrer Eitelkeit nach, und wurden eitel den Heyden nach, die um sie her wohneten, — — und machten ihnen zwey gegossene Kälber und Haine, und betheten an alle Heer des Himmels, und dieneten Baal, 2 Kön. XVII. 15. 16. Diesem nach nennet S. Paulus die Verlassung der Abgötterey, und des Dienstes der falschen Götter eine Bekehrung von den falschen (eiteln) Göttern zu dem lebendigen GOtt, Apost. Gesch. XIV. 15.

(12) Φάσκοντες εἶναι σοφοί da sie sich selbst für weise ausgaben. Ungeacht sich die heydnischen Völker überhaupt in den von ihnen angenommenen Religionen für weise hielten; so mag doch der Apostel, da er in diesem, und dem folgenden, Capitel immer die Griechen für die Heyden insgemein setzet, seine besondere Absicht auf die Griechen haben, unter welchen Leute von Gelehrsamkeit und Einsicht sich selbst den Namen σοφοὶ, Weise, gegeben hatten.

finsterte Herz verleitete, überlassen, daß sie ihre Leiber unter einander selbst entehrten:

25. sie, die sich selbst so sehr erniedriget hatten, daß sie den wahren GOtt, der sie geschaffen hat, gegen eine Lüge (13), von ihrer eigenen Erfindung, vertauschten, und das Geschöpf, ja so gar Dinge von einer geringern Gattung, als sie selber sind, mehr verehrten, und anbetheten, als den Schöpfer, welcher GOtt ist über alles, gelobet in Ewigkeit. Amen.

26. Um dieser Ursache willen hat sie GOtt in schändliche, und schmähliche, Lüste, und Leidenschaften, gerathen lassen. Denn, so gar ihre Weibspersonen haben ihren natürlichen Gebrauch in einen widernatürlichen verwandelt.

27. Auf gleiche Weise haben auch ihre Mannspersonen den natürlichen Gebrauch des weiblichen Geschlechtes verlassen, und sind gegen einander in ihren Lüsten entbrannt, so daß Mannspersonen mit Mannspersonen die schändlichsten Dinge trieben, und an sich selbst den gebührenden Lohn ihres Irrthumes, d. i. der Abgötterey (14), empfiengen.

28. Und (15) gleichwie sie GOtt, welchen sie

Unreinigkeit, zu schänden ihre eigene Leiber an ihnen selbst:

25. Die GOttes Wahrheit haben verwandelt in die Lügen, und haben geehret und gedienet dem Geschöpf mehr denn dem Schöpfer, der da gelobet ist in Ewigkeit. Amen.

26. Darum hat sie GOtt auch dahin gegeben in schändliche Lüste. Denn, ihre Weiber haben verwandelt den natürlichen Brauch in den unnatürlichen.

27. Desselbigen gleichen auch die Männer haben verlassen den natürlichen Brauch des Weibes, und sind an einander erhitzet in ihren Lüsten, und haben Mann mit Mann Schande getrieben, und den Lohn ihres Irrthums (wie es denn seyn sollte) an ihnen selbst empfangen.

28. Und gleichwie sie nicht

(13) Die falschen, und erdichteten, Götter der Heyden werden in der heiligen Schrift sehr schön Lügen genennet, Amos II. 4. Jerem. XVI. 19. 20.

(14) Irrthum. So heisset die Abgötterey 2 Petr. II. 18. So wie sie wider das Licht der Natur GOtt durch ihre Abgötterey erniedrigten, und schändeten, so war es für sie eine gerechte, und schickliche, Strafe, sie durch unnatürliche Lüste sich selbst erniedrigen, und schänden, zu lassen.

(15) Und. Dieses Bindewörtchen verknüpfet diesen Vers mit dem 25sten, so daß man den Apostel besser verstehen wird, wenn man alles, was zwischen diesen zween Versen

nicht geachtet haben, daß sie GOtt erkenneten: hat sie GOtt auch dahin gegeben in verkehrten Sinn, zu thun, das nicht taugt;

29. Voll

sie in der Welt hatten, nicht so suchten (16), daß sie eine rechtschaffene Erkenntniß (17) von ihm erlangen konnten: so überließ sie auch GOtt ihrem unachtsamen, und unüberlegten (18), Sinne, daß sie ganz unanständige, und ungeschickte (19) Handlungen begiengen;

29. daß

Versen enthalten ist, als eine Parenthesin annimmt. Denn, der 28ste Vers ist die Fortsetzung dessen, was er im 25sten Verse sagt, oder besser, eine kurze Wiederholung desselben, die ihm zu seinem weitern Vortrage Anlaß giebt (a).

(a) Diese Wiederholung, und Verbindung, bleibet unverletzt, wenn man das καὶ durch also übersetzet: Gleichwie sie also GOtt — —. Auf diese Weise dünkt mich, drücke sich der gedachte Zusammenhang noch besser aus.

(16) Οὐκ ἐδοκίμασαν, nicht geachtet haben, besser, nicht nachdachten, oder, nachforschten. Denn, das griechische Wort bedeutet: etwas suchen, und durch Nachforschen finden. So brauchet es S. Paulus oft Cap. II. 18. verglichen mit Cap. XII. 2. und XIV. 22. Eph. V. 10.

(17) ἐν ἐπιγνώσει, daß sie GOtt erkenneten. Daß die Heyden nicht völlig ohne Erkenntniß GOttes waren, saget uns S. Paulus in eben diesem Capitel: allein, sie erkenneten GOtt nicht so, wie sie ihn erkennen sollten V. 21. Sie hatten GOtt, ἔχον Θεόν, aber οὐκ ἐδοκίμασαν ἔχειν αὐτὸν ἐν ἐπιγνώσει, sie kamen in ihrer Erkenntniß nicht so weit, daß sie ihn auf die gehörige Art erkenneten, und verehreten. Dieser Vers scheinet, nur mit andern Worten, eben das zu sagen, was V. 21. stehet.

(18) Εἰς ἀδόκιμον νοῦν, in verkehrten Sinn, besser, in unachtsamen, und unüberlegten, Sinn; nach der Gewohnheit S. Pauli, zusammengesetzte, und abgeleitete, Worte in eben demjenigen Verstande zu brauchen, in welchem er kurz vorher die Stammworte gebrauchet hatte, wenn er auch darinnen von der Genauigkeit der griechischen Sprache in etwas abweichen sollte. Ein Beyspiel davon haben wir im eben diesem Worte ἀδόκιμος 2 Korinth. XIII. wo V. 3. δοκιμὴ den Beweis seiner göttlichen Sendung bedeutete, und hernach ἀδόκιμος denjenigen anzeiget, der keine solchen Beweise für sich hat. Eben so saget er hier zu den Römern, daß GOtt die Heiden, weil sie ihren Verstand nicht in Erforschung der Wahrheit geübet, und ihre Urtheilskraft nicht recht angewendet hätten, in ihrem unachtsamen, und unüberlegten, Sinne verlassen habe:

Non explorantibus permisit mentem non exploratricem.

(19) Eine Betrachtung, die der gegenwärtigen Vorstellung S. Pauli sehr ähnlich ist, und die Abgötterey ebenfalls als die Ursache von den abscheulichen Lastern, und dem schändlichen Leben, der Menschen angiebt, kann man Buch der Weisheit XIV. 11. u. f. lesen.

29. daß sie voll wurden von allen Arten der Ungerechtigkeit, Hurerey, Ruchlosigkeit, Geiz, Bosheit; voll von Neid, Zanksucht, Betrügereyen, Feindseligkeit, die sich bis auf Mordthaten erstreckte;

29. Voll alles Ungerechten, Hurerey, Schalkheit, Geizes, Bosheit, voll Hasses, Mords, Haders, Lists, giftig, Ohrenbläser;

30. daß sie Verläumder, Feinde GOttes, und Verächter der Menschen, Hochmüthige, Prahler, Erfinder von neuen Arten böser Handlungen, den Aeltern ungehorsam,

30. Verläumder, Gottesverächter, Freveler, Hoffärtige, Ruhmräthige, Schädliche, den Aeltern Ungehorsame;

31. unverständig, bundbrüchig, aller natürlichen Liebe beraubet, unversöhnlich, unbarmherzig, wurden:

31. Unvernünftige, Treulose, Störrige, Unversöhnliche, Unbarmherzige;

32. kurz, Leute, die zwar die ihnen von GOtt vorgeschriebene, und durch das Licht der Natur geoffenbarte, Regel der Gerechtigkeit (20) erkannten, aber doch nicht einsahen (21), daß diejeni-

32. Die GOttes Gerechtigkeit wissen (daß, die solches thun, des Todes würdig sind), thun sie es nicht

(20) Τὸ δικαίωμα τοῦ Θεοῦ, GOttes Gerechtigkeit, d. i. die Regel der Gerechtigkeit, welche GOtt den Menschen vorschrieb, da er ihnen die Vernunft gab; so wie die Gerechtigkeit, welche GOtt fordert, um die Menschen selig zu machen, im Griechischen ebenfalls die Gerechtigkeit GOttes heisset, V. 17.

(21) Οὐκ ἐνόησαν ὅτι, aber doch nicht einsahen, daß diejenigen, die solche Laster begehen u. s. w. Diese Leseart wird durch die clermontische, und noch eine andere alte Handschrift, so wohl als diejenige, welcher die alte lateinische Uebersetzung gefolget ist, und den Clemens, Isidorus, und Oecumenius bestätiget; und sie wird auch von denen für ächt erkannt werden, die nicht recht begreifen können, wie S. Paulus behaupten soll, die Heyden hätten erkannt, daß diejenigen, die wider eine Vorschrift des Naturgesetzes, welches sie die Vernunft lehrete, oder lehren konnte, sündigten, des Todes würdig seyen. Denn, es ist besonders zu bedenken, was er Cap. V. 13. sagt, daß man da, wo kein Gesetz ist, der Sünde nicht achte; und Cap. VII. 9. Ich aber lebte etwa ohne Gesetz. Beyde Stellen zeigen (a), daß ohne die Erklärung eines Gesetzes die Menschen nicht wissen, daß der Tod überhaupt der Sünden Sold sey.

(a) Sie zeigen das, was Locke darinnen stehet, eigentlich nicht, wie man aus genauer Betrachtung derselben bald erkennen wird. Verstanden gleich die Heyden die unseligen Folgen der Sünden, und die von der göttlichen Gerechtigkeit darauf gesetzten, zeitlichen, und ewigen, Strafen, nicht in ihrem völligen Umfange so deutlich, als sie in dem göttlichen Gesetze geoffenbaret sind: so erkannten sie doch dieselben überhaupt, und fürchteten daher dieselben; so wie sie auch ihre Götter knechtisch haßten, und fürchteten. Wie könnte sich sonst Paulus Cap.

nicht allein, sondern haben auch Gefallen an denen, die es thun.

diejenigen, die solche Laster begehen, des Todes würdig sind, und sie also nicht allein selbst verübten (22), sondern auch mit denen, die sie begiengen,

Cap. II. 15. darauf berufen, daß sich ihre Gedanken unter einander verklagten, oder entschuldigten? Wie könnte er eben daselbst V. 12. sagen: welche ohne Gesetz gesündiget haben, die werden auch ohne Gesetz verlohren werden; und Cap. I. 18. daß sie die Wahrheit in Ungerechtigkeit aufhalten? Es ist also überflüssig, die Leseart zu ändern; und der Verstand bleibt eben so gut, wenn man nach der ordentlichen Leseart umschreibet: — — erkannten, und einsahen, daß diejenigen, die solche Laster begehen, des Todes würdig sind, und sie dem ungeacht nicht allein selbst verübten ——. Man bedenke nur, was die heydnischen Poeten von den Höllenstrafen erzählen, und wie dieses die Heyden in der That nicht für blosse Einfälle der Dichter hielten: so wird man leicht begreifen, daß sie die Sünden des Todes würdig erkannten. Sie selbst straften ja Sünden in diesem Leben: konnten sie hieraus nicht schlüssen, daß GOtt ebenfalls strafe?

(22) Συνευδοκοῦσι τοῖς πράσσουσι, haben auch Gefallen an denen, die es thun. Wer überlegt, daß in den unmittelbar folgenden Worten deutlich des Apostels Absicht ist, sich der Feindseligkeit der Juden gegen die Heyden zu widersetzen; und daß er sie nicht kräftiger beschämen, und zu einer bescheidenen, und sanftmüthigen, Denkungsart bringen konnte, als wenn er ihnen zeigte, daß die Heyden bey aller ihrer Blindheit, worinnen sie steckten, und bey den Ausschweifungen, welche sie begiengen, doch noch nicht so abgeschmackt handelten (a), daß sie um solcher Laster willen, deren sie selbst schuldig waren, andere tadelten, unversöhnlich verabscheueten, und sich von ihnen absonderten: wer, sage ich, dieses überlegt, wird gerne mit mir unter dem hier befindlichen συνευδοκοῦσι diejenige gefällige Nachsicht verstehen, nach welcher Jemand diejenigen, die mit ihm in einerley Zustande sind, und keine Verbrechen begehen, deren er nicht selber schuldig wäre, nicht tadelt, noch alle Gemeinschaft mit ihnen aufhebt. Es kann nichts deutlicher seyn, als, daß συνευδοκοῦσι, sie haben Gefallen, in diesem Verse dem κρίνεις, du richtest, in dem folgenden entgegen gesetzet ist: als ohne welches man den Schluß, welchen der Apostel hieraus ziehet, nach meiner Einsicht nicht begreifen kann.

(a) Aber, so lobet ja der Apostel die Heyden: da doch der ganze Zusammenhang, selbst nach Lockens Paraphrase, zeiget, daß er sie tadelt, und als Leute beschreibet, die sich in einem verdammlichen Zustande befinden. Wie kann er sie in den nämlichen Worten, die gar nicht scherzhaft, sondern voller göttlichen Eifers sind, zugleich loben, und tadeln? Locke hat hier dem Apostel seinen Witz geborgt. Paulus setzet Heyden und Juden einander noch nicht entgegen; und gedenket der Juden gar vor Cap. II. 9. nicht. Man stelle sich einen Einwurf vor, den der Apostel, seiner Gewohnheit nach, ohne ihn ausdrücklich anzuführen, widerlegt: so wird der zu Ende der Anmerkung bemerkte Gegensatz zwischen συνευδοκοῦσι und κρίνεις, nebst dem Cap. II. 1. daraus gezogenen Schlusse, ebenfalls deutlich. Er ist nämlich dieser: So wie Paulus die Heyden bisher beschrieben hat, sind sie nicht alle; sie stecken nicht schlechterdings alle in den abscheu-

giengen, ohne sie zu strafen, noch ein Zeichen der Geringschätzung merken zu lassen, Freundschaft hielten.

Cap. II. 1. (23) Derowegen bist du, o Mensch

Cap. II. 1. Darum, o Mensch,

abscheulichen Lastern, welche der Apostel angeführet hat; es giebt noch einige unter ihnen, und noch mehrere unter den Juden, welche diese Laster richten, oder verdammen. Hierauf antwortet der Apostel V. 32. und Cap. II. 1: es ist kein rechter Ernst mit dieser Verdammung. Denn, es wissen zwar viele, wie schröcklich die Strafen der Laster seyen; sie erkennen auch die Gerechtigkeit GOttes, die sich darinnen offenbaret; sie wissen, was sie eigentlich thun, oder lassen, sollen: allein, sie thun, oder lassen, es deswegen nicht (thun sie es nicht allein), oder, wenn sie sich auch für ihre Person von so groben Ausbrüchen der Laster noch heuchlerisch enthalten, so geben sie doch durch ihr ganzes Bezeigen zu verstehen, daß solches gezwungen, und aus gewissen unreinen Absichten, geschiehet (sie haben Gefallen an denen, die es thun), sie gehen, wie Locke umschrieben hat, mit solchen Sündern vertraut um, ohne sich von ihnen abzusondern. Was hilft es also, wenn sie der Theorie nach solche Laster verdammen? Hieraus folget der Schluß Cap. II. 1. Darum, o Mensch — — und der Apostel redet bis V. 8. noch von Menschen überhaupt, von Juden und Heyden.

(23) Darum. Dieß ist ein Schlußwort, welches die aus dem Vorhergehenden gezogene Folge anzeiget. Derowegen (a) ist der Jude, wenn er richtet, ohne Entschuldigung; weil die Heyden, aller ihrer Blindheit ungeachtet, sich doch nicht dieser Thorheit schuldig gemachet haben, daß sie andere verdammeten, welche nicht sträflicher, als sie selber, waren. Es ist vielleicht zu besserm Verstande dieser Stelle nicht undienlich, den ganzen gegenwärtigen Schluß des Apostels in sein gehöriges Licht zu setzen. Er hängt also zusammen: „Die Heyden erkannten die Richtigkeit des Naturgesetzes; allein, sie erkannten nicht (a), daß diejenigen, welche eines von dessen Gebothen übertreten, durch ihre Uebertretung sich des Todes würdig machen. So verfinstert sie aber auch waren, so giengen sie doch in ihrer Thorheit nicht so weit, daß sie andere, welche nicht schlimmer, als sie selbst, waren, und nichts weiter thaten, als was sie selbst gethan hatten, verdammten, oder von ihrer Gesellschaft ausschlossen, sondern giengen freundschaftlich mit ihnen um, und dachten von ihrem Zustande so gut, als von ihrem eigenen. Wenn derowegen die blinden Heyden dieses thun, so bist du, o Jude, ohne Entschuldigung, wenn du, weil du das von GOtt geoffenbarete Gesetz hast, und daraus weissest, daß die Uebertretung des Gesetzes den Tod verdienet, andere um des Ungehorsams willen, dessen du selbst schuldig bist, verdammest, und von der ewigen Seligkeit ausschliessest. Du, ein armer, unwissender, blinder, und betrüglicher, Mensch willst dich über andere zum Richter aufwerfen, und thust eben das, warum du andere verdammest. Allein, du kannst versichert seyn, daß GOttes Urtheil und Verdammniß gewiß, und recht, ist, und an denen, die diese Dinge thun, ungezweifelt wird vollzogen werden. Denn, kannst du, der du die Heyden verdammest, um eben der Sünden willen, welche du selber thust, dir einbilden, daß du dem nämlichen Gerichte GOttes entrinnen werdest? GOtt siehet, du magst denken, was du willst, keine Person an; und so wohl Juden, als Heyden, die boshaft mit einander zanken,

„ und

Mensch, kannst du dich nicht entschuldigen, wer du

Mensch (24), der du andere richtest (25), oder verdammest, wer du auch seyest, ohne Entschuldigung;

„ und dem Evangelio nicht gehorchen, fallen in seinen Zorn, und seine Ungnade: „ und Heyden, so wohl als Juden, die sich seine Geduld und Langmuth zur Busse „ leiten lassen, und das Evangelium demüthig annehmen, finden Gnade bey GOtt, „ und das ewige Leben in dem Reiche des Messias: und wenn du aus diesem die „ Heyden zänkischer Weise ausschliessen willst, so schliessest du dich selber davon aus. “

(a) Was ich bey der vorhergehenden Anmerkung erinnert habe, gilt auch bey dieser, die auf gleiche Weise zu verstehen, und zu berichtigen, überhaupt aber eine entbehrliche Wiederholung des schon öfters gesagten ist.

(24) O Mensch, wer du bist. Es ist aus V. 17. und 27. und dem ganzen Inhalte dieses Capitels deutlich, daß der Apostel unter diesen Wörten die Juden verstehet. Er hat aber zwo wichtige Ursachen, also zu reden. 1. Wenn er seinen Schluß in so allgemeinen Ausdrücken vorträgt, so wird er stärker, und dabey unanstössiger, als wenn er so gerade zu die Juden genennet hätte (a), als mit welchen er in seinen Briefen so gelinde, als nur möglich, zu verfahren suchet. 2. Brauchet er das Wort Mensch nachdrücklich, im Gegensatze auf GOtt in dem folgenden Verse.

(a) Eben daraus, daß der Apostel alle Menschen überhaupt nennet, und kein Grund hier vorhanden ist, warum man unter Menschen allein Juden verstehen soll, folget, daß das, was ich bey der 22sten Anmerkung erinnert habe, seine Richtigkeit hat. Denn, das Unanstössige, wodurch der Apostel die Juden nach Lockens Meynung schonen will, wird gewiß hier Niemand finden, der das 2te und 3te Capitel liest; Er redet also von Juden und Heyden.

(25) Richtest. Demjenigen, der diesen Brief mit der geringsten Aufmerksamkeit liest, wird unnöthig seyn, zu zeigen, daß das Richten, wovon hier S. Paulus redet, die Verabscheuung (a) war, welche die Juden überhaupt gegen die Heyden dergestalt trugen, daß die unbekehrten Juden den Gedanken von einem Messias, welcher die Heyden ebenfalls in sein Reich aufnähme (b), gar nicht ausstehen, und die bekehrten Juden nicht dahin gebracht werden konnten, die Heyden als GOttes Volk, und ihres gleichen, in ihre Gemeinschaft auf zu nehmen, beyde aber dieselben der göttlichen Gnade unwürdig, und ohne Beschneidung, und Beobachtung anderer Theile des Caeremonialgesetzes, zu GOttes Volke untüchtig achteten. Wie abgeschmackt, und nicht zu entschuldigen, dieses sey, führet S. Paulus in diesem Capitel aus.

(a) Aus dem, was ich von der 22sten Anmerkung an bis hieher erinnert habe, wird vielmehr das Gegentheil erhellen. Dazu kommt, daß das Wort κρίνειν, urtheilen, richten, verdammen, viel zu enge eingeschränkt wird, wenn man es bloß durch Verabscheuen erkläret. Der Apostel schliesset also von der Zahl derer, die andere richten, ob sie schon mit ihnen in gleicher Verdammniß sind, freylich die Juden nicht aus; und in so weit ist Lockens Anmerkung gegründet. Allein, man muß auch von eben dieser Zahl nicht so schlechthin die Heyden ausschliessen; und dabey

(b) überlegen, was für eine gar elende Ursache Locke von dem Hasse der unbekehrten Juden gegen Christum angiebt. Sie konnten, sagt er, den Gedanken

von

digung; denn, in eben den Dingen, worinnen du einen andern richtest, verdammest du dich selber: denn, du, der du andere richtest, bist eben so sträflich, weil du eben diese Sünden begangen hast.

du bist, der da richtet: denn, worinnen du einen andern richtest, verdammest du dich selbst; sintemal du eben dasselbige thust, das du richtest.

2. Das wissen wir aber gewiß, daß das Urtheil, welches GOtt über alle Sünder spricht, der Wahrheit gemäß (26), billig, und gerecht, ist.

2. Denn, wir wissen, daß GOttes Urtheil ist recht über die, so solches thun.

3. Kannst

3. Den-

von einem Messias, welcher die Heyden ebenfalls in sein Reich aufnähme, gar nicht ausstehen; gerade, als wenn dieß eine Hauptursache gewesen wäre, warum die verstockten Juden Christum nicht annahmen. Wahr ist es, daß sie ihn mit den Worten tadelten: dieser nimmt die Sünder an, und isset mit ihnen: allein, wäre er ihnen sonst anständig gewesen, so würden sie dieß wenig geachtet haben. Sie ärgerten sich an seiner Knechtsgestalt, und wollten keinen Erlöser von Sünden, dessen Gerechtigkeit ihnen, als Sündern, sollte zugerechnet werden; und nahmen ihn deswegen nicht an. Diese wahre Ursache hat Locke, da sie seinem eigenen Irrthume erstaunend nahe kommt, in einigen Stellen dieses Werkes nur von ferne gesehen.

(26) Der Wahrheit gemäß bedeutet, wie ich glaube, nicht allein ein wahrhaftiges Urtheil, das einem irrigen, und unkräftigen, entgegen gesetzet ist, sondern noch etwas mehreres, d. i. ein solches, das der Wahrheit der Vorherverkündigungen, und Drohungen, gemäß ist. Er will gleichsam sagen: „Wenn aber GOtt durch
„ein Urtheil die Juden verwirft, daß sie nicht länger sein Volk seyn sollen (a), so
„wissen wir, daß dieses mit seiner Wahrheit übereinstimmet, da er sie davor ge-
„warnet hat. Ihr Juden glaubet nicht, daß die Heyden können zu GOttes Volk
„angenommen werden, und wollet sie in dem Reiche Christi nicht neben euch leiden,
„ungeacht ihr, so wohl als sie, das Gesetz übertretet: ihr urtheilet, wie Leute, die
„von Vorurtheilen, und Leidenschaften, eingenommen sind. Aber GOttes Urtheil
„über euch wird feste bleiben". Die Ursache, warum er mit den Juden so verdeckt redet, mag die erst von mir erwähnte seyn, daß er den Juden durchaus keinen Anstoß geben wollte, besonders hier im Anfange, bis er sie erst in die Enge getrieben hätte. Daher kommt es vielleicht auch, daß er V. 8. dem Evangelio gehorchen nennet: der Wahrheit gehorchen, und noch andere solche gelinde Ausdrücke in diesem Capitel brauchet (b).

(a) Diese Erklärung thut der Sache wieder keine Genüge, und ist, wie die ganze Anmerkung, überflüssig. Denn, S. Paulus redet unbestimmt von dem Urtheile GOttes, das über die Sünder gesprochen wird: und wer kann jetzt beweisen, daß er insbesondere das Urtheil über die unglaubigen Juden verstehe? Der Endzweck des Apostels fordert diese Erklärung so wenig, als der Zusammenhang. Man lasse Lockens gezwungene Hypothese weg; so wird sich der Verstand des Verses viel leichter, und natürlicher, finden. Im ersten Verse

war

3. Denkest du aber, o Mensch, der du richtest die, so solches thun, und thust auch dasselbige, daß du dem Urtheil GOttes entrinnen werdest?

4. Oder verachtest du den Reichthum seiner Güte, Geduld, und Langmüthigkeit? weissest du nicht, daß dich GOttes Güte zur Busse leitet?

5. Du aber nach deinem verstockten und unbußfertigen Herzen häufest

3. Kannst du dir denn, o Mensch, der du eben dasjenige thust, weswegen du andere verdammest, vorstellen, daß du dem verdammenden Ausspruche GOttes entrinnen werdest?

4. Oder, verachtest du den Reichthum seiner Güte, Geduld, und Langmuth, ohne zu erkennen, noch zu überlegen, daß dich GOttes Güte zur Busse leiten soll?

5. Allein, du sammlest dir (nach deinem verstockten, und unbußfertigen, Herzen) Zorn und Strafe, die du am Tage des Gerichtes, und der

war davon die Rede, daß dadurch vor GOtt kein Mensch gerecht werde, wenn er nur die Laster, und lasterhaften Menschen, gründlich tadeln könne, wie z. E. viele selbst unter den Heyden, thaten; weil doch Niemand völlig von Sünden rein, und immer solche lehrreiche Richter selbst der Sünden, die sie an andern verdammen, schuldig seyen. Was folget hieraus? Nichts anders, als dieses. Also beweisen solche Urtheile weder allemal die Verdammlichkeit des vermeynten Sünders, noch die wahre Unschuld, und Frömmigkeit, des nicht von GOtt gesetzten Richters. Nun wird sich der 2te Vers ohne weitere Erklärung verstehen lassen. Das wissen wir aber gewiß, daß das Urtheil, welches GOtt über alle Sünder spricht, der Wahrheit gemäß, billig, und gerecht ist, d. i. was wollen Menschen urtheilen? GOtt allein urtheilet recht. Jetzt wird dieses V. 3. u. f f. weiter so ausgeführet, daß gezeiget wird, daß das V. 1. beschriebene Richten, und Verdammen, der an andern wahrgenommenen Laster nur seine Heuchler, und recht verstockte Menschen, mache: weil sich solche Menschen ordentlich einbilden, daß sie jetzt gerecht wären, und dadurch nur immer sicherer, und verstockter, und der am jüngsten Tage zu erwartenden Verdammniß fähiger werden, V. 3. 4. 5. Also hilft überhaupt die feine Erkenntniß der Tugend, und die Enthaltung von groben Lastern, nichts zur wahren Gerechtigkeit, einmal bey allen Menschen, V. 6. 7. 8. sodenn insbesondere bey den Juden, V. 9. u. f f.

(b) Wer da weiß, daß Paulus aus Eingebung des Heiligen Geistes geschrieben hat, wird seine verdeckten Reden, seine Behutsamkeit gegen die Juden, und alle hier seiner Vorsicht zugeschriebenen Redensarten, für lockische Grillen erkennen. Man siehet indessen aus diesem Stücke gegenwärtiger Anmerkung, daß Locke selbst gemerket hat, Paulus sage nicht immer, was er ihn sagen läßt. Sonst hätte er nicht nöthig gehabt, zu erinnern, er rede verdeckt, er wolle den Juden keinen Anstoß geben, er nenne die Sachen anders, als er sie nennen soll; kurz, er sage zwar dieß, oder jenes: allein, man müsse es anders verstehen.

der gerechten Vergeltung, womit dich GOtt nach Beschaffenheit deiner Unbusfertigkeit, und deines harten Herzens, strafen wird, empfinden wirst.

6. Denn, GOtt wird einem jeglichen nach seinen Werken vergelten, und geben;

7. Nämlich das ewige Leben allen denen, die in Geduld (27), und Gelassenheit, in guten Werken Ruhm, und Ehre, und Unsterblichkeit, suchen:

8. Denen aber, welche zänkisch, und eigensinnig sind, und der Wahrheit (28) nicht gehorchen

sest dir selbst den Zorn auf den Tag des Zorns, und der Offenbarung des gerechten Gerichts GOttes:

6. Welcher geben wird einem jeglichen nach seinen Werken;

7. Nämlich Preis, und Ehre, und unvergängliches Wesen, denen, die mit Geduld in guten Werken trachten nach dem ewigen Leben;

8. Aber denen, die da zänkisch sind, und der Wahr-

(27) Geduld wird in diesem Verse dem Zänkischseyn in dem folgenden entgegen gesetzt, und scheinet besonders auf die Juden (a) zu gehen, welche für die Heyden nicht die geringste Nachsicht hatten, sondern sich mit einem gewaltigen Eigensinne, und zänkischen Wesen, der evangelischen Freyheit widersetzten, und die Heyden nicht in die Vorzüge des Reiches Christi auf gleichem Fuse mit ihnen wollten eintreten lassen.

(a) Aber auch auf die Heyden, weil sich diese eben so widerspenstig, als die Juden, gegen das Evangelium bezeigten. Das wahre Christenthum fordert Geduld, und Gelassenheit, es mag derjenige, welcher sich dazu bekennet, vor seiner Bekehrung, von welchem Stande, und Religion, er will, gewesen seyn.

(28) Ungeacht hier unter Wahrheit das Evangelium verstanden wird, so zweifle ich doch nicht, daß sich S. Paulus dieses Wortes mit einer Absicht auf die Juden bedienet (a). Denn, so wenige auch von ihnen das Evangelium annahmen, so waren sie doch mit den übrigen ihres Volkes darinnen einig, daß sie sich der grossen evangelischen Wahrheit widersetzten, daß unter dem Messias die glaubigen Heyden, so gut als die Juden, GOttes Volk wären, und dafür angenommen werden müßten.

(a) Eben so gut in Absicht auf die Heyden. Man kann sich der Wahrheit in gar vielerley Absicht widersetzen. Waren die Juden von den Vorzügen ihres Volkes, und des mosaischen Gesetzes, eingenommen: so waren es die Heyden in Ansehung ihrer Weisheit, ihrer Vorurtheile von ihrem väterlichen, und durch öffentliche Gesetze bestätigten, Gottesdienste, ihrer Entfernung von allem, was seligmachende Erkenntniß GOttes ist, ihrer Unwissenheit, und Blindheit, in dem Begriffe der wahren Tugend u. s. w. Es ist hiernächst sehr seltsam, und dictatorisch, von Locken gesprochen, daß hier unter Wahrheit das Evangelium verstanden werde. Das Gesetz ist auch Wahrheit, und Christus sagt Joh. XVII. 17. dein Wort ist die Wahrheit; also alles, was GOttes Wort ist, Gesetz, und Evange-

Wahrheit nicht gehorchen, gehorchen aber dem Ungerechten, Ungnade, und Zorn;

9. Trübsal und Angst über alle Seelen der Menschen, die da Böses thun, vornehmlich der Jüden, und auch der Griechen;

10. Preis aber, und Ehre, und Friede, allen denen, die da Guts thun, vornehmlich den Jüden, und auch den Griechen.

chen wollen, sondern sich selbst der Ungerechtigkeit unterwerfen, Ungnade und Zorn;

9. Trübsal und Angst, die über alle Menschenseelen, die Böses gethan haben, wird ausgeschüttet werden, und zwar über die Juden zuvörderst, aber auch über die Heyden.

10. Hingegen wird einem Jeden, welcher Gutes gethan hat, Ruhm, und Ehre, und Friede, zu Theile werden, den Juden zuvörderst (29), aber auch den Heyden.

Evangelium. Allein, er möchte gerne die gleich darauf erwähnte Ungerechtigkeit zu einer Sünde wider das Evangelium machen, welches ihm das Gesetz des Reiches Christi ist. So spricht er denn: Wahrheit sey Evangelium. Noch ungereimter ist es, daß er den Ungehorsam gegen die Wahrheit darinnen suchet, daß die Juden nicht hätten die Heyden in die Kirche Christi einnehmen wollen, und diese Aufnahme eine grosse evangelische Wahrheit nennet; als wenn eine Pflicht der bekehrten Juden Evangelium wäre. Ich werde diese eingebildete grosse Wahrheit gegen das Ende dieses Briefes, und in dem Briefe an die Epheser, genauer betrachten müssen, und erinnere jetzt nur so viel, daß Locke alle diese künstlichen Wendungen mache, um seine unnatürliche Meynung von dem Inhalte dieses Abschnittes, die wir oben gelesen haben, mit einigem Scheine zu bekleiden.

(29) Den Juden zuvörderst, aber auch den Heyden. Wir sehen aus dem 9ten und 10ten Verse, und Cap. I. 16 (a), daß S. Paulus sich sorgfältig zu zeigen bemühet, daß unter dem Evangelio weiter kein Unterschied zwischen den Juden, und den heydnischen Völkern, ausser in so weit, sey, daß den Juden das Evangelium eher angebothen worden, und die Juden in Ansehung ihres Gehorsams, oder Ungehorsams (b), mehr Belohnung, oder Strafe, empfangen werden. Hieraus läßt sich aber auch ferner abnehmen (c), daß der Unterschied, auf welchen S. Paulus hier, und in dem ganzen ersten Theile dieser Epistel, so stark dringet, allein die Völkerschaften betreffe; indem seine Vergleichung bloß auf die Juden gehet, in wie weit sie, als ein Volk betrachtet, GOttes Volk waren, und auf die Heyden, in wie weit sie, als ein Volk betrachtet, vor dem Messias GOttes Volk nicht waren; und daß unter Christo die Bekenner der christlichen Religion, die meistens aus bekehrten Heyden bestanden, von GOtt für sein Volk erkennet, und angesehen, die unglaubigen Juden verworfen, und die unglaubigen Heyden niemals angenommen, worden: daß aber, wenn man Juden und Heyden nach einzelnen Personen betrachtet, eine jede einzelne Person um ihrer eigenen Sünde (und ihres eigenen Unglaubens) willen gestrafet werde; wie aus den zween folgenden Versen erhellet.

(a) Diese

11. Denn, bey GOtt ist kein Ansehen der Person.

12. Denn, alle, welche gesündiget haben, ohne das den Israeliten von GOtt gegebene Gesetz zu haben, die werden auch ohne Gesetz verlohren (30) werden: und alle, welche gesündiget

11. Denn, es ist kein Ansehen der Person vor GOtt.

12. Welche ohne Gesetz gesündiget haben, die werden auch ohne Gesetz verlohren werden; und welche
am

(a) Diese angeführten Stellen sind hier ganz wunderlich, und wider den Endzweck Pauli, zusammen gekoppelt. Er redet nicht davon, daß unter dem Evangelio zwischen Juden, und Heyden, kein Unterschied sey, sondern davon, daß zwischen offenbaren Sündern, und Heuchlern, die diese Sünden richten, und verdammen, kein Unterschied sey, V. 1. daß solche Heuchler dem gerechten Urtheile GOttes nicht entrinnen werden, V. 3. daß GOtt dieselben, wegen ihrer beharrlichen Unbußfertigkeit, gewiß strafen, V. 4–6. so wie diejenigen, die, ihren Glauben durch Beständigkeit in guten Werken, bey allen Widerwärtigkeiten dieses Lebens, zu beweisen fortfahren, belohnen werde, V. 7–10, und dieß ohne Ansehen der Person, V. 11. Wo stehet hier Lockens Meynung? Cap. I. 16. darf nicht aus seinem Zusammenhange gerissen werden. Freylich ist bey GOtt zwischen Juden, und Heyden, kein Unterschied: aber nicht aus dem Grunde, den Locke angiebt.

(b) Dieser Gehorsam, und Ungehorsam, ist auf weiter nichts, als Lockens 28ste Anmerkung, gegründet. Der Text hat kein Wort von Gehorsam, oder Ungehorsam, gegen das Evangelium.

(c) Wie läßt es sich abnehmen? Paulus saget: Ruhm, und Ehre, und Friede, werde einem Jeden zu Theile werden, der Gutes gethan hat, den Juden zuvörderst, aber auch den Griechen. Er redet in der einfachen Zahl: einem Jeden, παντὶ, dem Juden, Ἰουδαίῳ, dem Griechen, ἕλληνι. Also redet er von ganzen Völkerschaften. Was ist das für ein Schluß? warum soll er nicht vielmehr einzelne Juden, und Heyden, dadurch anzeigen wollen? Aus dem Texte läßt sich also dieses nicht abnehmen. Soll man es aus Lockens bisherigen eigenmächtigen Erklärungen, oder Verdrehungen, abnehmen: so ist dieß zu viel gefordert. Ueberhaupt enthält diese ganze 29ste Anmerkung nichts, das nur im geringsten zur Sache gehörte. Von der Betrachtung der Juden, und Heyden, als ganzer Völker, und nach einzelnen Personen, werde ich unten beym achten Abschnitte ausführlicher handeln, und den darinnen liegenden exegetischen Kunstgriff beurtheilen können.

(30) ἀπολοῦνται, sie werden verlohren werden. Diejenigen, die unter dem Gesetze sind, saget S. Paulus, werden durch das Gesetz verurtheilet werden; und dieß ist leicht zu begreifen, weil sie unter einem Gesetze stehen, mit welchem Leben, und Tod, als Belohnung, und Strafe, des Gehorsams, oder Ungehorsams, verbunden sind: von den Heyden aber, die nicht unter diesem Gesetze standen, saget er bloß, daß sie verlohren werden sollen. S. Paulus brauchet diese so sehr verschiedenen
Ausdrü-

am Gesetz gesündiget haben, die werden durchs Gesetz verurtheilet werden:	diget haben, da sie unter dem Gesetze standen, werden durch das Gesetz verurtheilet werden;
13. (Sintemal vor GOtt, nicht die das Gesetz hören, gerecht sind: sondern die das Gesetz thun, werden gerecht seyn.	13. (Denn, nicht diejenigen, die bloß das Gesetz hören, werden dadurch vor den Augen GOttes gerecht: sondern diejenigen werden gerechtfertiget, die das Gesetz thun, und alles, was darinnen befohlen ist, vollkommen ausrichten.
14. Denn, so die Heyden,	14. Denn, wenn die Heyden, die kein Gesetz haben,

Ausdrücke nicht umsonst (u). Sie können, wie ich glaube, dem Cap. V. 13. und meiner Erklärung dieser Stelle, ein Licht geben, ja gar uns noch weiter führen.

(u) Die Sache kommt darauf an, daß freylich die Heyden nicht nach dem Gesetze, in wie weit es bloß den Israeliten geoffenbaret ist, gerichtet werden können. Allein, man gebe nur genau Achtung, was denn das mosaische Sittengesetz in sich enthält? Bekanntlich ist es nach seinem wesentlichen Inhalte nichts anders, als das Naturgesetz; und aus der Geschichte der ersten Welt so wohl, als der Patriarchen, ist klar, daß man es wußte, und sich darnach richtete, ehe es noch auf dem Berge Sinai feyerlich den Israeliten verkündiget wurde. Aus diesen beyden Gründen mußte der Inhalt desselben auch den Heyden bekannt seyn, da auch sie von den ersten Stammvätern der Völker entsprungen waren. Sie richteten sich also, so viel sie mochten, darnach, theils, weil sie solches das Licht der Vernunft lehrete, theils, weil sie es von ihren Vorfahren gelernet, und so unter sich fortgepflanzet hatten. Sollen nun die Heyden nicht von GOtt gestrafet werden, da sie nicht einmal das, was sie wissen, und als recht erkennen, thun? da sie die Wahrheit in Ungerechtigkeit aufhalten, und nicht mehr wissen mögen? GOtt ist gerecht, und allwissend, und kennet die Herzen der Menschen, und alle Winkel, und Krümmen, derselben. Die Heyden haben also dadurch, daß sie nicht am Berge Sinai standen, keine Entschuldigung, ein Gesetz nicht zu halten, das sie schon, ohne es allda gehöret zu haben, wissen. Sie werden demnach, wenn es auf Werke ankommt, so gut als die Juden, verdammt, nicht nach dem auf dem Berge Sinai gegebenen Gesetze, sondern nach dessen ihnen, auch ohne Offenbarung, schon bekanntem Inhalte. Denn, auch diesen haben sie nicht beobachtet. Man wird hieraus urtheilen können, ob Paulus bey dem ἀπολοῦνται nach Lockens Sinne denke? oder ob verlohren werden, und verurtheilet werden, gewisser massen einerley ausdrücke? nämlich, daß GOtt, ohne die Gerechtigkeit des Glaubens, die Sünder zeitlich, und ewig, strafe, sie mögen ohne Gesetz, oder unter dem Gesetze, gesündiget haben. Die witzige Erklärung über Cap. V. 13. will ich an gehörigem Orte prüfen.

haben, das ihnen GOtt (31) besonders geoffenbaret hätte, nach Anleitung des Lichtes der Natur dasjenige halten, und beobachten, was das den Israe-

den, die das Gesetz nicht haben, und doch von Natur thun des Gesetzes Werk:

(31) Μὴ νόμον ἔχοντες, die das Gesetz nicht haben, oder, die kein Gesetz haben. Da der Apostel durch das Wort Gesetz in dieser Epistel überhaupt ein von GOtt gegebenes, und durch eine Offenbarung vom Himmel bekannt gemachtes, und mit daran gehängten Belohnungen und Strafen versehenes, Gesetz anzeiget; so ist nicht unwahrscheinlich, daß er in diesem Verse, wo er durch die griechische Partikel das Gesetz Mosis so deutlich zu erkennen giebt, unter νόμος, ohne Artikel, das Gesetz überhaupt, nach seinem Begriffe von einem Gesetze, verstehe (a). Und so könnte man diesen Vers also übersetzen: Denn, wenn die Heyden, welche kein Gesetz haben, den Inhalt des Gesetzes von Natur beobachten: so sind sie, da sie kein Gesetz haben, ihnen selbst ein Gesetz; und so auch V. 12. Welche gesündiget haben, da sie unter einem Gesetze standen, werden durch ein Gesetz verurtheilet werden. Denn, ungeacht von Adam bis auf Christum kein von GOtt geoffenbartes Gesetz, ausser dem, welches die Israeliten bekommen hatten, in der Welt war: so ist doch gewiß, daß durch JEsum Christum allen Menschen ein geoffenbartes Gesetz (b) vom Himmel gegeben worden, und daß alle diejenigen, welchen es in der Predigt des Evangelii verkündiget ist, darunter stehen, und darnach gerichtet werden sollen.

(a) Wer nur ein wenig Achtung geben will, wird finden, daß der hier angegebene Unterschied zwischen νόμος mit, oder ohne, Artikel nichtig sey.

(b) Daß durch Christum ein Gesetz gegeben worden, ist ein auf alle Weise gefährlicher, und offenbar socinianischer Irrthum. Denn, die Schrift saget nirgends, daß Christus ein Gesetz gegeben habe, welches in dem Evangelio verkündiget werde, sie setzet vielmehr Gesetz, und Evangelium, einander entgegen; es widerspricht sich auch schon selbst, daß in dem Evangelio, Gesetz, in der Predigt von GOttes Gnade, GOttes Zorn, verkündigt werde; und ist endlich grundfalsch, daß das Evangelium zuerst im neuen Testamente verkündigt worden. Ueber dieß ist gegenwärtige Erklärung der Worte Pauli falsch. Denn, Paulus setzet in dieser Stelle nicht wie Röm. III. 27. Gesetz und Evangelium, Werke und Glauben, einander entgegen, sondern Gesetz, und Gesetz, Juden, und Heyden. Er saget: die Heyden, die das Gesetz nicht haben, sind sich selbst ein Gesetz. So lange also nicht bewiesen werden kann, daß das Evangelium ein Gesetz sey, so lange kann hier durch das Gesetz, das sich die Heyden selbst sind, das Evangelium nicht verstanden werden. Paulus müßte hienächst sich selbst widersprechen. Er sagt: die Heyden sind sich selbst ein Gesetz; und V. 15. des Gesetzes Werk sey beschrieben in ihren Herzen. Wäre nun Gesetz so viel als Evangelium; so behauptete er, daß die Heyden sich selbst ein Evangelium seyen, oder, welches einerley ist, durch das Licht der Natur das Evangelium erkenneten: welches an und für sich unmöglich ist, und auch nirgends von Paulo, noch sonst in der heiligen Schrift, gelehret wird. Er versichert vielmehr 1 Korinth. II. 8. keiner von den Obersten dieser Welt habe die im Evangelio verborgene Weisheit GOttes erkennet u. s. w. Allein, Locke vergißt sich selber; er sagt in der Umschreibung: die Heyden hätten, ohne ein besonders geoffen-

Werk: dieselbigen, dieweil sie das Gesetz nicht haben, sind sie ihnen selbst ein Gesetz;

Israeliten von GOtt gegebene Gesetz, als sittlich recht, befiehlet: so haben dieselben, ohne ein besonders geoffenbartes Gesetz empfangen zu haben, schon in ihnen selbst ein Gesetz;

15. Damit, daß sie beweisen, des Gesetzes Werk sey beschrieben in ihren Herzen, sintemal ihr Gewissen sie bezeuget; dazu auch die Gedanken, die sich unter einander verklagen, oder entschuldigen.)

15. und zeigen, daß die Vorschriften des Gesetzes in ihre Herzen geschrieben seyen, wie denn auch ihr Gewissen dem Gesetze Zeugniß giebt, und ihre Gedanken sich unter einander selbst verklagen, oder (*) vertheidigen).

16. Auf den Tag, da GOtt das Verborgene der

16. An dem Gerichtstage, an welchem, wie ich in meiner Predigt des Evangelii (32) verkündige,

geoffenbartes Gesetz empfangen zu haben, schon in ihnen selbst ein Gesetz; und in der Anmerkung: es sey ihnen ein geoffenbartes Gesetz, das im Evangelio verkündiget würde, vom Himmel gegeben worden. Wer siehet hier den Widerspruch nicht? Es ist also nichts übrig, als daß man unter dem Gesetze, welches die Heyden sich selber waren, das Gesetz der Natur verstehe; wovon ich bey der vorhergehenden Anmerkung kürzlich geredet habe. So stehet Gesetz, und Gesetz, einander entgegen; und so fallen die Schwierigkeiten, und Widersprüche, weg, die sich bey der lockischen Erklärung, zum Trost für die reine evangelische Wahrheit, so wie bey allen falschen Auslegungen, so sichtbar finden müssen.

(*) Diese drey Verse enthalten den Beweis zu V. 12. worinnen Juden und Heyden, ohne Glauben, die Seligkeit abgesprochen wird. Der 13te V. beweiset, daß die Juden nicht können selig werden, wenn sie gleich das von GOtt geoffenbarte Gesetz haben; und der 14te und 15te, daß die Heyden deswegen, weil sie kein geoffenbartes Gesetz haben, dem Gerichte GOttes nicht entgehen können.

(32) Laut meines Evangelii, d. i. wie ich in der Predigt des Evangelii lehre. Daß dieß die Meynung dieser Redensart sey, kann man aus 2 Timoth. II. 8. sehen: und daß S. Paulus dieß gepredigt habe, davon haben wir ein merkwürdiges Beyspiel Apost. Gesch. XVII. 31. (a).

(a) Wegen Apost. Gesch. XVII. 31. ist das Nöthige schon über Cap. I. 18. Anm. 9. erinnert werden. Wenn Paulus in unserer Stelle saget, GOtt werde das Verborgene der Menschen durch JEsum Christum, laut seines Evangelii, richten; so ist damit seine Meynung nicht, daß das Evangelium das Gesetz sey, nach welchem Christus das Urtheil sprechen werde. Denn, dieß kann nicht mit V. 12. bestehen, mit welchem der gegenwärtige unmittelbar zusammen hänget, und wo es geheissen hat, daß die Unglaubigen durchs Gesetz werden verurtheilet, oder ohne Gesetz verlohren, werden. Man muß also entweder mit Locken das Evangelium hier von der ganzen Predigt Pauli synekdochisch verstehen, oder, natürlicher, das κατὰ τὸ εὐαγγέλιόν μου nicht mit dem vorhergehenden, sondern

kündige, GOtt alle Handlungen der Menschen, (und selbst die verborgensten) durch JEsum Christum richten wird.

17. Siehe, du heissest (33) ein Jude, und verlässest dich mit Vergnügen auf den Vorzug, daß du von GOtt das Gesetz, als ein Zeichen einer besondern Gnade (34), empfangen hast, und rühmest dich GOttes, daß er dein GOtt ist, und du einer von seinem Volke bist, von demjenigen Volke, welches allein den wahren GOtt erkennet, und anbethet;

18. und du erkennest seinen Willen, und hast an dem Gesetze, in welchem du erzogen worden bist, den Probierstein von dem, was gut, oder böse, ist (35).

19. Du

der Menschen durch JEsum Christ richten wird, laut meines Evangelii.

17. Siehe aber zu, du heissest ein Jude, und verlässest dich aufs Gesetz, und rühmest dich GOttes,

18. Und weissest seinen Willen: und weil du aus dem Gesetz unterrichtet bist, prüfest du, was das Beste zu thun sey;

19. Und

sondern mit dem folgenden διὰ Ἰησοῦ Χριστοῦ, verbinden, daß er dieß als ein Stück seines Evangelii beschreibet, daß JEsus Christus dereinsten Todte, und Lebendige, richten wird. Dieß ist nämlich für die Glaubigen ein grosser Trost, daß JEsus Christus, ihr Freund, ihr Erlöser, und Mittler, dereinst ihr Richter seyn wird. Denn, so wissen sie voraus, daß sie nicht in das Gericht kommen, sondern vom Tode zum Leben hindurch gedrungen sind, Joh. V. 24: und auf diese Art ist Christi Richteramt eine evangelische Wahrheit. Daß ihrer hier Paulus erwähnet, da er von der unvermeidlichen Verdammniß aller Unglaubigen redet, ist daher zu leiten, daß alle evangelische Wahrheiten, diejenigen, welche sie nicht glaubig annehmen, unter dem Fluche lassen müssen, welchem sie, ohne dieselben zu ergreifen, unterworfen sind. So ist: wer da nicht glaubet, soll verdammt werden, ein natürlicher Gegensatz von: wer da glaubt, soll selig werden.

(33) Ἐπονομάζῃ, du heissest, ist von S. Paulo nachdrücklich geredet. Denn, wer so ein Jude war, als er in den folgenden Versen beschreibet, der war, wie er behauptet, nur dem Namen nach, und nicht in der That, ein Jude; denn, so schlüsset er V. 28. 29, daß vor den Augen GOttes nicht derjenige ein Jude sey, welcher auswendig ein Jude ist.

(34) S. Paulus bedienet sich von V. 17–20. des Namens, dessen sich die Juden wegen ihrer vorzüglichen Erleuchtung, und Erkenntniß, vor den Heyden anmaßten, um ihnen zu zeigen (a), wie sie ohne Entschuldigung seyen, wenn sie die Heyden, welche nach ihrem eigenen Geständnisse ihnen an der Erkenntniß so ungleich wären, um der Laster willen verdammten, deren sie sich selbst schuldig fanden. S. Mich. III. 11.

(a) Besser: um ihnen zu zeigen, daß sie das Gesetz, dessen sie sich so rühmeten, nur desto gewisser, und härter, verdamme, je mehr sie es verstünden.

(35) Τὰ διαφέροντα bedeutet vortrefliche, schickliche, streitige, oder unterschiedene Dinge. In einer jeden Bedeutung kann man das Wort hier nehmen, obgleich

19. Und vermissest dich zu seyn ein Leiter der Blinden, ein Licht derer, die im Finsterniß sind;

20. Ein Züchtiger der Thörichten, ein Lehrer der Einfältigen, hast die Form, was zu wissen und recht ist im Gesetz.

21. Nun lehrest du andere, und lehrest dich selber nicht. Du predigest, man solle nicht stehlen: und du stiehlest.

22. Du sprichst, man solle nicht ehebrechen: und du brichst die Ehe. Dir gräuelt vor den Götzen: und raubest GOtt, was sein ist.

23. Du rühmest dich des Gesetzes, und schändest GOtt durch Uebertretung des Gesetzes.

24. Denn, eurenthalben wird

19. Du bildest dir ein, du seyest ein Wegweiser der Blinden (36), ein Licht der unwissenden Heyden, die in der Finsterniß sind,

20. einer, der die Thoren zu Rechte bringen, die Einfältigen lehren kann, und in dem Gesetze einen genauen Abriß, und ein vollkommenes Lehrgebäude (37) der Erkenntniß, und Wahrheit, hat.

21. Du also, der du ein Meister in dieser Erkenntniß bist, und andere lehrest, lehrest du nicht dich selber? Du, der du predigest, ein Mensch solle nicht stehlen, stiehlest du?

22. Du, der du den Ehebruch für unerlaubt erkläreſt, begehest solchen selber? Du, der du vor den Götzen einen Abscheu hast, begehest an GOtt einen Raub?

23. Du, der du dich des Gesetzes rühmest, beschimpfest GOtt durch Uebertretung des Gesetzes?

24. Denn, eures übeln Verhaltens wegen wird

obgleich die letzte, da die Sachen in Ansehung ihrer Rechtmäßigkeit, oder Unrechtmässigkeit, verschieden sind, wie mich dünket, der Absicht des Apostels am gemässesten ist, und auch mit dem Vorgeben der Juden, die darinnen einen grossen Vorzug vor den Heyden suchten, am besten übereinkommt.

(36) Blind, in Finsterniß, Thöricht, Einfältig, waren Namen, welche die Juden den Heyden gaben, und womit sie anzeigten, wie viel schlechter dieselben in ihrer Erkenntniß, als sie, wären.

(37) Μόρφωσιν, Form, scheinet hier einerley zu seyn, mit τύπος, Vorbild, Cap. VI. 17. und einen Grundriß anzuzeigen, der die Theile, und Gestalt, des Ganzen in sich enthält, und vorstellet. Denn, es ist zu bedenken, daß der Apostel diesen Ausdruck hier in eben dem Verstande brauchet, in welchem ihn die Juden führten, wenn sie sich gegen die Heyden rühmten, und dadurch ihre eigenen Fehler, in ihrer gewöhnlichen Verurtheilung, vergrösserten.

wird der Name GOttes unter den Heyden gelästert, wie geschrieben stehet (38).

wird GOttes Name gelästert unter den Heyden, als geschrieben stehet.

25. Daß du beschnitten (39), und ein Jude, bist, nützet (40) dir in der That, wenn du das Gesetz hältest: allein, wenn du ein Uebertreter des Gesetzes bist, so ist deine Beschneidung Vorhaut worden; du bist auf keine Weise besser, als ein Heyd.

25. Die Beschneidung ist wohl nütze, wenn du das Gesetz hältest: hältest du aber das Gesetz nicht, so ist deine Beschneidung schon eine Vorhaut worden.

26. Wenn also ein unbeschnittener Heyde das, was in dem Gesetze als Recht (41) vorgeschrieben

26. So nun die Vorhaut das Recht im Gesetz hält:

(38) S. 2 Sam. XII. 14. Ezech. XXXVI. 23.

(39) Beschneidung ist hier so viel, als ein Jude seyn, weil dieß eines der hauptsächlichsten, und größten, Unterscheidungszeichen dieses Volkes war.

(40) ist wohl nütz, wenn du das Gesetz hältest; weil ein Jud, der das Gesetz hielt, das Leben darinnen haben sollte, 3 Mos. XVIII. 5.

(41) Τὰ δικαιώματα τοῦ νόμου, das Recht im Gesetz. Ich habe mir die Freyheit genommen, zu übersetzen: was in dem Gesetze als Recht vorgeschrieben ist, und darinnen S. Paulo nachgeahmet, der δικαιώματα hier für alle diejenigen Gebothe des Gesetzes nimmt, die einen Theil der natürlichen, und ewigen, Regel dessen, was Recht ist, enthalten, und den Menschen durch das Licht der Natur bekannt werden. Alle Menschen, sowohl Unbeschnittene, als Beschnittene, hatten diese Regel ihrer Handlungen, und diese nennet S. Paulus δικαίωμα τοῦ Θεοῦ, Cap. I. 32. weil sie von GOtt kommt (sich auf seine Gerechtigkeit, und Heiligkeit, gründet), und allen Menschen, als die Richtschnur ihrer Handlungen, angewiesen ist, indem sie solche durch ihre Vernunft entdecken können, und dieselbe ihnen, wenn sie solcher nachleben (a), δικαίωμα, Gerechtigkeit wird, oder sie dadurch gerechtfertiget werden. Und diese sittliche Regel, saget S. Paulus, erkenneten die Heyden. Es bedeutet also δικαίωμα τοῦ Θεοῦ, Cap. I. 32. diese Regel dessen, was Recht ist, überhaupt betrachtet, und δικαιώματα τοῦ νόμου bedeuten die verschiedenen Arten desselben, welche das mosaische Gesetz enthält. Denn, wie ein anderer Theil des mosaischen Gesetzes die Heyden angehen, oder von ihnen beobachtet werden, konnte, läßt sich nicht begreifen: und also kann besagter Theil allein die hier verstandenen δικαιώματα τοῦ νόμου ausmachen. Wenn man Achtung giebt, wie unterschiedlich die Uebersetzer, und Ausleger, dieses δικαίωμα in den verschiedenen Stellen, wo es in den paulinischen Briefen vorkommt, erkläret haben; so sollte man fast denken, daß der Apostel dieses Wort in sehr weitläuftigem Verstande, und verschiedenen Bedeutungen, brauchen müsse (b): ich glaube aber, daß, wer diese Stellen aufmerksam liest, finden wird, daß er es immer in eben demselben Verstande behalte, und dadurch

die-

hält: meynest du nicht, daß seine Vorhaut werde
für

ben ist, beobachtet: wird er nicht, als wäre er beschnitten, und auf alle Weise ein Jude, ange=
sehen,

diejenige Regel verstehe, die, wenn sie beobachtet wird, den Menschen, oder die Sache, wozu sie gegeben ist, gerecht, und vollkommen machet. Zum Exempel

(a) Wenn sie nämlich derselben nachleben. Da aber sowohl aus dem, was Paulus in dem Isten und IIten Cap. dieser Epistel sagt, als anderweitig bekannt ist, daß nie Jemand auch nur dem Lichte der Natur gehörig nachgelebet hat, weil der freye Wille des Menschen durch den Fall selbst in natürlichen Dingen geschwächet ist; da ferner durch eben diesen Fall der Verstand in natürlichen Dingen so verdorben ist, daß nie ein Mensch den völligen Umfang seiner Pflichten so vollkommen erkennet hat, daß er, ohne allen Beystand der göttlichen Offenbarung den ächten Begriff der wahren Heiligkeit erlanget hätte: so ist alle Betrachtung, und Untersuchung, ob ein Mensch durch Anleitung seiner Vernunft zur wahren Gerechtigkeit, und Rechtfertigung, gelangen könne? überflüssig. Paulus saget nicht, daß ein unbeschnittener Heyde, nach dem Lichte der Natur, das wirklich halte, was in dem Sittengesetze als Recht, und GOtt wohlgefällig, vorgeschrieben ist: sondern er redet bedingungsweise ἐὰν — φυλάσσῃ, wenn er es hielte, gesetzt, daß er es hielte. Er thut dieß, um die leeren Einbildungen der Juden auf ihre Beschneidung, und Erkenntniß des Gesetzes, zu zernichten, die er von V. 17-24. beschrieben, und mit dem Anhange beschlossen hat, V. 25. Die Beschneidung ist wohl nütz, wenn du das Gesetz hältest — d. i. Ohne Beobachtung des Gesetzes hilft die blosse Beschneidung nichts, aber, wenn Jemand das Gesetz halten könnte, alsdenn würde sie ihm viel helfen; ein Jud ist, da er das Gesetz nicht hält, seiner Beschneidung ungeacht, nicht besser als ein Heyd. Gesetzt also, so schlüsset nun der Apostel V. 26. ein unbeschnittener Heyd hielte das Gesetz, so wäre er, weil er das Gesetz gehalten, vor GOttes Augen so gut, als ein Jude; das, daß er unbeschnitten ist, würde ihm nicht schaden: und da Juden, und Heyden, das Gesetz nicht halten; so sind sie auf diese Weise einander vollend gleich.

(b) Locke machet sich hier eine Schwierigkeit, die fast aus seinen eigenen Worten zu heben ist. Das Wort δικαίωμα hat in der Schreibart Pauli freylich einen weitläuftigern Verstand, als in unsern Sprachen; und daher müssen in den Uebersetzungen nothwendig verschieden scheinende Bedeutungen eines einzigen Grundwortes entstehen. Die Exempel, die Locke für seine Meynung anführet, können solches am besten zeigen. Sie sind folgende:

Röm. I. 32. ist Δικαίωμα τοῦ Θεοῦ, welches übersetzet worden: GOttes Gerechtigkeit, diejenige Richtschnur des Guten und Bösen, durch welche die Heyden, wenn sie denselben vollkommen Gehorsam geleistet hätten, würden vor GOtt gerecht worden seyn(α).

(α) S. die vorgehende Anmerkung (a).

Röm. II. 26. sind δικαιώματα τοῦ νόμου, das Recht im Gesetz, diejenigen Gebothe des mosaischen Gesetzes, durch deren Beobachtung die Unbeschnittenen, von welchen die Rede ist, vor GOtt hätten gerecht werden können (β).

(β) S. die erst angeführte Anmerkung (a).

Röm.

sehen, und betrachtet werden? | für eine Beschneidung gerechnet?

27. und | 27. Und

Röm. V. 16. εἰς δικαίωμα, zur Gerechtigkeit, d. i. die Gerechtigkeit zu erhalten (γ).

(γ) Aber nicht die Gerechtigkeit nach der lockischen Erklärung, sondern die zugerechnete Gerechtigkeit Christi; wie der Zusammenhang lehret.

Röm. V. 18. δι' ἑνὸς δικαιώματος, ist durch eines Gerechtigkeit, durch eine Handlung, wodurch er gerechtfertiget, oder vollkommen zu demjenigen gemachet wurde, was er zu werden unternommen hatte, nämlich der Erlöser, und Heiland, der Welt (δ). Denn, διὰ παθημάτων, oder, wie einige Abschriften lesen, διὰ παθήματος, durch sein Leiden, nämlich des Todes am Kreuze, ist er gekrönet, und vollkommen worden, Hebr. II. 9. 10. IV. 15. und V. 7–9. Röm. V. 10. Phil. II. 8. Col. I. 21. Röm. VIII. 4. in welcher letzten Stelle, so wie Röm. II. 26. τὸ δικαίωμα τοῦ νόμου, die Gerechtigkeit vom Gesetz erfordert, die in dem Gesetze enthaltene Richtschnur des Guten und Bösen ist, durch deren vollkommene Beobachtung ein Mensch vor GOtt gerecht werden könnte.

(δ) Hier ist ein rechtes Gewirre von Erklärungen. Ist das die Gerechtigkeit Christi, daß er durch Leiden, und Tod, zum Heiland der Welt gemachet wurde? ist er allein durch Leiden, und Tod, dazu gemachet, oder durch die persönliche Vereinigung dazu bereitet, als ein Kind dazu gebohren, und auch durch alles sein Thun, und Leiden, in seinem ganzen Leben dazu aufgestellet worden? ist die Vollendung Christi seine Gerechtigkeit? gehöret nicht noch mehr dazu? ist das Leiden Christi eine Handlung? Diese Stelle beweiset also die allgemeine Bedeutung des Wortes δικαίωμα nicht, die ihm Locke giebt. Es bedeutet vielmehr in derselben dieses Wort alles, was Christus an unserer statt gethan, und gelitten hat, und was uns von ihm, als hätten wir es gethan, und gelitten, zugerechnet wird.

Hebr. IX. 1. δικαιώματα λατρείας, Rechte des Gottesdienstes, sind diejenigen den äusserlichen Gottesdienst betreffenden Vorschriften, und Gebothe, deren Beobachtung solchen vor GOtt vollkommen, recht, und untadelhaft, machte (besser, die wenn er recht seyn sollte, dabey zu beobachten waren).

Hebr. IX. 10. δικαιώματα σαρκὸς, äusserliche Heiligkeit, sind Vorschriften, welche die äusserlichen Caeremonien betrafen, und deren Beobachtung die Menschen äusserlich heiligte. Denn, wenn Jemand denselben nachkam, so erhielte er eine gesetzliche, äusserliche, Heiligkeit, oder Gerechtigkeit, daß man nichts wider ihn einwenden konnte, sondern ihn in dem israelitischen Volke, und Tempel, frey zulassen mußte.

In eben diesem Verstande kommet δικαιώματα auch in der Offenbarung Johannis vor.

Offenb.

Offenb. XV. 4. Τὰ δικαιώματα σου ἐφανερώθησαν. Deine Urtheile sind offenbar worden, d. i. diejenige Art und Weise, wie Menschen vor GOtt gerechtfertiget werden, sind durch das Evangelium klar, und vollkommen, bekannt gemacht worden (ε). Sie heissen hier, so wie Röm. I. δικαιώματα Θεοῦ, die Art und Weise, welche GOtt den Menschen zu ihrer Rechtfertigung vorgeschrieben hat.

(ε) Der Zusammenhang lehret, was man auch immer für eine Erklärung der Offenbarung annehmen mag, daß in dieser Stelle δικαιώματα von der strafenden Gerechtigkeit GOttes, nicht aber von dem den Menschen gegebenen Gesetze, zu verstehen seyen.

Offenb. XIX. 8. Τὰ δικαιώματα τῶν ἁγίων, die Gerechtigkeit der Heiligen, d. i. die Beobachtung dessen, wodurch die Heiligen vor GOtt gerechtfertiget werden (ζ).

(ζ) Diese Stelle ist wieder falsch erklärt. Die Gerechtigkeit wird hier die Seide genennet, womit die Braut des Lammes angethan ist. Aller Menschen eigene Gerechtigkeit gleichet aber keiner Seide, sondern einem unflätigen Kleide, Jes. LXIV. 6. Es saget auch nirgends die Schrift, daß die Menschen mit ihrer eigenen Gerechtigkeit vor GOttes Augen angekleidet erscheinen, sondern die Heiligen werden, nach Jes. LXI. 10. angezogen mit Kleidern des Heils, und mit dem Rock der Gerechtigkeit gekleidet. Also haben sie solche nicht schon an: und der blosse Befehl, die blosse Vorschrift GOttes, dieses, oder jenes, zu thun, oder zu lassen, ist nicht Grund genug, von GOtt zu sagen, daß er Menschen mit dem Rocke der Gerechtigkeit kleide. Denn, da sie kein Gesetz, sie seyen Juden, oder Heyden, nicht halten können: so würden sie auf diese Weise unbekleidet bleiben. Sie rühmen aber, sie seyen bekleidet; und haben also, nach Gal. III. 27. Christum angezogen. Folglich fällt auch hier die lockische Erklärung des δικαίωμα weg.

Wenn wir also genau Achtung geben, so ist δικαίωμα die rechtliche Vorschrift dessen, was gut, und böse, ist, und heisset δικαίωμα Θεοῦ, weil sie GOtt zum Urheber hat; δικαιώματα τοῦ νόμου, in wie weit sie in den Gebothen des göttlichen Gesetzes enthalten ist; δικαιώματα λατρείας, in wie weit sie die äusserlichen Gebräuche des levitischen Gottesdienstes betrift; δικαιώματα σαρκός, in wie weit sie die äusserliche gesetzliche, und levitische, Heiligkeit der Juden zur Absicht hatte; δικαιώματα ἁγίων, in wie weit ein heiliger Mensch dadurch vollkommen wird (η).

(η) Man vergleiche meine bisherigen Anmerkungen: und setze in Ansehung der letzten Bedeutung dieser Redensart noch hinzu, daß eben deswegen, weil, wie Paulus in dieser Epistel zeiget, kein Mensch in seiner eigenen Gerechtigkeit vor GOtt gerecht ist, δικαίωμα Θεοῦ auch die dem Glauben zugerechnete Gerechtigkeit Christi bezeichnen müsse. Ueberhaupt wird man aus dem bisher angemerkten sehen, daß sich Locke einen zu engen Begriff von der Bedeutung des Wortes δικαίωμα gemachet habe, oder mit Fleis habe machen wollen; und wenn er nun solchen auf alle Schriftstellen, wo dieser Ausdruck vorkommt, anwenden will, nothwendig dieselben gewaltsam zwingen, und drehen, müsse. Δικαίωμα bedeutet überhaupt, was wir Recht, Gerechtigkeit, nennen. Da nun diese Begriffe von weitem Umfange sind: so muß man jedesmal sehen, was für eine

Gattung des Rechtes, und der Gerechtigkeit, angezeiget werde, und darnach, wie es am deutlichsten wird, die Uebersetzung richten. So muß es freylich manchmal an einem Orte anders, als an dem andern, gegeben werden.

Es wird nicht vergeblich seyn, hier zugleich Nachricht zu geben, wie S. Paulus ein anderes hier befindliches Wort, νόμος, gebrauchet. Er nimmt es gemeiniglich für eine den Menschen gegebene Vorschrift, welche durch eine angehängte Strafe kräftig gemachet, und von ihm besonders oft, bald ohne, bald mit dem Artickel, für das Gesetz Mosis gebrauchet wird, ohne daß er meldet, was für ein Gesetz er meyne, als wenn sonst kein anderes Gesetz in der Welt gewesen wäre: wie denn in der That, nach S. Pauli Begriffe, von dem Falle an bis auf die Zeit unsers Erlösers (f) kein anderes Gesetz war, als allein dasjenige, welches GOtt den Israeliten durch Mosen gegeben hatte. Unter dem Evangelio wurde Mosis (Kirchen- und Polizey-) Gesetz aufgehoben: allein, die δικαιώματα τοῦ νόμου wurden nicht aufgehoben. Das δικαίωμα τοῦ Θεοῦ blieb nicht allein feste stehen, sondern wurde auch durch Christum, den König und Heiland der Welt, aus göttlicher Macht aufs neue bekannt gemacht (g). Denn, davon saget er, daß er nicht gekommen sey, das Gesetz aufzulösen, sondern zu erfüllen, d. i. solches nachdrücklich, und deutlich, in seinem völligen Umfange und Verstande darzulegen (h), und diese δικαιώματα τοῦ νόμου in ihr gehöriges Licht, und völlige Stärke, zu setzen (i). Daher sehen wir auch, daß alle Theile desselben von unserm Heilande, und seinen Aposteln, viel deutlicher befohlen, und mit den angehängten Strafen, viel nachdrücklicher, als in dem Gesetze Mosis geschehen, Jedermann eingeschärfet worden (k).

(f) Wenn Locke hier nicht den Socinianer im Herzen versteckt gehabt hat; so ist es erschröcklich, zu was grossen Irrthümern ein einziger nicht genug bestimmter theologischer Begriff, und die Vernachlässigung einer hermenevtischen Regel, einen Gelehrten verleiten kann. Die Socinianer machen Christum zu einem neuen Gesetzgeber, und zählen im rakauischen Catechismus die Gebothe vor, die Christus dem alten göttlichen Gesetze soll zugesetzet haben: Locke thut dieses nicht, sondern saget nur, daß Christus das δικαίωμα τοῦ Θεοῦ aufs neue bekannt gemachet habe. Lasset uns seinen Beweis sehen! Christus saget: er sey nicht gekommen, das Gesetz aufzulösen, sondern zu erfüllen. Ist also erfüllen so viel, als aufs neue bekannt machen? Man nehme an, daß in einem Lande, in welchem den weissesten Gesetzen zu ihrer Vollkommenheit nichts fehlet, als ein neues Gesetz, daß alle gegebene müssen gehalten werden, daß, sage ich, dieses neue Gesetz endlich, unter Verkündigung der härtesten Strafen, erscheine, daß es auf die feyerlichste Art, mit Wiederholung aller vorhergehenden, verkündiget werde: ist denn diese neue, und ernstliche, Verkündigung deswegen die Erfüllung der Gesetze? Nun sagt aber Christus: er sey in die Welt gekommen, das Gesetz zu erfüllen. Also hat er das göttliche Gesetz nicht bloß wiederholet, und aufs neue, unter Androhung geschärfter Strafen, bekannt gemacht, sondern wirklich erfüllet, d. i. alles gethan, was den Menschen nach der Vorschrift des Gesetzes zu thun unmöglich war, und alles für sie gelitten, was sie als Uebertreter des Gesetzes hätten leiden sollen. Denn, bekannt war das Gesetz ohnehin; und Moses wurde ja auf alle Sabbather in den Schulen gelesen, Apost. Gesch. XV. 21. Daß aber Christus das göttliche Gesetz nach seinem wahren Verstande erkläret, und von den fleischlichen, und dummen, Verdre-

hungen

27. Und wird also, das von Natur eine Vorhaut ist, und das Gesetz vollbringet, dich richten: der du	27. und wird nicht ein Heyde, der in seinem natürlichen Zustande, worinnen er unbeschnitten ist, das Gesetz erfüllet (*), dich verdammen (42), der du, ungeacht des Vorzuges, daß du das Gesetz

hungen der Pharisäer gerettet hat, wie wir Matth. V. u. f. und anderwärts sehen, das machet nicht sein ganzes Amt, noch den völligen Endzweck seiner Sendung aus, sondern ist nur ein Stück seines prophetischen Amtes. Eben das gilt von seinen Aposteln. Sie mußten freylich auf das ernstlichste zu wahrer Heiligkeit vermahnen, weil sonst die Neubekehrten aus Juden, und Heyden, gar leicht sich hätten einbilden mögen, sie dürften in der Sünde beharren, auf daß die Gnade desto mächtiger würde, Röm. VI. 1. Allein, deswegen war nicht dieß ihr Hauptgeschäfte, sondern sie waren vielmehr gesendet, das Evangelium von Christo zu predigen. Das ist seltsam, daß Locke schreibt: das δικαίωμα τοῦ Θεοῦ sey im neuen Testamente stehen geblieben. Denn, die Gerechtigkeit GOttes, oder, das, was GOtt für recht erkennet, kann nicht aufgehoben werden, noch GOtt solches für unrecht erkennen.

Wir sehen also aus der Lehre S. Pauli und des neuen Testamentes, daß alle Menschen, Juden, Heyden, und Christen, nur eine einzige, und eben dieselbige, Regel der Gerechtigkeit haben; und daß Jedermann, welcher derselben nicht einen in allen Stücken vollkommenen Gehorsam leistet, ungerecht, und die Folge dieser Ungerechtigkeit der Tod ist. Denn, die Heyden, welche ohne Gesetz gesündiget haben, sollen ohne Gesetz verlohren werden; die Juden, welche gesündiget haben, da sie ein Gesetz hatten, sollen durch das Gesetz verurtheilet werden: doch sollen Juden und Heyden vom Tode errettet werden, wenn sie an JEsum Christum glauben, und sich aufrichtig einer rechtschaffenen Heiligkeit (durch die Gnade des Heiligen Geistes) bestreben; wenn sie gleich nicht völlig dazu gelangen. Denn, ihr Glaube wird ihnen zur Gerechtigkeit gerechnet, Röm. III. 19–24.

(*) Man sehe die Anmerkungen zu dem vorhergehenden 26sten Verse, und bedenke, daß, da Paulus hier in einer unzertrennten Verbindung seiner Rede fortfähret, in welcher das hier befindliche τελοῦσα, ein von Natur Unbeschnittener, der das Gesetz vollbringet, mit dem φυλάσσῃ V. 26. durch καὶ zusammenhänget, er hier ebenfalls, wie im Vorhergehenden bedingungsweise reden müsse: wenn er das Gesetz erfüllete.

(42) dich richten. Dieß saget er in Betrachtung seiner V. 1. entdeckten Hauptabsicht, die Thorheit, und Unbilligkeit, der Juden zu zeigen, wenn sie die Heyden verdammeten, und nicht in ihre Gemeinschaft in dem Reiche Christi aufnehmen wollten (a).

(a) Er bestrafet die Thorheit derer, die von ihrer Beschneidung die Seligkeit hoften, ohne das Gesetz zu erfüllen, noch an Christum zu glauben; hat aber, wie schon gezeiget worden, die hier erwähnte Absicht nicht.

Gesetz hast, und beschnitten bist (43), ein Uebertreter des Gesetzes bleibest?

28. Denn, der ist nicht ein Jude, der solches bloß nach dem äusserlichen Scheine, und Verhalten (44), ist; noch machet die Beschneidung, welche äusserlich am Fleische geschiehet, Jemand bey GOtt angenehm.

29. Sondern derjenige ist ein Jude, und gehört zum Volke GOttes, der solches nach seiner innerlichen Gleichförmigkeit mit dem Gesetze ist; und das ist die rechte, einem Menschen nützliche, Beschneidung, die am Herzen (45) geschiehet, nach dem geistlichen Sinne des Gesetzes, der die Reinigung unserer Seele von der Sünde durch den Glauben an JEsum Christum fordert, und nicht allein nach der äusserlichen Beobachtung des Buchstabens (46), wodurch kein Mensch das Leben erlangen kann. Solche wahrhaftige Israeliten, wie diese sind, sind bey GOtt geehret, und angenehm, wenn sie gleich von den Menschen aus dem jüdischen Volke verurtheilet, verdammet, und verworfen, werden.

du unter dem Buchstaben und Beschneidung bist, und das Gesetz übertrittest.

28. Denn, das ist nicht ein Jude, der auswendig ein Jude ist; auch ist das nicht eine Beschneidung, die auswendig im Fleisch geschicht.

29. Sondern das ist ein Jude, der inwendig verborgen ist; und die Beschneidung des Herzens ist eine Beschneidung, die im Geist, und nicht im Buchstaben geschicht: welches Lob ist nicht aus Menschen, sondern aus GOtt.

(43) Es ist deutlich, daß hier von Natur, und unter dem Buchstaben, und Beschneidung, einander entgegen gesetzet sind, und das erste einen Menschen in seinem natürlichen Zustande anzeigt, dem das durch Mosen von GOtt geoffenbarte Gesetz völlig unbekannt ist, das andere aber einen Juden, der die in dem Gesetze dem Buchstaben nach enthaltenen Gebräuche beobachtet.

(44) S. Cap. IX. 6. 7. Galat. VI. 15. 16.

(45) S. Pauli Erklärung hievon kann man Phil. III. 3. und Col. II. 11. sehen.

(46) Buchstaben. S. Cap. VII. 6. 2 Korinth. III. 6. 7. verglichen mit V. 17.

Dritter

Dritter Abschnitt.

Cap. III. Vers 1 — 31.

In diesem dritten Capitel zeiget S. Paulus, daß alle Nationalvorrechte, welche die Juden, als GOttes Volk, vor den Heyden hätten, ihnen vor den Heyden kein besonderes Recht, oder vorzüglichen Anspruch, auf das Reich Christi gäben. Denn, da sie alle, sowohl als die Heyden, sündigten, und durch die Werke des Gesetzes, so wenig als die Heyden, die Gerechtigkeit erlangen könnten: so seye die Rechtfertigung einzig und allein in der unverdienten Gnade GOttes, durch den Glauben an JEsum Christum, zu suchen; und GOtt, der so wohl der Heyden, als der Juden, GOtt ist, nehme nicht allein die Juden, sondern auch die Heyden, zu Gnaden an, und erkenne alle, die an JEsum Christum glauben, ohne Unterschied für sein Volk.

Um sich hiezu den Weg zu bahnen, räumet er zuvörderst den Einwurf der Juden bey Seite, welche sagen mochten: Wenn das seine Richtigkeit hat, was bisher vorgetragen worden, daß allein die Beschneidung des Herzens nützlich ist; was haben denn die Juden für einen Vorzug, wenn sie, als GOttes Volk, die Beschneidung am Fleische, und andere im Gesetze verordnete Gebräuche, halten? Hierauf antwortet er: sie haben allerdings manchen Vorzug vor den Heyden; nur haben sie da nicht den geringsten, wenn die Frage ist, ob sie auch unter dem Evangelio GOtt angenehmer seyen? Nun erkläret er, daß beyde Juden, und Heyden, Sünder, und beyde gleich untüchtig sind, durch ihre Werke die Rechtfertigung zu erlangen; daß GOtt auf gleiche Weise der Juden, und Heyden, GOtt ist, und sie aus unverdienter Gnade beyde rechtfertiget, und zwar allein diejenigen, welche glauben, sie mögen Juden, oder Heyden, seyn (*).

Para-

(*) Es ist schon im Eingange zum zweyten Abschnitte gezeiget worden, daß sich Locke eine völlig falsche Vorstellung von dem Inhalte dieser Capitel, und der ganzen Epistel, mache. Man kann also auch der gegenwärtigen Einleitung nicht weiter folgen, als in wie weit sie zufälliger Weise dem Sinne Pauli gemäß ist: und dieß wird sie am Ende, wo Locke bekennet, daß Paulus lehre, Juden und Heyden würden, ohne die Werke des Gesetzes, allein durch den Glauben gerecht. Es folget nämlich nunmehr Cap. III. 21 – 31. der Schluß aus dem, was der Apostel von Cap. I. 16 – III. 20. von dem verdammlichen Zustande, in welchem sich Heyden, und Juden, ohne Gesetz, und unter dem Gesetze, befinden, dargethan hat: oder er kommet wider auf den V. 17. vorgetragenen, und durch die bishe-

Paraphrastische Erklärung.

1. Wenn dem also ist, daß die Beschneidung, ohne vollkommenen, dem Gesetze geleisteten, Gehorsam, Vorhaut wird; und Heyden, wenn sie das Sittengesetz hielten, die Juden, die es übertreten, richten könnten: was haben die Juden zum Voraus? oder was bringet die Beschneidung für Nutzen?

2. Ich antworte: auf alle Weise (1) vielen Nutzen; hauptsächlich den, daß GOtt, bey seiner besondern Gnadengegenwart unter ihnen, seinen Willen und Rath denselben offenbarete, und durch Mosen, und andere Propheten, ihnen die verbindlichsten Verheissungen gab, welche göttliche Aussprüche sie hatten, und unter sich verwahreten, während daß der übrige Theil der Menschen in keiner solchen Gemeinschaft mit GOtt stand, und keine Offenbarung von seinem gnädigen Willen gegen die Menschen hatte, sondern so gut als ohne GOtt in der Welt lebte.

3. Denn, wenn gleich einige Juden, welche die Verheissung von dem Messias hatten, als er kam, nicht an ihn glaubten, und also die Gerechtigkeit aus dem Glauben an JEsum Christum nicht erlangten: so kann doch dieser Unglaube GOttes Treue, und Wahrheit, nicht unkräftig machen,

Text.

1. Was haben denn die Juden Vortheils? oder was nützet die Beschneidung?

2. Zwar fast viel. Zum ersten, ihnen ist vertrauet, was GOtt geredt hat.

3. Daß aber etliche nicht glauben an dasselbige, was liegt daran? Sollte ihr Unglaube GOttes Glauben aufheben?

4. Das

rige Abhandlung bestätigten, Hauptsatz zurücke, daß in dem Evangelio die Gerechtigkeit, die vor GOtt gilt, geoffenbaret werde. Denn, er saget V. 21. Nun aber ist, ohne Zuthun des Gesetzes, die Gerechtigkeit, die vor GOtt gilt, offenbaret. Er behauptet in eben dem Verse, daß diese Gerechtigkeit nicht erst im neuen Testamente verkündiget, sondern schon im alten bekannt gewesen, sey. Er beschreibet sie hierauf V. 22–27. sowohl nach ihrer eigentlichen Beschaffenheit, als nach ihrer Allgemeinheit. Er schlüsset V. 28. daß der Glaube der einzige Weg zur Rechtfertigung sey; und beweiset dieß V. 29. 30. daraus, daß die Juden GOtt nicht näher angehen, als die Heyden. Er widerleget V. 31. den Einwurf, daß durch diese Lehre das Gesetz aufgehoben werde.

(1) Ein Verzeichniß der Vorzüge, welche die Juden vor den Heyden hatten, giebt S. Paulus Cap. IX. 4. 5. Hier gedenket er allein desjenigen, der sich am besten zu seinem gegenwärtigen Vorhaben schickte.

machen, der dem Abraham verheissen hat, sein, und, nach ihm, seines Saamens, GOtt zu seyn, und solchen durch alle Geschlechter zu segnen (2).

 4. Nein,

(2) Wie dieß erfüllet worden, erkläret S. Paulus in dem folgenden Capitel, sowohl als Cap. IX. 6--13. weitläuftiger (a).

(a) Ich will nur vorläufig so viel erinnern, daß die letzten Worte der Umschreibung: und solchen durch alle Geschlechter zu segnen, ein eigenmächtiger Zusatz des Paraphrasten seyen, der in der Schrift nirgends Grund hat. Denn, nirgends hat das alte Testament die Verheissung, daß GOtt so unbedingt die Nachkommen Abrahams durch alle Geschlechter durch segnen wolle. Der Vortrag des Apostels hänget in unserer Stelle so zusammen. Er zeiget V. 2. den Vorzug, welchen die Juden durch die Beschneidung erhielten; nämlich den, daß sie dadurch in den Bund, den GOtt mit ihren Vätern gemachet hatte, aufgenommen wurden. Kraft dieses Bundes, saget er, offenbarete ihnen GOtt auf die feyerlichste Weise nicht nur sein Gesetz, näher, als andern Völkern, sondern stellete ihnen auch die vom Paradiese an ertheilten evangelischen Gnadenverheissungen immer in grösserm Lichte, und mit mehrerer Deutlichkeit, erweitert, und vermehret, vor. Damit konnten sie ihren Glauben aufrichten, wenn das Gesetz ihrem erschrockten Gewissen alle Hofnung benahm; damit konnten sie voller Zuversicht in die Zukunft auf den grossen Saamen Abrahams, und die durch ihn zu erwerbende Freyheit, und Seligkeit, hinaus sehen, wenn sie an sich nichts als Knechtschaft der Sünde, und Furcht des Todes, wahrnahmen. Dieß war also ein grosser Vorzug, welchen die Juden von der Beschneidung hatten, daß GOtt Jacob sein Wort, Israel seine Sitten und Rechte zeigete, welches er keinen Heyden that, Ps. CXLVII. 19. 20. Allein, was thaten von ihnen viele, ja, wohl die meisten? Sie kümmerten sich so wenig um GOttes Gnadenverheissungen, als um sein Gesetz; und waren also unglaubig: wie solches fast die ganze Geschichte des alten Testamentes zeiget. Dieß ist die betrübte Erfahrung, die Paulum auf das leitet, was er V. 3. sagt: daß aber etliche nicht glauben, oder (vermöge des griechischen Aoristi) nicht geglaubet haben, ehehin, und noch nicht glauben. Diese Worte gründen sich auf einen Einwurf, der folgendes Inhaltes ist: Sie glauben aber dem göttlichen Worte nicht; was hilft es sie also, daß es ihnen anvertrauet ist? was haben sie hierinnen für einen Vorzug, wenn die Beschneidung, an und für sich betrachtet, ihnen dergleichen nicht giebt? Hierauf antwortet der Apostel: was liegt daran? Ihr Unglaube kann GOttes Treue, und Wahrheit, in Erfüllung seiner Verheissungen nicht aufheben; d. i. GOtt hat nie deswegen, weil so viele Juden unglaubig gewesen sind, seine Verheissungen zurücke genommen, und er nimmt sie noch nicht zurück. Er hat deswegen seine dem Abraham gegebene Zusage, daß sein Saame das Land, in welchem er ein Fremdling war, erben sollte, nicht aufgehoben, weil so viele Israeliten in Aegypten, und in der Wüste, gemurret hatten. Er hat deswegen seine größte Verheissung, in der Fülle der Zeit seinen Sohn, von einem Weibe gebohren, zu senden, nicht unerfüllet gelassen, weil so viele Juden sie gar nicht mehr recht erkannten. Freylich haben sich die Unglaubigen immer für ihre Personen dieser gnädigen Erfüllung verlustig gemacht; so wie die-

4. Nein; das ist auf keine Weise möglich; das sey ferne, daß Jemand nur also denke: GOtt muß vielmehr als wahrhaftig, und alle Menschen als Lügner, erkannt werden; wie geschrieben

4. Das sey ferne! Es bleibe vielmehr also, daß GOtt sey wahrhaftig, und alle Menschen falsch; wie

diejenigen, die in der Wüste niedergeschlagen worden, 1 Korinth. X. 5. Allein, GOtt hat doch seine Verheissungen immer richtig, und genau, erfüllet; wie er denn nach V. 4. solche, kraft seiner unveränderlichen Wahrheit, und des Ausspruches der heiligen Schrift, erfüllen muß: und ist dieß nicht schon ein Vorzug für ein Volk, GOttes Willen, und Verheissungen, die gewiß, und unveränderlich, sind, und jederzeit erfüllet werden, so zu wissen, daß es bloß an ihm selber liegt, der seligen Erfüllung derselben theilhaftig zu werden? daß es nur Gnade annehmen, und nicht boshaft widerstreben darf? V. 5. kommt nun ein neuer Einwurf, den ein hartnäckiger Widersacher aus den Worten des 3ten und 4ten Verses: Sollte ihr Unglaube GOttes Glauben aufheben? u.s.w. nehmen konnte, und der ungefähr folgender ist: Was ist dieß für eine seltsame Lehre? Je unglaubiger die Menschen sind, je richtiger erfüllet GOtt seine Verheissungen V. 3. je grössere Lügner die Menschen sind, je wahrhaftiger ist GOtt, je ungerechter die Menschen sind, je gerechter ist GOtt, V. 4. Sollte man also nicht unglaubig, lügenhaft, ungerecht, seyn, damit GOtt seine Wahrheit, und Gerechtigkeit, zu offenbaren Gelegenheit bekäme? Warum strafet GOtt also diese Sünden? Dieser Einwurf siehet dem Witze eines jüdischen Spötters so ähnlich, daß ihn wahrscheinlicher Weise Paulus entweder wirklich von dergleichen Menschen gehöret, oder von ihrer gewöhnlichen Denkungsart vermuthet haben muß. Er widerleget ihn also V. 6. 7. 8. und kommet V. 9. wieder auf den Hauptendzweck seines Vortrages: Was sagen wir denn nun? haben wir einen Vortheil? Gar keinen. Man möchte hier die Frage aufwerfen: wie nun der Apostel den Juden auf einmal allen Vorzug vor den Heyden absprechen könne, da er ihnen doch V. 2. solchen eingeräumet hat? und wie er wieder auf einmal auf die Verdammung der Juden, mit allen ihren vermeynten gesetzlich guten Werken, komme? Ich antworte: also. Alles, was von V. 2. bis 8. stehet, ist die Beantwortung des V. 1. gemachten Einwurfes: was nutzet die Beschneidung, wenn sie nicht zur Rechtfertigung hilft? Will man es einen Zwischensatz nennen; so bin ich auch zufrieden. Der Apostel läugnet von V. 2. bis 8. gar nicht, daß die Beschneidung wirkliche Vorzüge im alten Testamente, und zu Anfange des neuen, mit sich gebracht habe, und beweiset dieß auch: er fähret aber nun fort, und zeiget, wie er Cap. II. angefangen hatte, daß sie nach den grossen Begriffen, welche sich die fleischlichen Juden davon machten, nicht zur Rechtfertigung diene. Dieß will ich nur noch erinnern, daß die lockische Umschreibung des 3ten Verses wieder zu enge abgefasset ist, und so verbessert werden kann: „Denn, wenn „gleich einige Juden der göttlichen Offenbarung immer nicht geglaubet „haben, so wie ihrer ein Theil noch nicht glauben; was liegt daran? „wird wohl ihr Unglaube GOttes Treue und Wahrheit, in Erfüllung „seiner Verheissungen unkräftig machen?“ Paulus redet V. 2. nicht allein von den Juden seiner Zeit, und ihrem Verhalten gegen Christum, sondern von den Juden überhaupt, so wie sie alle zu jeder Zeit beschnitten waren, und zu jeder Zeit ihren Unglauben zeigten.

wie geschrieben stehet: auf daß du gerecht seyest in deinen Worten, und überwindest, wenn du gerichtet wirst.

schrieben stehet: auf daß du gerecht seyest in deinen Worten, und überwindest, wenn du gerichtet wirst.

5. Ists aber also, daß unsere Ungerechtigkeit GOttes Gerechtigkeit preiset: was wollen wir sagen? Ist denn GOtt auch ungerecht, daß er darüber zürnet? (Ich rede also auf Menschen Weise.)

5. Allein, wird man weiter sprechen: wenn es dem so ist, daß unser sündiges Wesen GOttes Gerechtigkeit, die er in Erfüllung der unsern Voraltern gegebenen Verheissungen zeigt, verherrlichet (3); was sollen wir nun sagen? Ist es nicht eine Ungerechtigkeit von GOtt, uns deswegen zu strafen, und zu verwerfen? (Man stelle sich vor, daß ich dieß in der Person eines fleischlichen sich selbst vertheidigenden Menschen rede.)

6. Das sey ferne! Wie könnte sonst GOtt die Welt richten?

6. Das sey ferne! Denn, wie könnte GOtt, wenn er ungerecht wäre, die Welt richten (4)?

(3) Daß S. Paulus hier unter GOttes Gerechtigkeit GOttes Treue in Erfüllung seiner Verheissungen, besonders von der Seligkeit der Glaubigen, sowohl Juden, als Heyden, wegen der Gerechtigkeit aus dem Glauben an JEsum Christum, verstehe, ist aus V. 4. 7. 26. klar (a). Dieß ist seine Hauptabsicht, hier, und in den eilf ersten Capiteln dieser Epistel, daß er die Römer überzeuge, GOtt habe beschlossen, und in dem alten Testamente erkläret, die Heyden wegen des Glaubens an Christum, als des einzigen Weges zur Seligkeit für Juden und Heyden (weil sie beyde Sünder, und mit keiner Gerechtigkeit aus den Werken versehen, seyen) anzunehmen, und selig zu machen. Dieß war eine Lehre, welche die Juden gar nicht vertragen konnten; und deswegen machet sich der Apostel, in der Person eines Juden, Einwürfe, und beantwortet solche in seiner eigenen Person, um die Römer von der Wahrhaftigkeit, und Treue, GOttes zu überzeugen, damit sie sich mit aller Zuversicht auf die Erfüllung seiner Zusagen verlassen möchten.

(a) Man darf nur das Wort Gerechtigkeit in weitläuftigem Verstande nehmen; so schliesset es ohnehin den Begriff der Treue, und Wahrheit, ein. Was in der Anmerkung folget, wird sich aus den bisherigen Erinnerungen beurtheilen lassen.

(4) Dieß war ein Bewegungsgrund in dem Munde Abrahams, 1 B. Mos. XVIII. 25; und S. Paulus bedienet sich hier desselben vortreflich, um den gotteslästerlichen Juden das Maul zu stopfen (a).

(a) Paulus schlüsset so: Wenn GOtt nur im geringsten an etwas Ungerechtem Lust hätte, oder dergleichen leiden könnte, so würde er solches nicht an der Welt zeitlich, und ewig, strafen.

7. Denn (5), wenn die Treue, und Wahrheit, GOttes desto mehr zu seinem Preise verherrlichet wird, je mehr ich lüge (6), oder sündige: warum werde ich dafür, als ein Sünder, verdammet, und gestrafet?

8. Sollte nicht vielmehr dieß ein richtiger Schluß, und eine gegründete Entschuldigung seyn? Lasset uns Böses thun, damit Gutes daraus komme, damit GOtt dadurch eine Ehre zuwachse. Also (7) sollen wir Christen sagen, wie einige boshaft, und lästerlich, vorgeben, die sich damit GOttes Strafe verdienen, und dafür billig empfangen werden.

7. Denn, so die Wahrheit GOttes durch meine Lügen herrlicher wird zu seinem Preis, warum sollte ich denn noch als ein Sünder gerichtet werden?

8. Und nicht vielmehr also thun, wie wir gelästert werden, und wie etliche sprechen, daß wir sagen sollen: Lasset uns Uebels thun, auf daß Gutes daraus komme? welcher Verdammniß ist ganz recht.

9. Sind also wir Juden nur in einem Stücke besser, als die Heyden (8)? Im geringsten

9. Was sagen wir denn nun? haben wir einen Vor-

(5) Denn. Diese Partikel verbindet das, was in diesem, und dem 8ten, Verse folget, mit den Worten des 5ten: daß er darüber zürnet, und zeiget, daß hier der im 5ten Verse angefangene Einwurf fortgesetzet werde. Die Ursache, warum S. Paulus denselben, durch Einschiebung des 6sten Verses, in der Mitte abgebrochen hat, ist leicht einzusehen. Es waren in demselben zwey Stücke zu widerlegen, 1, daß GOtt darinnen einer Ungerechtigkeit beschuldiget wird; welches den Apostel, so bald es nur angeführet ist, beweget, die Rede zu unterbrechen, und den Juden mit Abrahams Worten den Mund zu stopfen. 2. Daß darinnen die Christen gelästert werden, als wenn sie behaupteten, da sie die Rechtfertigung aus dem Glauben lehren, man müßte Böses thun, damit Gutes daraus folgte. Hierauf antwortet der Apostel noch deutlicher, und hänget seine Antwort diesem besonders vorgetragenen Theile des Einwurfes an.

(6) Lügen. Der Sinn der Stelle zeiget, daß S. Paulus durch Lügen hier Sünden überhaupt verstehe: er scheinet aber das Wort Lügen zu gebrauchen, damit der Gegensatz auf die Wahrheit GOttes, welche vermöge des Gegensatzes dadurch herrlich werden soll, desto schöner, und stärker, werde (a).

(a) Er scheinet sich vielmehr auf die Worte des 4ten Verses zu beziehen: und alle Menschen falsch, oder Lügner, wie im Griechischen stehet.

(7) Es ist kein Zweifel, daß dieses die Juden sind. S. Paulus aber, der immer zärtlich gegen sein Volk ist, nennet sie mit Fleis nicht, da er den Ausspruch thut, daß ihre Verwerfung, und ihr bevorstehender Untergang, wegen dieses Aergernisses, und anderer Widersetzlichkeiten gegen (Christum, und) die christliche Religion, gerecht sey.

(8) Nachdem der Apostel in den sechs vorhergehenden Versen die Wahrheit GOttes vertheidiget, und die Lehre von der Gnade gegen die jüdischen Spöttereyen, die

Vortheil? Gar keinen. Denn, wir haben droben beweiset, daß beyde Jüden und Griechen, alle, unter der Sünde sind.

ringsten nicht. Denn, ich habe allbereits (9) eine Last von Schulden, und Sünden, entdecket, die beydes Juden, und Heyden, drücket, und dargethan, daß keiner rein ist; und dieß will ich nun noch genauer gegen euch Juden beweisen.

10. Wie denn geschrieben stehet: Da ist nicht, der gerecht sey, auch nicht Einer;

10. Denn, so stehet geschrieben: Da ist nicht, der gerecht sey, auch nicht Einer:

11. Da ist nicht, der verständig sey; da ist nicht, der nach GOtt frage;

11. Da ist nicht, der verständig sey; da ist nicht, der nach GOtt frage.

12. Sie sind alle abgewichen, und allesammt untüchtig worden; da ist nicht, der Gutes thue, auch nicht Einer;

12. Sie sind alle abgewichen, und allesammt untüchtig worden; da ist nicht, der Gutes thue, auch nicht Einer.

13. Ihr Schlund ist ein offen Grab, mit ihren Zungen handeln sie trüglich, Otterngift ist unter ihren Lippen;

13. Ihr Schlund ist ein offen Grab, mit ihren Zungen handeln sie trüglich; Otterngift ist unter ihren Lippen;

14. Ihr Mund ist voll Fluchens und Bitterkeit;

14. Ihr Mund ist voll Fluchens, und Bitterkeit.

15. Ihre

15. Ihre

die ihm als Einwürfe sehr natürlich beyfallen mußten, feste gesetzet hat; so nimmt er die V. 1. gegen die Juden vorgetragene Frage wieder vor, und fertigt sie auch in diesem Stücke ab. Τί οὖν προεχόμεθα, ist eben das, was V. 1. heisset: τί οὖν τὸ περισσὸν τοῦ Ἰουδαίου: Was haben denn die Juden Vortheils? Hierauf antwortet er nun: Im geringsten keinen. Daß dieß seine Meynung sey, siehet man aus dem ganzen Capitel, worinnen er so wohl Juden, als Heyden, in Ansehung der Rechtfertigung, als in gleichem Zustande, beschreibet.

(9) Allbereits, nämlich Cap. II. 3; wo S. Paulus unter der gelindern Anrede: o Mensch, beweiset, daß die Juden, so wohl als die Heyden, Sünder seyen, und V. 17-24. zeiget (a), daß die Juden, ungeacht sie das Gesetz haben, doch so gut in Sünden gefallen wären, als die Heyden, ohne Gesetz. Und diese Beschuldigung, daß sie Sünder seyen, thut er hier aus ihren eigenen Schriften, nämlich dem alten Testamente, dar.

(a) Die letzte Stelle gehöret nur eigentlich hieher: denn, Cap. II. 3. handelt vom Menschen überhaupt, wie schon oben gezeiget worden ist.

15. Ihre Füsse sind eilend, Blut zu vergiessen.
16. In ihren Wegen ist eitel Unfall und Herzeleid;
17. Und den Weg des Friedens wissen sie nicht.
18. Es ist keine Furcht GOttes vor ihren Augen.
19. Dieses alles stehet in unserm heiligen Gesetz (10)-Buche: und wir wissen ja, daß das, was hier gesaget wird, den Juden gesaget ist, die unter dem Gesetze sind, damit allen Juden, die sich selbst rechtfertigen wollen, der Mund gestopfet, und alle Welt, so wohl Juden, als Heyden, gezwungen werde, sich vor GOtt schuldig zu erkennen.
20. Hieraus ist deutlich, daß kein Mensch (11) durch seine eigene Bemühung, dem Gesetze gehorsam

15. Ihre Füsse sind eilend, Blut zu vergiessen.
16. In ihren Wegen ist eitel Unfall und Herzeleid;
17. Und den Weg des Friedes wissen sie nicht;
18. Es ist keine Furcht GOttes vor ihren Augen.
19. Wir wissen aber, daß, was das Gesetz saget, das saget es denen, die unter dem Gesetz sind; auf daß aller Mund verstopfet werde, und alle Welt GOtt schuldig sey:
20. Darum, daß kein Fleisch durch des Gesetzes Werke

(10) Das Gesetz bedeutet hier das ganze alte Testament. Da es die göttlichen Offenbarungen während der gesetzlichen Haushaltung begreift, da es bey denen, die unter dem Gesetze waren, göttliches Ansehen hatte, und, sowohl als das Gesetz selbst, Befehle enthält: so heisset es in dem neuen Testamente manchmal das Gesetz (a), und so nennet es unser Heiland selber Joh. X. 34. S. Pauli Meynung ist also hier diese, daß die aus dem alten Testamente angeführten Stellen die Juden beträfen, welche unter der alt-testamentischen Haushaltung standen, und diese folglich, durch das an sie ergangene göttliche Wort, alle für Sünder erkläret würden.

(a) Die zwo ersten hier angegebenen Ursachen, warum das ganze alte Testament zuweilen Gesetz heisset, sind ziemlich weit hergeholet; und die letzte ist ein offenbarer Irrthum. Locke hätte kürzer sagen können, daß das Wort Gesetz hier in weitläuftigem Verstande genommen werde. Allein, es ist dieses nicht einmal nöthig. Denn, die von V. 10 – 18. angeführten Stellen sind wirklich Gesetz in eigentlichem Verstande, und kein Evangelium. Diese Anmerkung ist also in so weit überflüssig.

(11) Kein Mensch. S. Paulus brauchet hier sehr nachdrücklich für Mensch das Wort Fleisch, als worinnen eigentlich die Stärke der Sünde lieget. S. Cap. VII. 14. 18. VIII. 14 (a).

(a) Nur müssen diese Stellen, wovon unten, mehr zu reden, Gelegenheit seyn wird, nicht falsch erkläret werden, daß man unter Fleisch bloß den Leib verstehet, als wenn dieser allein der Sitz der Sünde wäre; da bekanntlich Fleisch die ganze verderbte Natur des Menschen, Leib und Seele, in der heiligen Schrift bezeichnet.

Werke vor ihm gerecht seyn mag; denn durch das Gesetz kommt Erkenntniß der Sünde.

21. Nun

horsam zu seyn (12), diejenige vollkommene Gleichförmigkeit mit der Vorschrift des Gesetzes erhalten kann, daß er vor den Augen GOttes gerecht wäre. Denn, durch das Gesetz, welches die, unter angedroheter Strafe, bekannt gemachte Regel des Guten und Bösen ist, werden wir nicht von der Macht der Sünde befreyet, und es kann auch Niemand zur Gerechtigkeit (13) verhelfen; sondern durch das Gesetz lernen

(12) ἐξ ἔργων νόμου möchte ich übersetzen: durch gesetzliche Werke, d. i. durch Handlungen, die einem Gesetze gemäß wären, welches die Vollbringung des Cap. I. 32. erwähnten δικαίωμα θεοῦ, der strengen Vorschrift GOttes, unter angedroheten Strafen fordert, kann kein Fleisch gerechtfertiget werden: sondern Jedermann wird hier ungerecht erfunden, und verfället in die Strafen des Gesetzes, da keines einzigen Handlungen vollkommen mit der unveränderlichen Heiligkeit dieser ewigen Richtschnur des Guten, und Bösen, übereinstimmen. Daß unter ἔργα νόμου dieses verstanden werde, ist daraus klar, weil des Apostels Erklärung hier alle Menschen begreift, πᾶσα σάρξ. Wir wissen aber, daß die Heyden nicht unter dem mosaischen Gesetze waren. Folglich saget S. Paulus nicht ἐξ ἔργων τοῦ νόμου, durch die Werke des Gesetzes, sondern ἐξ ἔργων νόμου, durch gesetzliche Werke; ungeacht er in dem vorhergehenden, und folgenden, Verse, wo er das Gesetz Mosis ausdrücklich anzeigen will, νόμος dreymal mit dem Artickel gebraucht (a).

(a) Sowohl der Beweis aus dem griechischen Artickel, als die ganze Anmerkung, beruhet auf einer unnützen Subtilität; die aus den Worten: kein Fleisch, entstehet. Locke kann nicht begreifen, wie die Juden, von welchen hier vorzüglich die Rede ist, durch den allgemeinen Namen kein Fleisch bezeichnet werden können; da dieser Ausdruck auch die Heyden einschliesset. Allein, es können alle Worte ihre gewöhnliche Bedeutung behalten. Kein Fleisch bedeutet Juden, und Heyden; und man brauchet doch die lockische Erklärung nicht. Man muß nur bedenken, daß die Heyden, wenn sie das geoffenbarte Gesetz gehabt hätten, solches eben so wenig, als die Juden, würden haben erfüllen können. Zudem hänget Pauli Vortrag so zusammen. Er hatte zuerst bewiesen, daß die Heyden nicht vor GOtt gerecht sind; er hat nachher das nämliche bis V. 19. auch von den Juden gezeigt. Er schlüßt also nunmehr unwidersprechlich V. 19: also ist alle Welt GOtt schuldig, und V. 20. durch des Gesetzes Werk wird kein Fleisch gerecht, d. i. das Gesetz macht Niemand gerecht, weder diejenigen, die es nicht haben, noch die, welche es haben; hätten es die Heyden, so würden sie dadurch auch nicht gerecht werden. Nun weiset er V. 21. u. f f. wo denn die wahre Gerechtigkeit zu suchen sey.

(13) Das Gesetz kann Niemand zur Gerechtigkeit verhelfen. Dieß ist hier nur ein Schluß aus den Worten S. Pauli: es stehet aber weitläuftig, und deutlich, Cap. VII. und wird ausdrücklich behauptet Cap. VIII. 3. und Galat. III. 21.

kennen wir die Sünde, nach ihrer Kraft und Stärke, in der Erfahrung kennen, massen wir uns von derselbigen überwältiget finden, ungeacht in dem Gesetze die Todesstrafe darauf geleget ist (14).

21. Hingegen ist die Gerechtigkeit, die vor GOtt gilt, die Gerechtigkeit, die er fordert, und annimmt, und die nicht durch die Beobachtung der strengen Vorschriften des Gesetzes erhalten werden darf, nunmehr geoffenbaret, und durch das Zeugniß des Gesetzes, und der Propheten, bestätigt; als welche die Wahrheit bezeugen, daß JEsus der Meßias sey,

21. Nun aber ist ohne Zuthun des Gesetzes die Gerechtigkeit, die vor GOtt gilt, offenbaret, und bezeuget durch das Gesetz, und die Propheten.

22. und daß nach GOttes Vorsatze, und Verheissungen, die Gerechtigkeit, die vor ihm gilt, und die durch den Glauben an JEsum Christum erhalten wird, sich auf alle, die an ihn glauben (15), erstrecke, und allen zugerechnet werde,

22. Ich sage aber von solcher Gerechtigkeit vor GOtt, die da kommt durch den Glauben an JEsum Christ, zu allen, und auf alle, die da glauben.

23. (denn, es ist hier zwischen ihnen kein Unterschied. Sie haben alle, beyde Juden und Heyden, gesündigt, und erlangen denjenigen Ruhm (16) nicht, welchen GOtt für die Gerechtigkeit bestimmet hat,)

23. Denn, es ist hie kein Unterscheid; sie sind allzumal Sünder, und mangeln des Ruhms, den sie an GOtt haben sollten;

24. indem

24. Und

(14) Cap. VII. 13.

(15) S. Cap. X. 12. Galat. III. 22-28.

(16) Hier heisset der Ruhm, welcher von GOtt kommet, oder von ihm ertheilet wird, der Ruhm GOttes, δόξα τοῦ θεοῦ, so wie Cap. I. 17. die Gerechtigkeit, die von ihm kommet, oder zugerechnet, wird, die Gerechtigkeit GOttes, und Cap. I. 32. die Vorschrift des rechten sittlichen Verhaltens, die GOtt zum Urheber hat, oder von ihm gegeben ist, δικαίωμα θεοῦ heisset. Daß dieß der hier gemeynte Ruhm sey, läßt sich aus Cap. II. 7. und 10. sehen. In eben dem Verstande kommt das Wort Ruhm GOttes Cap. V. 2. vor (a).

(a) Dieß alles beweiset so viel, daß δόξα τοῦ θεοῦ das, was Locke will, heissen könne: daß es aber wirklich so viel heisse, machet mir das dabey stehende Wort ὑστεροῦνται. sie mangeln, oder, sie sind beraubt, zweifelhaft. Ist es wohl ein rechter geschickter Ausdruck des Gedankens: Juden und Heyden sind Sünder, und

24. Und werden ohne Verdienst gerecht aus seiner Gnade, durch die Erlösung, so durch Christum JEsum geschehen ist:

24. indem sie von GOtt umsonst, aus Gnaden, gerechtfertiget werden durch die Erlösung (17), welche in JEsu Christo ist;

und erlangen den Ruhm nicht, welchen GOtt den Gerechten ertheilen will, wenn Paulus sagt: sie sind des Ruhms, der von GOtt kommt, beraubt, oder, es fehlet ihnen dieser Ruhm. Wenn sie desselben beraubet sind, so müssen sie ihn einmal gehabt haben; und was hat der Mensch, wenn er auch alles gethan hätte, was er zu thun schuldig ist, in genauem Verstande von GOtt für einen Ruhm zu gewarten, daß Paulus deswegen sagen könnte, die Sünder würden dieses Ruhmes beraubt? Ja, wenn sie allein des Ruhmes beraubet würden, oder mangelten, welchen GOtt dereinst nach Cap. II. 7. den Gerechten geben wird! Ist das das ganze Unglück der Sünder, daß sie vor GOtt keinen Ruhm haben? Es ist auch, wenn man etwa das deutsche Wort Ruhm mit einem andern verwechseln wollte, hier nicht eigentlich die Rede, von der Herrlichkeit, welche GOtt nach diesem Leben geben wird, sondern von dem Ruhme, oder der Herrlichkeit, welche die Rechtfertigung in diesem Leben bey GOtt erlangen soll. Es muß also δόξα, weil die bisher betrachtete Bedeutung so unbequem ist, hier einen andern Sinn haben. Und diesen lehret uns S. Paulus selber, wenn er das Wort δόξα, Röm. I. 23. in den Worten braucht: Und haben verwandelt die Herrlichkeit des unvergänglichen GOttes ——— . Hier bedeutet δόξα, Herrlichkeit, nicht so wohl Ruhm, Ehre, Lob, als vielmehr wirkliche Vorzüge, und herrliche Eigenschaften. Δόξα muß also in unserer Stelle eine ähnliche Bedeutung haben, und wirkliche Vorzüge, und grosse Eigenschaften, woran es den Menschen fehlet, und deren sie beraubet sind, bedeuten; und so ist auch das dabey stehende ὑστεροῦνται deutlich, man mag es übersetzen: sie sind beraubet, oder, es fehlet ihnen, oder, sie mangeln. Der Apostel saget nämlich: sie sind allzumal Sünder, und derjenigen herrlichen Vorzüge, und Eigenschaften, beraubt, welche sie von GOtt empfangen haben. GOtt schuf den Menschen nach seinem Bilde, zum Bilde GOttes schuf er ihn; er sprach, ehe er den Menschen schuf: Lasset uns Menschen machen, ein Bild, das uns gleich sey, 1 B.Mos. I.26. Ist dieses Bild nicht eine Herrlichkeit, ein Vorzug, eine Ehre, die von GOtt kommt? Und siehe, es ist verlohren! So mangeln denn Juden und Heyden, die es in dem ersten Stammvater trugen, der Herrlichkeit, und des Bildes, das sie von GOtt bekommen hatten, und worinnen sie vor ihm erscheinen sollten.

(17) Erlösung ist so viel als eine Befreyung: allein, nicht eine Befreyung (a) von allem, sondern von demjenigen, welchem ein Mensch unterworfen, oder dienstbar, war. Auch bringet die Erlösung durch JEsum Christum nicht dieß mit sich, daß dadurch GOtt eine Ersetzung, durch Erlegung eines gleichen Werthes, geschehen wäre, um welches willen die Menschen wären befreyet worden (b). Denn, dieß kann damit nicht bestehen, was S. Paulus hier ausdrücklich sagt, daß die Sünder von GOtt umsonst (c), und aus unverdienter Gnade, gerechtfertiget werden.

S. Paulus saget uns selbst, was diese Erlösung sey, Eph. I. 7. Col. I. 14. nämlich die Vergebung der Sünden (d): und hätte er nicht so deutlich erkläret, was er unter Erlösung verstehe, so würden diejenigen sich bloß zu viel auf den Nachdruck des Wortes in der Uebersetzung zu verlassen scheinen, die daraus auch in der Grundsprache eine Bedeutung, die es offenbar nicht hat, als nothwendig, erzwingen wollen. Daß Erlösen in der heiligen Schrift nicht eigentlich, und genau, so viel bedeute, als etwas von gleichem Werthe bezahlen, ist so deutlich, daß nichts deutlichers seyn kann (e). Ich darf meine Leser unter so vielen Stellen, die ich anführen könnte, nur auf drey, oder vier, verweisen, 2 B. Mos. VI. 6. 5 B. Mos. VII. 8. XV. 15. XXIV. 18. (e). Wollte aber Jemand aus der buchstäblichen Bedeutung des Wortes in den Uebersetzungen (f), gegen S. Pauli eigene Erklärung, behaupten, daß es nothwendig die Erlegung eines Preises von gleichem Werthe bedeute: so beliebe er nur selbst zu bedenken, wem denn dieser Preis erleget werden soll (g)? und daß, wenn man der Metapher so genau folgen will, solches denen geschehen müßte, in deren Knechtschaft die Erlöseten stehen (h), und von welchen sie erlöset werden, nämlich, der Sünde, und dem Teufel (i). Will man hierinnen nicht seinem eigenen Lehrgebäude glauben, so glaube man doch S. Pauli Worten, Tit. II. 14. der sich selbst für uns gegeben hat, auf daß er uns erlösete von aller Ungerechtigkeit (k). Es konnte auch, nach der Strenge der Gerechtigkeit, GOtt kein Preis von gleichem Werthe erleget werden, ohne daß nach dieser strengen Gerechtigkeit (denn davon ist hier die Rede) die nämliche Person die erlösete Sache bekam, welche für die Erlösung den Werth erlegte (l). Nun sind wir aber durch den Tod Christi GOtt erkauft, Offenb. V. 9. du bist erwürget, und hast uns GOtt (m) erkauft mit deinem Blut.

(a) So viele Zeilen in dieser Anmerkung sind, so viele socinianische Irrthümer sind auch darinnen. Ich würde sie überschlagen haben, wenn ich nicht dadurch das lockische Werk hätte verstümmeln, und doch vielleicht an andern Orten diejenigen Anmerkungen einzeln beybringen müssen, die ich hier auf einmal, und in einigem Zusammenhange, so machen kann, daß man dadurch die schwachen Gründe, womit sich die Feinde der Genugthuung Christi behelfen, und die offenbar falschen, und wider alle Vernunftlehre laufenden Schlüsse, und Erklärungen, ich will nicht sagen, Betrügereyen, womit sie sich, und andere, auf eine witzig scheinende Art hintergehen, übersehen kann. Locke läugnet, daß die Erlösung des menschlichen Geschlechtes durch Christum eine Ersetzung durch Erlegung eines gleichen Werthes, oder, wie wir reden, eine vollkommene Genugthuung, nach ihrem eigentlichen Begriffe in sich fasse. Um diesem Satze einen Schein zu geben, hängt er sich zuvörderst an das Wort Erlösung, ἀπολύτρωσις, als wofür ihm in der That grauen mußte. Er sagt: es sey so viel, als eine Befreyung; und gewinnet damit bey Lesern, die entweder das Griechische nicht verstehen, oder nicht darauf Achtung geben, gleich Anfangs dieses, daß sie von der eigentlichen und wahrhaftigen Bedeutung des Wortes ἀπολύτρωσις auf eine Nebenbedeutung geführet werden, wobey sein irriger Satz gar wohl Statt haben kann. Er saget nämlich, ἀπολύτρωσιν heisse Befreyung: und nun hat es seine Richtigkeit, daß nicht bey jeder Art von Befreyung die Erlegung eines Lösegeldes, oder, die Ersetzung eines gleichen Werthes, nöthig sey. Paulus saget 2 Tim. IV. 18. und ich bin erlöset aus des Löwen Rachen: man verstehet sichs, daß dem Löwen kein Lösegeld für den Apostel sey gegeben worden.

worden. So kann ein tapferer, unerschrockener, Mann Jemand aus den Händen der Mörder, und Strassenräuber, befreyen, ohne ihnen ein Lösegeld zu geben; er darf sie nur umbringen, oder verjagen. Dieser Gedanke blendet also auf diese Art: aber er ist doch nicht allgemein wahr. Denn, einen Kriegsgefangenen kann man ordentlich nicht, ohne Erlegung eines gleichen Werthes, ohne Ranzion, befreyen; einen im Gefängnisse sitzenden Schuldner kann man nicht, ohne Bezahlung seiner Schulden, losmachen. Es giebt also eine Befreyung ohne Genugthuung, da, wo Jemand unrechtmässiger Weise in eines andern Gewalt ist, und eine Befreyung vermittelst einer Genugthuung, wo Jemand mit Recht in eines andern Gewalt ist. Der letztere Fall ist bey der Erlösung JEsu Christi: und diesen drücket das Wort ἀπολύτρωσις aus. Denn, dieses bedeutet eigentlich die Erlegung eines Lösegeldes zur Befreyung eines Gefangenen, und also eine Befreyung durch ein Lösegeld. Hieraus läßt sich nun

(b) der Satz, daß durch die Erlösung JEsu Christi GOtt keine Ersetzung, durch Erlegung eines gleichen Werthes, um welches Willen die Menschen befreyet worden, geschehen sey, beurtheilen. Er ist α. verwirrt, und β. falsch: α. Locke redet nicht anders von GOtt, als wenn derselbe von dem Elende der gefallenen Menschen Vortheil gezogen, oder Vergnügen daran, gehabt hätte, so wie z. E. einem Sieger an der Erhaltung seiner gefangenen Feinde, einem Gläubiger an der Verwahrung seines fest gesetzten Schuldners, gelegen ist, und beyde nicht los gelassen werden, bis erst durch die Ranzion, oder Tilgung der Schuld, der sonst aus der Loslassung der Gefangenen entstehende Schade ersetzet wird. Dieß geben seine Worte, wenn er sagt: daß dadurch GOtt eine Ersetzung, durch Erlegung eines gleichen Werthes, geschehen wäre (Nor does Redemption, by Jesus Christ import there was any Compensation made to God by paying what was of equal Value, —). Dieß ist grundfalsch. Es ist der Begriff von der Genugthuung JEsu Christi für die Menschen noch von Niemand so erkläret worden, daß Christus die Menschen hätte von GOtt, gleichsam wie von einem Feinde, oder Ueberwinder, erkaufen müssen, der sie nicht eher lassen wollte, bis er so viel, als sie werth waren, bekommen hatte. Wenn dieß wäre, so hätte GOtt für die Menschen mehr bekommen, als nicht nur sie, sondern alle erschaffene Dinge, werth sind; nämlich GOttes Blut, GOttes Genugthuung. Allein, wozu dient dieses Rechnen? GOtt ist nicht mit unserm Blute gedienet; er hat nicht Gefallen am Tode des Sterbenden, Ezech. XVIII. 23. XXXIII. 11: er wird auch in Ansehung seiner Seligkeit nicht glücklicher, daß ich also rede, wenn er für die Menschen ein Lösegeld erhält, und sie vom Urtheile der Verdammniß losspricht, daß sie selig werden. Der Vater liebet vielmehr die Welt, und erbarmet sich der Sünder, und giebt seinen eingebohrnen Sohn zum Opfer für die Sünde der Welt dahin, auf daß alle, die an ihn glauben, nicht verlohren werden, sondern das ewige Leben haben, Joh. III. 16. Das Lösegeld kommt nicht GOtt zu Gute, als ein Aequivalent für die losgelassenen Sünder, sondern den Sündern, als eine Genugthuung für ihre Sünden. Das ganze Werk der Erlösung ist eine Wirkung der ewigen Liebe des dreyeinigen GOttes; und Locke machet daher

(c) eine neue Verwirrung, wenn er schreibt: „dieß kann damit nicht bestehen, „was S. Paulus hier ausdrücklich sagt: daß die Sünder von GOtt umsonst, „und aus unverdienter Gnade, gerechtfertiget werden.“ Die Verwirrung

besiehet

bestehet darinnen, daß Locke die Rechtfertigung, die umsonst, und aus Gnaden, geschiehet, der Genugthuung JEsu Christi entgegen setzet, und glaubet, daß nicht eines bey dem andern bestehen könne. Es ist dieser Einwurf schon alt; und ich kann ihn daher auf keine neue Art beantworten. Es liegt aber der Irrthum unserer Gegner darinnen, daß sie dasjenige, was in Ansehung unserer umsonst geschiehet, auf alle Weise als umsonst geschehen ausgeben. Wir können die Rechtfertigung nicht bey GOtt verdienen, und werden also, was unser Verdienst anbelangt, umsonst gerechtfertiget: Christus aber hat diese Rechtfertigung an unserer statt, und für uns, verdienet; das dem Gesetz unmöglich war, das that GOtt, und sandte seinen Sohn in der Gestalt des sündlichen Fleisches, und verdammte die Sünde im Fleisch durch Sünde, Röm. VIII. 3. Er ist um unserer Missethat willen verwundet, und um unserer Sünde willen zerschlagen. Die Strafe lieget auf ihm, auf daß wir Friede hätten: und durch seine Wunden sind wir geheilet, Jes. LIII. 5. In dem Verstande saget auch Paulus, es sey uns Christus von GOtt zur Gerechtigkeit, zur Heiligung, und zur Erlösung, gemacht, 1 Korinth. I. 30. Unsere Rechtfertigung bleibet, des Verdiensts Christi, und seiner Erlösung, ungeacht, doch allemal ein Werk der unverdienten Gnade GOttes, weil das eine Gnade ist, daß GOtt seinen Sohn für die Welt hat leiden und sterben lassen, und der größte Beweis, den er von seiner Liebe uns hat geben können, Röm. V. 8. Was nun

(d) die Stellen Eph. I. 7. und Col. I. 14. anbelangt, welche die lockische Erklärung der Erlösung Christi, daß sie die Vergebung der Sünden sey, beweisen sollen: so getraue ich mir, zu behaupten, daß sie auf diese Weise gar keinen Verstand haben. Sie heissen beyde: an welchem wir haben die Erlösung durch sein Blut, nämlich die Vergebung der Sünden; und muß ich nur gleich bemerken, daß das in der deutschen Uebersetzung befindliche nämlich im Griechischen fehlet —— τὴν ἀπολύτρωσιν διὰ τοῦ αἵματος αὐτοῦ, τὴν ἄφεσιν ——. Paulus saget also gar nicht, daß die Erlösung JEsu Christi die Vergebung der Sünden sey, sondern, daß wir in Christo, dem geliebten Sohne GOttes, die Erlösung durch sein Blut, die Vergebung der Sünden, haben: und wer behauptet, daß die Worte: Vergebung der Sünden, eine Erklärung der Erlösung durch das Blut Christi seyen, muß solches beweisen. Denn, der Text stehet nicht an und für sich so aus, daß ein Theil dieser Worte das Definitum, und der andere die Definition seyn müßte. Ja, es kann dieß auch nicht seyn, wenn der Text einen Verstand behalten soll. Was soll dieß für eine Erklärung seyn: Die Vergebung der Sünden aus Gnaden, und ohne alle Genugthuung, ist die Erlösung durchs Blut JEsu Christi? Es liesse sich noch einigermassen hören, wenn es bloß hiesse: Die Vergebung der Sünden ist die Erlösung; weil doch der von der Sünde erlöset ist, dem sie vergeben ist. Allein, so saget Paulus nicht, sondern er spricht: die Erlösung durch sein Blut. Wofür stehen also die Worte durch sein Blut da, wenn uns GOtt ohne das Blut Christi die Sünden allein aus Gnaden vergiebt? warum hat Christus sein Blut vergossen, wenn es keinen Einfluß in unsere Rechtfertigung hat, und wir nicht durch dieses sein Blut gerecht werden? Röm. V. 9. Soll die Erlösung durchs Blut JEsu Christi nichts anders seyn, als die Vergebung der Sünden; so machet Paulus eine Tavtologie, und saget ohne Verstand: die Vergebung der Sünden ist die Vergebung der Sünden. Und gesetzt, es wäre keine Tavtologie; so will ich doch immer einen jeden Unpartheyischen urtheilen lassen, ob wenigstens die Worte: die Erlösung durch

sein

sein Blut, so wie sie Locke ausleget, nicht völlig überflüssig, und folglich ohne Bedeutung, und Verstand, da stehen? Wir haben in Christo die Vergebung der Sünden. Dieß ist deutlich, und verständlich, genug geredet. Was soll denn also noch besonders heissen: wir haben die Erlösung durch sein Blut? Entweder heißt es, wie Locke meynt, Vergebung der Sünden; so ist es eine Tavtologie: oder, es heisset nichts, und hat keinen Verstand: oder es heisset etwas; nämlich das: Christus hat uns durch sein Blut von dem Zorne GOttes, dem Fluche des Gesetzes, der Sünde, Tod und Teufel, erlöset; wie so viele Schriftstellen lehren. Da ist denn die Erlösung durch das Blut Christi nicht die Vergebung der Sünden selbst, sondern die verdienstliche Ursache derselben; und die Vergebung der Sünden ist die Folge, Wirkung, und Frucht dieser Erlösung. So hat die Stelle einen Verstand, und Paulus giebt die Vergebung der Sünden als eine Wirkung des Verdienstes JEsu Christi an: welches gerade wider die lockische Meynung ist, und sie also nicht beweiset. Eben so wenig beweisen

(e) die aus dem alten Testamente angeführten Stellen 2 Mos. VI. 6. 5 Mos. VII. 8. XV. 15. XXIV. 18, daß Erlösung, ἀπολύτρωσις, von Paulo hier nicht für eine Befreyung durch Erlegung eines Lösegeldes, oder durch eine vollkommene Genugthuung, gebrauchet werde. Es kommt bey dieser Sache, wie Locke selbst in seiner Anmerkung mit Recht erinnert, nicht auf die in den Uebersetzungen befindlichen Worte an. Denn, sonst wäre das in den drey ersten Stellen in den LXX gebrauchte Wort λυτροῦν ein Beweis für ihn; sonst diente die oben in der Anmerkung a. angeführte Stelle 2 Tim. IV. 18. ebenfalls zu seiner Unterstützung. Es beruhet alles α. auf dem von Paulo in unserer Stelle gebrauchten Worte ἀπολύτρωσις und β. auf andern Schriftstellen, die ausdrücklich sagen, daß Christus sich zur Erlösung für uns dargegeben, unsere Sünden, und deren Strafe, auf sich genommen, und uns durch sein Blut, und seinen Tod, Vergebung der Sünden, Gerechtigkeit, Leben, und Seligkeit, erworben, und verdienet, und uns von dem Fluche des Gesetzes, dem Tode, und der Verdammniß, erlöset habe. Freylich reden die drey oben angeführten Stellen des alten Testamentes von keinem Lösegelde (denn, von der vierten sehe ich gar nicht ein, damit ich gelinde rede, wie sie hieher gehöret): allein, sie reden auch nicht von der Erlösung des menschlichen Geschlechtes durch Christum, sondern von Israels Befreyung aus Aegypten. Da war, kein Lösegeld nöthig; so wenig, als bey Pauli Löwen. Locke schlüßt hier wieder nach seiner gewöhnlichen Art, die Begriffe der Schrift, wie ich schon öfters bemerket habe, zu enge ein, also: Das Wort Erlösung bedeutet nicht überall die Erlegung eines Lösegeldes; also bedeutet es solche nirgends; das Wort kommt nicht immer in der eigentlichen Bedeutung vor: also kommt es niemals darinnen vor. Ich gebe ihm, in Ansehung der angeführten Stellen, wo die Worte פָּדָה, נָצַל, גָּאַל, im Grundtexte vorkommen, alles zu: allein, ich läugne die angezeigte Folge überhaupt; ich läugne sie besonders in Ansehung der gegenwärtigen Stelle Pauli, und anderer ihr ähnlicher Stellen. α. Wie ich schon in der Anmerkung a. gesaget habe; so bedeutet ἀπολύτρωσις die Erlösung eines Gefangenen durch ein für ihn erlegtes Lösegeld; und λύτρον heißt dieses Lösegeld. Dieß lehren die griechischen Wörterbücher einstimmig, und nicht etwa nur diejenigen, die über das neue Testament geschrieben sind, sondern auch die, welche hauptsächlich die weltlichen griechischen Schriftsteller erläu-

erläutern. Dieß ist also die eigentliche Bedeutung dieses Wortes, von welcher ein Ausleger nicht ohne dringende, und wichtige, Ursachen abgehen darf, und die ihm auch bey uneigentlichem Gebrauche desselben den Leitfaden geben muß, z. E. Hebr. XI. 35. Nun saget ß. die Schrift deutlich, nicht nur aa. daß sich Christus zum λύτρον, Lösegeld, oder ἀντίλυτρον, Lösegeld für andere, gegeben habe, z. E. Matth. XX. 28. Des Menschen Sohn ist nicht kommen, daß er ihm dienen lasse, sondern, daß er diene, und gebe sein Leben zu einer Erlösung für viele; Marc. X. 45. zur Bezahlung für viele; 1 Tim. II. 6. der sich selbst gegeben hat für alle zur Erlösung u. s. w. sondern sie beschreibet auch bb. diese Erlösung so, daß man nicht zweifeln kann, Christus habe für unsere Sünden dem himmlischen Vater eine vollkommene Genugthuung geleistet, und uns dadurch erlöset. Sie saget: Christus habe uns erlöset, 1 Petr. I. 18. 19. Und wisset, daß ihr nicht mit vergänglichem Silber, oder Golde, erlöset seyd (ἐλυτρώθητε) —, sondern mit dem theuren Blut Christi ——; er habe uns erkauft, 2 Petr. II. 1. — und verläugnen den HErrn, der sie erkauft hat; es liege die Strafe für unsere Sünden auf ihm, der HErr habe unser aller Sünde auf ihn geworfen, Jes. LIII. 5. 6. er seye das Lamm GOttes, das der Welt Sünde trägt, Joh. I. 29. er habe unsere Sünden selbst geopfert an seinem Leibe auf dem Holz, 1 Petr. II. 24. er seye für uns zur Sünde gemacht, 2 Korinth. V. 21. er seye die Versöhnung für der ganzen Welt Sünde, 1 Joh. II. 2. sein Blut seye zur Vergebung der Sünden für viele vergossen, Matth. XXVI. 28. er habe durch sein eigen Opfer die Sünde aufgehoben, Hebr. IX. 26. Ich kann mit grösserm Rechte, als Locke, sagen, daß ich nur die wenigsten Stellen angeführet habe: und wer siehet hierinnen nicht, daß das Wort Erlösen in der heiligen Schrift in der Grundsprache in eigentlichem, und genauem, Verstande so viel als die Befreyung, durch Ersetzung eines gleichen Werthes, bezeichne?

(f) Es ist aus dem bisherigen klar, daß man in diesen Beweisen nicht bloß den Uebersetzungen, sondern vielmehr dem Grundtexte, folget.

(g) Wem dieser Preis bezahlet worden, ist ebenfalls aus den bisherigen Anmerkungen deutlich; nämlich, GOtt dem Vater, nach der oekonomischen Vorstellung der heiligen Schrift, als Richter betrachtet. So spricht der Messias Ps. XL. 7. 8. selber: Opfer und Speisopfer gefallen dir nicht —— du willst weder Brandopfer, noch Sündopfer. Da sprach ich: siehe ich komme, im Buch ist von mir geschrieben; deinen Willen, mein GOtt, thue ich gerne ——. Christus zahlet also sein Lösegeld für die Menschen dem Vater, der ihn in die Welt gesendet, und, als GOtt und Menschen, zum Erlöser des verlohrnen menschlichen Geschlechtes verordnet hat. Man denke der Schrift nur vernünftig, ich will nicht sagen, glaubig, nach; so hänget die Sache so zusammen. Die unendliche Gerechtigkeit GOttes ist von dem menschlichen Geschlechte auf eine unendliche Weise, durch unendliche Sünden, beleidiget, und fordert eine unendliche Genugthuung, die sie, weil sie keine Gerechtigkeit ist, wie die menschliche, eingeschränkte, Gerechtigkeit der größten, und gerechtesten, Weltbeherrscher, nicht nachlassen kann. GOtt und Mensch in der Person JEsu Christi leistet also diese Genugthuung der allerheiligsten Dreyeinigkeit, und also sich selbst auch, als der zwoten Person der Gottheit, weil sonst keine Genugthuung möglich wäre. So preiset GOtt seine Liebe gegen uns!

(d. i.) Die Genugthuung JEsu Christi ist keine Metapher; und dieser Traum eines Beweises entstehet bloß aus der übel verstandenen Bedeutung des Wortes, ἀπολύτρωσις, Erlösung. Man siehet hier wirklich an Locken den Philosophen nicht, den man in seinen andern Schriften bewundert. Der Sünde, und dem Teufel, ein Lösegeld zahlen, ist ein so witziger Gedanke, daß es mich wundert, wie ihn unsere schönen Geister nicht schon in ein Heldengedicht gebracht haben. Die Sünde ist ja keine Person, noch Substanz, sondern bloß der Mangel der Uebereinstimmung der menschlichen Handlungen mit dem Gesetze, und das Bestreben, und wirkliche Thun, gegen das Gesetz. Wie kann einer Handlung, oder Unterlassung derselben, in dem hier vorkommenden Verstande ein Preis bezahlet werden, oder eine Genugthuung geschehen? Wenn die Schrift saget, daß Menschen der Sünde dienen, oder unter die Sünde verkauft seyen; so zeiget sie damit, wie jeder Vernünftiger einsehen muß, den höchsten Grad der Gewohnheit zu sündigen an, da ein Mensch gar nicht mehr über sich Herr ist, sondern so sündigt, als wenn die Sünde sein Herr, und er ihr Sclav, wäre, und schlechterdings sündigen müßte. Was aber den Teufel anbelangt, so läßt sich die ihm geschehene Bezahlung eines Lösegeldes weder überhaupt gedenken, noch aus der Schrift beweisen. Wenn GOtt die Menschen, oder die Menschen sich selbst, eigentlich dem Teufel verkauft hätten, und die Schrift nur einen Schein von diesem Gedanken hätte: so würde Lockens Satz sich einigermassen noch hören lassen. So aber ist der Teufel in keinem andern Verstande, selbst über die gottlosesten Menschen, Herr, als wie ein Seeräuber, der andere Menschen ihrer Freyheit beraubt, und sie zu seinen Absichten misbrauchet. Er hat die ersten Menschen zur Sünde verführet, und des göttlichen Ebenbildes beraubet, und verführet ihre Nachkommen noch täglich dazu. Er ist ein Mörder von Anfang —, ein Lügner, und ein Vater der Lügen, Joh. VIII. 44. Wer Sünde thut, der ist vom Teufel, 1 Joh. III. 8. In diesem Verstande wird ihm freylich eine Herrschaft über alle Unbekehrte zugeschrieben; und er heisset der Fürst dieser Welt, Joh. XIV. 30. XVI. 11. die Obrigkeit der Finsterniß, Col. I. 12. u. d. g. Allein, er ist nach Joh XVI. 11. durch den Hingang Christi zum Vater gerichtet, und bekommt also, nach der Lehre der heiligen Schrift, kein Lösegeld. Christus hat ihn vielmehr überwunden, und ausgezogen die Fürstenthum, und die Gewaltigen, und sie Schau getragen öffentlich, und einen Triumph aus ihnen gemacht, Col. II. 15. S. auch Luc. XI. 22. Folglich hat Christus sein Lösegeld, und seine Genugthuung, nicht dem Teufel, noch der Sünde, sondern GOtt, als einem gerechten, und erzürnten, Richter geleistet. Dieß ist die Lehre der heiligen Schrift, die GOtt einen gerechten Richter nennet, und einen GOtt, der täglich dräuet, Ps. VII. 12. 13. 14. einen GOtt, dem gottlos Wesen nicht gefället, vor welchem, wer böse ist, nicht bleibet, Ps. V. 5. einen GOtt, dessen Zorn über alles gottlose Wesen, und Ungerechtigkeit der Menschen, offenbar ist, Röm. I. 18. Sie lehret daher Jes. LIX. 2. daß unsere Untugenden uns, und unsern GOtt, von einander scheiden, und unsere Sünden sein Angesicht vor uns verbergen; sie saget Joh. III. 36. daß über demjenigen, der nicht an den Sohn glaubet, der Zorn GOttes bleibe, so wie derjenige, der an ihn glaubet, das ewige Leben habe: und zeiget dadurch augenscheinlich, daß der Sohn GOttes die verdienstliche Ursache der göttlichen Gnade, und des ewigen Lebens, seyn müsse; sie nennet alle diejenigen, die ausser Christo sind, Kinder des

25. welchen GOtt zum Gnadenstuhle in seinem eigenen Blute (18) dargestellet hat.	25. Welchen GOtt hat vorgestellet zu einem Gnadenstuhl,

Zorns, Eph. II. 3. u.s.w. Es ist also deutlich, daß Christus seine Genugthuung demjenigen, der da Richter, gerecht, ein Feind der Sünde, und über dieselbe erzürnt war, d. i. GOtt, geleistet habe. Denn, dem Richter, und beleidigten Theile, geschiehet, auch in menschlichen Gerichten Genugthuung, nicht aber dem Mitschuldigen, noch dem Verbrechen. Es saget also

(k) Paulus nichts anders, als was die reine Kirche lehret, wenn er Tit. II. 14. schreibt, der sich selbst für uns gegeben hat, auf daß er uns erlösete von aller Ungerechtigkeit. Christus hat für die Strafen, und Schulden, unserer Sünden GOtt genug gethan, und uns dadurch von Schuld und Strafe losgemacht (es stehet hier wieder das Wort λυτρῶ), daß wir, die wir an ihn glauben, weder die Strafe leiden, noch als Sünder, die in den Augen GOttes abscheulich sind, uns vor ihm knechtisch fürchten dürfen. Denn, es ist nichts verdammliches an denen, die in Christo JEsu sind, Röm. VIII. 1. Der Apostel saget weiter: und reinigte ihm selbst ein Volk zum Eigenthum, das fleißig wäre zu guten Werken, d. i. wir sind durch das Blut Christi gewaschen von den Sünden, Offenb. I. 5. daß wir nun, so wie ehehin Israel, nach 2 B. Mos. XIX. 6. XXII. 31. GOttes heiliges, und reines Volk seyn, und uns durch die Kraft des Heiligen Geistes mit allem Eifer GOtt, und Christo, zu Ehren in guten Werken üben sollen. Denn,

(l. m.) wir sind nicht unser selbst (1 Korinth. VI. 19.), sondern es ist eine richtige Folge, die Locke aus der vertheidigten Genugthuung des Sohnes GOttes für die Menschen ziehet, daß die nämliche Person, welche den Werth für die Erlösung erleget, nach der Gerechtigkeit die erlösete Sache zu eigen bekommen müsse. So saget die Schrift: Ihr seyd theuer erkauft; darum, so preiset GOtt an eurem Leibe, und in eurem Geist, welche sind GOttes, 1 Korinth. VI. 20. Christus ist darum für alle gestorben, auf daß die, so da leben, hinfort nicht ihnen selbst, leben, sondern dem, der für sie gestorben, und auferstanden ist, 2 Korinth. V. 15. Unser keiner lebet ihm selber, und keiner stirbt ihm selber —. Denn, dazu ist Christus auch gestorben, und auferstanden, und wieder lebendig worden: daß er über Todte und Lebendige HErr sey, Röm. XIV. 7–9. u.s.w. Es ist eine richtige Einwendung, die Locke aus Offenb. V. 9. ziehet: du hast uns GOtt erkauft. Denn, alles, was der Vater hat, ist mein, saget Christus, Joh. XVI. 15. Die Erkauften Christi sind also Erkaufte GOttes, und die Erkauften GOttes die Erlöseten JEsu Christi; weil Christus GOtt ist.

(18) Die alexandrinische Handschrift läßt die Worte διὰ πίστεως, durch den Glauben, aus; und dieß scheinet hier dem Sinne des Apostels gemäß zu seyn (a). Er saget, daß GOtt Christum zum Gnadenstuhle in seinem Blute dargestellet habe. Die Versöhnung geschahe unter dem Gesetze durch Blut, welches gegen den Gnadenstuhl gesprenget wurde, 3 B. Mos. XVI. 14. Christus, saget hier S. Paulus, ist nun als der rechte Gnadenstuhl in seinem eigenen Blute von GOtt dargestellet, und geoffenbaret; s. Hebr. IX. 25. 26. wo das eigene Opfer, und Blut, Christi dem fremden Blute entgegen gesetzet wird. GOtt hat ihn so dargestellet, um seine Gerechtigkeit

denstuhl, durch den Glau- | hat, um seine Gerechtigkeit (19) durch Ver-
ben | J 2 | gebung

tigkeit zu offenbaren; weil der Gnadenstuhl der Ort war, wovon GOtt redete, und seinen Willen zu erkennen gab, 2 B. Mos. XXV. 22. 4 B. Mos. XVII. 8. 9. Auf demselben erschien GOtt, 3. B. Mos. XVI. 2. Er war der Ort seiner Gegenwart, und daher heisset es, daß er über den Cherubim sitze, Ps. LXXX. 2. 2 Kön. XIX. 15. Denn, zwischen den Cherubinen war der Gnadenstuhl. In allen diesen Absichten heisset unser Erlöser, als das Gegenbild, eigentlich der Gnadenstuhl.

(a) Der Sinn des Apostels leidet nicht darunter, wenn sie auch müßten ausgelassen werden; weil aus andern Schriftstellen deutlich genug ist, daß der Glaube auf unserer Seite zur wirklichen Zurechnung des Verdienstes JEsu Christi unumgänglich nöthig sey: es ist aber auch dem Sinne des Apostels, aus eben dieser Ursache, nicht gemässer, solche auszulassen. Christus ist, wie Locke recht erinnert, der wahre, und eigentliche, Gnadenstuhl, wovon der Gnadenstuhl im alten Testamente nur das Vorbild war. Der Gnadenstuhl war der Deckel auf der Bundeslade, auf welchem die Cherubinen standen. In der Lade lag das Gesetz, 5 B. Mos. X. 5: allein, der Gnadenstuhl bedeckte es, zum Zeichen, daß zu GOtt, der über den Cherubim sitzet, zu nahen, das Gesetz das Mittel nicht sey, und man vielmehr zum Gnadenstuhle, Christo, kommen müsse. Zu diesem Gnadenstuhle kam des Jahres nur der Hohepriester ein einiges Mal, am grossen Versöhnungsfeste, und sonst Niemand, damit der Heilige Geist deutete, daß noch nicht offenbaret wäre der Weg zur Heiligkeit, so lange die erste Hütte stünde, Hebr. IX. 8. und daß wir erst durch das Blut JEsu die Freudigkeit zum Eingang in das Heilige bekommen sollten, Hebr. X. 19. als welcher selig machen kann immerdar, die durch ihn zu GOtt kommen, Hebr. VII. 25. Der levitische Gnadenstuhl wurde, um Vergebung von GOtt zu erhalten, mit dem Blute der Opferthiere besprenget: Christus, der rechte, und hier nur vorgebildete, Gnadenstuhl ist mit seinem eigenen Blute besprenget. Welches Blut ist kräftiger? welche Versöhnung gewisser? welcher Zugang zu GOtt freyer? JEsus ist in seinem Versöhnungstode Opfer, und Hoherpriester; in seinem Blute, womit er besprenget ist, und das für der ganzen Welt Sünde gilt, der Gnadenstuhl: so haben wir kein Opfer mehr für die Sünde, weder nöthig, noch wirklich; und dürfen nur mit Busse, und Glauben, durch ihn zu GOtt nahen. Auf diese Weise ist die gemeine Leseart durch den Glauben dem Sinne des Apostels sehr gemäß; und wäre sie ein Zusatz, so ist sie ein christlicher, und schriftmässiger, Zusatz. Allein, Locke will das Blut Christi dem Glauben nicht zugerechnet wissen, noch diesen sich an jenes halten lassen. Der Glaube ist ihm der Gehorsam gegen die Gebothe Christi (s. 1 Korinth. XV. 58. nach Lockens Erklärung): und zum Gehorsam ist Christi Blut nicht nöthig.

(19) δικαιοσύνη, Gerechtigkeit, scheinet hier in eben dem Verstande, wie V. 5. gebrauchet zu seyn, für die Gerechtigkeit GOttes, nach welcher er dem jüdischen Volke, seiner Widerspenstigkeit ungeacht, sein Wort gehalten hat (a); und enthält, nebst den folgenden Worten dieses Verses, eine fernere Antwort auf der Juden Vorgeben, daß GOtt mit ihrem Volke strenge verfahre. Denn, es wird gezeigt, daß GOtt wahrhaftig gelinde mit ihnen umgegangen sey, da er sie nicht eher verworfen habe,

habe, bis er erst, seiner Verheissung zu Folge, ihnen den Messias gesendet, und sie diesen verworfen hatten.

(a) Um die Erklärung dieses Wortes zu finden, hat man eben nicht nöthig, in den 5ten Vers zurücke zu gehen, da sich ein näherer Verstand in den nächst vorhergehenden findet. V. 23. hatte Paulus, selbst nach der lockischen Umschreibung, gesagt: Juden und Heyden wären Sünder, und mangelten des Ruhms, den sie vor GOtt haben sollten, V. 24. sie würden von GOtt aus Gnaden gerechtfertigt, wegen der Erlösung JEsu Christi. Nun erkläret er V. 25. die Beschaffenheit dieser Erlosung, durch Vergleichung der Versöhnung, welche die Glaubigen in JEsu Christo finden, mit der Versöhnung, welche im alten Testamente am grossen Versöhnungstage geschahe. Im alten Testamente wurde das Blut geschlachteter Thiere gegen den Gnadenstuhl gesprenget: und so wurde das Heiligthum von der Unreinigkeit der Kinder Israel, und von ihrer Uebertretung, in allen ihren Sünden, versöhnet. So wurde die Hütte des Stifts versöhnet, weil diejenigen, die umher lagen, unrein waren; so wurde der Altar versöhnt, 3 B. Mos. XVI. 16. 18. 19. Der lebendige Bock, welchem der Hohepriester die Hände aufs Haupt legte, und auf ihn alle Missethat der Kinder Israel bekennete, wurde hierauf in die Wüste geschickt, daß er alle ihre Missethat auf sich in eine Wildniß trug, V. 21. 22. So geschahe Israels Versöhnung, daß sie an diesem Tage von allen ihren Sünden vor dem HErrn gereiniget wurden, V. 30. Hier offenbarte sich, wenn man diese Versöhnung nur an und für sich, und ohne das darinnen liegende Vorbild, betrachtet, die Gerechtigkeit GOttes nicht. Israel war ein sündiges Volk, ein Volk von grosser Missethat, ein boshaftiger Saamen, Jes. I. 4. und verunreinigte selbst das Heiligthum, in welchem sich ihm GOtt offenbarete, und der HErr von ihm sollte geheiliget werden: und nun wurden ein paar Thiere geschlachtet, und ihr Blut gegen den Gnadenstuhl u. s. w. gesprenget; so waren alle heilige Geräthe, und selbst das sündige Volk, gereiniget. Ist GOtt nicht gerechter, als daß er sich mit einer Hand voll Blut von unschuldigen Thieren versöhnen läßt? Diesen Zweifel löset Paulus V. 25. auf. Nicht um des Blutes der Thiere willen, das gegen den Gnadenstuhl im alten Testamente gesprenget wurde, vergab GOtt die Sünde, sondern um seines Sohnes JEsu Christi willen, welchen dieser Gnadenstuhl vorbildete. Diesen hat GOtt Juden und Heyden zum Gnadenstuhle, mit seinem eigenen Blute besprenget, dargestellet, daß sie durch den Glauben alle mit Freudigkeit zu ihm, und durch ihn vor den Richterstuhl GOttes, kommen dürfen. Dieser ist in seinem Blute Gnadenstuhl, Hoherpriester, und Opfer; und ist durch sein eigen Blut einmal in das Heilige eingegangen, und hat eine ewige Erlösung erfunden, Hebr. IX. 12. Denn, er ist Hoherpriester, als der Sohn GOttes, Hebr. V. 1. Nun offenbaret sich die Gerechtigkeit GOttes in der Rechtfertigung der Sünder. Denn, er strafet die Sünde, und vergiebt sie nicht ohne die unendliche Genugthuung JEsu Christi: er vergiebt sie aber denen, die sich im Glauben an diese Versöhnung halten, und weil sie mit dem Vater durch das Blut des Sohnes versöhnet sind, mit Zuversicht zu ihm kommen. So vergiebt er, da JEsus das Lamm ist, das erwürget ist von Anfang der Welt, Offenb. XIII. 8. auch die Sünden, die von Anfange der Welt her begangen, und durch die levitischen Opfer im eigentlichen Verstande nicht versöhnet worden sind; in dem, daß er Sünde vergiebt, welche bis anhero blieben war unter göttlicher Geduld, d. i. Sünden, die er bisher in

ben in seinem Blut, damit er

gebung (20) ihrer ehehin begangenen Sünden

in Absicht auf die von seinem Sohne in der Fülle der Zeit zu leistende Genugthuung, mit Geduld getragen, und, weil er sie an seinem Sohne strafen wollte, nicht an den Sündern gestrafet hatte. So behält hier das Wort Gerechtigkeit seine natürliche Bedeutung, und zugleich die Bedeutung, welche ihm der nächste Zusammenhang giebt.

(20) Διὰ τὴν πάρεσιν, durch Uebersehung. Ich erinnere mich nicht einer einzigen Stelle, wo πάρεσις Vergebung hiesse (a): sondern es heisset immer Vorübergehung, wie die englische Uebersetzung am Rande bemerket, d. i. Uebersehen, oder, nach Gelegenheit, Nicht-Erinnerung. Und in diesem Verstande kann dieß Wort nicht von vergangenen Sünden einzelner Personen gebrauchet werden (b); weil GOtt dieselben weder so vergiebt, noch vergisset, daß er sie gar nicht beobachtete. Es wird vielmehr diese πάρεσις τῶν προγεγονότων ἁμαρτημάτων, Uebersehung der ehehin begangenen Sünden, in Ansehung des ganzen jüdischen Volkes behauptet (c), welchem GOtt, ungeachtet es ein sehr sündiges Volk war, wie aus den von S. Paulo angeführten Stellen erhellet, dennoch nachsahe, und sich dessen begangene Sünden nicht hindern ließ, sich in Erfüllung seiner Verheissungen gerecht zu erweisen, und ihnen Christum, als den Gnadenstuhl, darzustellen. Allein, ob er sich gleich ihre vergangenen Sünden nicht bewegen ließ, sie zu verwerfen, ehe er ihnen den verheissenen Messias zu ihrem Erlöser gesendet hatte: so trug er doch nicht weiter mit ihrer sündigen Hartnäckigkeit Geduld, nachdem er ihnen zu gehöriger Zeit seine Gerechtigkeit geoffenbaret hatte, daß er gerecht wäre, und diejenigen, welche an JEsum glauben, rechtfertigte; sondern er verwarf sie, daß sie nicht mehr sein Volk seyn sollten, da sie den von GOtt, seiner Verheissung nach, gesendeten Erlöser verwarfen, daß er nicht ihr König würde. Er nahm die Heyden in seine Kirche auf, und machte sie, neben den wenigen glaubigen Juden, und auf gleiche Weise, zu seinem Volke. Dieß ist hier offenbar der Sinn des Apostels, wenn er von dem jüdischen Volke, und dessen Zustande, in Vergleichung mit den Heyden, nicht aber von dem Zustande einzelner Personen, redet. Wer ohne Vorurtheile den Zusammenhang aufmerksam durchliest, wird dieses gegründet finden (d).

(a) Locke hat auf gewisse Weise ganz recht. Denn, das Wort πάρεσις kommt, so viel ich mich erinnere, nur in dieser einzigen Stelle im neuen Testamente vor. So hat es wenigstens Stock in seinem *Clavis* angemerket. Aber eben deswegen wird man die Bedeutung dieses Wortes in dieser einzigen Stelle nach Maaßgabe des höchst ähnlichen Wortes ἄφεσις, Vergebung, das so erstaunend oft vorkommt, und mit dem es einerley Ursprung hat, bestimmen müssen: und so wird es eben auch Vergebung heissen. Ich mag mich in keine grammatikalische Untersuchung über παρίημι und ἀφίημι einlassen, sondern will nur bey der Sache selber bleiben. Gesetzt, πάρεσις hiesse nicht: Vergebung, sondern Vorübergehung, Uebersehen, Nicht-Erinnerung: so ist dieß alles mit der Vergebung in der That einerley. GOtt strafte die vor der Versöhnung JEsu Christi begangenen Sünden an den Bußfertigen nicht, weil er sie an JEsu Christo, seinem geliebten, und eingebohrnen, Sohne, strafen mußte: er gieng also vor denselben vorüber; er übersahe sie, er erinnerte sich ihrer nicht.

Dieß

den zu offenbaren, welche er bis hieher mit Geduld getragen hat [ohne das jüdische Volk zu

er die Gerechtigkeit, die vor ihm gilt, darbiethe, in

Dieß ist der schriftmäßige Begriff von der Vergebung der Sünden, und der Zurechnung der Gerechtigkeit JEsu Christi. Die Schrift gehet wohl noch weiter. David spricht: Gedenke nicht der Sünden meiner Jugend, und meiner Uebertretungen! Ps. XXV. 7. und saget also, daß GOtt der Sünden nicht gedenke; und GOtt: Wenn eure Sünde gleich blutroth ist, soll sie doch schneeweiß werden, und wenn sie gleich ist wie Rosinfarbe, soll sie doch wie Wolle werden, Jes. I. 18. Hier ist gar eine Veränderung der Gestalt, und Farbe der Sünden. Mich. VII. 19. stehet: Er wird sich unser erbarmen, unsere Missethat dämpfen, und alle unsere Sünde in die Tiefe des Meeres werfen. Hier ist eine Dämpfung der Sünden, und eine Versenkung in die Tiefe des Meeres. Es ist also eine vergebliche Subtilität, zwischen Vergebung der Sünden, und Uebergehung, oder Uebersehung, derselben einen Unterschied zu suchen. Allem Ansehen nach soll Uebergehung, und Uebersehung, nicht so viel seyn, als Vergebung. Allein in der That liegt der Unterschied mehr in den Worten, als in der Sache. Wenn die Schrift von nichts, als Vergebung, und Uebersehung, der Sünden nach Lockens Begriffe, redete; so könnte man noch über diese Namen disputiren: so aber redet sie auch, wie die angeführten Stellen lehren, von einem Vergessen der Sünden, von der Veränderung ihrer Gestalt, von ihrer Dämpfung, und Wegwerfung in die Tiefe des Meeres. Man siehet also aus Vergleichung dieser Stellen, daß sie von der nämlichen Sache nur mehrere Namen braucht, um sie den Menschen begreiflich, und angenehm, zu machen. Folglich ist der vermeynte Unterschied zwischen Vergebung, und Vorbeygehung, nichts; weil sonst noch mehrere Unterschiede zwischen Vergessen, Färben, Dämpfen, u. s. w. seyn müßten. Eben so ungegründet ist

(b. c.) der Unterschied zwischen den Sünden einzelner Personen, und den Sünden ganzer Völker. Denn, wie mich dünkt, muß hier eine unauflösliche Schwierigkeit entstehen, wenn man nur recht auf Lockens Worte Achtung giebt: GOtt, saget er, vergiebt, und vergißt, die Sünden einzelner Personen nicht so, daß er sie gar nicht beobachtete, sondern dieß gilt vielmehr von den ehehin begangenen Sünden des ganzen jüdischen Volkes. Beobachtet also GOtt die Sünden eines ganzen Volkes weniger, als die Sünden einzelner Personen? sind diese eher, und leichter, zu vergeben, als Privatsünden, wenn ich sie so nennen darf? Ist die Vergebung der Sünden nicht ein spöttisches Blendwerk, wenn zwar Völkern, aber nicht einzelnen Personen, ihre Sünden vergeben werden? und wo sind die ganzen Völker, ohne die einzelnen Personen? Die Schrift machet diesen Unterschied nirgends. Man findet 4 B. Mos. XXVII. 1–4. nicht undeutlich das Gegentheil, wenn V. 3. die Töchter Zelaphehad sagen, ihr Vater sey an seiner Sünde gestorben, und nicht unter der Rotte Korah gewesen, und deswegen ein Erbtheil verlangen. Der Antrag dieser Töchter ist zwar nur ein Gedanke einiger Weibspersonen: allein, er lehret doch, was die Israeliten schon zu Mosis Zeiten von diesem Unterschiede zwischen den Sünden dachten; und Moses, und GOtt, tadeln auch diese Meynung nicht. Es sind also die Sünden, welche GOtt, nach dem Ausspruche Pauli, um der Erlösung und Genugthuung JEsu Christi willen vergiebt, und durch deren Vergebung er seine

Gerech-

in dem, daß er Sünde
vergiebt, welche bis an-
hero blieben war unter
göttlicher Geduld;

26. Auf daß er zu die-
sen Zeiten darböthe die
Gerechtigkeit, die vor ihm
gilt; auf daß er allein
gerecht sey, und gerecht
mache den, der da ist des
Glaubens an JEsu.

27. Wo

zu verwerfen, wie es wohl mit seinen Sünden
verdienet (*) hätte];

26. um, sage ich, seine Gerechtigkeit (21)
zu gegenwärtiger Zeit (22) zu offenbaren, damit
er in Erfüllung seiner Verheissung gerecht sey
(besser: als gerecht erkannt werde, da er die
bisher mit Geduld ertragenen Sünden der Welt
um JEsu Christi willen vergiebt), und sich als
denjenigen beweise, der alle mit einander, und
zwar nicht allein diejenigen, die von dem jüdischen Volke, oder von jüdischer Herkunft, sind,
sondern

Gerechtigkeit offenbaret, nachdem er sie lange mit Geduld ertragen hatten schlechthin alle Sünden überhaupt, Sünden einzelner Personen, und Sünde, ganzer Völker, Sünden der Juden, und Sünden der Heyden. Denn, JEsus Christus ist die Versöhnung für der ganzen Welt Sünde, 1 Joh. II. 2: er ist, auch in Ansehung seines Verdienstes, gestern und heute, und in Ewigkeit, Hebr. XIII. 8.

(d) S. die folgende Anmerkung (*).

(*) Locke läßt sich hier durch seine vorgefaßte Meynung zu einem augenscheinlich groben Fehler verleiten, und setzet dem Texte die eingeschlossenen Worte zu, die nicht nur in demselben nicht stehen, sondern auch dem ganzen Zusammenhange zuwider sind. V. 23. hat er in seiner Umschreibung selbst bemerket, daß Juden, und Heyden, Sünder seyen, und V. 24. gestanden, daß sie aus Gnaden gerechtfertiget werden. Nun soll auf einmal V. 25. noch in dem nämlichen Perioden die Vergebung der Sünden allein dem jüdischen Volke zu Theile werden, und GOtt allein dessen Sünden mit Geduld getragen haben. Gezwungener, und widersprechender, kann nichts gedacht werden.

(21) Δικαιοσύνης αὐτοῦ, seine Gerechtigkeit, ist hier in beyderley Verstande zu nehmen, in welchem S. Paulus diese Worte V. 5. und 22. in diesem Capitel gebrauchet hat; wie aus seiner eigenen Erklärung in den unmittelbar folgenden Worten erhellet, da er sagt: auf daß er gerecht sey, und gerecht mache den, der da ist des Glaubens an JEsu. Beyderley Verstand haben die Worte: Gerechtigkeit GOttes (a).

(a) Man kann den dritten hinzu setzen, dessen ich bisher in den Anmerkungen gedacht habe, da GOtt seine Gerechtigkeit in der Vergebung der Sünden, um der Erlösung JEsu Christi willen, dadurch offenbaret, daß er die Sünden nicht umsonst und ohne Genugthuung, sondern wegen der unendlichen Genugthuung JEsu Christi, vergiebt, und also auf das deutlichste zeiget, daß er zwar die Sünder begnadigen, aber die Sünde nicht ungestraft lassen könne.

(22) Zu diesen Zeiten, da die in seinen Verheissungen bestimmte Zeit erfüllet ist.

sondern alle, die an JEsum Christum glauben (23), rechtfertiget.

27. Was habt also, ihr Juden, für Ursache, euch zu rühmen (24), und so sehr, als ihr gerne thut, über die Heyden, die ihr verdammet, zu erheben? Nicht die geringste. Der Ruhm ist euch völlig benommen. Durch welches Gesetz? Durch das Gesetz der Werke? Nein, sondern durch das Gesetz des Glaubens (*).

28. Ich

27. Wo bleibet nun der Ruhm? Er ist aus. Durch welch Gesetz? Durch der Werke Gesetz? Nicht also, sondern durch des Glaubens Gesetz.

28. So

(23) τὸν ἐκ πίστεως Ἰησοῦ. Die Uebersetzung: der da ist des Glaubens an JEsu, drücket hier, so wie Cap. IV. 6. und Galat. III. 7. den Sinn des Apostels sehr wohl aus. Seine Absicht ist, τοὺς ἐκ πίστεως, die des Glaubens sind, zu unterscheiden von τοὺς ἐκ περιτομῆς, oder ἐκ νόμου, denen, die von der Beschneidung, oder, vom Gesetze, sind, und er redet von beyden, als von zwo verschiedenen Gattungen von Menschen, die verschiedenen Ursprung, und Herkommen, haben. Man lese, um die Stelle recht zu verstehen, Cap. IV. 12–16. Gal. III. 7–10. wo der Apostel seine Meynung noch weitläuftiger vorgetragen hat.

(24) Das Rühmen, wovon hier die Rede ist, ist das Rühmen der Juden, welche die Heyden verdammeten, und verachteten (a), wie S. Paulus schon in unterschiedlichen Stellen gemeldet hat. Um allen ihren Hochmuth und Stolz darnieder zu schlagen, saget er hier, daß ihnen solcher Ruhm völlig benommen sey durch das Evangelium, nach welchem GOtt, der so wohl der Heyden, als der Juden, GOtt ist, Juden und Heyden allein durch den Glauben rechtfertiget, weil kein Mensch durch die Werke des Gesetzes gerecht werden kann. Er scheinet dieß besonders den bekehrten Juden zu sagen, damit sie sich unter dem Evangelio keinen Vorzug vor den Heyden einbilden möchten. Nein, saget er, das Evangelium, welches das Gesetz des Glaubens ist, machet euch den Heyden gleich, und ihr habt nicht Ursache, euch etwas herauszunehmen, noch euch unter Christo über die Heyden zu erheben. Dieß, und alles, was sonst in gegenwärtigem Briefe zu dieser Absicht gehöret, saget er, um die bekehrten Römer ihres Rechtes, welches sie, so wohl als die Juden, zur Gnade GOttes hatten, zu versichern, und sie wider alle Zweifel, welche ihnen die so genannten Juden machen konnten, sicher zu setzen. Dieß ist der Hauptendzweck dieser Epistel, wie wir schon bemerket haben.

(a) Besser, und dem Zusammenhange gemässer, ist es das Rühmen vor GOtt, wegen eigener Gerechtigkeit, das Rühmen der Juden wegen des Gesetzes. Denn, dieses hat Paulus bestraft, Cap. II. 17. 19. 23. 29. Was Locke in seiner Anmerkung saget, ist auf nichts, als seine eigene Meynung von dem Endzwecke dieser Epistel, gegründet.

(*) Durch das Gesetz des Glaubens. Daß in dieser Redensart das Wort Gesetz einen andern, und weitläuftigern, Verstand, als sonst, habe, giebt die Sache selbst zu erkennen. Das Gesetz im gewöhnlichen Verstande ist der Inbegriff derjenigen göttlichen Befehle, worinnen gute Handlungen gebothen, und böse, verbothen werden.

Der

28. So halten wir es nun, daß der Mensch gerecht werde ohne des Gesetzes Werke, allein durch den Glauben.

29. Oder ist GOtt allein der Jüden GOtt? Ist er nicht auch der Heyden GOtt? Ja freylich auch der Heyden GOtt.

30. Ein-

28. Ich schlüsse derohalben (25), daß der Mensch durch den Glauben gerechtfertiget werde, und nicht durch die Werke des Gesetzes (26).

29. Ist GOtt allein der GOtt der Juden; und nicht auch der Heyden? Ja, gewiß auch der Heyden.

30. Denn

Der Glaube aber wird in dem Werke der Rechtfertigung, wovon hier die Rede ist, nicht als eine gute Handlung betrachtet, die durch ihre Güte, und Vortreflichkeit, die Rechtfertigung nach sich zöge, sondern als die Ergreifung der göttlichen Verheissung, um Christi willen die Sünde zu vergeben. Dieß bringt auch der Gegensatz zwischen dem Gesetze der Werke, und dem Gesetze des Glaubens mit sich. Würde der Glaube als ein Werk betrachtet, so würde sich dieser Gegensatz in eine Tavtologie verlieren. Das Wort Gesetz hat also hier den allgemeinen Verstand, den im Hebräischen das Wort תורה hat, das gar oft so viel als eine von GOtt geoffenbarte Lehre anzeiget, sie mag gesetzlich, oder evangelisch, dogmatisch, oder moralisch, seyn. Dieß hat schon Stock in seinem *Clavis* angemerket. David saget Ps. XIX. 8. Das Gesetz des HErrn ist ohne Wandel, und erquicket die Seele, und Ps. CXIX. 92. Wo dein Gesetz nicht mein Trost gewesen wäre, so wäre ich vergangen in meinem Elende. Dergleichen Stellen finden sich im alten Testamente mehrere; z. E. Jes. II. 3. Mich. IV. 2; und der Zusammenhang lehret, daß nicht vom Gesetze im strengen Verstande, welches nicht tröstet, noch erquicket, sondern vielmehr von den göttlichen Gnadenverheissungen, die Rede sey. Wenn also hier Paulus das Gesetz der Werke, und das Gesetz des Glaubens einander entgegen setzet: so nimmt er das Wort im weitläuftigen Verstande für eine jede von GOtt geoffenbarte Wahrheit, und verstehet unter Gesetz des Glaubens das Evangelium, welches die Gerechtigkeit des Glaubens an Christum lehret, und offenbaret. Dieses behahm den Juden, die sich bey dem Gesetze, das sie falsch erklärten, noch immer rühmeten, alle Ursache, sich gegen GOtt, oder vor den Heyden zu rühmen, und besser zu dünken; indem es gar keiner guten Werke, als verdienstlicher Ursachen der Rechtfertigung, Meldung thut, sondern alle Menschen als Sünder beschreibet, die durch das von dem Glauben ergriffene Verdienst JEsu Christi von GOtt aus Gnaden gerechtfertiget werden. Gesetzt also, ein Mensch hätte wirklich noch gute Werke; so kann er sich doch derselbigen hier nicht rühmen, weil sie ihm nichts helfen, und in dem Geschäfte der Rechtfertigung von GOtt gar nicht darauf gesehen wird.

(25) Derohalben. Dieser Schluß ist aus V. 23. gezogen.

(26) S. Apost. Gesch. XIII. 38. 39. Röm. VIII. 3. Galat. II. 16.

30. Denn, es ist nunmehr die Zeit gekommen (*), da sich GOtt nicht mehr anders gegen die Juden, und anders gegen die Heyden, verhält: er ist vielmehr nun allen der einige, und nämliche (27), GOtt, und rechtfertiget die Juden durch den Glauben, und die Heyden, welche ehehin durch das Gesetz Mosis von GOttes Volke ausgeschlossen waren (28), ebenfalls durch den Glauben.

30. Sintemal es ist ein einiger GOtt, der da gerecht machet die Beschneidung aus dem Glauben, und die Vorhaut durch den Glauben.

31. Machen wir also das Gesetz (29) durch unsere Lehre vom Glauben unkräftig, oder unbrauch-

31. Wie? Heben wir denn das Gesetz auf durch den

(*) In strengem Verstande läßt sich nicht behaupten, daß GOtt im alten Testamente sich anders gegen Juden, und anders gegen Heyden, verhalten habe. Der Weg zur Rechtfertigung aus dem Glauben stand allen offen, ob ihn gleich nicht alle wissen wollten. Nur in Ansehung des am Berge Sinai gemachten Bundes, und dessen Folgen, hatte Israel vor andern Völkern einen Vorzug.

(27) Ἐπείπερ εἷς ὁ Θεὸς, sintemal es ist ein einiger GOtt. Wer den Nachdruck in diesem Schlusse S. Pauli einsehen will, muß Zachar. XIV. 9. woraus diese Worte genommen sind, lesen. Wenn da der Prophet von der Zeit redet, in welcher der HErr König seyn sollte über alle Lande, und nicht allein über das kleine Volk, welches in das Land Canaan eingeschlossen war; so saget er: zu der Zeit wird der HErr nur einer seyn, d. i. GOtt wird nicht, wie jetzo, nur der Juden GOtt seyn, die er allein unter allen Völkern des Erdbodens für sein Volk erkennet, sondern er wird auch der Heyden GOtt, und der nämliche gnädige, und versöhnte, GOtt für alle Völker, seyn. Diese Weissagung erklärten die Juden von der Zeit des Messias; und S. Paulus widerleget sie jetzt daraus.

(28) Es war Völkern, die ferne von dem Lande Canaan wohnten, unmöglich, das Gesetz Mosis zu beobachten, weil ein grosser Theil des darinnen vorgeschriebenen Gottesdienstes an gewisse Orte gebunden, und besonders auf den Tempel zu Jerusalem eingeschränket war.

(29) Νόμος, Gesetz, stehet hier zweymal ohne Artickel; und es ist deutlich, daß dadurch S. Paulus das mosaische Gesetz nicht weiter verstehet, als in wie weit solches die natürliche, und ewige, Regel des Guten und Bösen enthält, deren Cap. I. 32. und XI. 26. Meldung geschiehet, und die als ein Gesetz von Christo aufs neue bestätiget, und bekräftiget, ist (a).

(a) Nicht eine Stelle der Schrift kann gewiesen werden, in welcher Christus das Sittengesetz ausdrücklich aufs neue bestätiget, und bekräftiget, hätte. Er durfte es nur nicht auflösen, Matth. V. 17, so war alle neue Bestätigung überflüssig; weil es, nach Lockens eigenem Geständnisse, die natürliche, und ewige, Regel ist, die keiner Bestätigung nöthig hat.

den Glauben? Das sey ferne! Sondern wir richten das Gesetz auf.

brauchbar? Keines Weges! Wir bestätigen und bekräftigen, vielmehr das Gesetz (30).

(30) Wir richten das Gesetz auf. Die Lehre von der Rechtfertigung durch den Glauben setzet nothwendig eine Regel der Gerechtigkeit voraus, welcher diejenigen, die durch den Glauben gerechtfertiget werden, nicht nachkommen können, und auch eine Strafe, deren sie schuldig sind, und wovon sie in der Rechtfertigung losgesprochen werden (a). Und so richtet diese Lehre das Gesetz auf, und folglich wird der moralische Theil des mosaischen Gesetzes, das δικαίωμα τοῦ Θεοῦ, wie es der Apostel in der schon angezogenen Stelle Cap. I. 32. nennet, von Christo, und seinen Aposteln aufs neue bekräftigt.

(a) Man setze noch hinzu, daß, da dem Gerechtfertigten nicht nur der leidende, sondern auch der thuende, Gehorsam JEsu Christi, der vollkommenste, welchen das Gesetz fordern kann, zugerechnet, und in der täglichen Erneuerung, so wie schon in der Wiedergeburt, täglich neue Kraft, heilig zu leben, ertheilet wird, dadurch nicht nur das Gesetz in Ansehung seines heiligen, und grossen, Inhaltes treflich erläutert, sondern auch in Absicht der Erfüllung, durch den Beystand des Heiligen Geistes, erleichtert wird; so daß Johannes 1 Ep. V. 3. sagen kann: Das ist die Liebe zu GOtt, daß wir seine Geboth halten, und seine Gebothe sind nicht schwer.

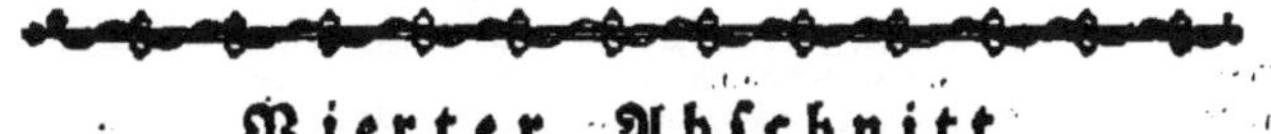

Vierter Abschnitt.

Cap. IV. Vers 1 — 25.

Nachdem S. Paulus in dem vorhergehenden Abschnitte den Juden allen Schein, sich wegen des Gesetzes zu rühmen, genommen, und gezeiget hat, daß dieses ihnen kein Recht gebe, unter Christo GOttes Volk vor den Heyden zu heissen, und sie folglich die Heyden nicht, wie sie gewohnt waren, verdammen, oder von dem Reiche Christi ausschliessen, dürften: so fähret er nun fort, und beweiset weiter, daß ihre natürliche Abstammung von ihrem Vater Abraham ihnen eben so wenig Recht, sich zu rühmen, oder in dieser Absicht über die Heyden zu erheben, verschaffe (*).

(*) Der Text saget mit keinem Worte, daß sich die glaubigen Juden zu Rom wegen ihrer Abstammung von Abraham gerühmet, und aus diesem Grunde über die glaubigen Heyden erhoben, hätten. Das aber stehet deutlich darinnen, daß Abraham sein Glaube zur Gerechtigkeit gerechnet worden sey. Es enthält also dieses Capitel einen neuen Beweis für die Rechtfertigung allein aus dem Glauben; und wird derselbe aus dem Beyspiele Abrahams genommen, von dessen Frömmigkeit, und

1. Weil Abraham selbst durch den Glauben gerechtfertiget worden, und sich also nicht mit Grund rühmen konnte; indem sich nicht derjenige rühmen kann, der die Gerechtigkeit, als ein Geschenk, erhält, sondern derjenige, der solche durch seine Werke erlanget.

2. Weil weder diejenigen, welche von Abraham, als seine Nachkommen, die Beschneidung, noch diejenigen, welche das Gesetz haben, sondern allein diejenigen, welche den Glauben haben, Abrahams Saamen seyen, welchem die Verheissung geschehen ist; und folglich der Seegen der Rechtfertigung, aus einerley Ursache, den Heyden, so wohl als den Juden, bestimmt sey, und gegeben werde.

Paraphrastische Erklärung.

1. Was wollen wir also von unserm Vater Abraham, der unser Vater nach dem Fleische (1) ist, sagen? was hat er erlanget? hat er nicht Ursache, sich zu rühmen, gefunden?

2. Ja,

Text.

1. Was sagen wir denn von unserm Vater Abraham, daß er gefunden habe nach dem Fleisch?

2. Das

und Gerechtigkeit, sich die Juden so grosse Gedanken machten, daß sie, wie man aus Jonathans Uebersetzung der Bücher Mosis sehen kann, alles Gute, das ihnen widerfuhr, aus dieser Gerechtigkeit herleiteten. Paulus beweiset also, daß 1. Abraham selber durch den Glauben, ohne Werke, gerecht worden sey, V. 1–8; und zwar 2. ehe er noch beschnitten war, V. 9–17. Er beschreibet 3. Abrahams Glauben, V. 17–22. und machet 4. die Anwendung, daß, was von Abraham geschrieben ist, auch andern gelte, V. 23–25.

(1) Unser Vater nach dem Fleisch. S. Paulus redet hier, als einer von den natürlichen Nachkömmlingen Abrahams, und setzet sich selbst mit dem übrigen Theile seines Volkes zusammen, von welchem er Abraham den Vater nach dem Fleische nennet (a), um die gebohrnen Juden von denen zu unterscheiden, welche Abrahams Saamen nach der Verheissung sind, d. i. denen, welche Abrahams Glauben haben, sie mögen Juden, oder Heyden, seyn: ein Unterschied, worauf er in diesem ganzen Capitel dringet.

(a) Es ist deutlich, daß Locke die Worte Pauli, nach dem Beyspiele der englischen Uebersetzung, also construirt hat: τί οὖν ἐροῦμεν Ἀβραὰμ, τὸν πατέρα ἡμῶν κατὰ σάρκα, εὑρηκέναι; Wenn diese Leseart durch ein tüchtiges Exemplar bewiesen, oder auch durch den Verstand nothwendig gemachet würde: so wäre sie weder dem Sinne, noch der sonstigen Gewohnheit Pauli, von Abrahams Nachkommen zu reden, entgegen. Allein, da einmal der Text heisset: εὑρηκέναι κατὰ σάρκα; so ist wohl unsere deutsche Uebersetzung besser: und es kommt nur darauf an, was heisset: nach dem Fleische finden? Dieß, dünkt mich, erkläret Paulus selber, da er V. 9. von der Beschneidung Abrahams zu reden anfängt, und in den folgenden zeiget, daß die Beschneidung dem Abraham nicht

2. Das sagen wir: Ist Abraham durch die Werke gerecht, so hat er wohl Ruhm, aber nicht vor GOtt.

2. Ja, wenn er durch die Werke gerecht worden ist, so hatte er Ursache, sich zu rühmen (2), und sich vor der heydnischen Welt zu erheben, daß GOtt sein GOtt, und er, und sein Haus, GOttes Volk wäre :- allein; vor GOtt hatte er keinen Grund, sich zu rühmen.

3. Was saget denn die Schrift? Abraham hat GOtt gegläubet, und das ist

3. Denn, dieß ist aus der heiligen Schrift deutlich, welche uns saget, daß Abraham GOtt geglaubet habe, und dieses ihm zur Gerechtigkeit gerech-

nicht vor GOtt könne gerecht gemachet haben, weil er schon, ehe er beschnitten war, gerecht gewesen sey, und die Beschneidung nur als ein Siegel der Gerechtigkeit des Glaubens, welchen er noch in der Vorhaut hatte, empfangen habe, V. 11. Nun war diese Beschneidung ein äusserlicher Vorzug Abrahams, und, an und für sich betrachtet, da sie am Leibe geschahe, nur am Fleische, und nicht am Herzen, s. Phil. III. 3. 4. Die Juden aber trotzten darauf, daß sie beschnitten, und Abrahams Nachkommen waren, eben so sehr, als darauf, daß sie von GOtt das Gesetz empfangen, und Tempel und Altar, hatten, welches doch lauter äusserliche, und fleischliche, Vorzüge waren, und sie der Seele nach nicht unmittelbar besser machten. Das Vertrauen der Juden auf das Gesetz hat Paulus Cap. II. 17. und III. widerleget, und gezeiget, daß Juden, und Heyden, bloß durch den Glauben an Christum gerechtfertiget werden. Er kommt also Cap. IV. weiter auf ihre vermeynten Vorzüge aus der Beschneidung, und Abstammung, von Abraham, und machet den Schluß: Wenn Abrahams Nachkommen wegen der Beschneidung vor GOtt gerecht werden könnten; so müßte zuvörderst Abraham dadurch gerecht worden seyn. Abraham ist aber nicht durch die Beschneidung, sondern durch den Glauben, gerecht worden: und dieß beweiset der Apostel durch dieses ganze Capitel. Also müssen es auch seine Nachkommen werden. Die Beschneidung, und die Abstammung von Abraham, ist nur fleischlich: und dieser fleischliche Unterschied hat nicht einmal den sonst frommen Abraham vor GOtt gerecht gemacht.

(2) Καύχημα, welches hier Ruhm heisset, halte ich für einerley mit dem καυχᾶσαι, du rühmest dich, Cap. II. 17. 23. in welchen Stellen es die Einbildung der Juden, auf die Vorrechte ihrer Nation vor der übrigen Welt, anzeiget, da sie vermöge derselben vor andern Menschen ein Recht zu GOttes Gnade zu haben glaubten. Da das jüdische Volk von sich diese Gedanken hatte, daß es allein mit Recht GOttes Volk heisse, so gab es dieselben in ihren Urtheilen (a) über die Heyden zu erkennen, als welche es verachtete, und zur Aufnahme in das Reich Christi, und ihre Gesellschaft, für unwürdig, und untüchtig, erklärete. Diesen Gedanken widersetzet sich hier S. Paulus, und ist durch die ganzen eilf ersten Capitel dieser Epistel damit beschäftiget, derselben Ungrund, und Falschheit, zu zeigen.

(a) Nicht allein in diesen Urtheilen, sondern vornehmlich in ihrer Einbildung, daß sie wirklich vor GOtt gerecht, und heilig, wären, und sein Gesetz gehalten hätten. Dieß ist eigentlich der Gedanke, welchem sich Paulus widersetzet; und nicht, was Locke meynet.

gerechnet worden sey. Ein solches Zurechnen aber, und eine solche Verwilligung, wäre nicht nöthig gewesen, wenn er die Gerechtigkeit durch einen vollkommenen Gehorsam, und die genaueste Erfüllung der Vorschrift der Gerechtigkeit, verlanget hätte.

ist ihm zur Gerechtigkeit gerechnet.

4. Denn, diejenige Belohnung, worauf sich Jemand durch sein Verhalten ein Recht erwirbt, bekommt er als eine Schuld, die er zu fordern hat, und nicht als ein Gnadengeschenk.

4. Dem aber, der mit Werken umgehet, wird der Lohn nicht aus Gnaden zugerechnet, sondern aus Pflicht.

5. Wenn aber Jemand durch seine Werke nicht zur Gerechtigkeit gelangen kann, und nur an GOtt glaubet, der ihn, als einen Gottlosen (3), rechtfer-

5. Dem aber, der nicht mit Werken umgehet, glaubet aber an den, der die

(3) Τὸν ἀσεβῆ, ihn, als einen Gottlosen. In diesen Worten zielet S. Paulus deutlich auf den Abraham, welcher ἀσεβὴς, gottlos, d. i. ein Heyde, und kein Verehrer des wahren GOttes war, als er von GOtt berufen wurde (a). S. die Anmerkung zu Cap. I. 18.

(a) Da in dieser Stelle von der Rechtfertigung Abrahams durch den Glauben, ohne Werke, die Rede ist, so wird schwerlich etwas mit Grund gegen die Erklärung, welche Locke von dem Worte ἀσεβῆ, Gottlosen (in der einfachen Zahl, nach dem Griechischen,) giebt, können eingewendet werden. Es kommt alles darauf hinaus, daß sich Abraham nicht als gerecht, und vollkommen heilig, vor GOtt betrachten konnte; wie er es denn auch wirklich nicht vor GOtt war, und sich also bloß, und allein, auf GOttes Gnade, und Verheissungen, verließ. Denn, wer will einen reinen finden, da keiner rein ist? Hiob XIV. 4. Was ist ein Mensch, daß der sollt rein seyn, und daß der sollt gerecht seyn, der vom Weibe gebohren ist? Siehe, unter seinen Heiligen ist keiner ohne Tadel, und die Himmel sind nicht rein vor ihm, Hiob XV. 14. 15. Daß er auch selbst die demüthigsten Gedanken von sich gehabt, und sich bey GOtt auf nichts, als Gnade, und Verheissungen, verlassen habe, siehet man aus 1 B. Mos. XVIII. 27. ich habe mich unterwunden zu reden, mit dem HErrn, wiewohl ich Erde und Asche bin; und V. 30. 31. 32. Eben so deutlich ist es, daß Abraham vor seinem Berufe ein Heyde gewesen sey; weil damals noch kein Unterschied zwischen Juden, und Heyden, gemachet, und die wahre geoffenbarete Religion noch unter mehreren Völkern war. Aber aus eben diesem Grunde kann nicht bewiesen werden, daß er vor seinem Berufe den wahren GOtt nicht erkennet, noch verehret, habe: weil ἀσεβὴς nicht schlechthin einen Götzendiener bedeutet (s. Cap. I. 18. Anm. 6. a.). Mochte gleich, nach Josua XXIV. 2. die Abgötterey bey einem Theile seiner Familie sich eingeschlichen haben: so folget doch hieraus nicht gewiß, daß auch Abraham fremden Göttern gedienet habe. Locke saget also, was diesen letzten Umstand betrift, zu viel. Doch bleibet seine Erklärung in Ansehung der

die Gottlosen gerecht machet, dem wird sein Glaube gerechnet zur Gerechtigkeit.

rechtfertiget; so ist seine Rechtfertigung ein Geschenk der göttlichen Gnade: weil ihm sein Glaube für Gerechtigkeit, oder vollkommenen Gehorsam (*) angerechnet wird.

6. Nach welcher Weise auch David saget, daß die Seligkeit sey allein des Menschen, welchem GOtt zurechnet die Gerechtigkeit, ohne Zuthun der Werke, da er spricht:

6. Eben so redet auch David von der Seligkeit desjenigen, welchem GOtt die Gerechtigkeit ohne Werke zurechnet, wenn er spricht:

7. Selig sind die, welchen ihre Ungerechtigkeit vergeben sind, und welchen ihre Sünden bedeckt sind;

7. Selig sind die, welchen ihre Ungerechtigkeiten vergeben sind, und deren Sünden bedecket sind;

8. Selig ist der Mann, welchem GOtt keine Sünde zurechnet.

8. Selig ist der Mann, welchem GOtt keine Sünde zurechnet (4).

9. Nun diese Seligkeit gehet sie über die Beschneidung, oder über die Vorhaut? Wir müssen je sagen, daß Abraham sey sein Glaube zur Gerechtigkeit gerechnet.

9. Kommet also diese Seligkeit allein den Beschnittenen, oder auch den Unbeschnittenen, zu? Denn, wir sagen, daß dem Abraham sein Glaube sey zur Gerechtigkeit gerechnet worden (und Abraham kann als unbeschnitten, und als beschnitten, betrachtet werden).

10. Wie

10. Wenn

der Hauptsache richtig, daß Abraham als ein Sünder, und nicht als ein Gerechter, aus Gnaden, und nicht wegen seiner Werke, durch den Glauben von GOtt sey gerecht gesprochen worden.

(*) Nicht an und für sich, sondern wegen des Verdienstes Christi, dessen vollkommene Gerechtigkeit, die der Glaube ergreift, dem Sünder statt eigener Gerechtigkeit zugerechnet wird.

(4) λογίζεται, zurechnet. Was dieß Zurechnen sey, kann man aus V. 8. sehen; dieses nämlich, daß einem die Sünden nicht auf seine Rechnung gebracht werden, (und dagegen das Verdienst Christi zugeeignet wird). Daher ist auch der in der heiligen Schrift so oft vorkommende Ausdruck: die Vertilgung der Ungerechtigkeit, zu erklären. Er bedeutet nämlich (in Absicht auf die dem Menschen geschehene Zurechnung) so viel, als: aus der Rechnung auslöschen. λογίζεσθαι heisset: rechnen; und wenn der Dativus darauf folget: einem auf die Rechnung setzen.

10. Wenn ist er ihm also zugerechnet worden? da, da er beschnitten, oder, da er noch unbeschnitten, war? Nicht, da er beschnitten, sondern als er noch unbeschnitten war.

10. Wie ist er ihm denn zugerechnet? In der Beschneidung, oder in der Vorhaut? Ohne Zweifel nicht in der Beschneidung, sondern in der Vorhaut.

11. Denn, er empfieng das Zeichen der Beschneidung, als ein Siegel der Gerechtigkeit des Glaubens, welchen er schon unbeschnitten (5) hatte, damit er der Vater aller derer würde, welche, ohne beschnitten zu seyn, glauben, daß auch ihnen die Gerechtigkeit auf gleiche Weise zugerechnet würde;

11. Das Zeichen aber der Beschneidung empfieng er zum Siegel der Gerechtigkeit des Glaubens, welchen er noch in der Vorhaut hatte: auf daß er würde ein Vater aller, die da gläuben in der Vorhaut, daß denselbigen solches auch gerechnet werde zur Gerechtigkeit;

12. und der Vater der Beschnittenen, daß auch ihnen die Gerechtigkeit zugerechnet würde, nicht derer, die bloß beschnitten sind, sondern derjenigen Beschnittenen, die unserm Vater Abraham auch in den Fußstapfen seines Glaubens, welchen er schon unbeschnitten (6) hatte, nachfolgen.

12. Und würde auch ein Vater der Beschneidung, nicht allein derer, die von der Beschneidung sind, sondern auch derer, die da wandeln in den Fußstapfen des Glaubens, welcher war in der Vorhaut unsers Vaters Abrahams.

13. Denn,

13. Denn,

(5) S. 1 B. Mos. XVII. 11.

(6) Was für Gerechtigkeit einem jeden zugerechnet werde, erkläret S. Paulus, V. 6–8. Wem diese Seligkeit zu Theile werde, untersuchet er V. 9; und V. 11. und 12. zeiget er, wer die Kinder Abrahams, die von ihm diese Seligkeit erben, seyen. V. 11. redet er von den Heyden, und weiset, daß Abraham, welcher noch vor seiner Beschneidung (deren Mangel die Juden als ein Unterscheidungszeichen eines Heyden betrachteten,) durch den Glauben gerechtfertiget wurde, der Vater aller derjenigen Heyden sey, welche unbeschnitten glauben: und hier V. 12. redet er von den Juden, und saget, daß Abraham ihr Vater sey, daß aber nicht alle diejenigen gerechtfertiget würden, welche allein beschnitten sind, sondern diejenigen, welche neben ihrer Beschneidung Abrahams Glauben hätten, den er schon vor seiner Beschneidung hatte.

Was

13. Denn, die Verheissung, daß er sollte seyn der Welt Erbe, ist nicht gesche-

13. Denn, die Verheissung (7), daß er der Welt Erbe seyn sollte, hat nicht den Sinn, daß Abraham, und diejenigen von seinem Saamen, die

Was einige verleitet hat, den Sinn S. Pauli hier nicht recht einzusehen, scheinet dieses zu seyn, daß sie nicht bemerkten, daß die Worte τοῖς οὐκ ἐκ περιτομῆς auf εἰς τὸ λογισθῆναι gehen, und davon so regieret werden, als wenn es hinter πατέρα περιτομῆς wiederholt wäre. Es hat aber ohne dieß S. Pauli Sinn und Beweis seine völlige Stärke nicht, und es gehet der Gegensatz verlohren. Nimmt man dieses in Acht, so hänget die Rede so an einander: und der Vater der Beschnittenen, daß die Gerechtigkeit zugerechnet würde denen, u.s.w. Ein anderer Fehler, der hier Jemand sehr leicht verführen kann, ist, wenn man μόνον, bloß, allein, mit οὐκ, nicht, verbindet, als wenn es hiesse: οὐ μόνον τοῖς, nicht allein denen, die von der Beschneidung sind, an statt, daß es so, wie es da stehet, verbunden mit περιτομῆς, verstanden werden muß, und περιτομῆς μόνον am besten übersetzet wird, die bloß beschnitten sind; so daß der Sinn des Apostels folgender ist: damit er der Vater der Heyden würde, welche glauben, wenn sie schon nicht beschnitten sind, damit auch ihnen die Gerechtigkeit zugerechnet würde; und der Vater der Juden, damit die Gerechtigkeit zugerechnet würde, nicht denen, welche allein die Beschneidung haben, sondern denen, welche unserm Vater Abraham auch in den Fußstapfen seines Glaubens, den er schon unbeschnitten hatte, nachfolgen. Wenn man diese Stelle also verstehet, so ist nicht allein des Apostels Meynung deutlich, leicht, und zusammenhängend, sondern es schicket sich auch die Construction im Griechischen am besten zu dem 11ten Verse, und bleibet unverändert, leicht, und natürlich, da sie sonst auf alle andere Arten verwirrt werden muß.

(7) Die hier angezeigte Verheisung ist diejenige, deren V. 11. gedacht worden, nach welcher Abraham aller derer, die in der ganzen Welt glauben, Vater ist, und deswegen κληρονόμον κόσμου, der Erbe der Welt, heisset. Denn, da ihm die Glaubigen von allen Völkern der Welt zu Nachkommen gegeben sind, so wird er dadurch der Erbe, oder Besitzer, der Welt (a). Denn, es ist deutlich, daß der Apostel in diesem Verse die in den zween vorhergehenden abgehandelte Sache fortsetzt. Es ist auch deutlich, daß S. Paulus die Beschneidung zum Siegel der dem Abraham, 1 B. Mos. XII. 1. u. ff. sowohl, als 1 B. Mos. XVII. 1. ff. geschehenen Verheissung macht, und daß diese beyden nur einen einzigen Bund ausmachen, und die Verheissung Cap. XVII. nur eine Wiederholung, und weitere Erklärung, der vorhergehenden ist; wie aus diesem Capitel, verglichen mit Galat. III. erhellet. In beyden beweiset der Apostel, daß die Heyden sowohl, als die Juden, gerecht werden sollen, und daß Juden und Heyden, welche gerechtfertiget werden, durch den Glauben, und nicht durch die Werke des Gesetzes, gerecht werden.

(a) Dieß ist gezwungen. Eben deswegen, weil Abraham der Vater der Glaubigen ist, kann er nicht der Erbe, oder Besitzer, der Glaubigen seyn: denn, Erbe, und Vater, sind ganz verschiedene Begriffe. Ueber dieß sind die Glaubigen nicht die Welt, und werden in der heiligen Schrift nirgends so genennet. Es ist also am natürlichsten, das Wort Welt hier synekdochisch zu erklären, daß es

die unter dem Gesetze sind, deswegen, weil sie dieses Gesetz haben, und bekennen, die Welt besitzen sollen; sondern durch die Gerechtigkeit des Glaubens soll er sie erben, durch welche diejenigen, die ausser dem Gesetze, und ausser den Gränzen Canaans in der ganzen Welt zerstreuet sind, seine Nachkommen werden, und ihn zu ihrem Vater (8) haben, und die Seligkeit aus der Rechtfertigung durch den Glauben erben (*).

geschehen Abraham, oder seinem Saamen, durchs Gesetz: sondern durch die Gerechtigkeit des Glaubens.

14. Denn, wenn [allein] die Abrahams Erben sind, welche das mosaische Gesetz empfangen haben (besser: welche ihr Vertrauen auf das Gesetz gründen), so ist der Glaube eitel, und

14. Denn, wo die vom Gesetz Erben sind: so ist der Glaube nichts, und die Verheissung ist abe.

15. Sin-

es im eigentlichen Verstande einen grossen Theil der damals bekannten Welt bezeichnet, welchen Abrahams Nachkommen erbten. Dahin gehen die Verheissungen 1 B. Mos. XVII. 5. 6. ich habe dich gemacht vieler Völker Vater —— ich will Völker von dir machen, und sollen auch Könige von dir kommen. Der Apostel schlüsset vom Kleinern aufs Grössere: ist dem Abraham nicht einmal die Verheissung von einer Erbschaft in der Welt durch das Gesetz, sondern durch die Gerechtigkeit des Glaubens, geworden; wie viel weniger hat er die übrigen Verheissungen durch seine Werke verdienet?

(8) S. Galat. III. 7.

(*) Es läßt sich von diesem Verse eine richtigere Umschreibung geben, die den griechischen Worten, und dem Sinne des Apostels, näher kommt, und auch nicht von unserer deutschen Uebersetzung abweicht. Sie ist folgende: Denn, die Verheissung, daß Abraham der Welt Erbe seyn sollte, ist weder ihm, noch seinem Saamen, durchs Gesetz geschehen, u. s. w. Der Apostel führet einen neuen Beweis, daß die Gerechtigkeit, die vor GOtt gilt, allein aus dem Glauben komme, und nicht aus der Beschneidung, welche die Juden als ein im Gesetze vorgeschriebenes Werk, und nicht als das Siegel der Gerechtigkeit des Glaubens, den Abraham schon unbeschnitten hatte, ansahen; und dieser ist folgender: „Die grossen (in der „7ten Anmerkung angeführten) Verheissungen sind dem Abraham nicht durchs „Gesetz geschehen," d. i. weder durch das moralische, welches schon zu Abrahams Zeiten bekannt war, noch durch das mosaische, welches Abraham noch nicht hatte. Man braucht unter dem Saamen Abrahams nicht allein die Israeliten unter der mosaischen Haushaltung zu verstehen; wiewohl auch diese durch das Gesetz, als Gesetz, diese Verheissung nicht bekommen haben: sondern der Saamen Abrahams, dem gedachte Verheissungen öfters wiederholet, und bestätiget worden sind, sind zunächst, und unmittelbar, Isaac, und Jacob, die Abrahams Saamen auch nach dem Glauben, und der Verheissung, waren. Auch diese haben die Bekräftigung gedachter Verheissungen nicht durch das Gesetz erhalten; so wenig als Abraham. Gehet man nun weiter, und betrachtet, nach Anleitung der heiligen Schrift, alle diejenigen, welche Abrahams Glauben haben, als Abrahams Saamen; so gilt eben dieses von ihnen allen.

und unnütze (9), indem ihm die Verheissung
nicht erfüllet wird, welche den Erben von
Abrahams Glauben geschehen ist; und so verlieret auch die Verheissung ihre Kraft.

15. Sintemal das Ge-
setz richtet nur Zorn an:
Denn, wo das Gesetz nicht
ist, da ist auch keine Uebertretung.

15. Denn, das Gesetz verschaffet ihnen die
Rechtfertigung nicht (10), sondern machet nur
diejenigen des göttlichen Zornes, und der daher
folgenden Strafe (11), schuldig, denen GOtt,
was Sünde, und welche Strafe damit verbunden
sey, durch das Gesetz bekannt gemachet hat.
Denn, [da verfällt man nicht in Zorn, und
Strafe, wo kein Gesetz ist, welches davon Meldung (12) thut] (besser: wo man kein Gesetz
kennet, kennet man auch keine Uebertretung,
nämlich des Gesetzes).

16. Dero- L 2 16. Dero-

(9) S. Galat. III. 18.

(10) S. Cap. VIII. 3. Galat. III. 21.

(11) S. Cap. III, 19. 20. und V. 10. 13. 20. VII. 7. 8. 10. 1 Korinth. XV. 56. Galat. III. 19. Johann. IX. 41. XV. 22.

(12) Οὗ οὐκ ἔστι νόμος, οὐδὲ παράβασις, dasjenige, wovon kein Gesetz mit angehängter Verkündigung der Strafe gegeben ist, kann nicht so übertreten werden, daß man dadurch Zorn, und Strafe, verdienet. So kann man die Stelle übersetzen, wenn man οὗ. wie einige thun, mit einer Adspiration liest. Der Sinn bleibt aber einerley, man mag dieß erste Wort im Verse durch wo; oder dasjenige wovon, übersetzen. Denn, wenn S. Pauli Beweis seine gehörige Stärke haben soll, so muß hier παράβασις eine solche Uebertretung anzeigen, die dem Uebertreter, vermöge der Stärke, und Verbindlichkeit, des Gesetzes, Zorn und Strafe zuziehet. Und so ist des Apostels Satz bewiesen, daß uns allein das Gesetz (a) den Zorn ankündiget, und daß dieses alles ist, was das Gesetz thun kann, weil es uns keine Kraft zum Vollbringen giebt.

(a) In diesen Worten liegt eine Zweydeutigkeit, die gar leicht einen Misverstand veranlassen, und von Pauli wahrer Meynung abführen kann; wie sich denn auch Locke in den letzten Worten seiner Umschreibung wirklich ganz irrig aus-gedrücket hat. Kündiget allein das Gesetz den Sündern GOttes Zorn an? und würden sie solchen nicht in der That empfinden, und in ihrem Gewissen, auch schon vor der Strafe, fühlen, wenn das Gesetz nicht davon redete? Woher käme sonst Röm. II. 14. 15. daß die Heyden, die das durch Mosen gegebene Gesetz nicht haben, sich selbst ein Gesetz sind, und daß sich ihre Gedanken unter einander verklagen, oder entschuldigen? Das moralische Gesetz ist ja nicht bloß willkühr-lich, sondern in der wesentlichen Beschaffenheit der freyen Handlungen gegründet.

Es

16. Derohalben ist die Erbschaft (13) (Verheissung) aus dem Glauben herzuleiten, damit sie ein

16. Derohalben muß die Gerechtigkeit durch den Glauben

Es läßt sich also auf keine Weise behaupten, daß allein das Gesetz den Zorn GOttes verkündige, und noch weniger, daß man nicht in Zorn und Strafe verfalle, wo kein Gesetz ist, welches davon Meldung thut. Dieß gilt nur von menschlichen willkührlichen Gesetzen. Paulus muß also hier, so wie ein jeder Schriftsteller, nach dem Endzwecke seines Vortrages erklärt werden. Dieser ist nicht, überhaupt von der Natur und Beschaffenheit des Gesetzes zu reden, sondern allein zu zeigen, daß Abraham, und seine Nachkommen, die göttlichen Verheissungen nicht durch das Gesetz bekommen haben, sondern da sie durch den Glauben vor GOtt gerecht worden waren, V. 13. Warum haben sie solche Verheissungen nicht durch das Gesetz bekommen? Antwort: 1. weil sie so keinen Glauben gebraucht hätten, V. 14. 2. Weil das Gesetz nach der Beschaffenheit, worinnen sich die Menschen nach dem Falle befinden, keine Verheissungen geben kann, V. 15. Denn, es richtet nur Zorn an, zwar nicht so, daß es die wirkende Ursache des göttlichen Zornes gegen die Sünde ist, und GOtt nicht zürnen würde, wenn er das Gesetz nicht gegeben hätte; denn, dadurch würde die Sittlichkeit der freyen Handlungen vernichtet: sondern es richtet Zorn an in den Augen derer, denen es gegeben ist, und die es nicht erfüllen können. Weil es einen vollkommenen Gehorsam fordert, und diesen kein Mensch, der es recht verstehet, leisten kann: so kann Niemand in demselben für sich etwas Gutes erblicken, sondern nur Zorn, und Strafe; Niemand kann dadurch zu GOtt ein kindliches Zutrauen gewinnen, und auf göttliche Gnade, und göttlichen Seegen, hoffen, sondern Jedermann muß voll knechtischer Furcht werden; es verkündigt unter diesen Umständen keine Verheissungen, sondern Fluch und Verdammniß. Dieß beweiset der Apostel weiter mit dem Beyspiele derer, die, nach ihrem verfinsterten Verstande, deswegen, weil sie kein geoffenbartes Gesetz haben, vieles gar nicht einmal für Sünde halten, was wirklich Sünde ist. Denn, wo das Gesetz nicht ist, da ist auch keine Uebertretung, d. i. wo man kein Gesetz kennet, da kennet man auch keine Uebertretung des Gesetzes; man weiß nicht, daß man gesündiget hat; man fürchtet sich also auch vor keiner Strafe. Umgewendt, wo man das Gesetz hat, und verstehet, erkennet man auch die Grösse, und Manchfaltigkeit, der Sünde, man fürchtet sich vor der darinnen gedroheten Strafe, und es scheinet, als ob das Gesetz an dieser Strafe, und dem göttlichen Zorne, Schuld sey; man suchet also gar keine Verheissungen darinnen: und folglich ist deutlich, daß Abraham seine Verheissungen nicht durch das Gesetz bekommen habe.

(13) Die grammatikalische Construction scheinet eben nicht für das Wort Erbschaft zu seyn, welches man hier ergänzen muß. Denn, es kommt nicht in den vorhergehenden Versen vor. Wer aber auf S. Pauli Schreibart Achtung giebt, in welcher er mehr auf die Sachen selbst, als auf die Worte, siehet, der wird sich damit begnügen, daß er V. 13. und 14. des Erben gedacht hat (a); und daß er hier die Erbschaft verstehe, ist nach Galat. III. 18. ausser Zweifel.

(a) Man kann diesem Zweifel, welchen Locke sich hier selber macht, dadurch ausweichen, daß man, wie ich in der Parenthese gesetzt habe, aus dem 13ten Verse ἐπαγγελία, Verheissung, wiederholt; so hat man ein Wort, das nicht bloß dem

Glauben kommen: auf
daß sie sey aus Gnaden,
und die Verheissung fest
bleibe allem Saamen;
nicht allein dem, der un-
ter dem Gesetz ist, sondern
auch dem, der des Glau-
bens Abrahams ist, wel-
cher ist unser aller Vater.
17. Wie geschrieben ste-
het: Ich habe dich gesetzt
zum Vater vieler Heyden,
vor GOtt, dem du ge-
gläubet hast; der da le-
bendig machet die Todten,
und rufet dem, das nicht
ist, daß es sey.
18. Und er hat geglau-
bet auf Hofnung, da
nichts

ein blosses Gnadengeschenk, und die Verheissung
(das, was sie verspricht) allen Nachkommen
Abrahams gewiß bliebe; nicht allein denjenigen Theile derselben, welcher den Glauben hat,
und unter dem Gesetze stehet, sondern auch demjenigen, der ohne Gesetz eben den Glauben hat,
welchen Abraham hatte, der unser aller, die
wir glauben, wir mögen Juden, oder Heyden,
seyn, Vater ist;
17. (wie geschrieben stehet (14): Ich habe
dich zum Vater vieler Völker gemacht) das ist
unser aller (und das in dieser Absicht, weil er
GOtt glaubete, welcher die Todten lebendig
machet, [d. i. Abraham und Sarah (*), deren
Leiber erstorben waren,] und Dingen, die nicht
sind, so rufet, als ob sie wären (15):)
18. der, ohne die geringste Hofnung aus dem
natürlichen Laufe der Dinge schöpfen zu können,
voller

dem Sinne, sondern allen Buchstaben nach, im Texte stehet. Und es ist diese Wiederholung um so viel ungekünstelter, da auf diese Weise der 16te Vers den Schluß aus V. 14. und 15. enthält. Es heisset V. 13. Die Verheissung —— ist nicht geschehen Abraham, oder seinem Saamen, durchs Gesetz, sondern durch die Gerechtigkeit des Glaubens. Dieß wird V. 14. und 15. bewiesen. Nun schlüsset der Apostel V. 16. Derohalben muß die Verheissung aus dem Glauben herzuleiten seyn. Hiezu kommt, daß in diesem 16ten Verse selbst das ἐπαγγελία wiederholet wird, und Paulus dadurch zeigt, was er bey den ersten Worten διὰ τοῦτο ἐκ πίστεως im Sinne gehabt habe.

(14) S. 1 B. Mos. XVII. 16.

(*) Ob es gleich ganz richtig ist, daß Sarah und Abraham zu der Zeit, als sie den Isaac zeugeten, über die natürlichen Jahre der Fruchtbarkeit hinaus waren; s. V. 19: so saget doch S. Paulus das, was diese Umschreibung will, nicht in den Worten: welcher die Todten lebendig machet. Denn, wenn die Lebendigmachung der Todten hier bloß die verjüngte Kraft des Abrahams, und der Sarah, bedeutete, so sagte Paulus wirklich eine Sache zweymal. Sodenn konnte Abraham aus der Auferstehung der Todten sowohl im gegenwärtigem Falle, als bey der befohlenen Aufopferung Isaacs, Ebr. XI. 17--19. einen Grund zur Stärkung seines Glaubens nehmen: daß folglich der lockische Zusatz, d. i. Abraham und Sarah, deren Leiber erstorben waren, überflüssig ist.

(15) S. 1 B. Mos. XVII. 5. 6.

voller Hofnung glaubte, daß er der Vater vieler Völker werden würde, nach der Verheissung GOttes, der ihm die Sterne am Himmel zeigte, und sprach: Also wird dein Saame seyn.

nichts zu hoffen war; auf daß er würde ein Vater vieler Heyden, wie denn zu ihm gesaget ist: Also soll dein Saame seyn.

19. Und da er in seinem Glauben feste, und unbeweglich, war, so betrachtete er weder seinen eigenen bereits erstorbenen Leib, indem er über hundert Jahre alt war, noch den unvermögenden Zustand des Leibes der Sarah.

19. Und er ward nicht schwach im Glauben: sahe auch nicht an seinen eigenen Leib, welcher schon erstorben war, weil er fast hundertjährig war; auch nicht den erstorbenen Leib der Sarah.

20. Er zweifelte nicht an der Verheissung GOttes durch Unglauben, sondern war stark im Glauben, und gab hiedurch GOtt die Ehre;

20. Denn, er zweifelte nicht an der Verheissung GOttes durch Unglauben: sondern ward stark im Glauben, und gab GOtt die Ehre;

21. und hatte die gewisse Ueberzeugung, daß GOtt das, was er verheissen hat, auch thun könne.

21. Und wußte aufs allergewisseste, daß, was GOtt verheisset, das kann er auch thun.

22. Darum ist ihm auch dieses zur Gerechtigkeit gerechnet worden.

22. Darum ists ihm auch zur Gerechtigkeit gerechnet.

23. Allein, dieß, daß es ihm ist zugerechnet worden, ist nicht allein geschrieben um seinet willen:

23. Das ist aber nicht geschrieben allein um seinet willen, daß es ihm zugerechnet ist:

24. sondern auch um unsert willen, denen der Glaube ebenfalls zur Gerechtigkeit gerechnet werden soll, so viele nämlich unserer an den glauben, der unsern HErrn JEsum von den Todten (16) auferwecket hat;

24. Sondern auch um unsert willen, welchen es soll zugerechnet werden, so wir glauben an den, der unsern HErrn JEsum aufer-

25. wel-

(16) S. Paulus scheinet dieses Umstandes hier insbesondere zu gedenken, um die Aehnlichkeit zu zeigen, welche zwischen dem Glauben Abrahams, und unserm Glauben, ist; s. V. 17.

auferwecket hat von den Todten;

25. Welcher ist um unserer Sünde willen dahin gegeben, und um unserer Gerechtigkeit willen auferwecket.

25. welcher für unsere Sünden (17) ist in den Tod gegeben, und zu unserer Rechtfertigung (18) wieder auferwecket worden.

(17) S. Röm. III. 25. V. 6. 10. Eph. I. 7. II. 14. V. 2. Col. I. 14. 20. 21. 22. 1 Timoth. II. 6. Tit. II. 14.

(18) 1 Korinth. XV. 17. Ich habe alle diese paulinischen Stellen hieher gesetzt, damit man in denselben des Apostels eigene Erklärung dessen, was er hier sagt, sehen möge; nämlich, daß unser Erlöser durch seinen Tod unsere Sünden versöhnet habe, und wir also unschuldig, und von der Strafe der Sünden frey seyen. Allein, er ist auch wieder auferstanden, um uns (der Vergebung der Sünden, und) des ewigen Lebens, als der Folge unserer Rechtfertigung, gewiß zu machen. Denn, der Lohn der Gerechtigkeit ist das ewige Leben, und, da wir durch JEsum Christum GOttes Kinder worden sind, so haben wir zu dessen Ererbung ein Recht bekommen. Hätte er aber nicht selbst dieses Leben, wäre er nicht von den Todten auferstanden, um von dem ewigen Leben (von gleicher Majestät und Herrlichkeit mit dem Vater, zur Rechten des Vaters), Besitz zu nehmen; so könnten wir, die wir an ihn glauben, niemals von den Todten erwecket, und niemals für gerecht erkläret werden, noch den Gnadenlohn, das ewige Leben, bekommen. Daher saget S. Paulus 1 Korinth. XV. 17. daß, wenn Christus nicht auferstanden wäre, unser Glaube eitel, und wir noch in unsern Sünden wären, d. i. daß es in Absicht des zu erlangenden ewigen Lebens so gut wäre, als wären uns unsere Sünden nicht vergeben. Er ist also zu unserer Rechtfertigung auferstanden, d. i. uns (der Vergebung unserer Sünden, der Zurechnung seiner Gerechtigkeit, und folglich) des ewigen Lebens, als der Folge der Rechtfertigung, zu versichern. Und dieß bekräftiget, wie mich dünkt, unser Heiland selbst in den Worten: Ich lebe, und ihr sollt auch leben, Joh. XIV. 19.

Fünfter Abschnitt.

Cap. V. Vers 1 — 11.

S. Paulus hat in den vorhergehenden Capiteln untersucht, ob sich die Juden rühmen, und so sehr über die Heyden erheben konnten? er hat gezeiget, wie eitel ihr Ruhm wegen der Beschneidung, und des Gesetzes, sey, da weder sie, noch ihr Vater Abraham, durch die Beschneidung, oder die Werke des Gesetzes, seyen gerechtfertiget, oder von GOtt zu Gnaden angenommen worden; er hat dargethan, daß sie keinen Grund hätten, den Heyden die Beschneidung, und das Gesetz, aufzudringen, oder diejenigen, welche solche nicht haben, von dem Volke GOttes auszuschliessen, und zu ihrer Gemeinschaft an, und unter, dem Evangelio untüchtig zu achten (*). In diesem Abschnitte zeiget er nun, wessen sich die bekehrten Heyden, ohne Beschneidung und Gesetz, wegen ihres Glaubens (*), zu rühmen hätten; nämlich, der Hofnung der zukünftigen Herrlichkeit, V. 2. der um des Evangelii willen erlittenen Trübsale, V. 3. und GOttes, als ihres GOttes, V. 11. In diesen drey Versen ist die Verbindung, und der Zusammenhang, von S. Pauli gegenwärtigem Vortrage leicht wahrzunehmen: die dazwischen stehende Verse enthalten, nach Beschaffenheit des Ueberflusses an Gedanken, womit der Apostel erfüllet war, einen Anhang von Betrachtungen, worinnen er die Ursache entdecket, warum sie sich auch der Trübsale rühmen könnten.

Text.

(*) Man setze nur noch hinzu: die bekehrten Juden, so wird dieser Abschnitt noch eins so gut mit den vorhergehenden, dem nachfolgenden, und sich selbst zusammenhängen, und manches Gezwungene in der lockischen Erklärung von sich selbst wegfallen. Paulus hat bisher gezeiget, daß Juden, und Heyden, allein durch den Glauben, ohne des Gesetzes Werke, vor GOtt gerecht werden müssen, daß Abraham durch den Glauben gerecht worden sey, daß diejenigen, die Abrahams Glauben haben, Abrahams Saamen seyen; er hat in dem vorhergehenden Capitel, V. 11. und 12, und 16. Juden, und Heyden, mit einander verbunden: warum sollte er nicht jetzt in Ansehung beyder die seligen Folgen der Rechtfertigung aus dem Glauben zeigen; nämlich Friede mit GOtt, V. 1. Hofnung des ewigen Lebens, V. 2. Freudigkeit in den Trübsalen, V. 3. Freudigkeit zu GOtt, der nun durch Christum versöhnet ist? V. 11. So ist alles, was Paulus hier schreibet, viel ungezwungener, als wenn man diesen Abschnitt bloß von den bekehrten Heyden erkläret: zumal, da alles, was er in demselben von den Gerechtfertigten saget, so allgemein ausgedrücket ist, daß man die Heyden unmöglich allein für den Gegenstand der Rede des Apostels halten kann. Was zum Anfange dieser Einleitung als eine Wiederholung der lockischen besondern Meynungen stehet, ist bereits in den vorhergehenden Abschnitten beurtheilet worden.

Text.	Paraphrastische Erklärung.
1. Nun wir denn sind gerecht worden durch den Glauben: so haben wir Friede mit GOtt, durch unsern HErrn JEsum Christ.	1. Da wir also durch den Glauben gerechtfertiget worden sind, so haben wir (1) Friede mit GOtt durch unsern HErrn JEsum Christum,
2. Durch welchen wir auch einen Zugang haben im Glauben zu dieser Gnade, darinnen wir stehen: und rühmen uns der Hofnung der zukünftigen Herr-	2. durch welchen wir auch, vermittelst des Glaubens, Zutritt zur Gnade, worinnen wir stehen, bekommen haben; und rühmen (2) uns der Hofnung zur Herrlichkeit, die uns von GOtt zubereitet, und für uns aufbehalten ist,
	3. Und

(1) Wir, d. i. wir Heyden, die wir nicht unter dem Gesetze sind (und wir Juden, die wir durch das Gesetz nicht gerecht werden konnten). In dieser Namen redet S. Paulus in den drey letzten Versen des vorhergehenden Capitels (a), und in diesem ganzen Abschnitte, wie aus dem hier gemachten Schlusse erhellet (b): Nun wir denn sind gerecht worden durch den Glauben. Dieß ist eine Folge aus dem, was er im vorhergehenden Capitel bewiesen hat, daß die Verheissung nicht allein den Juden, sondern auch den Heyden, gegeben sey; und daß die Rechtfertigung nicht aus dem Gesetze, sondern allein aus dem Glauben komme, und folglich den Heyden sowohl, als den Juden, zu Theile werde.

(a) Das, was ich zur Einleitung vor diesem Abschnitte erinnert habe, wird zeigen, daß der Apostel von Juden und Heyden redet. Es ist auch so verwegen, als ungereimt, zu behaupten, daß Paulus in den drey letzten Versen des vorhergehenden Capitels im Namen der Heyden rede. Denn, es folget daraus, daß Christus nur für die Heyden dahin gegeben, und nur zu ihrer Gerechtigkeit auferwecket sey. An diese richtige Folgen muß Locke, da er so gerne mit dem Wir, und Uns, spielet, nicht gedacht haben.

(b) Dieser Schluß behält eben so gut seine ganze Stärke, wenn der Apostel auch von den Juden redet. Denn, diese werden, wenn sie sich zu Christo bekehren, ebenfalls durch den Glauben allein gerecht.

(2) Καυχώμεθα, wir rühmen uns. Der Apostel braucht hier das nämliche Wort von dem Rühmen der bekehrten Heyden (und Juden), welches er vorher von dem Rühmen der Juden, und in der Untersuchung dessen, was Abraham gefunden habe, gebrauchet hatte. Wenn man hierauf Achtung giebt, so kann man, wie ich schon bemerket habe, leichter des Apostels Meynung fassen; und siehet deutlich, daß S. Paulus in diesem Abschnitte die Vorzüge, welche die zum Christenthume bekehrten Heyden (und Juden) durch den Glauben erlanget haben, denen entgegen setze, deren sich die Juden so hochmüthig, und mit Verachtung der Heyden, rühmeten.

Herrlichkeit, die GOtt geben soll.

3. Und nicht allein das, sondern wir rühmen uns selbst der Trübsale, weil wir wissen, daß Trübsal Geduld wirket;

3. Nicht allein aber das, sondern wir rühmen uns auch der Trübsalen: dieweil wir wissen, daß Trübsal Geduld bringet.

4. und die Geduld verschaffet uns Bekanntschaft mit uns selbst; und diese Bekanntschaft erfüllet uns mit Hofnung;

5. und unsere Hofnung machet uns nicht zu Schanden; und betrüget uns nicht, weil (3) die Empfindung der Liebe GOttes in unsere Herzen ausgegossen ist, durch den Heiligen Geist, welcher uns gegeben ist.

4. Geduld aber bringet Erfahrung; Erfahrung aber bringet Hofnung;

5. Hofnung aber lässet nicht zu Schanden werden. Denn, die Liebe GOttes ist ausgegossen in unser Herz durch den Heiligen Geist, welcher uns gegeben ist.

6. Denn, da wir Heyden (und Juden) ohne Kraft, ohne Mittel, ohne Geschicklichkeit, waren, uns selbst zu befreyen, so ist Christus zu der von GOtt bestimmten, und vorher verkündigten, Zeit für uns gestorben, für uns, die wir (gottlos waren, und) ohne rechte Erkenntniß, und Dienst, des wahren GOttes lebten.

6. Denn auch Christus, da wir noch schwach waren, nach der Zeit, ist für uns Gottlose gestorben.

7. Kaum findet man ein Beyspiel, daß Jemand für einen gerechten Menschen sterben mag, wenn auch von ungefähr noch Jemand sich das Herz nähme, für einen frommen, oder redlichen, Menschen, zu sterben (*).

7. Nun stirbt kaum Jemand um des Rechtes willen: um etwas Gutes willen dürfte vielleicht Jemand sterben.

8. Allein,

8. Das-

(3) Weil. Die Stärke des hier befindlichen Schlusses scheinet darinnen zu liegen. Die Hofnung der ewigen Seligkeit, deren wir uns rühmen, kann uns nicht betrügen, weil die uns geschenkten Gaben des Heiligen Geistes und der Liebe GOttes gegen uns versichern. Die Juden erkannten selbst, daß Niemand, als dem Volke GOttes, der Heilige Geist gegeben würde.

(*) Sehr deutlich wird diese Umschreibung nicht seyn, ob sie gleich in etwas von unserer deutschen Uebersetzung abgehet, und dagegen die englische nur mit andern Worten ausdrückt. Es kommt, so viel ich einsehe, alles auf das im Griechischen befindliche [illegible] und [illegible] an. Bedeutet dieß einen gerechten und guten Menschen, oder eine gerechte und gute Sache? sind beyde Worte hier männliches, oder unbestimmt-

8. Darum preiset GOtt seine

8. Allein, dadurch stellet uns GOtt seine Liebe

bestimmtes, Geschlechtes? In der letzten Bedeutung hat es der s. Luther genommen, und übersetzt: um des Rechtes, um etwas Gutes willen; in der ersten Locke, und die englische Bibelübersetzung, die beyde hier gerechte und gute Menschen setzen. Der Endzweck des Apostels, und das Vorhergehende, und Nachfolgende, können wohl zwischen beyden Erklärungen den besten Ausschlag geben. Es redet Paulus in unserm Abschnitte von der Freudigkeit des Glaubens, welche aus der Rechtfertigung entspringet, und die auch mitten in zeitlichen Trübsalen so groß ist, daß sie wegen des Friedens mit GOtt, und der Gewißheit jener zukünftigen Herrlichkeit, alles hier zu erduldende Leiden sich für eine Ehre schätzet, und den Nutzen erkennet, welchen dieses Leiden bringet, V. 1–5. Denn, das öftere Leiden machet die Glaubigen geduldig, daß sie es nicht mehr als etwas seltsames ansehen, 1 Petr. IV. 12. Unter dieser Bekanntschaft, und Uebung in dem Leiden, lernen sie auch sich, und ihre Kräfte, und die Kraft GOttes, kennen, die in den Schwachen mächtig ist, 2 Korinth. XII. 9. Geduld bringet Erfahrung. Da sie also aus der Erfahrung wissen, wie nicht sie, aus eigener, sondern aus GOttes Kraft alles vermögen durch den, der sie mächtig machet, Phil. IV. 13. so hoffen sie beständig im Leiden auf göttlichen Beystand, auf Sieg, auf ewiges Leben: und diese Hofnung lässet sie nicht zu Schanden werden, weil sie die unbeweglichsten und untrüglichsten Gründe hat; nämlich 1. den Heiligen Geist, der, als das gewisseste Pfand der göttlichen Liebe, in die Herzen der Glaubigen ausgegossen, und darinnen nicht müssig, sondern mit göttlicher Kraft zu ihrem Troste wirksam, ist, 2. die Erlösung JEsu Christi, der ihnen diesen Heiligen Geist erworben hat, V. 6–10. Hier schlüsset der Apostel also: GOtt liebet alle Menschen; denn, Christus ist für alle gestorben, und zwar nicht, als für Heilige, und Gerechte, sondern als für Sünder; Christus ist für uns gestorben, da wir noch Sünder wären, V. 8. Wir sind GOtt versöhnet durch den Tod seines Sohnes, da wir noch Feinde waren, V. 10. Christus ist um unserer Sünde willen dahin gegeben, Röm. IV. 25. Es muß also GOtt noch mehr die durch den Glauben Gerechtfertigten lieben: und also kann sie ihre Hofnung nicht trügen, ihre zeitlichen Umstände mögen so widrig, als sie wollen, scheinen; sie können nicht zu ihrem Untergange, und Verderben, abzielen. So werden wir je vielmehr durch ihn behalten werden vor dem Zorn, nachdem wir durch sein Blut gerecht worden sind, V. 9. ——. Vielmehr werden wir selig werden durch sein Leben, so wir nun versöhnet sind. Zu dem ersten Theile dieses Schlusses gehöret der dunkel scheinende 7te Vers: Nun stirbt kaum Jemand u. s. w; und ich denke, daß nun dessen Verstand nicht mehr schwer seyn wird. Der 6ste Vers enthält den Satz: Christus ist für uns Gottlose, ὑπὲρ ἀσεβῶν, gestorben. Der 7te ist jetzt eine weitere Erläuterung, und Bestätigung, dieses Satzes: Denn, für einen Gerechten, ὑπὲρ δικαίου, wird schwerlich Jemand sterben, weil er es nämlich nicht braucht, und des Todes nicht schuldig ist; wir müssen also gottlos gewesen seyn, weil Christus die Todesstrafe für uns hat ausstehen müssen. Dieser Satz, der obenhin betrachtet durch den Einwurf angefochten werden kann: wie, verdienet ein Gerechter nicht eher, daß man für ihn stirbt, als ein Gottloser? wird in den folgenden Worten durch folgende Einschränkung erkläret: Denn, für einen vortreflichen Mann, ὑπὲρ ἀγαθοῦ, nimmt sich noch leicht Jemand das Herz, in den Tod zu gehen, um ihn nämlich zu retten; allein, das waren wir nicht. Darum preiset GOtt seine Liebe gegen uns, u. s. w. V. 8. Vielleicht wird dieses noch deutlicher,

wenn

liebe (4) gegen uns in ihrer völligen Grösse, und Schönheit, dar, daß Christus für uns gestorben ist, da wir Heyden (und Juden) nichts als ein Hause abscheulicher Sünder (5) waren.

9. Um

seine Liebe gegen uns, daß Christus für uns gestorben ist, da wir noch Sünder waren.

9. So

wenn man auch auf die Art des Gegensatzes zwischen δίκαιων und ἀγαθὸς allhier Achtung giebt. Δίκαιος und ἀγαθὸς mögen sonst, unter anderer Verbindung, gleich bedeutende Worte seyn: hier sind sie es nicht. Δίκαιος ist hier so viel, als ein Unschuldiger, der nichts Böses gethan hat; wie dieses Wort diese Bedeutung Matth. XXVII. 19. Luc. XXIII. 47. Matth. V. 45. und öfters hat: ἀγαθὸς hingegen ist ein verdienter, vortreflicher, Mann, der viel Gutes und Nützliches gethan hat. Man übersetze also: Denn, für einen Unschuldigen wird schwerlich Jemand sterben, und lese diese Worte noch zum 6sten Verse; so wird der 7te allein die Worte enthalten: Denn, nur für einen vortreflichen, oder verdienten, Mann, nimmt sich leicht Jemand das Herz, in den Tod zu gehen; und der 8te ist eine wiederholte Beschreibung der schon V. 5. 6. gerühmten Liebe GOttes, die sich in unserer Erlösung äussert.

(4) Ein anderer Beweis, welchen S. Paulus den Römern von der Liebe GOttes gegen sie, und ihrem Rechte, sich der Hofnung des ewigen Lebens zu rühmen, giebt, ist dieser, daß Christus für sie gestorben ist, da sie noch in ihrem heydnischen Zustande (und, wie die Juden, Sünder) waren. Diesen beschreibet er, indem er sie nennet

(5) ἀσθενῶν, schwache, ohne Kraft, ἀσεβῶν, gottlos, ἁμαρτωλῶν, Sünder, ἐχθρῶν, Feinde (a).

(a) Locke nimmt hier in einer Anmerkung, die nichts zum Verstande des Textes beyträgt, und die so weitläuftig ist, daß ich sie, ohne meinen Lesern Ekel zu erwecken, nicht völlig übersetzen darf, Gelegenheit, verschiedene Gründe anzuführen, daß dieser Abschnitt, wie er schon in der Einleitung zu demselben geäussert hat, nur von den bekehrten Heyden handle. Ich will diese Gründe, so viel möglich, mit seinen eigenen Worten anführen, und prüfen: damit ich nicht immer Anmerkungen mit Anmerkungen unterbrechen darf, wenn ich sie in ihrem ganzen Zusammenhange hersetzte.

Sein Beweis ist 1. aus den oben stehenden Benennungen: schwach, gottlos, u. s. w. genommen. Dieß, saget er, seyen lauter Eigenschaften, welche die heilige Schrift der heydnischen Welt, im Gegensatze auf das jüdische Volk, beylegte. Allein, wer weiß nicht, daß die Schrift eben diese Namen in andern Stellen auch den Juden giebt? und wer siehet nicht ein, daß sie ihnen solche geben muß? Ich will statt vieler Beweise, mich nur auf den einzigen Röm. III. 23. und zwar nach Lockens eigener Umschreibung, berufen: Denn, es ist hier zwischen ihnen kein Unterschied. Sie haben alle, beyde Juden und Heyden, gesündigt, und erlangen denjenigen Ruhm nicht, welchen GOtt für die Gerechtigkeit bestimmet hat. Wer ein Sünder ist, ist unstreitig auch gottlos, ein Feind GOttes, und ausser Stande, sich aus seinem Elende zu helfen; wie die ganze heilige Schrift lehret. Es ist auch überhaupt, schon nach der Vernunft, hart,

ja

9. So werden wir je viel mehr durch ihn behalten werden vor dem Zorn, nach-

9. Um so viel mehr werden wir, nachdem wir nun durch sein Blut gerechtfertigt worden sind, von der Verdammniß (6) an jenem Gerichtstage (von

zu behaupten, daß diese Namen den Juden nicht zukommen, und eigene Namen der Heyden seyn sollen. Er sahe selbst diesen Einwurf, und behauptet daher

2. daß in den eilf ersten Capiteln dieser Epistel nicht von Juden, und Heyden, noch einzelnen Personen, sondern nach ihrer ganzen Völkerschaft, betrachtet, die Rede sey. Dieß ist eine Vorstellung, die unserm Paraphrasten, so irrig sie auch ist, doch so viel nutzet, daß er in dieser Epistel keinen unbedingten Rathschluß, wie andere ausser der lutherischen Kirche, siehet. Sie hat aber auch den augenscheinlichen Fehler, daß er keine einzige Stelle beybringt, worinnen die Schrift die Menschen, wenn sie solche als Sünder, oder Begnadigte, beschreibt, nur nach Völkerschaften, und nicht nach einzelnen Personen, ansiehet. Juden und Heyden sind ihr vielmehr der allgemeine Ausdruck, worunter sie alle Menschen überhaupt begreift; weil zu der Zeit ihrer heiligen Verfasser nichts, als Juden und Heyden, in der Welt waren: und die Worte des XIVten Psalms, V. 3. und 4. sind gar zu deutlich: Der HErr schauet vom Himmel auf der Menschen Kinder: daß er sehe, ob Jemand klug sey, und nach GOtt frage. Aber sie sind alle abgewichen, und allesammt untüchtig: da ist keiner, der Gutes thue, auch nicht Einer. Paulus führet diese Stelle Röm. III. 12. an, und beweiset, daß sie den Juden gelte; soll sie nicht auch den Heyden gelten? soll sie nur von den Völkerschaften der Juden und Heyden, und nicht von den einzelnen Personen, woraus sie bestehen, gelten? Wo bliebe das Volk, wenn die einzelnen Personen, woraus solches zusammen gesetzt ist, nicht wären? Wenn Jemand von einem ganzen Volke sagte: sie wären alle rebellisch, ungehorsam, u. s. w. so würde sichs ein Jeder, der von diesem Volke, oder dieser Provinz, ist, gesagt zu seyn glauben. Und da könnte doch noch eine Ausnahme statt finden; weil nie in einem Lande alle von einem gemeinen Stammvater entsprungen sind. Von dem ganzen menschlichen Geschlechte aber saget S. Paulus in diesem Vten Capitel, V. 12. Wie durch einen Menschen die Sünde ist kommen in die Welt, und der Tod durch die Sünde, und ist also der Tod zu allen Menschen durchgedrungen, dieweil sie alle gesündigt haben.

Ich kann dieser kurzen Widerlegung noch dieß zusetzen, daß, wenn Paulus in diesem Capitel nur von den Heyden redete, er sich nicht immer der ersten Person bedienen, und, ohne sich selbst auszuschliessen, sagen könnte: Wir sind durch den Glauben gerechtfertiget, wir haben Friede mit GOtt, u. s. w. Denn, wenn von Juden, und Heyden, ausschliessungsweise die Rede ist, so gehöret er zu den Juden.

(6) Was hier S. Paulus Zorn nennet, nennet er 1 Thess. I. 10. den zukünftigen Zorn; und überhaupt wird im neuen Testamente Zorn für die Strafe der Gottlosen am jüngsten Tage gebraucht (a).

(a) Nur nicht allezeit, z. E. Röm. IV. 15. das Gesetz richtet nur Zorn an, wo Locke selbst nicht an diese Erklärung denket; eben so Röm. IX. 22. und in andern Stellen, wo das Wort Zorn ernstliches Misfallen an der Sünde, und die daher

(von dem Zorne über die Unglaubigen) errettet werden.

10. Denn, wenn wir, da wir Feinde waren, mit GOtt durch den Tod seines Sohnes versöhnet worden sind: so werden wir, da wir versöhnet sind, um so viel mehr durch sein Leben selig werden.

11. Ja, nicht allein rühmen wir uns der Trübsalen (7), sondern wir rühmen uns auch GOttes, durch

nachdem wir durch sein Blut gerecht worden sind:

10. Denn, so wir GOtt versöhnet sind durch den Tod seines Sohnes, da wir noch Feinde waren: vielmehr werden wir selig werden durch sein Leben, so wir nun versöhnet sind.

11. Nicht allein aber das: sondern wir rühmen uns

daher folgenden Strafen, überhaupt anzeiget, und nicht allein die Strafe am jüngsten Tage. Es ist daher auch in gegenwärtiger Stelle besser, das Wort Zorn in der Uebersetzung, nach seiner weitläuftigen Bedeutung, beyzubehalten, als an dessen Stelle die Verdammniß an jenem Gerichtstage zu setzen. Denn, nach dem ganzen Zusammenhange der Rede rühmen sich die Glaubigen jener ewigen Herrlichkeit, die sie hoffen; sie rühmen sich der Trübsale: weil die Erlösung JEsu Christi sie vor dem verdammenden Richterspruche an jenem Tage sicher stellt, und auch in ihrem Leiden versichert, daß solches keine Wirkung des göttlichen Zornes sey.

(7) Οὐ μόνον δὲ, ja nicht allein. Ich glaube, daß Niemand diesen Abschnitt mit der geringsten Aufmerksamkeit lesen kann, ohne wahrzunehmen, daß diese Worte gegenwärtigen Vers mit dem dritten verbinden. Der Apostel saget in dem 2ten Verse: Wir rühmen uns der Hofnung der zukünftigen Herrlichkeit, die GOtt geben soll. In dem 3ten setzet er hinzu: οὐ μόνον δὲ, nicht allein aber das, sondern selbst unsere Trübsale geben uns Anlaß, uns zu rühmen. Dieß beweist er in den sieben folgenden Versen; und nun saget er im 11ten noch einmal: οὐ μόνον δὲ, ja, nicht allein —— sondern wir rühmen uns auch GOttes, als unseres GOttes, mit dem wir durch JEsum Christum versöhnet sind. Also zeiget er, daß die bekehrten Heyden sowohl, als die Juden, Ursache sich zu rühmen, hätten, und ihnen nichts nachgäben; ungeacht sie die Beschneidung, und das Gesetz, dessen sich die Juden so sehr rühmeten, nicht hatten: denn, der Juden Ruhm sey in Vergleichung mit dem, wessen sich nun die Heyden unter dem Evangelio durch den Glauben an JEsum Christum, rühmen konnten (a), ganz ohne Grund.

(a) Aus dieser letzten Vergleichung des Rühmens der unbekehrten Juden mit dem Rühmen der bekehrten Heyden folget ganz natürlich, daß das, was der Apostel in diesem Verse von dem Rühmen der Gerechtfertigten saget, sowohl von den bekehrten Juden, als von den Heyden, gelte. Denn, eben deswegen, daß sich im neuen Testamente die Juden, als Juden, GOttes nicht mehr rühmen können, müssen Juden, die das Evangelium angenommen, und sich zu Christo bekehret haben, einen viel höhern und wichtigern Grund, sich GOttes zu rühmen, bekommen haben. Sich GOttes rühmen heisset, nach der Sprache der

uns auch GOttes, durch unsern HErrn JEsum Christ, durch welchen wir nun die Versöhnung empfangen haben.

uns auch GOttes rühmen, durch unsern HErrn JEsum Christum, durch welchen wir nun (8) die Versöhnung erlanget haben.

der heiligen Schrift so viel, als: seine Ehre darinnen suchen, und sich darauf verlassen, daß man GOtt erkennet, und bey ihm in Gnaden stehet, und wegen dieses grossen, und allein wahren, Vorzuges alles, was weltlich, und nicht göttlich, ist, gleichgültig, oder gar verächtlich, ansehen kann. Diesen Begriff solches Rühmens finden wir Jerem. IX. 23. 24. Ein Weiser rühme sich nicht seiner Weisheit, ein Starker rühme sich nicht seiner Stärke, ein Reicher rühme sich nicht seines Reichthums; sondern wer sich rühmen will, der rühme sich des, daß er mich wisse, und kenne, daß ich der HErr bin, der Barmherzigkeit, Recht, und Gerechtigkeit, übet auf Erden. Der Zusammenhang lehret, besonders V. 20. 21. 22. daß GOtt von Strafgerichten redet, die so allgemein sind, daß wider dieselben weder Weisheit, noch Stärke, noch Reichthum, schützen kann, sondern allein Vertrauen auf GOtt, den der Gläubige, auch in den Trübsalen, als HErrn, und Vater, kennet, und der ihm Barmherzigkeit wiederfahren lässet, wenn er an der verstockten Welt seine Strafgerechtigkeit beweiset. Dieß nennet hier GOtt, sich des HErrn rühmen: und hieraus wird sich schlüssen lassen, was in unserer Stelle heisse: sich GOttes rühmen; nämlich: sich der Versöhnung mit GOtt durch Christum, und der daher entstehenden Vereinigung mit ihm, als einem gnädigen Vater, rühmen, in dieser einzigen wahren Glückseligkeit, die der Mensch in diesem Leben finden kann, seine Ehre, und Vorzüge, suchen, kurz, zu GOtt ein kindliches Zutrauen haben.

(8) In der That konnten sich zuvor die Heyden (a) nicht GOttes, als ihres GOttes, rühmen. Dieß war ein Vorrecht der Juden, welche allein unter allen Völkern ihn, als ihren König, und GOtt, bekannten, und, vermöge des mit ihnen gemachten Bundes, sein Volk waren. Alle andere Königreiche auf Erden hatten andere Herren angenommen, und sich selbst dem Dienste, und der Verehrung, falscher Götter gewidmet; und befanden sich also gegen den wahren GOtt, den GOtt Israels, in einem Stande der Feindschaft. Da wir aber nun, saget S. Paulus, durch JEsum Christum, den wir im Glauben ergriffen haben, und als unsern HErrn bekennen, versöhnet, und dadurch wieder zu GOttes Reich, und unserer alten Verbindlichkeit, gebracht sind; so können wir uns in der That GOttes, als unsers GOttes, rühmen, welches die Juden nicht thun können, die JEsum, welchen GOtt zum HErrn über alles gesetzet hat, anzunehmen sich geweigert haben.

(a) Aber eben so wenig die Juden, wenn sie, so wie meistentheils, nichts als die Beschneidung, und die kaltsinnige, und oft gezwungene, Beobachtung der mosaischen Cäremonien zum Grunde ihres Ruhmes hatten. Die wahre jüdische Religion war nichts anders, als eine vorbildlich christliche. Wenn sich also solche wahrhaftige Israeliten, schon vor Christi Menschwerdung, GOttes, als ihres GOttes, rühmeten; so geschahe es in Absicht auf die grosse Versöhnung JEsu Christi: und folglich wurden, da Christus sie wirklich vollbracht hatte, die Ursachen ihres Rühmens nur vermehret, und sie konnten sich mit doppeltem Rechte rühmen, da sie nun die Versöhnung erlanget hatten.

Sechster Abschnitt.

Cap. V. Vers 12 — VII. 25.

Der Apostel zeiget weiter, daß die Heyden unter dem Evangelio eben so viel Recht zur Gnade GOttes, als die Juden, haben (*); indem für Juden und Heyden kein anderer Weg zu derselben, als der Glaube an JEsum Christum, ist. In dem vorhergehenden Abschnitte hatte er verschiedene Vorzüge, deren sich (bekehrte Juden, und) bekehrte Heyden rühmen könnten, erzählet, und mit diesem grossen, und hauptsächlichen, Grunde des Rühmens beschlossen, daß sie sich GOttes selbsten, der nun mit ihnen durch JEsum Christum, ihren HErrn, versöhnet sey, als ihres GOttes, rühmen könnten.

Um ihnen nunmehr dieses, auf eine noch deutlichere, und vollständigere, Weise, begreiflich zu machen, führet er sie in die Zeiten zurück, da GOtt das Gesetz noch nicht gegeben hatte, und das jüdische Volk noch nicht war; und leget ihnen in kurzem den ganzen Begriff von GOttes Haushaltung, und Verfahren, mit den Menschen, in Ansehung des Lebens, und des Todes, vom Anbeginne der Welt vor.

1. Belehret er sie, daß durch Adams Fall alle Menschen in den Stand des Todes versetzt, und durch Christi Tod wieder zum Leben gekommen seyen,

2. Daß

(*) Dieß ist, nach Lockens Meynung, der Inhalt aller Abschnitte; und er hätte es nur ein einziges Mal, ohne es so oft zu wiederholen, sagen dürfen: so würde er die Mühe ersparet haben, alle Capitel so gewaltsam auf diesen einzigen vermeynten Hauptsatz zu bringen. Denn, dieser stehet auch in den zu gegenwärtigem Abschnitte gezogenen Capiteln nicht. Vielmehr siehet man deutlich, daß Paulus von Cap. V. 12 – 21. den Grund ausführet, warum wir uns GOttes durch JEsum Christum, durch welchen wir die Versöhnung empfangen haben, nach V. 11. rühmen können; daß er Cap. VI. den Einwurf widerlege, als ob die Lehre von der Rechtfertigung aus dem Glauben zur fleischlichen Sicherheit verleite, V. 1 – 10, und hierauf eine nachdrückliche Vermahnung zur wahren Heiligkeit baue, V. 11 – 23; Cap. VII. aber die eigentliche Beschaffenheit der Freyheit vom Gesetze, in Rücksicht auf Cap. VI. 14. 15. erkläre. Ich will von diesen Theilen des gegenwärtigen Abschnittes, so wie mir die lockische genauere Eintheilung Gelegenheit giebt, ausführlicher reden. Die vorliegende lockische Einleitung werden die Leser selber beurtheilen können; und, wenn sie solche mit dem Texte vergleichen, wahrnehmen, daß sich zwar die Streitfragen, die sich Locke erdichtet, aus dieser Epistel widerlegen lassen, keinesweges aber derselben unmittelbaren Inhalt ausmachen.

2. Daß das Gesetz, als es dazu kam, die Israeliten dem Tode noch nachdrücklicher unterworfen, und die Vergehungen, welche die Todesstrafe mit sich verbunden hatten, vermehret habe; weil unter dem Gesetze eine jede Uebertretung, die gegen dasselbe begangen wurde, die Todesstrafe nach sich zog: daß aber dem ungeacht die dem Gesetze Unterworfenen, wenn sie an Christum glaubten, durch ihn das Leben erhielten.

3. Daß, wenn gleich die Heyden, welche glauben, nicht unter das Gesetz kämen, sie dennoch der Gnadenbund, in welchem sie stünden, verbände, nicht Knechte der Sünde zu werden, ihr zu dienen in ihren Lüsten, sondern sich ernstlich der Gerechtigkeit zu bestreben, deren Ende das ewige Leben ist.

4. Daß auch die Juden, welche das Evangelium annehmen, von dem Gesetze frey würden; nicht, daß das Gesetz Sünde sey, sondern, daß es zwar der Sünde zu dienen verbiethe, aber Niemand in den Stand setze, den sündlichen Lüsten zu widerstehen, sondern vielmehr, da es die geringste Einwilligung in die Sünde des Todes schuldig erkläret, durch den Tod die Herrschaft der Sünde über sie bestätige: da hingegen allein die Gnade GOttes sie davon befreye, so daß sie vor der Verdammung des Gesetzes (durch den Glauben an Christum) gesichert seyen, und nichts weiter von ihnen erfordert würde, als aus allen Kräften dem Gesetze GOttes, und nicht ihren fleischlichen Lüsten, zu dienen. In allen diesen Fällen ist die Seligkeit der Heyden allein ein Werk der Gnade, ohne das Gesetz: und auf gleiche Weise ist es auch die Seligkeit der Juden, ohne daß das Gesetz etwas dazu hilft, oder beyträgt. Sie sind also durch Christum vom Gesetze befreyet.

So hänget des Apostels Vortrag zusammen; und man siehet, daß er darinnen, seiner Absicht gemäß, den bekehrten Heyden zu Rom beweiset, daß sie nicht nöthig hätten, sich dem Gesetze Mosis zu unterwerfen; und sie gegen die Juden unterstützet, welche sie mit demselben irre machten.

Um diese vier Hauptsätze des Vortrages S. Pauli desto deutlicher und leichter zu machen, will ich gegenwärtigen Abschnitt in die folgenden vier Stücke eintheilen, und sie so, wie sie in dem Texte auf einander folgen, durchgehen.

Erstes Stück.

Cap. V. Vers 12—19.

Hier unterrichtet er die Römer, in welchem Zustande sich die Menschen überhaupt, ehe noch das Gesetz gegeben, und dadurch das israelitische Volk von allen andern Völkern auf dem Erdboden abgesondert worden war, befunden haben. Er zeiget, daß Adam, durch Uebertretung des Gesetzes, welches ihm das Essen von dem Baume der Erkenntniß des Guten, und Bösen, unter angekündigter Todesstrafe verboth, sich der Unsterblichkeit verlustig gemachet habe, und sterblich worden sey, und folglich alle seine Nachkommen, die von ihm, als einem sterblichen Menschen, abstammen, auch sterblich seyen, und gleichfalls alle sterben, ungeacht keiner dieses Gesetz, eben so wie Adam, gebrochen habe, daß sie aber durch Christum alle wieder das Leben erlangen können. Denn, da GOtt diejenigen, die an Christum glauben, rechtfertiget, so kämen diese wieder in ihren ersten Stand der Gerechtigkeit, und Unsterblichkeit; und da die Heyden so gut, als die Juden, von Adam abstammeten, so hätten sie eben so viel Recht zu allen den Vortheilen, welche den Nachkommen Adams durch Christum zuwachsen: indem alles ganz und allein ein Gnadenwerk sey(*).

Paraphrastische Erklärung.

12. Damit ich euch also(**) einen Begriff von dieser ganzen Sache gebe, und zeige, wie

Text.

12. Derhalben, wie durch einen Menschen

(*) Dieß alles klinget schön, wenn man nicht auf den Text, und dessen Zusammenhang, siehet. Allein, wo hat denn Locke die Vergleichung zwischen der Sünde, und der Gnade, dem Tode, und dem Leben, der Verdammniß, und der Rechtfertigung, dem Einen, durch den die Sünde in die Welt gekommen ist, und dem Einen, durch welchen viele gerecht werden, u. s. w. gelassen? Von dieser ist das ganze Capitel bis zu Ende voll: diese muß also den Inhalt dieses Stückes ausmachen. Es erkläret nämlich Paulus die Beschaffenheit der Versöhnung JEsu Christi, von V. 12. bis zu Ende dieses Capitels, so, daß er V. 12. 18. u. ff. Adam, und Christum, mit einander vergleicht, weil durch jenen die Sünde, und der Tod, durch diesen aber die Rechtfertigung des Lebens gekommen ist, V. 13.–17. aber die Zurechnung der Genugthuung JEsu Christi, gegen die Zurechnung des Falles, hält. Dieß letzte geschiehet augenscheinlich in einem Zwischensatze. V. 20. 21. zeiget er, wie die Versöhnung JEsu Christi mit dem Gesetze bestehen könne.

(**) Damit ich euch also ——. Dieser Eingang der Umschreibung zum 12ten Verse scheinet vom Anfange, nach Lockens vorstehendem Entwurfe, das vorher-

Menschen die Sünde ist kommen in die Welt, und der Tod durch die Sünde, und ist also der Tod zu allen Menschen durchgedrungen, dieweil sie alle gesündiget haben;

wie es sich damit vom Anfange der Welt her verhalten hat; so müsset ihr wissen, daß, gleichwie durch die Handlung eines einzigen Menschen, Adams, der unser aller Vater ist, die Sünde in die Welt kam, und der Tod, als die Strafe der durch den Genuß der verbothenen Frucht begangenen Sünde, durch diese Sünde, dieweil Adams ganze Nachkommenschaft dadurch sterblich worden (1) ist (dieweil Adams ganze Nachkommenschaft in ihrem Stammvater gesündiget hat).

13. (Denn

N 2

13. Es

gehende recht schön mit dem gegenwärtigen Verse zu verbinden: ich weiß aber nicht, und kann es nicht mit Ueberzeugung glauben, daß das griechische διὰ τοῦτο, derhalben, um deswillen, zu dem Ende, eben das sage, was Locke bis zu den Worten: so müsset ihr wissen, sagt. Es hängen diese zwey Worte mit dem nächst vorhergehenden Verse zusammen: und sie müssen damit zusammen hängen, weil sonst Niemand sehen kann, worauf das τοῦτο gehen soll; er müßte denn etwas ganz willkührliches annehmen. Dieses διὰ τοῦτο stehet also in der nächsten Verbindung mit den unmittelbar vorhergehenden Worten: Durch welchen wir nun die Versöhnung empfangen haben; und Paulus machet dadurch den Uebergang zu der von V. 12—19. befindlichen Erklärung dieser Versöhnung. Bey den Worten des 11ten Verses: Wir rühmen uns auch GOttes, können leicht die Gedanken entstehen, wie es möglich sey, daß sich ein sündiger Mensch GOttes rühme? Paulus zeiget daher den Grund dieser Möglichkeit in der Versöhnung durch JEsum Christum an: Durch unsern HErrn JEsum Christ, durch welchen wir nun die Versöhnung empfangen haben; und führet von V. 12—19. dieses Werk der Versöhnung nach seinem ganzen Inhalte, und Umfange, aus. διὰ τοῦτο ist demnach hier so viel, als: um deswillen, zu dem Ende, derhalben; und die ganze Schwierigkeit lieget, wenn man es so erkläret, nur darinnen, daß in dem ganzen 12ten Verse nichts vorkommt, welches sich darauf beziehet. Allein, Locke hat über den 18ten Vers ganz recht angemerkt, daß in dem 12ten der Periode abgebrochen sey, und V. 18. erst, mit Wiederholung der ersten Worte desselben, fortgesetzt, und beschlossen werde. Folglich ist dieses derhalben mehr die Verbindung, wodurch der Uebergang zur Erklärung der Erlösung gemachet wird, als daß es die Gedanken hätte, die er darinnen nach seiner Umschreibung siehet. Seine eigene Anmerkung über den 18ten Vers bestätiget dieses.

(1) Gesündiget haben. Ich habe übersetzet: sterblich worden ist (a), und bin darinnen derjenigen Regel gefolget, die ich zum Verstande der Epistel S. Pauli für sehr nöthig achte; nämlich ihn, so viel als möglich, zu seinem eigenen Ausleger zu machen. 1 Korinth. XV. 22. ist unstreitig eine Parallelstelle von der gegenwärtigen: und da dieser Vers, und die folgenden, eine Erklärung des angeführten Verses aus den Korinthern sind, so handelt hier S. Paulus die nämliche Materie, aber nur weitläuftiger, ab. Dort saget er: Gleichwie sie in Adam alle sterben; welche Worte nicht buchstäblich (b) verstanden werden können, sondern so, daß sie

in

13. Es ist zwar wahr, daß (die Erbsünde in der Welt war, und) überhaupt von allen Menschen

13. (Denn, die Sünde war wohl in der Welt, bis

in Adam alle sterblich worden sind. Eben dieß saget er hier, aber mit andern Worten; indem er, nach einer nicht ungewöhnlichen Metonymie, die Ursache für die Wirkung, nämlich die Sünde des Genusses der verbothenen Frucht für deren Wirkung bey dem Adam, die Sterblichkeit, bey ihm, und allen seinen Nachkommen, setzet: massen ein sterblicher Vater, der nun mit dem Tode angestecket ist, keine bessere Nachkommenschaft, als eine sterbliche, zeugen kann. Warum hier S. Paulus eine andere Redensart, als in der Epistel an die Korinther, brauchet, und eine härtere, und uneigentliche, der eigentlichen vorziehet, davon läßt sich mit leichter Mühe eine Ursache angeben, wenn man seine Schreibart, und gewöhnliche Weise, sich auszudrücken, in Betrachtung ziehet. Er entdecket nämlich in derselben immer eine grosse Neigung zu schönen, und nachdrücklichen, Gegensätzen, als welche vieles zur Erläuterung, und Stärke, seiner Gedanken beytragen. In dem XVten Capitel der Epistel an die Korinther redet er von dem Leben, das durch JEsum Christum wieder hergestellet ist, und da dienet ihm der Tod der Menschen am besten dazu, solches seinen Lesern recht deutlich zu machen, und recht feste einzuprägen: Hier, in der Epistel an die Römer, redet er von der Gerechtigkeit, welche Christus den Menschen wieder hergestellet hat, und also ist das Wort Sünde das natürlichste, und eigentlichste, welches er der Gerechtigkeit entgegen setzen kann. Daß aber weder wirkliche, noch zugerechnete, Sünde hier, oder V. 19. wo die nämliche Art des Ausdruckes vorkommt, verstanden werde (c), kann man, wenn es nöthig ist, beym D. Whitby über diese Stelle bewiesen sehen. Jedoch, man brauchet weiter keinen Beweis davon, da diese Meynung augenscheinlich wider S. Pauli gegenwärtige Absicht ist, nach welcher er zeigen will, daß von Adam bis auf Mosen alle Menschen allein um Adams Sünde willen starben, s. V. 14. (d).

(a) Diese Uebersetzung ist so gewaltsam, als ungerecht. Jedermann siehet, daß sündigen, und sterblich werden, nicht einerley sey; so wenig, als stehlen, und gehenkt werden. Ein Ausleger ist also verwegen, wenn er anstatt der in seiner Urschrift befindlichen Gedanken, ganz andere setzet. Allein, Locke hat Gründe, die, obenhin betrachtet, blenden. Er sagt: 1 Korinth. XV. 22. sey eine Parallelstelle von der gegenwärtigen. Dieß ist richtig, in Ansehung einiger Gedanken, und Worte, aber nicht in Ansehung der ganzen Stelle: und in Ansehung dessen, worinnen beyde Stellen einerley sagen, mag er billig eine aus der andern erklären; aber nicht in Ansehung dessen, worinnen eine mehr, als die andere, enthält. 1 Korinth. XV. 22. stehet weiter nichts, als: Gleichwie sie in Adam alle sterben, also werden sie in Christo alle lebendig gemacht werden. Es wird also der Tod, welchen das ganze menschliche Geschlecht in Adam erlitten, dem Leben entgegen gesetzet, welches Christus dem ganzen menschlichen Geschlechte erworben hat. In wie weit daher in unserer Stelle gesaget wird, daß durch einen Menschen der Tod in die Welt gekommen, und zu allen Menschen durchgedrungen, sey, in so weit sind beyde Stellen parallel, und können aus einander erkläret werden; ja, es kann, und muß, diejenige, die mehr, als die andere, saget, zur Erklärung, und Ergänzung, der kürzern angewendet werden: aber nicht umgekehrt. Unsere Stelle hat noch mehr, als die

bis auf das Gesetz: aber wo kein Gesetz ist, da achtet | schen in der Welt Sünde begangen wurde, die ganze Zeit durch, ehe das göttliche Gesetz durch

N 3 Mosen

die aus 1 Korinth. XV. 22. Sie saget 1. daß durch einen Menschen die Sünde in die Welt gekommen. 2. Daß die Sünde zu allen Menschen durchgedrungen sey, weil der Tod durch die Sünde zu allen Menschen durchgedrungen ist. 3. Daß sie alle gesündiget haben. Davon stehet 1 Korinth. XV. 22. nichts: und in Ansehung dieser Sätze sind also beyde Stellen nicht parallel. Man kann daher wohl die Stelle aus der Epistel an die Korinther aus der unsrigen ergänzen: aber man darf die unsrige nicht aus jener verstümmeln; welches gewiß geschehen müßte, wenn man darinnen nicht mehr, als in jener, sehen wollte. Locke erkennet dieß selbst in seiner Anmerkung, da er saget, daß unsere Stelle weitläuftiger, als die angeführte, sey. Doch sucht er, sich damit zu helfen, daß er

(b) die Worte: gleichwie sie in Adam alle sterben, nicht buchstäblich erklärt wissen will, sondern sterben durch sterblich werden ausdrückt, und hieraus schlüßt, daß in unserer Stelle sündigen so viel sey als sterblich werden. Er muß Ursachen haben, warum er für sterben setzt sterblich werden: sonst würde er das erste Wort nicht so sehr verabscheuen, und uneigentlich verstanden wissen wollen; da ihm Niemand läugnet, daß alle Menschen sterblich sind, und in Adam sterben, diesen Gedanken nicht aufhebt, sondern vielmehr einschließt, und nur noch mehr sagt, als: bloß sterblich werden. Diese Ursachen aber entdecket er in seiner Anmerkung selbst, da er in dem mit

(c) bezeichneten Orte behauptet, daß Paulus hier weder von wirklichen, noch von zugerechneten, Sünden rede. Es ist kaum zu begreifen, wie einen sonst scharfsinnigen, und gründlichen, Gelehrten die Liebe zu vorgefaßten Meynungen verleiten kann, so gar mit den deutlichsten Worten der Schrift so muthwillig zu verfahren. Damit in unserer Stelle unvorsichtige Leser über die Wahrheit, daß das ganze menschliche Geschlecht in seinem gemeinen Stammvater, dem Adam, gesündiget habe, hinweg geführet werden; so setzet Locke an statt sündigen das Wort sterblich werden: und damit man den Tod bey den Nachkommen Adams nicht eigentlich für eine Strafe der Sünde ansehe, so verkehret er sterben in sterblich werden: und damit er dieses mit einer Parallelstelle beschönige, so muß nach seiner Meynung 1 Korinth. XV. 22. sterben nur so viel heissen, als sterblich werden. Ja, er gehet an dem mit

(d) bezeichneten Orte noch weiter, und behauptet so gar, daß es wider S. Pauli Absicht sey, hier, oder V. 19, eine wirkliche, oder zugerechnete, Sünde zu verstehen, und berufet sich auf V. 14. wo es hiesse, daß von Adam bis auf Mosen die Menschen allein um Adams Sünde willen gestorben wären. Ich will einstweilen die Erklärung dieser letzten Stelle, als ob sie richtig wäre, annehmen: so muß doch den Menschen, die um Adams Sünde willen sterben, Adams Sünde zugerechnet werden. Denn, sonst wäre GOtt ungerecht, wenn er sie, ohne ihnen Sünde zuzurechnen, eben das leiden liesse, was eigentlich eine Strafe der Sünde ist. Warum sollen sie um einer Sünde willen gestrafet werden, und sterben, die sie nichts angehet, und die ihnen nicht zugerechnet wird? Es ist

Mosen gegeben wurde: allein, es ist eben so tet man der Sünde nicht
wahr 14. Son-

ist also gar nicht wider Pauli Absicht, in dieser Stelle von wirklichen, und wahrhaftigen, Sünden zu reden; da nicht einmahl der angeführte 14te V. selbst nach der lockischen Erklärung, einen bequemen Verstand hat, wenn nicht wenigstens eine zugerechnete Sünde darinnen angenommen wird. Allein, mit dieser zugerechneten Sünde ist es noch nicht ausgerichtet. Paulus selbst saget Röm. VI. 23. der Tod ist der Sünden Sold, und siehet also den Tod, wenigstens, als eine Folge der Sünde an, so daß da kein Tod seyn kann, wo keine Sünde ist. Adams Nachkommen müssen also, da sie, wie Adam, sterben, wie Adam, Sünde haben; sie müssen auf eine Weise, sie sey auch, welche sie wolle, Adams Sünde haben, da sie mit der auf die Sünde Adams gesetzten Strafe beleget werden, da auch diejenigen, die, wie z. E. die zartesten Kinder, noch keine wirkliche Sünde begangen haben, die Todesstrafe ausstehen müssen: und dieß um so viel mehr, da GOtt selbst saget: der Sohn (nämlich, wenn er unschuldig ist) soll nicht tragen die Missethat des Vaters, Ezech. XVIII. 20. Sie haben also, wie Paulus in unserer Stelle saget, alle gesündiget. Und wie können sie alle gesündiget haben, ausser in Adam, da einige schon in so zartem Alter, ja so bald nach der Geburt, sterben, daß sie unmöglich schon selbst haben sündigen können? Sie sind also nach 1 Korinth. XV. 22. schon in Adam gestorben, so wie sie schon in Adam gesündiget haben, d. i. sie haben schon an Adams Sünde, wenn sie gleich solche nicht eben so, wie Adam, begangen haben, V. 14. Theil, und schon durch diese den Tod verdienet; schon durch diese Sünde ist der Anfang der Verwesung in den unendlich kleinen Grundstoff ihrer Cörper, und der Anfang des sittlichen Verderbens in ihre, sich ihrer selbst noch nicht bewußten, Seelen, gekommen: da sie, nach Apost. Gesch. XVII. 26. alle von einem Blute abstammen. Wie dieses zugegangen sey, lässet sich freylich von uns nicht erklären; weil wir überhaupt von der Fortpflanzung der Erbsünde, und ihrer Art und Weise, so wenig, als von der Fortpflanzung der menschlichen Seelen, keine genaue Nachricht geben können: allein, dieß muß doch der Sinn der angeführten, und anderer hieher gehörigen Stellen, seyn. Denn, erkläret man sie anders, so muß man nur willkührlich, etwas, das man so ungefähr denket, für die Worte des Apostels, die nach aller Verbindung im eigentlichen Verstande stehen, hinsetzen. Er stellet einander das Leben in Christo, den Tod in Adam, die Gerechtigkeit in Christo, die Sünde in Adam, entgegen. Ist nun das Leben in Christo nicht bloß ein uneigentliches, oder nur mögliches, und zu hoffendes Leben: so kann auch der Tod in Adam nicht bloß die Sterblichkeit, oder das Vermögen zu sterben, seyn; und ist die Gerechtigkeit Christi, wie selbst kein Socinianer anders sagen kann, die vollkommenste Gerechtigkeit, und Heiligkeit: so muß auch die Sünde in Adam an allen, welche sterben, eine wahre Sünde seyn. Dieß geben auch die Worte unsers Verses: **Die Sünde ist durch einen Menschen in die Welt kommen, und der Tod durch die Sünde, und also (nämlich durch die Sünde) ist der Tod zu allen Menschen durchgedrungen;** εἰς κόσμον εἰσῆλθε, εἰς πάντας ἀνθρώπους διῆλθεν. Verstehet man durch die Sünde, wovon hier die Rede ist, die Sünde Adams, in seiner Person, und wie sie ihm zugerechnet worden, allein betrachtet, ohne Wirkung auf seine Nachkommen, daß auch sie eben diese Sünde haben, und der-

wahr (2), daß keine gewisse bestimmte Strafe mit der Sünde verknüpfet ist, ohne ein geoffenbartes

derselben Strafe, und zwar mit Recht, leiden: so thut man den Worten nicht einmal nach der deutschen Uebersetzung, geschweige denn nach dem griechischen Grundtexte, Genüge. Denn, wir wollen setzen, daß nur einmal in Deutschland ein einiger Mensch Caffee getrunken hätte; so würde deswegen Niemand sagen, daß der Caffee nach Deutschland gekommen sey: wir wollen annehmen, daß nur ein einiger eine Feder auf dem Huthe getragen hätte; so würde man nicht sagen, daß die Federhüthe in die Welt gekommen seyen. Es fordert dieser Ausdruck eine Allgemeinheit, daß die Sache, welcher man ein Kommen in die Welt zuschreibet, sich bey dem mehresten Theile der Menschen findet, und Mode wird. Nun saget aber der Apostel nicht nur, die Sünde sey in die Welt gekommen, sondern auch, der Tod sey durch die Sünde zu allen Menschen durchgedrungen: diese Erbsünde muß also alle Menschen vor GOtt des Todes schuldig machen; sie müssen alle in Adam gesündiget haben. Man wird hieraus urtheilen können, wie wenig gegründet die in der lockischen Anmerkung hier behauptete Metonymie, der Ursache für die Wirkung, sey. Da man von der eigentlichen Bedeutung der Worte, und Redensarten, so lange sie einen Verstand giebt, nicht abgehen darf: so darf man auch eben so lange keine Metonymie annehmen. Zum Unglücke für diese hier gesuchte Metonymie gestehet Locke selbst, daß sie hart sey; und es fehlet nicht viel, daß er Paulum zu einem affectirten Schriftsteller machet. Hier widerleget er sich selbst genug.

(2) Οὐκ ἐλλογᾶται, sie wird nicht zugerechnet. So hat unsere Uebersetzung (a): aber wohl nicht genau nach dem Sinne des Apostels. Ἐλλογεῖν heisset: rechnen; es kann aber da, wo keine Person angezeiget ist, welcher etwas zugerechnet wird, nicht zurechnen bedeuten. Auch stehet, wenn das Wort diese Bedeutung hat, die Person im Dativo dabey. Also ist Philem. 18. so er dir etwas schuldig ist, ἐμοὶ ἐλλόγει, das rechne mir zu, wohl übersetzt. Hienächst saget hier S. Paulus, daß die Sünde, von welcher hier, als einer zugerechneten, die Rede ist, in der Welt, und während der zwischen Adam und Mose verflossenen Zeit wirklich vorhanden, gewesen sey: allein, die Sünde, welche man insgemein für die zugerechnete hält, ist Adams Sünde, welche er im Paradiese begangen hatte, und diese war während der zwischen Adam und Mose verflossenen Zeit nicht in der Welt (b); und also kann ἐλλογεῖται hier nicht heissen: sie wird zugerechnet. Sünden werden in der heiligen Schrift Schulden genennet: allein, nichts kann als eine Schuld in Rechnung gebracht werden, bis erst dessen Werth bestimmet ist. Sünden können also auf keine andere Weise, als durch die ausdrückliche Erklärung, und Bestimmung, eines Gesetzgebers, angeschlagen, oder nach einem Werthe geschätzet werden. Menschen wissen zwar, ohne das geoffenbarte göttliche Gesetz, aus dem Lichte der Natur, daß sie die Vorschrift der gesunden Vernunft, die ihnen sagt, was sie zu thun haben, übertreten: allein, sie können ohne ausdrückliche Erklärung GOttes, als ihres Oberherrn, nicht wissen, wie hoch GOtt ihre Uebertretungen anrechne; bevor er ihnen saget, daß die Sünde das Leben verwirke (c), kann diese Strafe von Niemand bestimmt, und folglich die Sünde nicht in Rechnung gebracht, werden. Wir sehen also, daß, wo kein geoffenbartes

bartes Gesetz den Tod mit der Sünde, als eine Strafe, verbindet, die Menschen den Tod nicht, als den Lohn, oder die Strafe, ihrer Sünden betrachten, und nicht daran denken, daß sie ihr Leben, als etwas durch ihre Uebertretungen verwirktes, und verfallenes, lassen müssen. Dieß ist um so viel mehr zu bedenken, da S. Paulus in dieser Epistel von der Sünde, und ihrer Strafe, oder Vergebung, immer so wie von einer Schuld redet, wo sich ein Schuldner, und ein Gläubiger, findet.

Wer sich die Mühe geben will, Cap. IV. 15. und V. 13. 20. und VII. 8. 9. mit einander zu vergleichen, wird von der angeführten Bedeutung des Wortes noch mehr überzeuget werden. S. Paulus saget Cap. IV. 15. das Gesetz richtet Zorn an, d. i. es verkündiget die Strafe der Sünde. Denn, wo kein Gesetz ist, da ist auch keine Uebertretung. Die Meynung ist hier nicht, daß da, wo kein geoffenbartes Gesetz ist, gar keine Sünde sey; denn, das Gegentheil davon saget S. Paulus in dem gegenwärtigen Verse, daß die Sünde die ganze Zeit vor dem Gesetze in der Welt war: sondern, daß da, wo kein geoffenbartes Gesetz ist, keine Uebertretung sey, welche die Menschen für strafwürdig halten. Daher saget S. Paulus, Cap. I. 32. zu den Römern, daß sie nicht wüßten, daß diejenigen, die solche Sünden thun (d), des Todes würdig seyen (s. Anmerk. 21. zu Cap. I. 32.), sondern allein aus dem geoffenbarten Gesetze GOttes erkannt würde, daß der Tod mit der Sünde, als eine gewisse, und unausbleibliche, Strafe verbunden sey. So schlüsset S. Paulus auch Cap. VII. 8. 9.

(a) Die englische Uebersetzung dieser Worte heisset: but sin is not imputed when there is no Law; allein, die Sünde wird da, wo kein Gesetz ist, nicht zugerechnet. Und gegen diese Erklärung unserer Stelle disputirt Locke billig, obwohl seine Gründe ebenfalls eine Untersuchung verdienen. Was das Wort ἐλλογεῖν anbelangt: so kommt es nur zweymal im neuen Testamente vor, nämlich hier, und in der Epistel an den Philemon; und giebt also der Parallelismus hier wenig Licht. Die Vulgata übersetzet es: non imputabatur, und stimmt hierinnen mit der englischen Uebersetzung überein. Der s. Luther drückt sich sehr schön aus: man achtet der Sünde nicht. Locke glaubt, es sey so viel, als: man halte ohne Gesetz die Sünde nicht für strafwürdig. Er hat den Sinn halb getroffen; denn, es gehörte noch dazu, daß man ohne Gesetz auch die Abscheulichkeit (reatum culpae) derselben, nach dem einmal verdorbenen Zustande der Menschen, nicht recht einsehe: allein, es ist in seinen Beweisen so viel Irriges, daß man deswegen auch das, was Wahres darinnen liegt, nicht brauchen kann.

(b) Er will daraus beweisen, daß ἐλλογεῖν hier nicht so viel, als zurechnen, imputare, heissen könne, weil sonst Adams Sünde hätte müssen zugerechnet werden, welche doch von Adam bis auf Mosen nicht in der Welt gewesen wäre. Wer saget ihm, daß Adams Sünde bis auf Mosen nicht in der Welt gewesen ist? und, wie ist sie zu Mosis Zeit in die Welt gekommen? Diejenige Sünde, die begangen ist, ist in der Welt; man mag sie erkennen, oder nicht, sie mag gestraft, oder nicht gestraft werden. Das machet die Sache nicht aus, daß er, mit den Socinianern, die Zurechnung, und Fortpflanzung, der Erbsünde läugnet. Ich habe in der Anmerkung (b) beym vorhergehenden Verse gezeiget, daß Paulus diese wirklich lehre, und sonst seine Worte gar keinen rechten Verstand haben; und es wird sich dieses in der Folge dieses Capitels noch weiter darthun lassen: es fällt also dieser erste Beweis völlig weg. Gesetzt aber, man wollte

wollte hier auch nicht an die Erbsünde gedenken, und mehr, als erlaubt ist, zugeben: so waren doch genug wirkliche Sünden in der Welt, wie Locke selbst in seiner Umschreibung ausdrücket. Sollten diese nicht von GOtt den Menschen zugerechnet werden? Allein, hier setzet er in seiner Umschreibung, um dieses [illegible] zu erklären, ferner: es ist eben so wahr, daß keine gewisse, bestimmte, Strafe mit der Sünde verknüpfet ist, ohne ein geoffenbartes Gesetz, welches solche ankündigt. Diese Umschreibung beruhet

(c) gänzlich, so wie das in der Anmerkung zum Beweise derselben beygebrachte, auf einem falschen Grundsatze; nämlich diesem: daß von Adam bis auf Mosen kein geoffenbartes göttliches Gesetz in der Welt gewesen sey. Es war aber das Gesetz 1 B. Mos. II. 17: Aber von dem Baum des Erkenntnisses Gutes und Böses sollt du nicht essen. Denn, welches Tages du davon issest, wirst du des Todes sterben, gewiß ein geoffenbartes Gesetz. Und kann man sich wohl vorstellen, daß der gefallene, und von GOtt begnadigte, Adam solches seinen Nachkommen nicht fleißig erzählet, und wiederholet, habe? Hier hatten sie also ein Gesetz, das nicht nur dem groben, und wirklichen, Ungehorsam. sondern selbst den bösen Begierden, und ersten Bewegungen der Sünde, (denn, da fänget Adams Fall an), den Tod verkündigte. Konnten sie dieß nicht auf andere Fälle anwenden? Jedoch, es lassen uns die vor, und nach, der Sündfluth vorkommenden häufigen göttlichen Offenbarungen überhaupt nicht an dem Daseyn geoffenbarter Gesetze, auch vor dem Gesetze Mosis, zweifeln? Nur der deutlichsten zu gedenken: so offenbaret sich GOtt dem Cain 1 B. Mos. IV. 6. 7. und hier ist schon von Sünde, und fromm, und angenehm, seyn, die Rede; und V. 9–12. ist eine Strafe der Sünde. Zu Enos Zeit fieng man an zu predigen von des HErrn Namen, d. i. die Nachkommen Seths fiengen an, sich in eine sichtbare Kirche zu sammeln, und GOtt öffentlich zu verehren, 1 B. Mos. IV. 26. Ist dieser Kirche weiter nichts geoffenbaret worden? hatte sie bloß das Naturgesetz? Henoch führte ein göttlich Leben, und GOtt nahm ihn hinweg, 1 B. Mos. V. 24. Hat er solches bloß nach dem Gesetze der Natur geführet? Die Epistel Judä machet ihn ausdrücklich V. 14. zu einem Propheten, und führet seine Weissagung an: Siehe, der HErr kommt mit viel tausend Heiligen, Gericht zu halten über alle, und zu strafen alle ihre Gottlosen, u. s. w. Hier sind wieder Sünden, und Strafen, und Zurechnung, der Sünden. 1 B. Mos. VI. 3. spricht GOtt: die Menschen wollen sich meinen Geist nicht mehr strafen lassen. Hier wird doch auch eines Strafens, und Ueberzeugens, von der Abscheulichkeit der Sünde gedacht. Und wo bleiben die göttlichen Offenbarungen, die von Noah an, bis auf Mosen, nicht nur den Patriarchen, sondern auch Leuten ausser ihrer Familie, z. E. dem Melchisedech, der nach 1 B. Mos. XIV. 18. ein Priester GOttes des Höchsten war, der Hagar, einer ägyptischen Magd, 1 B. Mos. XVI. dem Könige zu Gerar, 1 B. Mos. XX. geschehen sind, u. d. g? Man kann sich bey so oft wiederholten Offenbarungen unmöglich vorstellen, daß das Gesetz GOttes vor Mose nicht geoffenbaret worden sey; zumal, da sich die deutlichsten Proben der Erkenntniß desselben in der Geschichte der Patriarchen finden. Ist also das göttliche Gesetz bekannt gewesen: so waren auch die Strafen der Sünde bekannt; und folglich ist die Erklärung falsch, daß vor Mose keine gewisse bestimmte Strafe mit der Sünde verknüpft war; ja nicht einmal die *lit.* d. der Anmerkung angeführte Stelle Röm. I. 32. ist recht erkläret, wie ich über die Anmerkung 21. zu derselben gezeiget

bartes (3) Gesetz, welches solche ankündigt. (besser: allein, es ist eben so wahr, daß da, wo kein Gesetz ist, die Sünde, nach ihrer Abscheulichkeit, und Strafbarkeit, nicht gehörig geschätzet wird.)

14. Nichts

habe. Die Frage ist also: wie sind die Worte: ἁμαρτία δὲ οὐκ ἐλλογεῖται μὴ ὄντος νόμου, zu verstehen? Der Zusammenhang giebt die beste Erklärung. Der Apostel saget V. 12. daß durch Adams Fall die Sünde, und durch die Sünde der Tod, in die Welt gekommen, und zu allen Menschen durchgedrungen sey, weil sie alle gesündiget haben. Hier widerleget er V. 13. gleich selber den Einwurf, den die lockische Erklärung macht, daß ohne Gesetz keine Sünde mit der daran gehängten Strafe gedacht werden könne. „Denn, saget er, bis auf das „mosaische Gesetz war schon Sünde genug in der Welt, sowohl die Erbsünde, „als die wirkliche Sünde." Nun kommt der Einwurf, den man nur ergänzen darf: wie kann Sünde seyn, wo kein Gesetz ist, die deren Abscheulichkeit, und Strafe, bekannt macht? Er antwortet: Man unterscheide das Daseyn der Sünde, und das Erkennen der Sünde, nach ihrer Abscheulichkeit, und Strafwürdigkeit; „die Sünde wird aber, so lange kein recht feyerlich gegebenes „Gesetz, das sie auf die schrecklichste Weise kennbar machet, und untersaget, „nach der verderbten Denkungsart der Menschen, nicht gehörig geschätzet, und „gerechnet", nämlich von den Menschen, die aus Leichtsinn nicht eher, was unrecht ist, erkennen, bis sie, durch Angst, und Schrecken, dazu getrieben werden; nicht aber von GOtt, der seinen Willen den Menschen nie verborgen hat. So behält das Wort ἐλλογᾶν seine ordentliche Bedeutung, die selbst Locke erkennet, nach welcher es heisset: in Rechnung bringen, nach seinem Werthe schätzen; ohne daß man übersetzen darf: sie wird nicht zugerechnet. Denn, das ist falsch, daß ohne das mosaische Gesetz die Sünde nicht zugerechnet werde. Der Beweis der Umschreibung, woraus die lockische zu verbessern ist, folget V. 14. Dem ungeacht (nämlich, daß die Menschen die Sünde nicht recht nach ihrer Sündigkeit erkennen mochten) herrschte der Tod von Adam bis auf Mosen ——— d. i. „Denn, die Sünde ist beständig, auch vor „dem Gesetze Mosis, in der Welt gewesen, nachdem einmal alle Menschen „in Adam gesündiget haben, wenn gleich die Menschen die Grösse derselben „vor dem mosaischen Gesetze nicht recht erkennt haben: denn, sie sind ja von „Adam bis auf Mosen alle gestorben. Wie können sie aber sterben, wenn sie „nicht gesündiget haben? GOtt ist ja nicht ungerecht, daß er die Strafe der „Sünden denen auflegt, die derselben nicht schuldig sind."

(3) Νόμος, Gesetz. S. Paulus mag hier durch νόμος das Gesetz überhaupt verstehen, wie er meistens thut, wenn er den Artickel ausläßt, oder insbesondere das Gesetz Mosis, wo er gemeiniglich zu νόμος den Artickel setzet: so ist so viel deutlich, daß S. Pauli Begriff sich am besten für das Gesetz Mosis schicket. Und so brauchet er das Wort νόμος, Gesetz, für die mit angehängter Strafe geoffenbarten Befehle GOttes, dergleichen Niemand als die Kinder Israel durch Mosen empfangen hatte.

14. Sondern der Tod herrschete von Adam an bis auf Mosen, auch über die, die nicht gesündiget haben, mit gleicher Uebertretung, wie Adam, welcher ist ein Bild des, der zukünftig war.

15. Aber

14. Nichts desto weniger sehen wir, daß in dieser ganzen Zeit, die von Adam bis auf die feyerliche Bekanntmachung des mosaischen Gesetzes verflossen ist, vom Anfange der Welt an, alle Menschen (*) gestorben sind, sowohl als ihr Vater Adam, ungeacht keiner von ihnen, sondern nur er allein, von der verbothenen Frucht (4) gegessen hatte. Und hierinnen (daß er diejenige

Sünde

(*) Das verstehet sich wohl von selbst, daß hievon Henoch ausgenommen ist, 1 B. Mos. V. 24.

(4) In diesem Verse beweiset S. Paulus, daß alle Menschen dadurch (gestorben und) sterblich worden sind, daß Adam von dem verbothenen Baume aß; und zwar dadurch allein, weil, ohne ein geoffenbartes Gesetz, welches die Strafe verkündiget, und bestimmet, kein Mensch der Strafe schuldig werden kann (a). Nun war aber der Tod mit keiner Sünde, als mit dem Genusse der verbothenen Frucht, durch ein ausdrückliches Gesetz verbunden (b). Daß also Menschen vor dem Gesetze Mosis starben, war lediglich eine Folge von der Sünde Adams, da er von der verbothenen Frucht aß; und die in deren Verbothe angekündigte Todesstrafe ein deutlicher Beweis, daß die Menschen dadurch sterblich worden seyen (c).

(a) Von dieser ganzen Anmerkung gilt ebenfalls, was ich über die vorhergehende 2te *lit.* b und c, erinnert habe. Locke umschreibet die Worte: mit gleicher Uebertretung, wie Adam, ganz recht: ungeacht keiner von ihnen, sondern nur er allein, von der verbothenen Frucht gegessen hatte. Denn, dieß ist wohl der natürlichste Verstand der Worte: ἐπὶ τῷ ὁμοιώματι τῆς παραβάσεως Ἀδάμ; die Nachkommen Adams hätten zwar gesündiget, aber nicht auf eine Art, welche der Uebertretung Adams gleich sey. Adam aß von dem verbothenen Baume; seine Nachkommen aber haben nicht selbst davon gegessen; Adam hat die Sünde in die Welt gebracht, da er, so wie alles, was GOtt geschaffen hat, gut, ja selbst zum Bilde GOttes 1 B. Mos. I. 27. geschaffen war: seine Nachkommen bringen die Sünde mit sich auf die Welt, da sie aus sündlichem Saamen gezeuget, und in Sünden empfangen sind, Ps. LI. 7. Allein, eben daraus folget, was Locke V. 12. nicht erkennen will; daß sie nämlich in Adam gesündiget haben, und ihnen die Sünde Adams zugerechnet wird, und sie die Sünde Adams erben. Denn, sonst ist GOtt ungerecht, wenn er sie um einer Sünde willen, die sie nichts angehet, strafet; zumal, da hier Paulus ausdrücklich sagt: sie hätten nicht mit gleicher Uebertretung, wie Adam, gesündigt. Die Alten haben deswegen den Adam billig die Wurzel des ganzen menschlichen Geschlechtes genennet, in welcher dessen Leben, und Tod, war. Wäre er im Stande der Unschuld geblieben, so hätten sie von ihm alle das Leben geerbet: da er gesündiget hat, so haben sie alle in ihm gesündiget, und sind in ihm alle gestorben. In Adam, sagen einige, waren wir alle: Adam ist gestorben, und wir sind in ihm alle gestorben. Adam, sagen andere, gleichet einem, der sich den Aussatz zugezogen hat; er ist aussätzig, und zeuget Aussätzige. In Adam war die erste Sünde,

deren

Sünde begieng, deren Schuld und Strafe auch seinen Nachkommen zugerechnet (*) wurde) ist er ein Vorbild Christi geworden, welcher zukünftig war.

15. Wenn er nun aber gleich das Vorbild (**) von Christo war: so stehet doch die Gabe, oder die

15. Aber nicht hält sichs mit der Gabe, wie mit

deren Strafe der Tod war, eine wirkliche Sünde: bey seinen Nachkommen ist es eine angeerbte Sünde. Die Sünde, und der Tod, der Nachkommen Adams gehen also immer in gleichem Grade. So wird der 13te und 14te Vers deutlich seyn. V. 13. Die Sünde war schon vor dem mosaischen Gesetze in der Welt: sie wurde aber vor diesem Gesetze, das sie deutlicher, und schröcklicher, als je ein Gesetz, vorstellet, nur nicht hoch genug geachtet. V. 14. Allein, wenn gleich die leichtsinnigen Menschen sie geringe schätzten: so zeigte sich doch ihre unselige Gegenwart, und Wirkung, genug, durch den Tod, welchen auch die leiden mußten, die nicht eben so, wie Adam, gesündiget hatten, und doch so, wie Adam, sterben mußten. Und hierinnen ist Adam recht das Vorbild von Christo.

Wer diesen Zusammenhang des Textes bemerket, wird die lockischen Anmerkungen weder nöthig haben, noch sich dadurch irre machen lassen. Denn, das ist

(b) wieder völlig falsch, daß vor Mose der Tod mit keiner Sünde, als mit dem Genusse der verbothenen Frucht, durch ein ausdrückliches Gesetz, als eine Strafe sey verbunden worden. Es ist ja 1 B. Mos. IX. 6. die Todesstrafe ausdrücklich auf den Todschlag gesetzt, s. auch 1 B. Mos. XX. 3.

(c) Wie kann dieß aber, ohne Zurechnung der Sünde Adams, geschehen? und wie stimmet dieß mit dem überein, was Locke V. 12. Anm. 1. c. saget?

(*) Ich habe in den eingeschlossenen Worten mit Vorbedacht die lockische Umschreibung geändert, die also heisset: „und hierinnen, daß er diejenige Sünde begieng, „ auf welche allein die Todesstrafe durch das göttliche, dem Adam verkündigte, Geboth „ gesetzet war, ist er ein Vorbild Christi geworden ——“. Denn, wie die folgenden Verse lehren werden, so fället auf diese Weise der Gegensatz zwischen Adam und Christo weg.

(**) Es fraget sich nun, wie Adam in seinem Falle ein Vorbild, oder, überhaupt, ein Bild, JEsu Christi sey? Da Paulus in dem gegenwärtigen Verse nicht sowohl zeiget, in welchen Stücken Christus, das Gegenbild, seinem Vorbilde, dem Adam, ähnlich, als vielmehr, in welchen er ihm unähnlich sey; so muß die Aehnlichkeit in dem vorhergehenden Verse erkläret seyn: und da stehet weiter nichts, als daß der Tod von Adam her auch über die geherrschet habe, die nicht, wie er, von dem verbothenen Baume gegessen haben; und daß hierinnen Adam ein Vorbild, oder Bild, von Christo sey. Ueberleget man aber dieses; so findet man auf beyden Seiten eine Zurechnung, und Mittheilung, dessen, was eigentlich ein anderer verdienet hat; auf Adams Seite die Zurechnung seiner Sünde, und ihrer Folge, des Todes, auf Christi Seite die Zurechnung, und Mittheilung, seiner Gerechtigkeit, und des dadurch verdienten Lebens: und Adam ist hier in so weit ein Vorbild von Christo,

in

mit der Sünde. Denn, so an eines Sünde viel gestorben sind: so ist vielmehr GOttes Gnade und Gabe vielen reichlich wiederfah-

die durch Christum uns wiederfahrene Wohlthat, nicht in völlig gleichem, und genauem, Verhältnisse mit dem Schaden, welchen wir durch den Fall Adams erlitten haben. Denn, wenn durch den Fall eines einzigen Menschen viele (5), d. i. alle,

in wie weit von beyden dem menschlichen Geschlechte etwas zugerechnet, und zu Theile wird. Hiemit begegnet zugleich Paulus, ohne es zu melden, dem Einwurfe, den man wider die Gerechtigkeit der Zurechnung des Falles daher machen könnte; daß diejenigen um Adams Sünde willen gestrafet werden, die doch neben ihm nicht wirklich vom verbothenen Baume gegessen haben. Er saget: Adam war in Ansehung dieser Zurechnung, und Fortpflanzung, der Sünde, und des dadurch verdienten Todes, ein Vorbild von Christo; und giebt damit zu verstehen, daß GOtt hierinnen nicht ungerecht handle, weil er auf gleiche Weise den Glaubigen Christi Verdienst zurechne, und das dadurch erworbene Leben gebe, und nicht sowohl den Fall, als die Gerechtigkeit Christi, zurechne. Hiedurch sind, wie mich dünket, alle Schwierigkeiten wegen der Zurechnung des Falles aufs kräftigste gehoben. Und Paulus scheinet mir solches selbst anzuzeigen, da er in den folgenden Versen fortfähret, zu erklären, auf welche Stücke man das gedachte Vorbild nicht ausdähnen dürfe; weil sich GOtt in Christo weit gnädiger erwiesen habe, als er wegen der Sünde Adams strenge verfuhr.

(5) Οἱ πολλοὶ und τοὺς πολλοὺς, stehet hier nach meiner Meynung für die Menge, oder den ganzen Inbegriff, der Menschen. Denn, der Apostel versichert uns 1 Korinth. XV. 22. mit ausdrücklichen Worten, daß sie in Adam alle sterben, und in Christo alle lebendig werden; und so auch hier V. 18. wie durch eines Sünde die Verdammniß über alle Menschen kommen ist: also auch ist durch eines Gerechtigkeit die Rechtfertigung des Lebens über alle Menschen kommen: und diese alle heissen in den unmittelbar folgenden Worten des 19ten Verses viele. Es müssen also hier viele und alle einerley seyn. Folglich ist hier die Vergleichung, und die Ungleichheit, der mit einander verglichenen Dinge nicht in der Anzahl derer, welche sterben, oder lebendig werden, zu suchen, sondern in den Personen, von welchen dieser allgemeine Tod, und diese allgemeine Wiederherstellung des Lebens, ihren Ursprung haben, in Adam, dem Vorbilde, und JEsu Christo, dem Gegenbilde; und die Ungleichheit scheinet mir darinnen zu liegen, daß Adams Fall aus der Befriedigung seiner eigenen Begierde, und seines Verlangens nach dem, was ihm gut war, die Erlösung aber aus der unendlichen Güte, und Gnade, JEsu Christi gegen die Menschen, da er ihnen durch seinen eigenen schmerzlichen Tod das Leben erwarb, herrührte. Da einige diese Vergleichung unrecht verstanden, und sie verkehrt in einer grössern Anzahl derer, die durch Christum zum Leben gebracht, als durch Adams Sünde gestorben, sind, gesuchet haben: so sind sie auf den Abweg gerathen, daß sie behaupteten, die Leute in der Sündfluth wären wegen ihrer eigenen Sünde gestorben (a). Es ist wahr, sie starben wegen ihrer eigenen Sünde, sowohl als die Leute zu Sodom, und Gomorra, und die Völker, welche die Israeliten ausrotteten, und viele andere: allein, es ist eben so wahr, daß sie durch ihre eigene Sünde nicht sterblich worden sind. Dieß waren sie durch ihren Vater

alle, Menschen gestorben sind: so wiederfähret die Gnade GOttes, und das Gnadengeschenk, das von der Gnade des einzigen Menschen, JEsu Christi, herrühret, vielen, d. i. allen, Menschen noch viel reichlicher.

16. Fer-

derfahren, durch die Gnade des einigen Menschen JEsu Christi.

16. Und

Vater Adam, welcher die verbothene Frucht gegessen hatte. Was sie also durch ihre eigene Sünde verlohren, war nicht die Unsterblichkeit, welche sie nicht hatten, sondern ein paar Jahre von ihrem eigenen endlichen Leben, welches doch, wenn es auch nicht verkürzt worden wäre, in weniger Zeit würde zu Ende gegangen seyn. Es kann demnach weder von diesen Leuten, noch von dem übrigen Theile der Menschen vor Mose, geläugnet werden, daß sie allein in Adam gestorben sind; wie S. Paulus in den drey vorhergehenden Versen bewiesen hat: und es gilt von ihnen, so wie von allen Menschen überhaupt, daß sie in Adam gestorben sind. Denn, S. Paulus saget ausdrücklich, daß sie alle in Adam sterben, 1 Korinth. XV. 22. und in unserm Capitel V. 18, nur mit andern Worten. Es ist ein schlechter Einwurf gegen S. Paulum, wenn man sagt, daß diejenigen, welche im Wasser ertranken, nicht in Adam starben.

(a) Es ist eine Verwirrung, und unrichtig, man mag sagen: sie seyen wegen ihrer eigenen, oder nicht wegen ihrer eigenen, Sünde gestorben: denn, Adams Sünde, und eigene Sünden, müssen bey den zeitlichen, und ewigen, Strafgerichten GOttes über sündige Menschen gar nicht getrennet werden. Adams Sünde, oder die Erbsünde, machet die Menschen in den Augen GOttes abscheulich, seines Zornes, und der ewigen Verdammniß, sowohl als des zeitlichen Todes, schuldig, und des ewigen Lebens, sowohl als des zeitlichen, verlustig. Wenn also Menschen, die nicht an Christum glauben, sonst keine Sünde hätten, als die Erbsünde: so würden sie, da sie durch die Erbsünde schon geistlich todt sind, zur Strafe derselben auch zeitlich, und ewig, sterben; und dieß hiesse, mit Locken zu reden: in Adam sterben. Allein, dergleichen Menschen giebt es nicht. Ein fauler Baum bringet arge Früchte; ein fauler Baum kann nicht gute Früchte bringen, Matth. VII. 17. 18. Die Menschen häufen die Erbsünde ordentlich mit so unendlich vielen wirklichen Sünden, daß von ihnen allen gilt: sie übertreten den Bund, wie Adam, Hos. VI. 7. Wäre Adam nicht gefallen, so würden sie fallen, und ihren Stammvater, wenn es möglich wäre, durch ihre Sünde in das Elend bringen, worinnen sie sich durch seine Sünde befinden. Wenn also die Schrift saget, daß GOtt sündige Völker, oder Menschen, auch durch zeitliche Gerichte heimgesuchet, und von der Erde vertilget, habe; so ist hier nicht Zeit, zu fragen: ob sie wegen Adams Sünde, oder wegen ihrer eigenen, gestorben seyen? ob es Strafen der Erbsünde, oder der wirklichen Sünden, seyen? Es sind Strafen für beyde Sünden; sie sterben um der Erbsünde, und um der wirklichen Sünden, willen. Sie häufen sich ordentlich den Zorn auf den Tag des Zorns: die Strafen der Sünden vermehren sich also mit der Grösse ihrer Sünden. Sie nehmen hier ein Ende mit Schrecken; und sterben nicht, wie alle Menschen sterben, und werden nicht heimgesucht, wie alle Menschen heimgesucht werden, wie es 4 B. Mos. XVI. 29. von der Rotte Korah heisset: sie haben aber auch nach diesem Leben ein härteres Gericht.

16. Und ist nicht die
Gabe allein über eine
Sünde, wie durch des
einigen

16. Ferner verhält es sich mit der Gnadengabe GOttes nicht, wie mit dem durch eine
Sünde (6) geschehenen Falle. Denn, hier
wurde

Gericht, nach der Grösse ihrer Sünden, und Unbußfertigkeit, eine schwerere Verdammniß, zu erwarten, als andere Sünder. So saget Christus Matth. X. 15. es werde dem Lande der Sodomer und Gomorrer erträglicher ergehen am jüngsten Gerichte, als den Ländern und Menschen, welche das Evangelium nicht angenommen haben. Hieraus wird sich das Uebrige in der obenstehenden Anmerkung beurtheilen lassen.

(6) Δι᾽ ἑνὸς ἁμαρτήματος, durch eine Sünde. So liest die alexandrinische Handschrift; und zwar dem Sinne des Apostels gemässer (a). Denn, wenn ἑνὸς, eine, in diesem Verse für die Person Adams, und nicht für seine einzige in dem Genusse der verbothenen Frucht begangene Sünde, genommen wird: so stehet hier nichts, welches τῶν πολλῶν παραπτωμάτων, vielen Sünden, entgegen gesetzt wäre, und S. Pauli Vergleichung ist verlohren; da er doch in diesem Verse eine andere Ungleichheit des Falles, in welchem Adam, das Vorbild, Christo, seinem Gegenbilde, nicht beykommt, zeigen will, und diese darinnen bestehet, daß um einer einzigen Sünde willen der Tod über alle Menschen kommt, und, ungeacht einer Menge von Sünden, Christus allen das Leben wieder bringet. Diese doppelte Ungleichheit, aus der Gnade des Gebers, und der Grösse der Gabe, wird in dem folgenden Verse zusammen verbunden, und deutlich ausgedrückt in περισσείας τῆς χάριτος καὶ τῆς δωρεᾶς, die Fülle der Gnade, und der Gabe; und die Gnade ist um so viel grösser, um wie viel viele Einen übertreffen, oder um wie viel die Erlösung von vielen Sünden grösser ist, als die Erlösung von eines Einigen Sünde.

(a) Die Frage ist hier, ob man ἁμαρτήσαντος, mit den ordentlichen Exemplarien, oder ἁμαρτήματος, lesen soll? Locke ist für die letzte Leseart eingenommen, weil er in dem Falle Adams nur eine einzige Sünde sehen will. Es sind aber in dem Genusse der verbothenen Frucht, genau betrachtet, mehrere sündliche Handlungen, als Theile derselben, im Ganzen, eingeschlossen. Folglich ist die einzige Sünde Adams mehr eine Sünde, die ein einziger Mensch begieng, als eine Sünde, die nur in einer einzigen, einfachen, Handlung bestand. Und so bleibt immer die gemeine Leseart richtig; und man darf nur so umschreiben: „Ferner, verhält es sich mit der Gabe GOttes, da er uns Christi „Gerechtigkeit, und Verdienst, zurechnet, auch darinnen nicht, wie mit dem „einzigen in die Sünde gefallenen Adam. Denn, das Urtheil, das über ihn „gesprochen worden, und sich von diesem einzigen auch über seine Nachkommen „erstreckte, gereichte zur Verdammniß: das Gnadengeschenk der Gerechtigkeit „JEsu Christi aber, das aus so vielen Uebertretungen in so weit seinen „Ursprung hat, weil GOtt nach seiner allgemeinen Liebe die Sünder nicht „strafen, sondern aus Erbarmen um JEsu Christi willen begnadigen wollte, „dieses Gnadengeschenk, sage ich, gereichet zur Gerechtigkeit.“. So ist der Gegensatz noch deutlicher, als nach der lockischen Umschreibung. V. 15. sind einander

wurde um einer Sünde willen das Urtheil der
Verdammniß ausgesprochen: die Gnadengabe
GOttes aber gereichet, unerachtet vieler Sünden,
zur Rechtfertigung zum ewigen Leben (7).

17. Denn, wenn wegen der Sünde eines
einzigen Menschen der Tod, durch diesen einzigen,
die Herrschaft bekommen hat: so werden noch
vielmehr diejenigen, welche die Fülle (8) der
Gnade, und der ihnen geschenkten (als ein
Geschenk zugerechneten) Gerechtigkeit, empfangen, durch den einzigen (der dieses alles erworben
hat), nämlich JEsum Christum, im Leben
herrschen.

18. Dero-

einigen Sünders einige
Sünde alles Verderben.
Denn, das Urtheil ist
kommen aus einer Sünde
zur Verdammniß: die
Gabe aber hilft auch aus
vielen Sünden zur Ge-
rechtigkeit.

17. Denn, so um des
einigen Sünde willen der
Tod geherrschet hat durch
den Einen: vielmehr wer-
den die, so da empfahen
die Fülle der Gnade und
der Gabe zur Gerechtig-
keit, herrschen im Leben,
durch Einen, JEsum
Christ.)

18. Wie

einander entgegen gesetzt: Viele, die an eines Sünde gestorben sind, und Viele, welchen GOttes Gnade und Gabe durch die Gnade des einzigen Menschen JEsu Christi reichlich wiederfahren ist. Hier V. 16. stehen einander entgegen: Einer, der gesündiget hat, und Viele, die gesündiget haben; das Urtheil, das, wegen der Sünde eines einzigen, allen die Verdammniß brachte: und die Gabe, die zur Gerechtigkeit nach vielen Sünden gereichet.

(7) ζωῆς, Lebens, stehet in der alexandrinischen Handschrift: und wer den 18ten Vers liest, wird es schwerlich verlangen auszulassen (a).

(a) Es verstehet sich aus der ganzen Heylsordnung, und V. 21. von selbsten, wenn es auch nicht da stünde.

(8) Fülle, Uebermaaß. Dieß bedeutet περισσεία. Die Fülle der χάριτος ist der schmerzliche Tod Christi (besser: der ganze unermeßliche Umfang der Gnade des dreyeinigen GOttes gegen das gefallene menschliche Geschlecht, die dem Zorne entgegen gesetzet ist, und die Sendung des Sohnes GOttes ins Fleisch, und alles, was er für die Menschen gethan, und gelitten hat, und alle selige Wirkungen desselben, als Folgen in sich begreift). Die Fülle der δωρεᾶς, der empfangenen Gabe, ist die Rechtfertigung zum Leben von einer Menge Sünden. So wie durch eines einzigen Menschen Sünde das Leben war verlohren worden: so ist nun allen Menschen, so vieler Sünden sie auch schuldig sind, das Leben wiederum erworben worden.

18. Wie nun durch eines Sünde die Verdammniß über alle Menschen kommen ist: also ist auch durch eines Gerechtigkeit die Rechtfertigung des Lebens über alle Menschen kommen.

18. Derohalben (9), wie durch eines Uebertretung, nämlich Adams Essen vom verbothenen Baume, alle Menschen unter das Urtheil des Todes gefallen sind: so ist auch durch eines, nämlich Christi, Gerechtigkeit die Rechtfertigung, die ihnen ein Recht zum ewigen Leben giebt, erworben worden (*).

19. Denn,

19. Denn,

(9) Derohalben ist hier kein Schlußwort, das aus dem unmittelbar vorhergehenden Verse eine Folge herleitet: sondern eine Wiederholung des nämlichen: Derhalben, welches den 12ten Vers (in der deutschen Uebersetzung) anfängt, und hier mit einem Theile des allda angefangenen, aber nicht zu Ende gebrachten, Schlusses noch einmal gesetzet wird; indem die Fortsetzung desselben durch die sogleich angeführten Beweise zum ersten Theile desselben unterbrochen worden ist. Das Wörtchen wie, welches unmittelbar auf dieses derhalben V. 12. folget, ist ein überzeugender Beweis davon. Denn, es beziehet sich nichts darauf, weder in diesem, noch in den folgenden Versen. Und so bleibt der Verstand unvollkommen, und abgebrochen, bis man auf den gegenwärtigen Vers kommt, wo der nämliche Schluß wieder vorgenommen, und eben der Vorsatz, oder erste Theil der Vergleichung, wiederholet, und diesem der Nachsatz, oder andere Theil, angehänget, und so der ganze Periode beschlossen wird. Will man ihn also recht verstehen: so muß man so lesen. V. 12. Derhalben, wie durch einen Menschen die Sünde in die Welt kommen ist, und der Tod durch die Sünde, und ist also der Tod zu allen Menschen durchgedrungen u. s. w. —— V. 18. Wie derohalben, sage ich, durch eines Sünde die Verdammniß über alle Menschen kommen ist: also ist auch durch eines Gerechtigkeit die Rechtfertigung des Lebens über alle Menschen kommen. Eine ähnliche Unterbrechung dessen, was S. Paulus angefangen hat, kan man 2 Korinth. XII. 14. und die nämliche Rede nach acht Versen Cap. XIII. 1. wieder angefangen sehen; anderer Stellen, die man in S. Pauli Briefen finden kann, nicht zu gedenken.

(*) Ich habe hier Lockens Umschreibung in etwas geändert, weil seine besondern Meynungen, die dem Grundtexte offenbar Gewalt anthun, und bereits widerleget worden sind, gar zu deutlich daraus hervor leuchten. Er bringet nämlich die V. 16. geäusserte, und in der 6ten Anmerkung vertheidigte Meynung wieder bey, daß der Fall in einer einzigen Sünde bestanden habe, und suchet nun, damit er den Gegensatz bekomme, auch die Gerechtigkeit Christi in einer einzigen Handlung, in dieser nämlich, da er gehorsam ward bis zum Tode am Kreuz. Er umschreibet so: Derohalben, wie durch eine einzige Uebertretung, nämlich Adams ——: so ist auch durch eine einzige gerechte Handlung, nämlich Christi Gehorsam bis zum Tode am Kreuz, allen Menschen das Leben wiederbracht worden. Allein, diese Umschreibung ist aus seiner Feder zweydeutig; die darunter gesetzte Anmerkung, die ich deswegen ausgelassen habe, ist eine blosse Wiederholung der 6ten; die Gerechtigkeit Christi bestehet nicht in einer einzigen, sondern in vielen Handlungen; und wenn sie in seinem Leiden allein bestehen soll, so ist sie keine

19. Denn, gleichwie durch des einzigen Menschen Ungehorsam viele in den Zustand der Sünder gerathen sind: so werden auch durch des einzigen Gehorsam viele, als Gerechte, dargestellet werden.

19. Denn, gleichwie durch Eines Menschen Ungehorsam viele Sünder worden sind; also auch durch eines Gehorsam werden viele Gerechte.

Handlung, sondern ein Leiden; und endlich stehet das Wort: Handlung, gar nicht im Texte. Es muß in diesem Verse, da Paulus sehr kurz redet, etwas ergänzet werden. ἄρα οὖν, heissen die griechischen Worte, ὡς δι' ἑνὸς παραπτώματος, εἰς πάντας ἀνθρώπους, εἰς κατάκριμα; hier fehlet der Nominativus, und auch das Verbum: und so auch im folgenden οὕτως καὶ δι' ἑνὸς δικαιώματος, εἰς πάντας ἀνθρώπους, εἰς δικαίωσιν ζωῆς. Wo sind diese herzunehmen? Lutherus läßt in seiner Uebersetzung das εἰς vor κατάκριμα und δικαίωσιν aus, und macht κατάκριμα und δικαίωσιν zum Nominativus; der sie offenbar nicht sind: obgleich der Sinn kein anderer seyn kann, als den er angegeben hat. Die Vulgata übersetzt Wort vor Wort, und ergänzet gar nichts. Es wird nicht viel helfen, wenn ich auch anführe, was verschiedene Ausleger ergänzen. So viel ist für sich klar, daß es am sichersten ist, die mangelnden Worte aus dem vorhergehenden zu wiederholen, und zwar daher, wo eben die Construction, und fast eben die Worte, sind; weil in dem nächstfolgenden diese Construction, und Worte, nicht vorkommen. Diese Aehnlichkeit findet sich nun im 16ten Verse; wo ebenfalls, wie hier, εἰς κατάκριμα, εἰς δικαίωμα, construirt ist, und die Nominativi κρίμα, und χάρισμα, dabey stehen. Denn, der 17te ist nur ein Schluß aus dem 16ten, und ein Anhang zu demselben; und aus dieser Ursache hängen der 16te und 18te Vers, als aufeinander folgende Schlüsse, zusammen. Diesem nach ergänze ich den 18ten Vers aus dem 16ten also: ἄρα οὖν ὡς (τὸ κρίμα) δι' ἑνὸς εἰς πάντας ἀνθρώπους, εἰς κατάκριμα· οὕτω καὶ (τὸ χάρισμα) δι' ἑνὸς δικαιώματος, εἰς πάντας ἀνθρώπους, εἰς δικαίωσιν ζωῆς. Ob man nun bey dem ersten Theile des Verses das V. 14. und 17. befindliche ἐβασίλευσε, und bey dem andern das V. 15. vorkommende ἐπερίσσευσε oder beyderseits ἐστὶ, ergänzet: das macht in dem Verstande selbst keine Aenderung. Die einfältige Uebersetzung wird daher also lauten müssen: Gleichwie also das Urtheil durch Einen über alle Menschen zur Verdammniß ist gesprochen worden: so ist auch die Gnade durch Eines Gerechtigkeit allen Menschen zur Gerechtigkeit des Lebens zu Theile worden; und hieraus wird man die lockische Umschreibung, so wie ich sie in den angezeigten Stücken geändert habe, verstehen können. Zugleich wird sich einsehen lassen, daß Lutherus den Sinn dieser Stelle sehr schön getroffen habe. Denn, es drücket dieser Vers dasjenige, was V. 12. angefangen, und gleich wieder abgebrochen worden, völlig aus; nämlich dieses: Die Gerechtfertigten können sich GOttes, wegen der Versöhnung durch JEsum Christum, rühmen, V. 11. Denn, um dieser Versöhnung willen wird ihnen die Gerechtigkeit, die ihnen Hofnung, und Recht, zum ewigen Leben giebt, zu Theile, V. 18. so wie ihnen von Adam nichts als Sünde, und Tod, und Verdammniß, ist angeerbet worden, V. 12. und 18. Der 19te Vers setzet diese tröstliche Vergleichung fort.

Zweytes Stück.

Cap. V. Vers 20. 21.

S. Paulus fähret hier, seinem Endzwecke gemäß, fort, die Heyden zu belehren, daß sie nicht nöthig hätten, um der Wohlthaten des Evangelii theilhaftig zu werden, sich dem Gesetze zu unterwerfen. Nachdem er in den acht vorhergehenden Versen gezeiget hat, daß Adams Sünde den Tod in die Welt gebracht habe, von welchem durch Christum alle, die an ihn glauben, befreyet seyen, und ewige Seligkeit, und Herrlichkeit, zu gewarten hätten; auch, daß dieses alles eine Wirkung von GOttes unverdienter Gnade, und Liebe, sey, die sich auch auf diejenigen, die nie unter dem Gesetze waren, erstrecke, so daß das Gesetz gar nichts dazu beytrage, und die Heyden alles ihr Recht zu GOttes Gnade, durch JEsum Christum, ohne Zuthun des Gesetzes erlangten: so thut er nun in diesen zween Versen, zu weiterem Unterrichte der bekehrten Heyden, dar, daß das jüdische Volk, welches das Gesetz hatte, durch das Gesetz nicht von dem Tode befreyet, sondern ehe noch tiefer darein gestürzt worden sey, und folglich die Gnade nur desto nöthiger gehabt, und in der That zur Wiedererlangung des Lebens in JEsu Christo einen grössern Ueberfluß der Gnade, als die Heyden selbst (*), empfangen habe. Da also die Juden selbst nicht durch das Gesetz, sondern durch die unendliche Gnade GOttes (in JEsu Christo) selig werden: so ist dieß ein neuer Beweis für S. Pauli Satz, daß die Heyden nicht nöthig hätten, sich unter das Gesetz zu begeben, um unter dem Evangelio das Leben zu erlangen.

(*) Dieser Gedanke ist sehr unbestimmt; weil man nicht siehet, ob der grössere Ueberfluß der Gnade einen höhern Grad der Wirksamkeit der göttlichen Gnade, womit GOtt die Menschen liebet, sie berufet, erleuchtet, neugebieret, und durch den Glauben in das Reich seines Sohnes versetzet, oder nur so viel bezeichnen soll, daß die Juden auch schon vor ihrer Bekehrung zu Christo GOttes Zeugnisse, und geoffenbartes Wort, hatten, und, da die Zeit erfüllet war, erstlich von Christo selbst, und hernach von seinen Aposteln, ihres Widerstandes, worinnen sie viele Heyden übertrafen, unerachtet, auf die kräftigste, langmüthigste, kurz, eine ganz vorzügliche Weise zu dem Himmelreiche eingeladen wurden? An statt grössern Ueberfluß darf man nur setzen: eben so grossen Ueberfluß; so wird nichts anstößiges mehr übrig seyn.

Ueberhaupt hat Locke den Endzweck, und den Zusammenhang, dieses Stückchens Pauli wieder nicht getroffen. Ich habe den Inhalt dieser zween Verse in der Einleitung zum ersten Stücke angezeigt; und berufe mich auf die dabey geschehene Erinnerung, ohne mich hier in weitere Widerlegung einzulassen.

Paraphrastische Erklärung.

20. Das (*) Gesetz aber ist nebenher dazu gekommen, auf daß der Fall Adams, und

Text.

20. Das Gesetz aber ist neben einkommen,

(*) Ich habe in diesen beyden Versen, statt der lockischen Umschreibung, eine kürzere gesetzt, die ich nur mit wenigem erläutern will; weil ich in der Prüfung der lockischen Umschreibung, und Anmerkungen, welche gleich folgen soll, noch manches, das zur Sache gehöret, beybringen muß.

Nachdem der Apostel von V. 15–19. gezeiget hat; daß GOtt in der Rechtfertigung des Sünders durch den Glauben ungleich mehr Gnade gegen die Sünder beweise, als sich in der Zurechnung des Falles Strenge zeige: so erläutert er dieß selbst aus dem Endzwecke des von GOtt gegebenen mosaischen Gesetzes.

Dieses kam neben ein, nämlich, da die Rechtfertigung des Sünders durch die zugerechnete Gerechtigkeit JEsu Christi, durch welche schon die Väter, nach Apost. Gesch. XV. 11. selig worden, schon lange in der Kirche GOttes bekannt war; wie aus dem von Paulo selbst Cap. IV. dieser Epistel angeführten Beyspiele des Abrahams erhellet. Es kam also neben so vielen göttlichen Gnadenverheissungen, und Beweisen der Gnade an so vielen gerechtfertigten Sündern, ein.

Aber es brachte die Sünde nicht in die Welt; denn, diese war schon vor dem Gesetze vorhanden, und wurde nur nicht nach ihrer ganzen Verdammlichkeit geschätzet, V. 13: sondern es kam zu dem Ende, daß der Sünden, sowohl derer, die in dem Falle Adams selbst (παράπτωμα) begriffen, und von ihm ererbet, sind, als auch der daraus entstehenden wirklichen, erstaunend viele würden; nämlich in den Augen der Menschen, die solche sollten schätzen, und erkennen, lernen. So stehet dieses πλεονάσῃ dem οὐκ ἐλλογεῖται V. 13. entgegen. Wo kein Gesetz ist, da achtet man der Sünde nicht. Das göttliche Gesetz aber machet, daß der Mensch viele Sünden erkennet, die er sonst gar nicht dafür halten würde; und in diesem Verstande werden der Sünden eine abscheuliche Menge. Denn, durch das Gesetz kommt Erkenntniß der Sünden, Röm. III. 20. Die Sünde erkannte ich nicht, ohne durchs Gesetz, Röm. VII. 7.

Bey dem allen aber verherrlichte das Gesetz die göttliche Gnade, in der Rechtfertigung des Sünders um Christi willen, mehr, als es solche verdunkelte. Es war nicht wider GOttes Verheissungen, Galat. III. 21. es war nur dazu kommen um der Sünde willen, Galat. III. 19. Denn, wenn Menschen die Sünde recht hatten aus diesem Gesetze erkennen lernen, so mußten sie erst die durch Christum rechtfertigende Gnade recht bewundern, und empfinden, V. 20. Sie sahen also sowohl die unendliche Macht, Weisheit, und Güte, GOttes in ihrer Rechtfertigung, als die schröckliche Gewalt der Sünde in dem Gesetze, ein, V. 21.

Dieß ist der einfältige Verstand dieser Worte: und hienach wird sich nun die lockische Umschreibung, nebst ihren Anmerkungen, prüfen lassen. Sie lautet also:

V. 20. Dieß war der Zustand aller (1) Menschen vor dem Gesetze: sie starben alle um eines einzigen Menschen παράπτωμα, Falles, oder Uebertretung, willen, welches die einzige Sünde war, die den Tod, als eine Strafe (*), mit sich verbunden hatte: allein, das Gesetz kam, und erhielt über einen kleinen Theil der Menschen Gewalt, auf daß (2) dieses παράπτωμα, dieser Fall,

men, auf daß die Sünde mächtiger würde. Wo aber

und die daher rührende Erbsünde sowohl, als die wirklichen Sünden, in ihrer unzählichen Menge desto

Fall, diese Uebertretung, welche den Tod, als eine Strafe, mit sich verbunden hatte, häufiger würde, d. i. auf daß die häufigen Uebertretungen vieler Menschen, nämlich, aller derer, die unter dem Gesetze Mosis standen, vermöge der ausdrücklichen Erklärung dieses Gesetzes, den Tod mit sich verbunden hätten; wodurch die Uebertretung, auf welche die Todesstrafe gesetzt war, häufiger, d. i. die Sünden, welche den Tod, als eine Strafe, nach sich ziehen, vermehret wurden. Allein, durch GOttes Gnade ist da, wo die Sünden, die mit dem Tode bestrafet werden, häufig sind, GOttes Gnade noch viel reicher.

(1) Es kann nichts deutlicher seyn, als daß S. Paulus in diesen zween Versen zwischen dem Zustande der Juden und Heyden, so wie er beyde in den acht vorhergehenden Versen beschrieben hatte, eine Vergleichung anstellt, um dessen Unterschied, oder Uebereinstimmung, zu zeigen, so weit solche zur Ueberzeugung der bekehrten Römer, daß die Juden wegen des Gesetzes keinen Vorzug vor ihnen hätten, zu zeigen nöthig war (a). In welcher Absicht auf gedachte acht Verse S. Paulus diese zween geschrieben habe, ist schon aus der Wahl seiner Worte deutlich. V. 12. hatte er gesagt, daß durch die Sünde der Tod in die Welt, εἰσῆλθε, gekommen sey; und hier saget er, daß das Gesetz (denn, Sünde und Tod waren schon in der Welt) παρεισῆλθε, ein wenig darein gekommen sey (b); ein Wort, welches in dem Gegensatze auf εἰσῆλθε uns einen entscheidenden Begriff von dem Gebiethe des Gesetzes (c) giebt, daß es in der That eben so klein, und enge eingeschränkt gewesen sey, als das Volk Israel, welches es allein angieng, in Vergleichung gegen alle andere Völker auf dem Erdboden, auf die es sich nicht erstreckte, war. Denn, das Gesetz Mosis war den Kindern Israel allein (d), und nicht allen Menschen, gegeben. Die Vulgata übersetzt also dieses Wort recht subintravit, es kam hinein, aber nicht weit (e), d. i. der Tod, welcher nach dem mosaischen Gesetze folgte, herrschte nur über einen kleinen Theil der Menschen, nämlich die Kinder Israel (f), die allein unter dem Gesetze standen, an statt, daß wegen Adams Uebertretung, nach dem im Paradiese gegebenen Gesetze, der Tod über alle Menschen herrschte.

(a) Diese Vergleichung ist eingebildet, und kann nicht einmal mit Lockens eigener Meynung bestehen. So wie Locke glaubet, hat Paulus in dem ersten Stücke dieses Abschnittes von dem Zustande der Menschen vor der Bekanntmachung des mosaischen Gesetzes überhaupt geredet. Nun kommt er in dem zweyten Stücke auf das Gesetz, und gedenket darinnen der Heyden mit keinem Worte: wie kann er also, da er in dem vorhergehenden von allen Menschen geredet hat, und in dem gegenwärtigen allein von denen redet, die das Gesetz empfangen haben, zwischen Juden, und Heyden, eine Vergleichung anstellen?

(b) Dieß ist eine elende Erklärung, die, so weit als möglich ist, von dem Sprachgebrauche abgehet. Die Vulgata übersetzt nach (?) ganz recht subintravit. Allein, eben dieß heisset nicht: nur ein wenig hinein gehen, sondern neben einem andern hinein gehen; und gesetzt, daß das subintrare die ihm von Locken gegebene Bedeutung irgendwo hätte, so ist hier nicht die Rede von dem

Latei-

desto lebhafter von den Menschen erkannt würden. Wo nun die Sünde als recht groß, und weitläuftig,

aber die Sünde mächtig worden ist, da ist doch die

Lateinischen subintrare, sondern von dem Griechischen παρεισέρχεσθαι, welches keine andere, als die angezeigte, hat, wie sich aus andern auf diese Weise zusammen gesetzten Worten, z. E. παρεισάγειν, 2 Petr. II. 1. Galat. II. 4. erweisen läßt. Darnach ist es ein sehr seichter Beweis, den Locke aus der Zusammensetzung des Wortes für seine Erklärung nimmt. Was ist dies für ein Schluß: V. 12. stehet: Die Sünde ist in die Welt gekommen, εἰσῆλθε; und hier V. 20. heisset es: das Gesetz ist neben einkommen, παρεισῆλθε; also ist das Gesetz über einen kleinen Theil der Welt neben der Sünde gekommen? Die Aehnlichkeit, und Zusammensetzung, der Worte machet hier nichts aus; da sie weit genug von einander stehen, und ein jedes Wort mit dem nächst vorhergehenden, und folgenden, nicht aber mit dem entfernten, wenn es ihm auch noch so ähnlich sähe, zusammenhängt; da auch, wie ich gezeiget habe, eine viel natürlichere Verbindung dieses παρεισῆλθε mit dem nächst vorhergehenden, nämlich der Gnade, welche die Menschen um des Verdienstes JEsu Christi willen, vom Falle an, rechtfertigt, möglich, und deutlich, ist. Es ist auch kein rechter Verstand: das Gesetz ist, da Sünde und Tod schon in der Welt waren, ein wenig, d. i. unter einem kleinen Theile von Menschen, drein gekommen. Entweder ist es wider die Sünde, und den Tod, dienlich, oder nicht: so kann man einwerfen. Ist das erste: warum ist es nicht lieber unter alle Menschen, als unter einen kleinen Theil der Menschen, gekommen? wo bleibet hier die göttliche Gerechtigkeit? Ist das letzte: was hat es denn diesem kleinen Theile der Menschen geholfen? Nichts! Dieser kleine Theil der Menschen, oder das jüdische Volk, ist also in der That unglücklicher, als andere Völker, geworden, indem es ein Gesetz bekam, das ihm nicht von Sünde, und Tod, half, sondern, wie es scheint, nur tiefer darein stürzte. Es entstehen so Fragen über Fragen; z. E. warum hat GOtt einigen Menschen, die so gut, als andere, in Adam gestorben waren, erst nachdem sie gestorben waren, ein Gesetz gegeben, das sie doch nicht lebendig machte? warum hat GOtt dieses Gesetz erst ein paar tausend Jahre nach der Sünde gegeben? ist dieß ein anderes Gesetz, als dasjenige, welches er im Paradiese gegeben hatte? u. s. w. Allein, Locke machet hier

(c) eine neue Verwirrung, und redet vom Gesetze überhaupt, und dem ihm unterworfenen Gebiethe; und unterscheidet nicht das Sittengesetz, welches allen Menschen bekannt war, und in der feyerlichen Gesetzgebung auf dem Berge Sinai den Israeliten mehr wiederholt, als neu gegeben, mehr aufs neue eingeschärft, als zum ersten Male bekannt gemacht wurde, von den übrigen mosaischen Gesetzen. Diese letztern wurden freylich

(d) allein den Kindern Israel, und nicht andern Menschen, gegeben. Allein, sie enthielten eben so viel Evangelium, als Gesetz; Evangelium in den Vorbildern, und der überall in den Opfern angezeigten Vergebung der Sünden, Gesetz aber in den unzählichen Vorschriften, welche unter Androhung des Fluches, und Todes, gehalten werden sollten. Ein neuer Beweis, daß das *lit*. b. untersuchte

die Gnade viel mächtiger
worden:
21. Auf

läuftig, erkannt worden ist, da hat sich die Gnade
GOttes durch JEsum Christum noch ungleich
grösser,

suchte παρεισῆλθε, oder Neben-Einkommen des Gesetzes nicht heisse: das Gesetz seye noch zum Ueberflusse zu Sünde, und Tod, in die Welt gekommen, sondern zu den evangelischen Gnadenverheissungen, und der Rechtfertigung durch die Gnade JEsu Christi. Denn, ist die Gnade JEsu Christi schon vor dem Gesetze in der Welt bekannt gewesen; und hat das Gesetz Mosis, in seiner allgemeinen Bedeutung genommen, nicht allein Fluch, sondern in seinen vorbildenden Opfern, und Caeremonien, auch Gnade verkündigt: so ist es nicht bloß neben der Sünde, und dem von Adam her herrschenden Tode, sondern hauptsächlich neben den auf den Sündenfall geschehenen göttlichen Gnadenverheissungen eingekommen. Denn, von diesen ist die Schrift von Adam bis auf Mosen voll. Man lese sie, so wird man solche finden. Da also auf der einen Seite in der Welt Sünde, und Tod, und auf der andern evangelische Verheissungen waren, womit sich die Kirche GOttes tröstete, während daß der größte Theil der Menschen solche weder wissen mochte, noch achtete: so sonderte sich GOtt, seinen ebenfalls evangelischen Verheissungen zu Folge, die Nachkommen Jacobs aus, und machte sie zu seinem Volke, und gab ihnen das Gesetz, und zeigte ihnen darinnen das Schröckliche in der Sünde, und das Tröstliche in der Gnade JEsu Christi desto deutlicher. Es ist also

(e. f) ein völlig willkührlicher Gedanke, auf daß ich ihn nicht schlechter nenne, wenn Locke sagt: Der Tod, welcher nach dem mosaischen Gesetze folgte, herrschte nur über einen kleinen Theil der Menschen, nämlich die Kinder Israel, — an statt, daß wegen Adams Uebertretung des im Paradiese gegebenen Gesetzes der Tod über alle Menschen herrschte. Die Kinder Israel würden, so wie ihre Vorfahren, haben sterben müssen, wenn sie auch das Gesetz nicht bekommen hätten: nun starben sie, wie Locke meynt, weil ihnen das Gesetz den Tod verkündigte. War dieß also nun ein anderer Tod, als der Tod der Heyden? war er härter, als der Tod der Heyden? Auch hieraus siehet man, daß die Worte: das Gesetz ist neben Einkommen, nicht heissen können: das Gesetz ist neben der Sünde, und dem Tode, in die Welt gekommen. Anderer ungereimten Folgen, die aus der lockischen Erklärung fliesen, will ich jetzo nicht gedenken.

(*) Dieser Satz ist schon über die Anmerkung 4. V. 14. *lit.* b. widerlegt.

(2) ἵνα, auf daß. Einige wollen dieses bloß von dem Erfolge, und nicht von der Absicht des Gesetzgebers, verstehen; und erklären die Worte: auf daß die Sünde mächtiger würde, von der Grösse, und Schwere, der Sünde, als einer Folge des Gesetzes (a).

(a) Locke scheinet hier die Meynung, die er widerlegt, nicht recht vorzutragen. Denn, es kann freylich die Vermehrung der Sünde nicht zu den Absichten gehören, um welcher willen GOtt das mosaische Gesetz gegeben hat; weil GOtt kein GOtt ist, dem gottlos Wesen gefällt, Ps. V. 5. In diesem Verstande folgen also die Sünden, die, der Erkenntniß des Gesetzes ungeachtet, geschehen, wider die göttliche Absicht; und so haben diejenigen, wider welche Locke streitet, Recht. Allein,

grösser, und reicher, erzeiget, und zu erkennen gegeben:

21. auf daß, so wie die Sünde ihre Herrschaft

21. Auf daß, gleichwie die

Allein, die Worte: auf daß die Sünde mächtiger würde, haben auch den Verstand nicht, den er ihnen giebt. Denn, das mosaische Gesetz hat eigentlich nicht gemacht, daß mehr Sünden geschehen sind, sondern, daß man die Sünden, welche geschahen, besser kennen lernte; und einsahe, daß des Menschen ganzes Denken, und Thun, nichts als Sünde, und die Sünde viel zu mächtig sey, als daß ihr ein Mensch aus eigenen Kräften widerstehen kann. Wir wollen seine Gründe hören.

Allein, man muß bedenken, daß S. Paulus hier den Unterschied zeiget (b), welchen GOtt durch das von ihm gegebene Gesetz zwischen den Kindern Israel, und den übrigen Völkern, in Ansehung des Lebens, und des Todes, machen wollte. Wenn man also nur zufällige Folgen des Gesetzes, um diesen Unterschied zu bestimmen, annimmt, so erreichet man S. Pauli Endzweck nicht (c).

(b) Er zeiget solchen nur in der lockischen Umschreibung; und ich habe das nöthige schon *lit.* a. bey der vorhergehenden 1sten Anmerkung dagegen erinnert. Es ist also,

(c) da dieser angegebene Endzweck falsch ist, unnöthig, in dieser Absicht hierüber zu streiten.

Alle Menschen waren durch Adams Fall so in Sünde und Tod gerathen, daß sie sich nicht wieder daraus helfen konnten. Nun war offenbar die göttliche Absicht, durch das Gesetz (d) die Israeliten aus diesem Zustande zu retten: und, so saget GOtt selbst 3 B. Mos. XVIII. 5. Darum sollt ihr meine Satzungen halten, und meine Rechte: denn, welcher Mensch dieselben thut, der wird dadurch leben (e), gleichwie auch S. Paulus hier Cap. VII. 10. spricht, daß das Gesetz sey zum Leben (e) gegeben gewesen. Daher folget nothwendig, daß, gleichwie ihnen für ihren Gehorsam das Leben, also für ihren Ungehorsam der Tod bestimmet war; und in dieser Absicht sagt Moses 5 B. Mos. XXX. 19. zu ihnen, daß er ihnen Leben und Tod vorgeleget habe. Die Kinder Israel wurden also durch das Gesetz in einen neuen Zustand versetzet (f); und wenn sie, nach dem von GOtt mit ihnen gemachten Bunde, im Tode blieben, oder das Leben wieder erlangten, so war solches eine Folge, nicht von dem, was ein anderer, sondern, was sie selbst gethan hatten. Diesemnach standen, oder fielen, sie durch ihre eigenen Handlungen, und starben um ihrer eigenen Uebertretungen willen (g). Eine jede Uebertretung, welche sie wider das Gesetz begiengen, machte sie nach diesem Bunde der Todesstrafe schuldig. Es ist schwer zu begreifen, daß ihnen GOtt soll ein Gesetz gegeben haben, damit Sünde, und Schuld, unter ihnen grösser würde: sondern er gab ihnen vielmehr dieses Gesetz, damit die Uebertretung, womit der Tod, als eine Strafe, verknüpfet war, grösser würde, d. i. damit der Tod, welcher ehehin auf eine einzige Sünde, als Strafe, gesetzet war, unter den Juden zur Strafe jeder Vergehung gegen dieses neue Gesetz würde; welches für sie nichts hartes, sondern ein Vorzug (h) war. Denn, in ihrem vorigen Zustande, welchen sie mit allen Menschen gemein hatten, war der Tod für sie unvermeidlich (i): allein, durch das Gesetz erhielten sie das Mittel zum Leben; wie unser Heiland dem Jüng-

die Sünde geherrschet hat zu dem Tode, also auch herrsche

schaft über die Menschen durch den Tod bewiesen hat, eben so auch die Gnade GOttes durch die zum

Jünglinge, der ihn fragte, was er, um das ewige Leben zu erhalten, thun sollte? antwortet: Halte die Gebothe (k).

(d) Es ist offenbar falsch, daß GOtt die Israeliten durch das Gesetz aus Sünde, und Tod, ziehen wollte. Dieß war die göttliche Absicht bey der Gesetzgebung nicht. Paulus saget Galat. III. 21. Wenn aber ein Gesetz gegeben wäre, das da könnte lebendig machen ---- ; und Röm. VIII. 3. das dem Gesetz unmöglich war, das that GOtt, und sandte seinen Sohn ------. Soll sich GOtt eine Absicht vorsetzen, die er nicht erfüllen kann? Dieß ist wider die göttliche Weisheit, und Allmacht; oder eine Absicht, von der er nicht weiß, ob er sie erfüllen wird? Dieß ist wider die göttliche Allwissenheit. Wer von göttlichen Absichten im Reiche der Gnaden reden will, muß solche bloß aus der heiligen Schrift kennen lernen, da die Vernunft davon so wenig, als von dem Reiche der Gnaden selber, weiß. Nun saget aber die Schrift nirgends, daß GOtt die Kinder Israel durch das Gesetz habe von Sünde, und Tod, befreyen wollen: sondern die erst angeführten Stellen sowohl, als die gegenwärtige, auf daß die Sünde mächtiger würde, man mag dieß auch erklären, wie man will, sagen vielmehr das Gegentheil; nämlich, daß GOtt das mosaische Gesetz nicht für das Mittel angesehen habe, wodurch Menschen von Sünde, und Tod, befreyet werden könnten. Es muß also GOtt andere Absichten bey der Gesetzgebung gehabt haben: sonst wäre, nach der göttlichen Güte, nicht zu begreifen, warum er dieses Gesetz nicht sogleich nach dem Falle, sondern erst ein paar tausend Jahre hernach, gegeben hat. Denn, wenn es ein so sicheres Mittel wäre, die Menschen von Sünde, und Tod, zu befreyen: so hätte es GOtt nur gleich, statt der Verheissung von dem Weibessaamen, bekannt machen dürfen. So wäre diese nicht nöthig gewesen; so wäre auch dieses Gesetz gleich von den ersten Aeltern auf ihre Nachkommen fortgepflanzet, und allen Menschen bekannt worden, und hätte nicht erst einem kleinen Theile der Menschen am Berge Sinai dürfen verkündiget werden. Allein, GOtt hat hier eine ganz andere Ordnung gehalten. Da das menschliche Geschlecht in Adam gesündiget hatte, verkündigte er ihm 1 B. Mos. III. 15. nicht Gesetz, sondern Evangelium, die Geburt seines Sohnes von einem Weibe, ohne Mann, Galat. IV. 4. So hat er es auch mit den Patriarchen gehalten. Nicht eine gesetzliche Offenbarung finden wir in der Geschichte des Abrahams (denn, diese ist die weitläuftigste, und der Grund der folgenden): sondern lauter Seegen, der über die Völker kommen soll, durch den Saamen Abrahams. Was nur irgend dem Abraham von GOtt befohlen worden, das, wie z. E. die Beschneidung, einem Stücke des mosaischen Gesetzes ähnlich siehet; das ist ihm, wie eben diese Beschneidung, befohlen, da er schon durch den Glauben an seinen ihm verheissenen grossen Saamen gerecht worden war, Röm. IV. 3. 9. das ist ihm zum Siegel der Gerechtigkeit des Glaubens, welchen er noch in der Vorhaut hatte, befohlen worden, V. 11. Eben dieß findet sich bey Isaac und Jacob. Und als GOtt Israel aus Aegypten führet; so führet er es, als seinen erstgebohrnen Sohn 2 B. Mos. IV. 22. aus. Dieß sind lauter Gnadenverheissungen, neben welchen das Gesetz am Berge Sinai eingekommen ist.

zum ewigen Leben zugerechnete Gerechtigkeit, herrsche die Gnade durch durch die

GOtt wollte also Israel nicht durch das Gesetz aus Sünde, und Tod, erretten; sondern die Glaubigen unter diesem Volke waren schon daraus errettet, durch die angeführten Verheissungen, an die sie sich hielten, und durch das ewige Verdienst JEsu Christi. Folglich muß die Gesetzgebung eine andere Absicht gehabt haben; und diese zeigt unsere Stelle an: auf daß die Sünde mächtiger würde, oder, wie es Röm. VII. 13. heisset, auf daß sie überaus sündig würde durchs Geboth. Die Menschen waren zu Mosis Zeiten so weit von GOtt entfernet, daß sie weder GOtt, noch seinen Sohn JEsum Christum, weder die Grösse des Falles, noch was GOtt von den Menschen, nach seiner Heiligkeit, und Gerechtigkeit, fordern muß, kannten. Allen Menschen sich hier so, wie den Kindern Israel, zu offenbaren, litte die göttliche Weisheit nicht. Er nahm sich also ein Volk mitten aus einem Volk, 5 B. Mos. IV. 34. er führete es in die Wüste, und offenbarete ihm sein Gesetz, damit es darinnen die Grösse der Erbsünde, und seiner eigenen, und die Grösse der göttlichen Gnade, in der durch Christum zu erwartenden, und in dem Gesetze vorgebildeten, Versöhnung lernen möchte. Dieß war die göttliche Absicht bey der Offenbarung des mosaischen Gesetzes: und hieraus lassen sich

(e) die von Locken für seine Meynung angeführten Stellen beurtheilen. Freylich war auf diese Weise das Gesetz zum Leben in aller Betrachtung gegeben. Hätten die Israeliten solches halten können, so wären sie dadurch selig worden; und, da sie es nicht halten konnten; so dienten ihnen, als Sündern, die in desselben caeremonialischem Theile enthaltenen Vorbilder, und Verheissungen, wenn sie glaubten, zum Leben. Darum schliesset Malachias das alte Testament Cap. IV. 4. mit den Worten: Gedenket des Gesetzes Mose, meines Knechtes, das ich ihm befohlen habe auf dem Berge Horeb an das ganze Israel, sammt den Gebothen, und Rechten. Siehe, ich will euch senden den Propheten Elia —— ——. Moses saget auch, nach aller Vernunft, richtig, daß er den Kindern Israel Leben und Tod vorgeleget habe. Denn, wollten sie dem Gesetze in diesem Verstande folgen, so hatten sie das Leben; nicht aus Verdienst, sondern aus Gnaden, weil sie das Sittengesetz nicht halten konnten: und versäumten sie die in dem Caeremonialgesetze dargebothenen Gnadenmittel, so kamen sie nicht aus dem Tode.

(f) Richtig waren also die Kinder Israel nunmehr, in Betrachtung gegen andere Völker, in einem neuen Zustande. Denn, so hatte sich GOtt zu keinem Volke hernieder gelassen, daß er sich ihm so herrlich geoffenbaret, und sich auf so besondere Weise, als dessen GOtt, bewiesen hätte.

(g) Eigentlich stirbt kein Mensch um fremder Uebertretungen willen: Denn, welche Seele sündiget, die soll sterben, Ezech. XVIII. 20. Sie haben aber nach V. 12. dieses Capitels in Adam alle gesündigt, und sind in Adam alle gestorben, d. i. sie haben in ihm das geistliche Leben wirklich verlohren, und die mit dem göttlichen Ebenbilde verknüpfte Gabe der Unsterblichkeit, in Ansehung des zeitlichen, und ewigen Lebens. Die Frage ist also eben so überflüssig, wie die V. 15. in der 5ten Anmerkung aufgeworfene; und der Fall, daß Jemand bloß um einer fremden Sünde willen gestorben ist, wird nirgends in der

die Gerechtigkeit zum ewi- durch JEsum Christum, unsern HErrn, sich
gen Q 2 mächtig

der Welt gefunden, als bey JEsu Christo, welcher bezahlen mußte, was er nicht geraubet hatte, Ps. LXIX. 5. Da die Israeliten so gut, als andere Völker, schon in Adam Sünder geworden, und gestorben, waren: so wurden sie durch das Gesetz, das nach Galat. III. 21. nicht lebendig machen konnte, nicht von diesem Tode frey; sondern sie lernten ihn durch die im Gesetze so oft angekündigte Todesstrafe nur desto schröcklicher kennen, und dabey einsehen, daß, wenn sie dessen nicht schon schuldig wären, sie solches gewiß durch ihre eigenen täglichen Sünden werden müßten.

(h) Locke siehet hier einen Einwurf ein, der aus seiner Erklärung natürlich folgt: aber er hebt ihn nicht damit, daß er nur saget: welches für sie nichts hartes, sondern ein Vorzug, war. Denn, es ist allerdings etwas hartes. Vorher wußten sie aus der Erfahrung, daß sie sterben müßten. Nun hörten sie fast bey jeder Handlung, die sie begiengen: sie müßten sterben. Was ist dieß für ein Vorzug? Kein anderer, als wenn man einem unheilbar Kranken, der nichts, als den Tod, erwartet, bey jeder Arzney aufs neue versicherte, daß er sterben müsse. Es ist daher

(i. k) noch weniger erträglich, was Locke saget: vor dem Gesetze wäre der Tod für die Israeliten unvermeidlich gewesen, durch das Gesetz aber hätten sie das Mittel zum Leben erhalten. Ja, wenn er nur ein einiges Exempel beygebracht hätte, daß je ein Israelit durch Erfüllung des Gesetzes das zeitliche, oder ewige, Leben erhalten hätte, und nicht gestorben wäre: so würde in seiner Erklärung noch etwas mögliches seyn. So aber widerspricht ihm Geschichte, und Erfahrung. Der Befehl Christi an den Jüngling: halte die Gebothe, beweiset nicht, was damit Locke beweisen will, sondern wohl, daß dieser Jüngling eben so, wie er, von den Kräften des Menschen nach dem Falle, und dem Mittel, selig zu werden, gedacht habe. Er fragt Christum Matth. XIX. 16: Was soll ich Gutes thun, daß ich das ewige Leben möge haben? Christus antwortet ihm auf seine Frage genau V. 18. und 19. und giebt ihm, da er sich thöricht einbildet, die zehn Gebothe gehalten zu haben, V. 21. einen Fall zur Probe an, woraus er deutlich sehen konnte, daß er nicht ein einziges zu halten vermögend sey. Was Locke nun in seiner Anmerkung weiter saget, ist alles, was in derselben Wahres anzutreffen ist.

Da in diesem Verstande das Gesetz die Sünde mächtig machte, so hatte es noch einen andern Nutzen, nämlich diesen, daß die Juden, wenn sie sahen, daß sie durch das Gesetz, das ihnen zum Leben gegeben war, den Tod verdienten, durch dasselbe, als durch einen Schulmeister, zu Christo, um bey ihm das Leben zu suchen, möchten geführet werden. Dieß ist, was S. Paulus Galat. III. 24. anzeiget.

V. 21. Auf daß, gleichwie die Sünde geherrschet, oder ihre Herrschaft über die Israeliten, welche unter dem Gesetze waren, durch den Tod bewiesen hat, so auch die Gnade in ihrer Ordnung herrschen, oder ihre Herrschaft beweisen möchte, indem sie dieselben von den vielen Sünden, welche sie begangen, und mit jeder den Tod verdienet hatten, rechtfertigte, und durch die Gerechtigkeit mächtig erwiese.

gen Leben, durch JEsum Christ, unsern HErrn.

tigkeit des Glaubens in das ewige Leben durch JEsum Christum unsern HErrn versetzte (*).

(*) Ungeacht diese Umschreibung viel richtiger, als die im vorhergehenden Verse, gerathen ist: so ist sie doch nicht von allen Fehlern, und Zweydeutigkeiten, frey. Einmal können die Worte: so auch die Gnade in ihrer Ordnung herrschen —— jemand auf den Gedanken verleiten, daß unter den Israeliten erstlich die Sünde, und hernach die Gnade, geherrschet habe. Dieß ist aber falsch, weil die Worte in ihrer Ordnung nicht im Grundtexte stehen, und auch nicht die geringste Veranlassung, solche zu ergänzen, darinnen befindlich ist, hienächst auch, wie aus den bisherigen Anmerkungen deutlich seyn wird, Sünde, und Gnade, zugleich bey den Israeliten, und nicht eines nach dem andern, herrschte; die Sünde, in der Erkenntniß, und dem zerknirschenden Gefühle, derselben, die Gnade aber in den theils wörtlichen, theils vorbildlichen, Verheissungen von der Erlösung JEsu Christi, welche sie wirklich genossen, um welcher willen ihnen die Sünden vergeben, durch welche sie gerechtfertigt, und selig wurden. Sodenn schliesset Locke in den Worten: indem sie dieselben von den vielen Sünden, welche sie begangen ——, die Erbsünde von der Zahl der in der Rechtfertigung vergebenen Sünden aus; da doch der Text nicht von wirklichen Sünden allein, sondern von Sünden überhaupt redet, und nicht die geringste Anzeige einer Einschränkung vorhanden ist.

Drittes Stück.

Cap. VI. Vers 1—23.

S. Paulus hat in dem vorhergehenden Capitel die Gnade GOttes nach ihrer unendlichen Grösse gerühmet, und gezeigt, daß, da durch Adams Fall alle Menschen (die ihnen anerschaffene Gerechtigkeit, und Heiligkeit, und) das Leben verlohren haben, ihnen aus Gnaden durch Christum das Leben wieder erworben sey; daß, so viele an Christum glauben, (Gerechtigkeit, und) das Leben aus Gnaden erhalten; und daß selbst die Juden, die durch so viele Uebertretungen des Gesetzes das Leben verwirket hatten, dieses wieder aus Gnaden erlangen (*), weil, wo die Sünde mächtig ist, die Gnade noch mächtiger ist. Nun begegnet er einem seltsamen Einwurfe, welcher die bekehrten Heyden (**) verfüh-

(*) S. die vorhergehenden Anmerkungen.

(**) Dieß war ein für Juden und Heyden, die nun Christen waren, gefährlicher Einwurf. Denn, beyde konnten die Lehre von der Rechtfertigung aus Gnaden, wie noch täglich geschiehet, zur fleischlichen Sicherheit misbrauchen. Er hat aber wohl seinen Ursprung aus einem jüdischen Gehirne. Wir haben schon einen ähnlichen Einwurf

verführen konnte; nämlich diesem: **Lasset uns also in der Sünde beharren, auf daß die Gnade desto mächtiger werde.** Er zeiget das Gegentheil; nämlich, daß die Annahme der christlichen Religion die Christen schon durch die Taufe, worinnen sie in die Kirche aufgenommen, und mit Christo begraben worden, verbinde, so wie Christus starb, der Sünde abzusterben, und, so wie Christus auferstand, um GOtt zu leben, ebenfalls zu einem neuen Leben aufzustehen, und nicht mehr Knechte der Sünde, noch ihr in ihren Lüsten gehorsam zu seyn. Denn, dienten sie der Sünde, so würden sie Knechte der Sünde, und hätten gewiß den Lohn dieses Herrn, welcher nichts als der Tod wäre, zu gewarten: dienten sie aber der Gerechtigkeit, d. i. bestrebten sie sich derselben aufrichtig, ob sie es gleich damit nicht zur Vollkommenheit brachten, so würde die Sünde nicht über sie herrschen, noch den Tod ihnen zuziehen, können. Ueberdieß wären sie nicht unter dem Gesetze (welches ihnen zwar die Sünde sündig machte, aber keine Kraft, ihr zu widerstehen, gäbe), sondern unter der Gnade, welche sie durch den Glauben an JEsum Christum zum ewigen Leben rechtfertige (und auch Kraft zu einem neuen Leben verleihe). So zeiget er den bekehrten Heyden nicht allein, daß sie nicht unter dem Gesetze seyen, sondern auch, was sie davon für Vortheile haben (*).

Einwurf Cap. III. 5. gesehen (Man vergleiche die 2te Anmerkung *lit.* a. über Cap. III. 4.). Die Juden waren auch der Rechtfertigung aus Gnaden am meisten zuwider, weil sie aus einem übeln Verstande des Gesetzes, nach welchem sie, solches erfüllen zu können, glaubten, schlechterdings diesem Gesetze blind anhiengen, und sich einbildeten, daß man also gottlos leben müsse, wenn GOtt aus Gnaden rechtfertige, und daß eine wahre Heiligkeit nicht mit dieser Rechtfertigung bestehen könne. Diesen Einwurf widerleget S. Paulus; und redet also zugleich mit Juden und Heyden. Wie könnte er sonst V. 14. sagen: ihr seyd nicht unter dem Gesetz, sondern unter der Gnade?

(*) In diesem letzten Perioden offenbaret sich recht das Gezwungene in dem Begriffe, welchen sich Locke von dieser Epistel gemachet hat. Das wird Niemand, der ohne Vorurtheile liest, aus dem Texte herausbringen, daß hier Paulus zeigen will, die bekehrten Heyden seyen nicht unter dem Gesetze: sondern das nimmt er V. 15. als bekannt an, daß sie es schon aus seinem bisherigen Vortrage glaubten, und widerleget nur die von boshaften, oder unwissenden, Menschen daraus gezogenen ungeschickten Folgen. Also zeiget er es nicht erst; wie sich denn auch dafür hier nicht der geringste Beweis findet, und nur immer davon die Rede ist: die Rechtfertigung aus Gnaden verbinde zu einer wahren Heiligung. Dieser letzte Satz ist demnach der Inhalt dieses Capitels; und diesen führet er so aus, daß er 1. den gedachten Einwurf vorträgt, Cap. VI. 1. denselben 2. damit widerlegt, daß wir der Sünde abgestorben seyen, V. 2. dieses Absterben 3. erklärt, V. 3–10. darauf 4. die daraus fliessende Folge vorträgt, V. 11. 12. 13. und 5. einen neuen Grund gegen die fleischliche Sicherheit beybringt, V. 14. Da hieraus ein neuer Einwurf entstehen konnte, so trägt er 6. auch diesen V. 15. vor, und widerlegt ihn von V. 16. bis zu Ende des Capitels.

Paraphrastische Erklärung.

1. Was wollen wir also hiemit sagen? Sollen wir in der Sünde bleiben, und fortfahren, damit sich die Gnade an uns desto reichlicher, und mächtiger, erweise?

2. Das sey ferne! Wie ist es möglich, daß wir (1), die wir bey unserm Uebergange zum Christen-

Text.

1. Was wollen wir hiezu sagen? Sollen wir denn in der Sünde beharren, auf daß die Gnade desto mächtiger werde?

2. Das sey ferne! Wie sollten wir in der Sünde wollen

(1) Wir, d. i. ich, und alle, die sich zum Christenthume bekehret haben. S. Paulus zeiget in diesem Capitel, daß es aller Christen Schuldigkeit, und von ihrer Taufe her rührende Pflicht, sey, der Sünde abzusterben (a), und GOtt zu leben, d. i. nicht länger Knechte der Sünde zu seyn, ihr in ihren Lüsten zu gehorchen, sondern GOttes Knechte zu seyn, und sich aufrichtig, ihm zu dienen, zu befleißigen. Denn, unter der Gnade, sowohl als unter dem Gesetze, empfänget derjenige, welcher der Sünde dienet, d. i. seinen bösen Begierden nachhänget, den Lohn der Sünde, nämlich den Tod. Dieß stellet er hier den bekehrten Heyden zu Rom (denn, mit diesen redet er in gegenwärtigem Capitel (b)) ernstlich vor, damit sie sich nicht wegen ihres dermaligen Zustandes, da sie nicht unter dem Gesetze, sondern unter der Gnade waren, irren möchten. Denn, von der Vortreflichkeit dieses Zustandes hatte er so vieles, und herrliches, in dem vorhergehenden Capitel gesprochen, daß er nun billig erkläret, wie dieser Stand ihnen nicht eine uneingeschränkte Freyheit erlaube, sondern einen Jeden, der unter der Gnade ist, zum Bestreben nach dem genauesten Gehorsam verbinde, obgleich Niemand denselben vollkommen leiste. Diesen aufrichtigen Gehorsam, dessen sich ein jeder, so viel nur möglich, befleißigen soll, stellet er als nothwendig vor, weil der Dienst der Sünde den Tod unvermeidlich nach sich ziehe; und als billig, weil sie nicht unter dem Gesetze, sondern unter der Gnade, seyen. Denn, so sehr auch diejenigen, die unter dem Gesetze sind, sich der Gerechtigkeit befleißigen, so ist doch alle ihre Bemühung vergeblich, weil (sie keine Kräfte zu dessen Erfüllung haben, und) ein einziger Fehltritt dawider den Tod verdienet. Wer hingegen unter der Gnade sich der Gerechtigkeit aufrichtig bestrebet, ist (wegen des Beystandes des Heiligen Geistes) eines guten Fortganges gewiß, und (wegen der zugerechneten Gerechtigkeit JEsu Christi), die Gabe des ewigen Lebens zu erhalten, versichert.

(a) Der Apostel saget nicht allein, daß es eine Pflicht sey, der Sünde täglich abzusterben, sondern, daß wir derselben wirklich abgestorben seyen, ἀπεθάνομεν τῇ ἁμαρτίᾳ. Wie dieses zu verstehen seye, erkläret er in den folgenden Versen selber. Locke hat hier wider nicht redlich gehandelt, und statt der Worte: der Sünde abgestorben sind, gesetzet: der Sünde den Tod geschworen haben. Es stehet aber ein jeder ein, daß einem andern den Tod schwören nicht so viel sey, als sterben.

(b) Und wenn er auch, wie ich schon erinnert habe, mit Juden und Heyden zugleich redet: so entgehet doch dadurch dem Zusammenhange, und Nachdrucke seiner Rede nichts.

wollen leben, der wir abgestorben sind?

3. Wisset ihr nicht, daß alle, die wir in JEsum Christ getaufet sind, die sind in seinen Tod getauft?

4. So

Christenthume unserm ehemaligen sündlichen leben abgesaget haben, und der Sünde abgestorben sind, noch länger darinnen leben sollten?

3. Denn, das wird euch doch hoffentlich nicht unbekannt seyn, daß wir alle, die wir durch die Taufe in das Reich, und die Kirche, Christi sind aufgenommen worden (besser: die wir auf JEsum Christum getauft worden), auf seinen Tod (*) getauft sind.

4. Wir

(*) Die lockische Umschreibung setzet hier: zu einer Gleichheit seines Todes getauft sind. Sie ist scheinbar, da V. 5. Paulus selber sagt: So wir samm: ihm gepflanzet werden zu gleichem Tode, τῷ ὁμοιώματι τοῦ θανάτου αὐτοῦ. Allein, da nach keiner Grammatik diese Worte einerley, und eben so viel, bedeuten können, als εἰς τὸν θάνατον αὐτοῦ, auf seinen Tod getauft: so kann nichts, als eine ausschweifende Einbildung, die auch die Sacramente, um keine Geheimnisse zuzugeben, zu Caeremonien, Bildern, und Aehnlichkeiten, macht, den 5ten Vers zu einer Umschreibung dieses 3ten machen. Da Pauli Absicht in diesem Capitel ist, zu zeigen, daß schon die Taufe, wodurch wir Christen werden, uns verbinde, GOtt durch ein neues Leben zu preisen, nachdem wir durch den Glauben gerechtfertiget sind; so enthält der gegenwärtige Vers den Grund, woraus die nachstehenden, als Schlüsse, folgen: wie man es auch gleich dem 4ten ansiehet, welcher anfängt: So sind wir je ———. Die Frage ist also, was da heisse: auf, oder in Christi Tod, εἰς τὸν θάνατον αὐτοῦ, getauft werden? Man wird hier, um mit den Gegnern auf das Säuberlichste zu verfahren, der Construction folgen müssen. Matth. XXVIII. 19. stehet, man solle taufen εἰς τὸ ὄνομα τοῦ Πατρὸς ———, im Namen des Vaters ———. Vielleicht ist diese Stelle Leuten, welche alles, was eine Einsetzung eines Sacramentes heisset, ungerne sehen, zur Erklärung unserer Stelle, nach ihren Gedanken, unzulänglich. Lasset uns also eine andere Stelle 1 Korinth. X. 2. nehmen, wo gewiß von keinem Sacramente, sondern, eigentlich zu reden, nur von dem Vorbilde des Sacramentes der heiligen Taufe, gesprochen ist: so werden beyde deutlich werden. Es heisset hier: und sind alle unter Mosen getauft, εἰς τὸν Μωϋσῆν ἐβαπτίσαντο, gerade so, wie in unsern Stellen εἰς τὸν θάνατον, εἰς τὸ ὄνομα. Das Meer ist hier, nach seiner Art, eben das, was in der heiligen Taufe das Wasser ist. Mit diesem wurden die Israeliten getaufet, oder besprenget, in Mosen. Nun kann hier, in Mosen getauft werden, nicht so viel seyn, als getauft werden, damit man erkenne, daß Moses sey; denn, dieß wußten die Israeliten. Es kann nicht heissen, getauft werden, daß man sich zu Mosis Lehre bekenne; denn, nicht der Durchgang durchs rothe Meer, sondern der am Berge Sinai errichtete Bund, machte Israel der Lehre Mosis unterwürfig, und Mosis Lehre war nicht seine eigene, sondern der HErr hatte ihn gesandt. Es kann auch nicht heissen: von, oder durch, Mosen getauft werden, u. d. g. denn, Moses besprengte das Volk nicht mit dem Meere, sondern GOtt, der dieses Wunder verrichtete, that es. Es muß also nach dem ganzen Zusammenhange der mosaischen Erzählung 2 B. Mos. XIV. so viel heissen:

4. Wir sind also durch die Taufe mit ihm in den

4. So sind wir je mit ihm

heissen: GOtt that dieses grosse Wunder, daß Israel durch das rothe Meer gieng, und nur von dessen Wasser besprenget, aber nicht darinnen ersäufet wurde, damit Israel erkennen möchte, GOtt selbst habe es aus Aegypten geführet, Moses sey sein zu ihm gesendeter Prophet, Moses thue alles aus göttlichem Befehle, und göttlicher Kraft, Moses sey die Mittelsperson, durch welche ihm GOtt so ausserordentliche Wohlthaten zufliessen lasse, er seye das Vorbild des grossen, und einzigen, Mittlers, durch welchen die Gnade, und Wahrheit, werden würde, Joh. I. 17. das Volk müsse Mosi gehorchen, wenn es der göttlichen Gnadenverheissungen, und besonders des seinen Vätern verheissenen Erbes, wolle theilhaftig werden. Es stehet auch 2 B. Mos. XIV. 31. die Wirkung dieser hier beschriebenen vorbildlichen Taufe: und das Volk fürchtete den HErrn, und gläubten an ihn, und seinem Knecht Mose. Man wende, was hier die Schrift lehret, so weit als es die Aehnlichkeit des Vorbildes, und Gegenbildes, erlaubet, nach welcher Christus grösser ist, als Moses, auf den Tod JEsu Christi, und die Taufe auf seinen Tod, an; so wird der Verstand unserer Stelle folgender seyn: der Tod JEsu Christi, wodurch uns Vergebung der Sünden, Leben, und Seligkeit, erworben worden, werde uns in der heiligen Taufe, wo uns diese Heilsschätze ertheilet werden, zugerechnet; wir werden der Wirkungen des Todes Christi theilhaftig; wir seyen dazu getauft, daß wir JEsum, als den Sohn GOttes, und als den von GOtt erwähleten Mittler, erkenneten, der durch seinen Tod uns die göttliche Gnade erworben habe, und wirklich mittheile, und ohne welchen keine Gnade bey GOtt gesucht werden dürfe, auf den wir uns also einzig, und allein, verlassen, und den wir, als unsern Hohenpriester, Propheten, und König, anbethen, und durch welchen wir allein den Weg zu dem uns verheissenen Erbe der ewigen Herrlichkeit suchen müßten. Und nun wird auch die Stelle Matth. XXVIII. 19. keine Schwierigkeit haben. Christus befiehlet, zu taufen im Namen des Vaters, und des Sohnes, und des Heiligen Geistes, d. i. nicht allein auf Befehl der hochheiligen Dreyeinigkeit, sondern auch auf dieselbige, damit der Getaufte in derselbigen allein alle seine Hofnung, und Zuversicht, im Geistlichen und Leiblichen, im Zeitlichen, und Ewigen, suche. Hieraus wird deutlich seyn, daß auf den Tod JEsu getauft seyn, nicht so viel sey, als zu einer Gleichheit seines Todes getaufet seyn. Denn, sonst könnte man eben sowohl sagen, daß in Mosen getauft werden so viel heisse, als: zu einer Gleichheit Mosis, oder, welches völlig abgeschmackt ist, zu einer Gleichheit des Namens der allerheiligsten Dreyeinigkeit, getaufet werden. Man wird aber auch hoffentlich nach dieser Anmerkung das folgende deutlicher verstehen; ja, überhaupt begreifen, daß in oder auf JEsum Christum getaufet werden nicht bloß, und allein, das anzeige, was die Umschreibung sagt, nämlich: durch die Taufe in das Reich, und die Kirche, Christi aufgenommen werden. Denn, obgleich die Taufe das Mittel ist, wodurch wir in die christliche Kirche aufgenommen werden: so sind doch diese zwo Redensarten nicht völlig gleichbedeutend. In JEsum Christum getaufet werden muß den Verstand haben, welchen die Worte haben: im Namen des Vaters, und des Sohnes, und des Heiligen Geistes getaufet werden. Diese aber sagen nicht bloß, daß man nur ein Christ werde; sondern das letzte ist eine Folge aus dem ersten. Verwechselt man also ihre Bedeutung, so kann daraus leicht etwas Nachtheiliges gegen die Wirkung, und den eigentlichen Begriff, der heiligen Taufe von Leuten, die mit treflichen Worten oft einen falschen Verstand verbinden, geschlossen werden.

ihm begraben durch die den Tod begraben (*): auf daß auch wir, so
Taufe in den Tod: auf wie Christus durch die Herrlichkeit des Vaters
daß, von

(*) Ich habe hier wieder eine ganz andere Umschreibung, als die lockische, gesetzt, und will auch diese beybringen, und beurtheilen, wenn ich nur die gegenwärtige zuvor etwas erkläret habe. Der letzte Theil des Verses ist schon aus der Umschreibung deutlich, und sind die zur Erläuterung von mir eingerückten Worte aus dem 9ten und 10ten Verse dieses Capitels genommen: der erste aber, und sonderlich das in den Tod begraben werden, bedarf einer nähern Erklärung. Da Paulus sagt: wir sind mit ihm, mit Christo, begraben; so geben seine eigenen Worte überhaupt den Verstand, daß wir in unserer Taufe, da wir auf Christi Tod getaufet sind, an dem Tode, und der Begräbniß Christi, auf eine gewisse Weise, müssen Antheil genommen haben. Sonst könnte der Apostel nicht sagen: wir sind mit ihm begraben. Die Frage ist also nur: wie haben wir daran Antheil genommen? Locke antwortet in der unten stehenden Umschreibung: vermöge einer Gleichförmigkeit unserer Taufe mit der Begräbniß Christi, typisch. Allein, ob es gleich sehr bekannt ist, daß die Alten in der Untertauchung der Täuflinge ein erbauliches Bild des Todes, und der Begräbniß, Christi sich vorzustellen pflegten: so reichet doch diese Erklärung nicht zu, den Nachdruck der Worte zu erschöpfen: wir sind mit ihm begraben. Begraben werden, wie ein König, oder, königlich begraben werden, heisset nicht, mit einem Könige begraben werden. Das Typische schicket sich hier auch nicht; und uns, wie Locke thut, in der Taufe einen typischen Tod, und Begräbniß, beyzulegen, ist ganz wider den Begriff eines Typus, oder Vorbildes. Denn, es können zwar Personen, und Sachen, Vorbilder von zukünftigen Personen, und Sachen, wenn sie GOtt dazu gebrauchen will, werden: von vergangenen Sachen, und Handlungen, aber werden es die nachfolgenden nicht; weil solche nicht erst dürfen abgebildet werden. Es ist also die Redensart, mit Christo begraben werden, eben so zu erklären, wie die Redensarten 2 Korinth. V. 14. so einer für alle gestorben ist, so sind sie alle gestorben, Röm. V. 12. sie haben alle (in Adam) gesündigt, 1 Korinth. XV. 22. sie sind in Adam alle gestorben; nämlich zurechnungsweise: GOtt betrachtet, und siehet diejenigen, die auf Christum getauft sind, nicht anders an, als ob sie mit Christo gestorben, und begraben, wären; er rechnet ihnen den Tod, und die Begräbniß, Christi zu, als ob es ihr Tod, und ihre Begräbniß, wäre. Hieraus wird das, was ich über den vorhergehenden Vers angemerket habe, deutlich werden; und so ist dieser, wie schon die blossen Worte zeigen, ein Schluß aus demselben, folgendes Inhaltes: „Wir sind auf Christi Tod getauft, „ und da wurde uns Christi Tod zugerechnet; also wird uns auch seine Begräbniß „ zugerechnet, und GOtt betrachtet uns nicht mehr als Sünder, sondern als Menschen, „ die mit Christo auferstanden sind, und ein neues Leben durch Christum empfangen „ haben!“

Nun ist noch übrig, zu untersuchen, was da heisse: in den Tod begraben werden, συνετάφημεν εἰς τὸν θάνατον? Das kürzeste, und natürlichste, dünkt mich, ist hier, auf das Wörtchen εἰς, in, zu sehen. Ein jeder wird begreifen, daß es nicht heissen könne: in den Tod hinein begraben werden, so daß der Tod gleichsam der Ort, und das Behältniß, wäre, in welches die Täuflinge hinein geleget werden. Denn, was wäre dieß für eine Art, sich auszudrücken? Ich läugne gar nicht, daß uns der Tod Christi in der heiligen Taufe zugerechnet wird, und wir auf diese Weise vor

von den Todten auferwecket worden ist, und hinfort nicht stirbet, sondern was er lebet, GOtt lebet.

daß, gleichwie Christus ist auferwecket von den Todten,

GOtt in Christi Blut, Wunden, und Tod, gleichsam eingehüllt erscheinen. Denn, dieß habe ich bisher selbst gezeiget. Allein, dieß stehet schon in dem vorhergehenden: wir sind auf Christi Tod getauft; und darf also, da jetzo hieraus ein Schluß gezogen wird, nicht wiederholet werden. Εἰς, in, drücket also, nach seiner sehr gewöhnlichen Bedeutung, hier am füglichsten die Absicht dieser Begräbniß, oder zum aus: „wir sind also auch mit Christo begraben zum Tode, d. i. damit wir, da „wir mit Christo der Sünde gestorben sind, (s. V. 6–11. wo Paulus selbst seine „Gedanken so entwickelt,) so wie ein Begrabener, in Absicht auf die Sünde, „im Tode, bleiben, und ihr, der Sünde, nicht von vorne zu leben anfangen, „sondern ihr täglich mehr absterben, und das Fleisch kreuzigen, dagegen aber, so „wie wir in der Taufe durch die Schenkung des Glaubens das geistliche Leben em„pfangen haben, und aus dem Tode der Sünde auferstanden sind, täglich durch „Erneuerung, und Erfüllung, unseres Taufbundes beweisen, daß wir nicht mehr „die alten, sondern ganz neue, Menschen seyen." Ich will nun auch die lockische Umschreibung liefern, die ich zum Theile schon widerleget habe.

V. 4. Da wir unter das Wasser begraben wurden, zeigten wir diesen Tod in einer Aehnlichkeit an; und wir sind deswegen mit ihm, d. i. auf eine ähnliche Art (*), wie er, zum Bekenntnisse, daß wir todt seyen, begraben worden, damit dadurch angezeigt würde (**), daß, gleichwie Christus von den Todten zu (2) einem herrlichen Leben erwecket worden ist, auch wir, nach unserm typischen (vorbildlichem) Tode in der Taufe, eine ganz neue Art zu leben anfangen müßten, die von unserer ehemaligen Lebensart ganz unterschieden, und dem himmlischen Leben, wozu Christus auferwecket worden, einiger massen ähnlich ist.

(*) Ich habe im unmittelbar vorhergehenden schon gezeiget, daß diese ähnliche Art den hier befindlichen Ausdrücken des Apostels keine Genüge thue: und man darf nur die oben stehenden Worte wohl überlegen, so wird man, ohne Erinnerung, bald einsehen, daß diese Aehnlichkeit zwischen unserm Begräbnisse in der heiligen Taufe, und dem Begräbnisse Christi, so wie sich solche Locke vorstellet, nicht sehr groß sey. Die Täuflinge wurden in der ersten Kirche unters Wasser untergetauchet, Christus in einen Felsen, begraben; der Täuflinge Begräbniß war solches nur im uneigentlichen Verstande, Christus ist wirklich, und wahrhaftig, begraben worden.

(**) Der Tod, und das Begräbniß, in der heiligen Taufe ist, wie ich im vorhergehenden gezeiget habe, nicht bloß bedeutend, und anzeigend, daß dadurch nur, was ein Getaufter thun soll, gelehret würde, sondern eine wirkliche Zurechnung des Todes, und der Begräbniß, JEsu Christi: also ist auch die Auferstehung nicht bloß bildlich, und eine Erinnerung an das, was ein Getaufter zu thun hat, sondern eine wirkliche Ertheilung des geistlichen Lebens, worinnen wir bey täglichem Wachsthume im Christenthume dem Bilde JEsu Christi immer ähnlicher werden.

(2) Δια bedeutet in der Sprache der Hellenisten manchmal zu, und so giebt es unsere (englische) Uebersetzung 2 Petr. I. 3. (a). Und wird es hier nicht eben so genom-

ten, durch die Herrlichkeit des Vaters, also sollen auch wir in einem neuen Leben wandeln.

5. So wie aber sammt ihm gepflanzet werden zu glei-

lebet, auf gleiche Weise ein ganz neues, und anderes, Leben, als ehehin, führen.

5. Denn, wenn wir ihm eingepfropfet sind, in Ansehung der Aehnlichkeit seines Todes (*); so

genommen, so gehet die Stärke des paulinischen Vortrages verlohren (b), da er sich zu zeigen bemühet, zu welchem Zustande des Lebens wir aus der Taufe auferstehen müßten, um dem Zustande, wozu Christus aus dem Grabe auferwecket worden, ähnlich, und gleichförmig, zu werden.

(a) Dieß ist kein Beweis, da die englische Uebersetzung nur eine Uebersetzung ist, und wirklich falsch übersetzet hat; wie sich leicht, wenn hier der Raum dazu wäre, zeigen liesse. Es hat übrigens hier Locke das Wort δόξης, Herrlichkeit des Vaters, nicht verstanden, oder nicht verstehen wollen, und sich dadurch zu seiner Umschreibung verführen lassen. Δόξα hat die Bedeutung des hebräischen Wortes כָּבוֹד, das nicht bloß die aus Complimenten, und Lobeserhebungen, entspringende Ehre; sondern mehrentheils die wirklichen Vorzüge dessen, der geehret wird, seine Macht, Reichthum, Gewalt, Hoheit, u. s. f. anzeiget. In dieser Bedeutung des Wortes ist Christus wirklich durch die Herrlichkeit, d. i. die unendliche Allmacht, des Vaters von den Todten auferwecket worden. So erkläret es Paulus selbst Ephes. I. 20: und folglich sind Lockens Gedanken, daß Christus zu einem herrlichen Leben sey von den Todten erwecket worden, in so weit dogmatisch wahr, weil das Sitzen zur Rechten Hand GOttes gewiß ein herrliches Leben ist, aber gleichwohl hermenevtisch falsch, und also hier übel angebracht.

(b) Diese Stärke bleibet völlig auch bey der ordentlichen Erklärung; wie die obige Umschreibung, welche ich statt der lockischen gesetzet habe, und die aus Pauli eigenen Worten genommen ist, zur Genüge zeigen wird. Allein, Locke hat keinen rechten Begriff von dem geistlichen Leben, dem Leben, das aus GOtt ist, Ephes. IV. 18. von den Gnadenwirkungen des Heiligen Geistes, und der Wiedergeburt, und Rechtfertigung, gehabt; wie man aus vielen Stellen dieses Werkes sehen kann: und dieß ist die Ursache, warum er schlechterdings die Stärke der gegenwärtigen Stelle, nach ihrem wahren Verstande, nicht einsehen konnte.

(*) Diese Stelle ist allerdings schwer, und die lockische Umschreibung, obgleich nach ihres Verfassers bisher genugsam gezeigter Absicht, noch ziemlich deutlich. Es ist kein ungeschicktes Bekenntniß, daß wir durch die Taufe in Christum eingepfropfet seyen; denn, Christus saget es selbst Joh. XV. 5. Ich bin der Weinstock, ihr seyd die Reben. Dieß ist gewiß eine durch Zurechnung des Verdienstes Christi, und die geistliche Vereinigung, zu begreifende Einpfropfung: denn, von Natur ist kein Mensch Christo eingepfropft, weil Einpfropfen, und von Natur in Etwas seyn, einander widerspricht. So giebt also Locke selbsten die Zurechnung des Verdienstes Christi, und die den Glaubigen von ihm, als ihrem Haupte, oder Weinstocke, zufliessenden Gnadenwirkungen, ohne daran zu denken, zu; so unbestimmt, und zweifelhaft

so müssen wir solches auch durch die Gleichförmigkeit mit seinem Leben werden, zu welchem er durch seine Auferstehung gelanget ist:

6. Indem wir das wissen, daß unser alter Mensch mit ihm zu dem Ende gekreuziget ist (*), dazu

gleichem Tode, so werden wir auch der Auferstehung gleich seyn:

6. Dieweil wir wissen, daß unser alter Mensch sammt

hast, er sonst davon redet: allein, er hilft sich auch, nach seiner Gewohnheit, wieder in den Worten, durch die Aehnlichkeit seines Todes, die er von der Aehnlichkeit durch das Untertauchen in der Taufe verstehet; und daß dieses nicht den Sinn Pauli erschöpfe, habe ich bisher gezeiget. Um also die Stelle zu verstehen, darf man nur zuvörderst merken, daß Paulus nunmehr den V. 4. vorgetragenen Schluß von V. 5–11. deutlicher nach seinem wichtigen Inhalte entwickele, und auseinander setze; wie solches die Anfangsworte εἰ γὰρ, denn, wenn, deutlich anzeigen. Er zeiget also V. 5. daß die Folge im 4ten Verse richtig sey, daß wir so mit Christo auferstehen müssen, wie wir mit ihm in der Taufe gestorben, und begraben, sind. Dieß thut er in den Worten: εἰ γὰρ σύμφυτοι —. Denn, wenn wir u. s. w. Das σύμφυτοι gehet, nach der Natur der griechischen Construction, augenscheinlich auf τῷ θανάτῳ αὐτοῦ, und ist nicht nöthig, mit Locken das Wörtchen ihm zu ergänzen. Da nun das Zeitwort συμφύεσθαι, wie schon Grotius angemerket hat, zusammenwachsen, wie z. E. Pflanzen thun, bedeutet; so kann unsere Stelle keinen andern Verstand haben, als den: Denn, wenn wir an seinem Tode so Antheil haben, als wenn wir mit Christo, als er litte, und starb, nur eine Person gewesen, und mit ihm gestorben, und begraben, wären (anders sehe ich nicht, wie sich das σύμφυτοι γεγόναμεν auf eine verständliche Weise ausdrücken läßt). Nun ist noch das τῷ ὁμοιώματι übrig, welches wohl nicht heissen kann, daß wir etwas dem Tode Christi ähnliches gelitten, und dadurch an seinem Tode Theil genommen hätten; wie schon über den 3ten Vers gezeigt worden ist. Es hat also hier das ὁμοίωμα eben die Bedeutung, wie Cap. V. 14. da es heisset: die Nachkommen Adams hätten nicht wirklich eben so gesündiget, wie er, daß sie selbst auch von dem verbothenen Baume gegessen hätten, daß ihnen aber dennoch die Sünde Adams, und deren Strafe, dennoch zugerechnet, und aufgeleget würde, so gut, als wenn sie solche auf gleiche Weise auch begangen hätten, Cap. V. 12. und 14. In unserm Verse wird nun das Gegentheil der Zurechnung durch den Ausdruck ὁμοίωμα ausgedrückt. Wir nehmen durch die Taufe an dem Tode, und der Begräbniß, JEsu Christi so Antheil, und sind in demselben vor GOttes Augen so mit ihm eines, τῷ ὁμοιώματι, als wenn wir wirklich, wie Christus, selbst gelitten hätten, gestorben, und begraben wären. Hieraus wird, was der Apostel beweisen will, deutlich, dieses nämlich: sind wir in dem Tode, und der Begräbniß, Christi nur eines mit ihm; so können wir in seiner Auferstehung nicht von ihm getrennet seyn, so müssen wir noch vielmehr, ἀλλὰ καὶ ... σύμφυτοι (welches Wort hier wiederholet werden muß) τῆς ἀναστάσεως, seiner Auferstehung; da wir wirklich in der Taufe ein neues geistliches Leben bekommen haben.

(*) Locke umschreibet die ersten Worte dieses Verses so: indem wir das wissen, daß wir so leben sollen, als wenn unser alter Mensch, unser schwaches, verderbtes,

sammt ihm gekreuziget ist, damit der Leib der Sünde (*) vertilget werde,

derbtes, fleischliches, Ich, welches wir ehehin waren, mit ihm gekreuziget wäre. Er führet, diese seine Meynung zu erläutern, in der Anmerkung die Stellen Galat. V. 24. Ephes. IV. 22. Col. II. 11. 1 Petr. IV. 1. an, die alle von der täglichen Kreuzigung des Fleisches handeln. Da aber in unserer Stelle die Worte: wir sollen so leben, als wenn unser alter Mensch gekreuziget wäre, nicht stehen, und es vielmehr heisset, er sey mit Christo gekreuziget; so ist deutlich, daß dieser Verstand der Worte nicht der rechte seyn könne, und solcher vielmehr in der weitern Bekräftigung des V. 2. vorgetragenen Satzes gesuchet werden müsse. Er will nämlich dieß ausführen, daß uns unsere heilige Taufe zu einem heiligen Leben verbinde. Davon hatte er V. 3. und 4. den Beweis beygebracht, daß, da wir auf Christi Tod getauft sind, sein Tod, und seine Begräbniß, uns so zugerechnet werde, als wenn wir mit ihm begraben worden wären, und daraus V. 4. und 5. den Schluß gezogen, daß, da die Getauften vor GOtt so angesehen werden, als wenn sie mit Christo in seinem Tode, und Begräbnisse, nur eine einzige Person ausmachten, sie auch in der Auferstehung JEsu Christi um so viel mehr so betrachtet würden; und also ihre geistlichen Lebenskräfte nothwendig zu einem täglich heiligern Wandel gebrauchen müßten. Nun folget V. 6. ein neuer Beweis, und ist folgender: Nicht nur der Tod, und die Begräbniß, JEsu Christi werden uns in der heiligen Taufe zugerechnet, sondern auch seine Kreuzigung, und GOtt betrachtet uns, nach unserer Taufe, nicht anders, als ob wir mit, und in, Christo wären gekreuziget worden; also, dieß ist der Schluß daraus, dürfen wir der Sünde nicht von neuem dienen. Der alte Mensch ist doch gewiß der Mensch, so wie er vor seiner Wiedergeburt war; und von diesem heisset es in unserm Texte, er sey mit Christo gekreuzigt, nämlich zurechnungsweise: folglich ist es falsch, wenn man den Text nur so erkläret, daß man so leben soll, als wäre er gekreuzigt.

(*) Der Leib der Sünde läßt sich wohl unmöglich anders, als wörtlich, übersetzen; weil diese Worte einen Begriff bezeichnen, den uns allein die göttliche Offenbarung giebt, und dieser Ausdruck noch dazu selten ist. Es haben aber schon die Alten bemerkt, daß der Leib der Sünde hier nichts anders sey, als was unmittelbar vorher der alte Mensch heisset. Denn, dieß lehret der Zusammenhang. Unser alter Mensch, saget Paulus, ist mit Christo gekreuziget, damit der Leib der Sünde aufhöre, oder, vertilget werde. Eben das muß also vertilget werden, was mit Christo gekreuziget ist. Nun aber ist unser alter Mensch gekreuziget worden. Also muß der Leib der Sünde nichts anders, als der alte Mensch seyn. Der Apostel drücket den Zustand, worinnen sich nach dem Falle alle Menschen von Natur, vor der Wiedergeburt, befinden, und der gewöhnlich, wie auch hier, der alte Mensch genennet wird, des Nachdruckes wegen durch den Leib der Sünden aus. So wie σῶμα, Leib, öfters im uneigentlichen Verstande einen moralischen Körper bedeutet, in welchem sich eine eben so genaue Verbindung, als in dem menschlichen Leibe, zwischen Haupt, und Gliedern, wahrnehmen läßt: so bedeutet es auch hier den unseligen Zusammenhang, in welchem alle Seelenkräfte, und alle Glieder, des natürlichen Menschen wegen der Erbsünde, womit sie verdorben sind, sich beständig zu sündigen bestreben, und gleichsam einen einzigen Leib, der nichts, als Sünde ist, und Sünde thut, ausmachen. Damit diese Macht der Sünde an Leib, und Seele, immer mehr in der täglichen Erneuerung geschwächet, und vertilget, werde, ist der

daß wir hinfort der Sünde (3) nicht mehr, als
ihre Sclaven, dienen.

7. Denn, wer gestorben ist, ist von der
Knechtschaft (4) der Sünde frey, so wie ein
Sclave

auf daß der sündliche Leib
aufhöre, daß wir hinfort
der Sünde nicht dienen.

7. Denn, wer gestorben
ist, der ist gerechtfertiget
von

alte Mensch, oder Leib der Sünde, zurechnungsweise mit Christo gekreuzigt, und uns in der Wiedergeburt ein neues Leben geschenket worden. An einen andern Verstand des Leibes der Sünden zu gedenken, ist wider Vernunft, und Schrift; weil dieser Leib vertilget werden, oder, aufhören soll, und sich dieses auf keine Weise von dem menschlichen Leibe, auch nicht einmal, wie er von der Sünde misbraucht wird, begreifen läßt. Locke übersetzt zwar: damit die Uebermacht unserer fleischlichen, sündlichen, Neigungen, die aus unsern Leibern entstehen, zerstöret werde. Allein, dieß stehet nicht im Texte; sodenn ist es ein gnostischer, und folglich lange widerlegter, Irrthum, daß die Sünde aus dem Leibe entstehe.

(3) Es wird zum Verstande dessen, was S. Paulus in diesem, und den zwey folgenden Capiteln sagt, dienlich seyn, zu merken, daß die Redensarten, der Sünde dienen, ein Knecht der Sünde seyn, die Sünde herrschen lassen in unserm sterblichen Leibe, der Sünde in ihren Lüsten gehorchen, seine Glieder zu Waffen der Ungerechtigkeit begeben, frey seyn von der Gerechtigkeit, nach dem Fleische leben, oder wandeln, fleischlich gesinnet seyn, alle einerley bedeuten; nämlich, dem Antriebe seiner fleischlichen, sündlichen, Begierden folgen, ihnen die Herrschaft über sich lassen, und sich völlig von denselben in seinen Handlungen bestimmen lassen. Im Gegentheile bedeuten auch im Geiste, oder, in einem neuen Leben wandeln, den alten Menschen kreuzigen, von der Sünde frey werden, der Sünde absterben, und GOtt leben, sich GOtt ergeben, als die da aus den Todten lebendig sind, seine Glieder zum Dienste der Gerechtigkeit begeben, ein Knecht GOttes seyn, geistlich gesinnet seyn, die Geschäfte des Fleisches tödten, alles mit einander den (durch die Gnade des Heiligen Geistes in den Wiedergebohrnen gewirkten) ernstlichen, und beständigen, Vorsatz, und das aufrichtigste Bestreben, GOttes Willen in allen Dingen zu erfüllen. Es sind nur diese Ausdrücke in verschiedenen Stellen, wie sich die beste Gelegenheit dazu findet, und sie den Sinn am besten erläutern, verschieden (a).

(a) Ob sie alle völlig einerley bedeuten, wird sich am besten in den Stellen, wo sie vorkommen, beurtheilen lassen.

(4) Der Inhalt des Vortrages S. Pauli zeiget, daß dieß der Verstand dieses Verses sey; und, davon versichert zu seyn, darf man nicht weiter, als auf den 11. 12. 13ten Vers gehen. Der Apostel hat in diesem Capitel nicht die Absicht, ihnen zu zeigen, was sie gewiß, und unveränderlich (a) sind, sondern sie zu dem zu ermahnen, was sie seyn sollen, und, als Christen, zu seyn verbunden sind, nämlich, sich von der Knechtschaft der Sünde los zu machen, nicht aber, daß sie, ohne Gefahr des Rückfalles, bereits davon befreyet seyen. Denn, sonst könnte er das nicht sagen, was V. 11. 12. 13. stehet; als woraus folget, daß es in ihrer Gewalt stehe, in dem Gehorsam der Sünde fortzufahren, oder, nach Belieben, sich von neuem in derselben Dienst zu begeben.

von der Sünde.

8. Sind wir aber mit Christo gestorben: so glauben wir, daß wir auch mit ihm leben werden;

9. Und

Sclave von der Knechtschaft seines Herrn frey ist (*).

8. Erkennen wir aber, daß wir in der Taufe mit Christo gestorben, und begraben, sind, so können wir nicht anders denken, und glauben, als daß wir auch mit ihm leben werden (**);

9. weil

(a) Dieß ist nur in gewissem Verstande wahr. Es ist wahr, daß Paulus die Christen zu einem ernstlichen Bestreben nach wahrer Heiligkeit ermahnet V. 12. u.f. Es ist aber falsch, daß er deswegen läugnet, daß sie in der heiligen Taufe gewiß, und wahrhaftig, seyen gerechtfertiget worden, ob sie sich gleich durch muthwillige Sünden dieser Gnade verlustig machen könnten.

(*) Es ist noch die Frage, ob diese Umschreibung, so ungekünstelt sie auch klinget, hier schlechterdings nöthig ist? So lange ist sie nur nöthig, so lange man diesen Vers für einen allgemeinen Ausspruch ansiehet: und hier, dünkt mich, ist etwas gezwungenes in der Bedeutung des Wortes gerechtfertiget; weil sich nicht behaupten läßt, daß durch den natürlichen Tod die Menschen von der Sünde gerechtfertiget werden. Viele Ausleger erklären daher, der syrischen Uebersetzung nach, wie auch Locke gethan hat, das rechtfertigen durch befreyet werden. Und auch so läßt sich der hier stehende Satz nicht so schlechterdings behaupten; da durch den zeitlichen Tod die Menschen nicht unmittelbar von der Knechtschaft der Sünde befreyet werden. Der Leib kann zwar der Sünde nicht mehr dienen: wer aber, als ein Unwiedergebohrner, in Sünden stirbt, dessen Seele wird durch den zeitlichen Tod gewiß nicht von dieser Knechtschaft frey. Und an der Seele äussert sich doch die Knechtschaft der Sünde am meisten. Das einfältigste ist also, das Wort sterben hier in dem Verstande zu nehmen, den der Zusammenhang fordert, und das gerechtfertigt werden in der sonst gewöhnlichen Bedeutung zu behalten. Der Apostel hat V. 4. gesagt, daß wir in der Taufe mit Christo begraben würden, V. 5. daß wir mit ihm gepflanzet würden zu gleichem Tode, V. 6. daß unser alter Mensch mit ihm gekreuziget sey; ja, er ziehet so gar aus diesen Versen, und dem gegenwärtigen 7ten, im 8ten Verse den Schluß: Sind wir aber mit Christo gestorben: so glauben wir, daß wir auch mit ihm leben werden, und redet ausdrücklich von dem Sterben mit Christo. Was ist also natürlicher, als daß man auch in unserm Verse ein solches Sterben verstehet? So fällt auf einmal alle Schwierigkeit weg; da es eine ausgemachte Wahrheit ist, daß, wer mit Christo, auf die bisher beschriebene Weise, stirbt, von der Sünde gerechtfertigt ist. Der Schluß Pauli wird dadurch um so viel deutlicher. V. 6. hatte er gesagt: unser alter Mensch sey mit Christo gekreuzigt, auf daß der Leib der Sünde, oder der Zustand des Menschen vor der Taufe, aufhöre. Nun erläutert er dieß V. 7. und spricht: Denn, da ist ja dieser Zustand aufgehoben worden, da wir wegen des zugerechneten Leidens, und Sterbens, JEsu Christi von der Sünden Schuld, und Strafe, gerechtfertigt, oder losgesprochen, wurden; und V. 8. schlüsset er weiter.

(**) Locke umschreibet die letzten Worte: —— glauben, als daß wir auch ein Leben, das dem seinigen gleichförmig ist, führen müssen; aber ohne Noth, und zum Schaden des Nachdruckes, weitläuftig. Paulus saget bloß: daß wir

auch

9. weil wir wissen, daß Christus, nachdem er von den Todten auferwecket ist, nun nicht mehr stirbt: der Tod hat keine Herrschaft mehr über ihn, er ist dem Tode nicht mehr unterworfen.

10. Denn, was seinen Tod anbelangt, so ist er der Sünde gestorben, d. i. um der Sünde willen, einmal (5) für allemal: sein Leben aber, das er nun nach seiner Auferstehung hat, ist ein Leben, welches GOtt ganz eigen ist, ein Leben, woran Sünde, und Tod, keinen Anspruch mehr machen, noch schaden können.

11. Auf gleiche Weise denket auch ihr; sehet euch als Leute an, die der Sünde (6) todt, und von diesem Herrn befreyet, sind, so daß ihr euch nicht mehr von derselben, als wenn sie noch euer Herr wäre, befehlen, und brauchen lasset: die aber GOtt lebendig sind durch JEsum Christum, unsern HErrn, d. i. deren nunmehrige Beschäftigung (kraft des durch Christum erlangten geistlichen Lebens) ist, völlig GOtt zum Dienste, und zu Ehren (7), zu leben.

9. Und wissen, daß Christus, von den Todten erwecket, hinfort nicht stirbt; der Tod wird hinfort über ihn nicht herrschen.

10. Denn, das er gestorben ist, das ist er der Sünde gestorben, zu einem Mal: das er aber lebet, das lebet er GOtte.

11. Also auch ihr, haltet euch dafür, daß ihr der Sünde gestorben seyd, und lebet GOtte in Christo JEsu, unserm HErrn.

12. Er-

12. So

auch mit ihm leben werden, und begreift dadurch alles, was die Auferstehung Christi in Ansehung unserer in sich faßt. Denn, mit Christo stehen wir auf: mit ihm, und kraft seines Lebens, leben wir also auch. Ich lebe, und ihr sollt auch leben, Joh. XIV. 19. Wenn wir also mit Christo, als die mit ihm auferstanden sind V. 5. leben: so zeiget dieses Leben mit Christo zuvörderst das geistliche Leben an, das wir in der heiligen Taufe empfangen haben, wie es eine Wirkung der Kraft des Lebens JEsu Christi ist, und uns bloß in der Vereinigung mit ihm zukommt; darnach das Wachsthum desselben in der täglichen Erneuerung, wie es sich in guten Werken offenbaret. Das letzte ist das, was die lockische Umschreibung sagt: aber es machet nicht den ganzen Sinn der Worte Pauli aus; und ist aus dem erstern nur eine Folge, die Paulus in den nachstehenden Versen selbst erkläret.

(5) S. Hebr. IX. 26-28. 1 Petr. IV. 1. 2.

(6) Es wird hier von der Sünde, als von einer Person, geredet; welches eine Prosopopöie ist, die in diesem, und dem ganzen folgenden, Capitel vorkommt, und in Acht genommen werden muß, wenn man beyde recht verstehen will. Eine ähnliche Ermahnung aus gleichem Grunde kann man 1 Petr. IV. 1-3. lesen.

(7) S. Galat. II. 19. 2 Korinth. V. 15. Röm. VII. 4. Die Stärke von S. Pauli Beweise scheinet hier darinnen zu liegen. In eurer Taufe seyd ihr des Todes, und

der

12. So lasset nun die Sünde nicht herrschen in eurem sterblichen Leibe, ihr Gehorsam zu leisten in seinen Lüsten.

12. Erlaubet also der Sünde nicht, über euch zu herrschen, durch (8) eure sterbliche Leiber; welches ihr thun würdet, wenn ihr euren fleischlichen Lüsten folgtet:

13. Auch

13. Und

der Auferstehung, Christi theilhaftig worden. Er starb der Sünde einmal: also sehet euch als Leute an, die der Sünde todt sind. Er stand auf zu einem Leben, worinnen er völlig GOtt lebet: so muß euer neues Leben, nach eurer Auferstehung von eurem Begräbnisse unter dem Wasser der Taufe (wodurch ihr mit Christo begraben wurdet), nicht mehr dem Dienste der Sünde gewidmet seyn, sondern gänzlich dem Dienste GOttes, als dessen Willen ihr nun in allen Stücken zu erfüllen verbunden seyd.

(8) In eurem sterblichen Leibe. Er bedeutet in den Schriften des Apostels oft so viel, als durch (a). Und da er hier, sowohl als in dem folgenden Capitel V. 18. und 24. und sonsten auch, die Wurzel der Sünde in den Leib setzet, so scheinet seine Meynung zu seyn: lasset die Sünde nicht über euch durch die Lüste eurer sterblichen Leiber herrschen.

(a) Bis hieher ist die Anmerkung richtig. Nur folget nicht, daß dieses in deswegen auch hier so viel heissen müsse; da die Stelle auch ohne diese Bedeutung den besten Verstand hat. Noch weniger aber kann diese Bedeutung aus der gleich darauf folgenden völlig falschen Meynung unsers Paraphrasten, daß die Wurzel der Sünde in dem Leibe sey, unterstützet werden. 1 B. Mos. VIII. 21. saget GOtt: Das Dichten des menschlichen Herzens ist böse von Jugend auf. Nun aber dichtet der Leib nicht. Allein, wie verderbt die menschliche Seele sey, kann in dieser Welt (und von dem Leben in dieser Welt redet der Apostel) nicht ohne den Leib offenbar werden; der Leib ist das Werkzeug, dessen sich die Seele zur Erfüllung ihrer bösen Begierden bedienet; und der Leib giebt ihr Gelegenheit, durch die äusserlichen Empfindungen immer neue Begierden zu bekommen. So ist durch die Erbsünde Leib und Seele verdorben. Ja, die Sache noch deutlicher zu fassen, so gedenket die Schrift, wenn sie von dem Leben unwiedergebohrner Menschen redet, oft gar ihrer Seele nicht, wie z. E. Judä 19. fleischliche genennet werden, die da keinen Geist haben; weil nämlich die Seele so von der Sünde verdorben ist, daß es eben so viel ist, als wenn sie gar nicht da wäre, da sie einmal das göttliche Ebenbild, die ihr anerschaffene rechtschaffene Gerechtigkeit, und Heiligkeit, verlohren hat. Die von GOtt heilig, und gut erschaffene, Seele regieret also den natürlichen Menschen nicht, sondern die in der Seele wohnende Sünde. Hieraus wird unsere Stelle deutlich, und so zu umschreiben seyn: „Erlaubet also der in euch „wohnenden Sünde nicht, in eurem sterblichen Leibe, welcher dereinsten, so „gut, als eure Seele, vor dem Richterstuhle Christi erscheinen wird, die Herrschaft zu führen, und seine Glieder, statt des Heiligen Geistes, zu regieren, „daß ihr derselben gehorchet, und die Lüste, wozu euch euer Leib Gelegenheit „giebt, und sich, und der verdorbenen Seele, Vergnügen schaft, erfüllet."

13. Und übergebet eure Glieder der Sünde nicht, daß sie sich derselben zu Werkzeugen der Ungerechtigkeit bedienen kann: sondern übergebet euch selbst GOtt, als Menschen, die er von den Todten (9) zu einem neuen Leben erwecket hat, und die allein ihn zum HErrn haben; und übergebet GOtt eure Glieder, daß er solche zu Werkzeugen der Gerechtigkeit brauche.

13. Auch begebet nicht der Sünde eure Glieder zu Waffen der Ungerechtigkeit: sondern begebet euch selbst GOtte, als die da aus den Todten lebendig sind; und eure Glieder GOtte zu Waffen der Gerechtigkeit.

14. Denn, wenn ihr dieses thut, so wird die Sünde nicht die Herrschaft über euch (10) haben, ihr werdet nicht, als Sclaven, unter ihrer Macht stehen, um von ihr dem Tode übergeben zu werden (*). Denn, ihr seyd nicht unter dem Gesetze, und in dem gesetzlichen Zustande, sondern

14. Denn, die Sünde wird nicht herrschen können über euch: sintemal ihr nicht unter dem Gesetz seyd, sondern unter der Gnade.

15. Wie

(9) ἐκ νεκρῶν, von den Todten. Die heydnische Welt war in Sünden todt, Eph. II. 1. 5. Coloss. II. 13. (und die jüdische saß im Finsterniß und Schatten des Todes, Jes. IX. 2. Röm. XI. 15. Es wird aber hier mehr auf den in meinen vorhergehenden Anmerkungen gezeigten zugerechneten Tod, als auf den erst in dieser Anmerkung beschriebenen, gesehen). Diejenigen, welche sich zum Evangelio bekehrten, standen von diesen Todten auf.

(10) Die Sünde wird keine Herrschaft über euch haben, d. i. sie wird nicht euer uneingeschränkter Herr seyn, sich eurer Glieder, und Kräfte, zu ihrem Dienste, und ihren knechtischen Verrichtungen, nach Gefallen, zu bedienen; ihr werdet nicht mehr ohne Einschränkung ihr unterwürfig, sondern als freye, und von den Todten erweckte, Leute in eurer eigenen Gewalt seyn, woferne ihr euch nicht aus freyer Wahl wieder in ihre Sclaverey begebet, durch freywilligen Gehorsam ihren Befehlen nachkommet, und sie gerne zu eurem Herrn habt. Man muß sich erinnern, daß S. Paulus in diesem, und dem folgenden, Capitel die Sünde so vorstellet, als ob sie mit den Menschen, um solche ins Verderben zu stürzen, um die Herrschaft stritte.

(*) Wo ich nicht irre, so läßt sich der erste Theil dieses Verses noch ungekünstelter, und dem Grundtexte gemäßer, so ausdrücken: Denn, die Sünde soll, oder darf, schlechterdings nicht über euch herrschen. Das Griechische heißt: ἁμαρτία γὰρ ὑμῶν οὐ κυριεύσει, eben so wie es in den zehn Gebothen heißt: οὐ φονεύσεις, du sollt nicht tödten, u.s.w. Matth. XIX. 18. und 2 B. Mos. XX. So schicken sich auch die Worte dieses Verses am besten zu den V. 12. und 13. befindlichen Ermahnungen Pauli, als ein Grund zu denselben; und zu dem Endzwecke dieses Abschnittes, nach welchem der Apostel zeiget, daß die Rechtfertigung aus Gnaden Niemand die Erlaubniß zu sündigen, und fleischlich sicher zu werden, gebe. Der Apostel hatte V. 13. die Getauften ermahnet, GOtt sich selbst zum Dienste zu übergeben, als die da aus den Todten lebendig worden seyen, und ein neues Leben

15. Wie nun? sollen
wir sündigen, dieweil wir
nicht unter dem Gesetz,
sondern unter der Gnade
sind? Das sey ferne!

16. Wis-

dern unter der Gnade, und in dem Stande des evangelischen Gnadenbundes.

15. Was also? Sollen wir deswegen, weil
wir nicht unter dem Gesetze, sondern unter dem
Bunde der Gnade, stehen, sündigen (*)? Das
sey ferne!

16. Wis-

Leben in der Taufe bekommen haben. Denn, Todte, oder Unwiedergebohrne, können sich GOtt nicht zum Dienste widmen. Wenn sie aber GOtt von den Todten durch die Wiedergeburt auferwecket hat, so können sie solches thun, obgleich nicht aus eigenen, sondern den in der Wiedergeburt erlangten, neuen, Kräften. Dieser Ermahnung füget er nun den Grund bey: Denn, die Sünde darf schlechterdings nicht über euch herrschen, und schärfet damit das, was er bisher weitläuftig bewiesen hatte, aufs neue ein, so daß er es nunmehr zu einer schlechterdings nothwendigen Pflicht der Getauften machet, der Herrschaft der Sünde zu widerstehen, und sich derselbigen täglich mehr zu entreissen zu suchen. So siehet man auch den fernern Grund, wodurch er den gegenwärtigen unterstützet: sintemal ihr nicht unter dem Gesetz seyd, sondern unter der Gnade, oder, nach dem Griechischen, denn, ihr seyd nicht unter dem Gesetz, sondern unter der Gnade, d. i. denn, es verhält sich ganz anders mit euch, als wenn ihr unter dem Gesetze stündet. Das Gesetz, als Gesetz, ertheilet keine Kräfte, das, was es befiehlt, zu vollbringen: die Gnade giebt die Kräfte, der Herrschaft der Sünde zu widerstehen; unter dem Gesetze lernet man zwar die Sünde kennen, hat aber kein Vermögen, sie zu meiden: unter der Gnade kann man sie vermeiden; ihr seyd also um so viel mehr verbunden, die Sünde nicht über euch herrschen zu lassen, je mehrere Kräfte ihr zu einem neuen, und heiligen, Leben in der heiligen Taufe, da ihr von den Todten auferwecket, und mit Christo auferstanden seyd, empfangen habt.

(*) Dieß ist ein neuer Einwurf, der aus einem Misverstande der letzten Worte des vorhergehenden Verses: Denn, ihr seyd nicht unter dem Gesetz, sondern unter der Gnade, bey den Lesern Pauli entstehen konnte. Was ist dieß für eine Lehre, konnten besonders die Juden, nach ihrer damaligen Unwissenheit, schlüssen, die Sünde soll nicht über uns herrschen, weil wir nicht unter dem Gesetze, sondern unter der Gnade, sind? Was kann uns denn von der Sünde abhalten, als das Gesetz? wo ist die Sünde verbothen, als im Gesetz? wo Gnade ist, da ist ja keine Strafe u. s. w. Man wird diesen Einwurf deutlicher verstehen, wenn man den Vers so umschreibt: „Was ist dieß also? so sollten wir ja vielmehr sündigen, weil wir „nicht unter dem Gesetze, sondern unter der Gnade sind.“ Der Apostel antwortet: das sey ferne! und bringet in dem folgenden neue Beweise bey, daß die Rechtfertigung aus Gnaden Niemand zu sündigen verstatte. Sie bestehen darinnen, daß, wenn sie, nachdem ihnen ihre Sünden in der Taufe vergeben worden, aufs neue muthwillig sündigen würden, sie sich dadurch aller Folgen ihrer Rechtfertigung selbst verlustig machen, und in die Knechtschaft der Sünden versetzen würden, welche nichts anders, als den ewigen Tod, nach sich ziehen könnte. Er erläutert dieß vortreflich schön durch den Gegensatz von dem Dienste der Gerechtigkeit, und dessen

Gnaden-

16. Wisset ihr nicht, daß ihr desjenigen, dem ihr euch selbst als Knechte, um ihm zu gehorchen (11), unterwerfet, Knechte seyd, dem ihr gehorchen müsset? ihr möget euch entweder der Sünde unterwerfen, welche Knechtschaft sich mit dem Tode endiget, oder Christo [in seinem Evangelio], wodurch ihr Gerechtigkeit, und Leben, erlanget (*)?

17. Al-

16. Wisset ihr nicht, welchem ihr euch begebet zu Knechten in Gehorsam, des Knechte seyd ihr, dem ihr gehorsam seyd: es sey der Sünde zum Tode, oder dem Gehorsam zur Gerechtigkeit.

17. GOtt

Gnadenlohne, dem ewigen Leben. Der Hauptgedanke in dem letzten Theile dieses Capitels ist also dieser: Wer nach seiner Rechtfertigung muthwillig sündiget, machet sich der seligen Wirkungen derselben verlustig, und verfällt aufs neue in die Knechtschaft, und Strafe, der Sünde, den Tod, so gut, als wenn er nicht gerechtfertiget wäre; seine Rechtfertigung hilft ihn also nichts: hingegen, wer, nachdem er aus Gnaden gerechtfertiget ist, in dem Werke der Heiligung täglich fortfähret, und zunimmt, erlanget aus Gnaden das ewige Leben. Die Rechtfertigung aus Gnaden giebt uns also keine Gelegenheit, ja nicht einmal einen Vorwand, zu sündigen.

(11) Ὑπακοὴν, Gehorsam. Was der Apostel hier schlechtweg ὑπακοὴ, Gehorsam, nennet, heißt in andern Stellen ὑπακοὴ πίστεως, Gehorsam des Glaubens, und ὑπακοὴ τοῦ Χριστοῦ, Gehorsam Christi. Allein, daraus folget

(*) nicht, daß in den letzten Worten: oder Christo in seinem Evangelio u. s. w. die von Locken unternommene Ergänzung nöthig sey. In dem vorhergehenden hatte er recht construirt: nun ändert er sich auf einmal. Der Sinn des Verses ist ganz ordentlich, nach der Lockischen Umschreibung, dieser: „Wem ihr euch selbst, als „Knechte, unterwerfet, dem müsset ihr gehorchen. Ihr seyd also entweder Knechte „der Sünde zum Tode, d. i. ihr werdet beständig mehr entfremdet von dem geistlichen „Leben, dem Leben, das aus GOtt ist, Ephes. IV. 18. und endiget diesen geistlichen „Tod mit dem ewigen: oder ihr seyd Knechte ὑπακοῆς εἰς δικαιοσύνην, des Gehorsams zur Gerechtigkeit, d. i. Knechte, die beständig gehorsam sind, nämlich „GOtt, und, in diesem Verstande, freylich auch Christo, Knechte, die ihm ohne „Furcht dienen ihr Lebenlang (Luc. I. 74.), die nichts unterlassen, was euren Ge„horsam gegen GOtt, und Christum, der euch erkaufet hat, beweisen kann, die „diesen Gehorsam, nachdem sie durch die Taufe mit Christo zu einem neuen Leben „auferstanden sind, zu ihrem einzigen Geschäfte, und Gegenstande, machen, und „dadurch immer heiliger, und frömmer, werden, εἰς ἁγιασμόν, bis sie endlich, „von den Banden dieses Leibes erlöset, vollkommen heilig, bekleidet mit der Ge„rechtigkeit JEsu Christi, die ihnen in ihrer Rechtfertigung zugerechnet worden, „und noch täglich zur Bedeckung ihrer Fehler zugerechnet wird, vor dem Throne „JEsu Christi erscheinen, und als Gerechte von ihm in das ewige Leben eingefüh„ret werden.“ Man muß nur hier das Wort Gerechtigkeit nicht in dem engen Verstande nehmen, als ob es diejenige Gerechtigkeit allein bedeutete, da Jemand vollkommen ist. Diesen Verstand hat es, wenn von der zugerechneten Gerechtigkeit Christi die Rede ist; wird es aber von der Gerechtigkeit der Menschen gebrauchet,

so

17. GOtt sey aber gedanket, daß ihr Knechte der Sünde gewesen seyd: aber nun gehorsam worden von Herzen dem Vorbild der Lehre, welchem ihr ergeben seyd.

17. Allein, GOtt sey Dank, daß ihr, die ihr Knechte der Sünde gewesen seyd, aufrichtig, und von Herzen, so gehorsam worden seyd, daß ihr die Form der Lehre, worunter ihr jetzt stehet, angenommen habt, oder vielmehr darein so gebracht worden (12) seyd, daß ihr euch nunmehr nach derselben richten könnet (*).

18. Denn, nun ihr frey worden seyd von der Sünde, seyd ihr Knechte worden der Gerechtigkeit.

18. Da ihr also von der Knechtschaft der Sünde frey worden seyd, so seyd ihr Knechte der Gerechtigkeit geworden (**).

so heißt es in der heiligen Schrift bald so viel, als Gerechtigkeit des Glaubens, bald so viel, als wahre Frömmigkeit, und Heiligkeit, so wie man solche bey Gliedern Christi in dieser Welt suchen kann. Kurz, das griechische δικαιοσύνη drückt das hebräische צְדָקָה aus: und so werden alle falsche Auslegungen bey Leuten, die das Hebräische verstehen, von selbst wegfallen.

(12) Εἰς ὃν παρεδόθητε, welchem ihr ergeben seyd; ist kein harter, sondern vielmehr ein zierlicher, Ausdruck, wenn man bedenket, daß S. Paulus hier von der Sünde, und dem Evangelio (besser, dem Gehorsam zur Gerechtigkeit,) als von zween Herren redet, und daß diejenigen, an welche er schreibet, von dem einen befreyet, und dem andern übergeben worden sind, so daß sie nun, nachdem sie ihm von Herzen gehorsam worden, nicht mehr Knechte der Sünde sind, weil, nach Aussage des vorhergehenden Verses, derjenige, dem sie gehorchen, wirklich ihr Herr ist.

(*) Eigentlicher könnte die Umschreibung so gefasset werden: „GOtt aber sey
„ Dank, daß ihr nicht mehr Knechte der Sünde seyd (denn nur in diesem Verstande
„ kann der Apostel GOtt dafür danken, daß sie Knechte der Sünde gewesen sind),
„ und mit willigem, und aufrichtigem, Herzen den Lehrbegriff von der Gnade GOttes
„ in JEsu Christo, wozu ihr durch die Gnadenwirkung des Heiligen Geistes angeführet worden, gehorsam angenommen habt, V. 18. GOtt, sage ich, sey Dank,
„ daß ihr durch die heilige Taufe von der Herrschaft der Sünde befreyet, und Knechte
„ der Gerechtigkeit worden seyd“!

(**) Dieser Vers hänget mit dem vorhergehenden 17ten, so wie ich ihn in der dabey befindlichen Anmerkung, umschrieben, damit verbunden habe, unmittelbar zusammen. Es verbindet ihn damit nicht nur die Construction, und die griechische Interpunction, sondern selbst auch der Zusammenhang. V. 16. hatte der Apostel gesagt: die Gläubigen würden sich, wenn sie nach ihrer Taufe aufs neue muthwillig sündigten, in die unseligste Knechtschaft der Sünde stürzen, so wie sie hingegen als Knechte der Gerechtigkeit in der seligen Freyheit der Kinder GOttes lebten. Diese Vorstellung rühret ihn so, daß er V. 17. und 18. in den freudenvollen Dank ausbricht, daß sie GOtt aus diesem Elende befreyet, und in einen seligen Zustand versetzet, habe: GOtt aber sey Dank u. s. w. So ist der 18te Vers der Gegensatz von den Worten des

19. Ich bediene mich dieses Gleichnisses, von dem Uebergange eines Sclaven von einem Herrn zu dem andern (13), als einer euch Römern wohl bekannten Sache, um euch meine Meynung desto faßlicher zu machen, weil ihr in dergleichen Materien noch schwach, und mehr an die Vorstellung fleischlicher, als geistlicher, Dinge gewöhnet seyd. Denn, wie ihr eure natürlichen (14) Kräfte der Unreinigkeit zu folgsamen, sclavischen, Werkzeugen überlassen habt, daß sie (*) sich derselben

19. Ich muß menschlich davon reden, um der Schwachheit willen eures Fleisches. Gleichwie ihr eure Glieder begeben habt zu Dienst der Unreinigkeit, und von einer Ungerechtigkeit zu der andern: also begebet nun auch eure Glieder zu Dienst der Gerecht-

des 17ten, daß ihr Knechte der Sünde gewesen seyd, und das hinter ἐλευθερωθέντες befindliche δὲ mehr eine Particula encliticа, als ein Schlußwort, wofür es sowohl der s. Luther, als Locke, angesehen hat. Nun fähret Paulus V. 19. in der V. 16. angefangenen Vorstellung, nach diesem Zwischensatze, fort, und führet das Gleichniß weiter aus.

(13) ἀνθρώπινον λέγω, ich muß menschlich davon reden. Der Apostel hat gewissermassen Grund, sich wegen dieser Art des Vortrages, die er ganz bis zu Ende dieses Capitels behält, ein wenig zu rechfertigen.

(14) Glieder, s. Cap. VII. 5. in der Anmerkung (a).

(a) Nach dem, was ich zu der 8ten Anmerkung über den vorhergehenden 12ten Vers erinnert habe, ist diese Umschreibung sehr nachdrücklich, ob gleich Locke etwas anders dabey gedacht hat, als seine Worte mit sich bringen. Denn, allerdings regieret die in dem Menschen wohnende Sünde nicht nur die Glieder, sondern auch alle Kräfte, eines Unwiedergebohrnen. Da aber Paulus von den Unwiedergebohrnen hier saget, daß sie ihre Glieder der Unreinigkeit zu Werkzeugen darstellen, oder überlassen, so siehet er mehr auf die Ausbrüche, und äusserlichen Wirkungen, der Sünde, als auf die innerlichen, weil diese schon die wirklichen, von der herrschenden Sünde erregten, bösen Begierden voraussetzen.

(*) Im Griechischen heisset es: und der Ungerechtigkeit zur Ungerechtigkeit, καὶ τῇ ἀνομίᾳ εἰς τὴν ἀνομίαν. Er macht hiemit zwo Hauptarten bekannt, wie die Sünde ihre Herrschaft in den Unwiedergebohrnen beweiset; die Unreinigkeit, und das Unrecht. Denn, so hat Lutherus ἀνομία 1 Joh. III. 4. übersetzt: die Sünde ist das Unrecht. Durch die Unreinigkeit zeiget er die fleischlichen, unreinen, unflätigen, Begierden der Unwiedergebohrnen an, auf deren Erfüllung ihre mehresten Handlungen abzielen, und sie also zur Bewegursache haben. Da es aber noch andere Bewegursachen der Handlungen der Unwiedergebohrnen giebt, die von dieser zwar der Gattung nach verschieden, aber doch eben so gottlos, und schändlich, sind; so fasset er diese in dem andern Worte Unrecht zusammen, und saget, daß bey solchen unseligen Menschen theils die schändlichsten, und unflätigsten, Lüste, theils die

rechtigkeit, daß sie heilig
werden.

selben unumschränkt zu allen Arten der Ungerechtigkeit (15) bedienen konnte: so müsset ihr jetzt
eure natürlichen Kräfte der Gerechtigkeit zu einem
vollkommenen, und bereitwilligen, Gehorsam
übergeben.

20. Denn, da ihr der
Sünde Knechte waret, da
waret ihr frey von der Gerechtigkeit.

20. Denn, da ihr Knechte der Sünde waret,
da waret ihr der Gerechtigkeit nicht im geringsten
unterworfen, noch gehorsam: aus gleichem
Grunde müsset ihr also nun, da die Gerechtigkeit
die Herrschaft über euch hat, der Sünde keinen
Gehorsam leisten (*).

21. Was hattet ihr nun
zu der Zeit für Frucht?
Welcher ihr euch jetzt schämet: denn, das Ende der-
selbigen ist der Tod.

21. Was hattet ihr also damals für Frucht,
oder Nutzen, von denjenigen Dingen, deren ihr
euch jetzt schämet? Denn, das Ende derjenigen
Handlungen, die ihr aus Gehorsam gegen die
Sünde begienget, ist der Tod.

22. Nun ihr aber seyd
von der Sünde frey, und
GOttes Knechte worden:
habt ihr eure Frucht, daß
ihr

22. Da ihr aber nunmehr von der Sünde
befreyet, und nicht mehr Knechte dieses Herrn,
seyd, sondern GOtt zu eurem HErrn, und Gebiether, habt, dessen Unterthanen, oder Knechte,
ihr

die übrigen Arten unerlaubter, und dem göttlichen Gesetze zuwider laufender, Begierden den Grund aller ihrer Handlungen enthielten, und diese Lüste, und Begierden, nicht aber die vernünftige Seele die Glieder des Leibes, als Werkzeuge, regierten, und gebrauchten, zu der [illegible] zum Unrecht, oder zu allem, was Unrecht, und Sünde, ist. Das Griechische sagt also hier mehr, als die Uebersetzung, und Umschreibung.

(15) Und von einer Ungerechtigkeit zu der andern. S. die 5te Anmerkung Cap. I. 17. (a).

(a) Ich habe dorten das Nöthige erinnert: und die hier befindlichen griechischen Worte stehen auch in einer ganz andern Verbindung, als die angeführten. Es gilt also vielmehr meine unmittelbar vorhergehende Anmerkung.

(*) Diese Umschreibung ist schön gerathen. Paulus stellet in einem Gleichnisse die in den Unwiedergebohrnen alle Glieder regierende Sünde, und die den Glaubigen in der Wiedergeburt geschenkten neuen Lebenskräfte, die ihre Glieder zu lauter guten Handlungen bewegen sollen, als zween Herren in römischem Verstande vor, deren keiner des andern Sclaven zu befehlen hat. Wer also ein Sclave der Sünde ist, dem kann die Gerechtigkeit nichts gebiethen, d. i. da er keine geistliche Kräfte hat, so können solche auch nichts Gutes durch ihn ausrichten. Das heißt; er ist frey von der Gerechtigkeit. Hingegen wer von dem Dienste der Sünde nach der göttlichen Gnadenordnung frey worden ist, der darf auch der Sünde nicht mehr gehorchen.

ihr (in der Taufe) worden seyd, so zielet euer Lebenslauf auf Heiligkeit (so habt ihr von eurem Gehorsam den Nutzen, daß ihr heilig werdet,), wovon das Ende das ewige Leben ist.

ihr heilig werdet; das Ende aber das ewige Leben.

23. Denn, der Sold (16), welchen die Sünde zahlet, ist der Tod: das Gnadengeschenk (17) aber, welches die Knechte GOttes von dessen Gütigkeit empfangen, ist das ewige Leben durch JEsum Christum, unsern HErrn.

23. Denn, der Tod ist der Sünden Sold: aber die Gabe GOttes ist das ewige Leben, in Christo JEsu, unserm HErrn.

(16) Der Sünden Sold bedeutet hier nicht den Sold, welcher für die Sünde bezahlet wird, sondern den Lohn, welchen die Sünde bezahlet. Dieß ist deutlich, nicht nur aus dem Gegensatze, welcher in diesem Verse zwischen dem Sold der Sünde, und der Gabe GOttes, gemachet wird; da nämlich die Sünde die Menschen für den ihr geleisteten Gehorsam mit dem Tode belohnet, GOtt aber denen, die an JEsum Christum glauben, und sich aufrichtig der Gerechtigkeit befleißigen, das ewige Leben schenket: sondern es erhellet auch aus dem ganzen Inhalte der Rede S. Pauli, da er von der Sünde, als von einer Person, und einem Herrn, redet, der Knechte hat, und von denselben Gehorsam, und Dienst, erhält. Da also hier der Sold der Sünde der Sold einer Person ist, somuß er das, was sie bezahlet, seyn.

(17) Die Gabe GOttes. Die Sünde bezahlet denen, welche ihre gehorsame Knechte sind, den Tod: GOtt aber belohnet den Gehorsam derjenigen, deren HErr und Gebiether er ist, mit dem Gnadengeschenke des ewigen Lebens. Ihre eifrigsten Bemühungen, und ihr genauester Gehorsam, können ihnen niemals ein Recht dazu verschaffen: und so ist es kein Sold, sondern ein unverdientes Gnadengeschenk. S. Cap. IV. 4.

Viertes Stück.

Cap. VII. Vers 1—25.

S. Paulus hat in dem vorhergehenden Capitel mit den bekehrten Heyden (und Juden) geredet, und ihnen gezeiget, daß, da sie nicht unter dem Gesetze seyen, sie [allein] verbunden wären, sich von der Knechtschaft der Sünde frey zu erhalten, und dagegen (durch GOttes Beystand) um so viel aufrichtiger der Gerechtigkeit zu befleißigen, da GOtt dafür aus Gnaden das ewige Leben schenke.

Nun wendet er sich in diesem Capitel (näher) zu denen, die sich von seinem eigenen Volke in der römischen Kirche befanden, und meldet ihnen, daß, da der Tod Christi der verdammenden Kraft des Gesetzes ein Ende gemachet

machet habe, sie vom Gesetze frey wären, und durch die Annahme des Evangelii keinen Fehler begiengen. Und hier zeiget S. Paulus die Unvollkommenheit (*) des Gesetzes, welche eben die Verkündigung, und Annahme, des Evangelii nothwendig machte. Er saget nicht, daß das Gesetz nur eine einzige Sünde erlaube, sondern im Gegentheile, daß es sogar die Lust verbiethe, die man ohne Gesetz nicht als Sünde erkenne. Noch weniger behauptet er, daß das Gesetz an dem Tode derer, die darunter stehen, Ursache sey: sondern schreibt dieses der Sünde zu, die hiedurch ihren höchst giftigen Einfluß in unsere schwachen, fleischiichen, Naturen bewiese, daß sie uns zur Uebertretung des Gesetzes, das wir doch für heilig, recht, und gut, erkennen müssen, noch verleiten kann, ungeacht wir wissen, daß die Todesstrafe auf jede Uebertretung desselben gesetzet ist. Allein, hierinnen lieget die Unvollkommenheit des Gesetzes, daß es geistlich, und der Sünde entgegen gestellet, ist, solche aber gleichwohl nicht überwinden, noch ausrotten, kann, und die Sünde also in dem Menschen so gut, als zuvor, bleibet, und wohnet, und durch die Macht ihrer fleischlichen Begierden, die sich dem Gesetze nicht unterwürfig machen lassen, die Menschen zu Uebertretungen verleitet, die sie selbst nicht billigen. Auch hilft es dem Menschen nicht, der Sünde Widerstand zu thun, oder sie zu ü[illegible]rwinden. Denn, wenn sich gleich ihr Gemüth auf eine ganz andere Seite neiget, so befreyet sie doch dieses ihr Bestreben, dem Gesetze gehorsam zu seyn, nicht von dem Tode, in welchen sie durch ihre fleischlichen Begierden, die sie zur Sünde verführen, gestürzet werden. Diese Befreyung ist allein von der Gnade zu erwarten, welche (wegen der zugerechneten Gerechtigkeit JEsu Christi) denen wiederfähret, die sich aus dem gesetzlichen Zustande in einen evangelischen begeben haben, und aus allen Kräften eifrig, und aufrichtig, dem götilichen Gesetze zu gehorchen, bestreben; ob sie gleich manchmal aus Schwachheit ihres Fleisches in Sünde fallen.

Dieß war für die bekehrten Heyden zu Rom ein neuer Beweis, daß sie, um GOttes Volk, und der evangelischen Gnadenverheissungen theilhaftig, zu werden, nicht verbunden wären, sich dem Gesetze zu unterwerfen (**); weil die

(*) Von der Unvollkommenheit des Gesetzes kommet in diesem ganzen Capitel kein Buchstabe vor: aus V. 12. läßt sich vielmehr das Gegentheil schlüssen. Das ist gar lächerlich, wenn Locke weiter unten es deshalben unvollkommen nennet, weil es geistlich, und der Sünde entgegen gestellet, ist, dieselbe aber doch nicht überwinden, noch ausrotten, kann. Auf diese Weise ist auch die Sonne unvollkommen, weil sie keinen Blinden sehend machen kann. Allein, so muß er sich drehen, damit seine irrigen Grundsätze in Erklärung dieses Briefes einen Schein bekommen.

(**) Es ist hier wieder eine Verwirrung, die aus dem unrechten Verstande des Wortes Gesetz entstehet. Freylich hatten die bekehrten Heyden nicht nöthig, sich dem

die Juden selbst nicht durch das Gesetz, sondern durch das Evangelium, vom Tode befreyet würden. Und so sehen wir, wie standhaft, und geschickt, der Apostel bey seinem Endzwecke bleibt, und wie deutlich, und nachdrücklich, er die bekehrten Heyden gegen alle Anfälle der Juden, welche dieselben wieder unter das mosaische Gesetz bringen wollten, stärket.

dem mosaischen Caeremonial- und Pollzeygesetze, um selig zu werden, zu unterwerfen: aber von dem Sittengesetze, das mit dem Naturgesetze für Menschen, welche denken (und alle sind dazu verbunden), einerley ist, waren sie niemals frey gewesen. Und von dem letzten redet doch besonders Paulus in diesem Capitel, und zwar vorzüglich von V. 7--25. Denn, diesem kommen die hier erzählten Eigenschaften, vor den beyden andern Gattungen des Gesetzes, zu. Es läßt sich überhaupt der Inhalt dieses Capitels, und dessen Zusammenhang mit dem vorhergehenden, weit kürzer, und deutlicher, fassen, als von Locken geschehen ist. Dieß ist der Satz, den Paulus im VIten, VIIten, und gewisser massen noch im VIIIten Capitel widerlegt, daß wir nicht sündigen, oder, in der Sünde beharren dürfen, auf daß die Gnade desto mächtiger werde, d. i. daß wir uns nicht der fleischlichen Sicherheit überlassen dürfen, weil wir aus Gnaden gerechtfertiget werden. Diesen Satz hat er Cap. VI. 2--10. daraus widerlegt, daß wir in der heiligen Taufe der Sünde abgestorben seyen. Er hat V. 11. 12. 13. die daraus fliessende Folge vorgetragen; und V. 14. einen neuen Grund, daß man nicht sündigen dürfe, weil GOtt aus Gnaden rechtfertige, beygebracht, in den Worten: sintemal ihr nicht unter dem Gesetz seyd, sondern unter der Gnade. Hier konnte bey seinen Lesern ein Einwurf entstehen, den er V. 15. vorträge, und V. 16. bis zu Ende des Capitels widerlege. Nun kommt er Cap. VII. erst zu der Erklärung der Cap. VI. 14. vorgetragenen Sache, daß Christen nicht sündigen dürfen, weil sie nicht unter dem Gesetze, sondern unter der Gnade, seyen, und zeiget: 1. wie sie von dem Gesetze los worden seyen, V. 1--6. und 2. wie das Gesetz zur Erkenntniß der Sünden nützlich, V. 7. heilig, und an den Sünden der Menschen nicht Schuld, V. 8--22, aber, die Menschen von der Sünde zu befreyen, ausser Stande, V. 23. 24. und die Gnade GOttes durch JEsum Christum, unsern HErrn, hier das einzige Hülfsmittel sey.

Paraphrastische Erklärung.

1. Ich habe bisher denen von euch, die ehehin Heyden gewesen sind, gezeiget, daß sie nicht unter dem Gesetze, sondern unter der Gnade, seyen (*): ich wende mich nun zu euch, meine Brüder

Text.

1. Wisset ihr nicht, lieben Brüder (denn ich rede mit denen, die das Gesetz wissen), daß das

(*) Dieser Theil der Umschreibung hat keinen Grund im Griechischen; und aus meinen bisherigen Zusätzen, und Anmerkungen, wird deutlich seyn, daß er unnöthig, und irrig, ist. Ich habe die Uebersetzung davon nicht weglassen wollen, um den Zusammenhang nicht zu verderben.

das Gesetz herrschet über den Menschen, so lange er lebet?

Brüder von meinem eigenen Volke (1), die ihr das Gesetz wisset. Es kann euch nicht unbekannt seyn, daß das Ansehen des Gesetzes einen Menschen (2), so lange er lebet, angehet, und nicht länger.

2. Denn, T 2 2. Denn

(1) Daß hier S. Paulus mit den Bekehrten aus den Juden rede, ist aus dem Inhalte dieses Capitels so deutlich, daß man solches, um davon überzeuget zu werden, nur aufmerksam, besonders V. 1. 4. 6. lesen darf (a).

(a) Dieß kann, und muß, man Locken zugeben; ohne deswegen seine falsche Hypothese von dem Endzwecke dieses Briefes anzunehmen. Die Gemeine zu Rom bestand aus Juden, und Heyden: und der Einwurf, welchen er in diesem Capitel widerleget, ist ein jüdischer Einwurf.

(2) Κυριεύει τοῦ ἀνθρώπου, herrschet über den Menschen. So übersetzen wir es recht: allein, ich glaube, in einem allzu engen Verstande; indem wir es bloß für diejenige Macht, und Herrschaft, nehmen, womit uns das Gesetz in solchen Dingen einschränket, worinnen wir uns ohne das Gesetz nicht gerne einschränken würden. Mich aber dünkt, das Wort κυριεύειν sey hier in der Bedeutung der Conjugation Hiphil gebraucht, und begreife die Rechte und Vorzüge in sich, welcher ein Mann vermöge, und kraft, des Gesetzes geniesset, und die alle, so bald er gestorben ist, aufhören. Zu dieser weitläuftigen Bedeutung dieser Worte scheinen sich S. Pauli Ausdrücke in den zween folgenden Versen zu schicken; und wenn man sie so verstehet, so ist ihr Sinn deutlich, und leicht, wie man aus der Umschreibung sehen kann (a).

(a) Das Wort κυριεύει in Hiphil zu erklären, geben uns die Worte des Textes, die keine Anzeige dieser Conjugation enthalten, keine Gelegenheit. Locken hat aber eine hier vorkommende scheinbare Schwierigkeit auf diese Meynung gebracht, so wie sie auch andere Ausleger zu allerhand Muthmassungen veranlasset hat. Lyra, Erasmus, und Grotius ziehen z. E. das ζῇ auf νόμον, und übersetzen: so lange das Gesetz lebet, oder seine Gültigkeit hat. Denn, es ist, dem ersten Ansehen nach, nicht deutlich, was das seyn soll: das Gesetz herrschet über den Menschen, so lange er lebet, V. 1. das Weib ist an das Gesetz verbunden, dieweil der Mann lebet, und wird los, wenn der Mann stirbt, V. 2. Ueber wen herrschet also das Gesetz? über den Mann, oder, über das Weib? da es so lange über den Menschen herrschet, als er lebet; und durch den Tod des Mannes nicht der Mann, sondern das Weib, los wird. Diese Schwierigkeit läßt sich, nach meiner Einsicht, also heben. Da Paulus in diesem Capitel mit Leuten redet, die das Gesetz wissen; so träget er den V. 2. und 3. befindlichen Fall nur kurz, und nicht nach allen dabey vorkommenden Umständen, vor; weil die bekehrten Juden leicht das übrige selbst ergänzen konnten. Er saget also V. 1. das Gesetz herrschet über den Menschen, sowohl Mann, als Weib, nur so lange, als der Mensch lebet; nur so lange kann, und muß, der Mensch das, was ihm das Gesetz vorschreibet, erfüllen. Hievon könnte er, wie man leicht siehet, allerley Beyspiele anführen.

2. Denn (3), ein Weib, welches einen Ehemann hat, ist durch das Gesetz an ihren lebenden
Ehemann gebunden: allein, wenn ihr Ehemann
stirbt, so ist sie frey (4) von dem Gesetze, welches
sie

2. Denn, ein Weib, das
unter dem Mann ist, die-
weil der Mann lebet, ist
sie verbunden an das Ge-
setz:

ren. Er wählet aber V. 2. und 3. das, welches zu Erläuterung seines gegenwärtigen Falles, daß die Glaubigen nicht unter dem Gesetze, sondern unter der Gnade, stehen, am geschicktesten ist; nämlich, das levitische Ehegesetz, das die Ehescheidung den Weibern gar nicht, und den Männern nur, um ihres Herzens Härtigkeit willen, Matth. XIX. 7. erlaubte. Dieß verband Mann, und Weib, nach der ersten göttlichen Einsetzung, Matth. XIX. 4. 5. 6. 8. 9. unzertrennlich. So bald aber der Mann starb, so bald war die Frau, in Ansehung des verstorbenen Mannes, von dem Gesetze los, und konnte einen andern Mann nehmen. Hier ist also ein Fall, da das Gesetz seine verbindende Kraft durch den Tod derer, die ihm unterworfen sind, verlieret: ungeacht nur eine der dadurch verbundenen Personen stirbt. Wie vielmehr wird dieses geschehen, wenn beyde, welche unter dem Gesetze stehen, sterben? Dieß ist durch den Versöhnungstod JEsu Christi geschehen; and Paulus schlüsset daher V. 4. und 6. Ihr seyd getödtet dem Gesetz durch den Leib Christi; wir sind von dem Gesetz los, und ihm abgestorben. Christus ward unter das Gesetz gethan, auf daß er die, so unter dem Gesetze waren, erlösete; er starb für sie alle, nachdem er das Gesetz an ihrer Statt erfüllet hatte; sein Leiden und Tod, sowohl als sein thuender Gehorsam, wird allen, die an ihn glauben, so gut, als hätten sie selbst das Gesetz gehalten, und wären selbst um ihrer Sünden willen gestorben, zugerechnet; so einer für alle gestorben ist, so sind sie alle gestorben, 2 Korinth. V. 14. sie sind auf seinen Tod getauft, Röm. VI. 3. und mit ihm durch die Taufe begraben, V. 4. mit ihm zu gleichem Tode gepflanzet, V. 5. mit ihm gekreuziget, V. 5. Sie sind also durch Christum, in welchem sie zurechnungsweise das Gesetz erfüllet, und mit dem sie, da er litte und starb, die von dem Gesetze gedrohete Todesstrafe ausgestanden haben, von der Verdammniß, und Herrschaft, des Gesetzes frey. Dieß ist, nach Pauli eigener Erklärung, der Sinn unserer Stelle; und auf diese Weise hat unsere ordentliche deutsche Uebersetzung, das Gesetz herrschet über den Menschen, so lange er lebet, vor Lockens Umschreibung den Vorzug.

(3) Denn. Das, was im 2ten Verse folget, ist weder Beweis, noch Erklärung, für das, was im 1sten stehet, wenn man nicht κυριεύειν in dem angezeigten Verstande nimmt (a).

(a) Dieß ist nach meiner vorhergehenden Anmerkung unnöthig.

(4) Ἀπὸ τοῦ νόμου τοῦ ἀνδρὸς, vom Gesetz, das den Mann betrift. Dieser Ausdruck bestätigt den oben erwähnten Verstand. Denn, es kann auf keine Weise das Gesetz des Mannes genennet werden, ausser, in wie weit es das Gesetz ist, wodurch der Mann zu dem Weibe ein Recht hat (a). Allein, dieses Gesetz, in wie weit es des Mannes Gesetz ist, ihn betrift, und ihm ein Recht giebt, stirbt mit ihm, und so wird die Frau frey davon.

(a) Diß alles streitet wider die gemeldete Anmerkung nicht.

setz: so aber der Mann stirbt, so ist sie los vom Gesetz, das den Mann betrift.

sie an ihren Ehemann verband; weil die Kraft des Gesetzes, wonach er ein Recht auf sie hatte, in Ansehung seiner, so bald er stirbt, aufhöret.

3. Wo sie nun bey einem andern Manne ist, weil der Mann lebet, wird sie eine Ehebrecherinn geheissen: so aber der Mann stirbt, ist sie frey vom Gesetz, daß sie nicht eine Ehebrecherinn ist, wo sie bey einem andern Manne ist.

3. Sie wird also eine Ehebrecherinn heissen, wenn sie, so lange ihr Ehemann lebet, einen andern Mann nimmt. Wenn aber ihr Ehemann stirbt, und das Recht, das er nach dem Gesetze hat, aufhöret, so ist sie frey vom Gesetze, und keine Ehebrecherinn, wenn sie gleich einen andern Mann bekommt.

4. Also auch, meine Brü-

4. Eben so seyd auch ihr (5), meine Brüder, durch

(5) καὶ ὑμεῖς, auch ihr. Καὶ auch, ist hier nicht von ungefähr, oder ohne Absicht, gesetzet, sondern zeiget deutlich, daß der Apostel eine vorhin erwähnte Person, oder Personen, die vom Gesetze frey geworden, im Sinne habe; und dieß muß entweder das in den vorhergehenden Versen erwähnte Weib seyn, welches von dem Gesetze ihres Mannes frey ist, weil er gestorben ist: oder, es müssen die Bekehrten aus den Heyden seyn, die Cap. VI. 14. als frey vom Gesetze betrachtet werden, weil sie nie darunter gewesen sind (a). Wenn man das καὶ auf das Weib ziehet, so ist die Meynung S. Pauli diese: auch ihr seyd frey vom Gesetze, sowohl, als ein solches Weib, und könnet euch ohne Vorwurf dem Evangelio unterwerfen. Ziehen wir aber das καὶ auf die Bekehrten aus den Juden, so ist seine Meynung diese: Auch ihr, meine Brüder, seyd eben sowohl, als die bekehrten Heyden, vom Gesetze frey, und, sowohl als sie, berechtigt, euch dem Evangelio zu unterwerfen. Ich bekenne, daß ich zu der letztern Erklärung geneigter bin, theils, weil S. Pauli Hauptabsicht ist, zu zeigen, daß Juden, und Heyden, völlig frey vom Gesetze seyen, theils, weil ἐθανατώθητε τῷ νόμῳ, ihr seyd dem Gesetz getödtet, die Redensart, womit er diese Freyheit ausdrückt, sich natürlicher auf den 1sten Vers beziehet, wo er spricht: Das Gesetz herrschet über den Menschen, so lange er lebet, und, welches sich von selbst verstehet, nicht länger, denn auf die zween folgenden Verse, wo er nicht saget, daß der Tod des Weibes, sondern der Tod des Mannes, das Weib frey mache (b).

(a) Dieß ist eine elende Ursache; weil man von einer Sache, der man niemals unterworfen gewesen ist, nicht frey werden kann, und hier eben von einer solchen Freyheit V. 2. und 3. die Rede ist. So ist es auch ungeschickt, so allgemein hin zu behaupten, die Heyden seyen niemals unter dem Gesetze gewesen. Sie waren freylich nicht unter dem mosaischen: sie hatten aber doch das Naturgesetz, und waren ihnen selbst ein Gesetz, Röm. II. 14. Und was war es in der That für eine Freyheit, daß die Heyden das geoffenbarte göttliche Gesetz nicht

durch den Leib Christi (6) dem Gesetze abgestorben (7), und die Herrschaft des Gesetzes über euch

Brüder, Ihr seyd getödtet dem Gesetz, durch den Leib Chri-

nicht hatten? Keine bessere, als wie noch heut zu Tage gewisse lasterhafte Leute deswegen von Freyheit sprechen, weil sie das, was Vernunft, und Religion, den Menschen als Mittel zur Glückseligkeit zeigen, zu lernen unterlassen haben, und sich nun durch dieselben nicht verbunden zu seyn glauben.

(b) Aus diesen beyden Gründen wird man leicht die löckische Verwirrung wahrnehmen. Der erste hat gar keine richtige Folge in sich, und schlüsset also: weil S. Pauli Hauptabsicht ist, zu zeigen, daß Juden, und Heyden, völlig frey vom Gesetze seyen; so gehet dieses nur auf die bekehrten Heyden. Kann sich denn der Satz: Also auch ihr, meine Brüder —— nicht mit viel besserm Rechte auf das unmittelbar vorhergehende beziehen? Locke saget ja selbst in der Einleitung zu diesem Stücke, daß sich Paulus hier zu den Juden wende; und der Augenschein lehret, daß er seinen Beweis aus dem mosaischen Gesetze führet. Warum soll er denn nun, was er bisher aus diesem Gesetze gezeiget hat, nicht gleich anwenden, und den Gedanken haben: so wie eine Frau durch den Tod ihres Mannes von dem Ehegesetze los wird; so seyd ihr Juden durch den Tod Christi von dem Gesetze los geworden? Man vergleiche, was ich über die 2te Anmerkung zum 1sten Verse lit. a. erinnert habe. Und eben daraus wird man den andern Grund unsers Paraphrasten in dieser Anmerkung beurtheilen können.

(6) Durch den Leib Christi, in welchem ihr, als seine Glieder, mit ihm gestorben seyd, s. Coloss. II. 20; und so heißt es, nach einer ähnlichen Figur (a), die Glaubigen seyen mit ihm beschnitten, Coloss. II. 11.

(a) Wenn es hiesse: wie Christus sterben, beschnitten, gekreuziget, begraben werden, so möchte hier eine Figur, nämlich eine Metapher, statt haben: so aber heißt es überall: mit ihm; und fällt folglich die Metapher weg, da derjenige, der mit einem stirbt, wirklich stirbt. Locke widerlegt sich in dieser Anmerkung selbst, wenn er erstlich sagt: ihr seyd, als seine Glieder, mit ihm gestorben; und darnach eine Figur daraus machet. Wenn der Leib stirbet, so sterben die Glieder wirklich, und nicht figürlicher Weise. Es bleibt also nichts übrig, als in diesen Redensarten die Zurechnung des Leidens, und Todes, Christi, so wie seiner ganzen Genugthuung, zu erkennen; wie ich schon in der Anmerkung über Cap. VI. 4. erinnert habe.

(7) Ihr seyd getödtet dem Gesetz. Es haben sich einige viele vergebliche Mühe gegeben (a), das, was S. Paulus hier saget, mit den zween unmittelbar vorhergehenden Versen zu vereinigen, welche nach ihrer Meynung eben das sagen sollen, was V. 6. stehet, daß das Gesetz gestorben sey (b), damit auf diese Weise die Personen, von welchen hier die Rede ist, sich recht ordentlich auf das Weib, das sie allda vorstellet, beziehen sollen. Allein, wer diese Stelle recht mit sich selbst zusammen hält, wird finden, daß der erste Theil dieses 4ten Verses sich auf den 1sten Vers, und der letzte auf den 2ten und 3ten Vers beziehe (c), und folglich S. Paulus uneigentlich (d) geredet haben müßte, wenn er das, was diese Leute wollen, gesaget hätte. Um dieses zu fassen, darf man sich nur S. Pauli ganzen Schluß

Christi: daß ihr eines andern seyd, nämlich des, der	euch hat dadurch aufgehöret, so daß ihr euch jetzo der Herrschaft Christi [unter dem Evangelio] unter-

Schluß vorstellen, der also zusammenhänget: Die Herrschaft des Gesetzes über einen Menschen höret auf, wenn er gestorben ist, V. 1. Ihr seyd dem Gesetze durch den Leib Christi gestorben, V. 4. und folglich hat die Herrschaft des Gesetzes über euch ein Ende. Ihr seyd also frey, und könnet euch unter eines andern Herrschaft begeben, und begehet dadurch an dem, unter dessen Herrschaft ihr vorhin gewesen seyd, so wenig Unrecht, so wenig man eine Frau des Ehebruches beschuldigen kann, wenn sie sich, nachdem die Herrschaft ihres Mannes über sie sich durch den Tod geendiget hat, mit einem andern verheirathet (c). Denn, was er V. 2. und 3. saget, hat die Absicht, den Juden zu zeigen, daß, da die Herrschaft des Gesetzes über sie sich damit geendiget habe, daß sie dem Gesetze in Christo abgestorben seyen, sie so wenig eines Vergehens schuldig würden, wenn sie sich völlig Christo zu eigen im Evangelio ergäben, als eine Frau des Ehebruchs schuldig wird, wenn sie sich, nachdem das Recht ihres Mannes über sie durch seinen Tod aufgehoben worden, einem andern in der Ehe ganz zu eigen ergiebt.

(a) Daß diese Mühe nicht so vergeblich, sondern dieß der einfältigste Verstand der Rede Pauli sey, kann dasjenige zeigen, was ich bey dem 1sten Verse über die 2te Anmerkung lit. a. bewiesen habe. Denn, es läßt sich dieser Vers mit den zween vorhergehenden gar gut vereinigen, wenn man nur die zugerechnete Genugthuung JEsu Christi nicht läugnet. Eine Frau wird von dem Manne los, und kann einen andern heirathen, wenn der erste gestorben ist: warum sollen nicht vielmehr die Glaubigen von dem Fluche, und Zwange, des Gesetzes los seyn, da nicht das Gesetz gestorben ist, sondern sie selbst, durch den zugerechneten Tod JEsu Christi, dem Gesetze gestorben sind? Hier haben wir, was sich, selbst nach Lockens Meynung, auf den 1sten Vers beziehet. Sind sie nun dem Gesetze auf besagte Weise abgestorben, so sind sie davon noch viel mehr, als eine Frau von ihrem verstorbenen Manne, frey. Sie gehören also nunmehr einem andern Manne, oder HErrn, so wie die Wittwe sich wieder verheirathen kann; nämlich Christo, der von den Todten auferstanden ist, und mit dem sie auch auferstanden sind, Röm. VI. 5. 8. 11. Es kommt hiebey aber nicht auf ihre Wahl an, sondern sie sind von Christo erkauft, 1. Petr. I. 18. 19. 1 Korinth. VI. 20. So wie in der heiligen Schrift immer die Gegenbilder höher, und edler, sind, als die Vorbilder: so ist es auch hier mit dem Bilde der ehelichen Vereinigung unter Menschen, und der Vereinigung Christi mit seinen Glaubigen, als dem Gegenbilde, beschaffen. Man siehet auf diese Weise, was Locke fordert, daß der letzte Theil dieses Verses sich auf den 2ten, und 3ten beziehen müsse, immer noch; ohne seiner Erklärung zu folgen. Und so ist deutlich, was er

(c) vorgetragen hat. Denn, was er

(b) saget, ist völlig falsch. V. 6. stehet mit keinem Worte, daß das Gesetz gestorben sey; sondern das müssen diejenigen nur so annehmen, die V. 1. behauptet haben, daß das Gesetz lebe.

unterwerfen könnet (*), und eben so wenig Tadel, oder Vorwurf eines Unrechtes (8), befürchten dürfet, so wenig eine Frau, die nach ihres Mannes Tode einen andern heirathet, eine Ehebrecherinn heißt. Und indem ihr eines andern, nämlich Christi, werdet, der von den Todten auferstanden ist, so ist dabey die Absicht, daß wir

der von den Todten auferwecket ist, auf daß wir GOtt Frucht bringen.

5. Denn,

(d) Allerdings hätte Paulus nicht nur uneigentlich, sondern auch widersprechend, geredet, wenn er gesagt hätte, daß das Gesetz gestorben sey. Dieß habe ich aber erst geläugnet; und der klare Augenschein V. 6. widerspricht es. Das Uneigentliche schadet hier, nach Lockens Art zu erklären, dem Vortrage des Apostels nichts, da er in der vorhergehenden 6ten Anmerkung selbst eine Figur annimmt. Allein, die so oft erwähnte, und, ohne den Text zu entkräften, nothwendig anzunehmende Zurechnung der Genugthuung Christi gefällt ihm nicht. Er nimmt also in diesen Redensarten das Uneigentliche bald selbst an, bald läugnet er es; weil er sich sonst, da die Glaubigen doch nicht natürlich mit Christo gestorben, und begraben, sind, auf keine andere Weise aus den ihn drückenden Schwierigkeiten helfen kann.

(e) Dieser Schluß bleibet auch nach meiner oben gegebenen Erklärung richtig: nur muß ich

(*) wegen der in allen diesen Anmerkungen, und selbst in der Umschreibung, vorkommenden Ausdrücke: daß die Glaubigen, nachdem sie von der Herrschaft des Gesetzes befreyet worden, sich nunmehr der Herrschaft Christi unterwerfen könnten, dieses erinnern, daß, nach dem griechischen Texte ihnen nicht die Erlaubniß ertheilet wird, sich Christo zu unterwerfen, sondern, daß es, wie die deutsche Uebersetzung recht hat: daß ihr eines andern seyd, darinnen heisse: εἰς τὸ γενέσθαι ὑμᾶς, damit ihr einem andern würdet, d. i. zu dem Ende seyd ihr dem Gesetze durch den Leib Christi, und durch das, was er daran gelitten hat, getödtet worden, damit ihr, von dem Gesetze befreyet, einem andern, nämlich Christo, der von den Todten wieder auferstanden ist, und mit dem auch ihr auferstanden seyd, als Braut würdet. Es ist also besagte Unterwerfung, eigentlich zu reden, eine nothwendige Folge der Befreyung vom Gesetze, und nicht eine blosse Erlaubniß; wie die lockische Umschreibung anzuzeigen scheinet.

(8) Eines Unrechtes. Eine Ursache, warum die bekehrten Juden so hartnäckig an ihrem Gesetze hiengen, war, daß sie es als einen Aufruhr, und ein Verbrechen, gegen GOtt, als ihren König, ansahen, wenn sie das von ihm gegebene Gesetz nicht beybehalten sollten. Daher hielten es selbst diejenigen, welche das Evangelium annahmen, für nöthig, auch diejenigen Theile des Gesetzes, deren Gültigkeit im neuen Testamente aufgehöret hat [die Christus nicht aufs neue bekräftiget hatte], zu beobachten. Von diesem Irrthume suchet sie hier S. Paulus durch das Beyspiel von einer Frau, die, nachdem ihr erster Mann gestorben ist, den zweeten heirathet, abzubringen.

wir (9) künftig GOtt Frucht (10) bringen mögen.

5. Denn, da wir im Fleisch waren: da waren die

5. Denn, da wir unter dem Gesetze auf eine so fleischliche (11) Weise waren, daß wir den geistli-

(9) Wir. Es ist Anmerkens werth, daß, da S. Paulus von dem Anfange dieses Capitels an, bis hieher, und sogar noch in diesem Verse, immer Ihr gesaget hat, er dieses Ihr, mit Beyseitsetzung der Grammatik, auf einmal in Wir verwandelt, und spricht: auf daß wir — —. Er thut dieses, nach meinem Bedünken, um seinen Beweis dadurch desto stärker zu machen, daß er zeigt, er sey in den nämlichen Umständen mit denen, die er jetzo anredet, weil er, so gut, als sie, ein Jude sey.

(10) GOtt Frucht bringen. In diesen Worten zielet S. Paulus deutlich auf Cap. VI. 10. wo er gesaget hat, daß Christus, was er lebet, GOtt lebe; und um deswillen gedenket er hier seiner Auferstehung von den Todten, als einer Ursache, warum sie GOtt Frucht bringen (a), d. i. in dem Dienste GOttes leben, und aus allem ihrem Vermögen seinem Willen gehorchen sollten. Eben dieß saget er Cap. VIII. 11.

(a) Nämlich Früchte des Geistes, Galat. V. 22. Ephes. V. 9. Früchte der Gerechtigkeit, die durch JEsum Christum geschehen, Phil. I. 11.

(11) Da wir im Fleisch waren. S. Paulus nennet hier im Fleische seyn, das Gesetz, bloß nach dem Buchstaben, verstehen, und beobachten, ohne auf die geistliche Absicht desselben Achtung zu geben. Daß aber das Gesetz, neben seinem fleischlichen (a), und buchstäblichen, Verstande, auch einen geistlichen, und evangelischen, habe, kann man aus Vergleichung 2. Korinth. III. 6. und 17. sehen. Man kann auch V. 14. 15. 16. lesen, wo die Juden in ihrem fleischlichen Zustande beschrieben werden; ingleichen, was S. Paulus Hebr. IX. 9. 10. von dem caeremonialischen Theile des Gesetzes sagt: so wird man finden, daß die Juden, so lange sie denselben beobachteten (und damit alles gethan zu haben, glaubten,), im Fleische waren. Dieser Theil des mosaischen Gesetzes betraf (wenn er so verstanden wurde), lauter fleische Dinge, Coloss. II. 14–23, wurde im Fleische vollbracht, und hatte auch nur zeitliche, und fleischliche, Belohnungen.

(a) Es ist eine ungeschickte Redensart, dem Gesetze einen fleischlichen Verstand beyzulegen. Wie kann dasjenige, was nach V. 14. geistlich ist, einen fleischlichen Verstand haben? Der buchstäbliche Verstand ist deswegen, weil er buchstäblich ist, kein fleischlicher Verstand. Denn, es ist ein grosser Unterschied, ob eine Schrift einen fleischlichen Verstand hat, oder, ob ein fleischlich gesinneter Mensch, dessen Gott der Bauch, und dessen Seligkeit Essen, und Trinken, ist, sie bloß fleischlich erkläret. So verhält sichs überhaupt mit dem Verstande jeder Schrift. Ein Gedicht kann z. E. sehr erhaben seyn, und ein seichter Kopf dem ungeacht nichts, als gemeine Gedanken, darinnen wahrnehmen. Eben dieser Fall ist hier bey dem Verstande, welchen die Juden dem Gesetze gaben. Der größte Theil dieses Volkes war fleischlich gesinnet; er hatte kein geistliches Leben, keine geistlichen Kräfte. (Denn, dieß heisset hier eigentlich im Fleische

geistlichen Sinn desselben, der uns zu Christo, als dem Ende des Gesetzes, führen sollte, nicht begriefen (und auch keine Kraft, solches zu erfüllen, hatten,), da wirkete unsere sündliche Lust (12), die auch unter dem Gesetze (13) in uns

die sündlichen Lüste, welche durchs Gesetz sich erregten, kräftig in unsern Gliedern, dem Tode Frucht zu bringen.

6. Nun

seyn; und hieraus kann man die lockische Erklärung zu Anfange der Anmerkung ergänzen.) Er nahm also auch in dem Gesetze durch seine eigene Schuld nichts, als Fleischliches, wahr; fleischliche Gebothe, z. E. du sollt nicht tödten, nicht ehebrechen; d. i. Niemand umbringen, so lange du nicht von der Frau geschieden bist, mit keiner andern Gemeinschaft haben; wie man Matth. V. 21. 27. u. f f. ein ganzes Verzeichniß solcher fleischlichen Erklärungen lesen kann: aber auch fleischliche Verheissungen, z. E. unter dem erwarteten Meßias die Völker überwinden, und in irrdischem Vergnügen leben u. s. w.

(12) Παθήματα τῶν ἁμαρτιῶν, sind nach dem Buchstaben im Griechischen: Leidenschaften der Sünden. Da aber in dieser Sprache der Genitivus eines Substantivi öfters statt eines Adjectivi steht: so ist es so viel, als sündliche Leidenschaften, oder Lüste.

(13) Τὰ διὰ τοῦ νόμου, welche durchs Gesetz waren (oder; sich durchs Gesetz geschäftig, und wirksam, bewiesen,), ist eine recht eigentlich buchstäbliche Uebersetzung dieser Worte (a): sie führet aber den Leser völlig von des Apostels Meynung ab, und kann von Auslegern, welche sie so verstehen, daß das Gesetz, indem es die Sünde verbiethet, den Menschen zur Sünde reize, nicht vertheidiget werden. Denn, dieß wäre ein harter Vorwurf gegen das göttliche Gesetz; und, wenn er wahr wäre, so müßten die Juden noch mehr, als die Heyden selbst, mit den Lastern befleckt gewesen seyn, welche S. Paulus Cap. I. beschreibet. Allein, hierinnen wird Niemand S. Paulum seiner Meynung beygethan finden, der da überleget, daß er in dieser ganzen Epistel von den Heyden offenbar anders, als von den Juden, redet, und daß er V. 7. gerade das Gegentheil sagt; womit man 1 Petr. IV. 3. 4. vergleichen kann. Wenn man sich erinnerte, wie S. Paulus die Praeposition διὰ Röm. IV. 11. gebrauchet: so würde man dieser, und noch einem paar ähnlichen Stellen in diesem Capitel keinen so harten Verstand beylegen. Τῶν πιστευόντων δι' ἀκροβυστίας giebt unsere (englische) Uebersetzung Cap. IV. 11. welche glauben, ungeacht sie unbeschnitten sind; und nimmt also das δι' ἀκροβυστίας für: während des Zustandes, oder, während der Zeit, da sie unbeschnitten sind. Giebt man dem διὰ νόμου hier eben den Verstand, und übersetzt: sündliche Leidenschaften, welche wir hatten, ungeacht wir unter dem Gesetze waren; so ist des Apostels Meynung deutlich, und seinem gegenwärtigen Endzwecke, gemäß. Eben diese Bedeutung des Wortes διὰ findet man auch, wie ich glaube, in S. Pauli andern Episteln. Τὰ διὰ τοῦ σώματος 2 Korinth. V. 10. wird, allem Ansehen nach, besser erklärt durch Dinge, die geschehen sind während des Leibes, oder während des körperlichen Zustandes, als durch den Leib; und eben so 1 Tim. II. 15. διὰ τεκνογονίας, während des Zustandes, worinnen man Kinder zeugt. Auch

brauchen

uns blieb, in unsern Gliedern, d. i. sie setzte unsere Glieder, und Kräfte (14), in Bewegung, dasjenige zu thun, dessen Ende der Tod (15) ist.

6. Nun aber sind wir von dem Gesetz los, und ihm

6. Nun (*) aber sind wir von dem Gesetze, von welchem wir ehehin in Unterwürfigkeit gehalten

brauchen nicht bloß die Hellenisten dieß διὰ in diesem Verstande, sondern die Griechen selbst sagen δι' ἡμέρας, bey Tage, und διὰ νυκτὸς, bey Nacht. Und so, glaube ich, kann διὰ τῦ ἐυαγγελίυ Ephes. III. 6. die Zeit des Evangelii, oder der evangelischen Gnadenhaushaltung, bedeuten.

(a) Und es ist auch die wahre Uebersetzung, wenn sie nur recht erkläret wird. Das hat noch kein rechtglaubiger Ausleger gesagt, daß das Gesetz, indem es die Sünde verbiethet, den Menschen zur Sünde reize; sondern so reden sie einmüthig: je mehr man durch das Gesetz die Sündlichkeit der bösen Lüste, und ihre mancherley Arten, kennen lernt, desto stärker, und heftiger, bewegen sie sich besonders in Unwiedergebohrnen, vermöge der verderbten Natur. Daß die Juden, wie Locke meynt, in diesem Stücke besser gewesen seyn sollen, als die Heyden, wird Niemand glauben, der das IIte und IIIte Capitel dieser Epistel, ja fast das ganze alte Testament, liest. Was Locke von der Bedeutung des διὰ beybringt, ist manchmal wahr, aber nicht immer.

(14) Glieder bedeuten hier nicht allein die fleischlichen Theile des Leibes in engerm Verstande, sondern die natürlichen Kräfte, in wie weit solche alle, als Werkzeuge, zu den Galat. V. 19–21. erzählten Werken des Fleisches gebrauchet werden; als zu deren vielen nicht die Glieder unseres Leibes, in so weit sie äusserliche, grobe, Theile sind, sondern bloß die Kräfte unserer Seele erfordert werden.

(15) Καρποφορῆσαι τῷ θανάτῳ, dem Tode Frucht zu bringen, ist hier entgegen gesetzt dem auf daß wir GOtt Frucht bringen, zu Ende des vorhergehenden Verses. Der Tod wird hier, als ein Herr, betrachtet (a), welchem die Menschen durch die Sünde dienen, so wie in der vorhergehenden Stelle GOtt der HErr ist, welcher denen, die ihm dienen, das ewige Leben giebt.

(a) Noch ungekünstelter ist es, selbst nach der lockischen Umschreibung, diese Redensart so zu erklären, daß sie lauter Werke anzeiget, die endlich dem Tode, und der Verdammniß, gehören, und solche nach sich ziehen. Die Werke der Unwiedergebohren können GOtt, sie mögen natürlich gut, oder böse, seyn, nicht gefallen. Denn, was nicht aus dem Glauben gehet, das ist Sünde, Röm. XIV. 23. Was also ein Unwiedergebohrner thut, wenn er gleich, wie die fleischlichen Juden, das göttliche Gesetz hat, das hat keine andere Wirkung, als daß es den ewigen Tod nach sich ziehet. Denn, Frucht ist in der heiligen Schrift immer so viel, als Wirkung.

(*) Um die Leser nicht zu sehr zu verwirren, liefere ich hier, statt der lockischen Umschreibung, die ich gleich beybringen will, meine eigene. Es enthält dieser Vers den

halten wurden, indem wir ihm durch den Leib Christi gestorben sind, frey, daß es uns nicht mehr,

ihm abgestorben, das uns gefangen hielt: also, daß wir

den Gegensatz von dem vorhergehenden; und beyde sind eine deutlichere Ausführung des 4ten, worinnen Paulus gesaget hatte, daß die Glaubigen, gleich einer Ehefrau, die nach dem Tode ihres Ehemannes einen andern heirathen kann, durch den ihnen zugerechneten Tod JEsu Christi vom Fluche, und Zwange, des Gesetzes frey worden wären, und nunmehr Christo lebten. Er erklärt dieses jetzt V. 5. und 6. weiter, so, daß er V. 5. den unseligen Zustand solcher Menschen, die, ohne Christum zu kennen, noch zu suchen, unter dem Gesetze stehen, beschreibet, und V. 6. diesem die Seligkeit derer entgegen setzet, die durch Christum dem Gesetze abgestorben sind, und also, zwar nicht ohne Gesetz leben, aber bey dem Dienste, den sie GOtt leisten, nicht bloß an dem Buchstaben des Gesetzes hangen, sondern dem eigentlichen Sinne desselben, obgleich nicht vollkommen, nach zu leben, von dem Heiligen Geist neue Kräfte empfangen haben. So ist der Zusammenhang der Rede Pauli deutlich, und so behalten alle Worte dieses Verses ihre gwöhnliche, und ordentliche, Bedeutung. Man wird nun die Lockische Umschreibung, mit ihren Anmerkungen, beurtheilen können. Sie ist folgende

V. 6. Allein, da nunmehr das Gesetz, welchem wir ehehin unterworfen waren, todt (*) ist, so sind wir frey von der Herrschaft des Gesetzes, auf daß wir unsern Gehorsam leisten, als Leute, die unter dem neuen (16), und geistlichen, Bunde des Evangelii, worinnen Vergebung der Sünden ist, stehen, und nicht, als wären wir noch unter der alten Strenge des Buchstabens des Gesetzes, welches einen jeden verdammt, der nicht alle Stücke (17) desselben aufs genaueste erfüllet.

(*) Man darf nur das Griechische ansehen, so wird man gleich überzeugt, daß die Uebersetzung: Das Gesetz ist todt, völlig falsch sey. Es heisset ἀποθανόντες, wir sind todt; und statt der Glaubigen das Gesetz zu nehmen, ist offenbar unnatürlich. Die griechische Construction darf nur so gefasset werden: νυνὶ δὲ, ἀποθανόντες, κατηργήθημεν ἀπὸ τοῦ νόμου, ἐν ᾧ κατειχόμεθα — so kommt die Umschreibung heraus, die ich oben gegeben habe; und ist um so viel deutlicher, da doch das κατηργήθημεν am natürlichsten aus V. 2. zu erklären ist, wo es von der Frau, die durch den Tod ihres Mannes vom Ehegesetze frey wird, daß es ihr nichts mehr anhaben kann, ebenfalls heisset: κατήργηται ἀπὸ τοῦ νόμου. Denn, bis auf den 6ten Vers gehet augenscheinlich die Anwendung des V. 2. und 3. angeführten ähnlichen Falles. Daß Locke dieses nicht einsahe, ist nichts Schuld, als daß er nicht den rechten Begriff von der zugerechneten Genugthuung Christi hatte.

(16) Im neuen Wesen des Geistes, d. i. des Geistes des Gesetzes (a), wie aus dem Gegensatze: altem Wesen des Buchstabens, d. i. Buchstaben des Gesetzes (b) erhellet. Der Apostel hat im vorhergehenden Theile dieses Verses vom Gesetze gesagt, daß es todt (c) sey: nun saget er, daß es mit einem neuen Geiste wieder lebendig worden (d) sey.

(a) Warum nicht lieber: im neuen Wesen der uns vom Heiligen Geiste zur wahren Heiligkeit geschenkten neuen Kräfte? Ist ein Gegensatz hier, wie ich ihn

in

wir dienen sollen im neuen Wesen des Geistes, und nicht

mehr, als ein Joch, drücken, noch, wie ehehin, bey der Fortdauer unserer sündlichen Lüste, den Tod

in der vorhergehenden Anmerkung gezeiget habe: so ist dieser Gegensatz deutlicher, und stärker, wenn die neuen Kräfte, welche in der Wiedergeburt dem begnadigten Sünder mitgetheilet werden, und wodurch derselbe nun, als ein Gerechtfertigter, das Gesetz GOttes nach seinem weitläuftigen, geistlichen, Sinne zu erfüllen sucht, den bloß natürlichen Kräften desjenigen entgegen stehen, der allein an dem Buchstaben des Gesetzes, und dessen äusserer Schaale, du sollst nicht tödten, nicht ehebrechen, u. s. w. hänget, wie ich bey der 11ten Anmerkung über den 5ten Vers gezeiget habe. Ein Ausleger darf schlechterdings dem Nachdrucke seines Schriftstellers nichts vergeben, noch ihn matt machen. Dieß thut aber Locke,

(b) wenn er das alte Wesen des Buchstabens allein im Buchstaben des Gesetzes suchet. Wo bleibt hier der Begriff des Alten, παλαιότητι? Geist und alt machen keinen Gegensatz aus, sondern neu, und alt. Es muß also etwas Neues und Altes da seyn, welches den Gehorsam der Gerechtfertigten aus dem Glauben, und den Gehorsam derer, die im Fleische sind (V. 5.), unterscheidet. Dieß sind die neuen Geisteskräfte bey den erstern, und die alten Naturkäfte, oder eigentlich der Mangel an Kräften, nebst der alten Unachtsamkeit, bey den andern. Denn, im Gesetze selbst kann dieses Alte und Neue nicht seyn; da

(c) wie in der Anmerkung (*) gezeiget worden, und der Augenschein im griechischen Texte lehret, das Gesetz, nicht gestorben, und wieder lebendig worden ist. Denn, das Gesetz ist nichts anders, als der ewige Wille GOttes, wie Locke über das Iste Capitel dieser Epistel selbst weitläuftig gezeiget hat, und kann also nicht sterben. Ja,

(d) es ist in dieser Anmerkung ein höchst gefährlicher Satz, daß das Gesetz gestorben, und mit einem neuen Geiste wieder lebendig worden sey. Ich will nicht alle bekannte, und unläugbare, Gründe wider die Irrlehre, daß JEsus ein neuer Gesetzgeber, oder, das Gesetz GOttes in neuer Stärke wieder herzustellen, der Hauptendzweck seiner Sendung sey, hier wiederholen. Ich will nur diesen einzigen einen jeden Leser selbst überlegen lassen: ob nicht, um das Gesetz mit einem neuen Geiste wieder lebendig zu machen, die Sendung des Sohnes GOttes ins Fleisch ganz unnöthig gewesen sey? Verstanden die Menschen es nicht; so konnte GOtt es durch einen Propheten erklären lassen: und hatten sie keine Kraft, es zu halten; so konnte er ihnen solche durch eben das Wunder geben, wodurch er ihnen nun noch den Heiligen Geist giebt. Wozu diente also die Menschwerdung des Sohnes GOttes? Dem Gesetze einen neuen Geist zu geben, war sie auf diese Weise eben so unnöthig, als wenig das Gesetz selbst, das nach V. 14. ohnehin geistlich ist, solchen bedurfte. Das Gesetz ist also den Gerechtfertigten weder gestorben, noch mit einem neuen Geiste lebendig worden: sondern sie sind durch den ihnen zugerechneten Tod JEsu Christi dem Gesetze gestorben, und durch das von Christo ihnen in seiner Auferstehung geschenkte neue Leben wieder lebendig worden, daß sie nun GOtt in einem neuen gewissen Geiste dienen, wie schon David bethet Ps. LI. 12.

Gib

Tod verkündigen kann: wir dienen also GOtt durch die vom Heiligen Geiste uns verliehenen neuen

nicht im alten Wesen des Buchstabens.

7. Was

Gib mir einen neuen gewissen Geist. Es widerspricht aber auch diese Anmerkung selbst der lockischen Paraphrase. Denn, die Anmerkung redet vom Gesetze, das mit einem neuen Geiste versehen worden sey; und die Umschreibung von dem neuen, und geistlichen, Bunde, worinnen Vergebung der Sünden ist. Das Gesetz ist kein neuer Bund, und hat keine Vergebung der Sünden. Hier hat Locke nicht an Paulum, und nicht an seine sonst angebrachten eigenen Anmerkungen, gedacht. Wir wollen nun die angefangene Anmerkung weiter beurtheilen.

Christus schafte durch seinen Tod das mosaische Gesetz ab (a); allein, er belebte davon aufs neue wiederum so viel, als zum Gebrauche seines geistlichen Reiches unter dem Evangelio dienlich war, und ließ nur alle bloß caeremonialische, und typische, Stücke todt, Col. II. 14 – 18.

(a) Hier sind zween Irrthümer. 1. Der, den ich schon angezeiget habe; nämlich, es war nicht die Absicht des Todes Christi, das Gesetz abzuschaffen, oder, lebendig zu machen, sondern durch seinen Tod uns Gerechtigkeit, Leben, und Seligkeit, zu erwerben. 2. Christus ist nicht gekommen, das Gesetz, oder die Propheten, aufzulösen; er ist nicht gekommen, aufzulösen, sondern zu erfüllen, Matth. V. 17. Freylich mußte der caeremonialische Theil des Gesetzes mit Christi Tode ein Ende haben, weil er solchen nur abbildete, und, als zukünftig, vorstellete. Aber, eben deswegen ist er dadurch, eigentlich zu reden, nicht abgeschaft, sondern erfüllet, und also seiner Natur nach unbrauchbar worden. Auf eine ähnliche Weise verhält es sich mit dem Sittengesetze. Christus hat es nicht abgeschaffet, noch mit neuem Geiste hergestellt, sondern für uns erfüllet. So hat er uns erlöset vom Fluche des Gesetzes, da er ward ein Fluch für uns, Galat. III. 13. Wir sind nicht mehr, da wir durch den Glauben an Christum gerechtfertiget sind, unter dem Gesetze, sondern unter der Gnade. Er ist die Versöhnung für unsere Sünde; und an dem merken wir, daß wir ihn kennen, so wir seine Gebothe halten, 1 Joh. II. 2. 3. d. i. Christi Gehorsam kommt uns auf alle Art zu gute: kennen wir aber Christum recht, so leben wir im neuen Wesen des Geistes, und halten durch dessen Kraft die Gebothe, die Gebothe des Vaters, und Gebothe des Sohnes, sind. ——— Locke sagt weiter:

Vor Christo waren die Juden dem ganzen Buchstaben des Gesetzes Gehorsam schuldig, ohne auf dessen geistlichen Verstand zu denken, der auf Christum zielte.

Dieß ist falsch, daß sie nicht auf Christum sahen, noch auf ihn sehen sollten. Ich gebe zu, daß dieß in den ältesten Zeiten alle gottlose Juden, so wie in den spätern die Pharisäer, thaten: allein, dieß thaten die rechten Israeliten nicht. David bethet Ps. LI. 8. Du lässest mich wissen die heimliche Weisheit; und diese heimliche Weisheit im Gesetze war aller wahren Nachkommen Abrahams höchste Wissenschaft, und grössester Trost, im alten Testamente.

Dieß nennet der Apostel: im alten Wesen des Buchstabens dienen (a); und dieß sollten sie nun lassen, da sie durch den Tod Christi, welcher des Gesetzes Ende, zur

neuen Kräfte, und nicht durch die von Alters her gewöhnliche blosse Beobachtung des Buchstabens des Gesetzes.

7. Was,

zur Gerechtigkeit denen, die da glauben, Cap. X. 4. ist, davon sehen befreyet worden, d. i. sie sollten nun dienen nach dem geistlichen Sinne des Gesetzes, welchen er 2 Korinth. III. 6. Geist nennet, und V. 17. durch Christum erkläret. Diese Stellen geben einander wechselsweise Licht. Im Geiste dienen ist also so viel, als, dem Gesetze gehorchen, in so ferne solches neu belebet, und von unserm Heilande in dem Evangelio, zur Erhaltung der evangelischen Gerechtigkeit (b), erkläret ist.

(a) Diese Erklärung hat offenbar keinen Verstand. Locke hat erst gesagt: Christus habe den caeremonialischen, und typischen, Theil des Gesetzes abgeschaft, und nur den moralischen behalten. Denn, das Moralgesetz bleibet nur übrig, wenn das Caeremonialgesetz nicht mehr gilt; weil das Polizeygesetz allein die bürgerliche Verfassung der Juden betraf, und von diesem hier also die Rede nicht ist. Nun ist allein das Caeremonialgesetz dasjenige Gesetz, wobey man seiner Absicht nach auf Christum sehen sollte, und dieß geschah auch, wie ich erst gezeiget habe, von den Glaubigen des alten Testamentes. Das Moralgesetz hat keinen geistlichen Verstand, der auf Christum zielet; es hat keine Vorbilder, keine Verheissungen. Es war also im alten Testamente unmöglich, in dem geistlichen Verstande des Moralgesetzes Christum zu sehen: und im neuen Testamente ist es auch nicht möglich, da, wenn es noch im alten Testamente einen typischen Verstand gehabt hätte, solcher, nach Lockens eigenen Sätzen, durch den Tod Christi wäre aufgehoben worden; und die Glaubigen, was nicht im Gesetze ist, nicht darinnen sehen können. Diese Erklärung machet also die Sache eher dunkler, als daß sie solche aufklären sollte. Allein, Locke zeiget in dem letzten Theile seiner Anmerkung deutlich, daß er Geist des Gesetzes, und Ende des Gesetzes entweder nicht habe unterscheiden können, oder nicht unterscheiden wollen. Christus ist, schriftmäßig zu reden, weder der Geist des Caeremonialgesetzes, noch des Sittengesetzes. Die Stelle 2 Korinth. III. 6. beweiset nichts; und habe ich dorten schon Lockens Erklärung widerlegt. Das Caeremonialgesetz schattete in seinen Bildern Christum ab; und in diesem Verstande heisset es Col. II. 17. der Schatten, und Christus der Körper: nie aber saget die Schrift, daß das Caeremonialgesetz der Leib, und Christus dessen Geist sey. Der Geist ist in dem Leibe; Christus aber war nicht in dem Caeremonialgesetze; sonst hätten dessen Opfer eine wirkliche versöhnende Kraft gehabt, und nicht Christus selbst leiden, und sterben, müssen. Von dem Sittengesetze kann Christus um so vielweniger der Geist seyn, da es bloß alle Geistes- und Leibeskräfte des Menschen zum Gehorsam fordert, von Christo aber nicht das Geringste, auch nur dem Schatten nach, redet. Wie könnte es sonst den Sündern Tod, und Verdammniß, verkündigen? Allein, etwas ganz anderes ist: Christus ist des Gesetzes Ende. Dieß habe ich schon oben erkläret. Dieß will ich die Leser selbst beurtheilen lassen: ob Christus der Geist des Gesetzes heissen kann, weil er solches erkläret hat?

(b) Daß Christus das Moralgesetz nicht neu belebet habe, ist bisher genugsam gezeiget worden; daß er es zur Erhaltung der evangelischen Gerechtigkeit erklä-

7. Was, sollen wir also denken (*), daß das Gesetz, weil es (nach seinem Zwange, und Fluche,) aufgehoben ist, unrecht war, und die Sünde (18) erlaubte, oder gar etwas dazu beytrug? Keinesweges! Denn, das Gesetz (lehret vielmehr die Menschen die Sünde erkennen, und) hält sie recht ernstlich von der Sünde ab; indem es sogar die böse Lust verbeuth, welche sie, ohne Gesetz, gar nicht für Sünde erkennen würden. Denn, Ich (19) würde die böse Lust nicht für Sünde erken-

7. Was wollen wir denn nun sagen? Ist das Gesetz Sünde? Das sey ferne! Aber die Sünde erkannte ich nicht, ohne durchs Gesetz. Denn, ich wußte nichts von der Lust, wo das Gesetz nicht hätte gesagt: Laß dich nicht gelüsten.

8. Da

erkläret habe, ist ein Grundirrthum. Da durch des Gesetzes Werk kein Fleisch gerecht wird, Gal. II. 16; da wir ohne des Gesetzes Werk, allein durch den Glauben, gerecht werden, Röm. III. 28: so kann aus dem Gesetze keine evangelische Gerechtigkeit kommen, und Christus solches nicht zu deren Erhaltung erkläret haben. Er hat es aber Matth. V. 20. u. ff. gegen die falschen Erklärungen der Pharisäer gerettet.

(17) Daß dieser Sinn in den Worten liege: nicht im alten Wesen des Buchstabens dienen (a), ist aus dem deutlich, was S. Paulus 2 Korinth. III. 6. sagt: Der Buchstabe tödtet, aber der Geist machet lebendig. Von diesem tödtenden Buchstaben des Gesetzes, wodurch es bey jeder, und auch der geringsten, Uebertretung den Tod verkündigte, sind die Glaubigen frey: und daher saget S. Paulus Cap. VIII. 15. daß sie nicht den Geist der Knechtschaft empfangen hätten, daß sie sich abermals fürchten müßten, d. i. daß sie nicht in beständiger Knechtschaft, und Furcht, unter der unveränderlichen Strenge des Gesetzes lebten, wovon sie unmöglich etwas anders, als den Tod, erwarten könnten.

(a) Er liegt eben nicht darinnen; und das, was ich bisher ausgeführet habe, nebst meiner Erinnerung bey 2 Korinth. III. 6. und dem, was bey Cap. VIII. 15. gesaget werden wird, kann zu Beurtheilung der lockischen Gründe hinreichend seyn.

(*) Man kann diese Worte füglich als einen Einwurf betrachten, den sich voreilige Leser, besonders bey dem 5ten und 6ten Verse, machen konnten, worinnen Paulus den elenden Zustand derer, die unter dem Gesetze ohne Christo sind, und die Seligkeit derer, die vom Gesetze befreyet sind, gezeiget hatte. Was, konnten sie bey V. 5. fragen: giebt also das Gesetz Gelegenheit zur Sünde, oder, ist es gar selbst etwas Böses, da sich bey dem Gesetze unsere sündlichen Lüste nur desto wirksamer zeigen? Er antwortet: Nein! und zeiget hier den Nutzen des Gesetzes zur Erkenntniß der Sünde.

(18) Sünde. Daß Sünde den in der Umschreibung ausgedrückten doppelten Verstand hier in sich fasse, erhellet aus diesem Verse, wo die Schärfe des Gesetzes gegen die Sünde daraus bewiesen wird, daß es sogar die bösen Begierden verbeuth; und aus V. 12. wo dessen Heiligkeit behauptet wird.

(19) Ich. Dieses Ich ist ein deutlicher Beweis von S. Pauli Geschicklichkeit, alles dasjenige, was den Juden einen Anstoß geben könnte, so viel, als möglich, zu

erkennet haben, wenn nicht das Gesetz gesaget hätte: Du sollst dich nicht lassen gelüsten.

8. Da nahm aber die Sünde

8. Allein, die Sünde nahm Gelegenheit (20), während

zu vermeiden. Im Anfange des Capitels, wo er ihrer Wissenschaft im Gesetze gedenket, saget er: Ihr. Im 4ten Verse gesellet er sich selbst zu ihnen, und saget: Wir. Hier aber, und bis zu Ende dieses Capitels, wo er die Macht der Sünde, und das Unvermögen des Gesetzes, solche zu überwinden, beschreibt, gedenket er der Juden nicht, und redet immer in der ersten Person, ungeacht es offenbar ist, daß er alle diejenigen, die unter dem Gesetze sind, meynet (a).

(a) Er redet wohl natürlicher deswegen in der ersten Person, weil er von einer Sache handelt, wobey es auf Erfahrung ankommt, und wo er sich sicherer auf seine eigene, als auf eine fremde, berufen konnte.

(20) S. Paulus redet hier, und in diesem ganzen Capitel, von der Sünde, als von einer Person, die ihm nach dem Leben stehet; und der Sinn dieses Verses gehet nicht weiter, als daß in der That die böse Lust, welche das Gesetz für Sünde erkläret, des Gesetzes ungeacht, in ihm geblieben sey, und sich gezeiget habe (a). Denn, wenn man die Sünde, nach S. Pauli Prosopopöie, für ein wahrhaftig wirkendes Ding annehmen wollte, so würde man, durch Uebertreibung dieser Figur, den Worten S. Pauli einen sehr wunderlichen Verstand geben, und, wider seine Meynung, die Sünde zur Ursache ihrer selbst, und der bösen Lust machen, aus welcher sie doch ihren Ursprung hat.

(a) In so weit hat zwar Locke ganz recht, daß die Sünde keine Person ist, so wie man eine Person in der Metaphysik erkläret: allein, behaupten, daß sie deswegen kein wahrhaftig wirkendes Ding (real Agent) seyn soll, heißt der gedachten Prosopopöie zu wenig gethan. Es ist lange erwiesen, daß die Erbsünde (denn, von dieser ist in unserm Verse die Rede) nicht der blose Mangel des göttlichen Ebenbildes, sondern auch das daher rührende Verderben der ganzen menschlichen Natur, und aller Seelenkräfte, sey, wodurch wir zu allem Guten ungeschickt, zum Bösen aber geneigt werden. Warum soll sie also kein wahrhaftig wirkendes Ding seyn? Paulus hat es ja V. 5. gesagt, und Locke selbst so umschrieben, daß die sündliche Lust unsere Glieder, und Kräfte, in Bewegung setze; und er saget es, nur allein in diesem Capitel, noch öfter, anderer Stellen nicht zu gedenken. Das V. 5. vorkommende ἐνεργεῖσθαι, und das hier befindliche κατεργάζεσθαι, heissen wirklich: als wirkende Ursache etwas hervor bringen. Kein Mensch kann behaupten, daß wirken nur so viel sey, als bleiben, und sich zeigen. So gar die lockische Umschreibung selbst verliert durch diese Erklärung ihre Kraft. Man lese nur in derselben: Allein, die Sünde nahm Gelegenheit, während der Zeit, da ich unter dem Gesetze stand, und es blieben in mir alle Arten böser Lüste; so kommt kein rechter Verstand mehr heraus. Wozu hat die Sünde Gelegenheit genommen? Zum Dableiben ihrer selbst, und der bösen Lüste, brauchte sie solche nicht; denn, sie waren schon da. Das Gelegenheitnehmen stehet also hier überflüßig, und ohne Verstand. Nebst diesem ist es eine Art einer Tautologie:

während der Zeit, da ich unter dem Gesetze (21) stand

Sünde Ursach am Geboth,

tologie: die Sünde nahm Gelegenheit, zu bleiben; und es blieben alle Arten böser Lüste. Freylich meynet Locke, man mache die Sünde zu ihrer eigenen Ursache, wenn man sie in diesem Verse als ein wirkendes Ding annimmt. Allein, er entdeckt hier in der That seine Unwissenheit, oder seine vorgefaßten falschen Meynungen. Man saget nicht: die böse Lust sey die Ursache der bösen Lust; sondern, die Sünde sey die Ursache, welche böse Lüste hervor bringe. Locke will die Erbsünde nicht erkennen; sonst müßte ihm begreiflich gewesen seyn, wie die Erbsünde die wirklichen bösen Begierden, und diese, böse Handlungen, oder die Unterlassung der entgegen stehenden guten, verursachen. Was den Gedanken von der hier vorkommenden Prosopopöie anlangt: so will ich diese Figur gar nicht durchgängig läugnen; aber ich werde auch fürs erste so viel fordern können, daß man diese Prosopopöie, so wie eine andere, beurtheile. Man darf nur ein paar solche Prosopopöien aus dem alten Testamente, z. E. Richter. IX. und Ezech. XVI. annehmen: so wird sich zeigen, daß wirklich den Personen, von welchen man in dieser Figur redet, alle Handlungen der erdichteten Personen, die sich auf dieselben schicken, müssen beygeleget werden, wenn die Figur nicht ihre Kraft verlieren soll. Die Bäume suchen einen König, und, ausser dem Dornbusche, mag kein Baum König werden, weil ein jeder bey dieser Würde mehr zu verlieren, als zu gewinnen, glaubet. Der Dornbusch wird also König, und sein Feuer verzehret die Bäume, und das Feuer der Bäume ihn. So suchen die Sicheniten einen König, und ausser dem Abimelech mag es Niemand werden, weil, nach dem V. 4. angezeigten Umstande, kein wahrer Vortheil bey ihnen zu erwarten ist. Abimelech wird also König, und stürzet die Sichemiten ins Unglück, und die Sichemiten ihn. Dieß sind die Hauptumstände, welche immer der wahren Person, sowohl als der erdichteten, zukommen müssen. Das übrige ist Zierrath. Man nehme nun auch in unserer Stelle eine Prosopopöie an: so müssen doch der Sünde die Hauptverrichtungen zukommen, die Paulus hier von ihr, als einer Person, erzählet, nämlich, böse Lüste wirken, und den Menschen tödten, dem Gesetze in dem Gemüthe widerstreiten, Böses wirken, wenn der Mensch Gutes thun will. Sonst leget S. Paulus der Sünde nichts bey. Nimmt man also dieses weg: so saget er entweder nichts, und hat bloß übertriebene Redensarten, oder sein Ausleger muß sich in der Erklärung bey allen Sätzen widersprechen. Sodenn ist auch hier noch die Frage: in welchem Grade, und in wie weit unsere, und ähnliche Stellen, als eine Prosopopöie anzusehen seyen? Paulus will den Nutzen des göttlichen Gesetzes zur Erkenntniß der Sünde zeigen. Er muß also zuvörderst weisen, wie schrecklich die Macht der Erbsünde, und der daraus entstehenden wirklichen bösen Begierden, und Handlungen, sey. Wer kennet diese, ohne die heilige Schrift? welche Sprache hat Worte, sie auszudrücken? Ist es nun Wunder, wenn der Heilige Geist, um sie recht deutlich vorzustellen, geradezu die Bildersprache wählt, und die Sünde als eine Person beschreibet, damit sich alles, was sie wirket, begreifen lasse?

(21) S. die 13. Anmerkung über den 5ten Vers (a).

(a) Ich habe bey dieser Anmerkung nichts erinnert, weil Lockens Gründe

wegen

both, und erregte in mir allerley Lust. Denn, ohne das Gesetz war die Sünde todt.

stand (durch das Gesetz), und brachte in mir alle Arten böser Lüste hervor. Denn, ohne das Gesetz ist die Sünde todt (22) [und hat keine Macht mir zu schaden].

9. Ich

X 2

9. Es

wegen der Bedeutung des διὰ zum Theile richtig sind, und die Stelle nichts verlohr, man mochte sie so, oder anders, erklären. Ich will nun von diesem διὰ hier reden; und meine Erklärung wird neben der lockischen gar wohl stehen können, und vielleicht derselben erst das völlige Licht geben. Ich glaube nämlich nicht, daß dieses διὰ hier nur so viel als während heisse. Die Sünde, hat der s. Luther übersetzt, nahm Ursach am (διὰ) Geboth; und er hat also anders interpungirt gelesen, als die bengelische Handedition des neuen Testamentes hat; und es ist auch vernünftiger, daß die Sünde durch das Geboth Gelegenheit genommen habe, in Jemand allerley böse Lust zu erregen, als daß sie Gelegenheit genommen habe durch das Geboth allerley böse Lust zu erregen. Wie kann das Gesetz zur bösen Lust reizen, so daß durch dasselbe die böse Lust rege gemacht wird, da es ausdrücklich sagt: Du sollst dich nicht lassen gelüsten? Die in dem Menschen wohnende Erbsünde, nebst der Fertigkeit in wirklichen Sünden, erreget vielmehr diese Lust bey Gelegenheit des Gebothes. Gesetzt, ein Mensch wüßte, wie Paulus sagt, nichts von der Sündigkeit der bösen Lüste: so hat er doch diese bösen Lüste in seiner Seele, und hänget ihnen nach, und ergötzet sich daran. Kommt nun das göttliche Gesetz dazu, und verbiethet sie ihm; so wird ihm hiedurch nicht diese Lust genommen, sondern nur bey Todesstrafe untersagt. Wird er sie nun, da sie ihm angebohren ist, lassen können; und da er ihr gewohnt ist, und darinnen sein Vergnügen findet, gerne lassen? Man müßte den Menschen nicht kennen, wenn man dieses glauben wollte. Die Sünde nimmt also bey Gelegenheit dieses Gebothes in einem unwiedergebohrnen Menschen Anlaß, nur desto mehr böse Begierden zu erregen; und der Mensch wünschet, daß doch nicht so viel verbothen wäre. So bessert das Gesetz, allein betrachtet, den einmal gefallenen, und verderbten, Menschen nicht, sondern je mehr ihm verbothen wird, je mehr böse Begierden regen sich in ihm; und dieß heisset: die Sünde nahm Ursach am Geboth, oder, durch das Geboth. Das verstehet sich nun von selbst, daß dieß hauptsächlich, nach der lockischen Erklärung, während der Zeit geschiehet, da ein Mensch noch unbekehrt, und unter dem Gesetze, ist. Denn, die Wiedergebohrnen haben Kräfte, der in ihnen wohnenden, und sich regenden, Sünde zu widerstehen.

(22) Todt. Man muß sich erinnern, daß S. Paulus nicht allein in diesem ganzen Capitel die Sünde zu einer Person macht, sondern auch von dieser Person, und sich selbst, als von zween unversöhnlichen Feinden, redet, deren keiner bestehen kann, ohne daß der andere todt, oder ausser Stande, zu schaden, ist. Wenn man sich die Sache nicht so vorstellt, wird man dieses Capitel schwerlich verstehen. S. Paulus hat z. E. im 7ten Verse erkläret, daß das Gesetz (nach seinem Fluche, und Zwange) nicht deswegen aufgehoben sey, weil es etwa nur im geringsten der Sünde nachsehe, oder, sie befördere, indem es vielmehr so gar die bösen Begierden

ein-

einschränke, welche der Mensch, ohne Gesetz, nicht einmal für Sünde halten würde. Nun fähret er V. 8. fort: nichts destoweniger blieb die Sünde bey ihrem Vorhaben, mich zu verderben, und ergrief, da ich unter dem Gesetze war, die Gelegenheit, die böse Lust in mir rege zu machen; denn, ohne Gesetz, welches den Uebertretern den Tod verkündigt, ist die Sünde so gut, als todt, und nicht im Stande, an mir ihren Willen zu vollbringen, und mich zu tödten (a). Auf gleiche Weise saget S. Paulus 1 Korinth. XV. 56. die Kraft der Sünde ist das Gesetz, d. i. das Gesetz giebt der Sünde Macht, und Gewalt, die Menschen zu tödten. Läßt man nun die Figur weg, welche bloß eine lebhaftere Vorstellung von dem Zustande eines wohl gesinneten Juden unter dem Gesetze machet; so ist S. Pauli Meynung hier an und für sich diese: „Ungeacht das Gesetz die Menschen in Ansehung der Sünde „genauer einschränkt, als sie ohne Gesetz sind, so verbessert es doch hiedurch mei„nen Zustand nicht, weil es mich nicht geschickt macht, die Sünde gänzlich aus„zurotten (b), und die bösen Begierden zu dämpfen, ob es gleich eine jede Ueber„tretung zu einem tödtlichen Verbrechen macht. Da ich also unter dem Gesetze so „wenig vollkommene Hülfe wider die Sünde finde, als ich zuvor hatte, so bin ich „unter demselben dem gewissen Tode unterworfen.“ Dieser jammernswürdige Zustand des Menschen kann unmöglich sinnlicher ausgedrücket werden, als hier geschehen ist, da die Sünde (die unter dem Gesetze immer in dem Menschen (c) bleibet), als eine Person vorgestellet wird, die des Menschen Verderben suchet, und die Gelegenheit ergreifet, in denenjenigen die böse Lust rege zu machen, welchen das Gesetz solche als tödtlich erkläret.

(a) Der Ausdruck: ohne das Gesetz ist die Sünde todt, welchen diese weitläuftige Anmerkung erklären soll, ist in der That so leicht nicht; und daher kein Wunder, wenn Locke mit seinem Scharfsinne hier in Verwirrung gerathen ist. In der Umschreibung hat er hinter den angezogenen Worten noch diese: und hat keine Macht mir zu schaden, die ich mit Bedacht ausgezeichnet habe; und in der Anmerkung saget er: sie habe keine Macht, zu tödten. Er verstehet also unter dem Todtseyn der Sünde dieß, daß sie nicht schaden, und tödten, könne; und widerspricht damit nicht allein der Schrift, sondern auch gewissermassen sich selber. Er hat in der Einleitung zum VIten Capitel behauptet, daß darinnen Paulus mit, und von, den Heyden rede. Nun heisset da der letzte Vers: der Tod ist der Sünden Sold; und folglich hat die Sünde auch die Heyden, die, nach Lockens Meynung, nie unter dem Gesetze waren, getödtet: wie denn überhaupt die Schrift den Tod schlechterdings der Sünde, als eine Strafe, zuschreibt, und hier keinen Unterschied machet, ob man das Gesetz habe, oder nicht habe. Daß ohne das Gesetz die Sünde todt sey, kann also nicht so viel heissen, daß, wenn kein Gesetz wäre, die Sünde Niemand schaden, noch tödten, würde. Denn, so könnten die bösen Handlungen der Menschen nicht einmal natürlich böse Folgen haben.

Es muß dieser Ausdruck aus dem Vorhergehenden, und Nachfolgenden, erkläret werden. V. 7. hatte Paulus gesagt: er würde ohne das Gesetz nicht einmal die Sündigkeit der bösen Lust erkannt haben, und V. 9. und 10. saget er: da das Geboth gekommen sey, sey die Sünde wieder bey ihm lebendig worden, und er gestorben, an statt, daß sie zuvor, ohne Gesetz, bey ihm todt gewesen sey. Wie also der durch die Sünde gewirkte Tod Pauli beschaffen ist, so muß auch das Tödten der Sünde, wozu sie durch das Gesetz Macht bekommt, beschaffen seyn. Nun ist Paulus zu der Zeit, als das, was er hier schreibt,

mit

9. Ich aber lebte etwa ohne Gesetz. Da aber das Geboth

9. Es war auch einmal (*) eine Zeit, da ich ohne Gesetz war, und mir in einem Stande des Lebens

mit ihm vorgieng, nicht wirklich gestorben. Es muß also das Leben der Sünde durchs Gesetz, und ihr Tod ohne Gesetz, hier nicht heissen, daß sie den Menschen wirklich tödte, oder des zeitlichen, geistlichen, oder ewigen Lebens beraube, oder nicht berauben könne. Denn, den zeitlichen Tod hatte er damals noch nicht gelitten, und er hat ihn auch nachher nicht um der Sünde willen, sondern als ein Opfer für die Ehre JEsu Christi, gelitten. Den geistlichen wirket die Sünde nicht erst durchs Gesetz: sondern ein jeder, welcher sündiget, ist todt durch Uebertretung und Sünde Ephes. II. 1. und der ewige Tod läßt sich hier bey Paulo noch viel weniger gedenken. Es kann also dieser bey Paulo von der Sünde bey Gelegenheit des Gesetzes gewirkte Tod nichts anders seyn, als daß er bey genauerer Erkenntniß des Gesetzes einsehen lernte, wie er wirklich durch seine bisherigen Sünden, die ihm nun erst nach V. 7. begreiflich wurden, wirklich alle Arten des Todes verdienet, und zu gewarten, habe, und darüber, als eine ihm bisher unbewußte Sache, so erschrack, als ob er wirklich schon alle Arten dieses Todes ausstünde. Hieraus läßt sich nun das Todtseyn der Sünde in unserer Stelle begreifen. Paulus saget nämlich im Zusammenhange mit V. 7, daß man ohne das Gesetz nicht einmal die Sünde, nach ihrer Abscheulichkeit, und ihren erschröcklichen Wirkungen, kenne, sondern, als etwas todtes, oder gar nicht wirkliches, nicht achte, ihretwegen keine Strafe besorge, sondern sicher, als hätte man nicht gesündiget, und keine Strafe zu gewarten, dahin lebe. So heisset es, nur mit andern Worten, Cap. V. 13. wo kein Gesetz ist, da achtet man der Sünde nicht. Hingegen, wenn der Sünder einmal erst zum rechten Verstande des göttlichen Gesetzes gelanget, da lernet er nicht nur die Abscheulichkeit, und Verdammlichkeit, der Sünde (reatum culpae, et poenae), sondern auch ihre schröckliche Macht, einsehen. Je mehr GOtt verbiethet, je mehr Lüste, und Begierden zur Sünde, regen sich in ihm; je mehr sündiget er wirklich. Er muß also erschrecken, als wenn er schon wirklich sterben müßte, ob ihn gleich dieses ganze Schrecken nicht von der Sünde befreyet.

(b) (c) Dieß ist nicht richtig geredet, und zu viel vom Gesetze gefordert, daß es die Sünde gänzlich ausrotten soll. Denn, dieß geschiehet in diesem Leben weder vom Gesetze, noch vom Evangelio.

(*) Dieß ist eine Ausführung des im vorhergehenden Verse befindlichen letzten Satzes: Ohne Gesetz ist die Sünde todt; und der Apostel erläutert ihn hier mit seinem eigenen Beyspiele, aus welchem er wußte, wie ruhig der Mensch sich bey der Sünde ohne Erkenntniß des göttlichen Gesetzes befinde, und wie schröcklich er, wenn ihm durch die göttlichen Gebothe die Augen aufgethan werden, die Abscheulichkeit, Unvermeidlichkeit, und gleichwohl gewisse Verdammniß, der Sünde erkennen lerne. Ich habe von dieser Erfahrung Pauli schon über die 22ste Anmerkung des vorhergehenden Verses das Nöthige angemerket; und die Sache selbst kann nun nicht mehr dunkel seyn. Auch ist Lockens Umschreibung ganz richtig; nur daß er da, wo ich gesetzet habe: und mir in einem Stande des Lebens zu seyn einbildete, hat: und in einem Stande des Lebens war: welches aber im Griechischen nicht ge-

gründ

lebendig zu seyn einbildete. Allein, als das Geboth kam, gewann die Sünde wieder Leben, und
Kraft:
10. ich aber fand, daß ich ein todter Mensch (*)
seyn;

Geboth kam, ward die
Sünde wieder lebendig:
10. Ich aber starb; und
es

gründet ist. Die einzige Frage kann entstehen: wenn war dieß einmal, und diese Zeit, da Paulus ohne Gesetz war? Genau läßt es sich wohl nicht bestimmen, da uns der Apostel solches nicht gemeldet hat. Die gewöhnliche Meynung der alten Ausleger unserer Kirche ist, daß solches vor der Bekehrung Pauli war, da er noch, als ein Pharisäer, unter dem Buchstaben des Gesetzes lebte. Wer da weiß, wie JEsus selbst in dem ganzen XXIIIsten Capitel Matthäi, besonders V. 27. und 28, die pharisäische Tugend beschreibet, daß sie nur äusserlich vor den Menschen fromm mache, und inwendig voller Heucheley, und Untugend sey; der wird bald begreifen, wie er in diesem Zustande am besten ohne Gesetz leben, und sich gleichwohl eine genaue Erfüllung des Gesetzes, irrig, einbilden konnte, und wie er selbst von sich Phil. III. 6. sagen kann: nach der Gerechtigkeit im Gesetz gewesen unsträflich. Er verstand nämlich das Gesetz nicht recht, und glaubte daher, es zu erfüllen; er hieng an dem äusserlichen Buchstaben, und meynte, den ganzen Sinn zu wissen. So lebte er in der That ohne Gesetz, und erkannte die Macht, Abscheulichkeit, und Verdammlichkeit der Sünde nicht, weil er den weitläuftigen Verstand des Gesetzes nicht einsahe, und besonders die Sündigkeit der Lust (V. 7.) nicht kannte; es wiederfuhr ihm Barmherzigkeit, und er lernte Christum, aber auch durch eben diese Erleuchtung des Heiligen Geistes, die ihm Christi Gerechtigkeit offenbarte, die strenge, und vollkommene, Gerechtigkeit kennen, welche das Gesetz fordert: da kam das Geboth, und die Sünde ward wieder lebendig, d. i. er lernte sich nun erst in seiner Schwäche, und die Sünde in ihrer Gewalt, Grösse, und Verbindung mit dem Tode, begreifen; und nun hat das, was V. 10. folget, einen leichten Verstand. Eine jede andere Zeit, die man zu diesem Einmal annimmt, ist ungeschickt; weil er nach seiner Bekehrung zu Christo, als ein Apostel, nicht ohne Gesetz kann gelebet haben; und vor seinem pharisäischen Stande noch weniger. Denn, für diesen schicket sich das, daß er darinnen das Gesetz, und die Sünde, habe erkennen lernen, aus den erst angeführten Gründen, gar nicht. Locke erkläret dieses Einmal in seiner Anmerkung, womit ich die deutschen Leser verschonen will, gar seltsam. Er schreibt: „Paulus habe ohne Gesetz gelebet, zu der Zeit, da das Gesetz noch „nicht gegeben war. Denn, er rede in der Person eines aus den Kindern Israel, „welche niemals, nachdem das Gesetz gegeben gewesen, unter demselben zu stehen, „aufgehöret hätten. Dieses Einmal seye also die Zeit zwischen dem Gesetze, und „dem mit Abraham gemachten Gnadenbunde ——". Dieß heißt, die Sache kurz gefaßt. Denn, richtig lebte damals Paulus ohne Gesetz, aber auch ohne Evangelium; weil er gar nicht lebte: und so lebten auch alle Kinder Israel so lange ohne Gesetz, so lange sie noch in den Lenden Abrahams, Isaacs, und Jacobs waren, weil sie noch nicht lebten. Man wird mir es verzeihen, wenn ich diese Erklärung, so oft sie wieder kommt, in der Uebersetzung auslasse.

(*) Diese Umschreibung drücket die Worte Pauli: ich aber starb, sehr geschickt aus; und Locke widerleget hier seine eigene in der 22sten Anmerkung vorgetragene Erklärung, daß das Todtseyn der Sünde in dem Mangel der Kraft, den Menschen

es befand sich, daß das Geboth mir zum Tode gereichte, das mir doch zum Leben gegeben war.

11. Denn, die Sünde nahm Ursach am Geboth, und betrog mich, und tödtete mich durch dasselbige Geboth.

12. Das

sey; und es zeigte sich in der That, daß gerade dasjenige Gesetz, welches mir war zur Erhaltung des Lebens (23) gegeben worden, mir den Tod (24) zuwege brachte.

11. Denn, mein Todtfeind, die Sünde, nahm daher, daß ich unter (25) dem Gesetze war, Gelegenheit, mich durch das Gesetz, zu dessen Uebertretung sie mich betrog (26), zu tödten, d. i. da meine gebrechlichen (verderbten), und sündlichen, natür-

schen zu tödten, gesucht werden müsse, wenn er hier für: ich starb, ganz unpartheyisch schreibt: ich fand, daß ich ein todter Mensch sey, und also den von der Sünde durch das Gesetz gewirkten Tod der Menschen bloß in der Erkenntniß des durch sie verdienten Todes, des Unvermögens, ihr kräftig zu widerstehen, und dem daraus folgenden Schrecken des Sünders, suchet.

(23) Daß das Gesetz den Israeliten gegeben worden sey, damit sie dadurch das Leben haben möchten, kann man 3 B. Mos. XVIII. 5. und Matth. XIX. 17. sehen (a).

(a) Man vergleiche die Anmerkung S. 121.

(24) Das Gesetz, welches gerecht, und so, wie es seyn sollte, war, indem es jeder Uebertretung den Tod verkündigte, Galat. III. 10 gereichte zufälliger Weise zum Tode, indem es nicht hinreichte, der Schwachheit (dem Verderben) der menschlichen Natur so Einhalt zu thun, und die fleischlichen Begierden so zu dämpfen, daß es einen Menschen von allen Uebertretungen, wovon doch die geringste schon den Tod verdienet, frey erhielt, s. Cap. VIII. 3. Galat. III. 21.

(25) Der Verstand, worinnen ich V. 5. διὰ τοῦ νόμου, durch das Gesetz, genommen habe, wird durch das διὰ τῆς ἐντολῆς in diesem, und dem 8ten, Verse stark bekräftiget, und durch diese Auslegung die ganze Rede deutlich, und dem Endzwecke des Apostels gemäß (a).

(a) Sie wird solches noch mehr werden, wenn man damit verbindet, was ich über die 21te Anmerkung beym 8ten Verse von dem διὰ erinnert, und bisher immer zu weiterer Erklärung desselben beygebracht habe. Ja, es wird eben daraus folgen, daß die ganze Umschreibung noch natürlicher so gefaßt werden könne; Denn, mein Todtfeind, die Sünde ergrief durch das Geboth, das mich so gar die böse Lust als Sünde, und der Verdamminiß würdig, erkennen lehrte, die Gelegenheit, und betrog mich, daß sich die bösen Lüste in mir nur desto stärker erregten, je mehr ich sie verabscheuete, und zu vermeiden bemühet war, und tödtete mich durch dasselbige Geboth, so daß ich mir alle Augenblicke, bey jeder aufsteigenden bösen Begierde, durch dieses Geboth den Tod verkündigt sahe.

(26) Betrog. S. Paulus scheinet hier auf das zu zielen, was die Eva in einem ähnlichen Falle sprach 1 B. Mos. III. 13. und brauchet das Wort: Betrog, in eben dem Verstande, nämlich in dem: sie verführte mich dazu.

natürlichen Neigungen, unter dem Gesetze so gut, als zuvor, noch immer mächtig genung waren, mich zu Uebertretungen des Gesetzes zu verleiten, deren jede eine Todsünde war, so hatten sie unter dem Gesetze die beste Gelegenheit, mich in den Tod zu stürzen.

12. Also (27) ist zwar (*) das Gesetz heilig, recht, und gut: so wie es nach der ewigen, und unveränderlichen, Regel dessen, was recht, und gut, ist, seyn muß.

12. Das Gesetz ist je heilig: und das Geboth ist heilig, recht, und gut.

13. Wie? hat also das Gesetz, welches an und für sich gut ist, mir den Tod zugezogen? Nein (28), keinesweges: sondern die Sünde hat

13. Ist denn, das da gut ist, mir ein Tod worden? Das sey ferne! Aber die Sünde,

(27) ὥστε, also. V. 7. hatte der Apostel den Satz vorgetragen, daß das Gesetz nicht Sünde sey. V. 8. 9. 10. 11. hat er ihn bewiesen, und gezeiget, daß das Gesetz in Untersagung der Sünde sehr streng sey, und sich so gar auf die ersten Bewegungen, und innerlichen Wirkungen, der bösen Lust (ja, auf diese Lust, als eine angebohrne, und in diesem Leben nie abzulegende, Sünde, selbst,) erstrecke, und bloß die Sünde, die auch unter dem Gesetze, welches den Uebertretern den Tod verkündigt, bleibe, den Israeliten (und allen Menschen,) den Tod bringe. Hier schlüsset er weiter, daß das Gesetz nicht sündlich, sondern heilig, recht, und gut, sey, eben so, wie es nach der ewigen Vorschrift des Rechten seyn muß.

(*) Ich habe dieses zwar in die Umschreibung eingerückt, ungeacht nicht unmittelbar ein Nachsatz darauf folget; an statt daß Locke ohne dieses zwar diesen Theil der Rede Pauli beschliesset. Denn, es stehet dieses Wörtchen gar zu deutlich im Griechischen: ὥστε ὁ μὲν νόμος ——. Der fehlende Nachsatz folget erst, nach einer mit veränderten Worten geschehenen nachdrücklichen Wiederholung des gegenwärtigen Satzes, V. 14. ich aber bin fleischlich, unter die Sünde verkauft. Paulus bricht nämlich in unserm 12ten Verse auf einmal seinen Vortrag ab, weil ihm ein Einwurf eines nicht genug geübten Lesers beyfällt. V. 11. hatte er gesagt: die Sünde betrog mich, und tödtete mich durch das Geboth. Also folget ungezwungen, ist das Geboth GOttes selbst an dem Tode der Menschen, wenn es solchen gleich verkündiget, unschuldig; denn, es warnet öffentlich nur die Menschen, sich vor der Sünde zu hüten: allein, die in den Menschen wohnende Erbsünde, die beständig in eine ungeheure Menge böser Begierden, als wirkliche Sünden, ausbricht, ist einmal so mächtig, daß sie selbst das Geboth misbraucht, und das Böse nur um so viel reizender, und dessen Unterlassung um so viel schmerzlicher, vorstellt, je schärfer solches in dem Gesetze verbothen ist. Dieß will Paulus V. 12. ausdrücken, und spricht: (denn, so kann man die Umschreibung dem Grundtexte gemässer einrichten) Also ist zwar das Gesetz heilig, und das Geboth, welches die böse Lust untersagt, heilig, und gerecht, und gut. Hier fällt ihm der Einwurf bey, den er V. 13. vorträgt, und zugleich widerleget.

(28) Nein. In den fünf vorhergehenden Versen hatte der Apostel gezeiget, daß

Sünde, auf daß sie erscheine, wie sie Sünde ist, hat sie mir durch das Gute den Tod gewirket: auf daß die Sünde würde überaus sündig durchs Geboth.

14. Denn,

hat mir durch das Gesetz zum Tode gereichet, damit sich die (Abscheulichkeit, und) Macht der Sünde dadurch offenbaren möchte, daß sie im Stande ist, durch das nämliche Geboth, welches zu meinem Besten abgezielet war, mir den Tod zuzuziehen, damit auf diese Weise die (Abscheulichkeit, und) Macht (29) der Sünde, und des Verder-

daß das Gesetz nicht Sünde sey. In diesem, und den zehn folgenden, beweiset er, daß es nicht zum Tode gegeben sey, sondern daß es gegeben sey, die Macht der Sünde zu offenbaren, die unter denen, welche unter dem Gesetze sind, so gewaltig bleibt, daß sie dieselben, unerachtet des Gesetzes, mit allen seinen Verbothen, und Drohungen, zur Uebertretung des Gesetzes verleiten kann. Welchen Nutzen diese Offenbahrung der Macht der Sünde durchs Gesetz habe, kann man Galat. III. 24. sehen.

(29) Daß ἁμαρτία καθ' ὑπερβολὴν ἁμαρτωλός, Sünde überaus sündig, hier gesetzt sey, um die grosse Macht der Sünde, oder bösen Lust, anzuzeigen (a), ist aus dem folgenden Vortrage klar, welcher gänzlich damit umgehet, daß deutlich werde, ein Mensch könne, selbst bey dem besten Vorsatze, dem Gesetze in seinen Gliedern, d. i. seinen fleischlichen Begierden, welche ihn zur Sünde verleiten (nicht ohne höhere Gnade), widerstehen, wenn er sie gleich verabscheue, und, solche zu meiden, beflissen sey. Wer sich erinnert, daß in diesem Capitel die Sünde, als eine Person, vorgestellet wird, deren ganze Natur, unsern Untergang zu suchen, mit sich bringet, wird ohne grosse Mühe verstehen, daß der Apostel hier durch die Sünde, die überaus sündig ist, das heftige Bestreben der Sünde, sich sündlich, d. i. ihre schädliche Natur, mit aller Kraft zu beweisen, anzeige (a).

(a) Dieß ist etwas gesagt, und wahr, aber nicht hinreichend, den Nachdruck der paulinischen Worte: auf daß die Sünde überaus sündig würde, zu erschöpfen. Ueberaus sündig seyn heisset, nach dem Sprachgebrauche mehr, als bloß: seine Macht beweisen; und schliesset die an und für sich abscheuliche Natur der Sünde mit ein, die in keiner Erklärung darf ausgelassen werden: so wie überaus gelehrt seyn, überaus reich seyn, u. d. g. nicht allein heisset, seine Gelehrsamkeit, oder seinen Reichthum, beweisen, und zu Tage legen, sondern wirklich gelehrt, wirklich reich seyn. Paulus saget hier also wirklich zweyerley. 1. Durch das Gesetz, welches so gar die böse Lust verbiethet, wird die Abscheulichkeit der Erblust, und der wirklichen Lust, so wie aller Sünden, die daraus entspringen, offenbar. Wie könnte sie sonst das göttliche Gesetz verbiethen, welches heilig, recht, und gut, ist? Der natürliche Mensch, und eben so wenig derjenige, der an der äussern Schaale des geoffenbarten Gesetzes hänget, rechnet die ersten Begierden, und Anschläge, zu einer bösen Handlung, oder zur Unterlassung einer guten, noch für keine Sünde; noch viel weniger kennet er die Wurzel dieser bösen Begierden, die von Adam her geerbte, und ihm angebohrne, Sünde. Er kennet also die rechte Genealogie der Sünde nicht. Das göttliche Gesetz kommt mit dem Ausspruche: Du sollst dich nicht lassen gelüsten. Nun gehet ihm erst das Licht auf, und eine Menge Sünden

Verderbens in mir, in ihrer unaussprechlichen Grösse gezeiget würde.

14. Denn, wir wissen, daß das Gesetz geistlich ist, und Handlungen fordert, welche unsern fleischlichen Begierden völlig zuwider (30) sind: ich

14. Denn, wir wissen, daß das Gesetz geistlich ist: ich aber bin fleischlich, unter

stellen sich seinem Gewissen dar, die er vorher gar nicht für Sünden angesehen hatte; er merket, daß er nicht denken kann, ohne zu sündigen, und wenn er auch nicht denket, doch noch Sünde genug an der Erbsünde hat; er erkennet klar aus diesem Gesetze, daß er geistlich in Sünden todt sey, und um aller dieser Sünden willen zeitlich, und ewig, sterben müsse; er schlüsset weiter, wie misfällig, und verhaßt, erst GOtt so viele wirkliche Sünden seyen, und welche unendliche Strafen sie verdienen müssen; Sünden der Unterlassung, Sünden der Begehung, Schwachheitssünden, Bosheitssünden, Sünden der Kindheit, der Jugend und des Alters, Sünden in Gedanken, Worten, und Werken, u. s. w. Was nun 2. das schröcklichste ist, er findet in sich selbst keine Kraft, diesen so vielen, und so strafbaren Sünden, und ihren Wirkungen, die er in sich empfindet, zu widerstehen. So wird durch das Gesetz die Sünde überaus sündig.

ἵνα γένηται, auf daß die Sünde würde, d. i. Daß die Sünde überaus sündig erschiene, oder erkannt würde. Von der Offenbarung, und Erkenntniß, der Sünde hat er im vorhergehenden Theile dieses Verses geredet; es muß also auch der gegenwärtige so verstanden werden: und dieß ist nicht allein dem vorhergehenden Theile dieses Verses, sondern auch dem Endzwecke des Apostels, gemäß, nach welchem er zu zeigen suchet, daß das Gesetz, die Sünde zu befördern, keinesweges zur Absicht habe.

(30) Πνευματικός, geistlich, ist hier gebraucht, um zu zeigen, wie sehr das Gesetz unsern fleischlichen Begierden zuwider sey (a). Dieß ist aus dem Gegensatze in den folgenden Worten klar.

(a) Das Gesetz ist wohl hauptsächlich wegen seines geistlichen Inhaltes, und Ursprunges, geistlich. Es schreibet uns Pflichten vor, die wir gegen GOtt, der ein Geist ist, und das Gesetz gegeben hat, beobachten sollen; Pflichten, die selbst geistlich sind, und nicht bloß mit den Gliedern des Leibes erfüllet werden können. Denn, GOtt lieben über alles, und den Nächsten als sich selbst, bestehet nicht in blossen äusserlichen Handlungen, sondern zuerst in dem Vergnügen der Seele an GOtt, und darnach in den äusserlichen Handlungen, wodurch wir diese Liebe beweisen. So ist es mit allen Tugenden. Sie fangen von der Seele an; und das Gesetz fordert nicht etwa ein leichtes, oder mittelmäßiges, Bestreben, sondern Liebe von ganzem Herzen, von ganzem Gemüthe, von allen Kräften. Diese Kräfte hat der Mensch nicht mehr; so wie er nach dem Falle von Natur ist, da ihm das göttliche Ebenbild mangelt, wodurch er zu Erfüllung des Gesetzes tüchtig war. Es ist also leicht einzusehen, wie er fleischlich, und unter die Sünde verkauft, sey. Da ihm der edelste Theil seiner Kräfte durch den Fall entgangen ist, so kennet er GOtt nicht mehr recht;

unter die Sünde verkauft.

ich aber bin so fleischlich, daß ich diesen Begierden sclavisch gehorche, und gezwungen bin, der Sünde wider meinen Willen zu dienen, als ob ich ein Sclave, und in die Gewalt dieses meines herrschenden Feindes verkauft worden wäre.

15. Denn, ich weiß nicht, was ich thue: denn, ich thue nicht, das ich will, sondern das ich hasse, das thue ich.

15. Denn, was ich thue, ist nicht mein eigenes Unternehmen (31). Denn, das, wozu ich Lust habe, thue ich nicht; und was ich verabscheue, das thue ich.

16. So ich aber das thue, das ich nicht will: so willige ich, daß das Gesetz gut sey.

16. Wenn also meine Uebertretung des Gesetzes eine Handlung ist, welche ich selber misbillige, so stimme ich ja offenbar mit dem Gesetze überein, und bekenne, daß es gut sey.

17. So thue Ich nun dasselbige nicht: sondern die Sünde, die in mir wohnet.

17. Ist dem so, so thue ich das, was dem Gesetze zuwider ist, nicht, als ein freyer Mensch, und aus eigenem, freyen, Vorsatze, sondern als ein armer Sclave, der in der Gefangenschaft ist, und, weil ich nicht im Stande bin, meiner eigenen

recht; und kann ihn also auch nicht lieben; er mag überhaupt von GOtt, und den ihn betreffenden Wahrheiten, nichts wissen, und denket lieber sinnliche Dinge, er vergnüget sich bloß an dem Sinnlichen; natürliches Unvermögen, geistliche Dinge nur zu gedenken, und lange Gewohnheit zu der Betrachtung des Irrdischen, hindern ihn auf gleiche Weise, dem Gesetze nachzukommen. Es ist also nicht anders, als ob ein Mensch, ohne den Beystand der Gnade des Heiligen Geistes betrachtet, seinem Berufe nach sündigen müßte; als ob die Sünde sein Herr, und er ihr erkaufter Knecht, wäre.

(31) Οὐ γινώσκω, ich weiß nicht, d. i. es rühret nicht von meinem eigenen Verstande, und Vorsatze, her (a). Die folgenden Worte, welche zum Beweise der gegenwärtigen dienen, geben diesen Verstand. Wollte man οὐ γινώσκω blos übersetzen: ich billige es nicht (b), so würde das folgende mit dem gegenwärtigen einerley seyn, da es doch dessen Beweis seyn soll.

(a) Man könnte es also, dünkt mich, noch viel kürzer, und nachdrücklicher, geben: Denn, was ich thue, weiß ich nicht, nämlich, daß ich es thue. Paulus redet augenscheinlich, wie Locke selber erkennet, von Sünden der Uebereilung, und Schwachheit: und diese geschehen ordentlich, ohne daß der Mensch denket, daß er dieses, oder jenes, thue, folglich aus blosser Gewohnheit, oder, ohne daß er die Moralität seiner Handlung zu der Zeit, da er sie begehet, erkennet.

(b) So hat es die englische Uebersetzung gegeben: I allow not.

Erkenntniß, und Wahl, zu folgen, sondern von der Uebermacht meiner sündlichen Leidenschaften, und der Sünde, die, des Gesetzes ungeachtet, immer in mir wohnet, dazu gezwungen (verleitet (*)) werde.

18. Denn, ich weiß aus der traurigen Erfahrung, daß in mir, das ist in meinem Fleische (32),
nichts

18. Denn, ich weiß, daß in mir, das ist in meinem
Fleisch,

(*) Der Ausdruck zwingen ist hier zu hart; da das, was Paulus V. 15. klaget, auch den Wiedergebohrnen wiederfährt; bey denen kein Zwang mehr statt findet, wohl aber das, was er V. 11. die Sünde betrog mich, nennet.

(32) S. Paulus betrachtet sich selbst, und in sich selbst andere Menschen, wie sie aus zween Theilen bestehen, die er Fleisch und Gemüth nennet, s. V. 25. Durch das letzte verstehet er das Urtheil, und den Vorsatz, seines von dem Geiste GOttes erleuchteten, und geheiligten, Gemüthes (a), dem Gesetze gehorsam zu seyn: durch das erste seine natürliche Neigung, die ihn zur Erfüllung seiner unordentlichen, sündlichen, Begierden antreibt. Diese nennet er auch das Gesetz in seinen Gliedern, und jenes das Gesetz in seinem Gemüthe, V. 23. und Galat. V. 16. 17. welches eine Parallelstelle von den zehn letzten Versen dieses Capitels ist, nennet er das eine Fleisch, und das andere Geist. Diese zween Theile machen den Gegenstand seiner Rede in diesem Stücke des gegenwärtigen Capitels aus; und er zeiget insbesondere, wie es zugehe, daß durch die Stärke, und Uebermacht, des Fleisches, die durch das Gesetz nicht gebrochen wird, das Gesetz geschwächet sey, und den Menschen von der Herrschaft der Sünde, und des Todes, nicht frey mache.

(a) Locke hat statt dieser Worte: seines durch das Gesetz, oder die gesunde Vernunft regierten Gemüthes; gleichwie er auch schon in der Umschreibung hinter den Worten: in meinem Fleische, einrückte: welches der Sitz der fleischlichen Begierden ist, und dadurch seinen irrigen Begriff von Fleisch, und Geist, oder Gemüth, wie es hier heisset, genug zu erkennen giebt. Allein, da Paulus gleich im 22sten Verse saget, daß er nach dem inwendigen Menschen Lust an GOttes Gesetze, und also dieses Wollen, habe, welches Locke selbst durch eine Bereitwilligkeit, dem Gesetze zu gehorchen, umschreibt, und der inwendige Mensch nichts anders ist, als die neuen Kräfte, welche der Heilige Geist den Menschen in der Wiedergeburt giebt, und in der Erneuerung täglich stärket, und vermehret; so ist hieraus deutlich, daß dieses Wollen nicht dem Gesetze, und noch weniger der gesunden Vernunft, zuzuschreiben sey. Es ist auch von den Gottesgelehrten längst erwiesen worden, daß durch den Fall die Vernunft des Menschen geschwächet sey. Ist sie aber geschwächet, so kann sie an dem Gesetze GOttes, das geistlich, und im höchsten Grade vollkommen, ist, so wenig Lust haben, so wenig sich ein ungelehriger Schüler an einer schweren Lection ergötzen kann. Man betrachte alles, was jemals natürliche, so genannte, Tugend Grosses, und Blendendes, verrichtet hat; so wird man zwar viel Scheinbares darinnen, aber keine Liebe GOttes von ganzem
Herzen

Fleisch, wohnet nichts Gutes. Wollen habe ich wohl, aber vollbringen das Gute finde ich nicht.

nichts Gutes wohnet. Denn, wenn es auf den Willen, und Vorsatz, meines Gemüthes ankommt, so bin ich sehr gerne bereit, mich dem Gesetze gleichförmig, und gehorsam, zu bezeigen: allein, da die Stärke (der in mir wohnenden Erbsünde, und) meiner fleischlichen Begierden durch das Gesetz nicht geschwächet wird, so bin ich nicht im Stande, das, was ich für recht halte, und thun will, zu vollbringen.

19. Denn, das Gute, das ich will, das thue ich nicht: sondern das Böse, das ich nicht will, das thue ich.

19. Denn, ich thue nicht das Gute, das mein Vorsatz, und Endzweck, ist: sondern das Böse führe ich aus, ungeacht es meiner Absicht zuwider ist, d. i. ich entschliesse, und bemühe, mich, dem ganzen Gesetze gehorsam zu seyn: ich kann aber solches nicht in der That selbst leisten.

20. So ich aber thue, das ich nicht will: so thue ich dasselbige nicht, sondern die Sünde, die in mir wohnet.

20. Wenn ich also dasjenige thue, was völlig wider meine Bemühung, und Absicht (33), ist, so bin ich, wie ich schon gesaget habe, eigentlich nicht selbst derjenige, der dieses thut, sondern der wahre Urheber solcher Handlungen ist mein alter Feind, die Sünde, welche beständig in mir bleibet, und wohnet, und dessen ich gerne los seyn möchte.

Herzen, ganzer Seele, und allen Kräften, finden. Dieß ist aber, nach Christi Ausspruche Matth. XXII. 38. das erste und gröste Geboth. Wie kann die gesunde Vernunft das Wollen haben, GOttes Gesetz zu vollbringen, da sie nicht einmal Lust hat, dieses erste Geboth zu erfüllen; und es von Abraham ein Beweis seines Glaubens ist, daß er um GOttes willen seines einigen Sohnes nicht verschonete, 1 B. Mos. XXII. 12? Das Wort Gemüth, welches Paulus V. 25. brauchet, kann also, aus eben diesen Gründen, nicht die Seele, d. i. Verstand und Willen, so wie sie nach dem Falle sind, bezeichnen, sondern muß vielmehr dieselbe, nach der in der Wiedergeburt darinnen vorgegangenen Veränderung, beschreiben.

(33) Οὐ θέλω ἐγὼ. ich will nicht. Ich stehet in dem Griechischen sehr nachdrücklich, wie es gewöhnlich den Menschen nach demjenigen Theile bezeichnet, nach welchem er vorzüglich als der, der Ich selbst heisset (a), betrachtet wird. Mit einem ähnlichen Nachdrucke heisset es V. 25. αὐτὸς ἐγὼ, ich selbst.

(a) Nur hier nicht, wie dieser Theil durch die Erbsünde verderbet, sondern wie er durch die Gnade geheiliget ist.

21. Ich finde es also gleichsam, als durch ein Gesetz, in mir festgesetzet, daß, wenn meine Absichten zum Guten abzielen, das Böse sogleich bereit ist, und meine Handlungen verkehrt, und fehlerhaft, machet.

22. Denn, das, woran sich mein inwendiger Mensch ergötzet, und was er gerne mit Vergnügen zu seiner Richtschnur machte, ist das Gesetz GOttes.

23. Allein, ich sehe in meinen Gliedern (34) eine

21. So finde ich mir nun ein Gesetz, der ich will das Gute thun, daß mir das Böse anhanget.

22. Denn, ich habe Lust an GOttes Gesetz, nach dem inwendigen Menschen.

23. Ich sehe aber ein ander

(34) S. Paulus brauchet in diesem, so wie in dem vorhergehenden, Capitel das Wort Glieder für die untern Seelenkräfte des Menschen (a), welche gleichsam die Werkzeuge seiner Handlungen sind.

(a) Ohne das Wort Glieder unmittelbar in diesem Verstande zu gebrauchen, wird dennoch das, was Locke von den untern Seelenkräften sagt, seine Richtigkeit, als eine Folge, behalten. Paulus setzet in dem Verse Glieder, und Gemüth, Gesetz in den Gliedern, und Gesetz des Gemüthes, oder, das Gesetz, woran die durch die Gnade des Geistes GOttes geheiligte Seele Lust hat, einander entgegen. Er hat V. 19. gesagt, daß er nicht das Gute, welches er wolle, thue, sondern das Böse, welches er nicht wolle; V. 21. daß er dieses Bösen, welches seine guten Handlungen zernichte, und an deren Stelle trete, oder sich doch wenigstens darein mische, nicht los werden könne. Wie gehet dieses bey so frommen Menschen, als Paulus, und andere Männer GOttes, waren, zu? Er erkläret dieses V. 22. 23. also: V. 22. Als ein wiedergebohrner, und durch die Gnade GOttes geheiligter, Mensch habe ich Lust, und Vergnügen an dem göttlichen Gesetze, und wollte es gar zu gerne vollkommen erfüllen: allein, V. 23. meine Glieder sind so ungeschickt dazu, als wenn sie ein besonderes Gesetz hätten, das dem göttlichen Gesetze schnurstracks zuwider wäre; ehe ich es gewahr werde, bin ich dahin gerissen, als ob ich nicht dem göttlichen Gesetze, sondern dem, was meine Glieder thun, hätte folgen wollen. Auf diese Weise beschreibet Paulus, was wirklich mit ihm vorgehet. Fraget man nun, was denn die innere Ursache aller dieser sündlichen Unordnungen sey; so hat er solche schon V. 20. gemeldet: ich thue dasselbige nicht, sondern die Sünde, die in mir wohnet. Die Sünde, von der man eigentlich sagen kann, daß sie in dem Menschen wohne, ist die Erbsünde, die in dem Menschen beständig, auch ohne daß er es gewahr wird, wirket, und besonders die untern Seelenkräfte, selbst in den Wiedergebornen, so schnelle in Bewegung setzet, daß der Mensch früher, als er es gewollt, oder gedacht hat, in Sünde gefallen ist. So sind freylich die untern Seelenkräfte in den Gliedern des Menschen geschäftig, und mächtig; und so hat schon Winkelmann über diese Stelle geschrieben: Per membra intelliguntur non solum membra corporis, sed omnes facultates et vires, quatenus scilicet homo adhuc est carnalis ——.

ander Gesetz in meinen Gliedern, das da widerstreitet dem Gesetz in meinem Gemüthe, und nimmt mich gefangen in der Sünden Gesetz, welches ist in meinen Gliedern.

eine andere, an Gesetzes (35) Statt sich äussernde, Ursache meiner Handlungen, die sich dem Gesetze, welchem mein Gemüth folgen will, schnurstracks entgegen setzet, und mich, als einen Gefangenen, wider meinen Willen der anhaltenden Neigung, und dem Triebe, meiner fleischlichen Begierden, die mich nicht anders, als ob sie ein Gesetz wären, zur Sünde antreiben, unterwürfig machet.

24. Ich elender Mensch, wer

24. O, ich elender Mensch! wer wird mich (36) von

(35) Da S. Paulus in dem vorhergehenden Verse von dem Gesetze GOttes, als von einer wirkenden Ursache der menschlichen Handlungen, obgleich, als von einer solchen, gesprochen hat, die nicht mächtig genug ist, den ganzen Menschen von der Sünde völlig rein zu erhalten: so redet er nun auch von den natürlichen (aus der Erbsünde herkommenden, sündlichen) Neigungen, als von einem Gesetze, ingleichen, als von einem Gesetze in den Gliedern, und einem Gesetze der Sünde in den Gliedern; um zu zeigen, daß sie eine eben so wirksame Ursache in den Menschen sind, und ihn eben so beständig zur Sünde antreiben, als ihn das Gesetz zum Gehorsam verpflichtet; ja, daß sie, wegen der Schwachheit des Fleisches, oft die Oberhand bekommen.

(36) Wovon verlanget eigentlich S. Paulus so sehnlich befreyet zu werden? Er hat bisher den Zustand der menschlichen Schwachheit beschrieben, in welchem die Menschen (und selbst die Wiedergebohrnen,), wenn sie sich auch noch so sehr bemühen, das Gesetz zu erfüllen, gar oft durch die in ihnen wohnende Sünde, solches zu übertreten, verleitet werden. Er weiß, daß von diesem elenden Zustande kein Mensch in dieser Welt befreyet werden kann. Er wünschet also, wenn man genau Achtung giebt, nicht von diesem Zustande, sondern von dessen Folge, dem Tode, oder nur in so weit dieser Zustand den Tod nach sich ziehet, von demselben befreyet zu werden (a). Wer wird mich erlösen, sagt er, nicht von diesem Leibe der Schwachheit, sondern von diesem Leibe des Todes? Was wird hindern, daß meine fleischlichen Begierden, die mich so oft in die Sünde stürzen, mir nicht den im Gesetze verkündigten Tod zuziehen? Und hierauf antwortet er: Die Gnade GOttes durch unsern HErrn JEsum Christum. Die Gnade GOttes allein befreyet durch JEsum Christum die gebrechlichen Menschen vom Tode. Diejenigen, die unter der Gnade stehen, erhalten bey ihrem (durch den Beystand des Heiligen Geistes gewirktem) aufrichtigem Bestreben, dem Gesetze nachzukommen (wegen des ihnen zugerechneten vollkommenen Verdienstes JEsu Christi), das Leben. Dieses Bestreben aber haben diejenigen nicht, die unter dem Gesetze sind; und, wenn sie es hätten, so würde sie solches nicht vom Tode erretten, da das Gesetz einen vollkommenen Gehorsam fordert, aber keine Kräfte dazu verleihet. Und so erlöset allein die Gnade um JEsu Christi willen von dem Leibe des Todes (a). Diesem nach schliesset Paulus mit Freuden: Da ich also nun ein Christ, und nicht mehr unter dem Gesetze, sondern unter der Gnade, und folglich in demjenigen

von diesem Leibe des Todes (dem Leibe dieses Todes) erlösen?

25. Die
jenigen Zustande, bin, worinnen ich von dem Tode erlöset werde, so diene ich dem Gesetze GOttes aus allen Kräften, und bestrebe mich auf das aufrichtigste, ihm gehorsam zu seyn, ob mich gleich die Sünde noch gefangen hält.

wer wird mich erlösen von dem Leibe dieses Todes?

25. Ich

(a) Diese Erklärung ist sehr gezwungen. Es heißt im Griechischen nicht: von diesem Leibe des Todes, sondern von dem Leibe dieses Todes. Nachdem Paulus in den vorhergehenden Versen die Macht, welche die Erbsünde, selbst noch in den Wiedergebohrnen, beweiset, aus seiner eigenen Erfahrung beschrieben hat; so bricht er in dem gegenwärtigen in den gegründeten Wunsch aus: Ich elender Mensch, daß ich doch von dem Leibe dieses Todes frey wäre! Die Worte: Wer wird mich erlösen? sind eine hebräische Redensart, und drücken nichts anders aus, als den Wunsch: o, daß ich erlöset, o, daß ich frey wäre! Nun stehet ἐκ τοῦ σώματος τοῦ θανάτου τούτου, von dem Leibe dieses Todes, im Texte viel zu deutlich, als daß man das Wort Leib in der Erklärung so schlechthin übersehen darf. Es muß also der Leib dieses Todes hier eine Bedeutung haben, die dem Endzwecke, und Zusammenhange, der Rede Pauli gemäß ist. Locke gestehet im Anfange seiner Anmerkung selbst, daß in diesem Leben Niemand von der Sünde frey werde: was ist also natürlicher, als daß Paulus, um von der Sünde, diesem ihm gefährlichen, und beständig anhängenden, Feinde, los zu werden, sich wünschet von dem sterblichen Leibe befreyet, abgeschieden, und bey Christo, zu seyn? So erkläret er sich ja auch Phil. I. 23, und 2 Korinth. V. 8: und besser kann er seinen Abscheu vor der Sünde, die in ihm wohnet, ihn betriegt, wider seinen Willen in ihm Böses hervorbringt, und wider seine heiligsten Gesinnungen streitet, nicht ausdrücken, als daß er lieber zu sterben wünschet, als länger mit der Sünde zu kämpfen, und wider seinen Willen zu sündigen. Es wird also leicht zu bestimmen seyn, was er unter dem Leibe dieses Todes verstehe. Er verstehet nämlich den Leib, welcher diesen bisher beschriebenen Tod der Sünde, die ihn zu so vielem Guten, das er sonst, als ein Wiedergebohrner, thun würde, untüchtig machet, an sich träget, und der endlich doch wegen der Sünde wieder zur Erde werden muß, woraus er genommen ist. Ich weiß zwar wohl, daß sich von Paulo, als einem Wiedergebohrnen, nicht sagen läßt: er sey in Sünden todt gewesen. Allein, dieß saget auch diese Erklärung nicht. Sie saget nur so viel: Wo die Erbsünde ist, die sich bey allen Lebendigen durch wirkliche Sünden geschäftig erzeiget, da ist der Tod, nämlich der geistliche, der nach dem Laufe der Natur den zeitlichen, und bey den Unbußfertigen auch den ewigen, nach sich ziehet; da ist ein natürliches Unvermögen, Gutes zu denken, zu wollen, zu thun. Dergleichen Zustand eines Menschen, da er nicht, was er soll, oder will, thun kann, nennt man in der gemeinen Sprache einen Tod; und die Schrift nennet ihn selbst so. Z. E. oben V. 8. hat Paulus gesagt: ohne das Gesetz sey die Sünde todt, und V. 10. und 11. die Sünde sey wieder lebendig worden, und er gestorben; so hat er Röm. IV. 19. dem Abraham und der Sarah einen erstorbenen Leib zugeschrieben; ja, Cap. VIII. 10. saget er: so ist der Leib zwar todt, um der Sünde willen.

25. Ich danke GOtt, durch JEsum Christ, unsern

25. Die Gnade GOttes (37) durch JEsum Christum unsern HErrn. Um mich also in diesem

willen. Es folget hieraus nicht, daß der Leib der vornehmste, oder alleinige, Sitz der Sünde sey; so wenig als es folget, daß er der Sitz der Gerechtigkeit sey, wenn es Röm. VI. 19. heisset: begebet nun auch eure Glieder zu Dienst der Gerechtigkeit. Kein Wiedergebohrner wird von der Sünde, und dem Streite des Fleisches und Geistes, frey, ehe die natürliche Verbindung zwischen Leib und Seele aufhöret. Paulus wünschet also von dem Leibe, in welchem sich der Tod der Sünde so geschäftig erzeiget, frey zu werden, damit diese Verbindung aufhöre; weil er, von der Seele frey zu werden, nicht verlangen kann.

(37) Unsere Uebersetzer lesen: εὐχαριστῶ τῷ Θεῷ, ich danke GOtt; der Urheber der Vulgata aber hat χάρις τοῦ Θεοῦ, die Gnade GOttes, gelesen: wie solches auch die clermontische, und andere griechische Handschriften haben. Es braucht keines Zweifelns, welche von beyden Lesearten die beste sey, wenn man überlegt, daß nicht allein der Apostel hier bemühet ist, zu zeigen, daß die Juden, sowohl als die Heyden, aus Gnaden selig werden müssen, sondern auch, daß die Gnade GOttes eine deutliche, und geschickte, Antwort auf die vorhergehende Frage: wer wird mich erlösen? giebt. Auf diese Frage folgt gar keine Antwort, wenn man liest: ich danke GOtt; und so wäre etwas ausgelassen, was man sonst in S. Pauli Schriften, so viel ich mich erinnere, nicht ausgelassen findet. Wenigstens machet solches die Stelle dunkel, und unvollkommen. Noch mehr aber siehet man die hiedurch verursachte Verwirrung des Verstandes ein, wenn man auf das folgende: So ist nun, Achtung giebt, womit sich das VIIIte Capitel anfängt, und welches eine deutliche, und natürliche, Schlussfolge enthält, so bald die Frage: wer wird mich erlösen? die Antwort hat: die Gnade GOttes. Sonst wird es schwer seyn, etwas zu finden, woraus dieser Schluß gezogen werden kann. So aber ist des Apostels Folge klar, und leicht. Das Gesetz kann nicht von dem Leibe dieses Todes befreyen. Allein, die Gnade GOttes durch JEsum Christum, welche die Sünden vergiebt (und Kräfte zu einem neuen geistlichen Leben verleihet,), befreyet uns davon. Hieraus folget natürlich dieser Schluß: So ist nun nichts verdammliches. Was aber aus der andern Leseart folget, gestehe ich gerne, sehe ich nicht (a).

(a) Ich bin nicht im Stande, Lockens Gründe von den Handschriften, die so lesen, wie er umschreibet, zu widerlegen. Denn, ich habe dergleichen so wenig, so wenig solche so manche Ausleger, die sich darauf berufen, besitzen. Die Vulgata liest, wie Locke. Vielleicht ist es aber doch möglich, auch nach der gemeinen Leseart in diesem Verse einen ordentlichen Verstand, und einen richtigen Zusammenhang selbst mit dem Schlusse, womit das VIIIte Capitel anfängt, zu finden; besonders, wenn man den vorhergehenden Vers so erkläret, wie ich in der dabey befindlichen Anmerkung gethan habe. Paulus wünschet V. 24. O, daß ich von dem Leibe dieses Todes frey wäre! Also fällt alles weg, was Locke von der Frage sagt, die eine Antwort haben müsse. Denn, es ist keine Frage da. Ja, selbst die vermeynte Dunkelheit, und der

sem Zustande feste zu setzen, diene ich selbst (38) mit dem eifrigsten Vorsatze, und dem aufrichtigsten

sern HErrn. So diene ich nun mit dem Gemüthe
dem

Mangel einer richtigen Verbindung mit dem folgenden verschwindet. Ich sage noch einmal: Paulus wünschet: o, daß ich frey wäre ——! Unter diesem Wunsche fället ihm seine Freyheit bey; die Freyheit, welche nach 2 Korinth. III. 17. da ist, wo der Geist des HErren ist, die ein Vorschmack ist der herrlichen Freyheit der Kinder GOttes, Röm. VIII. 21. Er vergißt seines Wunsches, und danket GOtt, der ihn durch die Gnade der Wiedergeburt schon so weit befreyet hat, daß er nun doch an GOttes Gesetze Lust hat, und nicht mehr, wie vor diesem, der Sünde schlechterdings dienen muß, sondern sich ihr widersetzen kann; er spricht: ich danke GOtt durch JEsum Christ unsern HErrn. Er erkläret nun auch diese Freyheit in den folgenden Worten: So diene ich nun mit dem Gemüthe ——, und hieraus folgt ganz natürlich der Schluß: So ist nun nichts verdammliches an denen, die in Christo JEsu sind ———.

(38) Αὐτὸς ἐγὼ, ich selbst, d. i. ich, der ich den Menschen ausmache, mit aller vollkommenen Entschliessung meines Gemüthes. Αὐτὸς oder ἐγὼ hätten ersparet werden können, wenn nichts, als der Nominativus zu dem folgenden δουλεύω, hätte angezeiget werden sollen (a). S. die Anmerkung über den 20sten Vers.

(a) Diese Erinnerung ist sehr wohl angebracht: sie fasset aber mehr in sich, als vielleicht Locke selbst geglaubet hat. Da das αὐτὸς ἐγὼ nach Lockens Anmerkung über den 20sten Vers den Menschen nach seinem edelsten Theile anzeiget, oder, nach demjenigen Theile, nach welchem er vorzüglich Ich selbst heisset: so kann kein Zweifel seyn, daß Paulus, wenn er hier sich selbst nennet, sich nach demjenigen Theile beschreibe, nach welchem er nicht ein natürlicher Mensch, sondern aus GOtt gebohren ist, folglich, nach dem inwendigen Menschen, nach welchem er Lust an dem Gesetze GOttes hat, V. 22. und solches zu erfüllen sich ernstlich bestrebet. Denn, die bloß natürlichen obern Seelenkräfte hier zu verstehen, und dem Fleische entgegen zu setzen, gehet deswegen nicht an, weil sich, wenn man Schrift, und Erfahrung, genau betrachtet, von keinem einzigen Menschen sagen läßt, daß sein Verstand, und Wille, Lust an GOttes Gesetz haben, und solches zu erfüllen suchen, und nach der Sprache der heiligen Schrift auch diese Fleisch sind, oder zu dem Menschen in seinem natürlichen Zustande gehören, nach welchem er gar nichts vom Geiste GOttes vernimmt, 1 Korinth. II. 14. Vielleicht läßt sich dieses: Ich selbst noch deutlicher also erklären, daß man diesen Vers als den Uebergang, und die Verbindung, zwischen diesem, und dem folgenden Capitel, betrachtet; welches er wirklich ist. Nun hat Paulus bisher immer in der ersten Person von sich selbst gesprochen, und an seinem eigenen Beyspiele gezeiget, wie mächtig die Sünde auch in den Wiedergebohrnen sey, ungeacht sie dieselbe verabscheuen, und sich ihr aus allen Kräften widersetzen; daß sie also GOtt nicht dienen können, aus natürlichen Kräften, nach der Strenge des Gesetzes, wohl aber durch die vom Heiligen Geiste in der Wiedergeburt empfangenen neuen Gnadenkräfte, wenn gleich auch hier Unvollkommenheiten übrig bleiben. Dieß drückte er V. 6. also aus: Nun aber
sind

dem Gesetz GOttes, aber mit

sten Bestreben, meines Gemüthes (*) dem Gesetze

sind wir von dem Gesetz los, und ihm abgestorben, das uns gefangen hielt: also, daß wir dienen sollen im neuen Wesen des Geistes, und nicht im alten Wesen des Buchstabens. Dieß rettete er, wie wir bisher gesehen haben, gegen den V. 7. befindlichen Einwurf; und beschließet V. 24. und 25. diese Rettung mit Wünschen, und Danken, und machet damit den Uebergang. Cap. VIII. dasjenige auf alle Getaufte, und Wiedergebohrne, anzuwenden, was er bisher von sich insbesondere aus eigener Erfahrung gesaget hatte, daß er noch einmal, in Rücksicht auf den erst angeführten 6ten Vers, an seinem eigenen Beyspiele zeiget, wie es mit dem Dienste und Gehorsam der Wiedergebohrnen, oder dem Dienste im neuen Wesen des Geistes, beschaffen sey, und spricht: So diene ich nun mit dem Gemüthe dem Gesetz GOttes, aber mit dem Fleisch dem Gesetz der Sünden. Man darf also nur diese Stelle, wie es dem Griechischen ganz gemäß ist, übersetzen: Auf diese Weise diene also ich selber, mit dem Gemüthe —— so ist das αὐτὸς ἐγὼ, ich selber, ohne die lockischen Subtilitäten, deutlich, und dem: wir dienen, V. 6. ingleichen dem: ihr seyd nicht fleischlich, Cap. VIII. 9. entgegen gesetzt. Paulus tröstet hiemit die Wiedergebohrnen, die sich leicht wegen der vielen ihnen anklebenden fleischlichen Schwachheiten, und ihrem Unvermögen, das Gesetz zu erfüllen, in Ansehung ihres Gnadenstandes Zweifel machen konnten, durch sein eigenes Beyspiel. Ich selber, spricht er, diene mit dem Gemüthe dem Gesetze GOttes, aber mit dem Fleisch dem Gesetz der Sünden; ich selber kann (s. V. 24.) nicht von allen fleischlichen, und sündlichen, Schwachheiten, so lange ich im Fleische lebe, los werden. Desto leichter können sie nun glauben, daß, wie er Cap. VIII. 1. fortfähret, nichts verdammliches an denen sey, die in Christo JEsu sind, die nicht nach dem Fleisch wandeln, sondern nach dem Geist; da sich Paulus selbst unter denen, die noch sündliche Unvollkommenheiten an sich haben, und doch nicht im Fleische wandeln, sondern im Geiste, und also nicht verdammet werden, vornen an stellt. Und hieraus wird weiter deutlich seyn, was in diesem Verse heisse

(*) mit dem Gemüthe dem Gesetze GOttes dienen? Es kann nämlich nicht bloß bedeuten: mit dem eifrigsten Vorsatze, und dem aufrichtigsten Bestreben der Seele, so wie sie von Natur ist, oder aus natürlichen Kräften, dem Gesetze dienen. Denn, dieser aufrichtige Vorsatz, und dieses eifrige Bestreben, ist dem Menschen in seinem natürlichen Zustande nicht einmal möglich. Da sein Dichten, und Trachten, von Jugend auf böse ist, da, was vom Fleische gebohren wird, Fleisch ist (Joh. III. 6.), so können solche von Kindheit an böse Gemüther, so können fleischlich gesinnte Gemüther, wegen einer geistlichen Sache, die sie nach 1 Korinth. II. 14. gar nicht einmal vernehmen, weder einen eifrigen Vorsatz fassen, noch sich aufrichtig nach dessen Erfüllung bestreben. Es ist umsonst, in diesem Falle obere, und untere, Seelenkräfte zu unterscheiden, und jenen gedachte Entschlüssungen, diesen aber die fleischlichen Neigungen zur Sünde, zuzuschreiben. Denn, beyderley Seelenkräfte wirken in diesem Leben nicht von einander abgesondert. Die Metaphysiker nehmen sich immer vor, rein zu denken, und bloß die obern Seelenkräfte zu gebrauchen: sie müssen es aber selbst gestehen, daß sie von den untern immer darinnen gestöret werden. Geschiehet nun dieß bey bloß theoretischen, und auf das Leben der Menschen sich gar nicht beziehenden, Wahrheiten: wie vielmehr wird solches bey andern, und beson-

setze GOttes, obgleich meine fleischlichen Neigungen der Sünde dienstbar, und beständig auf dieselbe gerichtet, sind.

mit dem Fleisch dem Gesetz der Sünden.

besonders den moralischen, geschehen? Es ist ein Traum, wenn man sich einbildet, ein Mensch könne, ohne Wirkung des Heiligen Geistes, GOtt recht zu lieben, nur den Vorsatz fassen, weil er z. E. die Liebe GOttes, so wie GOttes Weisheit, und Allmacht, auch in den kleinsten Theilen der geschaffenen Welt ausgedrückt, und wie in einem Spiegel vorgestellet, findet. Denn, einmal fragt sichs, was entstehet aus dergleichen Betrachtungen für eine Liebe zu GOtt? und wie weit erstreckt sich dieselbe? darnach ist schon dieß Entstehen der Liebe zu GOtt ein Beweis, wie wenig der Mensch zu derselben von Natur geschickt sey? Denn, wo war also diese Liebe, ehe der Mensch GOtt auf eine so angenehme, und spielende, Art kennen lernte? und worinnen bestehet sie jetzo, da ihn der Mensch kennet? Mich dünkt immer, natürliche Menschen, die GOtt auf diese Art, und aus diesem Grunde, lieben, lieben ihn eben so, wie ihre Schmetterlinge, u. d. g. das ist, sie spielen mehr, als daß ihre Liebe rechter Art seyn sollte. Da demnach der natürliche Mensch nicht einmal zu der ersten Pflicht, welche das göttliche Gesetz vorschreibt, einen wahrhaftig eifrigen Vorsatz fassen, und sich recht eifrig, sie zu erfüllen, bestreben kann: so bleibt nichts übrig, als daß, dem Gesetze GOttes mit dem Gemüthe dienen, kein Werk der natürlichen Kräfte, sondern der übernatürlichen Gnade des Heiligen Geistes, und folglich hier das Gemüth nicht die Seele des Menschen, nach ihren natürlichen Kräften, sey, sondern in wie ferne sie wiedergebohren ist, und an Verstand, Willen, u. s. w. neue Kräften empfangen hat, die der Heilige Geist in der täglichen Erneuerung beständig vermehret. Gemüth ist also hier eben so viel, als was sonst Geist, der inwendige Mensch, der neue Mensch, u. s. w. heisset. Und wie nach diesem der Mensch dem Gesetze GOttes diene, ist nicht schwer zu begreifen. Der Geist GOttes, und also die ganze Heilige Dreyeinigkeit, ist in ihm, darum hält er das Wort Christi, Joh. XIV. 23. er ist GOttes Tempel, 1 Korinth. III. 16. der Geist GOttes treibet ihn, Röm. VIII. 14: wie sollte er nicht aus allen Kräften GOtt nach seinem heiligen, und guten, Gesetze zu dienen suchen? Es ist aber nun eben so deutlich, was da heisse: mit dem Fleische dem Gesetze der Sünde dienen? Da nämlich die Wiedergebohrnen, aller Vorzüge der neuen Geburt ungeacht, doch noch die verderbte menschliche Natur haben: so geschiehet es vermöge derselben, daß sie gar oft in wirkliche Sünden, die aus der Erbsünde entstehen, wider alles Vermuthen fallen. Denn, wie aus V. 23. und den dabey befindlichen Anmerkungen begreiflich seyn wird, so ist das Gesetz der Sünden nichts anders, als die Macht der Erbsünde, welche sie in den Menschen beweiset, indem sie ihn in wirkliche Sünden stürzet. Wie fallen sie aber in Sünden, die Sünden der Schwachheit, und Uebereilung, sind? Nicht als Wiedergebohrne, sondern als schwache, gebrechliche, Menschen, die den Leib des Todes an sich haben, die mit der Sünde von ihrer Geburt, und Empfängniß, her beflecket sind, und auch oft, durch die vor ihrer Wiedergeburt hergehende, lange Gewohnheit zu sündigen, gewisse sündliche Handlungen, oder Unterlassungen, sich gleichsam so zur Natur gemachet haben, daß sie solche ohne die äusserste Aufmerksamkeit auf sich selbst, unter dem Beystande des Heiligen Geistes, nicht lassen können. Sie sündigen also, als elende, und gebrechliche, Menschen, und nach den Ueberbleibseln des Verderbens, die ihnen noch nach der Wiedergeburt anhängen. Dieß heißt mit dem Fleische dem Gesetze der Sünde dienen.

Sieben-

Siebenter Abschnitt.

Cap. VIII. Vers 1 — 39.

S. Paulus hat Cap. VI. gezeiget, daß (Juden und) Heyden (jene, als solche, die unter dem Gesetze gewesen, und diese, als solche), die nicht unter dem Gesetze gewesen, allein aus Gnaden selig würden, und daß sie wegen (und kraft) dieser Gnade nicht ihren sündlichen Lüsten nachhängen dürften, sondern sich beständig, und aufrichtig, eines vollkommenen Gehorsams gegen das Gesetz befleissigen müßten. Er hat auch besonders Cap. VII. gelehret, daß die Juden, die zuvor unter dem Gesetze gewesen waren, ebenfalls allein aus Gnaden selig würden, weil sie das Gesetz nicht mit Kräften versähe, die Sünde zu meiden, welche, nach dem Gesetze, durch den geringsten Fehltritt den Tod verdiente. Nun zeiget er in diesem Capitel, daß beydes Juden, und Heyden, weil sie unter der Gnade, d. i. zu Christo bekehret, und glaubig, sind, von der Verdammniß frey seyen, woferne sie das, was in diesem Gnadenstande von ihnen erfordert wird, beobachten (*); und diesem zu Folge setzet er die eigentliche Beschaffenheit dieses Gnadenbundes noch deutlicher aus einander, und dringet auf dessen Beobachtung; nämlich darauf, nicht nach dem Fleische zu leben, sondern nach dem Geist, und des Fleisches Geschäfte zu tödten, weil diejenigen, die solches (aus Antrieb des Heiligen Geistes) thun, GOttes Kinder seyen. Nachdem er dieses zum Grunde geleget hat, so brauchet er es, die Römer zur Geduld in den Trübsalen auszurüsten; indem er sie versichert, daß, so lange sie in diesem Zustande blieben, sie nichts von der Liebe GOttes scheiden, noch von der Erbschaft des ewigen Lebens mit Christo in seiner Herrlichkeit ausschliessen, könne, gegen welche Herrlichkeit alles Leiden dieser Zeit nicht in dem geringsten Verhältnisse stünde.

 Para-

(*) Eben hieraus ist klar, daß dasjenige, was ich bey der Einleitung zum VIten und VII. Capitel erinnert habe, richtig, und dieses VIIIte bis auf den 17ten Vers die Fortsetzung der Cap. VII. 6. angefangenen, und durch den V. 7. vorkommenden Einwurf unterbrochenen, Materie sey. In dem letzten Theile des 17ten Verses fängt, wie Locke recht bemerket, die Anwendung an. Paulus führet hier nämlich dasjenige, was er Cap. VII. 25. angefangen hat (s. die 37ste Anmerkung lit. a.), weiter aus, und zeiget insbesondere, wie Wiedergebohrne, und Gerechtfertigte, ungeacht sie wider ihren Willen, und aus Schwachheit, mit dem Fleisch dem Gesetze der Sünden dienen, mit dem Gemüthe dem Gesetze GOttes dienen, und deswegen keine Verdammniß zu befürchten haben; weil ihnen nach V. 3. und 4. die vollkommene Gerechtigkeit JEsu Christi zugerechnet wird, und der in ihnen wohnende, und sie regierende, Heilige Geist V. 9. 14. sie der Kindschaft GOttes V. 14. 15. 16. und der Erbschaft des ewigen Lebens, V. 17. versichere.

Paraphrastische Erklärung.

1. Derohalben (1) ist nun (2) keine Verdammniß (3) an denen, d. i. kein Todesurtheil wird über diejenigen gesprochen werden, die (wahre) Christen (4) sind, welche nicht den sündlichen Lüsten des Fleisches gehorchen (5), sondern der Leitung, und Führung, des

Text.

1. So ist nun nichts verdammliches an denen, die in Christo JEsu sind: die nicht nach dem Fleisch wandeln, sondern nach dem Geist.

2. Denn,

(1) **Derohalben.** Dieß ist ein Schluß aus dem letzten Verse des vorhergehenden Capitels, worinnen er gesaget hat, daß die Gnade GOttes durch JEsum Christum vom Tode befreye.

(2) **Nun.** Unter dem Evangelio, da diejenigen, die das Evangelium annehmen, nicht mehr unter dem Zwange, und Fluche, des Gesetzes sind (a).

(a) Deutlicher: nun, da wir durch den Glauben gerechtfertiget sind, und zwar noch mit sündlichen Schwachheiten zu kämpfen haben, aber doch nicht mehr Knechte der Sünden sind, dergleichen Cap. VI. 20. beschrieben werden.

(3) Die Verdammniß, wovon hier die Rede ist, beziehet sich auf die im Gesetze jeder Uebertretung gedrohete Todesstrafe (a), wovon er im vorhergehenden Capitel geredet hatte (also auf die Strafe des zeitlichen, und ewigen, Todes).

(a) Besser, dächte ich, würde hier das Wort κατάκριμα, Verdammniß, nach seiner weitläuftigen Bedeutung, auch in der Umschreibung beybehalten. Es heißt nach dem Griechischen die hier befindliche Redensart buchstäblich: Derohalben ist nun keine Verdammniß denen, die in Christo JEsu sind, d. i. wenn man die griechische Wortfügung in eine deutsche verwandelt, Derohalben haben diejenigen, die in Christo JEsu sind, kein verdammendes Urtheil zu fürchten, es wird keines über sie ausgesprochen. Dieß konnten die Glaubigen bey dem elenden Zustande, welchen Paulus, vom 8ten Verse des VIIten Capitels an, bis hieher beschrieben hat, und worinnen sie sich alle als Sünder, und der Verdammniß schuldig, abgebildet fanden, besorgen: er versichert sie also zu ihrem Troste des Gegentheiles, und erkläret zugleich, wie dieses zugehe, und sie dadurch nicht von der Pflicht, heilig zu leben, befreyet würden.

(4) In Christo JEsu seyn heisset Cap. VI. 14. unter der Gnade seyn, und Galat. III. 27. Christum angezogen haben. Alle diese Redensarten zeigen einem, der diese Stellen liest, und bedenket (nicht nur), das Bekenntniß der christlichen Religion an, (sondern auch die wirkliche Theilnehmung an der durch Christum erworbenen Gnade GOttes, und die Zurechnung seines Verdienstes).

(5) περιπατοῦσι, welche wandeln, hat nicht die Meynung, daß alle diejenigen, die in Christo JEsu sind, nicht nach dem Fleische, sondern nach dem Geiste, wandeln, sondern, daß alle, die in Christo JEsu sind, nicht unterlassen, so zu wandeln (a). Wenn hierun noch Jemand bey dem Inhalte der gegenwärtigen Rede S. Pauli zweifeln kann, so kann er davon aus V. 13. überzeuget werden: wenn ihr nach dem Fleische lebet. Diese Ihr, mit welchen er da redet, sind keine andern, als die er

Cap. I.

Cap. I. 6. 7. die **Berufenen von Christo JEsu**, und die **Liebsten GOttes** nennet; welches Redensarten sind, die eben so viel bedeuten (b), als in Christo JEsu seyn. Man sehe Cap. VI. 12–14. und Galat. V. 16–18. welche Stellen, wenn sie verglichen werden, zeigen (c), daß wir durch Christum von der (Schuld, und Strafe, und) Herrschaft der Sünde, und bösen Lust, befreyet seyen, so daß sie nicht über uns zum Tode herrschen kann, wenn wir uns derselben (durch den Gnadenbeystand des Heiligen Geistes) widersetzen, und ernstlich nach der Freyheit streben. Der ist ein freywilliger Sclave, der sich, wenn er frey seyn kann, muthwillig in die Knechtschaft begiebt!

(a) **Locke** siehet hier etwas, woraus er sich, weder nach seinem Lehrgebäude, noch auf eine andere Weise, helfen kann. Es heisset hier: die nicht nach dem Fleische wandeln, und Cap. VII. 25. hat es geheissen, daß selbst die Wiedergebohrnen mit dem Fleische dem Gesetze der Sünde dienen. Diese Schwierigkeit zu heben, glaubt er, sey am besten, unsere Stelle so zu verstehen, daß eben nicht alle, die in Christo JEsu sind, beständig nicht nach dem Fleische, sondern nach dem Geiste, wandelten, sondern nur, solches zu thun, nie unterliessen. Und hieraus folget, daß er die Meynung hege, es könne auch Jemand, der in Christo JEsu ist, zuweilen nach dem Fleische wandeln. Wie ungegründet aber dieses sey, läßt sich nicht nur aus unserm gegenwärtigen Capitel sehen, wo es V. 4. heisset, daß die Gerechtigkeit, vom Gesetz erfordert, in denen erfüllet werde, die nicht nach dem Fleische wandeln, V. 12. daß die Gerechtfertigten nicht nach dem Fleische leben dürfen, und V. 13. daß diejenigen, die nach dem Fleische leben, sterben müssen, und aus dem gegenwärtigen 1sten Verse selbst, wo, nicht nach dem Fleische wandeln, als ein Kennzeichen derer, die in JEsu Christo sind, angegeben wird: sondern es lehren dieses auch andere Schriftstellen, wenn es z. E. Galat. V. 25. heisset: So wir im Geist leben, so laßt uns auch im Geist wandeln, V. 16. Wandelt im Geist, so werdet ihr die Lüste des Fleisches nicht vollbringen, und Coloss. I. 10. daß ihr wandelt würdiglich dem HErrn zu allen Gefallen. Wozu dienen alle diese Aussprüche, welche theils Ermahnungen sind, theils die Beschaffenheit des Lebens derer, die in Christo JEsu sind, beschreiben, wenn dieselben doch zuweilen im Fleische wandeln? Ich schlüsse hieraus, daß in unserer Stelle, nach dem Fleische wandeln, ganz etwas anders sey, als in dem vorhergehenden Capitel: mit dem Fleisch dem Gesetz der Sünde dienen. Dieses drucket, wie der ganze Zusammenhang lehret, bey den Wiedergebohrnen einen solchen Dienst aus, der nicht von ihrem freyen Willen, und Vorsatze, abhängt, da, was sie wider GOttes Gesetz thun, nicht von ihnen, sondern der in ihnen wohnenden Sünde, geschiehet, von der sie betrogen werden: jenes muß also, vermöge des Gegensatzes, den man deutlich zwischen dem ersten Theile des VIIIten Capitels, und dem letzten des VIIten, wahrnimmt, eine freywillige, und vorsetzliche, Anwendung unserer Seelenkräfte, und Glieder des Leibes, zu dem, was der verdorbenen Natur, oder dem Fleische, angenehm ist, anzeigen. Dieß, dünkt mich immer, sey auch im Griechischen deutlich genug unterschieden, da es Cap. VII. 25. heisset: δουλεύω τῇ σαρκί, ich diene mit dem Fleische, und V. 4. 12. 13. unseres Capitels: κατὰ σάρκα, nach dem Fleische. Nimmt man gar 2 Korinth. X. 2. 3. dazu, allwo stehet: ὡς κατὰ σάρκα περιπατοῦντας, als wandelten wir fleischlicher Weise; und: οὐ κατὰ σάρκα στρατευόμεθα, so streiten wir doch nicht fleischlicher Weise: so hat diese Erklärung noch

des (6) Heiligen Geistes (7) folgen.

2. Denn 2. Denn,

weniger Schwierigkeit. Locke hat die erste Stelle V. 2. selbst so umschrieben: daß ich mich in meinem Leben, und Amte, gänzlich nach fleischlichen Absichten richte; und es ist kein Zweifel, daß hier von einem mit Fleis, und Vorsatze, so oder so eingerichteten Wandel, und Zusammenhang der Handlungen, eines Menschen, die Rede sey. Denn, deswegen vertheidiget sich Paulus. Nach dem Fleische wandeln heisset also in unserer Stelle: sein Leben mit Vorsatz so einrichten, daß man dadurch, was dem Fleische, und der bösen Lust, angenehm ist, als seinen Endzweck erhalte; und nicht nach dem Fleische wandeln: diese Absicht bey der Einrichtung, und Unternehmung, seiner Handlungen nicht haben. So ist der Unterschied zwischen den Sünden der Wiedergebohrnen, und Unwiedergebohrnen, klar; und so siehet man auch die Ursache ein, warum über die ersten um ihrer Sünden willen kein verdammender Urtheilsspruch ergehet, wenn bey den letzten der Tod ihrer Sünden Sold, und gerechte Strafe, ist. Jene wandeln nicht nach dem Fleische; diese sind so gar fleischlich gesinnet, V. 5: jenen wird nach V. 3. und 4. die Gerechtigkeit Christi zugerechnet; diese sind nach V. 7. in einer Feindschaft wider GOtt: in jenen wohnet der Geist GOttes, V. 9. und sie erhalten durch ihn das Leben, V. 10. 11; diese müssen sterben, V. 13.

(b) Diese Redensarten bedeuten, wenn man sie genau untersuchet, und mit der Erfahrung vergleichet, nicht einerley. GOtt berufet, und liebet, alle Menschen: aber viele sind berufen, und wenige sind auserwählet.

(c) Sie zeigen es nicht unmittelbar, wie der Augenschein lehret: obgleich sonst die Sache ihre vollkommene Richtigkeit hat.

(6) Fleisch und Geist scheinen hier, jenes auf das Fleisch, zu gehen, womit er, nach den unmittelbar vorhergehenden Worten, der Sünde dienet, und dieses auf das Gemüth, womit er dem Gesetze GOttes dienet (a).

(a) Wenn nämlich die vorhergehende 5te Anmerkung richtig wäre. Daß Locke hier seiner Meynung selbst nicht gewiß gewesen sey, zeiget sein zweifelhaftes: scheinen hier, deutlich an. Man sehe lit. a. über diese Anmerkung.

(7) Nach dem Geiste wandeln, wird V. 13. erkläret: durch den Geist des Fleisches Geschäfte tödten (a).

(a) Da Locke hier die angeführten Worte so erkläret; so habe ich wohl mit Recht in seiner Umschreibung gesetzt: sondern der Leitung, und Führung, des Heiligen Geistes folgen, statt, daß er umschrieben hat: sondern mit aufrichtigem Herzen der Vorschrift des Heiligen Geistes in dem Evangelio folgen. Denn, man muß sehr freygebig seyn, wenn man glauben will, daß dieses heisse: nach dem Geiste wandeln. Der Gegensatz zwischen dem Wandel nach dem Fleische, und nach dem Geiste, muß die Bedeutung der letzten Redensart entscheiden. Aus dem, was ich zur 5ten Anmerkung lit. a. bewiesen habe, wird so viel klar seyn, daß nach dem Fleische wandeln nicht einmal genau umschrieben sey, den sündlichen Lüsten des Fleisches gehorchen, ob es gleich noch erträglich ist, und sich erklären läßt; wiewohl es besser hiesse:

die

2. Denn, das Gesetz des | 2. Denn (*), die Gnade GOttes (8), welche das

die bey ihrem Wandel nicht die Erfüllung ihrer Lüste, noch die Befriedigung ihrer verderbten Natur, zur Absicht haben. Nach dem Geiste wandeln ist also das Gegentheil davon; nämlich: bey allen Gedanken, und Handlungen, die Absicht haben, das zu erfüllen, wozu uns der Heilige Geist, nach V. 14. antreibet, und wozu uns die in der Wiedergeburt von ihm empfangenen neuen Kräfte tüchtig machen. Dieß ist nichts anders, als das rechte, heilige, und gute, Gesetz GOttes zu erfüllen suchen; oder, wie es Cap. VII. 25. heisset: dem Gesetze GOttes mit dem durch die Gnade des Heiligen Geistes erfülleten Gemüthe dienen. So sind Geist und Fleisch, und der Wandel nach dem Geiste dem Wandel nach dem Fleische, einander entgegen gesetzt; an statt, daß mit aufrichtigem Herzen, welches ohne den Heiligen Geist kein Mensch hat, der Vorschrift des Heiligen Geistes in dem Evangelio folgen, eine socinianisch-frostige Entkräftung der eigentlichen Gedanken des Grundtextes ist. Das Evangelium ist nicht zu Vorschriften für die Menschen bestimmt, noch der Heilige Geist zu einem Gesetzgeber: sondern das Evangelium verkündiget auch denen, die da ferne sind, den Frieden, Ephes. II. 17. und der Heilige Geist, der durch dasselbige wirket, gebieret diejenigen, die sich demselben nicht boshaft widersetzen, und selbst des ewigen Lebens unwerth achten, durch dasselbige, als einen lebendigen Saamen, neu, und giebt ihnen Kräfte, dem Gesetze GOttes zu dienen. So entstehen die Galat. V. 22–24. beschriebenen Früchte des Geistes, wider welche das Gesetz nicht ist.

(*) Ich liefere hier die lockische Umschreibung, wie sie ist, ohne sie dadurch für meine Meynung zu erklären. Da, diesen Vers nach unserer heutigen Sprache, und Denkungsart, in ein völliges Licht zu setzen, zu viele Erklärungen, und Beweise, fordert; so will ich das hieher gehörige bey Gelegenheit der lockischen Anmerkungen beybringen. Lutheri wörtliche Uebersetzung ist nachdrücklicher, als alle Umschreibungen.

(8) Daß uns die Gnade von dem Gesetze in den Gliedern, welches das Gesetz des Todes ist, frey mache (a), ist aus Cap. VII. 23–25. zu ersehen. Sie heisset ein Gesetz wegen des Gegensatzes auf das Gesetz der Sünde, und des Todes (b), weil sie mit eben dem Rechte ein Gesetz ist, welches den Christen, die nicht nach dem Fleische wandeln, das Leben giebt, mit welchem der Einfluß der (Erbsünde, und der übrigen) sündlichen Begierden ein Gesetz ist, das denen, die nicht unter der Gnade sind, den Tod bringet. Sie heisset hienächst mit Recht das Gesetz des Geistes, der da lebendig machet, weil das Evangelium, welches diese Lehre von der Gnade enthält, von eben demjenigen Geiste (c) eingegeben ist, der Christum von den Todten auferwecket hat (d), und uns zu einem neuen Leben lebendig machet, und weil sie die Ertheilung des ewigen Lebens zur Absicht hat.

(a) Dieß ist überhaupt wahr: aber nur keine genaue Umschreibung der gegenwärtigen Stelle. Das Griechische heisset von Buchstaben zu Buchstaben: Denn, das Gesetz des Geistes des Lebens in Christo JEsu ——. Es kommet bey diesen Worten auf zwey Stücke an. 1. Was ist der Geist des Lebens in Christo JEsu? und 2. was ist sein Gesetz?

das Leben wirket, hat mich von diesem Gesetze in meinen

des Geistes, der da lebendig

Was das erste anbelangt: so sehe ich nicht ein, warum Locke den Geist des Lebens mit der Gnade verwechselt, da doch die Gnade, und deren Urheber, niemals einerley ist? Er läugnet doch, so viel ich aus seinem Werke bisher gesehen habe, die Person des Heiligen Geistes nicht; und schreibet ihr vielmehr (d), wiewohl nicht schriftmässig, die Auferweckung JEsu Christi von den Todten zu. Warum soll also hier der Geist des Lebens nicht geradehin der Heilige Geist seyn, und diesen Namen führen, sowohl, weil er, gleich dem Vater, und Sohne, sein Leben, und göttliches Wesen, von sich selber hat, und mit Vater, und Sohne, gleiches Wesens ist, als auch, weil er allem, was nach der Natur, und nach der Gnade, lebet, das Leben giebt, und erhält. Er schwebete in der ersten Schöpfung auf dem Wasser, 1 B. Mos. I. 2. und Hiob erkennet seine belebende Kraft, und spricht Cap. XXXIII. 4: Der Geist GOttes hat mich gemacht ——; der XXXste Psalm aber schreibt ihm V. 6. die Schöpfung der Heere des Himmels zu. Eben so belebet er alles in der neuen Schöpfung. Es sey denn, daß Jemand gebohren werde aus dem Wasser und Geist ——. Was vom Geist gebohren wird, das ist Geist. —— Also ist ein jeglicher, der aus dem Geist gebohren ist, Joh. III. 5. 6. 8. Der Heilige Geist ist es also, der die in Sünden und Uebertretungen todten Menschen in der Wiedergeburt neu belebet, oder, wie Lutherus übersetzet, lebendig machet; er ist es, der das Leben in Christo JEsu giebt, d. i. dasjenige Leben, welches wir, die in Christo JEsu sind, haben, das Leben aus dem Glauben, wodurch wir GOttes Kinder werden, Joh. I. 12. Galat. III. 26. das geistliche Leben, wodurch wir, als vom Geiste gebohren, geistlich werden, V. 9. und Früchte des Geistes bringen, Galat. V. 22–24, oder, wie Paulus Röm. VII. 4. saget, GOtt Frucht bringen, so wie wir, ohne diese Wiedergeburt, als fleischliche Menschen, dem Tode Frucht brachten, V. 5. Hieraus wird sich

2. verstehen lassen, was das Gesetz des Geistes sey? Ich weiß, daß selbst unter den alten Theologen unserer Kirche grosse Männer unter dem Gesetze des Geistes das Evangelium verstanden haben; weil dadurch der Heilige Geist gegeben wird, welcher den Glauben wirkt, durch welchen der Gerechtfertigte in Christo, als dem Urheber, und Wiederhersteller, des Lebens, das Leben hat. Sie haben das Wort Gesetz auf diese Weise mit Rechte im uneigentlichen Verstande genommen, und so dem Gesetze Mosis, welches ihnen 2 Korinth. III. 7. das Amt, das da tödtet, heißt, entgegen gestellt. Allein, ist mir erlaubt, gegen diese Erklärung, gar nicht aus einer Neuerungssucht, sondern aus redlicher Bemühung um den einfältigsten, und dem Zusammenhange gemässesten, Verstand der Worte Pauli, meine Zweifel vorzutragen: so beweiset mir die Stelle 2 Korinth. III. 7. nichts, da daselbst nicht von dem Gesetze, sondern von dem Amte der Lehrer auf Mosis Stuhle die Rede ist; so ist es bedenklich, das Evangelium ein Gesetz zu heissen; so ist es ganz wider den Begrif eines Gesetzes, daß dadurch etwas, so wie durch das Evangelium der Heilige Geist, gegeben werden soll; so ist nicht einzusehen, warum das Evangelium deswegen, weil dadurch der Heilige Geist gegeben wird, das Gesetz des Geistes heissen soll. Nach dem Sprachgebrauche muß das Gesetz des Geistes ein Gesetz seyn, welches der Heilige Geist giebt, und nicht, wodurch der Heilige Geist gegeben wird.

Es

dig machet in Christo JEsu, meinen Gliedern, das nichts, als Sünde zum Tode,

Es muß auch ein, dem gegenwärtigen Zusammenhange gemässer, Gegensatz zwischen dem Gesetze des Geistes, der da lebendig machet in Christo JEsu, und dem Gesetze der Sünde, und des Todes, seyn. Soll das letzte das mosaische Gesetz seyn? Ich kann nicht läugnen, daß mir dieses zu hart geredet scheine. Ich weiß es, daß die Glaubigen von dem Fluche, und knechtischen Zwange, des mosaischen Gesetzes frey sind, und also die Worte: hat mich frey gemacht, gar wohl auf dieses gezogen werden können; ich weiß, daß das mosaische Gesetz den Sündern die Sünde zu erkennen giebt, und den Tod verkündigt: soll es aber deswegen, da es hier nichts anders thut, als was es nicht, nach seiner Bestimmung, nach der es (V. 10.) zum Leben gegeben ist, sondern aus des Sünders eigener Schuld, thun muß, ein Gesetz der Sünde, und des Todes, heissen? Soll sich Paulus so geschwinde vergessen, oder wenigstens so schnelle die Art seiner Vorstellung, und Ausdrücke, ändern, daß er das Gesetz, welches er Cap. VII. 12. 13. heilig, recht, und gut, genennet hat, nun auf einmal ein Gesetz der Sünde, und des Todes, nennet? Ich verstehe also in unserer Stelle unter dem Gesetze der Sünde, und des Todes, nicht das mosaiche Gesetz, sondern das, was Paulus Cap. VII. 21. ein Gesetz nennet, nach welchem ihm, wenn er Gutes thun will, das Böse anhänget, und V. 23. das Gesetz in seinen Gliedern, das da widerstreitet dem Gesetz in seinem Gemüthe, das Gesetz der Sünden; kurz, das ihm, auch im Stande der Wiedergeburt, und Erneuerung, noch immer anklebende, und fühlbare, aus der Erbsünde herrührende, Unvermögen, nach welchem er gewisser massen todt war, wenn er das Gesetz GOttes aus ganzem Gemüthe, und allen Kräften, erfüllen wollte; weswegen er sich V. 24. über den Leib dieses Todes beklaget. Dieß hinderte ihn, alles, was Gut ist, so zu vollbringen, wie er wollte; dieß fühlte er, ob es gleich nicht über ihn herrschte: und dieß heißt wohl mit grösserm Rechte das Gesetz der Sünde, und des Todes, als das mosaische Gesetz. Diesem stehet nun entgegen das Gesetz des Geistes, der da lebendig machet in Christo JEsu: und so wie das vorhergehende ein Gesetz ist, so ist auch dieses ein Gesetz. Das Gesetz der Sünde und des Todes hat seinen Ursprung aus der natürlichen Geburt, welche die Erbsünde, und den Tod, fortpflanzet: das Gesetz des Geistes aus der neuen Geburt, welche geistliche Kräfte, und geistliches Leben, giebt; das Gesetz der Sünde, und des Todes, machet fleischliche Menschen, das Gesetz des Geistes, geistliche; das Gesetz der Sünde, und des Todes, betrüget selbst die Wiedergebohrnen, daß sie ihm, auch wider ihren Willen, dienen, es nimmt sie gefangen, Cap. VII. 23: das Gesetz des Geistes hingegen machet sie frey von dieser Herrschaft der Sünde; das Gesetz des Geistes hat mich frey gemacht von dem Gesetz der Sünde, und des Todes; das Gesetz der Sünde, und des Todes, wirket in den Menschen fleischliche Gesinnungen, und Feindschaft wider GOtt, das Gesetz des Geistes, geistliche, und Leben, und Friede u. s. w. Es folget hieraus, wie mich dünket, sehr deutlich, daß das Gesetz des Geistes nichts anders sey, als die Gnadenwirkungen des Heiligen Geistes in den Wiedergebohrnen, wodurch er sie zu allem, was GOtt wohlgefällig, und ihre Pflicht, ist, antreibet, V. 14. durch die ihnen in der Wiedergeburt ertheilten, und in der täglichen Erneuerung immer vermehrten, geistlichen Kräfte dazu tüchtig, und eben

Tode, hervorbringen kann (9), frey gemachet.
3. Denn,

JEsu, hat mich frey gemachet

eben damit von der Herrschaft der Sünde frey, machet; so wie hingegen das Gesetz der Sünde die Wirkungen der Erbsünde, die sich auch noch in den Wiedergebohrnen mächtig, obgleich nicht herrschend, beweisen, und sie nur betrügen, und wider ihren Willen gefangen nehmen, ausdrücken. Die Unwiedergebohrnen sind Knechte der Sünde, die sich recht aus allen Kräften, und mit allem Fleise, bestreben müssen, das zu thun, was die in ihnen wohnende, und wirkende, Erbsünde befiehlt, Cap. VI. 16. 19. 20: die Wiedergebohrnen aber sind Leute, die aus dieser Knechtschaft befreyet sind, und an welchen bloß die Sünde ihr altes, vermeyntes, Recht suchet, aber solches wegen der höhern Macht des Heiligen Geistes nicht wieder bekommt, Cap. VI. 14. 17. 18. Sie leben also nunmehr nach der Regierung des Heiligen Geistes, die ihnen statt eines Gesetzes ist, so wie sie vorher nach der Regierung, und dem Gebothe der in ihnen wohnenden, und herrschenden, Sünde, und des Todes, lebten: und so sind sie frey von dem Gesetze der Sünde, und des Todes.

Wider diese Erklärung möchte etwa Jemand folgenden Einwurf machen: Wie, machet also die Regierung des Heiligen Geistes von der Sünde, und dem Tode, frey? wo bleibet die Genugthuung Christi? So wird ja Rechtfertigung, und Heiligung, in eines zusammen geworfen? Diesen Einwurf hebet Paulus V. 3. und 4. selber; und ich kann also desto kürzer seyn. Es saget nämlich diese Erklärung nicht, daß die Regierung des Heiligen Geistes, wodurch die Glaubigen von der Herrschaft der Sünde, und des Todes, befreyet werden, die verdienstliche Ursache der Rechtfertigung, und der Vergebung der Sünde sey; denn, diese ist nach V. 3. und 4. das Verdienst JEsu Christi: sondern sie ist die wirkende Ursache unserer Heiligung. Die Wiedergeburt, und Rechtfertigung, worinnen wir wegen der Genugthuung JEsu Christi, die wir im Glauben ergreifen, von Schuld, und Strafe, losgesprochen werden, gehet voran; die Heiligung, die uns von der Herrschaft der Sünde befreyet, folget hernach.

(b) Die Gnade ein Gesetz zu nennen, kommt noch weniger mit dem Sprachgebrauche überein, als das Evangelium ein Gesetz zu nennen. Das Gesetz ist keine Gnade, und die Gnade kein Gesetz. Das Gesetz befiehlt, und verbeuth: die Gnade giebt, und schenket. Der Gegensatz, den Paulus in unserer Stelle machet, ist nicht, wie Locke meynt, zwischen dem, was beyde einander entgegen gesetzte Stücke geben, oder wirken, zwischen Leben, und Tod, sondern zwischen Gesetz, und Gesetz, Gesetz des Geistes, und Gesetz der Sünden: jenes verbindet und leitet die Wiedergebohrnen zu einer wahren, und, um Christi willen, GOtt wohlgefälligen, Heiligkeit an, dieses die Unwiedergebohrnen zu lauter wirklichen, und abscheulichen, Sünden, die in eine ordentliche Feindschaft gegen GOtt ausbrechen, V. 7.

(c) Dieß ist kein Beweis, weil auch das Gesetz von dem Heiligen Geist eingegeben ist.

(9) Von dem Gesetz der Sünde und des Todes. Hiedurch verstehet er das, was er Cap. VII. 23. das Gesetz in den Gliedern, ingleichen das Gesetz der Sünde, und V. 24. den Leib des Todes nennt, wovon die Gnade befreyet. Gewiß, Niemand,

machet von dem Gesetz der Sünde und des Todes.

3. Denn, das dem Gesetz unmöglich war (sintemal es durch das Fleisch geschwä-

3. Denn, da dieß, nämlich, uns von der Sünde zu befreyen, über die Macht des Gesetzes war, als welches zu schwach (10) war, als daß

mand, wer den 7ten und 13ten Vers des vorhergehenden VIIten Capitels überlegt, wird glauben, daß Paulus das Gesetz Mosis das Gesetz der Sünde, oder das Gesetz des Todes nennen kann. Und daß er hier das Gesetz Mosis nicht meyne, ist auch aus seinen gleich unmittelbar folgenden Worten deutlich. Denn, das Gesetz Mosis kann nicht deswegen, als schwach, angegeben werden, weil es diejenigen, die unter ihm stehen, nicht von sich selbst befreyet: und dennoch kann nicht nur, nach dieser Erklärung, über dessen Schwäche geklaget werden, sondern es wird auch darüber Cap. VII. und hier V. 3. wirklich geklagt, daß es nicht im Stande sey, diejenigen, die darunter sind, von ihren fleischlichen, sündlichen, Begierden, und deren Uebermacht, zu befreyen.

(10) Schwach. Von dieser Schwäche, oder, wie sie auch heisset, Untüchtigkeit, des Gesetzes, redet der Apostel Hebr. VII. 18. 19. ebenfalls. Zween Fehler (a), hatte das Gesetz, warum es schwach, und, wie in der Epistel an die Hebräer stehet, nicht nütze war, etwas vollkommen zu machen. Der eine war dessen unbeugsame Strenge, gegen welche es gar kein Mittel, oder irgend eine Linderung, anwies; es ließ gar keiner Versöhnung Platz; der geringste Fehltritt zog den Tod nach sich; der Tod war die unvermeidliche Strafe, welche das Gesetz einer jeden Uebertretung verkündigte, und welche nicht gemildert werden konnte; der Uebertreter mußte sterben, und dafür half nichts. Hievon sind S. Pauli Episteln voll, und wie wir von dieser (Schuld und) Strafe durch Christum befreyet worden, zeiget er Hebr. X. 5 – 10. Der andere Fehler, oder Beweis, der Schwäche des Gesetzes war, daß es diejenigen, die darunter standen, nicht mit Kräften versehen konnte, ihr Fleisch, oder ihre fleischlichen Neigungen so zu überwinden, daß sie den gebührenden Gehorsam leisteten. Das Gesetz forderte einen vollkommenen Gehorsam, both aber dem Menschen keine Hülfe gegen seine natürliche Gebrechlichkeit, und sündlichen Neigungen, dar. S. Paulus zeiget also hier, wie wir von dieser Herrschaft der Sünde in unsern sterblichen Leibern, durch den Geist Christi, befreyet werden, der uns Kräfte giebt, uns der Gerechtigkeit ernstlich zu bestreben, und nach dem Beyspiele Christi, in dessen Fleische die Sünde verdammet wurde, und niemals ein Leben, noch Daseyn, erhielt, die Sünde in unsern sterblichen Leibern ebenfalls zu unterdrücken. Die Anstalt, welche wider diese beyden Mängel des Gesetzes im neuen Testamente gemacht ist, wird in der Epistel an die Hebräer also beschrieben: GOtt wolle mit dem Hause Israel einen neuen Bund machen, und vermöge desselben zweyerley thun; nämlich, sein Gesetz in ihr Herz schreiben, und gnädig seyn ihrer Untugend, und ihren Sünden, s. Hebr. VIII. 7 – 12.

(a) Eigentlich zu reden, sind die hier erzählten Stücke nicht Fehler, oder Mängel, des Gesetzes, an sich betrachtet; sondern vielmehr Vollkommenheiten, und Beweise der Heiligkeit GOttes, als des Gesetzgebers. Sie sind nur Fehler, in

daß es die Begierden des Fleiſches bezwingen konnte, ſo ſendete GOtt ſeinen Sohn im Fleiſche, das in allen Stücken, die Sünde ausgenommen, unſerm gebrechlichen, ſündlichen, Fleiſche (11) ähnlich war; und, indem er ihn ſandte (12), um ein Opfer (13) für die Sünde zu werden, ſo tödtete,

geſchwächet ward); das that GOtt, und ſandte ſeinen Sohn in der Geſtalt des ſündlichen Fleiſches, und verdammte die Sünde im Fleiſch durch Sünde:

in Abſicht auf die Menſchen, die ſolches nicht erfüllen, und alſo nicht dadurch glücklich werden können: in eben dem Verſtande, wie man einem weltlichen Geſetze, das einen durch eigene Schuld in Armuth gerathenen Unterthanen zu bürgerlichen Abgaben verbindet, den Mangel zuſchreiben kann, daß es ihn nicht anweiſe, woher er ſolche nehmen ſoll.

(11) S. Hebr. IV. 15. (a).

(a) Ich will hier nur, als eine alte Anmerkung, wiederholen, daß die Worte ἐν ὁμοιώματι, in der Geſtalt, oder Aehnlichkeit, nicht auf das nächſtfolgende Wort σαρκὸς, des Fleiſches, allein genommen, gehen, ſondern auf den ganzen Ausdruck σαρκὸς ἁμαρτίας, des ſündlichen Fleiſches. Der Sohn GOttes hat nämlich, was die menſchliche Natur ſelbſt anbelangt, nicht eine der unſrigen blos ähnliche, ſondern eine wahre, menſchliche Natur angenommen: da aber unſere Natur mit der Sünde befleckt, und alſo ein ſündliches Fleiſch, iſt; ſo iſt in dieſer Betrachtung das Fleiſch des Sohnes GOttes, oder ſeine menſchliche Natur, der unſrigen nur ähnlich; denn ſie hat keine Sünde.

(12) Καὶ, und, verbindet hier in der Geſtalt u. ſ. w. mit: um ein Opfer zu werden. Soll aber dieſes und das Bindewort zwiſchen ſandte und verdammte ſeyn, ſo kann ſolches weder mit der Grammatik, noch mit dem Verſtande, beſtehen (a). Es läßt ſich auch nicht begreifen, wie der Apoſtel ſagen ſoll: GOtt ſendete ſeinen Sohn, und verdammete die Sünde. Allein: GOtt ſendete ſeinen eigenen Sohn in der Geſtalt des ſündlichen Fleiſches, und, indem er ihn ſandte, um ein Opfer für die Sünde zu werden; giebt einen ſehr guten Verſtand, und verbindet die Art, und den Endzweck, dieſer Sendung mit einander.

(a) Ich muß es bekennen, daß ich den Grund dieſer Anmerkung nicht einſehe. Locke mag wohl ſeine Urſachen dazu gehabt haben: aber nach dem Griechiſchen iſt ſie überflüſſig. Denn, da können die Worte ohnehin nicht anders verbunden werden, als nach dieſer buchſtäblichen Ueberſetzung: GOtt, der ſeinen Sohn in der Geſtalt des ſündlichen Fleiſches, und zu einem Opfer für die Sünde ſandte ——.

(13) Περὶ ἁμαρτίας, welches in dem (engliſchen) Texte überſetzet iſt: für die Sünde, bedeutet ein Opfer für die Sünde, wie die Randgloſſe an unſerer (engliſchen) Bibel anzeigt, ſ. 2 Korinth. V. 21. Hebr. X. 5—10. Der einfältigſte Verſtand iſt alſo: GOtt ſendete ſeinen Sohn in der Geſtalt des ſündlichen Fleiſches, und ſendete ihn zu einem Opfer für die Sünde (a).

(a) Kaum ſollte man dieſe ſchöne Erklärung von Locken vermuthen, der er gleich in der folgenden Anmerkung, und noch mehr in der Umſchreibung des

aller

Sünde: tödtete, oder, vertilgte, und unterdrückte (14)
4. Auf er

4ten Verses, alle Kraft benimmt: wenn man es nicht schon an seinen Brüdern im Unglauben gewohnt wäre, sie mit der Schrift reden zu hören, und sogleich eben diesen Redensarten, die sie nur so zum Beweise anführten, nicht nur allen Nachdruck; sondern selbst den buchstäblichen Verstand, benommen zu sehen. Περὶ ἁμαρτίας heisset allerdings ein Opfer für die Sünde, חטאת oder אשם, welches der sel. Luther durch Sündopfer und Schuldopfer übersetzet hat. So geben diese Worte die LXX. Dollmetscher 3 B. Mos. V. 6. 7. 11. IV. 3. u. s. w. ingleichen Jes. LIII. 10. Ich sehe auch nicht, wie die Vulgata hier hat übersetzen können de peccato, da das περὶ so gewöhnlich die Bedeutung für, pro, hat, daß sich deshalben gar keine Schwierigkeit findet. Der Verstand unserer Worte ist also: GOtt sendete seinen Sohn in der Gestalt des sündlichen Fleisches, und für die Sünde, nämlich der Welt, als die Versöhnung für der ganzen Welt Sünde, 1 Joh. II. 2.

(14) Κατέκρινε, verdammte. Da die Prosopopöie, worinnen die Sünde als eine Person vorgestellet wird, hier noch fortgehet, so kann: er verdammte die Sünde, nicht, wie einige wollen, heissen, daß Christus für die Sünde, oder an der Stelle der Sünde (a), verurtheilt worden sey. Denn, das wäre vielmehr, die Sünde, erlösen, und die Person, welche Christus ausrotten sollte, lebendig erhalten.

(a) Ich glaube nicht, daß noch Jemand, ausser Locken, diese Erklärung in den Sinn gekommen ist; und er selbst hätte nach seiner eigenen, unmittelbar vorhergehenden, Anmerkung ganz anders schliessen sollen, und können. Da es 2 Korinth. V. 21. heisset: GOtt habe Christum, der von keiner Sünde wußte, für uns zur Sünde gemacht; so ist es ja deutlich genug, daß Christus an unserer, und nicht an der Sünde, statt sey verurtheilet worden; es müßte denn Jemand die Augen zuschliessen, und, weil Locke in seiner Paraphrase das für uns ausgelassen hat, solches auch nicht im Texte sehen wollen. Es hätte sich aber auch unser Paraphrast aus Hebr. X. 5--10. welches er in der vorhergehenden Anmerkung selbst angeführet hat, eines bessern belehren können. Er beweiset aus dieser Stelle, daß GOtt seinen Sohn gesendet habe zum Opfer für die Sünde; und dieß mit allem Rechte. Allein, die Opfer des alten Testamentes wurden nicht für die Person der Sünde (daß ich mich seiner Redensart bediene), sondern für die Person des Sünders, gebracht. So thöricht hat noch kein Mensch erklärt, daß durch Opfer die Sünde wäre erlöset worden; denn, dieß ist kein Gedanke: sondern die Sünder wurden durch diese vorbildenden Opfer von Schuld, und Strafe, wegen des Opfers JEsu Christi, an den sie glaubten, befreyet. Ueberhaupt brauchet Locke seine Prosopopöie, wozu er will. Cap. VII. 8. in der 20sten Anmerkung, berufte er sich darauf, um seine Leser zu überreden, daß die Erbsünde nicht die Ursache der wirklichen Sünden sey: jetzt suchet er sie hervor, um seiner Meynung einen Schein zu geben, daß Christus nicht der Sünden Schuld, und Strafe, auf sich genommen habe. Es ist aber in unserer Stelle diese Figur gar übel angebracht. Denn, wenn es darinnen heisset, daß GOtt seinen Sohn gesendet habe,

habe, um ein Opfer für die Sünde zu werden, so ist hier die Sünde so wenig, als eine Person, vorgestellt, so wenig solches geschichet, wenn es in der Schrift sonsten heisset, daß Jemand für die Sünde geopfert, oder, daß GOtt die Sünde gestrafet habe; und so wenig selbst im gemeinen Leben der Mord, oder der Diebstahl, zu Personen gemachet werden, wenn man spricht, daß Jemand deswegen verurtheilt worden sey.

Umgekehrt ist der einfältige Verstand dieser, daß die Sünde selbst verdammet, oder in dem Fleische getödtet (b), d. i. daß ihr kein Leben, oder Daseyn, in dem Fleische unseres Erlösers verstattet worden sey (c); Er ist versucht worden allenthalben, gleichwie wir, doch ohne Sünde, Hebr. IV. 15. Durch den Geist GOttes wurden die Bewegungen des Fleisches in ihm unterdrücket (c); die Sünde wurde vernichtet, und konnte ihn nicht im geringsten überwältigen. Daß dieß der Verstand sey, zeigen auch die folgenden Worte (d). Der Gegensatz, zwischen κατάκριμα V. 1. und κατέκρινε hier, lehret ebenfalls, daß dieses Wort hier gebrauchet werde, um den Tod, oder das Nicht-Seyn, der Sünde in unserm Heilande (e) auszudrücken, 2 Korinth. V. 2. 1 Petr. II. 22. Daß S. Paulus das Wort Verdammniß manchmal für Tödten brauche, kann man Cap. V. 16. und 18. sehen (f).

(b) Ohne das folgende dazu zu lesen, könnten diese Worte einen ganz guten Verstand haben. Winkelmann schreibt selbst über diese Stelle: condemnavit] i. e. abolevit, sustulit, in carne Christi. Allein, Locke zeiget in den gleich folgenden Worten

(c) auf das deutlichste, daß er dieses Verdammen der Sünde im Fleisch, welches er durch Tödten erkläret, in einem ganz andern Verstande nehme, als in welchem es nach der Schrift genommen werden darf; und stellet dadurch seinen Irrthum von der allerheiligsten Person JEsu Christi immer scheuslicher dar. Ich will von dem letzten zuerst reden. Sind in Christo die Bewegungen des Fleisches (welches Locke zum Sitz der Sünde machet,) durch den Geist GOttes unterdrückt worden: so leget Locke einmal, wider sein Denken, und Wollen, ein Bekenntniß von dem Daseyn einer bösen Bewegung in den Menschen, die ohne sein Zuthun da ist, und ihm angebohren wird, d. i. von der Erbsünde, ab; sodenn schreibet er auch Christo, gleich allen andern Menschen, eine mit der Sünde befleckte Natur zu. Denn, sind die Bewegungen des Fleisches in ihm durch den Geist GOttes unterdrücket worden: so sind sie doch da gewesen, und hätten sonst nicht unterdrücket werden können; sie sind da gewesen, wenn ihnen gleich kein Leben, oder Daseyn, in dem Fleische unsers Erlösers verstattet worden ist. Die Verwirrung, die Locke hier mit den Worten Leben, oder Daseyn, machet, will ich gar nicht mühsam ins Licht zu setzen suchen; weil sie hoffentlich ein Jeder selbst erkennet: ich will nur davon reden, daß die Bewegungen des Fleisches, gesetzt, daß sich auch todte Bewegungen gedenken liessen, in Christo nicht einmal sich nach ihrem Daseyn begreifen lassen. Denn, er ist Dan. IX. 24. als der Allerheiligste verheissen; er wird als das Heilige, und als GOttes Sohn, gebohren, nachdem der Heilige Geist über seine Mutter gekommen ist, und die Kraft des Höchsten sie überschattet hat, Luc. I. 35; er ist ein solcher Hoherpriester, der da heilig, unschuldig, unbefleckt, von den Sündern abgesondert, und höher, denn der Himmel, ist, Hebr. VII. 26. er wird deswegen V. 28. als der Sohn GOttes, ewig, und vollkommen, den Hohenpriestern, die blosse

Menschen

er die Sünde im Fleische (*),

4. Auf 4. auf

Menschen sind, und Schwachheit haben, entgegen gesetzt. Was haben alle diese Stellen für einen Verstand, wenn sich bey Christo nur Bewegungen des Fleisches gedenken lassen? Sie enthalten nichts, als uneigentliche, übertriebene, und, ich möchte bald sagen, schmeichlerische Worte; die doch kein Christ in der Schrift suchen wird. Locke giebt also hier bloß eine weitere Ausführung von dem, was er Cap. I. 4. höchst irrig behauptet hat. Aber eben hieraus ist ferner deutlich, daß er das Verdammen der Sünde im Fleisch durch sein Tödten völlig falsch erkläre. Denn, wo gar keine Sünde ist, weder erbliche, noch wirkliche, da kann auch keine getödtet werden. Ein solches Tödten ist wohl bey Menschen nöthig, aber nicht bey dem Sohne GOttes. Da es aber in unserer Stelle ausdrücklich heisset, daß die Sünde im Fleische JEsu Christi, der als ein Opfer für die Sünde gesendet worden, verdammet worden sey: so muß dieses verdammet werden, auf eine ganz andere Weise zu verstehen seyn. Ich will davon in einer eigenen Anmerkung reden.

(d) Wenn man sie nämlich, so wie Locke, erkläret.

(e) Dieß ist ein elender Gegensatz; wie ein jeder, der den 1sten und 3ten Vers gegen einander hält, einsehen kann. Denn, er muß nach Lockens Erklärung folgender seyn: „Es ergehet kein verdammender Ausspruch über diejenigen, „die in Christo JEsu sind; denn, über Christum hat die Sünde nie Gewalt gehabt". Was gehet dieß die Christen, nach Lockens Grundsätzen, an; da er, so gut er kann, läugnet, daß alles, was Christus gethan, und gelitten, hat, an unserer statt geschehen sey, und den Glaubigen zugerechnet werde, und im folgenden Verse die Heiligkeit Christi den Glaubigen bloß zum Beyspiele vorstellt? Was gehet dieß, sage ich, die Christen an, was nutzet es ihnen, da sie nicht eben so heilig seyn können, da sie von der Sünde oft betrogen werden, da sie mit dem Fleische dem Gesetze der Sünden dienen? Es beweisen auch diesen vermeynten lockischen Gegensatz die angeführten Stellen nicht; ja, sie erläutern ihn nicht einmal.

(f) Dieß kann überhaupt zugegeben werden, weil die Verdammniß wirklich nichts anders, als der ewige Tod, ist: nur ist nicht die Folge, daß er dieses Wort auch deswegen hier so brauche. Die aus Cap. V. 16. und 18. angeführten Ausdrücke aber beweisen das, was Locke damit beweisen will, gerade nicht. Κατάκριμα heisset in den angezogenen Stellen, nach Lockens eigener Umschreibung, das Urtheil der Verdammniß, oder, des Todes: und hier soll es die Unterdrückung, und Dämpfung, der Begierden anzeigen. Ist denn diese Verdammniß, und dieser Tod, weiter nichts, als daß der Sünde die Macht genommen wird? Dieß würde im Vten Capitel den ungeschicktesten Verstand geben. Zudem gründet sich Lockens ganzer Beweis, den er aus der Vergleichung dieser zween Verse nimmt, allein auf seine Umschreibung, und nicht auf den Text. Denn, dieser hat in beyden Stellen das Wort κατάκριμα.

(*) Um diesen so schweren Vers zu verstehen, ist zuvörderst zu merken, daß er den 1sten und 2ten Vers weiter erkläret, und beweiset: wie sich aus genauer Betrachtung des Zusammenhanges leicht einsehen läßt. Der Apostel hat V. 1. behauptet:

es sey nichts verdammliches an denen, die in Christo JEsu sind, die nicht nach dem Fleische wandeln. Hievon giebt er V. 2. den Grund an: denn, das Gesetz des Geistes ——— hat mich frey gemachet von dem Gesetz der Sünde, und des Todes. Wie, kann die Regierung des Heiligen Geistes Jemand so frey machen, daß er keine Verdammniß mehr zu fürchten hat? Die Wiedergebohrnen sündigen noch täglich; und wo bleiben erst die Sünden, die sie vor ihrer Wiedergeburt begangen haben? So könnte Jemand bey diesem ersten Grunde des Apostels denken. Er bringet also in dem 3ten und 4ten Verse den zweeten bey. Nur ist die Frage, wie dieser Vers eigentlich übersetzt, und erkläret, werden müsse? Die größte Schwierigkeit liegt darinnen, daß hinter den Worten: Denn, das dem Gesetz unmöglich war, sintemal es durch das Fleisch geschwächet ward, im Griechischen das Zeitwort zu fehlen scheinet, welches Lutherus durch: das thät GOtt, ergänzet hat. Allein, wer auf den Endzweck des Apostels Achtung giebt, nach welchem er in diesen Versen zeigen will, daß die Wiedergebohrnen, unerachtet ihrer täglichen Schwachheitssünden, und unerachtet ihrer ehemaligen Sünden, keine Verdammniß zu befürchten haben, der wird leicht finden, daß nichts ergänzt werden dürfe, als was der Apostel in den gleich folgenden Worten selber sagt; obgleich dem ungeacht Lutherus den Sinn sehr schön getroffen hat. Das war nämlich dem Gesetze unmöglich, die Sünde, welche in aller Menschen Fleische, oder verderbten Natur, wohnet, so zu verdammen, daß die vom Gesetze erforderte Gerechtigkeit nunmehr in denen, die nicht nach dem Fleische wandeln, und das Gesetz gerne erfüllen möchten, wirklich erfüllet würde: und dieß that GOtt, und verdammte die Sünde im Fleische so, daß nunmehr in den Wiedergebohrnen die vom Gesetze erforderte Gerechtigkeit erfüllet ist. Wie that er es? Er sendete seinen Sohn in der Gestalt des sündlichen Fleisches, und als ein Opfer für die Sünde, und verdammte die Sünde im Fleische, nämlich seines Sohnes. Das Gesetz hat zwar auch zu jeder Zeit die Sünde verdammt: aber dadurch sind diejenigen, an welchen sie solche verdammte, nicht gebessert, noch, dem Gesetze nachzuleben, tüchtig gemachet worden. GOtt sendet seinen Sohn, zwar in der Gestalt des sündlichen Fleisches, aber ohne Sünde; er thut ihn unter das Gesetz, auf daß er die, so unter dem Gesetz waren, erlösete, Galat. IV. 4: so wird sein Gehorsam denen, die an ihn glauben, zugerechnet. GOtt sendet seinen Sohn zum Opfer für die Sünde, und verdammet die Sünde in seinem Fleische: so beweiset GOtt einmal seinen rächenden Eifer gegen die Sünde, indem er sie selbst an seinem Sohne strafet. Er kann nun aber auch den Sünder begnadigen, indem er die Sünde, die in dem Fleische wohnet, und wirket, im Fleische gestrafet hat. Also ist keine Verdammniß an denen, die in Christo JEsu sind, wenn sie gleich noch Sünden der Schwachheit, die aus der Erbsünde entstehen, an sich haben. Denn, sie sind versöhnt mit dem Leibe seines Fleisches durch den Tod, Col. I. 22. Sie wandeln über dieß nicht nach dem Fleische, sondern nach dem Geiste: die Sünde herrschet also nicht über sie, Cap. VI. 14; sie sind von der Sünde frey, und GOttes Knechte, und haben ihre Frucht, daß sie heilig werden, das Ende aber das ewige Leben Cap. VI. 22. Wo ist hier eine Verdammniß? Dieß alles ist das, was dem Gesetze unmöglich war, oder (was es mit aller seiner Heiligkeit, und Vollkommenheit) nicht in dem Menschen hervorbringen konnte. Denn, es war durch das Fleisch geschwächet, d. i. es hatte durch die verdorbene Natur des Menschen seine göttliche Kraft, heilig, und selig zu machen, an den Menschen verlohren. Was helfen todten Menschen die trefflichsten Gesundheitsregeln zur Wiederherstellung des Lebens? und was nützet Menschen, die in Adam gestorben, und durch eigene Sünden, und Uebertretungen, todt sind, das göttliche

4. Auf daß die Gerechtigkeit, vom Gesetz erfordert,

4. auf (*) daß die Gerechtigkeit, welche das Gesetz fordert, in uns (**) erfüllet würde, in

uns,

Gesetz zur Erlangung des geistlichen Lebens, und der daraus entspringenden wahren Heiligkeit? GOtt hat dieses gethan, was das Gesetz nicht thun konnte; GOtt hat, da er seinen Sohn in der Gestalt des sündlichen Fleisches, und zum Opfer für die Sünde, sandte, die Sünde im Fleische verdammet, auf daß die Gerechtigkeit, vom Gesetz erfordert, in den Glaubigen erfüllet würde. So kann das Gesetz die Sünde im Fleische nicht verdammen. Es ist also, wie mich dünkt, hinter den Worten: Denn, das dem Gesetz unmöglich war, sintemal es durch das Fleisch geschwächet ward, weiter nichts zu ergänzen, als was gleich, nur mit einer kleinen Veränderung der Construction, folget, und sich also am besten bey gedachten Worten gedenken läßt; nämlich: die Sünde im Fleisch so zu verdammen, daß dadurch die vom Gesetze erforderte Gerechtigkeit erfüllet würde. Und so siehet man die Ursache ein, warum Lutherus die Worte: das thät GOtt, in seiner Uebersetzung eingerücket hat. Ist ein Beyspiel einer ähnlichen Wortfügung nöthig: so darf man nur mit Bedacht 1 Thess. IV. 1. lesen, wo die Worte: wie ihr sollet wandeln, und GOtt gefallen, ebenfalls zweymal müssen gesetzet werden, wenn der Verstand völlig werden soll. Denn, der Apostel saget eigentlich: Uebrigens, meine Brüder, ermahnen, und bitten wir euch in dem HErrn JEsu, mit täglich grösserm Fleiße so zu wandeln, und GOtt so zu gefallen zu suchen, wie ihr gelernet habt, daß ihr wandeln, und GOtt gefallen müsset.

Sollte dieß Jemanden noch zu harte scheinen; so kann er diesen Vers mit der syrischen Uebersetzung auch also erklären: Denn, weil das Gesetz durch die Schwachheit des Fleisches schwach war: so sendete GOtt seinen Sohn in der Aehnlichkeit des sündlichen Fleisches, um der Sünde willen, damit er in seinem (des Sohnes) Fleische die Sünde verdammte. Sie erläutert das, was ich von der Verdammung der Sünde im Fleische gesaget habe, vortreflich: nur findet sich der darinnen stehende Vorsatz: Denn, weil ——, nebst dem Nachsatze: so sendete —— im Griechischen nicht; man müßte denn das τὸ γὰρ ἀδύνατον τοῦ νόμου als einen Ablativum, oder Accusativum, Consequentiae behandeln wollen.

Ich darf nun wohl, ohne weitere Gründe zu meiner Vertheidigung anzuführen, melden, daß ich die letzten Worte der lockischen Umschreibung dieses Verses, als irrig, mit Vorbedacht ausgelassen habe. Die Leser können leicht beurtheilen, daß das Verdammen der Sünde im Fleisch nicht umschrieben werden könne: d. i. dadurch, daß er seinen Sohn in die Welt sandte, mit einem Leibe, worinnen das Fleisch nie die Oberhand erhalten, noch eine einzige Sünde hervorbringen konnte.

(*) Ich setze hier, statt der lockischen Umschreibung, die unten folgen soll, meine eigene.

(**) In uns. Dieß ist der Gegensatz auf das im vorhergehenden Verse befindliche: und verdammte die Sünde im Fleisch. Nachdem GOtt die Sünde aller Welt in dem Fleische seines Sohnes verdammet hat, ungeacht derselbe nicht selbst gesündiget, sondern das Gesetz auf die vollkommenste Weise erfüllet hatte: so kann

uns, die wir nicht nach dem Fleische, sondern nach dem Geiste, wandeln.

5. Denn,

dert, in uns erfüllet würde, die wir nun nicht nach dem Fleisch wandeln, sondern nach dem Geist.

5. Denn,

kann nun in denen, die nach dem Geiste wandeln, oder, als Wiedergebohrne, der Regierung des Heiligen Geistes folgen, die Gerechtigkeit, welche das Gesetz fordert, erfüllet werden. Die Meynung Pauli ist nicht, daß sie selbst das Gesetz vollkommen erfüllen. Denn, sonst wären die Klagen überflüssig, die er in dem letzten Theile des VIIten Capitels über seine eigene Schwachheit führet; er hätte auch keine Ursache, sich vorzüglich des Ausdruckes ἐν ἡμῖν, in uns, zu bedienen, da er sich auf andere Weise deutlicher hätte erklären können, und diese Worte immer etwas mehr, als durch, oder, von uns, anzeigen. Das in uns hat also keinen andern Verstand, als daß 1. das Gesetz nicht von den Glaubigen selbst, oder aus ihren eigenen Kräften, sondern in ihnen, durch die vom Heiligen Geiste ihnen geschenkten neuen Kräfte, so viel in diesem Leben bey dem beständigen Streite des Fleisches, und des Geistes, möglich ist, erfüllet werde; und da ihnen 2. bey dieser Unvollkommenheit das Verdienst JEsu Christi, als ihr eigenes, zugerechnet wird: so giebt dieß einen neuen Grund, warum der Apostel sagen kann, die Gerechtigkeit, welche das Gesetz fordert, werde in den Glaubigen erfüllet; und warum sie keine Verdammniß zu befürchten haben. Die lockische Umschreibung ist folgende:

V. 4. Zu dem Ende, daß nach diesem Beyspiele des Fleisches, worinnen die Sünde vollkommen überwunden, und alles Lebens beraubt, worden ist (*), die Gerechtigkeit, welche das Gesetz fordert (15), von uns erfüllet (16) werden möchte, die wir die Lüste des Fleisches verlassen, und der Führung des Geistes in dem Gesetze unsers Gemüthes folgen, und unsere ganze Bemühung dahin richten, nicht nach dem Fleische, sondern nach dem Geiste, zu leben.

(*) Die Worte nach diesem Beyspiele stehen nicht im Texte, und lassen sich auch auf keine Weise aus demselben herauszwingen. Es verräth sich überdieß der schlechte Zusammenhang des lockischen Systems in dieser Umschreibung wieder sehr deutlich. Wie kann das blosse Beyspiel Christi den Christen, wie sich solche Locke vorstellt, zur Erfüllung des Gesetzes dienen? Wir sind zwar verbunden, demselben nachzufolgen: aber aus natürlichen Kräften nicht dazu tüchtig. Wo keine Kraft, etwas zu thun, ist, bessern die vollkommensten Beyspiele so wenig, als die heiligsten Gesetze. Die folgenden Worte: des Fleisches —— beraubt worden ist, sind eine blosse Wiederholung der falschen Erklärung, welche Locke V. 3. von dem Verdammen der Sünde im Fleisch gegeben hat.

(15) Τὸ δικαίωμα τοῦ νόμου, die Gerechtigkeit vom Gesetz erfordert. S. die Anmerkung über Cap. II. 26.

(16) Erfüllet zeiget hier nicht einen vollkommen genauen Gehorsam, sondern ein solches untadelhaftes Leben, durch dasjenige eifrige Bestreben nach der Gerechtigkeit, an, wodurch wir uns als getreue Unterthanen Christi beweisen, die von der Herrschaft der Sünde frey sind. s. Cap. XIII. 8. Galat. VI. 2. Eine Beschreibung

solcher

5. Denn, die da fleischlich sind, die sind fleischlich gesinnet: die aber geistlich sind, die sind geistlich gesinnet.

5. Denn, was diejenigen anbelangt, die noch immer unter der Herrschaft des Fleisches (17), und seiner sündlichen Begierden, stehen, die dem Gesetze in ihren Gliedern gehorchen; so haben diese alle ihre Gedanken, und Gemüthskräfte, auf fleischliche Dinge gerichtet, um den Lüsten des Fleisches zu gehorchen: diejenigen aber, die dem geistlichen Gesetze ihres Gemüthes (der Regierung des Heiligen Geistes, als Wiedergebohrne, und Gerechtfertigte,) folgen, richten alle ihre Gedanken, und (neue) Geisteskräfte, auf die Erfüllung der Vorschrift des Geistes in diesem Gesetze (auf die Erfüllung und Vollbringung desjenigen, wozu sie der in ihnen wohnende Heilige Geist antreibet).

6. Aber fleischlich gesinnet seyn, ist der Tod: und geistlich

6. Denn (18), wenn wir allein darauf denken, wie wir die Lüste unsers Fleisches erfüllen, und ihnen

solcher Erfüllung der Gerechtigkeit des Gesetzes finden wir Luc. I. 6. So wie Christus nach dem Fleische von allen Sündenflecken völlig frey war, so werden auch wir durch seinen Geist von der Herrschaft unserer sündlichen Lüste frey, wenn wir uns befleisigen, nach dem Geiste zu wandeln, V. 9. 10. 11. Denn, was wir durch diesen Geist zu vollbringen haben, ist die Tödtung der Geschäfte des Fleisches V. 13.

(17) Οἱ κατὰ σάρκα ὄντες, die da fleischlich sind, und die da geistlich sind, sind eben diejenigen, die nach dem Fleische, und nach dem Geiste, wandeln (a). Eine Beschreibung dieser zwo unterschiedenen Gattungen von Christen findet sich Galat. V. 16–26. (b).

(a) Umgekehrt, diejenigen, die nach dem Fleische, und nach dem Geiste, wandeln, sind diejenigen, die fleischlich und geistlich gesinnet sind. Man vergleiche, was ich über die 5te und 7te Anmerkung zum 1sten Verse lit. a. erinnert habe. Die da fleischlich sind, sind die Unwiedergebohrnen, und die da geistlich sind, die Wiedergebohrnen.

(b) Paulus beschreibet hier nicht zwo eigentliche Gattungen von Christen, sondern er stellet den Christen die Werke des Fleisches V. 19. 20. 21. zum Abscheu vor. Ein Christ kann ja kein Abgötter, oder Zauberer, seyn.

(18) Denn verbindet das, was hier folget, mit dem 1sten Verse, als den Grund zu dem, was er daselbst geschrieben hat; nämlich, daß nur diejenigen Christen, die nicht nach dem Fleische wandeln, sondern nach dem Geiste, keine Verdammniß zu befürchten haben. Denn, u. s. w.

ihnen sclavisch gehorchen mögen, so bringet uns
dieß gewiß den Tod zuwege: wenn wir uns aber
ernstlich, und aufrichtig, der Regierung des Heiligen Geistes zu folgen, bemühen, so bringet
dieß uns Leben (19), und Friede, wozu in dem
entgegen gesetzten fleischlichen Zustande Niemand
gelangen kann.
7. Denn, fleischlich gesinnet seyn, ist eine
offenbare Feindschaft, und Widersetzlichkeit,
gegen GOtt; dieweil eine solche Denkungsart,
die auf nichts, als die Lüste des Fleisches, gehet,
sich dem Gesetze GOttes nicht unterwirft, und
auch in der That nicht unterwerfen kann (20),
indem sie eine ganz widerwärtige Richtung hat.
8. Denn (*), Menschen, die auf die bisher
beschrie-

geistlich gesinnet seyn, ist
Leben und Friede.
7. Denn, fleischlich ge-
sinnet seyn, ist eine Feindschaft wider GOtt: sinte-
mal es dem Gesetz GOt-
tes nicht unterthan ist,
denn es vermag es auch
nicht.
8. Die aber fleischlich
sind,

(19) S. Galat. VI. 8.

(20) Hier giebt der Apostel die Ursache an, warum diejenigen, die Christen sind, und sich zum Evangelio bekennen (denn, mit diesen redet er hier), nicht selig werden können, woferne sie nicht aufhören, nach dem Fleische zu wandeln. Es ist nämlich ein solcher Wandel dem Gesetze GOttes schnurstracks zuwider, und kann auf keine Weise mit seinen Gebothen übereinstimmen, noch denselben unterthänig werden. Diese vorsetzliche Widerspenstigkeit aber kann der oberste HErr, und Beherrscher, der Welt an keinem seiner Geschöpfe leiden, ohne von seinem Majestätsrechte abzugehen, und die ewige, unveränderliche, Regel dessen, was Gut, und der eigentliche Grund aller Ordnung, und Sittlichkeit, in der Geisterwelt ist, umkehren, und fahren zu lassen. Selbst nach menschlichen Urtheilen ist, um Unordnung und Verwirrung zu vermeiden, ein nöthiges Stück der Gerechtigkeit, solche widerspenstige Unterthanen, die sich ihre eigenen Neigungen, wider das Gesetz, das sie einschränken soll, zu ihrer Richtschnur wählen, die Strenge des Gesetzes fühlen zu lassen. Denn sonst kann das Ansehen des Gesetzes, und des Gesetzgebers, unmöglich erhalten werden.

(*) In dem 5ten, 6ten, und 7ten, Verse hat Paulus gezeiget, daß die V. 1. gerühmte Freyheit von der Verdammniß die Unwiedergebohrnen nicht angehe; weil sie fleischlich gesinnet sind, anstatt, daß die Wiedergebohrnen geistlich gesinnet sind, V. 5; weil sie sich durch ihre ganze Denkungs- und Lebensart den Tod, der Sünden Sold, selbst zuziehen, statt daß die Wiedergebohrnen, indem sie der Regierung des Heiligen Geistes folgen, hier mit GOtt Friede, und die daraus entspringende Seelenruhe, hier das geistliche Leben, und nach diesem dort das ewige zu gewarten, haben, V. 6; weil sie endlich mit GOtt in Feindschaft stehen, und seinem Gesetze nachzuleben, schlechterdings ungeschickt sind, V. 7, folglich als fleischliche Menschen GOtt unmöglich gefallen können, V. 8. Im 9ten Verse wird der Vortrag, der durch die angezeigten Verse bisher unterbrochen worden, wieder fortgesetzt, und, zum Troste der Gerechtfertigten aus dem Glauben, weiter ausgeführt. Will man die Gründe, warum

sind, mögen GOtt nicht gefal-

beschriebene Weise im Fleische, d. i. unwiedergebohren,

warum die Wiedergebohrnen, und Gerechtfertigten, keine Verdammniß zu befürchten haben, beysammen sehen; so sind sie folgende: α. sie sind frey von der Herrschaft der Sünde, V. 2. β. es wird ihnen das Verdienst, und die Gerechtigkeit JEsu Christi, zugerechnet, V. 3. γ. es wird in ihnen das Gesetz erfüllet, V. 4. δ. sie sind geistlich gesinnet, und bemühen sich aus allen Kräften, die ihnen der Heilige Geist schenket, den Anforderungen des Gesetzes Genüge zu leisten, V. 5. ε. sie haben Friede mit GOtt, und das geistliche Leben, nebst der Hofnung des ewigen, V. 6. ζ. der Heilige Geist wohnet in ihnen, V. 9. und mit denselben Christus, V. 10. η. Da schon hier ihnen das geistliche Leben durch den Heiligen Geist, dessen Wohnung sie sind, geschenket ist, so werden sie dereinstens auch in Ansehung ihrer Leiber in der Auferstehung der Gerechten das ewige Leben erhalten, V. 11. θ. Sie sind also, ungeacht sie sich auf alle Weise, ihres Gnadenstandes nicht verlustig zu werden, befleißigen müssen (V. 12. 13.), wegen der Regierung des Heiligen Geistes, GOttes Kinder, V. 14. und GOtt ist ihr Vater, V. 15. ι. sie sind dieser Kindschaft gewiß, V. 16. κ. sie sind folglich auch GOttes Erben, und Miterben Christi, V. 17. Also haben sie sich nicht vor der Verdammniß zu fürchten. Dieß ist der Zusammenhang.

Locke siehet in diesem Verse auf einmal seine Juden unter dem Gesetze wieder, und umschreibet daher denselben also:

V. 8. Also (21) können diejenigen, die im Fleische, d. i. unter der fleischlichen Haushaltung des Gesetzes (22), sind, ohne auf Christum, den Geist desselben (*), zu sehen, GOtt nicht gefallen.

(21) Dieß ist ein Schluß aus dem vorhergehenden. Die ganze Folge fliesset also: Diejenigen, welche unter der Herrschaft ihrer fleischlichen Lüste stehen, können GOtt nicht gefallen; also können auch diejenigen, welche sich unter der fleischlichen, oder buchstäblichen, Haushaltung des Gesetzes (a) befinden, GOtt nicht gefallen, weil sie den Geist GOttes nicht haben; der Geist GOttes aber kann allein die Menschen so beleben, daß sie die Herrschaft ihrer Lüste von sich werfen können, s. Galat. IV. 3-6.

(a) Es ist wahr, daß die Juden, die so beschaffen sind, wie sie diese Epistel, und die heilige Schrift an mehreren Orten beschreibt, fleischlich sind, und GOtt nicht gefallen können. Allein, 1. ist dieß nur ein Schluß aus der allgemeinen Wahrheit, die Paulus hier von allen fleischlichen Menschen behauptet; und die Juden, welche nichts, als Gesetz, haben, sind nur eine Gattung fleischlicher Menschen: es wird hier also irrig der fleischliche Jude für alle fleischliche Menschen in der Umschreibung gesetzt. 2. Kann man nach der Schrift die gesetzliche Haushaltung unmöglich eine fleischliche Haushaltung nennen. Das Gesetz ist geistlich, Cap. VII. 14. also ist auch die göttliche Haushaltung unter demselben geistlich. Daß die Menschen, die darunter stehen, fleischlich sind, machet das Gesetz so wenig fleischlich, als ein weltliches Gesetz, das rebellischen Unterthanen gegeben wird, ein rebellisches Gesetz genennt werden kann.

(22) *Οἱ ἐν σαρκὶ ὄντες*, die fleischlich sind. Wer überlegen mag, daß diese Redensart Cap. VII. 5. von den Juden gebrauchet wird, die bloß bey der buchstäblichen,

bohren, und ausser Christo, und allein der sie regierenden Sünde, die ihre Glieder nach eigenem Gefallen zu ihren Werkzeugen brauchet, als einem Gesetze, und Führer, überlassen sind; solche Menschen, sage ich, können GOtt unmöglich gefallen.

9. Allein (**), ihr seyd nicht in diesem fleischlichen

gefallen.

9. Ihr aber seyd nicht fleische

lichen, oder fleischlichen, Erklärung, und Beobachtung, des Gesetzes stehen blieben, wird kein Bedenken tragen, die nämliche Redensart hier in dem nämlichen Verstande zu nehmen (a): da, wie ich glaube, dieß die zwo einzigen Stellen sind, worinnen ἐν σαρκὶ εἶναι in moralischem Verstande gebrauchet wird. Wenigstens getraue ich mir zu behaupten, daß man schwerlich eine Stelle wird aufbringen können, worinnen ἐν σαρκὶ εἶναι den Zustand eines Menschen unter der Herrschaft seiner Lüste bezeichnet (a): und dieß muß es doch bezeichnen, wenn die Erklärung, die ich hier beygebracht habe, verworfen werden soll.

(a) Locke machet hier wiederum wunderliche Schlüsse. 1. Paulus brauchet Cap. VII. 5. den Ausdruck: im Fleische seyn, von den Juden: also kann Niemand im Fleische seyn, als die Juden. 2. Im Fleische seyn kann nicht den Zustand eines Menschen unter der Herrschaft seiner Lüste bezeichnen. Warum? weil er Cap. VII. 5. diese Redensart so erkläret hat, daß sie weiter nichts sagen soll, als daß ein Mensch den völligen Sinn des göttlichen Gesetzes nicht fasse. Wie, wenn sie aber gerade diesen fleischlichen Zustand beschriebe? wie, wenn sie ihn in beyden Stellen beschriebe? Von der ersten Stelle habe ich es schon bewiesen: und es kann solches auch mit eben dem Rechte von der gegenwärtigen gelten. Ich will nur noch hinzusetzen, daß ἐν σαρκὶ εἶναι nach der Grammatik eben so viel heisse, als σαρκικὸν εἶναι. Denn, was soll es im moralischen Verstande sonst heissen? Nun untersuche man, nur nach jeder Concordanz, was fleischlich seyn moralisch heisse? so hat meine Erklärung keine weitern Beweise nöthig.

(*) Die Unrichtigkeit des Gedankens, und Ausdruckes, daß Christus der Geist des Gesetzes sey, habe ich schon oben dargethan.

(**) Locke umschreibet diesen Vers nach seiner einmal willkührlich angenommenen Erklärung der Redensart: im Fleische seyn, also:

V. 9. Allein, ihr stehet nicht in diesem Zustande, daß ihr alles von dem Gesetze erwarten, und alle zu erlangende Vortheile lediglich durch dasselbe suchen müßtet, sondern ihr befindet euch unter dem geistlichen Stande des Gesetzes, d. i. unter dem Evangelio (23), welches des Gesetzes Ende ist, und zu welchem euch das Gesetz führet. Da ihr also das Evangelium angenommen habt, so habet ihr damit zugleich den Geist GOttes empfangen: denn, so viele Christum aufnehmen, denen giebt er Macht, GOttes Kinder (24) zu werden; und denen, die GOttes Kinder sind, giebt er auch seinen Geist (25).

(23) S.

fleischlich, sondern geistlich: so anders GOttes Geist in euch wohnet. Wer aber Christus Geist nicht hat, der ist nicht sein.

lichen Zustande, sondern in einem geistlichen, in welchem der Heilige Geist in euch wirket, als in Wiedergebohrnen, die er täglich erneuert; denn, der Geist GOttes wohnet ja in euch. Denn, wenn Jemand den Geist Christi nicht in sich wohnend, und wirkend, hat, so ist er gar kein Glied Christi, so hat er keinen Theil an Christo.

10. So aber Christus in

10. Ist aber Christus (*) in euch, so ist zwar euer

(23) S. 2 Korinth. III. 6–18, besonders V. 6. 13. 16. (a).

(a) Alle diese Stellen beweisen nicht, daß das Evangelium der geistliche Stand des Gesetzes sey. Ueberhaupt ist dieser Ausdruck wieder von Lockens eigener Erfindung, die, wie der größte Theil dieser Umschreibung, sich auf lauter Verwirrung gründet. 1. Sind hier alle Arten des Gesetzes, besonders das Caeremonialgesetz, welches in seinen Vorbildern Evangelium enthält, und das Sittengesetz, welches kein Evangelium enthält, in einander geworfen. Das Sittengesetz kann keinen geistlichen Stand in dem Menschen hervorbringen, bevor das göttliche Ebenbild wieder völlig hergestellet ist. Da dieses auf Erden niemals geschiehet, so bleibet es an und für sich geistlich, die Menschen aber fleischlich; und es läßt sich zwar ein geistlicher Zustand des Menschen, in Absicht auf den in ihm wohnenden Heiligen Geist, der ihm, dem Gesetze nachzuleben, Kräfte giebt, aber nicht in Absicht auf das Gesetz selbst, gedenken. 2. Ist nicht das Evangelium des Gesetzes Ende, sondern Christus. Das Evangelium ist eher gewesen, als das mosaische Gesetz; und dieß ist nur neben einkommen.

Allein, Locke machet das Evangelium, mit allen Socinianern, zum Gesetze Christi, und Christum zu einem Gesetzgeber: darum ist ihm das Evangelium der geistliche Zustand, und das Ende, des Gesetzes. 3. Nicht das Sittengesetz, allein betrachtet, führet die Menschen zu Christo, sondern vornehmlich das Caeremonialgesetz, in seinen Vorbildern. 4. Locke hat sonst gesagt, daß das Gesetz zu Christo führe, und, wiewohl irrig, behauptet, V. 8. daß Christus der Geist des Gesetzes sey: nun führet das Gesetz zum Evangelio, und ist dieses der Geist des Gesetzes. Er widerspricht sich also selbst; da Christus, und sein Evangelium, nicht einerley Ding ist.

(24) S. Joh. I. 12.

(25) S. Galat. IV. 6.

(*) In dem vorhergehenden Verse hat Paulus gesagt, daß in den Wiedergebohrnen, und Gerechtfertigten, der Geist GOttes wohne, und Niemand Christi sey, ausser wer Christi Geist hat. Nun spricht er: So aber Christus in euch ist. Ich will nur obenhin bemerken, daß in diesen zween Versen ein unumstößlicher Beweis für die Grundwahrheit des Christenthums liege, daß der Sohn, und der Heilige Geist, mit dem Vater gleiches Wesens sey. Denn, ist der Geist GOttes der

euer Leib, wegen der in euch wohnenden, und sich regenden, Sünde zu allen geistlich guten Handlungen todt, und ungeschickt, und hat auch nichts

in euch ist: so ist der Leib zwar todt um der Sünde willen, der Geist aber ist das

der Geist Christi: so muß Christus GOtt seyn, und mit dem Vater gleiches Wesen haben; weil er ohne dieses unmöglich den nämlichen, und eben denselben Geist haben kann, den der Vater hat. Der Heilige Geist muß aber auch das nämliche, und von Vater und Sohn, unzertrennliche göttliche Wesen haben, welches Christus hat. Sonst könnte nicht in unserm Verse gesaget werden: so aber Christus in euch ist, an statt, daß es im vorhergehenden hiesse, der Geist GOttes wohnet in euch; so Jemand Christi Geist nicht hat. Christus und sein Geist werden hier augenscheinlich mit einander verwechselt. Hätte der Heilige Geist nicht das nämliche Wesen mit dem Sohne, Christo, so könnte dieses nicht geschehen. Denn es wäre wider allen Sprachgebrauch der Schrift. Nach diesem hatte zwar Elisa des Eliä Geist: allein, es heisset nirgends, daß Eliä Geist Elias sey; Elias, und sein Geist werden nicht so mit einander verwechselt, daß es einmal hiesse: Eliä Geist sey irgendwo, und ein andermal: Elias seye da. Will man einwenden: Christus und sein Geist würden hier mit einander deswegen verwechselt, weil Christus da ist, wo sein Geist ist, und der Geist Christi, wo Christus ist; so antworte ich: Christus, und sein Geist sind auf eben die Weise unzertrennlich, wie Christus und der Vater, nach Joh. XIV. 23. wir werden zu ihm kommen, und Wohnung bey ihm machen.

Da unsere Stelle des Heiligen Geistes, und seiner Wirkungen, auf eine so vorzügliche Weise gedenket, daß nach V. 9. diejenigen, in welchen er wohnet, nicht fleischlich, sondern geistlich, sind: so ist dieß ein Grund, warum ich in dem letzten Theile der Umschreibung, welche ich statt der lockischen gesetzet, den Geist lieber durch den Geist Christi, als die neuen geistlichen Kräfte der Wiedergebohrnen, erkläret habe. Es scheinet mir nämlich theils zu tavtologisch geredet zu seyn, theils zu viel zu sagen, daß die neuen geistlichen Kräfte der Wiedergebohrnen das Leben seyen um der Gerechtigkeit willen; zu tavtologisch, weil diese neuen geistlichen Kräfte nichts anders sind, als das geistliche Leben, das Leben, das aus GOtt ist, der neue Mensch, u. s. w. und auf diese Weise Paulus nichts anders sagte, als: das geistliche Leben ist das geistliche Leben; zu viel, wenn man, um diese Tavtologie zu vermeiden, das geistliche Leben als die Ursache des ewigen ansehen, und umschreiben wollte: der Geist aber, oder, die neuen geistlichen Kräfte, bringen das ewige Leben. Denn, dessen Ursache bleibet allein das im Glauben ergriffene Verdienst JEsu Christi. Und will man, wie ich in der Umschreibung gethan habe, dieß zu dieser Erklärung hinzusetzen, so macht man entweder das neue Leben, neben diesem Verdienste, zur Ursache des ewigen Lebens; welches falsch ist: oder man entkräftet den Ausdruck des Apostels, so, daß er nichts weiter saget, als: das geistliche Leben gehet vorher, und das ewige folget darauf; welches aber nicht heissen kann: der Geist, oder, das geistliche Leben, ist das ewige Leben. Ueberdieß können auch unmöglich die neuen geistlichen Kräfte der Wiedergebohrnen so schlechthin das Leben heissen. Sie sind nicht so groß, und so vollkommen, in Menschen, welche den Leib dieses Todes an sich tragen, daß sie den Namen des Lebens um der Gerechtigkeit willen an und für sich, ohne alle Einschränkung, verdienten. Warum soll dieser Name nicht eher ihrem Urheber, als ihnen, zukommen? Sie

haben

das Leben um der Gerechtigkeit willen.

11. So aber der Geist des, der JEsum von den Todten auferwecket hat, in

nichts anders, als die Verwesung, künftig zu gewarten: Christi Geist aber ist euer Leben, wegen der Gerechtigkeit JEsu Christi, die euch ist zugerechnet worden.

11. Wohnet aber der Geist desjenigen in euch, der der Vater unsers HErrn JEsu Christi ist, und JEsum von den Todten auferwecket hat:

haben ja ihren Ursprung von dem Heiligen Geiste. Der Geist ists, der da lebendig macht, Joh. VI. 63. Sie werden von dem Heiligen Geiste erhalten, gestärket, und vermehret, und können ohne ihn nie gedacht werden. Wie also Christus sich den Weg, die Wahrheit, und das Leben, nennet, Joh. XIV. 6. so nennet hier Paulus den Geist Christi das Leben, weil er der Urheber des geistlichen Lebens in den Wiedergebohrnen ist, und solches bey allen Schwachheiten des Fleisches in ihnen erhält, und vermehret, weil er in ihnen wohnet, und auch ihre Leiber GOtt zu einem lebendigen, heiligen, und wohlgefälligen Opfer zubereitet. Zudem ist V. 9. und 11. viel zu deutlich vom Heiligen Geiste die Rede, als daß man noch zweifeln könnte, ob seiner auch V. 10. gedacht würde.

Er ist ihr Leben wegen der Gerechtigkeit JEsu Christi, welche ihnen in der Rechtfertigung ist zugerechnet worden. So wird, nach meinem Bedünken, das διὰ δικαιοσύνην, um der Gerechtigkeit willen, am besten erklärt. Διὰ bedeutet in der ersten Hälfte des Verses wegen, δι' ἁμαρτίαν, wegen, oder um der Sünde willen, die nämlich die Ursache des daselbst gedachten Todes ist: es wird also in der andern Hälfte eben diese Bedeutung haben, und die Ursache des Lebens der Wiedergebohrnen anzeigen. Deswegen giebt der Geist Christi das Leben, weil denen, in welchen er wohnet, die Gerechtigkeit JEsu Christi ist zugerechnet worden, und noch täglich zugerechnet wird; um dieser willen ist er ihnen ertheilet worden, weil ihn Christus den Seinigen durch seinen Hingang zum Vater erworben hat, Joh. XVI. 17; und weil Christi vollkommene Gerechtigkeit statt der sehr mangelhaften Gerechtigkeit der Glaubigen angenommen wird, so haben zwar die Glaubigen ein Leben, aber nicht von sich, sondern von dem Heiligen Geiste, und was sie kraft dieses Lebens thun, ist GOtt bloß um Christi willen angenehm. Wollte man das διὰ. um der Gerechtigkeit willen, für die Absicht ansehen, welche zu erhalten der Geist Christi der Glaubigen Leben ist: so weiß ich einmal nicht, ob sich diese Erklärung des gedachten Wörtchens aus der griechischen Sprache beweisen läßt; und sodenn scheinet mir es zu unbestimmt geredet zu seyn: der Geist ist euer Leben um der Gerechtigkeit willen. Denn, man siehet aus den Worten nicht, ob sie so viel sagen wollen: der Heilige Geist giebt euch das Leben, damit ihr gerecht werdet, welches falsch wäre; oder, der Heilige Geist giebt euch das Leben, damit ihr euch der Gerechtigkeit befleisiget, welches zwar wahr, aber im Texte nicht deutlich genug ausgedrücket ist. Das natürlichste ist also, alle Worte des Textes in ihrem einfältigsten, und gewöhnlichsten, Verstande zu lassen; da zumal auf diese Weise der Gegensatz dieser Worte sowohl in Absicht auf den ersten Theil dieses Verses, als auch auf den folgenden 11ten sehr deutlich wird. Ich will von diesem ersten Theile bey Gelegenheit der lockischen Umschreibung reden, welche also lautet:

V. 10.

hat: so wird eben dieser Vater, der Christum von in euch wohnet: so wird auch

V. 10. Und wenn Christus durch (*) seinen Geist in euch ist, so ist der Leib aller Thätigkeit zur Sünde (26) abgestorben, die Sünde herrschet nicht mehr in euch, sondern eure sündlichen, fleischlichen, Lüste sind gekreuziget: der Geist eures Gemüthes (27) aber lebet, d. i. er wird belebet in Absicht auf die Gerechtigkeit, oder, damit ihr gerecht und heilig lebet.

(*) Hier gehet Locke ohne alle Ursache vom Texte ab, welcher deutlich heisset: So aber Christus in euch ist.

(26) S. Cap. VI. 1–14, wo unsere Stelle besonders V. 2. 6. 11. 12. gleichwie auch Galat. II. 20. Ephes. IV. 22. 23. Coloss. II. 11. und III. 8–10. erkläret wird (a).

(a) Locke irret sich, und verwirret die Rechtfertigung und Erneuerung mit einander, wie ein jeder, der die angeführten Stellen vergleichen will, einsehen wird. Es ist also falsch, daß diese Stellen ohne Unterschied die gegenwärtige erklären. Diejenigen, in welchen es heisset, daß wir mit Christo gekreuziget, gestorben, begraben, u. d. g. seyen, reden von der Rechtfertigung, die andern aber, die uns ermahnen, der Sünde abzusterben, den alten Menschen aus- und den neuen anzuziehen, u. d. g. von der Erneuerung. Hieraus folget, daß die Worte: Der Leib ist todt um der Sünde willen, nicht erkläret werden dürfen: Die Sünde herrsche nicht mehr in uns, die sündlichen Lüste seyen gekreuziget. Denn, in der Rechtfertigung geschiehet weiter nichts, als daß dem Glaubigen wegen des ihm zugerechneten Verdienstes JEsu Christi die Sünden vergeben werden: die Kreuzigung der sündlichen Lüste, und die Brechung der Herrschaft der Sünde, gehet erst in der Erneuerung vor. Da dieses also erst in der Erneuerung geschiehet: so kann unmöglich von den Gerechtfertigten so schlechthin behauptet werden, daß ihr Leib aller Thätigkeit zur Sünde abgestorben sey, und daß ihre sündlichen Lüste schon gekreuziget seyen. Es ist vielmehr, umgewendt, dieß die tägliche Beschäfftigung der Glaubigen, durch die Gnade des Heiligen Geistes das Fleisch, sammt den Lüsten und Begierden, zu kreuzigen, Galat. V. 24. und ihre Glieder, die auf Erden sind, zu tödten Col. III. 5: also können sie nicht schon völlig todt, oder einmal für allemal gekreuziget seyn. Das ist ganz richtig, daß die Sünde nicht mehr in den Wiedergebohrnen herrschet: allein, deswegen sind sie noch nicht aller Thätigkeit zur Sünde abgestorben. Diese zwo Redensarten haben nicht völlig einerley Bedeutung. Es bleibet also nichts übrig, als diesen Vers so zu umschreiben, wie ich oben gethan habe, und das Wort Leib nach dem ganzen Umfange seiner Bedeutung zu nehmen, worinnen es den menschlichen Leib überhaupt, und den Leib der Sünden insbesondere, anzeiget. So ist einmal der Gegensatz zwischen dem ersten und andern Theile dieses Verses deutlich; nämlich, das Unvermögen, welches den Wiedergebohrnen wegen der in ihnen wohnenden Sünde noch anklebet, und das Leben, das ihnen der Heilige Geist giebt. Es hängt sodenn aber auch dieser Vers mit dem folgenden genau zusammen. Denn, in dem gegenwärtigen wird dem Leibe die Verwesung verkündigt, in dem folgenden aber die selige Auferweckung verheissen; und die Schwierigkeiten, welche Locke in diesem 11ten Verse siehet, verlieren sich von selbsten.

(27) S. Ephes. IV. 23.

auch derselbige, der Christum von den Todten auferwecket hat, eure sterbliche

von den Todten auferwecket hat, auch eure sterblichen Leiber, wegen seines in euch wohnenden Geistes, lebendig machen (*).

(*) Nach demjenigen, was ich bey dem vorhergehenden Verse über die 26ste Anmerkung, besonders zu Ende, erinnert habe, kann dieser Vers nicht mehr schwer seyn. Er enthält nämlich für die Glaubigen, auch in Ansehung ihres sterblichen Leibes, den Trost, daß der Tod, den sie hier, wegen der noch in ihnen wohnenden Sünde, an sich tragen, und welchem sie, ungeacht ihres geistlichen Lebens, nicht entgehen können, nicht über sie werde herrschen, sondern zu seiner Zeit, als der letzte Feind, 1 Korinth. XV. 26. aufgehoben werden. Der Grund dieses Trostes ist die Einwohnung des Heiligen Geistes, deren die Glaubigen schon hier gewürdiget werden; und durch welche ihre Leiber Tempel des Heiligen Geistes sind, 1 Korinth. VI. 19. ungeacht sie wegen der Sünde Leiber des Todes bleiben, Röm. VII. 24. Wie kann der Vater unsers HErrn JEsu Christi, der auch unser Vater ist, da er JEsum durch seine Herrlichkeit von den Todten auferwecket hat, die Leichname seiner Glaubigen in der Verwesung lassen, die hier Glieder seines Sohnes, und Wohnungen seines Geistes, sind? Es giebt dieser Vers demjenigen, was ich bey dem vorhergehenden wegen der Person des Heiligen Geistes zufälliger Weise angemerket habe, ein neues Licht: ich kann mich aber hierüber, da diese Sache nicht zur Hauptabhandlung gehöret, in keine weitere Betrachtung einlassen. Ich will nur, zur Bestätigung meiner Umschreibung, dieses bemerken, daß nach derselben nicht die geringste Schwierigkeit im Verstande dieser Stelle übrig bleiben kann. Der Apostel nimmt alle Trostgründe zusammen, um die Glaubigen zu versichern, daß sie keine Verdammniß zu fürchten haben. Er zeiget also, wie die ganze heilige Dreyeinigkeit beschäftiget sey, sie aus der Hölle zu erlösen, und vom Tode zu erretten. Der Sohn GOttes hat ihnen durch sein Verdienst Gerechtigkeit, Leben, und Seligkeit, erworben, V. 3. 4; der Heilige Geist giebt ihnen hier das geistliche Leben, um dieser Gerechtigkeit JEsu Christi willen, und der Vater, der JEsum auferwecket hat, wird auch dereinstens ihre Leiber zum ewigen Leben auferwecken. Lockens Umschreibung sagt hier wieder viel zu wenig, und thut, zusammt der dabey befindlichen gelehrten Anmerkung, dem Nachdrucke des Textes keine Genüge. Sie lautet also:

V. 11. Wenn aber der Geist GOttes, welcher die Macht hatte, JEsum Christum von den Todten zu erwecken, wie gewiß ist, in euch wohnet, so ist derjenige, der Christum von den Todten erwecket hat, gewiß mächtig genug, und auch bereit, durch seinen Geist, der in euch wohnet, ebenfalls (28) eure sterblichen Leiber zu beleben (29), daß nicht die Sünde allein Herrschaft, und Gewalt, über sie hat, sondern eure Glieder lebendige Werkzeuge der Gerechtigkeit werden.

(28) Um zu dem wahren Verstande dieses Verses zu gelangen, darf man nur darauf Achtung geben, daß S. Paulus in den vier ersten Capiteln dieser Epistel gezeiget hat, wie weder Juden, noch Heyden, durch das Gesetz gerecht werden können; in dem fünften Cap. wie durch Adam die Sünde in die Welt gekommen sey, und durch den Tod (a) herrsche, und daß allein die Gnade, nicht aber das Gesetz, die Menschen von dieser Herrschaft frey mache: in dem sechsten Cap. zeigte er den bekehrten Heyden, daß, wenn sie gleich nicht unter dem Gesetze, sondern

liche Leiber lebendig ma-
chen, um deswillen, daß
sein Geist in euch wohnet.

12. Wir

12. So

unter der Gnade, wären, sie doch nicht selig werden könnten, woferne sie sich nicht der Herrschaft der Sünde entzögen, und von ganzem Herzen in den Dienst der Gerechtigkeit begäben, als welches sie schon ihre Taufe lehrte, und von ihnen forderte. In dem VIIten Cap. erkläret er den Juden die Schwäche des Gesetzes, auf welches sie sich sehr verliessen; und weiset, wie sie nicht das Gesetz, sondern allein die Gnade GOttes durch JEsum Christum, von der Herrschaft der Sünde befreyen könne (b). Hieraus ziehet er den Schluß, womit das achte Capitel anfängt, und führet solchen, in Rücksicht auf seinen Vortrag im VIIten Capitel, den er hier vollständig macht, in zween Theilen aus. In dem einen lehret er, wie das Gesetz des Geistes des Lebens, d. i. der neue Bund im Evangelio (c), fordere, daß diejenigen, die in Christo JEsu sind, nicht nach dem Fleische, sondern nach dem Geiste, wandeln. In dem andern erkläret er, wie, und durch wen die Glaubigen, da das Gesetz, sie hiezu tüchtig zu machen, zu schwach ist, Kraft bekommen, der Herrschaft der Sünde in ihrem sterblichen Leibe zu widerstehen, und sich der von ihnen erforderten Heiligung zu bestreben.

(a) Umgewendt, der Tod herrschet durch die Sünde. Denn, der Stachel des Todes ist die Sünde, 1 Korinth. XV. 56.

(b) Was von dieser Zergliederung, die Locke von unserer Epistel giebt, zu halten sey, ist bereits bey jedem Theile an seinem Orte gezeiget worden.

(c) Auch diese falsche Erklärung ist bereits beym 2ten Verse dieses Capitels widerleget.

Und hier weiset er, daß die Christen von der Herrschaft ihrer fleischlichen, sündlichen, Lüste durch den Geist GOttes befreyet werden, der, als eine sie neu belebende Kraft, ihnen gegeben ist, und in ihnen wohnet, und sie in den Stand eines geistlichen Lebens versetzet, worinnen ihre Glieder zu Werkzeugen der Gerechtigkeit tüchtig gemachet werden, wenn sie sich anders, als lebendige Menschen, die zur Gerechtigkeit leben, derselben dazu bedienen wollen. Wenn dieß nicht der Inhalt dieses Capitels bis auf den 14ten Vers ist, so möchte lch wissen, was das [illegible] in dem ersten Verse bedeuten, und was der ganze Vortrag für einen Zusammenhang haben soll. Doch, nicht allein der Zusammenhang dieses und des vorhergehenden Capitels, welchen die Eingangsworte: So ist nun anzeigen, sondern selbst der Gegensatz in den Ausdrücken beyder Capitel lehret, daß S. Paulus, als er diesen Vers schrieb, auf das vorhergehende Capitel zurück gesehen habe. In dem vorhergehenden ist die wirkende, und den Menschen regierende, Ursache die Sünde, die in mir wohnet; hier ist die Ursache unseres geistlichen Lebens der Geist GOttes, der in euch wohnet. Dorten heisset es: wer wird mich erlösen von dem Leibe dieses Todes? hier: GOtt wird eure sterbliche Leiber lebendig machen (d), d. i. Leiber, welche als der Sitz, und die Wohnung, der sündlichen Lüste (e), zu verrichtungen des geistlichen Lebens ungeschickt, und von Natur zum Tode geneigt sind. In eben dem Verstande, uud aus eben diesem Gruude, gedenket er Cap. VI. 12. wo er ebenfalls die Beſreyung von der Herrschaft der Sünde beschreibet, der sterblichen

lichen Leiber, und nennet sie in dieser Betrachtung V. 13. aus den Todten lebendig gemacht (f). Um noch deutlicher einzusehen, daß S. Paulus hier die Befreyung von der Herrschaft der Sünden in unsern Leibern erkläret, darf man nur lesen, was er Cap. VI. 1 – 14. von der nämlichen Materie schreibet, und, wenn man solches mit den dreyzehn ersten Versen dieses Capitels verglichen hat, urtheilen, ob nicht beyde Stellen mit einander übereinstimmen, und einander wechselsweise viel Licht geben (g). Ist dieß Jemand noch zu beschwerlich, so mag er nur die zween folgenden Verse lesen, und überlegen, ob sie, wie sie wirklich sind, ein Schluß aus diesem 11ten Verse seyn können, wenn das Lebendigmachen unserer sterblichen Leiber etwas anders, als die Erweckung zu einem neuen, oder geistlichen, Leben in Gerechtigkeit anzeiget (h).

(d) Bis hieher ist alles, was Locke vorträgt, ganz richtig, und wider ihn selbst ein Beweis für die Gnadenwirkungen des Heiligen Geistes, die er sonst in seinen Anmerkungen nicht gerne erkennet: nur folget nicht daraus, was er daraus herleiten will; nämlich daß in unserer Stelle allein von der Erweckung zum geistlichen Leben, und nicht vielmehr von der seligen Auferstehung des Fleisches, die Rede sey. Man läugnet ihm, wenn man diesen Vers so, wie ich ihn umschrieben habe, erkläret, gar nicht, daß der Heilige Geist die Gerechtfertigten von der Herrschaft der Sünde befreye, sie täglich neu belebe u. s. w: allein, man denket, und redet, nur ordentlicher, und zusammenhängender, als er, wenn man erstlich die Ertheilung des geistlichen Lebens in der Wiedergeburt, und hernach die Einwohnung des Heiligen Geistes setzet. Jene gehet vorher: diese folget. In keinem Unwiedergebohrnen wohnet, nach der Sprache der Schrift, der Geist GOttes, ob er gleich an ihnen wirket, und arbeitet, sie strafet, und zu bekehren suchet: in den Wiedergebohrnen aber wohnet er, und erhält, und vermehret, ihnen zwar das geistliche Leben, giebt es ihnen aber nicht erst; so wie GOtt in dem Reiche der Natur durch seine allmächtige Erhaltung unser natürliches Leben täglich erneuert, stärket, und vermehret, aber uns solches eigentlich in unserer Geburt mittheilet. Da dieses alles längstens so erwiesen ist, daß ich die Beweise, ohne bekannte Sachen zu wiederholen, nicht aufs neue anführen darf: so kann unsere Stelle nicht einmal von der Erweckung zum geistlichen Leben handeln. Denn, davon redete der 10te Vers: Der Geist aber ist das Leben. Sie redet also von der Einwohnung des Heiligen Geistes in denen, welche das geistliche Leben bereits haben, und von der aus dieser Einwohnung zu hoffenden Erweckung ihrer sterblichen Leiber an jenem Tage, die bey allen gedachten Vorzügen in dieser Zeit noch dem Tode unterworfen sind.

(e) Nach Lockens Erklärung ist dieser Satz falsch: nimmt man ihn aber in dem Verstande, wie ich ihn bey der 26ten Anmerkung über den 10ten Vers erkläret habe, so ist nichts Anstößiges darinnen.

(f) Er saget nicht, daß die Leiber aus den Todten seyen lebendig worden, sondern: begebet euch selbst GOtte, als die da aus den Todten lebendig sind. Darnach saget er erst: und eure Glieder ——. Er zeiget also, wenn er vom Lebendigwerden redet, den Menschen nach seinem vornehmsten Theile, der Seele, an. Denn, nach dieser ist hauptsächlich der Mensch das, was Ich selber heißt. S. die 38ste lockische Anmerkung über Cap. VII. V. 25. Es beweiset also Locke mit dieser Stelle wieder nichts.

(g) Cap.

(g) Cap. VI. 1 – 14. redet Paulus theils von der Wiedergeburt, und Rechtfertigung, theils von der Erneuerung. Nimmt man diesen Unterschied in Acht, so läßt sich allerdings vieles in unserer Stelle aus der angeführten erklären; das nämlich, was mit Cap. VI. 1 -- 14. wahrhaftig parallel ist. Allein, man muß den Parallelismus niemals ohne Grund annehmen, noch zu weit treiben.

(h) Sie bleiben allerdings ein Schluß, wenn auch die Rede von der Auferweckung des Leibes ist. Die Folge ist diese: GOtt giebt uns nicht nur seinen Heiligen Geist, der in uns wohnet, und uns regieret, sondern er wird auch dereinsten unsere sterblichen Leiber wieder neu beleben; wir dürfen also nicht nach dem Fleische wandeln, und unsere Glieder zu Dienst der Unreinigkeit begeben, Cap. VI. 19; wir müssen GOtt an unserm Leibe, und in unserm Geiste, preisen, 1 Korinth. VI. 20. Allein, Locke will einmal für allemal die Auferstehung des Fleisches nicht in unserm Verse erkennen, und disputirt weiter.

Da dem also ist, so muß ich mich über einen gewissen gelehrten Ausleger, und dogmatischen (i) Paraphrasten, unter den Neuern wundern, der ζωοποιήσει τὰ θνητὰ σώματα ὑμῶν erkläret: er wird eure verstorbenen Leiber aus dem Grabe auferwecken, und in seiner Vorrede zur Umschreibung der Episteln an die Korinther behauptet, ζωοποιεῖν, lebendig machen, sey eben so viel, als ἐγείρειν, auferwecken. Er beweißt dieses auf eine sehr merkwürdige Art. So schreibet er: ζωοποιεῖν und ἐγείρειν sind, was diese Materie (nämlich, die Auferstehung) anbelangt, Worte von einerley Bedeutung (k), d. i. wenn in der Lehre von der Auferstehung das Wort ζωοποιεῖν, lebendig machen, vorkommt, so bedeutet es eben so viel, als ἐγείρειν, auferwecken.

(i) So nennet Locke spöttisch diejenigen Ausleger, die bey der Erklärung der heiligen Schrift ein gewisses zusammenhängendes System der Glaubenslehre vor Augen haben. So gewiß es ist, daß Leute, welche die heilige Schrift bloß in der Absicht lesen, und erklären, daß sie darinnen ihre, ohne Schrift, erlernten Glaubensmeynungen finden mögen, die gröbsten Fehler begehen müssen; und so gründlich Locke gegen diese Art Ausleger in der Vorrede zu diesem Werke eifert: so gewiß ist es auch, daß Leute, die gar kein System der Glaubenslehre haben, eben so grosse, und wohl noch grössere, Fehler zu Schulden kommen lassen; wie Locke mit seinem eigenen Beyspiele genugsam lehret. Denn, die Schrift ist zwar kein eigentliches System: sie enthält aber alles, was zu einem System erfordert wird; bestimmte Bedeutungen der Worte, richtige Erklärungen, Beweise, u. s. w. Ein dogmatischer Ausleger ist also an und für sich kein fehlerhafter Ausleger.

(k) Dieß wird wohl Niemand behaupten, daß ζωοποιεῖν und ἐγείρειν an und für sich einerley bedeuten. Das Lebendigmachen gehet voran: Das Hervorbringen aus den Gräbern folget. Da nun GOtt Niemand lebendig machet, ohne ihn zugleich aus dem Grabe hervor zu bringen, so ist in dieser Betrachtung lebendigmachen, und auferwecken, freylich einerley.

Wie

Wie aber, wenn S. Paulus von der Auferstehung der Todten hier gar nicht redete? Denn, dieß fragt sich noch. Warum? Weil nach dieses Mannes eigenem Geständnisse ζωοποιεῖν, lebendig machen, mit ἐγείρειν, auferwecken, nicht nothwendig einerley ist (l). Er thut also, da er aus besagtem Worte darthun will, daß S. Paulus hier von der Auferstehung der Todten rede, nichts anders, als daß er das, was erst bewiesen werden sollte, für gewiß annimmt. Schwierigkeit genug für einen Ausleger! Er hätte demnach das ζωοποιεῖν, lebendig machen, welches er aus Joh. V. 21. anführet, ersparen können. Denn, es hilft ihm so lange nichts, bis er bewiesen hat, daß S. Paulus hier, Röm VIII. 11. von der Auferstehung der menschlichen Leiber aus den Gräbern rede. Dieß kann er aber nicht thun, so lange er nicht beweisen kann, daß θνητὰ, sterbliche, hier eben so viel, als νεκρὰ, todte, bedeute (m). Nur eine einige Stelle im neuen Testamente möchte ich sehen, da θνητόν, sterblich, von einem leblosen Dinge gebrauchet wird: es zeigt vielmehr allemal an, daß die Sache, welche diesen Namen führet, lebendig sey (m). Es muß also ζωοποιήσει καὶ τὰ θνητὰ σώματα ὑμῶν, er wird auch eure sterbliche Leiber lebendig machen, nach dieser Gelehrten Auslegung den Verstand haben: GOtt wird eure lebendig todten Leiber zum Leben auferwecken (m); welches, um es aufs gelindeste zu nennen, kein sehr geschickter Ausdruck ist. Das ist aber ein sehr guter, und nachdrücklicher, Verstand: GOtt wird durch seinen Geist, selbst in eure sterblichen Leiber, einen Grund der Unsterblichkeit, oder des geistlichen Lebens, legen. Und daß dieß die Meynung des Apostels sey, kann man aus Galat. VI. 8. sehen. So wird auch Galat. III. 21. das Wort ζωοποιῆσαι in der nämlichen Absicht, wie hier, gebrauchet (n).

(l) Es sind diese Worte, wie in der Anmerkung k. erinnert worden, nicht nothwendig einerley. Aber damit gewinnet Locke so wenig, als sein Gegner. Denn, sie können also doch einerley bedeuten, wenn der Endzweck des Schriftstellers, und der Inhalt seines Vortrages, solches fordern. Und dieser Fall ist hier.

(m) Dieß ist ein seltsamer Beweis: Sterblich ist nicht so viel als todt; also ist es so viel als lebendig. Eben so könnte man schlüssen: Krank ist nicht so viel als todt; also ist es so viel, als: gesund. Sterblich und todt können immer verschiedene Bedeutungen haben: es behält doch die gewöhnliche Erklärung, die Locken so sehr misfällt, ihre Richtigkeit; weil es nicht einmal nöthig ist, daß Paulus sagen mußte: eure todten Leiber. Denn, da bey den Menschen, nach dem ordentlichen Laufe der Natur, das sterblich seyn, und wirklich sterben, so gewiß mit einander verbunden sind, daß noch keiner das ihm von GOtt gesetzte Ziel überschritten hat, sondern alle Sterbliche ordentlich zu ihrer Zeit wirklich sterben: so ist es einerley, ob der Apostel schrieb: eure sterbliche Leiber, oder: eure todten Leiber. Damals, als er an die Römer schrieb, hatten diese Römer zwar sterbliche Leiber, aber noch keine todte. Wie konnte er also anders reden? Nebst dem ist zu bedenken, daß Paulus die Glaubigen, denen bey aller Ueberzeugung, daß sie keine Verdammniß zu fürchten hätten, der Gedanke von ihrer Sterblichkeit nicht anders, als schmerzlich, seyn konnte, in diesen Worten tröstet. Er tröstet sie also kräftig genug, wenn er sie gegen das Schrecken bey dem Anblicke ihrer sterblichen Leiber aufrichtet. Daß ihre todten Leiber erwecket werden müßten, konnten sie hieraus ohnehin begreifen.

(n) Ich muß bekennen, daß ich nicht verstehe, was Locke mit diesen zwo Stellen will. In der ersten ist die Rede vom ewigen Leben, und in der andern vom geistli-

geistlichen Leben. Was ist nun dieß für eine Folge: weil Paulus Galat. VI. 8. guten Werken das ewige Leben als einen Gnadenlohn verheißt, und Galat. III. 21. saget, daß das Gesetz nicht lebendig machen könne; so redet er Röm. VIII. 11. nicht von der seligen Auferweckung unserer Leiber? Der Augenschein lehret, daß die angeführten Stellen nicht parallel mit der unsrigen sind. Es giebt überdieß gar keinen guten Verstand, wenn Locke unsere Stelle erkläret: GOtt wird durch seinen Geist, selbst in eure sterblichen Leiber, einen Grund der Unsterblichkeit, oder das geistliche Leben, legen. Denn, einmal ist dieß kein Trost. Wenn sollen es wohl die Römer bekommen? wie lange sollen sie darauf warten, da es heißt: er wird legen? Sodann redet ja Paulus hier mit Wiedergebohrnen, und Gerechtfertigten, die das geistliche Leben bereits haben, und braucht es also ihnen nicht erst zu verheissen; das nicht zu gedenken, daß es offenbar gezwungen klingt, die Lebendigmachung der sterblichen Leiber durch das geistliche Leben zu erklären.

Hienächst möchte ich wissen, wie dieser gelehrte Mann die Auferstehung der Todten in diese Stelle bringen, wie er sie mit S. Pauli gegenwärtigem Vortrage verbinden, und wie er zwischen diesem, und dem nächst vorhergehenden, und folgenden, Verse einen Zusammenhang finden will; wenn unsere Worte heissen sollen: er wird am jüngsten Tage eure todten Leiber aus den Gräbern auferwecken (o)? Er scheinet auch selbst eingesehen zu haben, daß dieser Verstand in dieser Stelle, und in der Verbindung mit S. Pauli übrigen Worten, ziemlich ungeschickt sey; und hat sich daher gar an keine Umschreibung gewagt, sondern bloß die englische Uebersetzung beybehalten, um, so gut, als er konnte, diesen seltsamen Verstand, den er dieser Stelle geben wollte, seinen Lesern beyzubringen. Denn, nach dieser Erklärung muß S. Paulus mitten unter der ernstlichsten, nachdrücklichsten, und genau zusammenhängenden, Ermahnung, nicht nach dem Fleische, sondern nach dem Geiste, zu wandeln, auf einmal durch einen Sprung auf die Auferstehung der Todten kommen, und, da er derselben kaum gedacht hat, durch einen andern Sprung sich wieder zu seiner vorigen Betrachtung wenden (o). Allein, ich nehme mir die Freyheit, ihn zu versichern, daß S. Paulus nie von seiner Hauptsache auf andere Materien, die derselben weder Licht, noch Nachdruck, geben, abzuspringen pflegt. Man wird schwerlich einen Schriftsteller finden können, der geschickter, und zusammenhängender, schlüßt, und seinen Endzweck, wohin er zielt, beständig besser vor Augen behält. Dieß würde man gewahr werden, wenn man ihn aufmerksamer lesen, und mehr auf das göttliche Ansehen seiner Schriften, als auf eigene, oder zur Mode gewordene fremde, Meynungen Achtung geben wollte (p). Ich will nicht sagen, daß wir heute zu Tage alle seine Ausdrücke verstehen: dieß aber behaupte ich, daß er beständig im Zusammenhange bleibt, und keine Ausschweifungen macht; und, wenn die Ausleger seinen Worten irgendwo einen Verstand geben, der den Zusammenhang trennet, oder von der Hauptsache abgehet, und einem zufälligen Gedanken ähnlich siehet, sich leicht merken läßt, wem solcher gehöre, und ob er dem Apostel, oder denen, die ihm solche Gedanken borgen, beyzumessen sey (p)?

(o) Der Zusammenhang dieser Stelle nach der gewöhnlichen Erklärung ist in den bisherigen Anmerkungen hinlänglich gezeiget worden.

(p) Dieß sind lauter gute, und gründliche, Gedanken unsers Paraphrasten: nur beweisen seine Gründe gar nicht, daß die ihm misfällige Erklärung den bisher getadelten Fehler an sich habe.

Noch einen Beweis giebt uns der Text selber an die Hand; und dieser ist folgender: Wenn das Lebendigmachen unserer sterblichen Leiber die Auferstehung von den Todten bedeuten soll; so kann solches nicht als eine besondere göttliche Gnade für diejenigen, die den Geist GOttes haben, angeführet werden. Denn, GOtt wird auch die Leiber der Gottlosen auferwecken, so gewiß, als die Leiber der Glaubigen. Nun ist das, was hier verheissen wird, allein denen verheissen, die den Geist GOttes haben. Es muß also etwas ihnen besonders eigenthümliches seyn; nämlich, daß GOtt ihre sterblichen Leiber durch seinen Geist, welcher das Unterpfand des ewigen Lebens ist, so beleben will, daß sie sich selbst, als die aus den Todten lebendig worden sind, GOtt ergeben, und ihre Glieder zum Dienste der Gerechtigkeit, und Heiligkeit, brauchen können (q). So drücket sich der Apostel Cap. VI. 13. und 19. aus. Wenn nun Jemand noch zweifeln kann, ob dieß hier S. Pauli Meynung sey, so verweise ich ihn, zu seiner völligen Ueberzeugung, auf Eph. II. 4-6, wo er die nämlichen Gedanken in den nämlichen Worten wird ausgedrückt finden, und zwar so, daß man unter ζωοποιεῖν und ἐγείρειν (welche Worte hier ebenfalls gebraucht werden) unmöglich die Auferstehung der Todten aus den Gräbern verstehen kann (r). Die völlige Erklärung dieses Verses kann man Eph. I. 19. und II. 10. sehen; auch in der nämlichen Absicht Col. II. 12. 13. ingleichen Röm. VII. 4. lesen (s).

(q) Locke antwortet sich hier selbst. Eben deswegen, weil das Lebendigmachen unserer sterblichen Leiber als eine besondere göttliche Gnade für diejenigen, die den Geist GOttes haben, hier gerühmet wird; so kann es die Auferstehung der Glaubigen aus ihren Gräbern bedeuten. Denn, es ist überhaupt eine göttliche Gnade, daß ihre Leiber wieder sollen erwecket werden, und nicht ewig Staub bleiben; es zeigt sich insbesondere in dieser Auferstehung die göttliche Gnade, wenn man sie mit der Auferstehung der Gottlosen vergleichet. Diese werden von GOtt auferwecket, um zu empfangen, was ihre Thaten werth sind: die Glaubigen aber werden auferwecket, als diejenigen, die Christo angehören, und um des Verdienstes Christi willen, um dem verklärten Leibe Christi ähnlich zu werden. In diesem Verstande wird die Auferweckung der Glaubigen 1 Korinth. XV. beschrieben, und von Locken selbst erkläret. Dieß ist also das besondere, das die Glaubigen nach unserer Stelle vor den Gottlosen, auch in der Auferweckung der Todten, voraus haben. Denn, was Locke in den Worten: Daß GOtt ihre sterblichen Leiber durch seinen Geist, welcher das Unterpfand —.— meynt, das hat, wenn man es recht überlegt, gar keinen Verstand; weil zu einer wahren Heiligkeit nicht allein die Belebung des sterblichen Leibes, sondern hauptsächlich der in Sünden todten Seele erfordert wird; und diejenigen, die den Geist GOttes haben, ohnehin das geistliche Leben haben, und es folglich nicht erst erwarten dürfen. S. oben lit. a.

(r) Dieß ist ganz richtig: es folget aber nicht, daß weil Eph. II. 4-6. die Rede nicht von der Auferstehung der Todten ist, sie auch hier nicht davon seyn könne. Denn, aus den Worten ζωοποιεῖν und ἐγείρειν läßt sich die oben gegebene Erklärung freylich nicht allein beweisen.

(s) Diese Stellen handeln von der Wiedergeburt, und Rechtfertigung, welche Locke augenscheinlich nicht von der Erneuerung zu unterscheiden weiß; wie schon lit. a. erinnert worden. Es ist also kein Wunder, wenn er als ein Ausleger, der einer irrigen Dogmatik folget, sich durch sein falsches System zu falschen Umschreibungen verleiten läßt. Die Wiedergeburt ist eine geistliche Auferstehung, und also ihrer Natur nach von der Auferstehung der Leiber unterschieden.

12. Wir sind also, meine Brüder, dem Fleische keine Verbindlichkeit schuldig, dessen Lüsten zu gehorchen (*).

12. So sind wir nun, lieben Brüder, Schuldener: nicht dem Fleisch, daß wir nach dem Fleisch leben.

13. Denn, wenn ihr das, wozu euch euer verderbtes Fleisch antreibet, zu erfüllen trachtet, so werdet ihr sterben müssen: wenn ihr aber durch den Beystand des in euch wohnenden Heiligen Geistes das, was das Fleisch in euch wirket, tödtet, so werdet ihr leben (**).

13. Denn, wo ihr nach dem Fleisch lebet, so werdet ihr sterben müssen: wo ihr aber durch den Geist des Fleisches Geschäfte tödtet, so werdet ihr leben.

14. Denn

14. Denn,

(29) Ζωοποιήσει καὶ, wird selbst eure sterblichen Leiber lebendig machen, scheinet dem Grundtexte gemässer zu seyn, als: wird auch eure sterbliche Leiber lebendig machen. Denn, das καὶ verbindet ζωοποιήσει nicht mit ὁ ἐγείρας; sonst müßte es heissen καὶ ζωοποιήσει; weil das Bindewort ordentlich zwischen den Worten stehen muß, die es verknüpfet, und also dem letztern unter beyden vorgehen müßte (a).

(a) Diese Anmerkung ist artig: sie beweist aber deswegen Lockens Umschreibung nicht.

(*) Besser kann man diesen Vers also umschreiben: Wir sind also, meine Brüder, da wir geistlich sind, und der Geist GOttes in uns wohnet, freylich noch Schuldner, und haben vieles zu thun: nur aber sind wir, da wir von dem Gesetze der Sünde, und des Todes, frey sind, nicht dem Fleische Schuldner, daß wir dessen Regungen, wenn wir sie empfinden, folgen müßten.

(**) Was nach dem Fleische leben, und durch den Geist des Fleisches Geschäfte tödten, sey, läßt sich aus den bisherigen Anmerkungen, und besonders das erste aus der 5ten und 7ten Anmerkung über den 1sten Vers, erkennen. Dieser Vers ist also in so weit deutlich. Nur ist eine verschiedene Leseart darinnen; indem da, wo Lutherus πράξεις τῆς σαρκὸς gelesen, und Geschäfte des Fleisches übersetzet hat, andere πράξεις τοῦ σώματος, Geschäfte des Leibes, lesen. Die letzte Leseart hat Locke, dessen Umschreibung also lautet:

V. 13. Denn, wenn ihr nach dem Fleische lebet, so wird euch dieser sterbliche Theil ohne Rettung zum Tode führen: wenn ihr aber durch den Geist, durch welchen Christus die Sünde gänzlich unterdrückte, und hinderte, daß sie in seinem Fleische kein Leben erlangen konnte, die Werke des Leibes (30) tödtet, so werdet ihr das ewige Leben haben.

(30) Werke des Leibes. Was diese seyen, kann man Galat. V. 19. u. f. sehen, wie wir bereits angemerket haben (a).

(a) Es ist auch schon das Nöthige dagegen erinnert worden. Ueberhaupt wird bey dieser Umschreibung keine weitläuftige Widerlegung erfordert, da sie nichts, als

14. Denn, welche der Geist GOttes treibet, die sind GOttes Kinder.

15. Denn, ihr habt nicht einen knechtlichen Geist empfangen, daß ihr euch abermal fürchten müßtet,

14. Denn, so viele von dem Geiste GOttes geleitet (und getrieben) werden, die sind Kinder GOttes, von einem unsterblichen Geschlechte, und folglich auch, wie ihr Vater, unsterblich (31).

15. Denn, ihr habt nicht aufs neue den Geist der Knechtschaft (32) empfangen, daß ihr euch fürchten (33) müßtet, sondern ihr habt den Geist (34) GOttes empfangen, welcher denen gegeben

als eine Wiederholung der bisher sattsam entdeckten lockischen Irrthümer, enthält. 1. Daß Fleisch so viel als der Leib sey; woraus die ungereimtesten Erklärungen folgen müssen. 2. Daß Christus durch den Geist (durch welchen?) die Sünde unterdrücket habe: wovon keine Sylbe im Texte stehet; wie denn auch der Irrthum selbst in den Anmerkungen über diese Epistel genugsam widerlegt worden ist. 3. Daß man durch die Tödtung der Werke des Leibes, oder des Fleisches, das ewige Leben erlange. Hier saget die Umschreibung mit aller Weitläuftigkeit zu wenig. Es heisset im Griechischen nicht: ihr werdet das ewige Leben haben; sondern: ihr werdet leben, so daß dadurch die Fortsetzung des geistlichen Lebens, und hernach das darauf folgende ewige Leben, zugleich angedeutet werden.

(31) Hierinnen lieget die Stärke des Beweises, daß sie das Leben haben sollen. Die Kinder sterblicher Menschen sind sterblich: die Kinder GOttes sind, wie ihr Vater, theilhaftig der göttlichen Natur, und unsterblich. S. 2 Petr. I. 4. Hebr. II. 13–15. (a).

(a) Man setze die Art, wie sie Kinder werden, hinzu: so wird der Schluß, den hier Locke anzeiget, noch deutlicher werden. Der Sohn GOttes, der ihr Fleisch, und Blut, angenommen, und sie dadurch zu seinen Brüdern gemachet, und dadurch, daß er für sie den Tod gelitten, dem Teufel die Macht genommen hat, hat durch seine Erlösung ihnen das Recht der Kindschaft erworben, Hebr. II. 11. 14. 15; sie sind wiedergebohren aus unvergänglichem Saamen, nämlich aus dem lebendigen Worte GOttes, 1 Petr. I. 23. gebohren aus Wasser und Geist, Joh. III. 5. 6; auf diese Weise sind sie geistlich, und der göttlichen Natur theilhaftig worden, 2 Petr. I. 4. Der Geist GOttes wohnet in ihnen, er regieret, und leitet, sie, und treibet sie nicht nur zu einem geistlichen, und göttlichen, Wandel an, sondern giebt ihnen auch die Kraft dazu. Warum sollen sie also nicht, so wie sie schon hier das geistliche Leben haben, in der Zukunft das ewige erlangen, und selbst die Erweckung ihrer zur Zeit noch sterblichen Leiber, nach V. 11, erwarten können?

(32) Was der Geist der Knechtschaft sey, hat der Apostel Hebr. II. 15. selbst deulich erklärt.

(33) Abermal, d. i. jetzt aufs neue unter Christo, wie sich die Juden unter dem Gesetze vor Mose fürchteten.

(34) S. Gal. IV. 5. 6.

gegeben wird, die GOtt zu seinen Kindern angenommen hat, und durch welchen wir tüchtig gemachet werden, GOtt unsern Vater (35) zu nennen (und ihn Abba, Vater, anzurufen).

müßtet, sondern ihr habt einen kindlichen Geist empfangen, durch welchen wir rufen, Abba, lieber Vater.

16. Der

16. Der

(35) Abba, lieber Vater. Der Apostel drücket hier die kindliche Zuversicht mit eben dem Worte aus, mit welchem unser Heiland sich selbst zu GOtt wendet, Marc. XIV. 36. (a).

(a) Der Verstand dieses Verses kommet wohl hauptsächlich auf einen richtigen Begrif der beyden Ausdrücke: knechtlicher Geist, und kindlicher Geist, Geist der Knechtschaft, und Geist der Annehmung an Kindes statt, an. Diesen hat Locke zum Theil sehr gut erkläret, da er den Geist der Kindschaft den Geist GOttes nennet, welcher denen gegeben wird, die GOtt zu seinen Kindern angenommen hat. Denn, es ist theils aus Galat. IV. 5. 6. theils aus dem vorhergehenden 14ten Verse, klar, daß der Heilige Geist zur Einwohnung, als in einen für ihn zubereiteten Tempel, nur denen gegeben wird, die in der Rechtfertigung zu GOttes Kindern angenommen, und in der Wiedergeburt dazu gebohren sind. Sonst könnte V. 14. die Regierung, und Einwohnung, des Heiligen Geistes nicht als ein Kennzeichen der Kindschaft angegeben werden. Es enthält aber der gedachte Ausdruck noch mehr, als es nach dem ersten Ansehen scheinet. Denn, 1. sind die GOttes Kinder, welche der Geist GOttes treibet; so ist diese Einwohnung ein gewisses Unterpfand unserer Kindschaft, und der kindliche Geist bedeutet also zugleich denjenigen Geist, dessen Gegenwart uns gewiß versichert, daß wir GOttes Kinder, und Erben der ewigen Seligkeit, sind. So hänget dieser Vers mit dem folgenden 16ten zusammen: Derselbige Geist giebt Zeugniß unserm Geist, daß wir GOttes Kinder sind. 2. folget, wie unser Vers deutlich lehret, aus der Einwohnung des Heiligen Geistes, daß wir dadurch Kraft bekommen, GOtt anzurufen: Abba, oder Vater; so muß dieser Geist in den Wiedergebohrnen auch kindliche Gesinnungen gegen GOtt, kindliche Liebe, kindliche Furcht, kindliches Zutrauen, kindliche Hofnung, u. s. w. hervorbringen, und der kindliche Geist also auch denjenigen Geist bezeichnen, der da machet, daß wir mit GOtt, wie Kinder mit ihrem Vater, umgehen. Alle diese Begriffe fasset das Wort: kindlicher Geist, in sich. Und hieraus wird sich verstehen lassen, was ein knechtlicher Geist sey; nämlich, vermöge des Gegensatzes, zwar nicht ein besonderer Geist, den GOtt giebt, sondern eine Gesinnung, und Denkungsart, die bey denen herrschet, die, wenn sie auch glauben, doch noch unmündige Kinder sind, zwischen welchen und einem Knechte, nach Galat. IV. 1. 2. kein Unterschied ist, oder, die wirkliche Knechte der Sünde sind. Beyde werden durch dieselbe fühlbar versichert, daß sie Knechte sind; beyde können sich nicht, als Kinder, zu GOtt als Vater nahen. Denn, die Unglaubigen sind Feinde GOttes: die Glaubigen aber sind, nach Galat. IV. 3. unter den äusserlichen Satzungen gefangen. Dieß ist der Geist der Knechtschaft, nach welchem man sich fürchten muß. Hieraus wird der Zusammenhang vom 13ten bis zum 17ten Verse deutlich. Die Glaubigen haben, wenn sie durch den Geist des Fleisches Geschäfte tödten, das geistliche, und ewige,

Leben,

16. Derselbige Geist giebt Zeugniß unserm Geist, daß wir GOttes Kinder sind.

16. Der Geist GOttes selber giebt mit unserm Geiste Zeugniß (36), daß wir GOttes Kinder sind.

17. Sind wir denn Kinder, so sind wir auch Erben, nämlich GOttes Erben, und Miterben Christi: so wir anders mit leiden, auf daß wir auch mit zur Herrlichkeit erhaben werden:

17. Sind wir aber Kinder, so sind wir (auch Erben, und zwar) GOttes Erben, und Miterben mit Christo, wenn wir anders (massen wir auch) mit ihm leiden (37), damit wir auch mit ihm mögen verherrlichet werden.

18. Denn, ich halte es dafür, daß dieser Zeit Leiden der Herrlichkeit nicht werth sey, die an uns soll offen-

18. Denn, ich glaube, daß das, was wir in diesem vergänglichen Leben leiden, mit jenem herrlichen Zustande, der künftig wird geoffenbaret (38), und wenn wir dazu gelanget sind, aller

Leben, V. 13. Warum? Nicht, weil sie es verdienen, noch weil ihre Gerechtigkeit, vom Gesetz erfordert, so vollkommen ist: sondern weil sie GOttes Kinder sind, und dieser Kindschaft durch den Heiligen Geist versichert werden, V. 14-16. Sind sie aber Kinder GOttes, und Brüder JEsu Christi, so müssen sie ja mit JEsu Christo erben, und also das ewige Leben erlangen.

(36) Eben dieß wird 2 Korinth. I. 21. 22. und V. 5. Eph. I. 11 – 14. und Galat. IV. 6. gelehret (a).

(a) Es ist also dieß ein neues Zeugniß, welches besser empfunden, als beschrieben werden kann. Es muß aber doch von dem vorhergehenden unterschieden seyn, weil Paulus ausdrücklich sagt: Selber der Geist, GOttes nämlich, zeuget mit, und neben, unserm Geiste, συμμαρτυρεῖ τῷ πνεύματι ἡμῶν. Die Glaubigen haben also mehr als ein Zeugniß, daß sie GOttes Kinder sind; denn, sie haben 1. das Zeugniß, da der Heilige Geist sie regieret, und leitet V. 14. 2. ihre kindliche Gesinnung, und ihr freudiges Zutrauen, zu GOtt als ihrem Vater, das sie keinesweges an ihrer Kindschaft zweifeln läßt, weil es GOtt in ihnen nicht entstehen würde lassen, oder vielmehr es ihnen selbst geben, wenn er sie nicht für seine Kinder hielte, V. 15. 3. das Zeugniß des Heiligen Geistes selber, der auf eine unbegreifliche, und übernatürliche, Weise sie von der erkannten, und durch die Erfahrung bestätigten, Wahrheit, daß sie GOttes Kinder seyen, so überzeuget, daß sie gar nichts mehr wankend machen kann.

(37) Den völligen Verstand dieser Stelle kann man aus S. Pauli eigenen Worten 2 Tim. II. 11. 12. nehmen.

(38) Geoffenbaret. S. Paulus redet hier von dieser Herrlichkeit, als von einer Sache, die, um einen rechten Begriff davon zu bekommen, erst geoffenbaret werden

aller Welt vor Augen gestellet werden, gar keine Verhältniß hat.

19. Denn, das ganze menschliche Geschlecht (39) wartet sehr eifrig auf diese unbegreifliche,

offenbaret werden.

19. Denn, das ängstliche Harren der Creatur wartet

werden muß. Es ist unmöglich, sich eine klare, und hinreichende, Vorstellung davon zu machen, bis man sie selbst empfindet. Man sehe, wie viele Mühe er sich 2 Korinth. IV. 17. giebt, um nur Worte zu finden, womit er sich einiger massen ausdrücken kann. Es hat aber diese Stelle einerley Endzweck mit der gegenwärtigen.

(39) Κτίσις, Creatur, bedeutet in der Sprache S. Pauli, und des neuen Testamentes, die Menschen, besonders die heydnische Welt, als den größten Theil der Creatur. S. Col. I. 23. Marc. XVI. 15. verglichen mit Matth. XXVIII. 19. (a).

(a) Locke verfähret hier nicht redlich, oder wenigstens nicht aufmerksam, genug. Er thut, als wenn das Wort Creatur in der Schrift nichts, als Menschen, und insbesondere Heyden, bedeutete, und die angeführten Stellen die einzigen wären, wo dieses Wort vorkommt. Es kommt aber auch in andern Stellen, und in ganz anderer Bedeutung, vor. Ich will derjenigen nicht erwähnen, wo es überhaupt den ganzen Inbegriff aller von GOtt erschaffenen Dinge anzeiget, sondern nur die anführen, wo Paulus selbst dieses Wort in anderm Verstande brauchet, z. E. 2 Korinth. V. 17. und Gal. VI. 15. wo er einer neuen Creatur, oder einer neuen Schöpfung, gedenket; und Ephes. II. 10. wo er schreibet: Wir sind sein Werk geschaffen in Christo JEsu, κτισθέντες. Diese Stellen können lehren, daß unter der Creatur hier weder die Geschöpfe überhaupt, noch Menschen, und Heyden, insbesondere, müssen verstanden werden. Denn, es ist noch diese dritte Bedeutung schriftmässig, nach welcher das Wort die Bekehrten aus Juden, und Heyden, die Wiedergebohrnen, und Gerechtfertigten, anzeiget. Diese Bedeutung kommt schon Jesaia XIX. 25. vor, wo es heisset: Der HErr Zebaoth wird sie segnen, und sprechen: Gesegnet bist du Aegypten, mein Volk; und du Assur, meiner Hände Werk, und du Israel, mein Erbe. Wer die prophetischen Vorstellungen des alten Testamentes verstehet, nach welcher die neu testamentische Errichtung des Reiches Christi als die Schöpfung eines neuen Himmels, und einer neuen Erde, beschrieben wird; ja, wer auf die Sache selbst Achtung giebt, da nach Aussage der heiligen Schrift die Bekehrung, und Wiedergeburt, eines Sünders eben diejenige göttliche Allmacht erfordert, durch welche die Welt aus ihrem ersten Nichts hervorgebracht wurde: der wird nicht lange Bedenken tragen, diese letzte Bedeutung des Wortes Creatur allen übrigen in unserer Stelle vorzuziehen, und daraus die rechte Erklärung zu nehmen. Denn, es läßt sich nicht beweisen, daß hier, wie die Alten meynten, eine Prosopopöie sey, und Paulus nach dieser Figur den Geschöpfen überhaupt ein ängstliches Harren auf die Offenbarung der Kinder GOttes zuschreibe: und es ist offenbar ungereimt, mit Locken zu behaupten, daß das ganze menschliche Geschlecht solcher warte. Die Erfahrung lehret es, daß derselben nur der wenigste Theil der Menschen, die Wiedergebohrnen, und Glaubigen, warten. Und warum sollten auch alle Menschen überhaupt darauf warten? was hilft sie die Gottlosen;

wartet auf die Offenba-
rung der Kinder GOttes.
20. Sin-

greifliche, und herrliche, Unsterblichkeit (40),
welche den Kindern GOttes (41) verliehen werden soll.
20. Denn,

losen; kurz, alle die, die ausser Christo sind? wird nicht alsdenn an ihnen erfüllet werden, was im Buche der Weisheit Cap. V. 1. u. f f. stehet? Hingegen ist nicht nur der ganze Zusammenhang deutlich, sondern es geschiehet auch der Absicht Pauli Genüge, wenn man das Wort Creatur in der angezeigten dritten Bedeutung nimmt. Das saget Paulus V. 17. daß die Wiedergebohrnen, die hier mit Christo leiden, mit ihm gewiß werden zur Herrlichkeit erhaben werden. Er beschreibet also sowohl V. 18. die Grösse dieser Herrlichkeit, als V. 19. u. f f. den Ursprung alles Leidens der Glaubigen, ingleichen V. 24. u. f f. ihre hiebey dennoch gewisse, und schon hier anfangende, Seligkeit. Was ist also natürlicher, als daß man unsern Vers so umschreibe: Denn, freylich geniesen wir hier in gegenwärtigem Leben diese grosse, und unbeschreibliche, Seligkeit noch nicht, sondern die ganze Erwartung aller Wiedergebohrnen siehet jener beglückten Zeit entgegen, wo GOtt auch durch äusserliche, und sichtbare, Vorzüge offenbaren wird, wer seine Kinder, und Erben, seyen?

(40) Unsterblichkeit. Daß die hier erwähnete Sache das ewige Leben sey, ist aus dem Zusammenhange, und den Parallelstellen 2 Korinth. IV. 17. und V. 5. klar. Die Herrlichkeit desselben ist so groß, daß man solche, bevor sie durch wirkliche Mittheilung offenbaret wird, gar nicht begreifen kann. Wenn diese Offenbarung geschehen soll, saget uns S. Petrus 1 Petr. I. 4–7.

(41) Ἀποκάλυψιν τῶν υἱῶν, Offenbarung der Kinder, d. i. die Offenbarung, die den Kindern GOttes geschehen soll. Der Genitivus bezeichnet im neuen Testamente oft den Gegenstand. So bedeutet Röm. I. 5. ὑπακοὴ πίστεως den dem Glauben geleisteten Gehorsam, Cap. III. 22. δικαιοσύνη Θεοῦ διὰ πίστεως Χριστοῦ, die Gerechtigkeit, welche GOtt wegen des Glaubens an Christum annimmt, Cap. IV. 11. δικαιοσύνη πίστεως die Gerechtigkeit aus dem Glauben (a). Wenn ἀποκάλυψις hier in eben dem Verstande durch Offenbarung übersetzet wird, wie im vorhergehenden Verse ἀποκαλυφθῆναι, geoffenbaret, übersetzt ist; (und man wird schwerlich einen Grund finden, warum es nicht so übersetzt werden soll): so ist der Sinn der Umschreibung sehr natürlich, und leicht. Denn, die Offenbarung im vorhergehenden Verse geschahe nicht an den Kindern, sondern den Kindern GOttes (a). Die Worte heissen ἀποκαλυφθῆναι εἰς ἡμᾶς.

(a) Ich will nicht mühsam untersuchen, in wie weit Locke die angeführten Stellen irrig, oder recht, erkläre, sondern nur kurz anmerken, daß er damit nichts beweise. Denn, wenn sein Genitivus das, was er ihm bedeuten soll, nur oft bedeutet, so ist keine Folge, daß er solches allezeit, und folglich auch hier, bedeute. Die Schwierigkeit, die er bey der gewöhnlichen Erklärung findet, ist ohne Grund. Denn, da Johannes in seiner 1sten Epistel Cap. III. 2. schreibet: Wir sind nun GOttes Kinder, und ist noch nicht erschienen,

20. Denn, hier sind die Wiedergebohrnen der Eitelkeit unterworfen, nicht freywillig, sondern durch den, der sie unterworfen hat, auf Hofnung (*),

20. Sintemal die Creatur unterworfen ist der Eitelkeit, ohn ihren Willen: sondern um deswillen, der sie unterworfen hat, auf Hofnung.

21. daß

21. Denn

was wir seyn werden. Wir wissen aber, wenn es erscheinen wird, daß wir ihm gleich seyn werden; so muß nothwendig etwas mit den Kindern GOttes vorgehen, das sie auch äusserlich von andern unterscheidet; und so läßt sich gar wohl eine Offenbarung der Kinder GOttes gedenken; und die Umschreibung, die ich bey der 39sten Anmerkung gegeben habe, wird begreiflich. Ich muß nun wieder durch einige Verse, statt der lockischen Umschreibung, meine eigene setzen.

(*) Locke umschreibt diesen Vers also, daß er ihn als eine Parenthesin zwischen dem 19ten und 21ten Verse ansiehet: (Denn, die Menschen sind in einem bessern Zustande erschaffen, aber der Eitelkeit (42) dieses elenden, vergänglichen, Lebens unterworfen worden, nicht durch eigene Wahl, sondern durch die List des Teufels (43), welcher die Menschen in diesen sterblichen Zustand versetzet hat.)

(42) Der Zustand der Menschen in diesem elenden, kurzen, Leben, worinnen sie so vielen Ungemächlichkeiten, Leiden, und dem Tode, unterworfen sind, mag wohl mit Recht, in Vergleichung mit dem von allem Leiden freyen Zustande des ewigen Lebens, als des Erbes der Kinder GOttes, Eitelkeit heissen.

(43) Teufels. Daß durch denjenigen, der die Menschen der Eitelkeit unterworfen hat, der Teufel verstanden werde, ist wahrscheinlich aus der Geschichte 1 B. Mos. III. und aus Hebr. II. 14. [illegible]. Col. II. 15. (a).

(a) Diese Stellen sagen mit keinem Worte, daß der Teufel die Menschen der Eitelkeit unterworfen habe. Hebr. II. 14. 15. stehet bloß, daß der Teufel des Todes Gewalt gehabt habe, Col. II. 15. daß Christus die Fürstenthüme, und die Gewaltigen ausgezogen habe, u. s. w. 1 B. Mos. III. ist bekanntlich die Geschichte des Falles beschrieben. Nun ist zwar durch den Fall alles Elend, mit der Sünde, und dem Tode, in die Welt gekommen: allein, deswegen zu behaupten, daß der Teufel alle Menschen der Eitelkeit unterworfen habe, ist so gut, als dem Worte: unterwerfen seine rechte Bedeutung nehmen, und dem Teufel zu viele Gewalt über das menschliche Geschlecht zuschreiben. Der Teufel hat wohl die ersten Menschen zur Sünde mit List verführet, aber doch derselben nicht, als ein Herr, und Gebiether, durch seine Macht unterworfen. Hiernächst kann man nicht sagen, daß der Teufel entweder die ersten Menschen, oder die Menschen überhaupt, die nach Lockens Meynung die Creatur seyn sollen, wider ihren Willen ([illegible]) der Sünde unterworfen habe. Die ersten Menschen gaben ihre Einwilligung darein; und dieß thun alle Sünder noch täglich. Wollte man nun einwenden, sie seyen doch wider ihren Willen dem aus der Sünde folgenden Elende unterworfen:

21. Denn auch die Creatur frey werden wird von dem Dienst des vergänglichen Wesens, zu der herrlichen Freyheit der Kinder GOttes.

21. daß sie, eben diese Wiedergebohrnen, auch werden befreyet, und aus der Knechtschaft, worinnen sie von lauter vergänglichen Dingen gehindert, und eingeschränket sind, in die herrliche Freyheit der Kinder GOttes versetzet werden (*).

22. Denn,

22. Denn,

worfen: so wäre dieß eben so ungereimt, als wenn man im Ernste von Jemand, der sich durch unreine Lüste eine schändliche Krankheit zugezogen hat, sagen wollte, er sey dieser Krankheit wider seinen Willen unterworfen. Es ist aber schon über den vorhergehenden Vers in der 39sten Anmerkung gezeiget worden, daß die Creatur nicht die Menschen überhaupt, sondern die Wiedergebohrnen, seyen: und von diesen läßt es sich nun noch weniger behaupten, daß sie von dem Teufel dem Elende dieses gegenwärtigen Lebens seyen unterworfen worden. Der Teufel suchet ihnen zwar zu schaden, und füget ihnen wirklich viel Leid zu: allein, das kann nicht heissen: er habe sie der Eitelkeit unterworfen. Je weniger man an dieser Stelle künstelt, desto leichter, und deutlicher, wird sie. Pauli Satz V. 17. ist: die Wiedergebohrnen müssen in dieser Welt mit Christo leiden, damit sie auch mit ihm herrlich werden. Diesen Satz führet er, den Glaubigen zum Troste, so aus, daß er V. 18. behauptet, das Leiden dieser Zeit habe gar keine Verhältniß gegen die künftig zu erwartende Herrlichkeit, V. 19. die Hofnung der Glaubigen seye nicht auf das gegenwärtige, sondern auf das zukünftige, Leben gerichtet. Dieß erkläret er V. 20—23. Was kann also in diesem Zusammenhange der 20te Vers für einen Verstand haben, als den, welchen ich in der Umschreibung angezeiget habe? Die ganze Hofnung der Glaubigen gehet nach V. 19. auf das ewige Leben. Denn (V. 20.), hier in diesem sind sie bey allen Vorzügen, die sie als Kinder GOttes haben, der Eitelkeit, d. i. allem demjenigen Elende, unterworfen, welches aus dem in der Welt herrschenden Verderben, der eiteln, und verkehrten, Denkungsart weltlich gesinnter Menschen, entstehet. Haben sie gleich nicht selbst Gemeinschaft mit eiteln Leuten, und keinen Antheil an ihrer Eitelkeit, wie David von sich Ps. XXVI. 4. schreibet: so werden sie doch dadurch an vielem Guten, das sie sonst in einer andern Verbindung thun könnten, gehindert, so trift sie vieles Leiden, wovon sie in einer andern Welt frey seyn würden. GOtt hat weise Ursachen, warum er seine Kinder nicht sogleich verherrlichet, sondern in dieser Verbindung mit der bösen Welt läßt; und Christus selber bethet Joh. XVII. 15. Ich bitte nicht, daß du sie von der Welt nehmest, sondern daß du sie bewahrest vor dem Uebel, d. i. vor der Verführung der Welt, die im Argen liegt. Dieß heisset: die Creatur, oder, die Wiedergebohrnen, sind der Eitelkeit unterworfen, durch den, der sie unterworfen hat, und nicht freywillig, und gerne, weil die Eitelkeit ihnen gar viele unangenehme Empfindungen verursachet: sie sind aber unterworfen auf Hofnung, endlich davon frey zu werden; wie der 21te Vers lehret.

(*) Ich verbinde das *καὶ*, das ich auch übersetze, mit *ἐλευθερωθήσεται*, weil sich nicht einsehen läßt, wenn man es mit *αὐτὴ ἡ κτίσις* construirt, wer diejenigen

sind,

22. Denn, wir wissen, daß der ganze Hause der

22. Denn, wir wissen, daß

sind, neben, und mit, welchen auch die Creatur frey werden soll; und die gewöhnliche Construction vermuthlich die Alten veranlasset hat, unter der Creatur die Geschöpfe überhaupt zu verstehen. Die Construction hat, so wie ich sie treffe, nichts Gezwungenes, und selbst die erst angezeigte Schwierigkeit berechtiget mich dazu. Die δουλεία φθορᾶς, Dienst des vergänglichen Wesens läßt sich aus dem verstehen, was ich bey der 43sten Anmerkung gegen das Ende erinnert habe. Ich nehme δουλεία, Knechtschaft, wie mich dünkt, ganz ungekünstelt, in dem Verstande, in welchem es den Zustand bedeutet, da man nicht völlig frey, und nach Willkühr, was man will, thun kann, und auch, wider sein Verschulden, allerhand Ungemächlichkeiten auszustehen hat. Φθορὰ ist der ganze Hause, und Inbegriff, der Dinge, Veränderungen, Verbindungen, und Stände in der Welt, die einst mit einander aufhören werden, aber doch zur Zeit die Wiedergebohrnen in einer unangenehmen Knechtschaft erhalten. Es liegt nach dieser Erklärung schon in den blossen Worten: Dienst des vergänglichen Wesens, ein Trost. Die Glaubigen sind hier auf eine elende Weise eingeschränkt: allein, von lauter vergänglichen Dingen, die sie nicht ewig in der Knechtschaft erhalten können. Locke umschreibet unsern Vers also:

V. 21. Es wartet in Hofnung (44), daß es ebenfalls von derjenigen Unterwürfigkeit, worinnen ihm die Verwesung (45) bevorstehet, wird befreyet, und in die herrliche Freyheit vom Tode, welche das eigentliche Erbe der Kinder GOttes ist, versetzet werden.

(44) Ἀπεκδέχεται ἐπ' ἐλπίδι ὅτι, wartet in Hofnung. Wenn man in Hofnung nicht mit wartet verknüpft, und solches in den Anfang des 21sten Verses setzet, wie es im Griechischen stehet, sondern zu unterworfen hat, ans Ende des 20sten Verses; so wird die Stelle gewaltig dunkel: statt, daß sie leicht, und deutlich, ist, wenn man alles, was zwischen GOttes und Hofnung stehet, für einen Zwischensatz annimmt; wo denn auch das Wort ὅτι seine eigene Bedeutung behält, nach welcher es daß, und nicht weil heisset (a).

(a) Ich habe wohl nicht nöthig, hiegegen etwas zu erinnern, da durch meine Umschreibung die von Locken wahrgenommenen Schwierigkeiten bereits gehoben sind.

(45) Δουλεία τῆς φθορᾶς, Dienst des vergänglichen Wesens, d. i. die Furcht des Todes; s. V. 15. und Hebr. II. 15. Vergängliches Wesen bedeutet den Tod, oder die Verwesung, im Gegensatze auf das ewige Leben (a). S. Gal. VI. 8.

(a) Alles dieß beweiset nicht, was Locke will. Der Sprachgebrauch lehret schon, daß Dienst des vergänglichen Wesens nicht so viel, als Furcht des Todes sey. Daneben ist es ganz ungeschickt, zu glauben, daß das ganze menschliche Geschlecht werde in die herrliche Freyheit vom Tode, die eigentlich das Vorrecht der Kinder GOttes ist, versetzet werden. Wem gilt der Spruch Ps. XLIX. 15. Sie liegen in der Hölle, wie Schaafe, der Tod naget sie? Es werden doch nicht alle Menschen selig; und was nützet die Unsterblichkeit ohne Seligkeit? Diese Meynung hat selbst Locke nicht: er widerspricht sich also,

daß alle Creatur sehnet sich mit uns, und ängstet sich noch immerdar.

23. Nicht allein aber sie, sondern auch wir selbst, die

der Wiedergebohrnen zusammen seufzet, und mit einander bis auf diese Stunde Schmerzen, gleich einer Gebährenden, empfindet (*).

23. Nicht allein aber diese, sondern auch wir selber, die wir des Geistes Erstlinge (**), [und dadurch

(*) Die lockische Umschreibung lautet also:

V. 22. Denn, wir wissen, daß die Menschen alle, (46) zusammen seufzen, und bis auf den heutigen Tag, wie eine Gebährende, voller Schmerzen sind, und wünschen, von der Beschwerniß dieses sterblichen Zustandes befreyet zu werden.

(46) Wie David über die Eitelkeit, und Kürze, dieses Lebens seufzet, kann man Ps. LXXXIX. 47. 48. lesen (a), und eben diese Klage noch von jedem Menschen hören; so daß selbst diejenigen, die nicht des Geistes Erstlinge, und dadurch die Versicherung eines zukünftigen seligen Lebens, empfangen haben, sich dennoch sehnen, der Verwesung nicht mehr unterworfen zu seyn, und ein ängstliches Verlangen nach der Unsterblichkeit hegen.

(a) David redet in diesem Psalm nicht in seiner eigenen, sondern des Meßiä, Person. Die angeführte Stelle hat also einen ganz andern Verstand, als ihr Locke giebt. Gesetzt aber auch, daß sie solchen nicht hätte; so ist doch der Schluß, den unser Paraphrast von David auf alle Menschen machet, sehr unrichtig, und beruhet auf einer blossen Zweydeutigkeit. Freylich wünschen selbst gottlose Menschen, unsterblich zu seyn: allein, nicht in einer andern Welt, sondern in dieser; sie klagen über die Kürze ihres Lebens: allein, bloß darum, weil dadurch ihr Vergnügen in der Eitelkeit abgebrochen wird.

(**) Ich liefere hier wieder die lockische Umschreibung; will aber gleich voraus das Nöthige erinnern. Des Geistes Erstlinge, scheinet Locke so zu verstehen, daß sie weiter nichts, als die Einwohnung des Heiligen Geistes, und die daher entstehende Gewißheit des ewigen Lebens, bezeichnen. Dieß lehret seine Umschreibung. Da aber alle Wiedergebohrne den Heiligen Geist haben, und des ewigen Lebens versichert sind; und Unwiedergebohrne den Heiligen Geist gar nicht haben, und folglich sich in diesem Stücke zwischen beyden keine Vergleichung anstellen läßt, daß jene mehr, und diese weniger Geist hätten: so kann dieß nicht der Verstand von des Geistes Erstlingen seyn. Erstlinge hiessen im alten Testamente die ersten Früchte, die GOtt heilig waren, 2 B. Mos. XXIII. 19. Des Geistes Erstlinge müssen also die ersten Gaben des Heiligen Geistes seyn, welche die Apostel ehe, als andere Christen, empfangen hatten, und die sie, wie die Geschichte lehret, in grösserm Maasse, als andere, empfangen hatten. Auf diese Weise setzet Paulus sich, und andere, die ein vorzügliches Maaß des Heiligen Geistes hatten, dem gemeinen Haufen der Gläubigen entgegen, und saget, daß nicht nur alle Gläubige überhaupt, unter dem Leiden dieser Zeit, nach der Offenbarung der Kinder GOttes seufzen, sondern selbst er, und andere seines gleichen, die ein grösseres Maaß des Geistes, und früher, als andere, bekommen hätten, eben so ängstlich sich nach der Kindschaft sehneten, und auf ihres Leibes Erlösung warteten. Lockens Erklärung thut

dadurch das Unterpfand (47) des ewigen Lebens,] haben, wir selber seufzen (48) bey uns selbst, und erwarten die Frucht unserer Kindschaft, welche darinnen bestehet, daß, da wir von GOtt zu Kindern, und Miterben JEsu Christi, sind angenommen worden, wir auch Leiber bekommen mögen, die seinem verklärten Leibe ähnlich, geistlich, und unsterblich, sind.

24. Allein, wir müssen geduldig warten; denn, wir sind zur Zeit nur in Hofnung, und Erwartung, selig: die Hofnung aber beschäftiget sich mit Dingen, deren Besitz, und Genuß, man noch nicht gegenwärtig hat. Denn, auf das, was man schon hat, und in seinen Händen siehet, hoffet man nicht mehr.

25. Wenn wir aber auf das, was wir noch nicht sehen, und erst kommen soll, hoffen, so warten wir mit Geduld darauf (49).

26. Un-

die wir haben des Geistes Erstlinge, sehnen uns auch bey uns selbst nach der Kindschaft, und warten auf unsers Leibes Erlösung.

24. Denn, wir sind wohl selig, doch in der Hofnung. Die Hofnung aber, die man siehet, ist nicht Hofnung: denn, wie kann man des hoffen, das man siehet?

25. So wir aber des hoffen, das wir nicht sehen: so warten wir sein durch-

thut der Sache zu wenig; wie denn auch das, was er umschrieben hat: wir erwarten die Frucht unserer Kindschaft, nicht völlig den Nachdruck des Griechischen erreichet, welches heißt: wir erwarten die Einsetzung zu Kindern, υἱοθεσίαν, nämlich die völlige, nachdem wir zwar schon hier GOttes Kinder sind, aber noch nicht erschienen ist, was wir seyn werden, 1 Joh. III. 2; dort hingegen, wenn auch unser Leib nicht nur von seinem Leiden in dieser Welt, sondern auch von dem Tode, und der Verwesung, wird befreyet seyn, wir alle Rechte, und Seligkeiten, der Kinder GOttes ohne Einschränkung geniessen werden. Erkläret man die Kindschaft auf diese Weise: so ist auch der folgende Theil der Umschreibung deutlich; da es sonst fast scheinet, als wenn er die Kindschaft in die Verklärung unserer Leiber setzte.

(47) S. 2 Korinth. V. 2. 5. Eph. I. 13. 14.

(48) Man lese die Parallelstelle 2 Korinth. IV. 17. und V. 5.

(49) Was er hier von der Hofnung saget, soll zeigen, daß das Seufzen in den Kindern GOttes, wovon er zuvor geredet hat, kein Seufzen der Ungeduld, sondern ein solches Seufzen sey, wodurch der Geist GOttes für uns bittet, besser, als wenn wir uns selbst mit Worten ausdrückten, V. 19—23. (a).

(a) Es ist ganz gewiß, daß das Seufzen der Glaubigen kein Seufzen der Ungeduld ist: es ist aber eben so gewiß, daß dieses von V. 19—23. beschriebene Seufzen nicht die vom Heiligen Geiste für uns verrichtete Fürbitte sey. Denn, es ist in diesen Versen nicht von einem eigentlichen Gebethe die Rede, sondern von einem ängstlichen Erwarten, und dem Seufzen unter dem Leiden: es kann also auch nicht von einer Fürbitte des Heiligen Geistes die Rede seyn.

durch Geduld.

26. Desselbigen gleichen auch der Geist hilft unserer Schwachheit auf. Denn, wir wissen nicht, was wir bethen sollen, wie sichs gebühret: sondern der Geist selbst vertritt uns aufs beste, mit unaussprechlichem Seufzen.

26. Unsere Seufzer sind demnach so beschaffen, daß sich derselben der Geist bedienet, indem er unserer Schwachheit (auf gleiche Weise hilft uns aber auch der Heilige Geist in unserer Schwachheit auf) beystehet (*). Denn, wir wissen nicht, was für Gebether wir, wie sichs gebühret, thun sollen, sondern der Geist selbst trägt für uns unsere Bitte GOtt vor, in Seufzern, die man nicht durch Worte ausdrücken kann.

27. Der aber die Herzen forschet, der weiß, was des Geistes Sinn sey: denn, er vertritt die Heiligen, nach dem, das GOtt gefället.

27. Und GOtt, der Herzenskündiger, welcher diese Sprache des Geistes verstehet, weiß, was der Geist haben will, weil der Geist gewohnt ist, für die Heiligen (50) auf eine GOtt angenehme (und anständige) Art zu bitten.

28. Wir wissen aber, daß denen, die GOtt lieben, alle Dinge zum Besten dienen, die nach dem

28. Traget also euer Leiden geduldig, und standhaft; denn, wir wissen gewiß, daß alle Dinge zusammen zum Besten derer wirken, die GOtt lieben, welche, nach seinem Vorsatze [die

(*) Diese Umschreibung enthält, vermöge der unmittelbar vorhergehenden Erinnerung, zu viele Worte, und zu wenig Nachdruck. Paulus saget nicht, daß der Heilige Geist sich unserer Seufzer bediene, indem er unserer Schwachheit beystehe, sondern er saget schlechthin: Auf gleiche Weise hilft uns aber auch der Heilige Geist in unserer Schwachheit auf, oder, stehet uns in unserer Schwachheit bey. Daß er sich unserer Seufzer bediene, saget er gar nicht. Umgewendt, da wir nicht wissen, was, und wie wir, in unsern Nöthen, und sonsten, gehörig zu GOtt bethen sollen: so vertritt er uns mit unaussprechlichem Seufzen, und giebt uns auch die Kraft, GOtt als Abba, Vater, anzurufen. Er bringet also, ausser den bisher angeführten Trostgründen für die leidenden Glaubigen, auch diesen bey, daß der Heilige Geist ihnen im Leiden, wozu ihre Kräfte zu schwach seyn würden, beystehe. Wie sich nun dieser Beystand in Verleihung nöthiger Kräfte, in Verwahrung vor Versuchungen zur Sünde, in kräftigem Tröste, u. d.g. äussert: so äussert er sich, als in einem besondern Falle, darinnen, daß der Heilige Geist nicht nur die Glaubigen bethen lehret, sondern sie auch selber mit unaussprechlichem Seufzen vertritt.

(50) Der Geist, welcher auf die Zeit der Predigt des Evangelii verheissen worden, wird Zachar. XII. 10. der Geist des Gebethes genennet.

[die Heyden zu berufen (51)], die Berufenen sind.

29. In dieser Absicht hat er die Heyden, welche

dem Vorsatz berufen sind.

29. Denn, welche er zuvor

(51) Dieser Vorsatz wurde dem Abraham, 1 B. Mos. XVIII. 18. erklärt, und ist weitläuftig von S. Paulo Eph. III. 1–11. ausgeführet. Dieß, und was in dem übrigen Theile dieses Capitels folget, scheinet S. Paulus zu sagen, um die bekehrten Heyden der Gnade, und Liebe, GOttes durch Christum zu versichern, wenn sie gleich nicht unter dem Gesetze waren (a).

(a) Locke bringet hier sehr gezwungen, nach seiner einmal willkührlich angenommenen Meynung, die Heyden herein, deren der Text mit keiner Sylbe gedenket, und die Paulus auch deswegen nicht wohl die Berufenen, und die GOtt lieben, nennen kann, da GOtt sowohl Juden, als Heyden, berufen hat, und die Glaubigen aus den Juden ihn sowohl liebten, als die aus den Heyden. Allein, es liegt eine Schwierigkeit in den Worten: denen, die GOtt lieben, die nach dem Vorsatz berufen sind; und es scheinet bald, auch in unserer deutschen Uebersetzung, als wenn der letzte Satz den ersten einschränken sollte, daß nämlich alsdenn denen, die GOtt lieben, alles zum Besten dienet, wenn sie auch berufen wären. Man darf aber nur auf die Construction, und den Endzweck Pauli, Achtung geben: so verliert sich dieselbe. Die Construction ist in beyden Sätzen einerley, und diese: denen, die GOtt lieben, denen, die GOtt zu dem Reiche seines Sohnes, berufen hat, müssen alle Dinge zum Besten dienen. Paulus verbindet Trost mit Trost, Beweis mit Beweis. Nachdem er V. 26. und 27. den Beystand des Heiligen Geistes den Glaubigen, als einen Trost im Leiden, gepriesen hat: so bringet er V. 28. den neuen Trost, daß alle Dinge mit gesammter Kraft das Beste derer, die GOtt lieben, befördern müssen. Denn, sie leiden nicht, als Feinde GOttes, sondern als seine Kinder, und Freunde: sollte GOtt nicht alle Dinge zur Beförderung ihres wahren Besten anwenden? sollte er es mit ihnen bey ihrem zeitlichen Leiden böse meynen, da er sie, nach seinem gnädigen Vorsatze, diejenigen, die an den Sohn glauben, selig zu machen, zum Reiche seines Sohnes, zur Aehnlichkeit des Ebenbildes seines Sohnes (V. 29.), zu ewiger Freude, und Herrlichkeit, berufen hat? Es wird alles deutlich werden, wenn man den Vers so umschreibet: Wir wissen ja, daß denen, die GOtt lieben, denen, die nach seinem gnädigen Vorsatze, diejenigen, die an Christum glauben, selig zu machen, seine Berufene sind, alle Dinge gemeinschaftlich zu ihrem Besten wirken müssen. Wie es mit diesem Berufe, und der daraus gewiß folgenden Verherrlichung der Glaubigen, beschaffen sey, erkläret der Apostel V. 29. und 30. und setzet darauf V. 31. u. f f. den angefangenen Trostgrund fort: ist GOtt für uns, wer mag wider uns seyn? Er schlüßet also: Da die Glaubigen nichts ihrer ewigen Seligkeit berauben kann, V. 31–34; so kann sie auch kein Leiden der Liebe GOttes verlustig machen, V. 35–39. Pauli Absicht ist nicht, hier ausführlich von der Gnadenwahl zu handeln, sondern die Gnadenwahl, als einen Trost im Leiden, anzuführen. Man macht sich also nur vergebliche Schwierigkeiten, und verfehlet die Absicht Pauli, wenn man sie hier in ihrer völligen Ordnung, und nach allen Umständen, suchen will.

zuvor versehen hat, die hat er auch verordnet, daß sie gleich seyn sollten dem Ebenbilde seines Sohnes: auf daß derselbige der Erstgebohrne sey unter vielen Brüdern.

welche er, wie die Juden (52), vorher erkennet hat, mit einer liebreichen Gesinnung, und um sie zu seinem Volke zu machen, vorher verordnet, dem Ebenbilde seines Sohnes ähnlich zu werden, damit derselbe der Erstgebohrne, und das Haupt, unter vielen Brüdern (53) seyn möchte.

30. Welche er aber verordnet hat, die hat er auch berufen: welche er aber berufen hat, die hat er auch gerecht gemacht: welche er aber hat gerecht ge-

30. Noch mehr, diejenigen, die er also, sein Volk zu seyn, vorher verordnet hat, die hat er auch, indem er Prediger des Evangelii zu ihnen gesendet hat, berufen: und diejenigen, die er berufen hat, die hat er, wenn sie der Wahrheit (54) gehorchen, durch Zurechnung ihres Glau-

(52) S. Cap. XI. 2. Amos III. 2. (a).

(53) S. Eph. I. 3–7. (a).

(a) Diese zwo Anmerkungen rechtfertigen die oben stehende Umschreibung nicht, da der Text nichts von den Heyden saget, sondern von allen Glaubigen überhaupt die tröstliche Wahrheit fest setzet, daß sie von GOtt verordnet seyen, dem Ebenbilde seines Sohnes im Leiden sowohl, als in der Herrlichkeit, ähnlich zu werden. Man darf also nur den Vers, dem Grundtexte gemässer, so umschreiben: Denn, diejenigen, von welchen er voraus gesehen hat, daß sie, seinem gedachten gnädigen Vorsatze zu Folge, glauben würden, die hat er auch vorher bestimmt, dem Bilde seines Sohnes im Leiden, und in der Herrlichkeit, ähnlich zu werden, damit derselbige der Erstgebohrne unter vielen Brüdern sey. So ist alles deutlich, und wird sonderlich dadurch, daß selbst der Sohn GOttes der Erstgebohrne unter seinen leidenden Brüdern genennet wird, den Glaubigen ein herrlicher Trost gegeben. JEsus selbst nennet die Glaubigen seine Brüder Ps. XXII. 23. Joh. XX. 17. Wenn sie also, als Glaubige, leiden: so leiden sie als Kinder GOttes, so leiden sie mit Christo, ihrem erstgebohrnen Bruder, so hat dieser vor ihnen gelitten, er hat, als der Erstgebohrne, unendlich mehr, denn sie, gelitten, er ist nach vollbrachtem Leiden mit Ehren, und Schmuck, gekrönet worden, Ps. VIII. 6; sie werden also auch gekrönet werden.

(54) Viele sind berufen, aber wenige sind auserwählet, sagt unser Heiland Matth. XX. 16. Viele, sowohl Juden, als Heyden, wurden berufen, die dem Rufe nicht folgten. Deswegen saget der Apostel V. 33. daß diejenigen auserwählet seyen, die gerechtfertiget sind, d. i. diejenigen, die berufen worden, und den Ruf angenommen haben, und folglich erwählet sind (a).

(a) Ungeacht Locke hier die Gnadenwahl in so weit recht schön erkläret, daß er dabey keinen unbedingten Rathschluß, sondern den vorhergesehenen Glauben der Berufenen, zum Grunde leget: so enthält doch seine Umschreibung, nach dem, was schon bey V. 28. über die 51te Anmerkung erinnert worden, die grosse Schwierigkeit, daß es nach derselben noch immer scheinet, als hätte GOtt nur die zu

Glaubens zur Gerechtigkeit, gerechtfertiget: und diejenigen, die er gerechtfertiget hat, die hat er auch, seinem Vorsatze nach, herrlich gemacht.

31. Was sollen wir zu allen diesen Dingen sagen? Ist GOtt für uns, wie aus dem, was er bereits für uns gethan hat, erhellet; wer kann wider uns seyn?

32. Er, der seines eigenen Sohnes nicht verschonet, sondern ihn für uns alle, sowohl Heyden, als Juden, in den Tod gegeben hat; er sollte uns mit ihm nicht alles schenken?

33. Wer soll gegen diejenigen, die GOtt auserwählet hat, Ankläger seyn? soll es GOtt seyn,

gemacht, die hat er auch herrlich gemacht.

31. Was wollen wir denn hiezu sagen? Ist GOtt für uns, wer mag wider uns seyn?

32. Welcher auch seines eigenen Sohns nicht hat verschonet, sondern hat ihn für uns alle dahin gegeben: wie sollte er uns mit ihm nicht alles schenken?

33. Wer will die Auserwählten GOttes beschuldi-

seinem Volke vorher verordneten berufen. Die gegenwärtige Anmerkung soll zwar derselben abhelfen: sie machet sie aber in der That nur noch grösser, indem sie eher Locken zu einem Widerspruche, als dem Texte zu deutlicherm Verstande, hilft. Ich glaube, daß eine kürzere, und nicht so weit hergeholte, Umschreibung Pauli Sinn am deutlichsten machen wird. Er führet in diesem Verse in der Erklärung des Trostes fort, daß denen, die GOtt lieben, alle Dinge zum Besten dienen müssen, und sagt: Diejenigen aber, die er, dem Bilde seines Sohnes ähnlich zu werden, vorher bestimmet hat, die hat er auch berufen; und diejenigen, die er berufen hat, die hat er auch gerechtfertigt: welche er aber gerechtfertiget hat, die hat er auch schon so gut, als herrlich, gemacht. Paulus erkläret nicht in diesen Worten, wen, und wie viele, GOtt berufen, und gerechtfertiget, habe; er saget nicht: GOtt habe nur diejenigen berufen, die er vorher verordnet hat: sonst müßte zwischen Berufenen, und Auserwählten, kein Unterschied seyn, wie doch Christus Matth. XX. 16. ausdrücklich behauptet: sondern er schlüsset aus dem, was GOtt an den Glaubigen, in Ansehung ihres ewigen Heiles, gethan hat, auf die Seligkeit ihres zeitlichen Leidens. Hier hänget sein Schluß so zusammen: „Denen, die GOtt lieben, und die zum „Reiche seines Sohnes, und diesem ähnlich zu werden, berufen sind, müssen „alle Dinge zum Besten dienen. Denn, GOtt unterlässet schlechterdings nichts, „was zu ihrem ewigen Heile erfordert wird. Denn, diejenigen, die er von „Ewigkeit als solche, die da glauben würden, voraus erkennet hat, die hat er „auch von Ewigkeit schon vorher bestimmt, dem Ebenbilde seines Sohnes „ähnlich zu werden, die hat er in der Zeit berufen, die hat er um ihres Glaubens „willen gerechtfertiget: und da er sie gerechtfertiget hat; so ist dieß schon so gut, „als ob er sie auch allbereits herrlich gemachet hätte. (Dieß drückt der Aoristus „ἐδόξασε aus.) Haben sie dieses gewiß, so kann ihnen auch kein Leiden schaden". „Dieß letzte führt Paulus bis zu Ende dieses Capitels aus.

schuldigen? GOtt ist hie, der da gerecht machet.

seyn, der sie rechtfertiget (55)?

34. Wer will verdammen? Christus ist hie, der gestorben ist: ja, vielmehr, der auch auferwecket ist; welcher ist zur Rechten GOttes, und vertritt uns.

34. Wer soll sie, als Richter, verdammen? Christus, der für uns gestorben, ja, noch mehr, der zu unserer Rechtfertigung wieder auferstanden ist, und zur rechten Hand GOttes ist, und für uns bittet (*)?

35. Wer will uns scheiden von der Liebe GOttes? Trübsal? oder Angst? oder Verfolgung? oder Hunger? oder Blösse? oder Fährlichkeit? oder Schwerd?

35. Wer soll uns scheiden von der Liebe Christi? soll es Trübsal thun, oder Angst, oder Verfolgung, oder Hunger, oder Blösse, oder Gefahr, oder Schwerd?

36. Wie geschrieben stehet: Um deinetwillen werden wir getödtet den ganzen

36. Denn, dieß ist unser gewöhnliches Schicksal; wie geschrieben stehet: um deinet willen werden wir den ganzen Tag (beständig) getöd-

Ff 2

(55) Wenn man diesen Satz fragweise liest, so hat man nicht nöthig, um den Verstand voll zu machen, ein Wort zu ergänzen. Es schickt sich auch besser für die ganze Art des gegenwärtigen Beweises, wie aus V. 35. zu sehen ist, wo die Frage nicht vermieden werden kann (a). Er fordert seine Leser gleichsam selbst zu Richtern auf, ob eines der erwähnten Dinge (er erzählet ihnen aber die allerschröcklichsten) ihnen eine gegründete Ursache zur Furcht geben könne? wer soll euch verklagen? soll es GOtt thun, der euch rechtfertiget? wer soll euch verdammen? etwa Christus, der für euch gestorben ist? Was kann abgeschmackter seyn, als eine solche Einbildung?

(a) Die beyden Gründe, welche Locke für die Nothwendigkeit seiner Frage in diesem, und dem folgenden, Verse anführet, beweisen nichts. Denn, man braucht nichts zu ergänzen, wenn man den letzten Theil derselben auch ohne Frage liest. Da im Griechischen Participia stehen, so geben sie ohne Ergänzung, und ohne Frage, den Verstand, den unsere deutsche Uebersetzung hat. Es ist darnach auch keine Folge: weil im 35ten Verse lauter Fragen stehen; so kann hier auch nichts anders seyn. Man findet vielmehr V. 33. und 34. Fragen, und Antworten. Jene enthalten Zweifel, welche den Glaubigen wegen der Gewißheit ihrer Seligkeit noch aufsteigen können: und diese die Widerlegung derselben. Das Gewissen verklaget die Glaubigen; der Teufel verklaget sie: GOtt aber rechtfertiget, und spricht sie los, u. s. w.

(*) Die Frage ist auch hier, wie im vorhergehenden Verse, unnöthig, und man darf nur ordentlich lesen: Christus ist der, der für uns gestorben ist, u. s. w.

getödtet, wir werden, wie Schlachtschaafe, geachtet.

37. Nein, in allen diesen Fällen sind wir bereits mehr, als Ueberwinder, durch die Gnade, und den Beystand dessen, der uns geliebet hat.

38. Denn, ich bin gewiß überzeugt, daß weder die Schrecken des Todes, noch die Reizungen des Lebens, weder Engel, noch Fürsten, und Gewaltige, dieser Welt, weder gegenwärtige Dinge, noch irgend etwas Zukünftiges;

39. weder die Höhe des Glückes, noch die Tiefe des Elendes, noch sonst etwas, was es auch sey, mächtig genug ist, uns zu scheiden von der Liebe GOttes, welche in Christo JEsu, unserm HErrn, ist.

ganzen Tag; wir sind geachtet wie Schlachtschaafe.

37. Aber, in dem allen überwinden wir weit, um des willen, der uns geliebet hat.

38. Denn, ich bin gewiß, daß weder Tod, noch Leben, weder Engel, noch Fürstenthum, noch Gewalt, weder Gegenwärtiges, noch Zukünftiges,

39. Weder Hohes, noch Tiefes, noch keine andere Creatur, mag uns scheiden von der Liebe GOttes, die in Christo JEsu ist, unserm HErrn.

Achter Abschnitt.

Cap. IX. Vers 1 — X. 21.

Nichts war den Juden schmerzlicher, und anstössiger, als die Vorstellung, die Heyden mit sich vereinigt, und gleicher Rechte, und Vorzüge, in dem Reiche des Meßias neben sich geniessen zu sehen; ja, was noch ärger war, daß diese Fremdlinge sollten aufgenommen, sie aber, die sich Kinder dieses Reiches zu seyn einbildeten, davon ausgeschlossen seyn (*). S. Paulus, welcher

(*) Locke muß eine rechte Fertigkeit besessen haben, sich, kraft seines Witzes, unmögliche Dinge, als wirklich, vorzustellen. Denn, was konnte es für ein Schmerz, oder Anstoß, für die unglaubigen Juden seyn, die Heyden sich zu den Jüngern des JEsus von Nazareth (so nenneten sie Christum) versammeln, und sich, als treue Jünger Mosis (so dachten sie von sich), von diesem abtrünnigen Haufen (so stellten sie sich alle Christen vor) ausgeschlossen zu sehen? Sie freueten, und rühmten, sich vielmehr, wie sie noch jetzo thun, ihrer Beständigkeit bey dem Glauben ihrer Väter. Ihr Schmerz, dessen Locke erwähnet, ist also eine blosse Einbildung, und folglich alles, was er in dieser Einleitung daraus schlüsset, falsch.

welcher in allen vorhergehenden Capiteln dieser Epistel stark auf diese Lehre gedrungen hat, will nun zeigen, daß er solches nicht aus Abscheu, oder Abneigung, gegen seine Brüder, die Juden, gethan habe; und giebt daher seine grosse Liebe zu ihnen, und seine äusserste Sorgfalt für ihre Seligkeit, zu erkennen. Allein, er zeiget zugleich, daß, was sie auch immer für Vorrechte vor andern Völkern von GOtt empfangen, und was sie für Erwartung, wegen der ihren Vorältern geschehenen Verheissungen, hätten, sie sich doch nicht mit Recht über das unter dem Evangelio mit ihnen gehaltene göttliche Verfahren beklagen könnten (*); weil solches seiner, dem Abraham geschehenen, Verheissung, und seinen häufigen Erklarungen in der heiligen Schrift, gemäß wäre. Auch geschähe dem jüdischen Volke kein Unrecht, wenn sich GOtt jetzo eben derjenigen unumschränkten (**) Gewalt bediente, womit er ehehin den jüngern Bruder Jacob, ohne sein Verdienst, mit seiner Nachkommenschaft, um sein Volk zu werden, dem ältern Esau, und seiner Nachkommenschaft, die er verwarf, vorgezogen habe. Die ganze Erde ist sein; und die Völker, welche sie bewohnen, haben ausserdem, was er ihnen giebt, kein Eigenthumsrecht, weder zu den Ländern, die sie bewohnen, noch zu der Glückseligkeit, die sie geniesen: er kann sie wieder aus dem Besitze werfen, oder vertreiben, wenn er will. Wie er also, zur Ehre seines Namens, um die Israeliten zu befreyen, die Aegypter schlug: so kann er, nach seinem Gutbefinden, auch andere Völker der Welt erhöhen, oder erniedrigen, zu Gnaden annehmen, oder verwerfen. Was besonders das jüdische Volk anbelangte, so wäre es ganz, bis auf einen kleinen Ueberrest, verworfen, und dessen Stelle durch die Heyden, die GOtt zu seinem Volke, und zu seiner Kirche, angenommen, ersetzet worden; weil es ein widerspenstiges, und ungehorsames, Volk sey, das den verheissenen, und zur bestimmten Zeit gesendeten, Messias nicht habe annehmen wollen. Wer dieß neunte Capitel mit gehöriger Aufmerksamkeit, und unpartheyisch, liest, wird einsehen, daß das, was darinnen von der Ausübung der unumschränkten Macht GOttes, nach dem Wohlgefallen seines Willens, gesaget ist, einzig und allein die Völker, oder politischen Staatskörper der Menschen in ihren bürgerlichen Gesellschaften, betreffe, welche die Wirkungen davon allein in ihrem

(*) Die ungläubigen Juden beklagten sich auch nicht darüber, so wenig sie sich noch jetzo darüber beklagen. Die Gläubigen aus ihnen konnten sich ohnehin nicht beklagen.

(**) Hier lehret Locke auf einmal einen unbedingten Rathschluß. Denn, wenn er gleich Jacobs Erwählung in nichts weiter, als in der Erwählung zu zeitlichen Glückseligkeiten sucht: so hat doch die Art, wie ihm GOtt, nach Lockens Meynung, dieselben gegeben hat, einen unbedingten Rathschluß zum Grunde.

ihrem Glücke, oder Unglücke, in dieser Welt empfinden (*); daß es sich aber nicht auf ihren ewigen Zustand in jener Welt erstrecke, und in wie ferne sie

(*) So ist der Knote, wegen der Gnadenwahl, mächtig entzwey geschnitten! Allein, incidit in scyllam ———. Regieret also GOtt die Welt nach unbedingten Rathschlüssen? Machet er in dieser Welt bloß nach unumschränkter Macht, nach ungefährem Wohlgefallen seines Willens, die Völker glücklich, oder unglücklich? Wo lehret dieß die Schrift? und wie wird dadurch den Schwierigkeiten wegen des unbedingten Rathschlusses, den Calvins Anhänger in unserm Capitel sehen, ausgewichen? haben die Menschen in Ansehung der ewigen Seligkeit mehr um GOtt verdienet, als in Ansehung ihres zeitlichen Wohlstandes? Man lese, wie Locke fordert, dieses neunte Capitel mit gehöriger Aufmerksamkeit, und unpartheyisch, durch: so wird man finden, daß es allerdings auch von dem ewigen Zustande der Menschen, und zwar einzelner Menschen, in jener Welt handle. Denn, es muß mit dem VIIIten zusammen hängen. Was wäre dieß aber für ein Zusammenhang, wenn Paulus im VIIIten die Glaubigen im Leiden, und also einzelne Personen, mit ihrer Berufung, Rechtfertigung, Erwählung, und der unveränderlichen Liebe GOttes in JEsu Christo, tröstete; und nun auf einmal Cap. IX. lehrete: GOtt mache im Zeitlichen Völker nach unbedingtem Rathschlusse glücklich, oder unglücklich; und doch wieder V. 30. auf die Gerechtigkeit des Glaubens käme? Was kümmern sich Glaubige in ihrem Leiden um die Haushaltung GOttes mit ganzen Völkern? und wie kann sie diese trösten? Locke thut also offenbar zu viel, wenn er behauptet, daß in diesem, und dem folgenden Xten Cap. von dem Zustande des Menschen nach diesem Leben gar nicht die Rede sey. Freylich kommen darinnen Beyspiele vor, welche bloß Verwerfung, oder Erwählung, in diesem Leben, und nicht einmal zur Kirche GOttes, sondern zu einem grössern, oder geringern, mächtigern, oder schwächern, Volke, z. E. V. 7. 11. 12. 13. beweisen: allein, sie sollen auch weiter nichts beweisen, als daß GOtt mit seiner Gnade nicht an die natürlichen Nachkommen Abrahams so gebunden sey, daß er sie ihnen, sie mögen sie wollen, oder nicht, erzeigen müsse, V. 7. u. f f. und daß es auch nicht auf die Willkühr derer, die bey GOtt Gnade suchen, ankomme, wie sie sich derselben würdig machen wollen, sondern auf die göttliche Gnadenordnung, darein sie sich schicken müssen, V. 11–16. Hieraus folget, daß in diesen Capiteln von gar keinem unbedingten göttlichen Rathschlusse, auch nicht einmal in zeitlichen Dingen, die Rede sey. GOttes Wille macht keinen unbedingten Rathschluß, keine Ausübung seiner unumschränkten Macht, aus. Denn, er ist weise, und richtet sich da nach den weisesten, und heiligsten Ursachen, wo wir glauben, daß er bloß nach seiner höchsten, unumschränkten, Macht verfahre. Unser Paraphrast ist durch den zu Anfange seiner Einleitung befindlichen falschen Grundsatz zu dieser Meynung verleitet worden. Er bildet sich ein, wie sich mehrere einbilden, daß im IX. X. und XIten Capitel von der Verwerfung, und endlichen Wiederannehmung, des jüdischen Volkes die Rede sey, und erkläret daher die ersten Verse des IXten Capitels so, als ob sich darinnen der Apostel gegen den Verdacht einer Feindschaft wider die Juden vertheidigte. Siehet man aber auf den ganzen Zusammenhang des paulinischen Vortrages in dieser Epistel, und auf das, wovon er selbst in den angezeigten Capiteln handelt; so ist von einer ganz andern Sache die Rede. Die Rede ist durch die ganze Epistel von der Gerechtigkeit des Glaubens, die er bisher erkläret, und vertheidiget, und gegen

sie als einzelne Personen betrachtet werden; als in welcher Betrachtung ein jeder Mensch für sich ist, und an jenem Tage für sich besonders wird Rechenschaft

gegen die jüdischen Einwürfe so gerettet hat, daß er Cap. VI. VII. VIII. zeigte, wie daraus keine Freyheit zu sündigen folge. Davon wird auch Cap. IX. 30–33. X. 3. u. ff. mit so vielen Worten gehandelt. Hieraus muß also nothwendig der Zusammenhang zwischen diesen Capiteln, und den vorhergehenden, gefunden werden. Paulus drücket nämlich, nachdem er die Materie von der Rechtfertigung aus dem Glauben vollständig abgehandelt hat, Cap. IX. 1–5. seine herzliche Bekümmerniß wegen des unseligen Zustandes des jüdischen Volkes aus, das bey allen Vorzügen, deren es von GOtt sonsten gewürdiget worden, doch nicht zu der Gerechtigkeit des Glaubens gelanget. Denn, daß es diese nicht erlange, saget er ausdrücklich V. 30. u. ff. Und hierauf zeiget er, daß hieran gar kein unbedingter Rathschluß, sondern die eigene Unart der Juden, Schuld sey. Denn, 1. die halsstarrigen Juden sind keine wahren Israeliten, und die fleischliche Abstammung allein giebt keinem Menschen einen Anspruch auf die dem Abraham, und seinem Saamen, geschehenen Verheissungen, die bey aller Halsstarrigkeit fleischlicher Menschen dennoch ihre Gültigkeit behalten, wie Ismaels, und Esaus, Beyspiele lehren, V. 6–13. Es ist deswegen 2. GOtt, wenn er Jemand, der so wie Ismael, und Esau, beschaffen ist, seine Gnade nicht aufdringet, nicht ungerecht, V. 14. Denn, α. er erzeiget lieber Gnade, als Zorn, und je mehr man Gnade annimmt, je mehr erweiset er. Der Schluß läßt sich von selbst leicht machen, daß Israel die ihm angebothene Gnade nicht annehme, V. 15. β. Man muß GOtt seine Gnade nicht abdringen wollen, und eigenmächtig die Mittel dazu sich selbst erdenken, sondern sich in die geoffenbarte Gnadenordnung schicken. Das letzte thun die Juden nicht, sondern das erste, V. 16. γ. Will man verstockt bey seinem Eigensinne bleiben, so erfähret man, was Pharao hat erfahren müssen: leider, wird dieß Schicksal auch die Juden treffen, V. 17. Nun kommt hierauf δ. V. 18. und 19. wider die beyden letzten Gründe ein jüdischer Einwurf: So kommt also bey der Erlangung göttlicher Gnade alles auf GOttes Willen, und nichts auf des Menschen Bemühung, oder gute Gesinnung, an. Bisher läßt sich der Einwurf hören, und hat, nachdem man ihn erkläret, einen guten Verstand: aber im folgenden enthält er einen falschen Schluß, dergleichen boshafte Gemüther, wenn sie disputiren, im Affect machen. Er ist folgender: Wenn GOttes Erbarmung durch nichts verdienet werden kann, so verdienet man auch seine Ungnade durch nichts: sondern es beruhet alles auf einem unbedingten Rathschlusse; des einen erbarmet er sich ohne Verdienst, und dem andern begegnet er hart (verstocket er) ohne seine Schuld, V. 18. Was kann also der Mensch dazu, GOtt mag mit ihm gnädig, oder zornig, umgehen? Er will es; wer kann ihm widerstehen? V. 19. Hierauf antwortet Paulus. a. So sollte gar kein Mensch mit GOtt disputiren, sondern alles, was GOtt an ihm thut, für unverdiente Gnade erkennen, V. 20. Denn, wenn GOtt nach einem unbedingten Rathschlusse mit dem Menschen umgehen wollte; so hätte er das Recht dazu, V. 21. Allein, b. der gemeldete Einwurf ist falsch. GOtt hat sehr lange Geduld, selbst mit den verstocktesten Menschen, die endlich doch verlohren gehen, V. 22, damit man an denen, die sich durch seine Barmherzigkeit gewinnen lassen, erkennen möge, wie groß sein Erbarmen seyn müsse, als welches man an den Verlohrnen nicht erkennen kann, V. 23. Dieß erläutert er mit dem Beyspiele derer, die sich aus Juden und Heyden

schaft geben müssen. Hier kann Jemand mit seinen Mitbürgern, als ein Theil eines sündlichen Volkes, gestrafet werden: dieß kann aber nur eine zeitliche Strafe, zu seinem Besten, bleiben, und ihm zum ewigen Leben, und zur Seligkeit, in der zukünftigen Welt dienen.

Heyden durch das Evangelium haben zu Christo bekehren lassen, V. 24–29; und wendet nun 1. die bisherigen Gründe von lit. α–γ. auf die glaubigen Heyden, V. 30. und die unglaubigen Juden an, V. 31 — Cap. X. 13. folgendermassen: a. Die Juden wollen sich, wie lit. β. erinnert worden, nicht in die göttliche geoffenbarte Gnadenordnung schicken, sondern sich dergleichen selbst machen. Denn, αα. sie wollen durch des Gesetzes Werke, nicht aber durch den Glauben, gerecht werden, V. 31. und 32. ββ. Sie verwerfen Christum, den Grund des Heils, V. 32. 33. γγ. Ihr ganzer Eifer um GOtt rühret also aus dem hartnäckigsten Unverstande, und nicht aus blosser Unwissenheit, noch viel weniger aus der rechten Quelle, her, Cap. X. 1. 2. Denn, aa. sie wollen GOtt mit ihrer eigenen Gerechtigkeit gefallen, V. 3. GOtt aber nimmt nichts, als Christi Gerechtigkeit, an, V. 3. 4. bb. Diese zwo Arten von Gerechtigkeit hat schon Moses nach ihrer grossen Verschiedenheit beschrieben, V. 5--8. cc. Die Gerechtigkeit aus dem Glauben, als die letzte, wird den Juden sowohl, als den Heyden, geprediget, V. 9–13. dd. Sie können sich also mit keiner Unwissenheit entschuldigen, V. 14–20. Sie sind aber δδ. jederzeit ein widerspenstiges, und ungehorsames Volk gewesen: und folglich auch noch jetzo, V. 21. Dem ungeacht sind sie nicht schlechterdings von GOtt verworfen, so daß sie sich gar nicht bekehren könnten, sondern die Gnadenthür stehet ihnen noch immer durch die Annahme des Evangelii offen, Cap. XI.

Paraphrastische Erklärung.	Text.
1. Als ein Christ (als ein Glied, und Apostel JEsu Christi) rede ich die Wahrheit, und mein von dem Heiligen Geiste geleitetes, und erleuchtetes, Gewissen giebt mir Zeugniß,	1. Ich sage die Wahrheit in Christo, und lüge nicht; des mir Zeugniß giebt mein Gewissen, in dem Heiligen Geist:
2. daß ich nicht lüge, wenn ich versichere, daß ich gresse Betrübniß, und beständige Herzensangst empfinde,	2. Daß ich grosse Traurigkeit und Schmerzen ohne Unterlaß in meinem Herzen habe.
3. ja, daß ich so gar wünschen möchte, daß der Untergang, und die Vertilgung (1), wozu von	3. Ich habe gewünschet, verbannet zu seyn von

(1) Ἀνάθεμα, verfluchet, verbannet. חרם, welches die LXX. Dollmetscher Ἀνάθεμα übersetzen, zeiget Personen, oder Sachen, an, welche zum Untergange, und zur Vertilgung, bestimmet waren. Das jüdische Volk war nunmehr (in wie weit es Christum verwarf), ein Anathema, und zur Vertilgung bestimmet. S. Paulus spricht, um seine Liebe gegen dasselbe auszudrücken, daß er wünschen möchte, um sie davon zu retten, selbst ein Anathema, und vertilget zu werden.

von Christo für meine Brüder, die meine Gefreunde sind nach dem Fleisch:

4. Die da sind von Israel, welchen gehöret die Kindschaft, und die Herrlichkeit, und der Bund, und das Gesetz, und der Gottesdienst, und die Verheissung;

5. Wel-

von Christo meine Brüder, die Juden, bestimmet sind, wenn sie dadurch vom Verderben könnten gerettet werden, an mir vollzogen würde, statt dieser meiner Anverwandten nach dem Fleische;

4. welche Israeliten sind, ein Volk, das folgender ihm eigenen Vorrechte gewürdigt worden ist (*); als, der Annehmung an Kindes statt, wodurch sie auf eine besondere Art GOttes Kinder (2) waren; der Herrlichkeit (3) der unter ihnen sich offenbarenden Gegenwart GOttes; der Bündnisse (4), die zwischen ihnen, und dem grossen GOtte Himmels, und der Erden, geschlossen waren; des Sittengesetzes (5), und auch einer besondern bürgerlichen Verfassung;

einer

(*) Welche Israeliten sind, oder von Israel, der diesen Namen wegen seines Glaubens bekommen hat, abstammen, und nicht von Esau oder sonst Jemand. Dieß ist schon ein Vorzug des jüdischen Volkes vor andern Völkern, die in den spätern Zeiten, so wie die Edomiter, sich ebenfalls zur jüdischen Religion bekannten. Locke hätte also diese Worte nicht bloß als den Uebergang zur Erzählung der Vorzüge der Juden, sondern als einen eigentlichen, und besondern, Vorzug derselben in seiner Umschreibung anzeigen, und darauf fortfahren sollen: welche von GOtt zu Kindern angenommen worden; welche u. s. w.

(2) Kindschaft, 2 B. Mos. IV. 22. Jerem. XXXI. 9.

(3) Herrlichkeit. Diese offenbarte sich unter den Israeliten durch einen ungemein hellen Glanz aus einer Wolke (a). Einige Stellen, die derselben erwähnen, sind folgende: 2 B. Mos. XIII. 21. 3 B. Mos. IX. 6. XXIII. 24. 4 B. Mos. XVI. 42. 2 Chron. VII. 1–3. Ezech. X. 4. XLIII. 2. 3. verglichen mit Cap. I. 4. 28.

(a) Es führet diesen Namen auch die Bundeslade. S. 1 Sam. IV. 21. Ps. LXIII. 3.

(4) Die Bündnisse, s. 1 B. Mos. XVII. 4. 2 B. Mos. XXXIV. 27. (a).

(a) Auch der neue, ewige, Bund ist hier nicht zu vergessen. Ezech. XVI. 60. XXXVII. 26. XXXIV. 25.

(5) Νομοθεσία, die Gesetzgebung, mag entweder die von GOtt selbst geschehene ausserordentliche Verkündigung des Gesetzes, oder die genau eingerichtete, und durch den sittlichen, und politischen, Theil des Gesetzes bestimmte, Verfassung der Juden bedeuten (denn, das folgende Wort λατρεία, Gottesdienst, scheinet ihre gottesdienstliche Verfassung anzuzeigen): so ist gewiß, daß in beyderley Verstande dieß ein besonderes Vorrecht der Juden war, dessen sich kein anderes Volk rühmen konnte.

einer von GOtt selbst vorgeschriebenen Art des Gottesdienstes; und aller Verheisungen des alten Testamentes;

5. welche die Patriarchen, denen die Verheissungen gegeben worden, zu ihren Voreltern (6) haben, und von welchen, was die fleischliche Herkunft betrift, Christus abstammet, er, der GOtt über alles, gelobet in Ewigkeit, ist. Amen.

6. Ich bedaure mein Volk, daß es den verheissenen Messias nun, da er gekommen ist, nicht annimmt, und erzähle deswegen die grossen Vorzüge, die es vor andern Völkern von GOtt erlanget hat: allein, ich sage dieß nicht in der Meynung, als ob es möglich wäre, daß die göttliche Verheissung unerfüllet bleiben, und ohne Wirkung (7) seyn sollte (*). Denn, man muß, um die Verheissung recht zu verstehen, merken, daß nicht die einzigen Nachkommen Jacobs, oder Israels, das ganze Volk Israel (8), oder das in der Verheissung verstandene Volk GOttes, ausmachen.

7. Auch

5. Welcher auch sind die Väter, aus welchen Christus herkommt nach dem Fleisch, der da ist GOtt über alles, gelobet in Ewigkeit. Amen.

6. Aber nicht sage ich solches, daß GOttes Wort darum aus sey. Denn, es sind nicht alle Israeliter, die von Israel sind.

7. Auch

(6) Voreltern; wer diese waren, s. 2 B. Mos. III. 6. 16. Apost. Gesch. VII. 32.

(7) S. Cap. III. 3. Das Wort GOttes ist hier so viel, als die Verheissung, s. V. 9.

(*) Aus sey. ἐκπέπτωκεν drücket das hebräische נָפַל aus, welches in dieser Construction so viel anzeiget, als unkräftig werden, unerfüllet bleiben. S. Josua XXI. 45. 1 Sam. III. 19.

(8) S. Cap. IV. 16. S. Paulus nimmt hieraus einen Beweis, daß die göttliche Verheissung nicht unerfüllt geblieben sey, ungeacht das jüdische Volk, nach seinem grossen Haufen betrachtet, JEsum Christum verworfen habe, und deswegen wiederum von GOtt, daß es nicht mehr sein Volk seyn sollte, verworfen worden sey. Die Ursache, welche er angiebt, ist diese, daß nicht die einzigen Nachkommen Jacobs, oder Israels, diejenigen seyen, welche das Volk Israel, oder das auserwählte Volk GOttes, ausmachen, welches die dem Abraham geschehene Verheissung angehe (a); daß zu diesem Israel, ausser Jacobs Nachkommen, noch andere gezählet werden müßten, die GOttes Volck unter dem Evangelio ausmachten; und daß die Berufung, und Annehmung, der Heyden die Erfüllung dieser Verheissung sey.

7. Auch nicht alle, die Abrahams Saamen sind, sind darum auch Kinder; sondern in Jsaac soll dir der Saame genennet seyn.	7. Auch sind nicht alle, die Abrahams Nachkommen sind, deswegen Abrahams Kinder; sondern es sind dieß allein die Nachkommen Jsaacs; wie gesaget ist: in Jsaac soll dir der Saame genennet seyn.
8. Das ist, nicht sind das GOttes Kinder, die nach dem Fleisch Kinder sind:	8. Das ist, nicht die Kinder, welche fleischlicher Weise aus Abrahams Lenden kommen, sind deswegen Kinder GOttes (9), und für sein

 Volk

sey. Hiezu setzt er in dem folgenden Verse, daß auch nicht alle Nachkommen Abrahams in der Verheissung begriffen seyen; weil weder diejenigen, die zur Zeit des Messias unter das Jsrael GOttes aufgenommen worden, als natürliche Nachkommen Abrahams, dazu gehörten, noch sich das ganze jüdische Volk dieselbe zueignen könnte. Dieß beweiset er daher, daß die dem Saamen Abrahams geschehene Verheissung auf den einzigen Jsaac ist eingeschränket worden. Alles dieses aber thut er darum, damit er zeige, auch die Heyden, wenn sie glauben, hätten zu dieser Verheissung Recht; weil dieselbe nicht allein die natürlichen Nachkommen Abrahams, oder Jacobs, sondern alle diejenigen angehet, die ihres Vaters Abrahams Glauben haben, sie mögen herkommen, von wem sie wollen, s. Cap. IV. 11–17.

(a) Locke verstellet gewisser massen den Sinn Pauli, welcher nicht saget, daß nicht die einzigen Nachkommen Jacobs das wahre Jsrael ausmachen, sondern umgekehrt, daß nicht alle Nachkommen Jacobs zum Volke Jsrael gehören. Wie sich Locke ausdrückt, so begreift Jsrael alle Nachkommen Jacobs in sich, und nebst denselben noch andere. Das erste ist aber offenbar falsch; da der Apostel deutlich saget: nicht alle, die von Jacob abstammen, gehörten zum Volke Jsrael. Es kommt hier, wie unser Paraphrast am Ende seiner Anmerkung recht erinnert, auf den Glauben an. Wer diesen hat, um welches willen Abraham, und Jacob, die Verheissung, und auch die Namen Abraham, und Jsrael, bekommen haben, der ist Abrahams, und Jsraels, Sohn, er mag von ihnen, oder von Jemand anders, herkommen. Man kann also die letzten Worte der Umschreibung so verbessern, daß man statt der Worte: daß nicht die einzigen Nachkommen —— setzet: daß nicht alle Nachkommen Jacobs, oder Jsraels, das Volk u. s. w. So ist der erste Grund deutlich, den ich oben in der Einleitung angezeiget habe.

(9) GOttes Kinder, d. i. GOttes Volk. S. V. 26. (a).

(a) Diese Anmerkung ist unrichtig. GOttes Kinder und GOttes Volk sind in der heiligen Schrift im genauen Verstande nicht völlig eins; z. E. das ganze jüdische Volk war im alten Testamente GOttes Volk, aber nicht alle Juden waren GOttes Kinder. Paulus saget also in der That mehr, als die lockische Erklärung lehret. Er saget nicht nur, daß die fleischliche Abstammung keinem Volke das Recht gebe, GOttes Volk zu seyn, sondern auch, daß deswegen Niemand GOttes Kind sey, weil er von Abraham, Jsaac, und Jacob abstamme.

Er

Volk anzusehen: sondern die Kinder der Verheissung, dergleichen Isaac war, werden allein
für Abrahams Saamen gerechnet.

sind: sondern die Kinder
der Verheissung werden
für Saamen gerechnet.

9. Denn, so lautet das Wort der Verheissung: um diese Zeit will ich kommen, und
Sarah soll einen Sohn haben.

9. Denn, dieß ist ein
Wort der Verheissung,
da er spricht: Um diese
Zeit will ich kommen,
und Sarah soll einen
Sohn haben.

10. Auch ist dieß nicht die einzige Einschränkung von Abrahams Saamen, den die Verheissung angehet, sondern auch, als Rebecca
von dem einzigen, der aus Abrahams Nachkommen die Verheissung hatte, nämlich von unserm Vater Isaac, schwanger war,
11. und von diesem einzigen Vater Zwillinge
trug, und die Kinder noch nicht gebohren waren,
und weder Gutes (10), noch Böses, gethan
hatten.

10. Nicht allein aber
ists mit dem also, sondern
auch, da Rebecca von dem
einigen Isaac, unserm
Vater, schwanger ward;
11. Ehe die Kinder ge-
bohren waren, und weder
Gutes, noch Böses, ge-
than

Er redet also von einzelnen Personen, und nicht von ganzen Völkerschaften, wie sich Locke einbildet. Ein jeder Glaubiger ist GOttes Kind: GOttes Volk aber bestehet nicht aus lauter Kindern GOttes.

(10) **Und weder Gutes, noch Böses, gethan hatten.** Diese Worte hat S. Paulus den vorhergehenden, die schon an und für sich einen vollen Verstand haben, wohl deswegen beygesetzet, damit er desto nachdrücklicher einem Einwurfe der Juden begegnete, welche etwa sagen mochten, Esau sey deswegen verworfen worden, weil er gottlos war, so wie sie von Ismael sagten, er sey verworfen worden, weil seine Mutter eine Sclavinn war (a).

(a) Dieß ist auf jüdische Einwürfe ganz gut geantwortet, aber deswegen der Sache keine Genüge gethan. Locke hat in der Einleitung zu diesem Abschnitte, in Ansehung des gegenwärtigen Beyspieles, schon so geredet, daß aus seinen Ausdrücken seine Neigung zu einem unbedingten Rathschlusse, wenigstens im Zeitlichen, sich schlüssen läßt: und in obenstehender Umschreibung redet er nicht vorsichtiger. Denn, was ist der eigene Vorsatz, und das Wohlgefallen GOttes? was ist die Vorherbestimmung seiner eigenen Wahl, anders; wenn GOtt in seiner Wahl bey dem Menschen auf gar nichts siehet? ja, wie findet bey GOtt eine Wahl statt, wenn die Menschen, die er wählet, in allen Stücken einander völlig gleich sind? Freylich ist hier keine Wahl nach Verdienst, und Werken: denn, sie sind allzumal Sünder. Allein, es ist doch eine Wahl nach dem Verhalten des Menschen gegen die von GOtt gemachte Gnadenordnung. Ismael war ein Spötter, und weltlich gesinneter Mensch, 1 B. Mos. XXI. 9. denn, er war ein wilder Mensch, 1 B. Mos. XVI. 12. Hier ist nicht der Glaube,

der

than hatten, auf daß der Vorsatz GOttes bestünde nach der Wahl; ward zu ihr gesagt,

12. Nicht aus Verdienst der Werke, sondern aus Gnade des Berufers, also: Der grössere soll dienstbar werden dem Kleinern.

hatten, so verfuhr GOtt, um zu zeigen, daß es bloß auf seinen eigenen Vorsatz, und Wohlgefallen, und auf Niemands Werke, oder Verdienst, ankäme, wenn er ein Geschlecht; oder einen Stamm von Menschen, zu seinem besondern Volke macht, wählet, und rufet; GOtt verfuhr, sage ich, in diesem Falle mit Jacob und Esau nach der Vorherbestimmung seiner eigenen Wahl;

12. und es wurde ihr erkläret, daß zwey Völker (11) in ihrem Leibe wären, und die Nachkommen des ältern Bruders den Nachkommen des jüngern dienen sollten,

der Abraham zur Gerechtigkeit gerechnet wurde. Esau aber verachtete offenbar die göttlichen Verheissungen; und mochte sie nicht haben, 1 B. Mos. XXV. 32–34. Ebr. XII. 16. Konnte GOtt, da er nach seiner Allwissenheit dieß voraus sahe, diese Menschen zu Erben seiner Verheissung wählen? Würden sie darauf gehoffet haben? Er sahe dieß voraus, ehe sie gebohren waren, und ehe sie Gutes, oder Böses, gethan hatten, und wählete sie nicht; nicht, daß er sie dadurch vom ewigen Leben ausgeschlossen hätte, sondern er wählete sie nicht zu Stammvätern des verheissenen Messias. Sein Vorsatz, sein Wohlgefallen, seine eigene Wahl, war also weise, und gut. Dieß will in unserer Stelle Paulus sagen, und lehren, daß GOtt mit seiner Gnade an keinen Stamm, an kein Geschlecht, ja nicht einmal an die Kinder seiner Auserwählten, z. E. des Abrahams, gebunden sey. Sein Vorsatz, und gnädiges Wohlgefallen, ist, daß diejenigen, welche im alten, und neuen, Testamente glauben, selig werden sollen. Er siehet diejenigen voraus, welche glauben, oder nicht glauben, werden. Er wählet sie also, oder wählet sie nicht. Auf diese Weise bestehet sein Vorsatz nach der Wahl, d. i. er machet eine Ordnung, und wählet die, sowohl zu zeitlichen Vorzügen, als zum ewigen Leben, die sich darein schicken; und er weiß es von Ewigkeit voraus, welche sich darein schicken werden. Dergestalt fallen freylich die Werke weg, worauf die Juden zu Pauli Zeiten trotzten, und worauf sie noch trotzen; es bleibet die Erwählung der Menschen ein Vorsatz GOttes nach der Wahl: allein, es ist kein unbedingter Rathschluß. GOtt machet nach seinem Vorsatze die Bedingung: und er kann sie machen. Von dem Menschen werden, sie zu erfüllen, keine Werke erfordert: er soll nur der Gnade, die an ihm arbeitet, nicht widerstehen.

(11) S. 1 B. Mos. XXV. 23. Es wird hier bloß von ganzen Völkern gesagt, daß der grössere dem kleinern dienen soll, nicht aber von einzelnen Personen. Denn, in dem letztern Verstande wäre es nicht wahr. Hieraus ist klar, daß die Worte des 13ten Verses:

13. wie geschrieben stehet: Jacob habe ich geliebet (12), [so daß ich seine Nachkommen zu meinem auserwählten Volke machte] und Esau habe ich ihm so weit nachgesetzet (13), daß ich sein Gebirge, und Erbe, öde gemachet habe (14).

14. Was wollen wir also sagen? Ist GOtt ungerecht, daß er nach seinem (weisen und heiligen) Wohlgefallen sich ein Volk vor dem andern wählet? Das sey ferne!

15. Meine Brüder, dergleichen können die Juden selbst nicht behaupten; denn sie lesen selber in Mose (15), daß GOtt erkläret, demjenigen

13. Wie denn geschrieben stehet: Jacob habe ich geliebet, aber Esau habe ich gehasset.

14. Was wollen wir denn hie sagen? Ist denn GOtt ungerecht? Das sey ferne!

15. Denn, er spricht zu Mose: welchem ich gnädig bin, dem bin ich gnädig;

(12) Jacob habe ich geliebet, aber Esau habe ich gehasset, von dem ganzen Volke erkläret werden müssen, und den Vorzug anzeigen, welchen GOtt einem dieser Völker, vor dem andern, in dem Besitze des verheissenen Landes gegeben hat (a). Was diese Liebe GOttes war, kann man 5 B. Mos. VII. 6-8. sehen.

(a) Man kann hinzu setzen, daß in der angezogenen Stelle nur von zeitlichen Vorzügen, nicht aber von der Wahl, oder Verwerfung, in Ansehung eines künftigen Zustandes geredet wird. Denn, Gebirge und Erbe öde machen, sind nur zeitliche Strafen. Die Liebe gegen Jacob muß sich also ebenfalls hauptsächlich, so wie sie Malach. I. 2. 3. beschrieben wird, in zeitlichen Vortheilen äusern; und dazu nicht einmal die Wahl der Nachkommen Jacobs zum Volke GOttes, wie von Locken geschehen, gerechnet werden.

(13) Gehasset. Wenn dieß Wort in der heiligen Schrift, wie oft geschiehet, vergleichungsweise gebrauchet wird, so bedeutet es weiter nichts, als: weniger Hochachtung, und Liebe, für Jemand haben. Ich brauche hievon nur das einzige Exempel Luc. XIV. 26. anzuführen (a).

(a) Es gehöret auch hieher 5 B. Mos. XXI. 15.

(14) Vom 7ten bis zu diesem 13ten Verse beweiset S. Paulus den Juden, daß zwar die göttliche Verheissung Abraham, und seinem Saamen, geschehen sey, aber gleichwohl nicht die ganze (natürliche) Nachkommenschaft Abrahams angehe, weil GOtt zuerst Isaac, und dessen Nachkommen wählete, und hernach wieder beym Isaac, der nur einer von Abrahams Söhnen war, als Rebecca Zwillinge gebahr, nach seinem gnädigen Wohlgefallen (wornach er auf den Glauben sahe), den jüngern Bruder Jacob, und seine Nachkommenschaft, zu seinem besondern Volke, und zu Erben des verheissenen Landes, machte.

(15) S. 2 B. Mos. XXXIII. 19. Man siehet leicht, daß der Apostel, da er hier gegen die Juden beweiset, daß GOtt nicht ungerecht handle, wenn er sie verwirft, daß sie nicht sein Volk seyn sollen (besser: wenn er sich mit seiner Gnade nicht an die natürli-

gnädig; und welches ich mich erbarme, des erbarme ich mich.

16. So

jenigen gnädig zu seyn, welchem er gnädig seyn wolle, und dem Barmherzigkeit zu erzeigen, welchem er solche erzeigen wolle (*).

16. Also

natürlichen Nachkommen Abrahams, bindet), sich dreyerley Gattungen Gründe bediene. Die erste ist das Zeugniß Mosis, da sich GOtt selbst dieses als ein Majestätsrecht zuschreibet (a); und dieß war genug, den Juden den Mund zu stopfen. Die zwote Gattung ist aus der Vernunft genommen, V. 19–24; und die dritte aus seiner den Juden gethanenen Vorherkündigung, und deswegen zuvor gegebenen Warnung, V. 25–29. Wir wollen davon an seinem Orte reden.

(a) Es kommt auf den Verstand des mosaischen Zeugnisses an; und wenn diesen Locke nicht getroffen hat, so ist alles vergeblich, was er darinnen von dem göttlichen Majestätsrechte suchet. Dieß Majestätsrecht ist ein Schall ohne Sinn, wenn es ein Wollen ohne Gütigkeit, ein Erbarmen ohne Weisheit, anzeiget; es enthält auch keine hinlängliche Antwort auf den V. 14. aus den bisherigen Beyspielen gezogenen Einwurf: Ist denn GOtt ungerecht? Denn, wie schicket sich dieß: das sey ferne! Denn, er spricht zu Mose: Wem ich gnädig bin, dem bin ich gnädig ——. Das ist eben die Frage: warum ist GOtt diesem, und nicht jenem, gnädig? Allein,

(*) die angeführte Stelle hat einen ganz andern Sinn; und es muß solchen der Zusammenhang der mosaischen Erzählung lehren. Israel hatte sich durch die Abgötterey mit dem gegossenen Kalbe versündigt, und Moses 2 B. Mos. XXXII. 31. 32. für das Volk gebethen. Er bath nochmals für dasselbe, 2 B. Mos. XXXIII. 12. u. ff. und erhielt V. 14. und 17. die gnädige Verheissung, daß das Angesicht des HErrn mit ihm, und dem Volke gehen, und ihn leiten sollte. Voller Freude über dieses Versprechen bath er V. 18: so laß mich deine Herrlichkeit sehen. Auf diese grosse Bitte, die nicht mehr das Volk, sondern Mosen selbst, betrift, erhält er die Antwort, die V. 19--23. stehet. Natürlich muß also diese auch Mosen, und nicht das Volk, angehen. Denn, wegen des Volkes hatte er seine Absicht V. 17. bereits erhalten. Nun bittet er für sich, V. 18: so laß mich deine Herrlichkeit sehen, und GOtt antwortet: ich will vor deinem Angesicht her alle meine Güte gehen lassen, und will lassen predigen des HErrn Namen vor dir. Es wird ihm also hiemit ein Theil seiner Bitte gewähret, wie ein jeder siehet, der nur die deutschen Worte liest. Die Ursache dieser Erhörung wird in den unmittelbar folgenden Worten angegeben: Wem ich aber gnädig bin, dem bin ich gnädig, und wes ich mich erbarme, des erbarme ich mich. Das aber stehet nicht im Hebräischen, sondern das Bindewort und. Es enthalten also diese Worte nicht, wie es nach der deutschen Uebersetzung scheinet, einen allgemeinen Ausspruch (denn, dadurch würde der Zusammenhang unterbrochen, und er wäre auch in dieser Rede GOttes mit Mose überflüssig), sondern eine Fortsetzung der göttlichen Antwort, die man nach den grammatikalischen Regeln nur so übersetzen darf: und ich will ferner gnädig seyn, dem, welchem ich jetzo, und bisher, so gnädig gewesen bin, und ferner dem Liebe erzeigen, welchem ich sie jetzo, und bisher, erwiesen habe, d. i. ich habe dir bisher meine Gnade, und Liebe, bewiesen, da ich deine Fürbitte für ein sündiges Volk erhöret, da ich dir, mein Angesicht vor dir her zu senden, verheissen habe; ich will auf deine neue Bitte (V. 18.)

vor

16. Also konnte weder Isaacs Vorsatz, welcher dem Esau den Seegen bestimmte, und ihm, sich dazu gefaßt zu machen, befahl (16), noch Esaus Bemühung, der, um zu kommen, und solchen

16. So liegt es nun nicht an Jemands Wollen oder Laufen, sondern an GOttes Erbarmen.
17. Denn,

vor deinem Angesichte her alle meine Güte gehen lassen, —— und dir auch hierinnen neue Gnade, Liebe, und Erbarmung, beweisen. Hierauf schicket sich sehr wohl, was V. 20. stehet: Mein Angesicht kannst du nicht sehen, u. s. w. Dieser Theil der Bitte Mosis wird ihm abgeschlagen, dafür aber dasjenige, was in der ersten Hälfte des 19ten Verses stehet, ihm, als ein Beweis der ungemein grossen Gnade GOttes gegen ihn, zugesaget. Wo ist hier das von Locken in diesen Worten gesuchte göttliche Majestätsrecht? Paulus beantwortet vielmehr die V. 14. gemachte Frage: ist denn GOtt ungerecht? da er nämlich den Isaac dem Ismael, den Jacob dem Esau vorgezogen hat, er beantwortet sie, sage ich, also: Das sey ferne! Denn, er spricht zu Mose: Wem ich Gnade erzeiget habe, dem erzeige ich noch mehr Gnade, u. s. w. Seine Meynung ist also diese, GOtt sey gar nicht geneigt, Jemand seine Gnade zu entziehen, sondern vielmehr einem jeden immer neue Gnade im Zeitlichen, und Ewigen, im Geistlichen, und Leiblichen, zu erweisen, wie er an Mose augenscheinlich gethan, und ihm mit so vielen Worten versichert habe: nur müßten die Menschen auch solche annehmen, und sich in die göttliche Gnadenordnung schicken; wie Ismael und Esau nicht gethan hätten, und die Juden noch nicht thäten.

(16) Wollen, oder Laufen, wenn man es mit dem Context zusammen hält, weiset uns deutlich auf die Geschichte 1 B. Mos. XXVII. wo wir V. 3–5. Isaacs Vorsatz, und Esaus Jagd, beschrieben lesen, und V. 28. worinnen der Seegen bestanden habe (a).

(a) Ich will zugeben, daß dieß Wollen und Laufen auf nichts, als auf die angeführte Geschichte, ziele: so ist daraus mehr das deutlich, was ich in der Einleitung zum Voraus von diesem Verse erinnert habe, als das, was aus Lockens zweydeutigen Redensarten gefolgert werden könnte. Isaac bestimmte dem Esau den Seegen, als seinem erstgebohrnen, als seinem geliebten, Sohne, von dem er sich wegen seiner Fertigkeit im Jagen, welches in den damaligen Zeiten die Verrichtung der Helden war, nichts, als Grosses, versprach, und den er deswegen zur Ererbung des Landes, worinnen er jetzt, als Fremdling, wohnte, für tüchtig achtete. Eitle Gedanken, die die göttlichen Gnadenverheissungen nach menschlichen Fähigkeiten bestimmen! Esau jagte, und bekam Wildpret: wird zum Erben der göttlichen Verheissung nur dieses erfordert? Es brauchts wohl keines Beweises, daß ihm die in der Verheissung enthaltene grosse Gnade nicht ertheilet werden konnte, und GOtt hier nicht nach seinem Majestätsrechte, und nach seiner unumschränkten Macht, verfuhr. Allein, es läßt sich der Inhalt dieses Verses noch deutlicher, und in genauerm Zusammenhange mit dem unmittelbar vorhergehenden, fassen. Laufen heißt nach der Sprache des alten Testamentes: sich um etwas sehr ernstlich, eifrig, und unabläßig bemühen: und so kann dieser Vers selbst mit dem vorhergehenden in der besten Verbindung stehen. Moses wollte nicht nur GOttes Angesicht sehen, sondern er bemühete sich auch aufs ernstlichste darum: allein, er konnte die Erfüllung dieser Bitte nicht ganz erhalten, ob ihm gleich ein Theil derselben gewähret wurde;

solchen zu erhalten, ein Wildpret jagte, diesem den Seegen erwerben; sondern die Gnade, in seinen Nachkommen ein grosses, und glückliches, Volk, das eigene Volk GOttes, und den Nachkommen seines Bruders vorgezogen zu werden, wurde dem Jacob aus lauter Güte, und göttlichem Wohlgefallen, ertheilet.

17. Denn, die Schrift sagt zu Pharao: Eben darum habe ich dich erwecket, daß ich an dir meine Macht erzeige; auf daß

17. Ein gleiches hat uns Moses von GOttes Verfahren mit Pharao, und seinen Unterthanen, den Aegyptern, aufgezeichnet. GOtt sagt zu ihm (17): **Eben zu dem Ende habe ich dich erwecket** (*), **daß ich an dir meine Macht**

und der HErr alle seine Güte vor seinem Angesichte hergehen ließ, und ihn in den V. 15. angeführten Worten auch seiner fernern Gnade versicherte. Aus diesem wichtigen Beyspiele schlüsset der Apostel, daß GOtt immer lieber Gnade, als Zorn, erzeige, daß sich aber die Art und Weise dieser Gnade, der Grad derselbigen, und die Mittel, zu derselbigen zu gelangen, nicht durch des Menschen Wollen, oder Bemühung, bestimmen lasse, sondern allein von GOttes Güte abhange. Kann Moses, der Knecht des HErrn, der in seinem ganzen Hause treu war, und mit dem GOtt, wie ein Mann mit seinem Freunde, redete, nicht gerade das, was er will, und wie er es will, erhalten: so dürfen sich dieses Ismael, und Esau, und die verstockten Juden, um so viel weniger einbilden. GOtt erzeiget allen Menschen Gnade: aber auf eine seiner Weisheit, Heiligkeit, und übrigen göttlichen Eigenschaften, gemässe, und anständige, Art; ihm stehet es zu, die Art, und Ordnung, dazu zu gelangen, zu bestimmen. Dieß ist, daß ich mich des lockischen Ausdruckes bediene, das göttliche Majestätsrecht. Wer sich in diese, von ihm geoffenbarte, Ordnung schicket, erhält Gnade: wer sich nicht darein schicket, erlanget mit allem Wollen, und Laufen, nichts. Was muß erst denen geschehen, die sich boshaft, wie die Juden, der angebothenen Gnade widersetzen? die sie hartnäckig von sich stossen? wenn sie auch noch so sehr sich bald ihres Vaters Abrahams, bald ihrer eingebildeten Gerechtigkeit aus den Werken, rühmen. Sie stürzen sich durch ihre Verstockung, wie Pharao, selbst ins Verderben.

(17) 2 B. Mos. IX. 16.

(*) Unsere Gottesgelehrten haben längstens angemerket, daß das hebräische העמדתיך nicht übersetzt werden dürfe: ich habe dich erwecket, sondern ich habe dich aufrecht, und lebendig, erhalten, daß du nämlich nicht in den bisherigen Plagen zu Grunde giengest; wie es denn auch die LXX. durch διετηρήθης, du bist erhalten worden, ausdrücken. Dieß voraus gesetzt, ist das, was GOtt an Pharao gethan hat, gar nicht, wie Locke meynet, demjenigen gleich, was mit Ismael und Esau vorgieng. Pharao gieng nach vielen erschröcklichen Plagen mit den Seinigen im rothen Meere zu Grunde; da bewies GOtt seine Macht an ihm, und sein Name

 wurde

Macht erzeigen, und mein Name auf der ganzen Erde berühmt werden möchte.

18. Damit also sein Name, und seine Macht, bekannt, und in der Welt gerühmet werde, so erzeiget er sich gegen ein Volk liebreich, und gütig (18), und läßt ein anderes in seinem Widerstande gegen ihn verstockt dahin gehen, damit man, wenn er solches durch ein ausserordentliches Unglück, und Verderben, das augenscheinlich aus der Hand seiner Vorsicht kommt, aufreibet, sehen, und erkennen möge, daß solches eine Wirkung seiner Widerspenstigkeit, so wie beym Phgrao, sey. Zu dem Ende ist er gütig, gegen wen er gütig seyn will, und läßt auch wieder, welche er will, seiner Langmuth sich so bedienen, daß sie ihn beständig hartnäckig zum Zorn reizen, und dadurch ein, andern zum Beyspiele dienendes, Verderben über sich bringen (19).

19. Hie-

daß mein Name verkündiget werde in allen Landen.

18 So erbarmet er sich nun, welches er will: und verstocket, welchen er will.

19. So

wurde in allen Landen verkündigt, indem diese Begebenheit weit und breit bekannt wurde. Ismael, und Esau, aber sind von GOtt weder durch Plagen heimgesuchet, noch auf eine schröckliche Art getödtet, sondern vielmehr gesegnet worden. Der ähnliche Fall, den Locke sich einbildet, ist also hier nicht; und der Eingang zu seiner Umschreibung dieses Verses überflüßig. Ich habe den Zusammenhang dieses Verses mit dem vorhergehenden schon gezeiget, und darf also nur eine neue Umschreibung liefern: Wer erst der göttlichen Gnade verstockt widerstehet, der stürzet sich selber ins Verderben, wie man am Pharao lernen kann. Denn, die Schrift saget zu Pharao: Eben darum habe ich dich unter den bisherigen Plagen noch immer erhalten, und nicht darinnen, wie du wohl verdienet hättest, zu Grunde gehen lkssen, daß ich an dir bewiese, wie ich Macht genug habe, auch die boshaftesten und hartnäckigsten Tyrannen zu strafen, auf daß u. s. w. Paulus sagt hier weder, daß GOtt den Pharao verstockt, noch daß er ihn zu seinem Untergange vorher bestimmet habe, sondern allein, daß Pharao ein schröckliches Beyspiel sey, wie GOtt auch die Boshaftesten, und Mächtigsten, die sich seinem Willen widersitzen, stürzen könne.

(18) Ἐλεεῖ, er erbarmet sich. Daß durch dieß Wort weiter nichts, als GOttes Gütigkeit angezeiget werde, wodurch er ein Volk vor dem andern äusserlich groß, und mächtig, machet, und beschützet, ist aus den drey vorhergehenden Versen klar.

(19) Verstocket. Daß GOttes Verstocken, wovon hier die Rede ist, das sey, was wir in der Umschreibung erkläret haben, ist aus dem V. 17. vorkommenden

Beyspiele

19. So sagest du zu mir: was schuldiget er denn uns? Wer kann seinem Willen widerstehen?

20. Ja, lieber Mensch, wer bist du denn, daß du mit GOtt rechten willst? Spricht

19. Hiegegen möchte Jemand einwenden: warum tadelt er also uns? Denn, wer hat jemals seinem Willen widerstehen können (*)?

20. Dieß sagest du in der That? Wer bist du denn, o Mensch, der du also mit GOtt disputirest? Dürfen die Völker (20), die groß, oder

Hh 2

Beyspiele des Pharao deutlich; und kann in dessen Geschichte 2 B. Mos. VII–XIV. gesehen werden. Sie verdienet, daß man sie zu besserm Verstande dieser Stelle lese. Man kann auch den 22sten Vers nachsehen (a).

(a) Es ist hier nicht einmal nöthig, an eine eigentliche Verstockung zu denken; und das Erbarmen, so wie es Locke in der vorhergehenden Anmerkung erkläret hat, kann das Verstocken nicht zum Gegensatze haben, wohl aber die Entziehung der göttlichen Gnade in Ertheilung äuserlicher Vorzüge. In diesem Verstande kommt das hier befindliche σκληρύνειν bey den LXX. vor, 1 Sam. V. 5. 2 Chron. X. 4. Hiob XXXIX. 16. 19. und heisset so viel, als, einem hart begegnen. Noch weniger ist dieß nöthig, wenn man diesen Vers, wie ich in der Einleitung bemerket habe, als den Anfang des V. 19. befindlichen jüdischen Einwurfes ansiehet, und so erkläret, daß der Apostel einen Gegner redend einführet, der aus V. 15. 16. 17. einen falschen Schluß ziehet. Denn, auf einen Einwurf kommt er nunmehr, wie der 19te, und die folgenden, Verse unläugbar zeigen. Was hindert es nun, daß dieser Einwurf nicht schon V. 18. anfange; da sich doch durchaus nicht behaupten läßt, daß GOtt nach einem blossen, und unbedingten, Wollen, auch nur im Zeitlichen, mit dem einen gnädig, und mit dem andern härter, verfahre; da die Schrift dieses nirgends lehret, und selbst das angeführte Beyspiel des Pharao, der die göttlichen Strafen überflüssig verdienet hatte, das Gegentheil zeiget; da endlich Paulus V. 22. und 23. dieses ausdrücklich widerleget? Ein Gegner aber kann so aus dem Beyspiele Mosis V. 15. und Pharaonis schlüssen. So ist die weitläuftige lockische Umschreibung unnöthig, und eine kürzere kann an ihrer Stelle den Sinn weit deutlicher ausdrücken: Also, möchte Jemand sagen, erzeiget er sich, gegen wen er will, gnädig, und, gegen wen er will, ungnädig. Im 19ten Verse wird dieser Einwurf fortgesetzt: also, wirst du zu mir sagen, u. s. w.

(*) Man kann kürzer so umschreiben: also, wirst du weiter zu mir sagen: warum misset er noch immer uns die Schuld bey? Wer kann doch seinen Willen widerstehen?

(20) Hier zeiget S. Paulus, daß die Völker der Welt, über welche GOtt weit mehr Recht, und Gewalt, als der Töpfer über seinen Thon hat, nach dessen Wohlgefallen entweder groß, und herrlich, oder gering, und verächtlich, gemachet werden können, ohne deswegen seine Gerechtigkeit in Zweifel zu ziehen (a). Daß er hier von ganzen Völkern, und nicht von einzelnen Personen in Ansehung ihres ewigen Zustandes, rede, ist deutlich, nicht allein aus dem Anfange dieses Capitels, wo er seine

oder klein, gemachet, dürfen die Königreiche, die erhöhet, oder erniedriget, werden, zu demjenigen, in dessen Händen sie sind, daß er, wie
er

Spricht auch ein Werk zu seinem Meister: warum machst du mich also?
21. Hat

seine Bekümmerniß ausdrücket, daß die Juden verworfen, und nicht mehr GOttes Volk seyn sollen, und Isaacs, Jacobs und Esaus, und Pharaons, Beyspiele anführt: sondern es erhellet auch sehr klar aus dem unmittelbar folgenden Verse, wo er unter den Gefässen des Zorns, die da zugerichtet sind zum Verderben, offenbar das jüdische Volk (b) verstehet, das nunmehr reif, und zu dem Verderben, worein es gerathen sollte, fertig worden war. Eben so verstehet er unter den Gefässen der Barmherzigkeit die christliche Kirche, die aus einem kleinen Haufen bekehrter Juden, und übrigens aus Heyden, gesammelt war, welche zusammen genommen künftighin, statt des verworfenen jüdischen Volkes, das Volk GOttes seyn sollten; wie man aus dem 24sten Verse siehet. Der Sinn dieser Verse ist folgender: „Wie darfst du, „o Mensch, von GOtt Rechenschaft fordern, und an seiner Gerechtigkeit zweifeln, „wenn er sein ehemaliges Volk, die Juden, verwirft? Was ist es, wenn sich GOtt „entschlüßt, dieses sündliche Volk zu strafen, und so zu strafen, daß dadurch seine „Macht erkannt, und geoffenbaret werde: (denn, warum hat er es nicht, wie den „Pharao, und die Aegypter, zu diesem Endzwecke erwecken können (c)?) was ist es, „sage ich, wenn er mit demselben eine lange Zeit, selbst nachdem es seinen Zorn „verdienet hatte, wie mit Pharao, Geduld getragen hat, damit seine Hand in „dessen Untergange auf eine desto herrlichere Weise sichtbar werde; und damit zu„gleich seine Güte, und Barmherzigkeit, gegen die Heyden, die er, nach seinem „Vorsatze, in den herrlichen Zustand, sein Volk unter dem Evangelio zu werden, „versetzen will, sich desto überschwenglicher offenbare“?

(a) Wenn GOtt nämlich mit ihnen, nach seiner unumschränkten Macht über sie, verfahren wollte. Die Schrift saget aber nirgends, daß er dieses thue, sondern führet vielmehr allemal, wenn sie eines recht schröcklichen Unterganges eines Volkes Meldung thut, dessen übermachte Sünden, als die Ursache, an, z.E. 1 B. Mos. XV. 16. Amos I. und II. u. d. g. Man kann auch nicht einmal mit der lockischen Umschreibung des 18ten Verses sich vorstellen, daß er die Völker nur so in ihrem Widerstande gegen ihn verstockt dahin gehen lasse; denn, die Propheten sind gar zu voll von Strafpredigten, und Warnungen, gegen sündliche Völker, die nicht zur Kirche des alten Testamentes gehörten. Was kann dieß, statt aller Beyspiele, deutlicher lehren, als das Beyspiel der Stadt Ninive? GOtt ließ ihr durch Jonam Busse predigen; er verschonte ihrer nach gethaner Busse, und sagte Jonä IV. 11. daß sie ihn jammere. Endlich wurde ihr, bey neuen Sünden, und neuer Unbußfertigkeit, aufs neue durch den Propheten Nahum der Untergang verkündigt: und sie gieng endlich zu Grunde, und erfüllte die Weissagung durch ihr Verderben. Man siehet also hier nicht die geringste Spur, daß GOtt, auch nur im Zeitlichen, mit Ländern, und Völkern, wie der Töpfer mit seinem Thon, verfahre. Ueberhaupt redet Paulus in diesem Verse gar nicht von Ländern, und Völkern; sondern Locke leget hier, statt des Textes, seine Umschreibung zu Grunde, die er weislich so eingerichtet hat, daß er daraus, was ihm gefället, beweisen kann. Paulus sagt: So wie der Töpfer aus dem Thon, was für ein Gefäß er will, machen kann; so könnte es auch GOtt mit den Menschen machen.

b) Er

er will, mit ihnen umgehen kann, sprechen: warum hast du uns also gemacht?

21. Hat nicht ein Töpfer Macht, aus einem Klumpen zu machen ein Faß zu

21. Hat nicht der Töpfer Macht, daß er aus dem nämlichen Klumpen Thon ein Gefäß zur Ehre, und ein anderes zur Unehre, machet (21)? 22. Was

(b) Er verstehet das jüdische Volk nur nach Lockens angenommener Meynung. Denn, einmal redet er überhaupt von Gefässen des Zorns, ohne Jemand besonders zu nennen, daß man also Gefässe aus Juden, und Heyden, darunter verstehen kann, und gewiß den Pharao zu diesen Gefässen zählen muß. Sodenn sind die Gefässe des Zorns den Gefässen der Barmherzigkeit entgegen gesetzt. Nun sind die letztern, selbst nach Lockens Erklärung, aus Juden, und Heyden: warum sollen es nicht auch die ersten seyn?

(c) Daß Pharao nicht zu so einem unseligen Endzwecke erweckt worden sey, ist schon in der Anmerkung über den 17ten Vers widerleget worden. Es ist also der aus Pharaons Exempel gezogene Schluß falsch, daß GOtt die Juden zu gleicher Absicht habe erwecken können: und folglich hat Locke den Sinn der angezeigten Verse nicht getroffen. Sie haben den Verstand: du solltest, o Mensch, gar nicht so, wie der vorhergehende Einwurf lautet, disputiren, sondern mit allem, was dir GOtt giebt, zufrieden seyn, da du in Absicht seiner nicht besser, als der Thon in der Hand des Töpfers, bist; GOtt hat dir eine Gnadenordnung gegeben, und läßt dir darinnen Gnade anbiethen; ergreife die Gnade, und murre nicht, daß sie GOtt so, und nicht anders, austheilet: schlüsse nicht, weil du so viele siehest, die sich derselben selbst unwürdig machen, GOtt wolle ihnen keine Gnade erzeigen, und er sey an ihrem Verderben Schuld. Er hätte volles Recht, mit Menschen, so wie der Töpfer mit dem Thon zu verfahren, und alle müßten sich es gefallen lassen, ob er sie glücklich, oder unglücklich, machte. Allein, damit ich dir doch deine thörichten Zweifel benehme, GOtt verfähret nicht so; wenn er will Zorn erzeigen —— so trägt er die Gefässe des Zorns mit grosser Geduld —, V. 22. Man kann diesemnach den gegenwärtigen Vers so umschreiben: Aber, o Mensch, wer bist du denn, daß du also mit GOtt rechtest? Spricht wohl das Gefäß zu seinem Töpfer, warum hast du mich also gemacht?

(21) Gefäß zur Ehre, und Gefäß zur Unehre, bedeutet ein Ding, das von seinem Meister zu einem rühmlichen, oder verächtlichen, Gebrauche bestimmt worden ist. Nun sehe ich nicht ein, warum es nicht eben sowohl Völker, als Personen, sowohl Ehre, und Glück, in dieser Welt, als ewige Seligkeit, und Herrlichkeit, oder Elend, und Strafen, in der zukünftigen soll anzeigen können. Nach der gesunden Vernunft muß dieser uneigentliche Ausdruck seinen Verstand aus dem Zusammenhange bekommen; und ich sehe nicht, was er uns für ein besonderes Recht giebt, die augenscheinliche Meynung der Stelle dahin zu verdrehen, wovon in derselben gar die Rede nicht ist. Dieß aber weiß ich gewiß, daß solches nicht nach dem gewöhnlichen Sprachgebrauche der heiligen Schrift geschehen kann. Hieraus könnte der Sinn des Apostels in diesen Worten deutlich genug seyn: allein, die Stelle Jerem. XVIII. 6. 7. woraus dieses

zu Ehren, und das andere zu Unehren?

22. Was hast du aber, o Jude, zu sagen, wenn GOtt, der seinen Zorn offenbaren, und in dessen Erfüllung seine Macht bekannt machen will, noch viele Geduld (22) mit dem sündigen jüdischen

22. Derhalben, da GOtt wellte Zorn erzeigen, und kund thun seine Macht, hat er mit grosser Geduld

dieses Beyspiel vom Töpfer genommen ist, zeiget ohne alle Widerrede, daß es bloß vom Zeitlichen handle, und allein von dem jüdischen Volke (a) gelte.

(a) Beym Jeremia ist richtig allein von den Juden die Rede. Daraus aber folget nicht, daß Paulus, gesetzt, daß er dieses Exempel völlig aus dem Jeremia genommen hätte, solches nicht in einem weitläuftigern Verstande auch auf andere Menschen anwenden könne. Man kann die Möglichkeit davon aus der Anmerkung c. über den vorhergehenden Vers sehen.

(22) Hat er mit grosser Geduld getragen. Unmittelbar nach dem Beyspiele vom Pharao, den GOtt, wie es heißt, erwecket hat, um an ihm seine Macht zu erzeigen, V. 17. wird V. 18. hinzu gesetzt: und verstocket (verfähret hart mit) welchen er will, offenbar in Rücksicht auf die Begebenheit des Pharao, von welchem es heisset, daß er sich selbst verstocket habe, und wiederum, daß ihn GOtt verstocket habe, wie man 2 B. Mos. VII. 3. 22. 23. und VIII. 15. 32. und IX. 7. 12. 34. und X. 1. 20. 27. und XI. 9. 10. und XIV. 5. sehen kann. Was GOtt für Antheil an der Verstockung Pharaons gehabt habe, wird in diesen Worten angezeigt: hat er mit grosser Geduld getragen (a). GOtt sendete Mosen zu Pharao mit Wundern; Pharaons Zauberer thaten auch dergleichen: und so ließ er sich nicht durch dieselben überzeugen. GOtt schickte Plagen über ihn; so lange eine Plage dauerte, war er weichherzig, und versprach, das Volk ziehen zu lassen: so bald aber GOtt die Plage von ihm nahm, so wurde er wieder verstockt, und weigerte sich; und so währete es beständig. Alles, was GOtt hier that, war, daß er durch sein Flehen, mit seiner schweren Hand von ihm abzulassen, sich erbitten ließ, mit der Strafe aufzuhören; und dieß war lauter Gnade, und Gütigkeit: allein, Pharao, und sein Volk, mißbrauchten diese göttliche Geduld, und Langmuth, dergestalt, daß sie sich so lange, je gütiger und gnädiger GOtt gegen sie war, nur desto mehr verhärteten, bis sie sich selbst das schrecklichste Verderben zuzogen, wobey GOttes Macht, und hohe Hand, augenscheinlich war. Dieß ihr Verhalten sahe GOtt vorher, und bediente sich also ihrer verstockten, und verkehrten, Gemüthsart (b) zu seiner Ehre, wie er es selbst erkläret 2 B. Mos. VII. 3–5. und VIII. 18. und IX. 14. 16. Nachdem der Apostel durch das Beyspiel der Macht, welche einem Töpfer über seinen Thon zukommt, bewiesen hat, daß GOtt, vermöge seines Eigenthums, und seiner unumschränkten Herrschaft, das Recht habe, welches Volk er will, zu erhöhen, oder zu erniedrigen, und, wie er es für gut findet, entweder ein Geschlecht zu besondern Gnaden, und zu seinem eigenen Volke, anzunehmen, oder zu verwerfen: so wendet er dieß in gegenwärtigem Verse auf die Sache, wovon er redet, nämlich auf die Verwerfung des jüdischen Volkes, an; und bedienet sich dabey solcher Ausdrücke, daß man deutlich siehet, wie er zwischen GOttes Verfahren mit diesem Volke, und ehehin mit den Aegyptern V. 17. eine Vergleichung anstelle.

Geduld getragen die Gefässe des Zorns, die da zugerichtet

jüdischen Volke, und sogar noch zu der Zeit träget, da es der eigentliche Gegenstand seines Zornes,

ausstelle. Diese Geschichte kann also unsern Vers am besten erklären, und ihm einen völligen Verstand geben. Denn, es klinget einigermassen fremde, wenn S. Paulus schlüsset: GOtt hat, um seinen Zorn zu beweisen; diejenigen, die ihn verdienet haben, und zum Verderben bereitet worden sind, mit grosser Geduld getragen (c). Allein, wer im 2ten Buche Mosis GOttes Verfahren mit Pharao, und den Aegyptern, liest, und bedenket, wie GOtt ein Verbrechen nach dem andern übersahe, und diejenigen, die schon durch ihre erste Weigerung, ja, durch ihre ehemalige Grausamkeit, und Unterdrückung der Israeliten, seinen Zorn verdienet hatten, und zum Verderben zugerichtet waren, mit Geduld trug, damit er durch eine desto merkwürdigere Bestrafung der Aegypter, und eine desto herrlichere Befreyung der Israeliten, seine Macht beweisen, und bekannt machen möchte; der wird ohne Mühe den nachdrücklichen, und leichten, Verstand dieses, und des folgenden, Verses einsehen.

(a) Dieß ist nicht deutlich genug, obgleich so viel daraus erhellet, daß Locke, wie billig, GOtt durchaus nicht zur Ursache der Verstockung des Pharao wolle machen lassen. Es ist nicht zu läugnen, daß die Bibelübersetzungen mit klaren Worten zuweilen sagen, GOtt habe des Pharao Herz verhärtet. Allein, da sie wieder an andern Stellen eben so deutlich behaupten, daß Pharao selbst sein Herz verhärtet habe: so läßt sich leicht schlüssen, daß diese Uebersetzungen im ersten Falle sich wenigstens nicht deutlich genug ausdrücken müssen. Denn, GOtt kann bey keiner Sünde, und also auch nicht bey Pharaons Sünde, als die wirkende Ursache angegeben werden. Wenn also GOtt im 2ten Buche Mosis verschiedene Male sagt, daß er Pharaons Herz verhärten wolle, wie z. E. 2 B. Mos. VII. 3. so ist dieß im Hebräischen das Futurum, das eben nicht allemal bedeutet, daß man etwas thun wolle, sondern nur, daß etwas geschehen werde, die Ursache mag in dem Redenden, oder in einem andern, liegen. GOtt sagt also in dieser, und ähnlichen Stellen, nur voraus, was auf die von Mose zu verrichtenden Wunder folgen werde; nämlich, nur grössere Verstockung des Königes, nicht aber, daß er den König verstocken wolle. Er redet erklärungsweise (declarative); so wie z. E. ein Vater von einem ungerathenen Kinde sagen kann: ich will ihm Ernst zeigen, ich will es strafen, aber ich werde es damit nur verstockter machen; ohne deswegen seine Verstockung zur Absicht zu haben. Eben so wird alle Schwierigkeit wegfallen, wenn man 2 B. Mos. VII. 2. 3. so übersetzet: Du sollt reden alles, was ich dir gebiethen werde, aber Aaron, dein Bruder, solls vor Pharao reden, daß er die Kinder Israel aus seinem Lande lasse. Aber ich werde hiedurch Pharao Herz nur immer mehr verhärten, und nichts weiter ausrichten, als daß ich meiner Zeichen und Wunder viel thue in Aegyptenland. Man erkläre ähnliche Stellen auf ähnliche Weise.

(b) Dieß läßt sich auf keine Weise behaupten, daß sich GOtt der verstockten, und verkehrten, Gemüthsart der Aegypter zu seiner Ehre bedienet habe, ohne stillschweigend zu zu geben, daß er etwas unterlassen habe, wodurch er diesen verstockten Sinn hätte brechen können, und etwas gethan, wodurch er sie in der Verstockung erhielt. Er that vielmehr alles, was er thun konnte, um

Zornes, und dazu, daß er über dasselbe zu seinem Untergange ausbreche, geschickt ist;

23. da:

gerichtet sind zur Verdammniß:

23. Auf

um sie demüthig zu machen, und zu seiner Erkenntniß zu bringen. Je hartnäckiger sie wurden, desto schärfer strafte er sie; er ließ ihnen die Strafen allemal vorher ankündigen, damit sie ihn erkennen, und merken, sollten, daß er der Höchste im Himmel, und auf Erden, sey, und die Strafen von ihm kämen. Pharao aber setzte seine Verstockung so weit fort, daß schwer seyn wird, in der Geschichte eine grössere, und länger anhaltende, Hartnäckigkeit und Bosheit zu finden. GOtt stürzete ihn mitten ins Meer, 2 B. Mos. XIV. 27. und bewies dadurch seine Macht, daß er auch die mächtigsten, und grössesten, Bösewichter zu Grunde richten kann. Wie läßt sich hier sagen, daß er sich der verstockten Gemüthsart der Aegypter zu seiner Ehre bedienet habe?

(c) Eigentlich saget auch dieß S. Paulus nicht; sondern dieser Vers enthält nunmehr erst die rechte Antwort auf den V. 18. und 19. befindlichen Einwurf. Paulus hat V. 20. und 21. gezeiget, daß GOtt, wenn er wollte, gar wohl mit dem Menschen, wie der Töpfer mit dem Thone, verfahren könnte. Nun zeiget er V. 22. u. ff. daß er dieses aber nicht thue. Die Worte, womit der Vers anfängt, sind im Griechischen gar deutlich: εἰ δὲ θέλων ——, wenn aber GOtt will; daß daher billig zu verwundern ist, wie der s. Luther hat übersetzen können: Derhalben, da GOtt wollte Zorn erzeigen ———. Man darf also diesen Vers nur so umschreiben: Allein, wenn GOtt seinen Zorn offenbaren, und seine Macht, hartnäckige, und bey aller Güte und Ernst verstockt bleibende, Sünder, zu strafen, der Welt offenbaren will, so verfähret er nicht so, wie der Töpfer mit dem Thone, nicht nach seiner unumschränkten Allmacht, nicht nach der Strenge seiner unendlichen Gerechtigkeit; er träget vielmehr die Gefässe des Zorns, die zum Verderben völlig fertig sind, mit vieler Langmuth. Gefässe des Zorns sind hier nach der weitläuftigen Bedeutung dieser Construction im Hebräischen zu erklären; und Locke hat sie recht durch Gegenstände des göttlichen Zorns umschrieben. Denn, der ganze Zusammenhang lehret, daß es nicht Menschen sind, die GOtt im Zorne, oder, um an ihnen seinen Zorn auszuüben, geschaffen hat; (denn, dieß wäre wider die Schrift, es wäre selbst wider das, was uns eine gereinigte Weltweisheit von den göttlichen Eigenschaften lehret,) sondern Menschen, die GOtt so lange durch ihre Hartnäckigkeit zum Zorne reizen, bis endlich seine gerechten Strafen über sie ausbrechen, also Gefässe, die GOtt in seinem Zorne, wie Töpfe, zerschmeisset, Ps. II. 9. Hieraus läßt sich auch erklären, was da sey: zubereitet seyn zum Verderben (nicht zur Verdammniß, die als das ewige Verderben schon unter der Gattung des Verderbens begriffen ist, und das zeitliche Verderben nicht ausschliessen darf). Es saget Paulus nicht, daß sie GOtt zum Verderben zubereitet habe, sondern daß sie zum Verderben zubereitet, und fertig, seyen. Das Wort καταρτίζω bedeutet etwas so fertig machen, daß nichts mehr daran fehlet. So wünschet Paulus 1 Theß. III. 10. erstatten, oder, vollkommen machen, zu können, was an der Thessalonicher Glauben fehlet; Christus spricht Luc. VI. 40: wenn der Jünger ist, wie sein Meister, so ist er vollkommen;

Paulus

23. Auf daß er kund thäte

23. damit (23) er den Reichthum seiner Herrlichkeit

Paulus Hebr. XI. 3. die Welt sey durch GOttes Wort fertig worden; ja, eben dieses Wort bezeichnet Hebr. XIII. 21. und 1 Petr. V. 10. die Vollkommenheit im Christenthume, welche die Apostel den Glaubigen wünschen. Wenn also Paulus in unserer Stelle Gefässe des Zornes nennet, die zum Verderben völlig fertig sind, so ist es eben so viel, als ob er, mit einer andern Redensart, Menschen, sowohl einzelne, als Völker, nennete, die zu ihrem Untergange, nachdem es die Umstände fordern, zum zeitlichen, oder zum ewigen, reif sind. Nun wird wohl Niemand mehr denken, daß GOtt die Gefässe des Zornes zur Verdammniß, oder auch nur zum zeitlichen Verderben, zugerichtet habe. Denn, da καταρτίζω die Bedeutung hat, daß es so viel ist, als etwas völlig fertig, und in seiner Art vollkommen machen, so kann GOtt nicht diese unseligen Menschen zum Verderben zurichten, ohne, daß er, ich will nicht sagen, sie zu allen ihren Sünden, wodurch sie sich ins Verderben stürzen, antreibt, doch wenigstens dazu Vorschub, und Beförderung, giebt, damit sie dadurch verderben. Sonst richtete nicht er sie zu. Wie gotteslästerlich dieser Gedanke sey, ist für sich klar. Unsere Stelle ist also mehr für die allgemeine Gnade, als wider dieselbige; und Paulus behauptet darinnen, daß GOtt selbst diejenigen Menschen, von denen er voraus siehet, daß er sie in seinem Zorne verderben werde müssen, noch zu der Zeit, da sie durch ihre lange Gewohnheit zu sündigen zum Untergange völlig reif sind, mit grosser Geduld trage.

(d) Auch dieser Gedanke ist falsch, und dieß nicht die Absicht der göttlichen Geduld; sondern vielmehr, den Sünder zur Busse zu leiten. So erkläret solche Paulus Röm. II. 4–6.

(23) Καὶ ἵνα, und damit. Die Vulgata hat dieses und nicht; und es giebt griechische Handschriften, welche diese Auslassung rechtfertigen, sowohl als der Sinn dieser Stelle, welcher durch das Bindewort und sehr verwirret wird. Denn, wenn man dieses liest, so heisset die Stelle: und damit GOtt den Reichthum seiner Herrlichkeit kund thäte u. s. w. Ein gewisser gelehrter Paraphrast hat, sowohl wider die Grammatik, als wider den Sinn dieser Stelle, aus eigener Gewalt hinzu gesetzt: erzeiget Barmherzigkeit, anstatt, daß die Schrift hier schweiget, und nichts saget, woraus man diesen Zusatz vermuthen könnte. Soll hier ein Zeitwort eingeschoben werden, so muß es sich offenbar auf eine, oder die andere, Weise auf das im vorhergehenden Verse befindliche getragen beziehen: es läßt sich aber nicht so leicht ein darzu schickliches finden. Und in der That ist es auch nicht nöthig. Denn, wenn das und ausgelassen wird; so ist der Sinn, den S. Pauli ganze Rede fordert, deutlich, und ungezwungen, folgender: Was habt ihr Juden euch zu beschweren, daß euch GOtt verwirft, und nicht länger zu seinem Volke haben will, daß er die Heyden stärker, als euch, werden, und euch sich unterwerfen läßt, ja, daß er sie an eurer statt zu seinem Volke annimmt? Er hat über die Völker der Erde eben so viele Macht, einige mächtig, und blühend, und andere gering, und schwach, zu machen, als ein Töpfer über seinen Thon hat, daß er aus jedem Theile desselben, was für eine Art von Gefäß

er will, machen kann. Dieß könnet ihr nicht läugnen. GOtt hätte euch gleich vom Anfange zu einem geringen, verächteten, Volke machen können. Allein, er hat es nicht gethan. Er hat euch, die Nachkommen Jacobs, zu einem grössern, und mächtigern, Volke gemacht, als die Nachkommen seines ältern Bruders Esau; er hat euch zu seinem eigenen Volke gemacht; er hat euch reichlich in dem Lande der Verheissung versorgt. Ja, da euer vielfältiger Abfall, und eure wiederholten Bosheiten, euch zum Verderben fertig gemacher haben, so hat er euch mit Langmuth getragen, damit er nun unter dem Evangelio, wenn er an euch seinen Zorn ausübt, seine Herrlichkeit an uns offenbare, die er zu seinem Volke berufen hat, und die wir aus einem kleinen Ueberbleibsel von Juden, und aus bekehrten Heyden, bestehen, die er zu dieser Herrlichkeit zubereitet hat; wie er solches schon bey den Propheten Hosea und Jesaia vorher verkündiget. Dieß ist klärlich S. Pauli Meynung, daß GOtt mit den Juden so verfahre, wie es V. 22. beschrieben ist, damit er seine Herrlichkeit an den Heyden offenbarte (a). Denn, so erkläret er sich mehr, als einmal, Cap. XI. 11. 12. 15. 19. 20. 28. 30.

(a) Nicht an den Heyden allein, sondern an Juden und Heyden, die seiner Gnade nicht widerstehen, wie man aus dem gleich folgenden 24sten Verse siehet. Die ganze Schwierigkeit in unserm Verse liegt, wie mich dünket, in der Folge desselben aus dem 22sten. Wie ist dieß zu verstehen, daß GOtt die Gefässe des Zornes mit grosser Geduld trägt, auf daß er den Reichthum seiner Herrlichkeit an den Gefässen der Barmherzigkeit kund thue? Es ist hier ein Gegensatz; nicht zwischen: die er zugerichtet hat zur Verdammniß, und zwischen: die er bereitet hat zur Herrlichkeit. Denn, ich habe bey dem vorhergehenden Verse gezeigt, daß GOtt Niemand zum Verderben, geschweige denn zur Verdammniß, zugerichtet habe. Es ist auch dieses Zurichten, und Bereiten, im Griechischen sehr verschieden ausgedrückt. Jenes heisset καταρτίζειν: dieses aber προετοιμάζειν, und bedeutet, Jemand zum Voraus zu etwas tüchtig machen; also hier, die Glaubigen zu ihrem letzten Endzwecke, zur ewigen Herrlichkeit. Der Gegensatz ist zwischen Gefässen des Zorns, und Gefässen der Barmherzigkeit. An jenen kann GOtt den Reichthum seiner Herrlichkeit nicht kund thun, weil sie sich selbst immer mehr zu ihrem endlichen Verderben zubereiten; aber wohl seine Macht in ihrer Bestrafung. Er thut also an ihnen alles, was er thun kann; er trägt sie mit grosser Geduld, selbst da noch, wenn sie mit schnellen Schritten dem Verderben zueilen; er will sie noch gewinnen, und, wo möglich, zu Gefässen der Barmherzigkeit machen; er thut dieß alles, damit sich seine Herrlichkeit, seine unendliche Güte, und Weisheit, an denen, die sich gewinnen lassen, desto reichlicher offenbare. Denn, die Grösse seiner herrlichen Gnade läßt sich erst an denen erkennen, die diese Gnade annehmen, die ein Gegenstand derselben, die Gefässe der Barmherzigkeit werden, die sich zur ewigen Herrlichkeit zubereiten lassen. Ist GOtt so gütig gegen die Gefässe des Zorns: wie viel gütiger muß er gegen die Gefässe der Barmherzigkeit seyn? An denen, die verlohren gehen, lernet man die göttliche Geduld, in ihrer langmüthigen Ertragung, und die göttliche Macht, in ihrer gerechten Bestrafung, bewundern: in denen aber, welche die Gnade annehmen, den überschwenglichen Reichthum seiner Gnade, Eph. II. 7. Denn, er segnet sie mit allerley geistlichen Seegen in himmlischen Gütern durch Christum, Eph. I. 3.

So

thäte den Reichthum seiner Herrlichkeit an den Gefässen der Barmherzigkeit, die er bereitet hat zur Herrlichkeit,

24. Welche er berufen hat, nämlich uns, nicht allein aus den Jüden, sondern auch aus den Heyden.

25. Wie er denn auch durch Oseam spricht: Ich will das mein Volk heissen, das nicht mein Volk war; und meine liebe, die nicht die liebe war.

26. Und soll geschehen, an dem Ort, da zu ihnen gesagt ward, ihr seyd nicht mein Volk: sollen sie Kinder des lebendigen GOttes genennet werden.

27. Jesaias aber schreyet für

lichkeit (24) an denen offenbare, die er, als Gegenstände seiner Barmherzigkeit, vorher zur Herrlichkeit bereitet hat?

24. Auch uns Christen, die er auch berufen hat, nicht allein aus den Juden, sondern auch aus den Heyden. (Besser: Als solche Gefässe der Barmherzigkeit hat er auch uns berufen, nicht allein aus den Juden, sondern auch aus den Heyden.)

25. Wie er es beym Hosea erkläret hat: ich will diejenigen mein Volk heissen, die nicht mein Volk waren, und diejenige die Geliebte, welche nicht die Geliebte war.

26. Und es wird geschehen, daß sie an dem nämlichen Orte, wo zu ihnen gesaget ward: ihr seyd nicht mein Volk, werden Kinder des lebendigen GOttes genennet werden.

27. Jesaias schreyet (*) auch, was Israel anbetrift:

So wird die ganze Herrlichkeit GOttes in seinem Verfahren mit den Sündern offenbar; und er ist so weit entfernet, mit den Menschen, wie der Töpfer mit dem Thone, umzugehen, daß er vielmehr die boshaftesten Sünder mit Langmuth, und Geduld, träget; nur damit alle Welt erkenne, er wolle ihr Verderben nicht, und damit man seine völlige Güte desto deutlicher an seinen Glaubigen einsehe. Man kann hieraus die lockische Anmerkung beurtheilen.

(24) Und thäte den Reichthum seiner Herrlichkeit an den Gefässen der Barmherzigkeit. S. Paulus hat in einer Parallel-Stelle, Col. I. diese Worte so vollständig erkläret, daß, wer den 27sten Vers dieses Capitels mit dem gegenwärtigen Zusammenhange vergleicht, auf keine Weise zweifeln kann, was er hier meyne (a).

(a) Diese Stelle ist mit der gegenwärtigen nicht völlig parallel, obgleich größtentheils.

(*) Schreyet, κράζει, ist nichts anders, als das hebräische קרא, welches oft so viel heisset, als öffentlich verkündigen. Lutherus hat es in diesem Falle

z. E.

anbetrift: **Ungeacht die Zahl der Kinder Jsrael, wie Sand am Meere, ist, so wird doch nur (25) ein Ueberbleibsel selig werden.**

für Jsrael: wenn die Zahl der Kinder Jsrael würde seyn wie der Sand am Meer, so wird doch das übrige selig werden.

28. Denn, indem der HErr die ganze Menge in Gerechtigkeit endiget, und ins Kleine ziehet, so wird er ein geringes, und kleines, Ueberbleibsel (26) auf der Erde machen.

28. Denn, es wird ein Verderben und Steuren geschehen zur Gerechtigkeit, und der HErr wird dasselbige Steuren thun auf Erden.

29. Und

29. Und

l. C. Jerem. VII. 2. III. 12. durch predigen übersetzt. Für, ὑπὲρ, bedeutet im Griechischen häufig von, wie man aus 2 Korinth. VII. 4. IX. 1. 2. XII. 5. sehen kann. Man kann also diese Worte deutlicher so übersetzen: Jesaias aber verkündiget öffentlich von Jsrael.

(25) Nur ein Ueberbleibsel. Man brauchet weiter nichts zu thun, als den Text zu lesen, so siehet man, daß dieses des Apostels Meynung ist (a).

(a) Man mag den Text hier im Griechischen, oder Jes. X. 22. im Hebräischen, lesen, so widerlegt er Lockens Erklärung. Das nur stehet in beyden Stellen mit keiner Sylbe. Der Zusammenhang, man mag ihn auch, wie man will, erklären, zeiget beym Jesaia, daß diese Worte einen Trost für Jsrael bey seinem anscheinenden allgemeinen Verderben enthalten; dieß zeigen auch die V. 28. angeführeten folgenden Worte. Was bleibet aber für ein Trost, nach Lockens Umschreibung, übrig? Er macht eine Drohung aus diesen Worten. Denn, was ist es anders, wenn er sagt: ungeacht der Kinder Jsrael noch so viele sind, so sollen doch nur die wenigsten selig werden? Dieß muß der Verstand seiner Erklärung seyn: und ich sehe nicht, wie er mit derselben dem unbedingten Rathschlusse ausweichen will. Die Worte müssen also, nach dem Hebräischen, und Griechischen, vielmehr so umschrieben werden: Wenn auch die Zahl der Kinder Jsrael, die theils durch die zeitlichen Strafgerichte GOttes, theils durch ihren Unglauben, verlohren gehen, wie der Sand am Meere, ist; so sollen doch noch einige von diesem allgemeinen Verderben gerettet, und diese Uebergebliedenen selig werden. So hängen sie mit dem folgenden Verse zusammen, den Locke wiederum schändlich verdrehet.

(26) λόγον συντετμημένον ποιήσει; er wird eine ins Kurze gezogene, oder kleine, Rechnung machen, einen kleinen Ueberschuß. Die Metapher ist von einer Rechnung genommen, worinnen alles so in Ordnung gebracht ist, daß der Ueberschuß, oder Rest, der noch zu berechnen bleibt, sehr geringe ist (a).

(a) Locke irret sich hier in der Bedeutung des Wortes λόγος, das er durch Rechnung erkläret. Da unsere Stelle aus dem Jesaias genommen ist, so muß dieses Wort seine Bedeutung aus dem Hebräischen haben: und da ist von

keiner

29. Und wie Jesaias
zuvor

29. Und wie Jesaias vorher gesagt hat (so
hat

keiner Rechnung die Rede. Die Worte, welche Paulus aus den LXX. anführet, heissen im Hebräischen: כִּלָּיוֹן חָרוּץ שׁוֹטֵף צְדָקָה. Dieß sind die Worte, welche Lutherus übersetzet hat: denn, es wird ein Verderben und Steuren geschehen zur Gerechtigkeit. Eigentlich heissen dieselben (wenn es anders möglich ist, sie in ihrem völligen Nachdrucke zu übersetzen): die bestimmte Vollendung wird an Gerechtigkeit überfliessen. Ich will nicht in den ganzen Zusammenhang des Xten Capitels Jesaiä zurücke gehen. Das ist aus dem 20sten und 21sten Verse deutlich, daß den Uebrigen in Israel geweissaget wird, sie würden sich auf den HErrn, den Heiligen in Israel, in der Wahrheit, verlassen, sie würden sich bekehren. Es ist also wenigstens in diesen Versen, und V. 22. und 23, von der Bekehrung der Uebrigen in Israel die Rede; und hieraus wird sich die bestimmte Vollendung erklären lassen. Sie bestehet nämlich darinnen, daß GOtt dem fast allgemeinen Verderben seines Volkes Ziel, und Gränzen, gesetzet, und demselben ein bestimmtes Ende gemacht hat, daß nicht das ganze Volk darinnen verlohren gegangen ist. Dieses bestimmte Ende ist nun so beschaffen, daß es an Gerechtigkeit überfliesset, oder einen Ueberfluß an Gerechtigkeit hat. Es würde wieder zu weitläuftig seyn, wenn ich ausführlich beweisen wollte, daß dieser Ueberfluß an Gerechtigkeit die zugerechnete Gerechtigkeit JEsu Christi sey, welche den Bekehrten, und Wiedergebohrnen, zu Theile wird. Denn, von Bekehrten ist hier die Rede; und diese haben sonst keine überflüssige Gerechtigkeit, als die Gerechtigkeit JEsu Christi. Man wird schon aus diesem die übrigen Worte des Verses verstehen, welche der s. Luther gegeben hat: und der HErr wird dasselbige Steuren thun auf Erden. ὅτι λόγον συντετμημένον ποιήσει Κύριος ἐπὶ τῆς γῆς; im Hebräischen: כִּי כָלָה וְנֶחֱרָצָה אֲדֹנָי יֱהוִה צְבָאוֹת עֹשֶׂה בְּקֶרֶב כָּל־הָאָרֶץ, denn, der HErr wird, nämlich dem Verderben, ein Ende, und eine Einschränkung, machen auf der ganzen Erde. Es sind also diese letzten Worte theils eine Erläuterung der vorhergehenden Verheissung, theils eine Bestätigung derselben; eine Erläuterung, in wie weit sie der ganzen Erde ein Ende des Verderbens verheissen, das also auch bey dem Volke Israel ein Ende nehmen muß; eine Bestätigung, aus eben dieser Ursache, und wegen der Wiederholung der vorhergehenden Worte. Nun wird sich die lockische Umschreibung, und Erklärung, beurtheilen lassen. Sie ist deswegen falsch, weil weder Paulus, noch Jesaias, saget, daß GOtt die Menge der Bekehrten einschränken werde, sondern vielmehr, daß er dem Verderben ein Ziel setzen werde, daß es nicht weiter um sich greifen kann. Sie ist aber auch überdieß so dunkel, daß man schwerlich einen rechten Verstand darinnen finden wird. Bey aller angewendeten Mühe habe ich sie nicht deutlicher übersetzen können. Man kann, nach dem, was ich bisher erinnert habe, unsere Stelle also umschreiben: Denn, der HErr wird diese Sache, nämlich daß der gröste Theil seines Volkes ins Verderben geräth, so endigen, und so einschränken, daß die übrigen, die noch gerettet werden, die wahre, und vor GOtt geltende, Gerechtigkeit erlangen: denn, der HErr wird diese Sache, dieses Verderben, auf der ganzen Erde einschränken.

hat auch Jesaias vorher gesagt: Wenn uns nicht der HErr Zebaoth hätte lassen Saamen (27) überbleiben; so wären wir wie Sodoma worden, und gleich wie Gomorra, wir wären völlig ausgerottet worden.

zuvor saget: Wenn uns nicht der HErr Zebaoth hätte lassen Saamen überbleiben; so wären wir wie Sodoma worden, und gleichwie Gomorra.

30. Was bleibt uns also zu sagen übrig, als dieses? daß die Heyden, welche nicht nach der Gerechtigkeit gestrebet haben, die Gerechtigkeit, welche aus dem Glauben kommt, erlanget haben, und dadurch GOttes Volk werden sind;

30. Was wollen wir nun hie sagen? Das wollen wir sagen: Die Heyden, die nicht haben nach der Gerechtigkeit gestanden, haben die Gerechtigkeit erlanget; ich sage aber von der Gerechtigkeit, die aus dem Glauben kommt.

31. daß aber die Kinder Israel, die auf das Gesetz, welches die Regel der Gerechtigkeit enthält, sehr eifrig waren, dasjenige Gesetz, wodurch die Gerechtigkeit muß erlanget werden, nicht erreichet haben, d. i. daß sie das Evangelium (28) nicht angenommen haben, und also GOttes Volk nicht worden sind.

31. Israel aber hat dem Gesetz der Gerechtigkeit nachgestanden, und hat das Gesetz der Gerechtigkeit nicht überkommen.

32. Wie

32. Wa-

(27) Saamen. Jesai I. 9. Die Worte sind: ein ganz geringes Ueberbleibsel (a).

(a) Dieß giebt man alles gerne zu. Dem ungeacht aber sind auch diese Worte ein Beweis wider die lockische Erklärung der vorhergehenden Verse. Denn, Jesaias saget darinnen, GOtt habe gemacht, daß etwas übrig geblieben, und nicht alles zu Grunde gegangen, sey; aber nicht, GOtt habe gemacht, daß so wenig übrig geblieben sey.

(28) S. Cap. X 3. und XI. 6. 7. Der Apostel will in diesem, und dem folgenden, Capitel zeigen, warum die Juden nun nicht mehr GOttes Volk, und verworfen, seyen, die Heyden aber angenommen worden. Hieraus folgt, daß er durch die Erlangung der Gerechtigkeit, und des Gesetzes der Gerechtigkeit nicht die Erlangung derjenigen Gerechtigkeit verstehe, welche einzelne Menschen in den Stand der Rechtfertigung, und des Heils, setzet (a), sondern die Annehmung desjenigen Gesetzes (besser, derjenigen Lehre), die Bekenntniß derjenigen Religion, in welcher diese Gerechtigkeit verkündiget wird; welches Bekenntniß dieser nun einzigen wahren Religion, nebst der Begebung unter das Gesetz, welches nun allein das Gesetz GOttes ist (b), einen vermischten Haufen Menschen in den Stand setzet, worinnen es GOttes Volk ist. Denn, nicht ein jeder, sowohl aus Juden, als aus Heyden, der das

Gesetz

32. Warum das? Darum, daß sie es nicht aus dem

32. Wie haben sie es verfehlet? Dadurch, daß sie die Gerechtigkeit nicht durch den Glauben suchten,

Gesetz der Gerechtigkeit, oder die Gerechtigkeit, überkommt, in dem Verstande, worinnen sie hier S. Paulus nimmt, d. i. nicht ein jeder, der ein Bekenner der christlichen Religion wird, gelanget deswegen zur ewigen Seligkeit (c). Auf die nämliche Weise muß Cap. X. 3. und XI. 7. 8. verstanden werden.

(a) Diese Folge beruhet lediglich auf Lockens Ausspruche von der Absicht Pauli, und soll nur seine einmal angenommene Meynung, daß in diesem Abschnitte nur von ganzen Völkern, und nicht von einzelnen Personen, geredet werde, einen bessern Schein geben. Allein, wer die Gerechtigkeit des Glaubens hat, er sey aus den Juden, oder aus den Heyden, der ist der Hofnung nach selig, und gehöret zum Volke GOttes. Das äusserliche Bekenntniß macht nur Glieder der sichtbaren Kirche, nicht aber der unsichtbaren, oder des Volkes GOttes im eigentlichen Verstande. Nicht alle Juden haben nach V. 24. der Gerechtigkeit des Glaubens verfehlet, sondern nur der größte Theil derselben; und nicht alle Heyden haben sie erlanget. Locke redet also sehr unrichtig, wenn er ganz unbestimmt saget, die Juden seyen verworfen, und die Heyden angenommen worden. Das Volk GOttes im neuen Testamente ist nach und nach aus einzelnen Personen, und nicht auf einmal aus ganzen Völkern, erwachsen. Da der größte Theil der Juden sich boshaft selbst davon ausschloß, so sind die unglaubigen Juden, so lange sie unglaubig bleiben, nicht aber das jüdische Volk, als Volk, verworfen. Eben so verhält es sich mit der Annehmung der Heyden, wie Paulus Cap. XII. selbst erkläret. Es ist also gar nicht nöthig, auch diesen Vers auf ganze Völker zu deuten, noch die Erlangung der Gerechtigkeit in dem Annehmen, und Bekenntnisse, der christlichen Religion, zum Nachtheile ihres wahren Begriffes, zu suchen.

(b) Wenn Paulus V. 31. vom Gesetze der Gerechtigkeit redet, so braucht er das Wort Gesetz für Lehre, und zeigt dadurch die Lehre des Evangelii an, welche weiset, wie man die Gerechtigkeit, die vor GOtt gilt, erlangen soll. Die weitläuftige Bedeutung, welche das Wort Gesetz sowohl im alten, als neuen, Testamente hat, fasset auch diesen Verstand in sich. Allein, daraus folget nicht, daß das Evangelium nun allein das Gesetz GOttes sey. Locke hätte sagen sollen: welche Bekenntniß dieser nun einzigen wahren Religion, nebst dem lebendigen Glauben, welcher nun das einzige Mittel zur Seligkeit ist ——— .

(c) Es ist wahr, daß nicht ein jeder Bekenner der christlichen Religion zur ewigen Seligkeit gelanget: es ist aber falsch, daß Paulus hier das Wort Gesetz der Gerechtigkeit, oder Gerechtigkeit, in einem andern Verstande nimmt, als der in der vorhergehenden Anmerkung angezeigt worden ist. Er nennet ja V. 30. ausdrücklich die Gerechtigkeit des Glaubens, und setzet diese der Gerechtigkeit aus den Werken entgegen. Warum soll er nun auf einmal das Wort in einem andern Verstande nehmen? Das blosse Bekenntniß der Religion ist keine Gerechtigkeit. Es steckt also in dieser ganzen Anmerkung nichts, als Verwirrung.

suchten, sondern so, als ob man sie durch die Werke des Gesetzes erhalten müßte. Ein gekreuzigter Messias war für sie (29) ein Stein des Anstossens; und an diesen haben sie sich gestossen,

dem Glauben, sondern als aus den Werken des Gesetzes suchen. Denn, sie haben sich gestossen an den Stein des Anlaufens.

33. wie geschrieben stehet: Siehe da, ich lege in Zion einen Stein des Anlaufens, und einen Fels der Aergerniß; und wer an ihn glaubet, der soll nicht zu Schanden werden.

33. Wie geschrieben stehet: Siehe da, ich lege in Zion einen Stein des Anlaufens, und einen Fels der Aergerniß; und wer an ihn glaubet, der soll nicht zu Schanden werden.

Cap. X. 1. Lieben Brüder, mein herzliches Verlangen, und mein Gebeth, das ich zu GOtt für Israel thue, ist dieses, daß sie selig werden mögen.

Cap. X. 1. Lieben Brüder, meines Herzens Wunsch ist, und flehe auch GOtt für Israel, daß sie selig werden.

2. Denn, ich gebe ihnen das Zeugniß, daß sie eifrig (30), und, wie sie glauben, für GOtt, und sein Gesetz, sind: allein, ihr Eifer wird durch keine wahre Erkenntniß regieret.

2. Denn, ich gebe ihnen das Zeugniß, daß sie eifern um GOtt, aber mit Unverstand.

3. Denn, sie sind unwissend, in Ansehung der Gerechtigkeit, die vor GOtt gilt, nämlich derjenigen Gerechtigkeit, die er aus Gnaden (dem Glauben zurechnet) ertheilet, und annimmt, und bemühen sich, ihre eigene Gerechtigkeit, die sie in ihren eigenen Werken suchen, festzusetzen, und können sich nicht zwingen, sich dem Evangelio zu unterwerfen, worinnen die Gerechtigkeit, die vor GOtt gilt, d. i. die Gerechtigkeit durch den Glauben, angebothen wird. (Besser: sie schicken sich nicht in diejenige Ordnung, in welcher der Sünder die Gerechtigkeit, die vor GOtt gilt, erlanget.)

3. Denn, sie erkennen die Gerechtigkeit nicht, die vor GOtt gilt, und trachten, ihre eigene Gerechtigkeit aufzurichten, und sind also der Gerechtigkeit, die vor GOtt gilt, nicht unterthan.

4. Denn,

4. Denn,

(29) S. 1 Korinth. I. 23.

(30) Man kann diesen Eifer für GOtt beschrieben lesen Apost. Gesch. XXI. 27-31. und XXII. 3.

4. Denn, Christus ist des Gesetzes Ende, wer an den glaubet, der ist gerecht.

4. Denn, der Endzweck des Gesetzes (31) war, die Menschen zu Christo zu führen, daß alle diejenigen, die an ihn glauben, durch den Glauben gerechtfertiget würden.

5. Moses aber schreibet wohl von der Gerechtigkeit, die aus dem Gesetz kommt: welcher Mensch dieß thut, der wird darinnen leben.

5. Denn, Moses beschreibet die Gerechtigkeit, die man durch das Gesetz erhalten soll, also: daß derjenige, welcher das, was das Gesetz fordert, thut, dadurch das Leben haben wird.

6. Aber die Gerechtigkeit aus dem Glauben spricht also: Sprich nicht in deinem Herzen, wer will hinauf gen Himmel fahren (das ist nichts anders, denn Christum herab holen)?

6. Aber die Gerechtigkeit, welche aus dem Glauben kommt, spricht so: Sage nicht in deinem Herzen, wer will hinauf gen Himmel fahren, das ist, um den Messias, den wir zu unserer Erlösung persönlich hier auf Erden erwarten, von dannen herab zu holen?

7. Oder, wer will hinab in die Tiefe fahren (das ist nichts anders, denn Christum von den Todten holen)?

7. Oder, wer will in die Tiefe fahren, das ist, um Christum wieder von den Todten zu holen, daß er unser Erlöser werde? Ihr kennet die Erlösung, die ihr von dem Messias erwartet, nicht recht; es ist nicht nöthig, daß er bey euch gegenwärtig sey, ihn in einer andern Welt zu suchen:

8. Aber was saget sie? Das Wort ist dir nahe, nämlich in deinem Munde, und in deinem Herzen.

8. Die Erlösung durch ihn ist eine Erlösung von Sünden, daß ihr durch den Glauben an ihn gerecht werden möget; und diese spricht also: Das Wort ist dir nahe, und so gar in deinem Munde, und in deinem Herzen, das ist, das Wort vom Glauben, oder die Lehre des Evangelii, welches wir predigen (32),

9. Denn,

9. nämli-

(31) S. Galat. III. 24.

(32) S. Paulus hat V. 4. gesagt, daß das Gesetz den Endzweck hatte, die Juden durch den Glauben an Christum zum Leben zu bringen, daß sie durch denselben gerechtfertigt, und also selig, würden. Um sie hievon zu überzeugen, führet er drey Verse, selbst aus dem Gesetzbuche, an, in welchen stehet, daß der Weg zum Leben sey, das Wort zu hören, welches ihnen nahe, und in ihrem Munde, und Herze, wäre, und sie folglich nicht Ursache hätten, JEsum den Christ zu ver-

werfen,

9. nämlich, wenn du mit deinem Munde

9. Denn, so du mit deinem

werfen, weil er gestorben, und nun in den Himmel erhaben, und (wie sie meyneten) von ihnen entfernet wäre; denn, ihr eigenes Gesetz verspreche ihnen das Leben durch etwas, das ihnen nahe sey, durch etwas, das sie zu ihrem Erlöser führen könne, durch Wort, und Lehre, die ihnen beständig nahe, in ihrem Munde, und in ihrem Herze, seyn, und sie so zu Christo leiten könne, d. i. zu dem Glauben an ihn, welchen ihnen der Apostel predige. Ich stelle es dem aufmerksamen Leser heim, ob dieß nicht der Verstand dieser Stelle ist (a)?

(a) Es ist hier wieder Verwirrung, und Unordnung, in den Gedanken. Ich will beym 4ten Verse anfangen, wo Locke angefangen hat, und noch etwas weiter oben. Paulus hat Cap. IX. 32. 33. gesagt, Israel habe die wahre Gerechtigkeit deswegen nicht erlanget, weil es solche aus den Werken des Gesetzes gesuchet, weil es Christum verworfen habe. Nun giebt er ihnen Cap. X. 2. das Zeugniß, daß sie um GOtt eifern, aber aus tollem Unverstande. Die Ursache ist: sie haben gar keinen Begriff von der wahren Gerechtigkeit, V. 3. 4. Denn, die Gerechtigkeit aus dem Gesetze, welche sie suchen, V. 3. und die Gerechtigkeit aus dem Glauben, V. 4. sind gar sehr verschieden. Dieß wird V. 5–8. aus Mose selber bewiesen, der beyderley Gerechtigkeit gar deutlich beschrieben hat. Die Gerechtigkeit aus dem Gesetze wird bloß durch Thun erhalten, V. 5; dieß ist auch der Juden ihre ganze Bemühung: sie erlangen sie aber nicht, weil sie das Gesetz weder recht verstehen, noch halten können. Ganz anders siehet es mit der Gerechtigkeit aus dem Glauben aus, V. 6–8. Diese bestehet nicht in ängstlichem Suchen, oder Laufen, nicht in mühsamer Bemühung, V. 6. 7. sondern in einem blossen Annehmen der angebothenen Gnade, im Aufnehmen des Wortes von Christo, das gepredigel wird, und des Verdienstes Christi, das darinnen einem Jeden angebothen ist, V. 8. Dieses Wort wollen die Juden nicht hören. Es liegt also ihr ganzes Verderben daran, daß sie alles durch Thun, und durch Werke, erlangen wollen, GOtt aber keine Gnadenordnung gemachet hat, in welcher es auf das Thun der Menschen ankommt, sondern eine solche Ordnung, in welcher er alles allein thut, und die Menschen, das was er gethan hat, nur annehmen dürfen; und daß die Juden sich nicht in diese Ordnung begeben wollen. Dieß sind die Gedanken des 6ten und 7ten Verses, in welchen Paulus immer Worte aus Mose anführet, denen er die in der Uebersetzung in Parenthesen eingeschlossenen Worte, als die Erläuterung, beyfügt. Moses sagt: Sprich nicht in deinem Herzen, wer will hinauf gen Himmel fahren? Paulus erkläret: Das ist Christum herab holen. Der Sinn des ganzen Verses ist: Entschuldige dich, o Mensch, der du die wahre Gerechtigkeit nicht erlangest, durchaus nicht damit, daß dieß eine schwere, und über alle deine Kräfte erhabene, Sache sey, eine Sache, die so schwer ist, als gen Himmel zu fahren, und folglich unmöglich; dieß würde es seyn, wenn du erst Christum, den Urheber dieser Gerechtigkeit, aufsuchen, und mühsam, dir zu Hülfe zu kommen, bewegen müßtest, V. 7. Entschuldige dich auch nicht damit, daß die Erlangung der wahren Gerechtigkeit so schwer sey, als in den tiefsten Abgrund zu fahren; dieß würde es seyn, wenn Christus nicht

deinem Munde bekennest JEsum, daß er der HErr sey; und gläubest in deinem Herzen, daß ihn GOtt von den Todten auferwecket hat: so wirst du selig.

Munde (33), d. i. öffentlich, den HErrn JEsum bekennest, d. i. JEsum, daß er der Messias, dein HErr, sey, und in deinem Herzen glaubest, daß GOtt ihn (nach vollkommen geleisteter Genugthuung) von den Todten auferwecket habe (34); und anders kann man ihn nicht für den Messias halten: so wirst du selig werden.

10. Denn, Kk 2 10. Moses

nicht von den Todten auferstanden wäre, und erst deiner Erweckung warten müßte. Dieß alles entschuldiget dich nicht: GOtt hat keine solche Gnadenordnung gemacht, wobey es auf deine Arbeit, und Bemühung, ankommt, V. 8. Er hat dir sein Wort gegeben, das du täglich im Munde führest, und, als bekannt, in Gedanken hast; darinnen trägt er dir diese Gerechtigkeit an, dadurch arbeitet er an dir: du darfst nur nicht boshaft widerstehen, u. s. w.

(33) Die Juden hoften, daß der ihnen verheissene Messias ihr Erlöser seyn sollte; und in so weit hatten sie recht. Allein, das, wovon sie bey seiner Erscheinung erlöst zu werden hoften, war die Gewalt, und Herrschaft der Fremden. Als unser Erlöser ins Fleisch kam, war ihre Rechnung aus; und die Wunder, welche JEsus that, überzeugten sie vollend, daß er es wäre. Nur seine niedrige Geburt, und sein schlechtes Ansehen, schickten sich nicht zu derjenigen Gewalt, und dem Prachte, worinnen er ihrer Einbildung nach kommen sollte. Dieses, und daß er ihnen die Zerstörung ihres Tempels, und ihrer gegenwärtigen Verfassung, verkündigte, brachte gegen ihn die Vornehmen auf, und erhielt das Volk bis zu seiner Kreuzigung zweifelhaft: diese Kreuzigung aber wendete der Juden Gemüther völlig von ihm ab. Sie hatten sich ihn, als einen mächtigen Fürsten, an der Spitze ihres Volkes vorgestellt, der sie von aller fremden Gewalt befreyen, und unter seiner ruhmvollen Regierung ruhig, und glücklich, machen würde. Als aber am Osterfeste das ganze Volk der Zeuge seines Todes wurde, so liessen sie alle Gedanken von ihrer durch ihn gehoften Befreyung fahren. Er war weg, sie sahen ihn nicht mehr, und es war, selber bey denen, die bisher an ihn glaubten, ausser Zweifel, daß ein todter Mensch nicht der Messias, oder ihr Erlöser, seyn könnte. Wider diese Vorurtheile scheinet das, was S. Paulus in diesem, und in den drey vorhergehenden Versen, saget, (zum Theile) gerichtet zu seyn; und er belehret sie darinnen, daß sie nicht nöthig hatten, den Messias aus dem Himmel, oder aus dem Grabe, aufzusuchen, und persönlich zu sich zu bringen. Denn, die Erlösung, die er ihnen schaffen sollte, sey die Erlösung von Sünde, und Verdammniß; und diese könnten sie haben, wenn sie nur an ihn glaubten, und ihn für den Messias, ihren König, bekenneten, und daß er von den Todten auferstanden sey; hiedurch könnten sie selig werden, ohne seine (sichtbare) persönliche Gegenwart unter sich zu haben.

(34) Von den Todten auferwecket. Die Lehre von der Auferstehung JEsu Christi von den Todten ist gewiß einer der vornehmsten Grundartikel des christlichen Glaubens

10. Moses nennet in der oben angeführten Stelle Herz, und Mund, nicht unnsonst zusammen; beyde sind in diesem Falle nöthig. Denn, mit dem Herzen glaubet man zur Gerechtigkeit, und mit dem Munde leget man das Bekenntniß (35) ab zur Seligkeit.

10. Denn, so man von Herzen gläubet, so wird man gerecht: und so man mit dem Munde bekennet, so wird man selig.

11. Denn, die Schrift spricht: **Alle, die an ihn glauben, werden nicht zu Schanden werden**, es wird sie nicht reuen, geglaubt, und es bekennt zu haben.

11. Denn, die Schrift spricht: wer an ihn gläubet, wird nicht zu Schanden werden.

12. Die Schrift saget alle; denn, in diesem Falle ist zwischen Juden, und Heyden, kein Unterschied. Denn, es ist der nämliche, welcher ihrer aller HErr ist, und der gegen alle, die ihn anrufen, überschwenglich gütig ist (für alle, die ihn anrufen, reich genug ist).

12. Es ist hie kein Unterscheid unter Jüden und Griechen: es ist aller zumal ein HErr, reich über alle, die ihn anrufen.

13. Denn, ein jeder, der den Namen des HErrn anrufet (36), wird selig werden.

13. Denn, wer den Namen des HErrn wird anrufen, soll selig werden.

14. Allein,

14. Wie

Glaubens (a): hier scheinet aber ein anderer Grund zu seyn, warum S. Paulus mit dem Glauben desselben die Seligkeit verbindet. Und diesen Grund kann man V. 7. finden, wo er lehret (b), daß es zur Seligkeit nicht nöthig sey, Christum aus seinem Grabe persönlich (sichtbar) bey sich zu haben. Nun giebt er ihnen hier die Ursache davon an, weil zur Seligkeit genug sey, daß sie ihn für ihren HErrn bekenneten, und glaubten, daß er von den Todten auferstanden wäre.

(a) Weil sich darauf die Gewißheit unserer Erlösung, und die vollkommene Gültigkeit des Opfers JEsu Christi, folglich unser ganzer Glaube, gründet. Paulus saget es 1 Korinth. XV. 17. Ist Christus nicht auferstanden: so ist euer Glaube eitel, so seyd ihr noch in euren Sünden.

(b) Nämlich nach der lockischen Erklärung dieses Verses.

(35) Glauben, und das Evangelium öffentlich bekennen, fordert unser Heiland Marc. XVI. 16.

(36) Wer S. Pauli Schriften mit Aufmerksamkeit gelesen hat, muß bekennen, daß seine Schlüsse genau zusammenhängen, und immer auf das Hauptwerk gehen. Wenn er also in den drey vorhergehenden Versen ein öffentliches Bekenntniß des Evangelii gefordert hat, so kann ich mir nicht anders vorstellen, als daß V. 12. alle, die ihn anrufen, alle diejenigen bedeute, die öffentliche (und wahre) Bekenner des Christenthums sind; und wenn dieß V. 12. ihn anrufen heißt: so muß es auch V. 13. der Verstand seyn von seinen Namen anrufen; und dieß ist eine Redensart, die gar nicht unterschieden ist von seinen Namen nennen, wodurch

S. Paulus

14. Wie sollen sie aber anrufen, an den sie nicht gläuben? wie sollen sie aber gläuben, von dem sie nichts gehöret haben? wie sollen sie aber hören ohne Prediger?

14. Allein, wie sollen sie den anrufen, an den sie nicht glauben? und wie sollen sie an den glauben, von dem sie nichts gehöret haben? und wie sollen sie hören ohne Prediger?

S. Paulus 2 Timoth. II. 19. das Bekenntniß des Christenthums ausdrückt (a). Wenn man mir die Meynung des Propheten Joels, aus welchem diese Worte genommen sind, einwenden will, so darf ich weiter nichts antworten, als daß es eine schlechte Regel zur Auslegung S. Pauli ist, seine aus dem alten Testamente angeführten Stellen so auszudähnen, bis sie eben den Verstand bekommen, welchen sie im alten Testamente haben (b). Wir dürfen, um hievon ein Beyspiel zu finden, nicht weiter, als auf den 6. 7. und 8ten Vers dieses Capitels, gehen; man lese dieselben, wie sie 5 B. Mos. XXX. 11–14. stehen, und sehe, ob sie S. Paulus in eben dem Verstande brauchet (c).

(a) Es ist hier kein mühsames Schlüssen nöthig, sondern die Worte lehren schon, was Paulus sagen will. Den HErrn, oder, den Namen des HErrn, anrufen, bedeutet nicht, ohne Erkenntniß, so wie die jungen Raaben, GOtt anrufen, sondern קְרָא בְּשֵׁם יְהוָה, den Namen des HErrn anrufen, oder, wie es der s. Luther gegeben hat, predigen von des HErrn Namen, zeiget alles an, was Verehrer des einigen, und wahren, GOttes, und seines Sohnes JEsu Christi, zur Ehre desselben nicht nur mit dem Herzen, sondern auch mit dem Munde, und in äusserlichen Werken, thun können, wie man 1 B. Mos. IV. 26. XXI. 33. u. s. w. sehen kann. Hier wird freylich das öffentliche Bekenntniß nicht ausgeschlossen. Es wird aber nicht allein angezeigt; sondern zugleich der Glaube des Herzens, woraus es entstehet, und das kindliche Vertrauen auf die Gnade des durch Christum versöhnten Vaters ausgedruckt. Dieß, saget Paulus, ist der Weg zur Seligkeit für Juden, und Heyden.

(b) Locke verstehet wirklich die Stelle Joel III. 5. nicht. Denn, sie saget eben dieß, was hier Paulus lehret. Man kann es aus Apost. Gesch. II. 14. u. ff. lernen. GOtt verkündiget durch den Propheten V. 1. und 2. die herrliche Ausgiessung des Heiligen Geistes; er verkündiget V. 3. und 4. die schrecklichen Strafgerichte, welche das jüdische Volk betreffen sollen; er verheisset V. 5. daß diejenigen noch sollen gerettet werden, die den Namen des HErrn anrufen, oder sich zu Christo bekehren.

(c) Er brauchet sie in eben dem Verstande; wie sich leicht zeigen liesse, wenn es hier der Raum verstattete: sonst müßte Paulus, oder, vielmehr der Heilige Geist, die Worte des alten Testamentes in einem falschen Verstande anführen, und daraus beweisen, was sie nicht beweisen. Dieß läßt sich nicht ohne Gotteslästerung gedenken. Wenn Locke diese Worte anders verstehet, als Moses, und Paulus; so ist es seine, und seiner Vorurtheile, Schuld. Man muß das alte Testament aus dem neuen, oder Schrift aus Schrift, erklären.

15. und wie sollen sie predigen, wenn sie nicht gesendet werden (37)? Denn, so stehet geschrieben: wie lieblich sind die Füsse derer, die den Frieden verkündigen, die das Gute verkündigen?

15. Wie sollen sie aber predigen, wo sie nicht gesandt werden? Wie denn geschrieben stehet: wie lieblich sind die Füsse derer, die den Frieden verkündigen, die das Gute verkündigen.

16. Allein, wenn gleich GOtt, das Evangelium zu predigen, Bothen sendet, so ist doch nicht zu hoffen, daß alle solches annehmen, und ihm gehorchen (38). Denn, Jesaias hat es voraus

16. Aber sie sind nicht alle dem Evangelio gehorsam. Denn, Jesaias spricht: HErr, wer glaubet

(37) S. Paulus ist überall bedacht, sich, so viel als möglich, bey seinen Brüdern, den Juden, in Gunst zu erhalten. Mag nicht also dieser, nebst den zween vorhergehenden Versen, als eine Vertheidigung angesehen werden, daß er sich, nach dem Inhalte dieser ganzen Epistel, und in dem folgenden Capitel V. 13. mit deutlichen Worten, der Heyden Apostel nennet (a)? Er hat in diesem Capitel V. 12. gezeiget, daß beyde Juden, und Heyden, allein durch die glaubige Annahme des Evangelii von Christo selig werden müssen. Da dem also ist, so mußte Jemand, sie zu lehren, gesendet werden: und folglich hatten die Juden nicht Ursache, über Jemand, dem diese Verrichtung aufgetragen war, ungehalten zu seyn.

(a) Er wendet vielmehr in den ersten Worten des 14ten Verses das bisherige auf die Juden an: Wie können diese JEsum als ihren HErrn anrufen, und also selig werden, da sie nicht an ihn glauben? Und nun kommt er in dem folgenden einem hieraus entstehenden Einwurfe vor, der also lautet: Vielleicht aber ist den Juden das Evangelium von Christo, weil sie nicht an ihn glauben, nicht deutlich genug verkündigt worden? Denn, diese Dinge folgen natürlich aus einander: man kann Niemand anrufen, an den man nicht glaubet, an Niemand glauben, von dem man nie gehöret hat, von Niemand hören, wenn Niemand da ist, der von ihm Nachricht giebt, und Niemand kann solche geben, wenn er nicht dazu gesendet wird. Freylich ist das Evangelium etwas angenehmes, wie geschrieben stehet: wie lieblich sind die Füsse ———; ist also das Evangelium den Juden etwa nicht verkündigt worden? O, nur gar zu oft, und deutlich! Aber (V. 16.) sie sind nicht alle dem Evangelio gehorsam -——. So hänget alles zusammen. Warum soll sich Paulus bey den Juden entschuldigen, daß er den Heyden predigte? Er predigte ja erst den Juden, und, da diese ihn von sich stiessen, hernach den Heyden.

(38) Aber sie sind nicht alle dem Evangelio gehorsam. Dieß scheinet ein jüdischer Einwurf gegen das, was S. Paulus gesagt hat, zu seyn (a); und er antwortet in diesem, und dem folgenden, Verse darauf. Der Einwurf, und dessen Beantwortung, scheinen diesen Inhalt zu haben: Ihr saget uns, daß ihr von GOtt gesendet seyd, das Evangelium zu predigen; wie kommt es, wenn dem also ist, daß nicht

bet unserm Predigen?

voraus gesagt, daß sie solches nicht thun würden, und gesprochen: HErr, wer glaubet unserm Predigen?

17. So kommt der Glaube aus der Predigt, das Predigen aber durch das Wort GOttes.

17. Was wir hieraus lernen können, ist dieses, daß der Glaube aus der Predigt, und die Predigt aus dem Worte GOttes, kommt, d. i. aus dem in der heiligen Schrift geoffenbarten (oder von GOtt unmittelbar eingegebenen) Evangelio, welches diejenigen, die GOtt, als Prediger desselben, gesendet hat, denen, die nichts davon wußten, bekannt gemachet haben (*): und daher habt ihr nicht nöthig, Christum vom Himmel herunter zu holen, daß er persönlich (sichtbar) zu euch komme, und euer Heiland sey.

18. Ich sage aber: Haben sie es nicht gehöret? Zwar es ist je in alle Länder ausgegangen ihr

18. Es ist genug, daß beyde Juden, und Heyden, von ihm durch seine Bothen gehöret haben, deren Stimme in die ganze Erde ausgegangen, und deren Worte in die äussersten Theile

nicht alle, die solches gehöret, dasselbe auch angenommen, und ihm gehorchet, haben? da doch, wie ihr vorgebet, diejenigen, die das Gute verkündigen, ihnen so angenehm sind? Hierauf antwortet er aus dem Jesaia, daß nicht alle den von GOtt gesendeten Bothen glauben. Und aus diesen Worten Jesaiä ziehet er einen Schluß, womit er seine gegenwärtige Abhandlung bestätigt; nämlich, daß man durch das Hören des Wortes, wenn man demselben glaubet, selig werde. Er hatte V. 8. geschrieben, sie müßten dadurch selig werden, daß sie das ῥῆμα πίστεως, das Wort vom Glauben, nahe, oder gegenwärtig, bey sich hätten, und nicht durch die leibliche Gegenwart des Erlösers. Dieß ῥῆμα, Wort, sagt er V. 17. würde ihnen, und den Heyden, durch die Predigt zugebracht, so daß es ihre eigene Schuld wäre, wenn sie nicht daran glaubten, und selig würden.

(a) Es hänget alles weit natürlicher zusammen, wenn diese Worte kein Einwurf sind; und selber die lockische Umschreibung hat einen bessern Verstand.

(*) Kürzer, und natürlicher, kann man diesen Vers so umschreiben: Freylich kommt also der Glaube aus der Predigt (wie selbst der V. 16. angeführte Spruch Jesaiä beweiset), die Predigt aber aus dem Worte GOttes. Paulus giebt in diesen Worten nochmals den in der andern Hälfte des 14ten Verses, und V. 15. vorgetragenen Einwurf zu, weil er ihn V. 16. selbst aus dem Jesaia bestätiget hat: allein, er führet auch zugleich die schon V. 16. hierauf gegebene kurze Antwort bis zu Ende dieses Capitels deutlicher, und weitläufiger, aus. Allein, sage ich, schreibt er V. 18. haben sie es nicht gehöret? Es ist ja in alle Lande — — —. Diese Verbindung ist natürlicher, als die, welche Locke in folgender Umschreibung giebt.

Theile der Welt, weit über die Gränzen des jüdischen Landes hinaus, gedrungen sind.

19. Allein, frage ich, hat (es) Israel [das] nicht erkannt (39) [daß die Heyden aufgenommen,

ihr Schall, und in alle Welt ihre Worte.

19. Ich sage aber: Hat es Israel nicht erkannt?

Der

(39) Hat es Israel nicht erkannt? S. Paulus scheinet in diesem, und dem folgenden, Verse eine jüdische Einwendung folgendes Inhaltes zu vermuthen; sie hätten die Verwerfung nicht verdienet, weil sie nicht gewußt hätten, daß die Heyden sollten in die Kirche aufgenommen werden (a), und wären folglich zu entschuldigen, wenn sie eine Religion nicht annähmen, worinnen sie sich mit den Heyden vermengen müßten: und hierauf antwortet er in dem folgenden Verse.

(a) Die Schrift saget nirgends, daß die unglaubigen Juden deswegen verworfen worden seyen, weil sie die Heyden nicht hätten neben sich in der Kirche leiden wollen; und sie kann es nicht sagen, da die unglaubigen Juden nie wahre Glieder der Kirche GOttes gewesen sind. Paulus kann also auch in unserer Stelle diese Einwendung nicht im Sinne haben. Allem Ansehen nach hat Locke die aus 5 B. Mos. XXXII. 21. hier angeführte Stelle nicht mit den vorhergehenden Versen in einen rechten Zusammenhang bringen können; und ist dadurch auf diese Muthmassung gerathen. Allein, der Zusammenhang ist dieser: V. 18. hat Paulus bewiesen, daß die Predigt des Evangelii in alle Welt ausgegangen sey. Nun fähret er V. 19. fort: Allein, frage ich noch einmal, hat sie Israel nicht erkannt? Leider nicht. Denn, es ist von je her ein halsstarriges Volk gewesen, das sich der größten Undankbarkeit, und Widerspenstigkeit, gegen GOtt schuldig gemachet hat. Der erste, der ihnen dieses vorrücket, ist Moses, welcher spricht: ich will euch eifern machen — ———. Alles, was vor der angeführten Stelle beym Mose vorhergehet, ist eine Beschreibung der Undankbarkeit des jüdischen Volkes, die sich damit endiget, daß nach V. 20. GOtt sein Anclitz vor ihnen verbergen, und, so wie sie ihn durch ihre Abgötterey zum Zorne gereizet, wie sie ihn verlassen, und fremden Göttern nachgehuret haben, sie ebenfalls durch ihre Verlassung, und Annehmung eines fremden, und unverständigen, Volkes, der Heyden, kränken, und zur Eifersucht reizen, wolle, ob sie sich etwa so bekehren würden. Pauli Absicht ist nicht, wie Locke meynt, hier aus Mose zu beweisen, daß GOtt Israel verworfen, und die Heyden angenommen habe, sondern auf die Frage zu antworten: hat Israel die Predigt des Evangelii nicht erkannt, nicht verstehen, und einsehen, wollen? Er setzet einander entgegen V. 18: Μὴ οὐκ ἤκουσαν, haben sie es nicht gehöret? und hier: μὴ οὐκ ἔγνω, hat Israel (die Predigt des Evangelii) nicht erkannt? Das erste bejahet er: das andere verneinet er. Sein Beweis ist aus der schon von Mose beschriebenen Halsstarrigkeit, und weltlichen Denkungsart, des Volkes genommen, die so weit gehen würde, daß GOtt es endlich durch seine Verlassung kränken, aber doch in der Absicht kränken, müßte, daß er etwa noch einige aufmunterte, dem Exempel der Heyden, dieses unverständigen Volkes, zu folgen, und die Gerechtigkeit aus dem Glauben zu suchen. Diese Halsstarrigkeit des Volkes GOttes, bey der Bekehrung der Heyden, beweiset er V. 20. und 21. aus dem Jesaia noch weiter.

Der erste Moses spricht: Ich will euch eifern machen über dem, das nicht mein Volk ist; und über einem unverständigen Volk will ich euch erzürnen.

men, und zu GOttes Volk gemacht werden sollten]? Der erste, der ihnen dieß im Namen GOttes gesaget hat, ist Moses, welcher spricht: ich will euch eifern machen über dem, das nicht mein Volk ist; und über einem unverständigen Volk will ich euch erzürnen.

20. Jesaias aber darf wohl sagen: Ich bin erfunden von denen, die mich nicht gesucht haben; und bin erschienen denen, die nicht nach mir gefragt haben.

20. Jesaias aber erkläret es noch viel deutlicher (saget es kühne heraus) in diesen Worten: Ich bin erfunden von denen, die mich nicht gesucht haben; und bin erschienen denen, die nicht nach mir gefragt haben.

21. Zu Israel aber spricht er: Den ganzen Tag habe ich meine Hände ausgestrecket, zu dem Volk, das ihm nicht sagen lässet, und widerspricht.

21. Zu Israel aber saget er, um seine Widerspenstigkeit anzuzeigen: Den ganzen Tag habe ich meine Hände ausgestrecket zu dem Volk, das ihm nicht sagen lässet, und widerspricht.

Neunter Abschnitt.

Cap. XI. Vers 1 — 36.

Der Apostel zeiget in diesem Capitel den künftigen Zustand der Juden, und Heyden, in Ansehung des Christenthums; nämlich, daß, wenn gleich die Juden ihres Unglaubens willen seyen verworfen, und an ihrer Stelle die Heyden zu GOttes Volk angenommen worden, doch noch einige wenige Juden an Christum glaubten, und also ein kleiner Ueberrest von ihnen noch immer GOttes Volk, und mit den bekehrten Heyden in die christliche Kirche aufgenommen wäre: daß aber dereinst, wenn die Fülle der Heyden würde eingegangen seyn, das ganze Volk würde zum Evangelio bekehrt, und wieder zu GOttes Volk angenommen werden (*).

Der-

(*) Wer dieses Capitel aufmerksam, und ohne Vorurtheile, liest, wird von allem, was Locke dariunen verkündigt siehet, nicht die geringste Spur finden. Der erste Vers enthält den darinnen ausgeführten Satz fragweise: Hat denn GOtt sein Volk verstossen? Dieß läugnet der Apostel aus folgenden Gründen: 1. Sonst müßte

Der Apostel nimmt auch daher, daß GOtt die Juden verworfen habe, Gelegenheit, die bekehrten Heyden zu warnen, auf ihrer Hut zu seyn: weil, da GOtt sein altes Volk, die Juden, um ihres Unglaubens willen verworfen habe, die Heyden nichts bessers erwarten könnten, wenn sie von dem Glauben abfielen, und in dem Gehorsam des Evangelii nicht beständig blieben.

müßte er selbst verstossen seyn, da er doch auch ein Israeliter sey, V. 1. Sonst könnte GOtt sich nicht 2. einige davon auserwählet haben, V. 2 – 5. Er hat sich aber diejenigen auserwählet, die nicht verstockt mit ihren Werken alles zu erhalten suchen, sondern sich in die göttliche Gnadenordnung schicken, V. 6 – 10. verglichen mit Cap. IX. 14 – 17. 31 -- X. 13. GOtt hat 3. die unglaubigen, und verstockten Juden nicht verworfen, sondern sie sind selbst an den Fels der Aergerniß, Christum (Cap. IX. 33.), angelaufen, V. 11. Er hat dabey 4. nicht die Absicht gehabt, daß sie fallen, und liegen bleiben sollten; sondern vielmehr, sie durch das Beyspiel der Heyden, die bey dieser Gelegenheit an ihrer statt in die Kirche aufgenommen werden, zu einer heilsamen Nacheiferung zu reizen, und auf diese Weise seine Kirche zu vergrössern, V. 11 – 15. Daher können 5. die Juden noch immer Gnade finden, wenn sie von ihrem Unglauben lassen, so wie die nun glaubigen Heyden auch wieder können verworfen werden, wenn sie in Unglauben fallen, V. 16 -- 32. Denn α. die den Vätern der Juden für ihre ganze Nachkommenschaft geschehenen göttlichen Verheissungen gelten noch immer, V. 16. β. Daß so viele Juden gefallen, und die Heyden an ihre Statt gekommen, sind, giebt den Heyden kein Recht sicher zu seyn, V. 17 – 19. γ. Die Juden sind verworfen um ihres Unglaubens willen: aus eben der Ursache können auch die Heyden wieder verworfen werden, V. 20. 21. 22. δ. Die Juden werden, wenn sie nicht im Unglauben bleiben, wieder zu Gnaden angenommen werden, V. 23. 24. ε. Bis dieses geschehe, wird die durch den Abfall so vieler Juden in der Kirche GOttes verursachte Lücke durch die glaubigen Heyden ausgefüllet, und also bleibet Israel dennoch ganz, und keine göttliche Verheissung unerfüllet, V. 25 -- 27. ζ. Die göttliche Absicht ist noch jetzo, sie sollen sich bekehren, V. 28 – 32. Nachdem dieses ausgeführet ist, beschliesset der Apostel seinen Vortrag mit Bewunderung der göttlichen Weisheit in der ganzen Heilsordnung, V. 33 – 36. Hier ist also keine Weissagung einer noch zu hoffenden Judenbekehrung, wohl aber eine Erklärung, wie, und auf was Weise dieselbe möglich sey: ob sie bevorstehe, hat GOtt nicht gefallen, uns in diesem Capitel zu offenbaren.

Paraphrastische Erklärung.

1. Ich sage also: Hat denn GOtt sein Volk, die Juden, völlig verworfen, daß sie nicht mehr sein Volk seyn sollen (1)? Keinesweges! Denn,

Text.

1. So sage ich nun: Hat denn GOtt sein Volk verstossen? Das sey

(1) Diese Frage geschiehet in der Person eines Juden (a), der in dem vorhergehenden Capitel die Einwürfe gemachet hat, und solche hier fortsetzet.

(a) Warum soll ein Jud diese Frage thun, da sie nichts enthält, was nicht auch Paulus fragen kann? Ein Ausleger darf die redenden Personen weder willkührlich bestimmen, noch ohne Noth verändern. In den letzten Versen des vorhergehenden Capitels hat Paulus gar keine jüdischen Einwürfe im Sinne, wie bereits gezeigt worden ist.

sey ferne! Denn, ich bin auch ein Israeliter, von dem Saamen Abraham, aus dem Geschlechte Benjamin.

2. GOtt hat sein Volk nicht verstossen, welches er zuvor versehen hat. Oder, wisset ihr nicht, was die

Denn, ich selbst bin ein Israeliter, von dem Saamen Abrahams, von dem Stamme Benjamin.

2. GOtt hat sein Volk, welches er ehehin auf so besondere Art erkennet hat (2), nicht gänzlich verworfen. Wisset ihr nicht, was die Schrift in Ansehung des Eliä spricht (*)?

(2) S. Cap. VIII. 29. (a).

(a) Weder in dieser, noch in unserer gegenwärtigen, Stelle ist von einem Vorhererkennen, oder ehemaligem Erkennen, so wie sich solches Locke einbildet, die Rede. Er erkläret das Erkennen in der Bedeutung, welche im Hebräischen öfters das Wort ידע hat, da es so viel heisset, als einen besonderer Gunst, und Gewogenheit, würdigen, einen lieben, u. d. g. Vorher erkennen ist ihm also Cap. VIII. 29. so viel, als vorher lieben, und hier so viel, als ehemals lieben. Wie unbequem diese Bedeutung in beyden Stellen sey, ist daraus abzunehmen, weil sie auf diese Weise nichts, als einen sehr roh ausgedrückten, unbedingten Rathschluß, gegen allen Zusammenhang, und Endzweck des Apostels, enthalten müßten; nämlich Cap. VIII. 29. diejenigen, welche GOtt vorher geliebet hat, hat er vorher verordnet, dem Ebenbilde seines Sohnes ähnlich zu werden; und in unserm Verse: GOtt hat sein Volk, welches er ehehin auf so besondere Art geliebet hat, nicht gänzlich verworfen. Warum hat er es nicht gänzlich verworfen? weil er es ehehin auf besondere Art geliebet hat. Man nehme das Wort προέγνω in seiner ordentlichen Bedeutung: so fällt diese Schwierigkeit von beyden weg. Paulus saget in unserer Stelle: GOtt hat sein Volk nicht verworfen, welches er vorher erkannt hat, d. i. einmal, GOtt hat durchaus nicht sein Volk verworfen, welches er vorher erkannt hat, daß es den Messias annehmen, und sich in die von ihm gemachte Gnadenordnung schicken würde, wenn es gleich von dem verdorbenen jüdischen Volke abstammet. Dieses Volk, in wie weit es unglaubig, und verstockt, ist, ist eigentlich nicht sein Volk, weil nach Cap. IX. 6. nicht alle Israeliter sind, die von Israel sind. Hieraus folget zweytens, daß GOtt auch selbst das unglaubige Volk der Juden nicht schlechterdings, durch einen unbedingten Rathschluß, verworfen habe; weil er doch diejenigen daraus erwählet hat, von denen er nach seiner Allwissenheit voraus erkennete, daß sie nicht unglaubig seyn würden. Beydes führet Paulus in dem folgenden aus; das erste von V. 2–5. wo er an dem, zu Eliä Zeiten, in Israel eingerissenen Verderben zeiget, daß GOtt deswegen nicht das ganze Volk verwerfe, weil der größte Theil desselben von ihm abtrünnig worden ist, sondern nur diese wenigen von dem grossen Haufen absondere: das zweyte in den folgenden Versen.

(*) Deutlicher, dünkt mich, könnten die Worte: ἢ οὐκ οἴδατε ἐν Ἠλίᾳ übersetzt werden: Wisset ihr nicht aus dem Beyspiele, aus der Geschichte, des Elias, was die Schrift in einem ähnlichen Falle eines allgemein scheinenden Verderbens des jüdischen Volkes spricht?

Wie klaget er bey GOtt gegen Jsrael mit diesen Worten:

3. HErr, sie haben deine Propheten getödtet, und haben deine Altäre ausgegraben; und ich bin allein überblieben, und sie stehen mir nach meinem Leben?

4. Allein, was sagte die göttliche Antwort zu ihm: Jch habe mir lassen überbleiben sieben tausend Mann, die nicht haben ihre Knie gebeuget vor dem Baal (3), d. i. die der Abgötterey nicht schuldig worden sind.

5. Eben so ist (also) auch zu dieser Zeit aus Gnaden, und freyer Wahl, GOttes ein Ueberbleibsel aufbehalten, und abgesondert, worden.

6. Jst aber diese Erhaltung eines Ueberbleibsels aus Gnade, und Gunst, geschehen, so ist sie nicht um der Werke willen (4) geschehen: denn,

Schrift saget von Elia? wie er tritt vor GOtt wider Jsrael, und spricht:

3. HErr, sie haben deine Propheten getödtet, und haben deine Altäre ausgegraben; und ich bin allein überblieben, und sie stehen mir nach meinem Leben.

4. Aber, was sagt ihm die göttliche Antwort? Jch habe mir lassen überbleiben sieben tausend Mann, die nicht haben ihre Knie gebeuget vor dem Baal.

5. Also gehets auch jetzt zu dieser Zeit mit diesen Ueberbliebenen nach der Wahl der Gnaden.

6. Jsts aber aus Gnaden, so ists nicht aus Verdienst der Werke: sonst würde

(3) Baal, und Baalim, waren die Namen, womit die falschen Götter, und Götzen, welche die Heyden anbetheten, in der heiligen Schrift benennet werden. S. Richter II. 11 – 13. Hos. XI. 2.

(4) **So ists nicht aus Verdienst der Werke.** Diese Ausschliessung der Werke scheinet unrecht von denen verstanden zu werden, welche daraus schlüssen wollen, daß also zwischen den erwählten, und verworfenen, Personen nicht der geringste Unterschied Statt habe. Denn, so eine Wahl, wie die hier beschriebene ist, schliesset nicht die Gnade des Wählenden, sondern das Verdienst des Erwählten, aus. Denn, es ist deutlich, daß S. Paulus unter Werken Verdienste verstehet; wie auch aus Cap. IV. 2 – 4. erhellet. Das Gesetz forderte den vollkommensten Gehorsam. Wer solchen leistete (leisten konnte), hatte ein Recht auf die Belohnung: wer aber dieß nicht that, oder nicht thun konnte, hatte nach dem Gesetze zu nichts Recht, als zum Tode. Da also die Juden alle Sünder waren, so hätte GOtt, ohne Ungerechtigkeit, sie alle verwerfen können: keiner von ihnen konnte behaupten, daß er ein Recht zu dessen Gnade habe. Wenn er derohalben einige aus ihnen wählete, und übrig bleiben ließ, so war es lauter Gnade, ungeacht er in seiner Wahl diejenigen den übrigen vorzog, die am geschicktesten, und geneigtesten, zu seinem Dienste waren (a). Eine ganze Provinz rebellirt gegen ihren Fürsten, und ergreift

würde Gnade nicht Gnade seyn. Ists aber aus Verdienst der Werke, so ist die Gnade nichts: sonst wäre Verdienst nicht Verdienst.

denn, sonst würde Gnade nicht Gnade seyn. Ist sie aber um der Werke willen geschehen, so ist sie keine Gnade mehr: denn, sonst würde Werk nicht Werk seyn, d. i. Werke geben ein Recht, die Gnade erzeiget Wohlthaten, wozu man kein Recht hat; so daß, was von dieser gegeben wird, jenem nicht kann zugeschrieben werden.

ergreift die Waffen wider ihn: er entschlüßt sich, einige Rebellen zu begnadigen. Dieß ist ein Vorsatz der Gnade. Er überwindet sie, und wählet, als Gefässe seiner Barmherzigkeit, diejenigen aus, bey denen er am wenigsten Bosheit, Verstockung, und aufrührerische Gesinnung, findet (a). Diese Wahl stößt seinen gnädigen Vorsatz nicht um, und schränket ihn nicht ein; er bleibt feste stehen: sie befördert allein dessen Ausführung so, wie sie sich am besten für seine Weisheit, und Güte, schicket. Und in der That sehe ich nicht ein, wie man etwas eine Wahl nennen kann, ohne daß dabey auf einen Unterschied in den Dingen, die andern vorgezogen werden, gesehen werden soll. Man kann z. E. eine Hand voll Kieselsteine von einem Haufen wegnehmen; man kann sie wirklich wegnehmen, und von dem übrigen absondern: wenn es aber ohne Absicht auf den Unterschied der weggenommenen, und der zurückgelassenen, geschiehet, so wird meines Erachtens kein Mensch sagen, daß sie gewählet worden seyen.

(a) Locke hätte sagen sollen: diejenigen, von welchen er voraus sahe, daß sie die ihnen angebothene Gnade annehmen, und nicht muthwillig von sich stossen würden. Denn, der Unglaube, und Ungehorsam, sind die Ursachen, warum GOtt den größten Theil der Juden nicht in das Reich seines Sohnes hat aufnehmen können; wie dieß Paulus selbst Cap. X. 16. 21. saget, und Apost. Gesch. XIII. 46. Nun ihr aber das Wort GOttes von euch stosset, und achtet euch selbst nicht werth des ewigen Lebens ——— —, und Christus Matth. XXIII. 37. und ihr habt nicht gewollt. Unter allen gefallenen Menschen, und also auch unter den Juden, ist an und für sich zum Dienste GOttes keiner geschickter, und geneigter, als der andere. Das Beyspiel, welches Locke, seine Meynung zu erläutern, beybringet, ist, und bleibet, ein Beyspiel, und darf nicht weiter, als es die Sache verstattet, gebrauchet werden. Es verhält sich ganz anders mit Unterthanen, die von ihrem rechtmässigen Herrn abfallen, als mit den Menschen, die von GOtt abgefallen sind. Bey diesen lassen sich keine Grade der Bosheit, Verstockung, und aufrührischen Gesinnung, unterscheiden. Denn, es ist hie kein Unterscheid; sie sind allzumal Sünder, Röm. III. 23. sie sind alle abgewichen, und allesammt untüchtig: da ist keiner, der Gutes thue, auch nicht einer, Ps. XIV. 3. GOtt hat alles beschlossen unter den Unglauben, auf daß er sich aller erbarme, Röm. XI. 32. GOtt siehet auf keines Menschen geringere, oder grössere, Bosheit, sondern erbarmet sich aller; er beuth allen seine Gnade kräftig, und unermüdet, an: diejenigen, von denen er voraus gesehen hat, daß sie dieselbe nicht von sich stossen würden, hat er erwählet.

7. Wie ist dieß also? So ist es: Israel, oder das jüdische Volk, hat das, was es gesuchet hat (5), nicht erhalten; allein, die Wahl (6), oder derjenige Theil, welcher GOttes auserwähltes Volk bleiben sollte, hat es erhalten, die übrigen aber sind verblendet (7):
8. wie geschrieben stehet (8): GOtt hat ihnen

7. Wie denn nun? Das Israel suchet, das erlanget er nicht: die Wahl aber erlanget es, die andern sind verstockt.
8. Wie geschrieben stehet:

(5) Was es gesuchet hat, d. i. diejenige Gerechtigkeit, nach welcher es GOttes Volk bleiben sollte (a); s. Cap. IX. 31. Es ist zu merken, daß S. Paulus, da er von dem Vorrechte, GOttes Volk zu seyn, redet, in wie ferne es einem ganzen Volke zukommt, die Juden beständig mit dem allgemeinen Namen Israel nennet (b). Auf gleiche Weise nennet er das Ueberbleibsel, welches (weil es glaubig ist) sein Volk bleiben, mit den bekehrten Heyden in eine einige christliche Kirche vereinigt, den einzigen wahren GOtt in dem Reiche seines Sohnes bekennen, und auch von ihm, als sein Volk erkannt werden sollte, die Wahl.

(a) Warum nicht lieber: die Gerechtigkeit, die vor GOtt gilt? oder, das Gesetz der Gerechtigkeit? Röm. X. 3. IX. 30. 31.

(b) Dieß läßt sich schwerlich beweisen. Umgewendt, heissen Israel bald alle Nachkommen Jacobs, bald allein die wahren Glaubigen. Das letzte hat wohl Locke halb gesehen, und hier verwirrt vorgetragen.

(6) Wahl ist eine Benennung, die in einem einzigen Worte den ganzen Inbegriff der Erwählten ausdrücket (nomen collectivum), die er sonst das Ueberbleibsel, die Uebergebliebenen, nennet. Man mag diese Uebergebliebenen, oder diese Wahl, nennen, wie man will, so sind es diejenigen, welche die Gerechtigkeit aus dem Glauben, und nicht aus den Werken des Gesetzes, suchen, und so GOttes Volk werden, das Volk, welches er sich zu seinem Eigenthume erwählet hat.

(7) Verblendet, s. 2 Korinth. III. 13–16.

(8) Wie geschrieben stehet Jes. XXIX. 10. und VI. 9. 10. (a).

(a) Eigentlich stehen die Worte, die Paulus hier anführet, in keiner von diesen zwo Stellen vollkommen, sondern sie sind aus beyden, dem Inhalte nach, aus der Uebersetzung der LXX. zusammen gezogen. Daher kommt das πνεῦμα κατανύξεως, der erbitterte Geist, an statt daß Jes. XXIX. 10. nach dem Hebräischen ein Geist des harten Schlafes stehet. Ich habe nicht zu untersuchen, warum die LXX. das תַּרְדֵּמָה durch κατάνυξις übersetzet haben: es ist aber wahrscheinlich, daß sie sich unter diesem Worte, da es mit Geist verbunden ist, die allergrößte Unempfindlichkeit des Geistes vorgestellet haben. Da nun solche gemeiniglich bey boshaften Leuten entstehet, die man recht fleißig, und oft, mit Güte, und Ernst, bald ermahnet, bald strafet, und auf alle Weise zur Besserung zu bringen sucht: so haben sie durch diese Uebersetzung den Seelenzustand ihres Volkes recht natürlich ausgedrückt; und man siehet ein, warum Paulus

het: GOtt hat ihnen gegeben einen erbitterten Geist; Augen, daß sie nicht sehen; und Ohren, daß sie nicht hören bis auf den heutigen Tag.

ihnen gegeben einen erbitterten Geist; Augen, daß sie nicht sehen; und Ohren, daß sie nicht hören bis auf den heutigen Tag.

9. Und David spricht: Laß ihren Tisch zu einem Strick werden, und zu einer Berückung, und zum Aergerniß, und ihnen zur Vergeltung;

9. Und David sagt (9): Laß ihren Tisch zu einem Stricke, und zu einer Falle, und zum Steine des Anstossens werden, und ihnen zur Vergeltung dienen:

10. Verblende ihre Augen, daß sie nicht sehen, und

10. Lasse ihre Augen dunkel werden, daß sie nicht sehen können, und beuge ihren Rücken

Paulus dieses Wort beybehalten hat. Er zeiget nämlich durch den verbitterten Geist diejenige Gesinnung des jüdischen Volkes an, da solches durch seine lange Widersetzlichkeit gegen alle göttliche Wohlthaten, und Ermahnungen, Strafen, und Drohungen, Lockungen, und Schrecken, ganz unempfindlich worden ist, so daß es durch dieselben gar nicht mehr in Bewegung gesetzet wird. Daraus wird deutlich, was Augen seyen, die nicht sehen, u. s. w. Wenn aber Paulus mit dem Jesaias saget, daß ihnen GOtt dieses alles gegeben habe: so ist dieß eben so zu erklären, wie oben Cap. IX. 22. die Verstockung des Königes Pharao erkläret worden ist. GOtt that nämlich alles an dem Volke, was er thun konnte, um solches gegen seinen göttlichen Gnadenbund empfindlich, und auf denselben aufmerksam zu machen: allein, er erhielt damit weiter nichts, als daß es immer unempfindlicher wurde; nicht anders, als ob er ihnen durch so viele Bemühungen, und Einladungen, diesen unempfindlichen Geist selber beygebracht hätte.

(9) Psalm LXIX. 23. 24. (s).

(s) Im Namen des Messiä, der als GOtt und Mensch in einer Person diese Strafen seinen verstockten Feinden drohend wünschet. Man braucht daher nicht einmal die Worte: ihre Augen müssen finster werden, von der geistlichen Blindheit zu erklären. Es ist von derselben schon V. 8. die Rede gewesen. Die Worte dürfen nur die gewöhnliche Bedeutung haben, die das Helle, oder Dunkel, seyn der Augen im Hebräischen hat. Denn, Paulus führet nun auch die zeitlichen Strafen an, welche wegen der Verwerfung des Messiä über die verstockten Juden kommen sollen; und diese bestehen kurz darinnen, daß ihnen schlechterdings nichts glücklich von statten gehen, sondern alles, wo sie es auch am wenigsten vermuthen, zum Verderben gereichen soll. Es schickt sich dieser Ausdruck so besser zu dem unmittelbar darauf folgenden: und ihre Lenden laß immer wanken.

Rücken allezeit.

11. Was sage ich also? sage ich, daß sie so angelaufen seyen, damit sie fielen, ohne wieder aufstehen zu können? Das sey ferne! Sondern das sage ich, daß durch ihren Fall, durch ihre auf die Verwerfung des Evangelii erfolgte Verwerfung (10), die Heyden das Vorrecht erlanget haben, durch Annehmung der Heilslehre GOttes Volk zu werden, um die Juden zur Nacheiferung zu reizen.

12. Hat nun der Juden Fall zur Bereicherung des übrigen Theiles der Welt gedienet, und ihr Schaden zum Vortheile der Heyden, daß sie dadurch in die Kirche gekommen sind, wie vielmehr wird dieß ihre Erfüllung thun, wenn ihr ganzes Volk wieder wird hergestellet werden (*)?

13. Dieß

und beuge ihren Rücken allezeit.

11. So sage ich nun: sind sie darum angelaufen, daß sie fallen sollten? Das sey ferne! Sondern aus ihrem Fall ist den Heyden das Heil wiederfahren, auf daß sie denen nacheifern sollten.

12. Denn, so ihr Fall der Welt Reichthum ist, und ihr Schade ist der Heyden Reichthum: wie vielmehr, wenn ihre Zahl voll würde?

13. Mit

(10) Daß dieß hier der Verstand des Falles ist, kann man aus Apost. Gesch. XIII. 46. sehen (a).

(a) Es ist also nicht eine solche Verwerfung, nach welcher GOtt die Juden verworfen hat, als vielmehr eine solche, da die Juden das göttliche Wort verworfen, und sich selbst der darinnen angebothenen Gnade verlustig gemachet haben.

(*) Locke umschreibet die letzten Worte dieses Verses so, als wenn im Texte deutlich das Futurum stünde, da doch in demselben gar kein Zeitwort ausgedrückt ist, sondern bloß aus dem ganzen Zusammenhange durch den ganzen Vers ergänzt werden muß. Nun ist in der ersten Hälfte nichts so leicht, als das Wörtchen ist zu ergänzen, welches auch der s. Luther in seiner Uebersetzung durch ist ausgedrücket hat: allein, wie folgt daraus, daß man in der zwoten Hälfte ἔσται wird, im strengen Verstande, ergänzen muß, wenn man nicht willkührlich die noch zu hoffende grosse Judenbekehrung mit Locken schon zum voraus setzet? Man kann es wenigstens nie mit Gewißheit setzen, so lange sie noch aus dieser Stelle erst bewiesen werden soll. Darf ich meine Gedanken frey sagen; so kommt es hier auf die Worte, auf den Zusammenhang, und endlich auf des Apostels Endzweck, an. 1. Wer der hebräischen Sprache kundig ist, und bedenket, daß die Schriftsteller des neuen Testamentes oft hebräisch gedacht haben, der wird unter den Worten: παράπτωμα, πλοῦτος, ἥττημα, πλήρωμα, nicht nothwendig Abstracta, Fall, Reichthum, Schade, Erfüllung, sondern eben so leicht Concreta suchen; nämlich die Menge der gefallenen Juden, eine desto grössere Zahl von Heyden, die in die Kirche GOttes eingehen, eine unvollkommene Anzahl Juden, alle Juden. Nimmt man die Worte so; so wird man unsern Vers folgendermassen umschreiben können:

Wenn

Wenn aber das, daß so viele Juden von GOtt abgefallen sind, dazu Gelegenheit gegeben hat, daß eine desto grössere Menge Menschen aus dem übrigen Theile der Welt sich zu Christo bekehrte; und wenn das, daß zu wenig Juden sich zu Christo bekehret haben, eine Gelegenheit worden ist, daß sich zu ihm desto mehr Heyden sammelten: wie vielmehr würde dieses geschehen seyn, oder künftig geschehen, wenn sich alle Juden bekehrten? Ich erinnere noch einmal, daß in diesem ganzen Verse kein Zeitwort ausgedrücket ist, sondern immer ergänzt werden muß. Diese Ergänzung ist in dem ersten Theile des Verses, der den Vorsatz enthält, gar nicht schwer, da sie blos aus dem, was geschehen ist, genommen werden darf, und die Geschichte lehret, daß durch die Widerspenstigkeit des größten Theiles der Juden, welche die Apostel von sich stiessen, diese Gelegenheit bekamen, das Evangelium desto reichlicher unter den Heyden zu predigen. Allein, was soll man im Nachsatze von den Worten an: wie vielmehr — ergänzen? Da die Zahl der Juden zu der Apostel Zeit nicht voll worden ist: so kann offenbar nicht wieder, wie im vorhergehenden Theile des Verses, ist gesetzet werden. Folget aber daraus, daß man mit Locken, und andern, so zuversichtlich wird setzen darf? 2. Man sehe auf den Zusammenhang. Der Apostel saget V. 11. gar nicht, daß die unglaubigen Juden zu dem Ende angelaufen seyen, daß bey dieser Gelegenheit die Heyden so gleichsam in die Kirche einschlichen. Locke bildete sich dieses ein, wie seine Umschreibung der folgenden Verse lehret. Allein, der Text saget solches mit keinem Buchstaben. Er saget vielmehr: aus, oder durch ihren Fall ist den Heyden das Heil wiederfahren, und drücket darauf erst eine ganz andere göttliche Absicht, nicht des Falles der Juden, sondern der Aufnahme der Heyden, aus; auf daß sie, die Juden, denen nacheifern sollten. Selbst der Zulauf der Heyden sollte die Juden reizen, die angenehme Zeit, und den Tag des Heils, nicht zu versäumen. So hat es Jesaias Cap. II. 2 – 5. schon vorgestellet: Es wird zur letzten Zeit der Berg, da des HErrn Haus ist, gewiß seyn, höher, denn alle Berge — — und werden alle Heyden dazu laufen, und viel Völker hingehen, — — — —. Kommet ihr nun vom Hause Jacob, lasset uns wandeln im Licht des HErrn. Da aber die Juden dieses damals nicht gethan haben, da ihnen das Evangelium so feyerlich ist verkündiget worden, als hernach nicht wieder geschehen ist: so ist es wohl auf keine vernünftige Weise wahrscheinlich, daß sie es künftig thun werden, wo keine so feyerliche Einladung mehr zu hoffen, noch in der heiligen Schrift verheissen, ist. Es hilft auch nichts, sich an die Worte des 25sten Verses zu hängen: so lange bis die Fülle der Heyden eingegangen sey, und daraus zu schlüssen, daß, wenn dieses einst wird geschehen seyn, die Reihe, GOttes Volk zu heissen, wieder an die Juden kommen sollte. Denn, dadurch setzt man wieder etwas voraus, was sich aus der heiligen Schrift auf keine Weise darthun läßt. Was ist die Fülle der Heyden? Sind es alle heydnische Völker, so daß keines übrig bleiben soll, welches sich nicht noch vor dem jüngsten Tage zur Kirche Christi bekehrte, und nach welchen sich auch die Juden bekehren sollen? Wo ist dieß in der Schrift gegründet? und was haben die späten Nachkommen vor ihren jetzt lebenden Voreltern voraus, oder die Völker, welche kurz vor dem Ende der Welt leben werden, vor denen, die zu der Zeit des alten Testamentes lebten? Sind es aber nur die Nachkommen derer, die nach und nach in die Kirche eingegangen, und zum Theile noch darinnen sind: wie kommt es, daß GOtt allein auf diese wartet, und die Juden nicht eher annimmt? Sind es aus allen heydnischen Völkern einige, nämlich diejenigen, welche die ihnen kräftig, und ernstlich, angebothene Gnade annehmen? Warum wartet GOtt mit der Begnadigung der gefallenen Juden so lange? Es läßt

13. Dieß sage ich euch Heyden: da ich der Heyden Apostel bin, so mache ich mein Amt herrlich (11):

14. damit

13. Mit euch Heyden rede ich: denn, dieweil ich der Heyden Apostel bin,

immer bey dieser Erklärung der Fülle der Heyden, als wenn GOtt die Juden, (wie die Vertheidiger ihrer vermeyntlich noch bevorstehenden allgemeinen Bekehrung ohne sich auf etwas dem unbedingten Rathschlusse ähnliches zu berufen, nicht werden läugnen können); es läßt, sage ich, als wenn GOtt nicht Gnade genug gehabt hätte, oder noch hätte, Juden, und Heyden, zugleich zu versorgen, als wenn die Kirche des neuen Testamentes nicht groß genug wäre, sie alle zu fassen, als wenn nicht Lehrer des Evangelii genug gewesen wären, sie alle zu unterrichten. Denn, wie will man sonst das so lange bis, und V. 11. daß durch ihren Fall den Heyden Heil wiederfahren sey, nach dem Sinne dieser Leute, anders erklären? und was will man von diesem Verzuge sonst für eine Ursache angeben? Dieß ist aber augenscheinlich falsch, da GOtt die Juden schon zu Pauli Zeit reizen wollte, den Heyden nachzueifern, V. 11. 14. und Paulus V. 15. viel zu freudig von dem Falle redet, wenn sie sich zur Bekehrung reizen liessen. Der Zusammenhang unserer Stelle enthält also nichts, woraus man eine künftig zu erwartende grosse Judenbekehrung schlüssen, und weswegen man mit Locken das wird in den vorhabenden Worten ergänzen kann. Paulus wünschet V. 14. im Gegentheile, nur etliche selig machen zu können. Es folget aber 3. die lockische Umschreibung auch nicht aus dem Endzwecke des Apostels. Dieser ist, nach V. 1. zu zeigen, daß GOtt sein bisheriges Volk, die Juden, nicht verstossen habe. Er beweißt dieß auf die in der Einleitung gezeigte Art, und setzt die Hauptursache des Falles so vieler Juden V. 20. in ihrem Unglauben; er warnet vor dem nämlichen Unglauben auch die bekehrten Heyden, V. 18. 21. 22; er versichert V. 23. daß die Juden, so sie nicht bleiben in dem Unglauben, wieder werden in die vorige göttliche Gnade, und Gemeinschaft der Kirche, kommen, und GOtt sie dahin aufnehmen könne, daß indessen, wenn dieses auch nicht geschehe, doch die Kirche nicht mangelhaft bleibe, V. 24. u. f f. Gehöret denn nun zu diesem Endzwecke des Apostels, daß er auch melde, es würden sich einmal alle Juden bekehren, oder, wenigstens äusserlich wieder GOttes Volk werden? Ist es nicht genug, daß der Apostel zeiget, sie seyen nicht schlechterdings verworfen? die Gnade stehe ihnen bis ans Ende der Welt offen? sie können sich noch bekehren? brauchen wir mehr zu wissen?

(11) S. Paulus machte sein Amt, als der Heyden Apostel, herrlich, nicht allein, indem er den Heyden das Evangelium predigte, sondern auch, indem er sie ferner, wie V. 25. versicherte, daß, wenn das jüdische Volk wieder würde hergestellet werden, auch die Fülle der Heyden eingehen sollte (a).

(a) Hier haben wir die so sehr zu wünschende, und gewiß keinem Freunde Christi misfällige, allgemeine Heyden- und Judenbekehrung! Aber wo stehet sie im Texte? In unserm Verse stehet sie nicht; und der 25te Vers, wenn er sie auch enthalten soll, saget gerade das Gegentheil von dem, was hier Locke vorgiebt. Er saget, daß erst die Heyden eingehen sollen, und hernach die Juden wieder zu GOttes Volk angenommen werden. Dieß drehet Locke in dieser Anmerkung um: und damit er seiner Meynung einigen Schein gebe, so richtet er seine Umschreibung darnach ein, und übersetzt [illegible] durch herrlich machen; da

man

bin, will ich mein Amt preisen;

14. Ob ich möchte die, so mein Fleisch sind, zu eifern reizen, und ihrer etliche selig machen.

15. Denn, so ihrer Verlust der Welt Versöhnung ist: was wäre das anders, denn das Leben

14. damit ich etwa die Juden, die mein eigen Fleisch und Blut sind, auf eine Weise zur Eifersucht reizen, und einige von ihnen auf den Weg zur Seligkeit bringen möge.

15. Denn, wenn ihre Verwerfung ein Mittel(*) zur Versöhnung der Welt ist, was wird(**) ihre Wiederherstellung, wenn sie wieder zu Gnaden angenommen sind, anders seyn, als

man es doch, vermöge des Zusammenhanges der Rede, und des Endzweckes, Pauli viel natürlicher durch preisen, oder rühmen, übersetzt. Wie macht Paulus, als der Heyden Apostel, dadurch sein Amt herrlich, daß er den Heyden, nach Lockens Meynung, verkündigt, das jüdische Volk würde wieder hergestellet werden, und alsdenn auch die Fülle der Heyden eingehen? Würde es nicht eben so herrlich seyn, wenn er dieses nicht verkündigte? Macht es nicht schon die Predigt von Christo herrlich genug? Ist es nicht viel natürlicher, mit dem s. Luther zu übersetzen: ich will mein Amt preisen, oder rühmen. Er rühmet nämlich sein Amt dadurch, daß er V. 11. saget: durch der Heyden Bekehrung sollten nach der göttlichen Absicht die Juden zur heilsamen Nacheiferung gereizet werden, und V. 12. es würden sich noch mehrere Heyden bekehren, wenn sich nur alle Juden bekehrten. Der Schluß hieraus ist ganz natürlich der: Paulus verrichtet ein wichtiges, ein heilsames, ein höchst nützliches Werk, daß er den Heyden so unermüdet das Evangelium predigt; weil er dadurch nicht allein Heyden bekehret, und selig macht, sondern selbst den Juden, ihnen nachzueifern, Anreizung giebt.

(*) Daß der Juden Verwerfung ein Mittel zur Versöhnung der Welt sey, saget Locke, aber der Text nicht; und man muß das Wort Versöhnung in sehr uneigentlichem Verstande nehmen, wenn man diese Redensart nur entschuldigen will. Aber auch so ist der Gedanke noch falsch. Denn, GOtt würde ja doch, wenn auch alle Juden Christum glaubig angenommen hätten, die Heyden in seine Kirche haben aufnehmen können, und aufgenommen haben; wie er solches durchgängig in den Propheten verheissen hat. Wer wird sich einfallen lassen, die hieher gehörigen prophetischen Stellen nur bedingungsweise zu erklären, daß die Heyden auf den Fall sollten angenommen werden, wenn die Juden das Evangelium verwerfen würden? Ihre Verwerfung ist also nicht einmal in diesem Verstande ein Mittel, oder Weg, zur Versöhnung der Welt. Die Versöhnung, und das Mittel, hier in eigentlichem Verstande zu nehmen, ist ohnehin völlig ungeschickt, da das Mittel der Versöhnung der ganzen Welt Christi Verdienst ist.

(**) Daß das wird in Lockens Umschreibung hier übel angebracht sey, ist schon in der Anmerkung über V. 12. gezeiget worden.

als Leben aus dem Tode (*), worinnen sich alle Menschen aus allen Völkern befinden?
16. Denn,

Leben von den Todtennehmen?
16. Ist

(*) Hier ist die Umschreibung, gelinde zu reden, wie mich dünkt, nicht deutlich genug. Wie kann die Wiederherstellung der Juden, wenn sie wieder, nach der lockischen Erklärung, zu Gnaden angenommen sind, von andern Völkern abgesondert GOttes Volk ausmachen, und in Canaan wohnen (s. V. 23.), das Leben aus dem Tode seyn, worinnen sich alle Menschen aus allen Völkern befinden? besonders da Locke hier nichts von dem ewigen Leben wissen will (s. V. 26.). Das kann andere Völker nichts helfen, wenn die Juden wieder ihrer ehemaligen Vorzüge geniessen; da sie doch nicht alle mit ihnen in Canaan wohnen können: und das blosse äusserliche Bekenntniß des Christenthums machet auch bey Juden, und Heyden, ein schlechtes Leben aus dem Tode aus. Ἡ ἀποβολὴ αὐτῶν ist in unserer deutschen Uebersetzung wohlbedacht gegeben: ihrer Verlust, und bedeutet beynahe eben das, was V. 12. ἥττημα, eine unvollkommene Anzahl Juden hieß. Der Apostel setzet auch hier wirklich den V. 12. angefangenen Schluß fort, und machet ihn, nach dem Zwischensatze V. 13. 14. deutlicher. Es hiessen V. 12. die letzten Worte: wie vielmehr würde dieses geschehen, daß sich zu Christo mehr Heyden sammelten, wenn sich alle Juden bekehreten? Davon enthält der gegenwärtige Vers den Beweis. „Denn, ist so vieler Juden, die nicht in die Kirche „Christi gekommen sind, Verlust, καταλλαγὴ κόσμου —— “. Man muß nur nicht καταλλαγὴ durch Versöhnung übersetzen, weil dieses Wort hier zweydeutig ist, und leicht von Jemand für eine solche Versöhnung genommen werden kann, dergleichen die verdienstliche Versöhnung JEsu Christi ist. Es heißt auch, und zwar nach dem Buchstaben, Wiedervereinigung, ohne dabey unmittelbar auf eine verdienstliche Ursache zu sehen. Betrachtet man nun den Zustand der Heyden vor dem ihnen verkündigten Evangelio: so waren sie, nach Eph. II. 12. 13. fremde, und ausser der Bürgerschaft Israel, und fremde von den Testamenten der Verheissung, und hatten keine Hofnung, und waren ohne GOtt in der Welt, sie waren ferne; weil sich die heydnischen Völker, die anfänglich von ihren glaubigen Vorfahren alle die wahre geoffenbarte Religion erhalten hatten, mit der Zeit immer mehr von derselben, und dem einigen wahren GOtt, abgesondert hatten. Da aber die Apostel das Evangelium der ganzen Welt predigten, und solches mehr Heyden, als Juden, annahmen, so wurden diese Heyden bey der Gelegenheit, daß die meisten Juden abfielen, und der Kirche GOttes einen Verlust machten, wieder mit GOtt, und seiner glaubigen Kirche, vereinigt. Unser Vers wird also bis hieher deutlicher so umschrieben werden: „Denn, ist so vieler Juden, die nicht in die Kirche Christi gekom„men sind, Verlust, die Wiedervereinigung, oder, die Gelegenheit zur kur„tigern, und frühern Wiedervereinigung der Welt mit GOtt, und seiner Kir„che, geworden: —— “. Nun wird das folgende τίς ἡ πρόσληψις u. s. w. leicht zu erklären seyn. Πρόσληψις heißt nicht: Wiederherstellung, sondern Hinzusetzung, Hinzufügung, Vereinigung; wie man schon aus der Bedeutung des Wortes προσλαμβάνειν, die es in vielen Stellen des neuen Testamentes hat, sehen kann. Paulus saget also: „Was würde es erst, wenn zu diesen bekehrten „Heyden auch die noch unbekehrten Juden hinzugesetzt, und als Gläubige „mit ihnen vereiniget würden, anders seyn, als das Leben aus den Todten,

„d. i.

16. Ist der Anbruch heilig,

16. Denn, wenn die Erstlinge (12) heilig (13), und

„ d. i. daß nun gleichsam eine allgemeine geistliche Auferstehung wäre “; indem nicht nur so viele Heyden aus dem Tode der Sünden erwecket worden sind, sondern auch die Juden, als zweymal erstorbene Bäume (Judä 12.) wiederum mit einem neuen Leben begabet würden?

(12) Der Apostel bedienet sich hier dieser Anspielung, um zu zeigen, daß, da die Patriarchen, als die Wurzel des jüdischen Volkes, GOtt angenehm, und die wenigen bekehrten Juden, die zuerst in die christliche Kirche kamen, GOtt ebenfalls wohlgefällig, gewesen sind; diese gleichsam die Erstlinge, oder Bürgen (a), seyen, daß GOtt zu rechter Zeit wieder das ganze jüdische Volk in seine sichtbare Kirche aufnehmen, und zum Volke seines Eigenthumes, machen werde.

(a) Locke hat hier einen besondern Sprachgebrauch, da er Erstlinge, und Bürgen, oder Unterpfänder, für einerley hält. Der Erstling ist, wenn er nicht mit dem, was auf ihn folget, unzertrennlich, so wie z. E. Christus, das Haupt, mit den Gläubigen, als seinen Gliedern (1 Korinth. XV. 23.), verbunden ist, nicht Bürge, daß diesen Nachfolgenden eben das geschehen werde, was ihm geschehen ist. Und dieß findet sich gerade bey den Patriarchen, und ihren Nachkommen, den fleischlichen Juden. Die Patriarchen waren gläubig: die Juden ungläubig. Daher sind nicht alle Israeliter, die von Israel sind, Röm. IX. 6; und es ist das, was den Patriarchen um ihres Glaubens willen geschahe, keine Bürgschaft, daß dergleichen auch ihren ungläubigen Nachkommen wiederfahren werde. Darnach schlüsset Locke auch daher unrichtig, daß er, wie es scheinet, geglaubt hat, die Patriarchen wären mit GOtt in keiner weitern Verbindung gestanden, als daß sie seine sichtbare Kirche ausmachten. Es kommt hier alles auf den Begriff des Wortes heilig an.

(13) Heilig. Durch heilig wird hier die Heiligkeit, in Absicht auf einen andern verstanden, nach welcher ein Ding GOtt eigen ist (a).

(a) Locke siehet sehr wohl ein, daß hier von keiner moralischen Heiligkeit, oder der Vollkommenheit eines Dinges, an und für sich betrachtet, die Rede seyn könne. Denn, wie würde sich diese auf die Beyspiele von einem Teige, dessen Erstlinge heilig sind, und die ganze Masse heilig machen (welches Beyspiel in der lockischen Umschreibung ausgelassen ist); wie würde sie sich auf das Beyspiel von einem Baume, dessen erste Früchte GOtt geheiliget werden, schicken? Allein, er saget doch nicht genug, wenn er sich eine Heiligkeit in Absicht auf einen andern, eine relativische Heiligkeit (relative Holiness) gedenket; weil man wieder nicht weiß, was diese seyn soll. Man wird also den Begriff der hier genennten Heiligkeit aus den Beyspielen der Erstlinge, worauf sich Paulus beziehet, bestimmen müssen. Die Erstlinge im alten Testamente, sie mochten vom Gebackenen, oder von Baum- und Feldfrüchten, oder von der Heerde, seyn, waren nicht an und für sich heilig, sondern blos zu einem heiligen Endzwecke, und Gebrauche, bestimmt; da sie GOtt mußten dargebracht werden. Ehe die Erstlinge GOtt dargebracht waren, durften die Sachen, wovon die Erstlinge waren, nicht genossen, und weder zu heiligem, noch zu gemeinem, Gebrauche angewendet werden. Waren sie aber GOtt gebracht, und angenehm, sind: so wird auch alles, was das Jahr über wächst, heilig, und angenehm, seyn: Und wenn Abraham, Isaac, und Jacob, die Stammväter des jüdischen Volkes, heilig sind, so werden auch die aus dieser Wurzel entsprungenen Zweige heilig seyn.

heilig, so ist auch der Teig heilig: und so die Wurzel heilig ist, so sind auch die Zweige heilig.

17. Wenn also einige von den natürlichen Zweigen ausgebrochen; wenn einige von den natürlichen Juden aus dem Stamme Israels ausgebrochen, und verworfen worden sind, und du, ein Heyde, von dem wilden heydnischen Stamme, aufgenommen, und an ihrer statt in die Kirche GOttes bist eingepfropfet worden; und hier des dem Abraham, und seinem Saamen, verheissenen Segens geniessest;

17. Ob aber nun etliche von den Zweigen zerbrochen sind; und du, da du ein wilder Oelbaum warest, bist unter sie gepfropfet, und theilhaftig worden der Wurzel, und des Safts im Oelbaum:

18. so

18. So

gebracht, so konnte man von dem übrigen GOtt Zehenden, und Opfer, bringen, und solches auch nach Gefallen geniessen. Von gewissen Sachen, als z. E. vom Esel, durfte GOtt die Erstgeburt nicht gebracht, sondern sie mußte entweder gelöset, oder ihr das Genick gebrochen werden. Der Esel durfte aber auch, so wenig, als andere unreine Thiere, geopfert werden. Der natürlichste Verstand unserer Stelle ist also der, daß, wenn einmal von einer Sache GOtt die Erstlinge dargebracht, und geheiliget, worden, auch das übrige derselben GOtt dargebracht, und geheiligt, werden könne; nämlich, nach der weitläuftigen Bedeutung des Darbringens, da die geheiligte Sache eben nicht allemal ein Opfer auf dem Altar werden mußte. Wendet man dieses auf den gegenwärtigen Fall an, welchen Paulus hat, so ist der Verstand unserer Stelle folgender: Ist aber (dieses aber stehet im Griechischen, und nicht das denn, welches Locke setzet) der Erstling von dem Teige heilig, oder, GOtt dargebracht, so ist auch die übrige Masse heilig, und kann GOtt zu Speisopfern dargebracht werden; und ist die Wurzel, oder, der Stamm (s. V. 18.), heilig, so daß davon GOtt Erstlinge, Zehenden, u. d. g. gebracht werden dürfen, so sind auch die Zweige heilig, und ihre Frucht kann ebenfalls GOtt gewidmet werden. Mehr kann Paulus in dieser Stelle nicht sagen. Denn, das Beyspiel, woraus er beweiset, gehet nicht weiter, als auf die Möglichkeit, und Rechtmässigkeit; weil in der That im alten Testamente nicht alle diejenigen Dinge, wovon GOtt die Erstlinge bekommen hatte, ihm ganz dargebracht, sondern mehrentheils zu gemeinem Gebrauche angewendet wurden. Der Verstand seines Schlusses ist also dieser: die Juden können allerdings, wenn sie nicht in dem Unglauben bleiben (s. V. 23.), worinnen sie jetzo stecken (V. 20.), wieder zu Gnaden angenommen werden; weil ja ihre Väter schon GOttes Volk, und Freunde, waren: sind aber durch den Glauben die Voraltern dieses geworden; so können es auch auf die nämliche Art die Kinder werden,

18. So rühme dich nicht wider die Zweige. Rühmest du dich aber wider sie: so sollt du wissen, daß du die Wurzel nicht trägest, sondern die Wurzel träget dich.

18. so bilde dir nicht so viel auf dich selber ein, daß du gegen die Juden einige Geringschätzigkeit (14) bezeigest. Wenn du von diesem Hochmuthe besessen bist, so bedenke, daß das Vorrecht, welches du als ein Christ hast, von der Verheissung herkomme, welche dem Abraham, und seinem Saamen, geschehen ist, dem Abraham aber, und seinem Saamen nichts, was von dir herrühret, zuwachse.

19. So sprichst du: Die Zweige sind zerbrochen, daß ich hinein gepfropfet würde.

19. Du sprichst vielleicht: Die Juden sind verworfen, um mir Platz zu machen.

20. Ist wohl geredt. Sie sind zerbrochen um ihres Unglaubens willen, du stehest aber durch den Glauben: sey nicht stolz, sondern fürchte dich.

20. Wohl, es mag dem seyn: allein bedenke, daß sie um ihres Unglaubens willen sind abgebrochen worden, und daß du allein durch den Glauben in deinem gegenwärtigen Stand gelanget bist, und dich darinnen erhalten mußt. Dieß soll dir zur Warnung dienen, daß du dir keine solche hohen Gedanken von dir selber machest, sondern dich bescheiden fürchtest.

21. Hat GOtt der natürlichen

21. Denn, hat GOtt Abrahams Saamen nicht

(14) Rühme dich nicht wider die Zweige. Ungeacht der grosse Fehler, welcher die Kirche am meisten verwirret, und dem Apostel oft [in diesem Briefe] am meisten zu schaffen machte, daher kam, daß die Juden auf die Beobachtung der gesetzlichen Caeremonien drangen, und es gar nicht vertragen konnten, daß die Heyden, ungeacht sie sich zum Christenthume bekehret hatten, ohne die Beschneidung, in ihre Gemeinschaft zugelassen würden: so ist doch aus diesem Verse, und aus Cap. XIV. 3. 10. deutlich, daß auch die bekehrten Heyden auf ihrer Seite nicht ganz ohne Fehler waren, und den Juden geringschätzig, und verächtlich, begegneten (a). Der Apostel gebrauchet also auch hiewider gelegenheitlich dienliche Mittel, besonders in diesem Capitel, und Cap. XIV.

(a) Das geringschätzige, und verächtliche, Bezeigen der bekehrten Heyden gegen die bekehrten Juden ist schwerlich der Hauptfehler, welchen Paulus in dieser Stelle strafet, und weswegen er V. 21. u. ff. mit der Verwerfung drohet. Es ist vielmehr eine thörichte, fleischliche, Einbildung der Heyden auf ihren gegenwärtigen Gnadenstand, als ob sie dessen nimmer verlustig werden könnten, und GOtt, nachdem so viele Juden verworfen worden, schlechterdings sie selig machen müßte, wie sie sich auch immer verhielten. Denn, vom Glauben, und Unglauben, redet Paulus V. 20, nicht aber von blossen Schwachheiten.

nicht verschonet, sondern selbst die Kinder Israel wegen ihres Unglaubens verworfen, so wird er gewiß dich auch nicht verschonen, wenn du dich des nämlichen Verbrechens schuldig machest.

22. Darum betrachte die Güte, und die Strenge GOttes: die Strenge an denen, die sich an das Evangelium gestossen haben, und gefallen sind; die Güte aber an dir, wenn du in den Gränzen der Güte, d. i. im Glauben bleibest, durch welchen du des Vorrechtes, einer aus GOttes Volke zu seyn, theilhaftig bist: sonst wirst auch du selbst abgehauen werden.

23. Und auch die Juden, wenn sie nicht im Unglauben bleiben, werden wieder in Abrahams Stamm eingepfropfet, und zu GOttes Volke gemacht werden. (Denn, GOtt kann sie wohl wieder einpfropfen.) [Denn, wenn sie gleich jetzo zerstreuet, und Fremden unterworfen sind, so kann sie doch GOtt wiederum versammeln, zu seinem Volke machen, und in ihrem eigenen Lande in einen blühenden Zustand (15) versetzen.]

24. Denn,

türlichen Zweige nicht verschonet, daß er vielleicht dein auch nicht verschone.

22. Darum schaue die Güte und den Ernst GOttes: den Ernst an denen, die gefallen sind; die Güte aber an dir, so ferne du an der Güte bleibest; sonst wirst du auch abgehauen werden.

23. Und jene, so sie nicht bleiben in dem Unglauben, werden sie eingepfropfet werden. GOtt kann sie wohl wieder einpfropfen.

24. Denn,

(15) Dieses Wiedereinpfropfen scheinet anzuzeigen, daß die Juden wieder ein blühendes Volk werden, und in dem Lande der Verheissung das Christenthum bekennen sollen (a): denn, dieß heißt, wieder in die dem Abraham, Isaac, und Jacob, geschehene Verheissung eingesetzet werden. S. Paulus mag wichtige Ursachen gehabt haben, dieses nicht mit so vielen Worten herauszusagen: allein, in den Propheten wird solches sehr deutlich verkündigt (b).

(a) Dieß ist so wenig der Verstand von eingepfropft werden; so wenig das blosse Bekenntniß des Christenthumes, es mag in Canaan, oder ausser Canaan, geschehen, das Christenthum ist. Es kann einpfropfen hier keine andere Bedeutung haben, als es V. 17. und 19. hatte. Dorten bedeutet es aber nicht den mit dem Christenthume verknüpften äusserlichen Wohlstand, noch weniger den Besitz des Landes Canaan, sondern die Versetzung der Heyden in die glaubige Kirche GOttes, ihre Versetzung aus dem Reiche der Finsterniß in das Reich des Sohnes GOttes (Col. I. 13.). Aus diesem hatten sich die Juden durch ihren Unglauben selber ausgeschlossen; oder, wie es in unserm Capitel heißt, sie waren, als erstorbene Aeste, von dem Stamme der glaubigen Patriarchen abgebrochen worden. Wenn nun hier stehet, daß sie, wenn sie nicht im Unglauben bleiben, wieder werden eingepfropfet werden: so ist dieß nichts anders, als daß sie wieder in die wahre glaubige Kirche, woferne sie von ihrem Unglauben lassen, sollen aufgenommen, und aller Vorzüge,

Güter,

24. Denn, so du aus dem Oelbaum, der von Natur wild war, bist ausgehauen, und wider die Natur in den guten Oelbaum gepfropfet: wie vielmehr werden die natürlichen eingepfropfet in ihren eigenen Oelbaum?

25. Ich

24. Denn, wenn ihr, die ihr gebohrne Heyden, und nicht von dem verheissenen Saamen, seyd, als ihr weder Recht, noch Neigung, dazu hattet, in die Kirche aufgenommen, und GOttes Volk worden seyd: wie vielmehr werden diejenigen, welche derer, die die Verheissung empfangen haben, Nachkommen sind, wieder in denjenigen Zustand, den die Verheissung dieser Familie versichert, versetzet (*) werden (können)?

25. Denn,

Güter, und Verheissungen derselben, theilhaftig werden. Dazu ist aber weder äusserliches Glück, noch der Besitz des Landes Canaan nöthig; als welcher letztere gerade der geringste Theil der den Patriarchen geschehenen Verheissungen ist.

(b) Also gestehet Locke, daß Paulus das, was er ihm beylegt, nicht deutlich sage, und folglich auch, daß sich seine Hofnung mit keiner Gewißheit aus des Apostels Worten schlüssen lasse. Wenn er sich aber auf die Propheten beruft, und glaubt, daß solche in dem Stücke deutlicher reden: so ist dieß ein Beweis, daß er solche nicht recht müsse verstanden haben.

(*) Wenn es nämlich eine göttliche Verheissung gäbe, nach welcher die Nachkommen Israels, so lange die Welt stehet, Canaan besitzen, und so oft sie daraus vertrieben worden, wieder zu dem Besitze desselben gelangen sollen. Da aber keine solche Verheissung in der heiligen Schrift zu finden ist, so läßt sich auch kein besonderer den Israeliten dadurch versicherter Zustand gedenken; und der Schluß Pauli in unserm Verse ist blos dieser: hat GOtt die Heyden in seine Kirche aufgenommen, so wird er noch vielmehr die Juden, wenn sie nicht in ihrem Unglauben bleiben (V. 23.), wieder darein aufnehmen können; denn, sie gehören nach den göttlichen Verheissungen, und Absichten, ohnehin darein. Es wird alles deutlich werden, wenn man die lockische Umschreibung auf folgende Art verbessert: „Denn, wenn du, der du (Paulus redet mit einzelnen Personen, und nicht mit Völkern) von „Natur ein Heyde, fremde, und ausser der Bürgerschaft Israels warest, aus „dem Heydenthume heraus genommen, und wider die Natur in die Kirche „GOttes versetzt worden bist: wie vielmehr werden diese, die der natürli„chen Abstammung nach von Gliedern der wahren Kirche, und den gläubi„gen Vätern des alten Testamentes, herkommen, aber nur durch ihren „Unglauben von derselben getrennet worden sind, wenn sie nicht im Unglau„ben bleiben, wieder in diese Kirche können aufgenommen, und wahre Nach„kommen ihrer glaubigen Stammväter, werden". So wird hier weiter nichts, als die Möglichkeit, daß die Juden noch immer bekehret werden können, aus Vergleichung des Zustandes der Heyden, und Juden, behauptet. Der Apostel schlüsset vom Grössern und Schwerern, aufs Geringere, und Leichtere. Hat GOtt die Heyden zu seiner Kirche herbey gebracht: so kann er auch die Juden herbey bringen. Der Heyde lebet ohne GOtt in der Welt, und hat keine göttliche Offenbarung: der Jud hat die göttliche Offenbarung in Mose, und den Propheten; er

25. Denn, ich will euch nur, meine Brüder,
damit ich allem Stolze auf euch selbst vorbeuge,
etwas entdecken, das bisher der Welt verborgen
gewesen ist, dieses nämlich, daß die Blindheit,
welche einen Theil von Israel überfallen hat,
über demselben nur (so lange seyn, bis die abgefallenen unglaubigen Juden durch glaubige Heyden ersetzet sind,) [bis auf diejenige Zeit bleiben
werde, wo die ganze (16) heydnische Welt in
die

25. Ich will euch nicht
verhalten, lieben Brüder,
dieses Geheimniß, auf daß
ihr nicht stolz seyd. Blindheit ist Israel eines Theils
wiederfahren, so lange bis
die Fülle der Heyden ein-
gegangen sey,

26. Und

kann also, wenn er darauf Achtung geben, und der Gnade des Heiligen Geistes, die durch diese Schriften auch an ihm wirket, nicht muthwillig widerstehen will, dadurch weit leichter bekehret werden, als ein Heyde, der sie nicht hat.

(16) Πλήρωμα, die Fülle der Juden, ist V. 12. der ganze Haufe des jüdischen Volkes, welcher sich zur christlichen Religion bekennen soll; und also muß hier πλήρωμα τῶν ἐθνῶν, die Fülle der Heyden, der ganze Haufe der Heyden seyn, welcher sich zum Christenthume bekennet (a). Dieß scheinet auch der 15te Vers zu lehren. Denn, die Auferstehung trift alle.

(a) Dieß ist V. 12. ganz richtig, wo πλήρωμα dem ἥττημα entgegen gesetzt ist, und also die volle Zahl anzeigen muß, so wie ἥττημα den Abgang an derselben. Da aber Paulus kein Systema schreibet, und folglich in einem Werke nicht alle Worte immer in einerley bestimmter Bedeutung brauchen muß; so ist dieß kein Beweis, daß Fülle der Heyden in unserm Verse die ganze heydnische Welt bedeute. Das Wort πλήρωμα hat, so wie das hebräische מְלֹא, noch eine Bedeutung, die selbst im neuen Testamente Matth. IX. 16. und Marc. II. 21. vorkommet, und nach welcher es dasjenige, womit man etwas ausfüllet, z. E. ein Loch in einem Kleide, anzeiget, so wie 2 B. Mos. XXV. 7. אַבְנֵי מִלֻּאִים und XVIII. 17. מִלֻּאַת אֶבֶן Steine sind, die gefasset werden, und also die Hölung, worinnen sie stehen, ausfüllen. Nach dieser Bedeutung kann die Fülle der Heyden diejenigen Heyden bezeichnen, welche an die Stelle der unglaubigen Juden in die Kirche GOttes sind aufgenommen worden, und also die durch derselben Abgang verursachte Lücke ausfüllen: und daß es solche bezeichne, und nicht, wie Locke will, die ganze heydnische Welt, läßt sich ohne grosse Mühe beweisen. Soll sich noch die ganze heydnische Welt zum Christenthume bekennen? Locke saget dieß: aber er beweiset es mit nichts, als mit unserer Stelle, die sich auch gar wohl anders erklären läßt. Und was hilft dieses Bekennen, so wie es Locke ausleget, da er in der Anmerkung über den folgenden Vers behauptet, daß nicht alle diese Bekenner selig werden? Ist denn GOtt so viel an dem blossen Bekenntnisse der Religion, ohne Glauben, ohne wahre Frömmigkeit, gelegen? und was ist allen Juden, und Heyden, damit geholfen, wenn sie GOtt noch einmal durch ausserordentliche Wege (denn, die ordentlichen stehen ihnen von je her offen) in seine Kirche, oder zum Bekennt-

die Kirche eingehen, und sich zum Christenthume bekennen wird].

26. Und Nn 2 26. Und

Bekenntnisse der christlichen Religion bringen sollte, da sie doch durch dieses Bekenntniß allein nicht selig werden? Ich sehe hier keine Antwort auf die V. 1. vorgetragene Frage: Hat denn GOtt sein Volk verstossen? Denn, dieß ist nichts gesagt: Das sey ferne! Die Juden sind nicht verstossen; weil noch einmal alle Juden, und Heyden, sich zur christlichen Religion bekennen, obgleich nicht der ewigen Seligkeit werden theilhaftig, werden. Daß V. 26. σωθήσεται, nach Lockens Anmerkung bloß die Bekenntniß der wahren Religion bedeuten soll, läßt sich auch nicht erweisen. Ich behaupte gar nicht, daß σώζεσθαι allemal heisse: selig werden; es heißt: errettet werden, es sey, von was es wolle. Die Bekenntniß der wahren Religion aber macht nicht allein den Begriff der Errettung aus: und durch dieselbe wird nicht ganz Israel errettet. Denn, diejenigen, die bey diesem Bekenntnisse nicht ewig selig werden, werden dadurch nicht wirklich errettet. Ja, da V. 26. und 27. die Errettung, oder Seligkeit, des ganzen Israels als eine Folge der Vergebung der Sünden beschrieben wird; so kann auch aus dieser Ursache diese Errettung nicht in dem blossen Bekenntnisse der christlichen Religion bestehen, weil nicht den Mundchristen, sondern den wahren Glaubigen allein, die Sünden vergeben werden. Nimmt man dieses alles zusammen, so hat die lockische Erklärung der Fülle der Heyden, da ihr der Zusammenhang, und Endzweck des Apostels, widerspricht, keinen Grund; und diejenige wird ihr allezeit müssen vorgezogen werden, die sich mit erst angeführten Stücken vereinigen läßt. Dieß kann allein mit der oben gegebenen Erklärung des Wortes Fülle geschehen. Paulus selbst erkläret Cap. IX. 6--8. daß die Kinder der Verheissung bey GOtt für Israeliten, und Abrahams Saamen, gerechnet werden; ja, er zählet die Glaubigen aus den Heyden Galat. IV. 28. ausdrücklich unter die Kinder Abrahams nach der Verheissung, und nennet Röm. IV. 11. den Abraham, da er noch unbeschnitten, aber doch glaubig, war, den Vater aller, die da glauben in der Vorhaut. Schon Johannes der Täufer behauptet Matth. III. 9. daß Abrahams Kinder deswegen nicht weniger werden sollen, weil Pharisäer und Sadducäer nicht wahre Busse thun. In dieser schriftmässigen Bedeutung wird also das Wort Israel auch in unserer Stelle gebraucht. Paulus, der in den Zeiten schrieb, wo die Apostel JEsu Christi noch an der Bekehrung der Heyden arbeiteten, und also die Heyden, die in der Folge das Evangelium annahmen, noch nicht alle bekehret, und in die Kirche aufgenommen waren, Paulus, sage ich, gestehet, daß Blindheit, oder Verstockung, πώρωσις, unter einem Theile von Israel anzutreffen sey, γέγονεν; Blindheit, worinnen schon lange ein grosser Theil des jüdischen Volkes gestecket hat, und wovon die verstockten Juden noch nicht befreyet werden wollen: er läugnet aber eben damit, daß man ganz Israel für verstockt halten dürfe, weil einmal nicht alle Juden verstockt sind, und sodenn nicht allein die Juden das Volk Israel ausmachen, sondern auch die Glaubigen aus den Heyden dazu gehören; nur gegenwärtig, saget er, ist diese Verstockung kenntlich, da noch an den Heyden gearbeitet wird, und die Kirche GOttes bey dem Unglauben des größten Theiles der Juden geringe,

und

26. Und so wird ganz Israel (selig) [zu dem christli-

26. Und also das ganze Israel

und unansehnlich, ist; werden sich aber erst die Heyden, welche diesen Abgang in dem Volke GOttes ersetzen sollen, zu Christo bekehret haben, so wird dieß wieder ganz seyn, so wird ganz Israel selig werden, so wird man diese Blindheit der verstockten Juden in Vergleichung mit dem Lichte, worinnen die bekehrten Heyden wandeln, nicht mehr wahrnehmen. Denn, der HErr hat es ja verheissen, daß er aus dem Stamme Davids, aus Zion, einen Erlöser senden wolle, V. 26. und 27. GOtt hat also sein Volk, welches er nach V. 2. zuvor versehen hat, nicht verstossen. Wer das ganze LX. Cap. Jesaiä aufmerksam liest, wird daraus das, was ich jetzt von der Ergänzung der glaubigen jüdischen Kirche durch die bekehrten Heyden gesaget habe, noch deutlicher einsehen. Jes. XLIX. und LIV. gehören auch hieher. Es wird nun nicht schwer seyn, die lockische Uebersetzung folgender Gestalt zu verbessern: Denn, ich will euch nur, meine Brüder, damit ihr nicht euch selbst für weise haltet, diese euch noch unbekannte, und verborgene, Sache entdecken, daß das so genannte Israel nur zum Theile bisher verstockt gewesen, und noch ist, bis die zur Ergänzung des wahren Israels berufenen Heyden an ihre statt gekommen sind: und auf diese Weise wird doch ganz Israel selig werden; wie geschrieben stehet ———. Die Frage ist in dem ganzen Capitel nicht davon, wenn die verstockten Juden sollen bekehret werden, sondern ob sie schlechterdinges verstossen seyen? Der Apostel hat bisher gezeigt, daß sie um ihres Unglaubens willen verworfen, und die Glaubigen aus den Heyden an ihrer statt seyen aufgenommen worden; er hat eben diese Glaubigen gewarnet, wegen dieser erlangten Gnade nicht stolz zu werden, noch sich einzubilden, daß sie nicht auch wieder fallen, und die Juden wieder zu Gnaden kommen könnten. Dieß hat er bis V. 24. gethan. Nun erkläret er ihnen von V. 25–32. dieses als ein Geheimniß, oder ihnen unbekannte Sache, weiter, damit sie sich nicht, aus eingebildeter eigener Einsicht, einen falschen Begriff davon machen mögen; und seine Erklärung ist diese: Die Glaubigen aus den Heyden kommen in die Stelle der unglaubigen Juden, und das Volk GOttes bestehet nun aus glaubigen Juden, und glaubigen Heyden; so bleibet das wahre Israel immer ganz, und wird ganz selig. Denn, GOtt hat dieses verheissen, daß er aus Gnaden, um Christi willen, den wahren Israeliten die Sünden vergeben wolle, V. 26. 27. Gesetzt nun auch, daß gegenwärtig die meisten Juden Feinde des Evangelii sind: so sind es doch nicht alle, V. 28. GOtt hält also seine Verheissung vollkommen, V. 29. und so bald selbst diese Unglaubigen das Evangelium werden annehmen, als wozu sie GOtt durch das Beyspiel der Heyden zu reizen suchet, so bald wird GOtt an ihnen seine Verheissung auch erfüllen, und sie auch zu Gnaden annehmen, V. 30. 31. Denn, GOtt betrachtet, wenn es auf die Ertheilung seiner Gnade durch Christum ankommt, keinen Menschen anders, als einen Unglaubigen; nicht als Juden, oder Heyden: sondern er erbarmet sich durch Christum aller, er beuth allen, sie mögen Juden, oder Heyden, seyn, Gnade an; und die sich nicht unglaubig widersetzen, werden sein Volk, und das wahre Israel, sie mögen zuvor gebohrne Israeliten, oder Heyden, gewesen seyn, V. 32.

Israel selig werde; wie
geschrieben stehet: Es
wird kommen aus Zion,
der da erlöse, und ab-
wende das gottlose We-
sen von Jacob;

27. Und dieß ist mein
Testament mit ihnen,
wenn ich ihre Sünden
werde wegnehmen.

christlichen Glauben bekehret (17), und die ganze
Nation GOttes Volk] werden; wie geschrieben
stehet: **Es wird aus Zion der Erlöser kommen, und das gottlose Wesen von Jacob
abwenden.**

27. **Denn, dieß ist mein Bund mit ihnen,
wenn ich ihre Sünden wegnehmen (18)
werde.**

(17) **Σωθήσεται, wird selig werden.** Es ist deutlich, daß die Seligkeit, wo-von hier S. Paulus redet, als von einer Sache, welche das jüdische Volk, und die heydnische Welt, überhaupt betreffen soll (a), nicht die ewige Seligkeit im Himmel sey, sondern daß er darunter das Bekenntniß der wahren Religion hier auf Erden verstehe (b). Ob er die ewige Seligkeit in so weit verstehe, in wie weit ganze Gesellschaften, und politische Staatskörper, in Erlangung derselben kommen können? will ich nicht untersuchen (c): das aber ist offenbar, daß selig werden hier von dem Apostel in dem angezeigten Verstande gebrauchet werde. Daß das ganze jüdische Volk durch Annehmung der christlichen Religion wieder GOttes Volk werden könne, läßt sich leicht begreifen (d): daß aber alle einzelne Personen eines solchen christlichen Volkes zur ewigen Seligkeit im Himmel gelangen sollen, kann sich, wie ich glaube, hier kein Mensch als die Absicht des Apostels vorstellen (e).

(a) Paulus redet nicht von einer Seligkeit, welche das jüdische Volk, und die ganze heydnische Welt überhaupt, und unbedingter Weise, angehen soll, sondern von der Seligkeit, welche diejenigen, die an Christum glauben, zu ererben haben. Denn, die wahre, ewige, Seligkeit gehet nicht Völker überhaupt als Völker, sondern unter allen Völkern diejenigen an, die an Christum glauben. Daß von dieser Seligkeit die Rede sey, lehret die Beschreibung derselben V. 27. nach welcher sie aus der Vergebung der Sünden entstehet.

(b) Dieser Satz ist schon in der Anmerkung über den vorhergehenden Vers widerleget: und er ist nun überflüssig, da in diesem Verse wirklich von der ewigen Seligkeit die Rede ist.

(c) Dieß ist ein besonderer Gedanke, daß politische Gesellschaften die Erlangung der ewigen Seligkeit zur Absicht haben sollen. Locke hätte sagen sollen: die sichtbare Kirche. Denn, diese bestehet aus dem Haufen, sowohl derer, die wirklich glauben, und selig werden, als derer, die nur äusserlich durch ihr Bekenntniß sich zu dieser ihrer Gemeinschaft halten, in der That aber nicht glauben, und also nicht selig werden. Hieraus werden sich Lockens Sätze, die ich mit d. und e. bezeichnet habe, ohne Schwierigkeit beurtheilen lassen. Er scheinet den Unterschied zwischen der sichtbaren, und unsichtbaren, Kirche nicht gewußt zu haben: wenigstens habe ich solchen, so viel ich mich entsinne, bisher in diesem Werke nicht angetroffen.

(18) Wegnehmen, d. i. (wegen der Genugthuung JEsu Christi) ihre Sünden vergeben, und von derselben Strafe befreyen.

28. Jetzo sind sie zwar Fremdlinge gegen das Evangelium, und also ihrem Zustande nach Feinde (19): allein, sie sind es um euret willen. Ihr

28. Nach dem Evangelio halte ich sie für Feinde, um euret willen: Ihr aber

(19) Ἐχθροὶ, Feinde, bedeutet Fremdlinge (a), oder Auswärtige, d. i. solche, die nicht mehr GOttes Volk sind. Denn, sie werden Feinde genennet, im Gegensatz auf Geliebte, in eben diesem Verse. Daß dieß der Sinn sey, lehret die Ursache, welche, warum sie Feinde seyen, angegeben wird, nämlich: Um der Heyden willen, d. i. sie sind verworfen worden, daß sie nicht mehr GOttes Volk seyn sollen, damit GOtt die Heyden an ihrer statt zu seinem Volke annähme (b), V. 30. Eben diese Bedeutung hat das Wort ἐχθροὶ, Feinde, Cap. V. 10. Κατ' εὐαγγέλιον ἐχθροὶ, Feinde in Ansehung des Evangelii, d. i. alle diejenigen, die das Evangelium verwerfen, und Christum nicht für ihren König, und HErrn, annehmen, sind Fremde in dem Reiche GOttes, und alle solche Fremde werden ἐχθροὶ, Feinde, genennet. Und dergleichen waren die Juden jetzo wirklich: allein, bey dem allen κατ' ἐκλογὴν ἀγαπητοὶ, Geliebte in Ansehung der Wahl, d. i. sie waren nicht wirklich GOttes Volk in seinem Reiche, sie waren aber doch in der Wahl begriffen, wodurch GOtt Abraham, Isaac, und Jacob, nebst ihren Nachkommen, zu seinem Volke gemachet hatte (c), und so hatte GOtt immer gütige Gesinnungen gegen sie, um ihrer Väter willen, sie wieder zu seinem Volke zu machen.

(a) Diese ganze Erklärung ist gezwungen, und gegen den Sprachgebrauch. Fremde, und Feinde, sind in der heiligen Schrift an und für sich nicht einerley; ob sie gleich in gegenwärtigem Falle darinnen übereinkommen, daß die nämlichen Personen, die Feinde GOttes sind, auch fremde, und ausser seinem Reiche, sind. Ohne die Versöhnung durch Christum sind von Natur alle Menschen Feinde GOttes. Denn, Christus hat die Feindschaft getödtet durch sich selbst, Eph. II. 16. 17. Da diese Versöhnung geschehen ist, so sind diejenigen Feinde GOttes, welche dieselbe nicht annehmen, oder in ihrem Unglauben bleiben, das Evangelium verwerfen, und wohl gar, wie die Juden thaten, verfolgen. Darum schreibet Paulus 2 Korinth. V. 20: so bitten wir nun an Christus statt, lasset euch versöhnen mit GOtt. Es findet sich also bey solchen Feinden des Evangelii eine doppelte wahre Feindschaft gegen GOtt; eine natürliche, die allen unwiedergebohrnen Menschen eigen ist, und eine boshafte, da sie sich der angebothenen Gnade widersetzen, wie hier nach Pauli Ausspruche die Juden thaten. Daß nun solche Leute nicht in GOttes Gnadenreiche, sondern ausser demselben, und fremde, seyen, ist für sich deutlich. Allein, sie sind nicht Feinde, weil sie fremde sind, sondern umgekehrt, Fremde, weil sie Feinde sind. Dieß hat Locke verwirret.

(b) Diese Erklärung ist schon oben in der Anmerkung über den 12ten Vers widerleget worden.

(c) Wie können die unglaubigen Juden in dieser Wahl begriffen seyn, da nach Röm. IX. 6. 7. 8. nicht alle Israeliter sind, die von Israel sind. Paulus müßte sich so widersprechen. Man nehme das κατ' ἐκλογὴν hier in eben dem Verstande, welchen das Wort Wahl oben V. 7. selbst nach der lockischen Erklä-

aber nach der Wahl hab ich sie lieb, um der Väter willen.

Ihr Fall und Verlust ist euer Reichthum, indem ihr dadurch, daß sie verworfen worden, in die Gemeinschaft des Volkes GOttes gekommen seyd. Da sie aber in der Wahl begriffen sind, durch welche GOtt Abraham, Isaac, und Jacob, und deren Nachkommen, zu seinem Volke gemachet hat, so sind sie noch immer GOttes geliebtes Volk, um Abrahams, Isaacs, und Jacobs, willen, von welchen sie abstammen.

29. GOttes Gaben und Berufung mögen ihn nicht gereuen.

29. Denn, die Gnadenbezeigungen, die GOtt diesen ihren Vätern erwiesen, indem er sie, und ihre Nachkommen, zu seinem Volke berufen hat, reuen ihn nicht: sondern seine Verheissung, daß sie sein Volk seyn sollen, bleibet feste stehen (20).

30. Denn,

30. Denn,

Erklärung hatte; so wird dieser Vers einen andern Sinn bekommen, und folgender massen können umschrieben werden: Betrachtet man jetzo die Juden nach dem Evangelio, und ihrem Verhalten dagegen, so sind sie Feinde GOttes, und man siehet ihre Feindschaft desto deutlicher, wenn man euch dagegen hält, die GOtt statt der verstockten Juden in seine Kirche aufgenommen hat: betrachtet man sie aber in der Absicht, wie doch noch einige davon, die das Evangelium glaubig angenommen haben, erwählet worden sind, so sind diese Erwählten GOttes Geliebte, so siehet man überhaupt die Liebe GOttes gegen dieses Volk, das er um seiner den Vätern gethanenen Verheissungen willen so fleisig, kräftig, und eifrig, zum Reiche seines Sohnes eingeladen, daß er doch, bey der Verstockung seines größten Theiles, noch einige wenige gewonnen hat. Es ist zu kühn, wenn Locke sagt: um Abrahams, Isaacs, und Jacobs willen seyen die Juden GOttes geliebtes Volk noch immer. Nach der allgemeinen Gnade, da GOtt die Welt liebet, sind sie es freylich noch, so wie alle Menschen; auch nach der ihnen im alten Testamente noch täglich kräftig angebothenen Gnade: aber deswegen sind sie nicht, in wie weit sie unglaubig sind, um Abrahams, Isaacs, und Jacobs willen, noch mit ihnen, gewählet. Jedoch, Locke verstehet unter GOttes Volk nur diejenigen, die sich mit dem Munde zur wahren sichtbaren Kirche bekennen; und bey diesem Begriffe finden Einbildungen statt, die durch eine genauere Aufmerksamkeit auf die heilige Schrift vereitelt werden.

(20) So wird das, daß GOtt nichts reue, 4 B. Mos. XXIII. 19 – 24. erkläret (a):

(a) Aber damit ist Lockens Meynung nicht bewiesen. Man verbinde nur Lutheri Uebersetzung von diesem Verse mit der Umschreibung, die ich von dem vorhergehenden gegeben habe, so wird alles ordentlich zusammen hängen. Pauli Satz durch dieses Capitel ist: GOtt hat sein Volk nicht verstossen. Diesen zu bekräftigen hatte er V. 28. gesagt, man sehe selbst noch bey dem schröckli-

30. Denn, gleichwie ehehin ihr Heyden widerspenstig (unglaubig), und nicht GOttes Volk, waret, nun aber Gnade erlanget habt, und dadurch, daß die Juden widerspenstig (unglaubig) sind, und dem Evangelio nicht gehorchen (21), in die Kirche seyd aufgenommen worden:

31. so sind nun auch sie widerspenstig, weil (da) ihr zu Gnaden seyd angenommen worden, damit auch sie wiederum zur Gnade, die euch wiederfahren ist, hinführo zugelassen werden.

32. Denn, GOtt hat alle Menschen mit einander, sowohl Juden, als Heyden, in einen Zustand der Aufruhr, und verletzten schuldigen Treue (22), als in einen einzigen Schaafstall, einge-

30. Denn, gleicher Weise wie auch ihr weiland nicht habt gegläubet an GOtt, nun aber habt ihr Barmherzigkeit überkommen über ihrem Unglauben:

31. Also auch jene haben jetzt nicht wollen gläuben an die Barmherzigkeit, die euch wiederfahren ist, auf daß sie auch Barmherzigkeit überkommen.

32. Denn, GOtt hat alles beschlossen unter den Unglauben, auf daß er sich aller erbarme.

33. O

schröcklichen Falle der Juden GOttes Liebe zu diesem Volke, indem er ihnen bey dem Unglauben seines größten Theiles doch so lange nachgegangen sey, bis er wenigstens ein Ueberbleibsel, und einen kleinen Theil von ihnen, zur Kirche Christi gebracht habe. Nun fähret er fort bis V. 32. zu zeigen, daß GOtt dieses noch beständig thue, und selbst die Unglaubigen, und dem Scheine nach Verworfenen, nicht verlasse. Er giebt V. 29. den Grund davon an: GOttes Gaben, und Berufung, mögen ihn nicht gereuen, d. i. GOtt hat den Vätern des verstockten jüdischen Volkes viele Gnade erzeigt; es reuet ihn nicht, er ist bereit, solche auch ihren Nachkommen zu erzeigen, ja, er erweiset sie ihnen wirklich, indem er nichts an ihnen versäumet, was ihre wahre Bekehrung befördern kann: GOtt hat die Väter des jüdischen Volkes berufen; es reuet ihn nicht, er berufet auch ihre Nachkommen noch täglich. Dieß wendet er V. 30. und 31. auf den Fall an, der die Verwerfung der Juden anzuzeigen scheinet, und spricht, selbst die Annehmung der Heyden solle nach GOttes Absicht ihre Bekehrung befördern, und sie nach V. 11. und 12. zur Nacheiferung reizen.

(21) S. Apost. Gesch. XIII. 46.

(22) Εἰς ἀπείθειαν, unter den Unglauben. Der Unglaube, welcher in diesem, und den zween vorhergehenden Versen, Juden und Heyden, als ganzen Völkern betrachtet, zur Last geleget wird, und wodurch sie aufhörten, GOttes Volk zu seyn, ist offenbar die Verläugnung seiner Herrschaft (a), wodurch sie sich seinem Reiche, das er in der Welt hat, und haben muß, entzogen, und also nicht weiter seine Unterthanen blieben, sondern Fremde, und Rebellen, wurden. Ein allgemei-

eingeschlossen, damit durch seine Gnade alle;
sowohl Juden, als Heyden, dazu gelangen mö-
33. O ... gen,

allgemeiner Blick auf das menschliche Geschlecht wird uns S. Pauli Lehre erläutern, wenn er durch diesen ganzen Brief Heyden, Juden, und Christen, als drey verschiedene Arten von Menschen, betrachtet.

GOtt hatte ohne Zweifel durch die Schöpfung eine unstreitige Herrschaft über die Menschen:

(Man setze hinzu: er hatte sie zu seinem Bilde erschaffen, sich ihnen geoffenbaret, und, da sie gefallen waren, ihnen selbst das erste Evangelium von seiner Gnade durch Christum verkündigt, und dessen Erlösung in dem ihnen gezeigten Opferdienste abgeschattet.)

und sie wurde auch erkannt, da sie ihm opferten, und ihn verehreten. Nachher entzogen sie sich dieser ihm schuldigen Unterwürfigkeit, und erdachten (ungefähr um die Zeiten Abrahams) andere Götter, die sie verehreten, und denen sie dieneten (b). Diesen Abfall von GOtt, und dessen Folge, daß sie GOtt verließ, beschreibet S. Paulus Cap. I. 18 – 32.

In diesem aufrührischen Zustande waren die Völker der Welt zu den Zeiten Abrahams. Und da begaben sich Abraham, Isaac, und Jacob, und ihre Nachkommen, die Israeliten, auf GOttes gnädigen Ruf, wieder in ihre Pflicht, und zu ihrem alten, und rechtmässigen, König, und HErrn, zurücke, daß sie den einzigen, unsichtbaren, GOtt, den Schöpfer Himmels und der Erden, für ihren GOtt bekenneten, und also wieder sein Volk wurden (c), dem er, als dem Volke seines Eigenthumes ein Gesetz gab. Also blieb der Unterschied zwischen Juden, und Heyden, d. i. Völkern, wie das Wort eigentlich heißt, bis auf die Zeit des Messias, wo die Juden aufhöreten, GOttes Volk zu seyn; nicht, daß sie gerade zu dem GOtt Israels abgesaget, und andere falsche Götter zur Verehrung angenommen hätten, sondern indem sie sich wider GOttes Reich setzten, und solches verwarfen, als er es zu dieser Zeit unter seinem Sohne JEsu Christo mit neuen Gesetzen, und Ordnungen (d), und zu einem herrlichern, und geistlichen, Endzwecke aufrichten wollte. GOtt sendete ihn zu ihnen, und das jüdische Volk wollte ihn nicht, als seinen HErrn, und Meister, aufnehmen, ungeacht er dessen verheissener König, und Erlöser, war, der alle auf ihn gehende Verheissungen, und Vorbilder, erfüllete, und durch seine Wunder seine Sendung bewies. Durch diese Aufruhr gegen den, welchem GOtt das Scepter seines Reiches übergeben, und den er zum HErrn über alles ernennet hatte, machten sich die Juden selbst des Reiches GOttes verlustig (e), und hörten auf, sein Volk zu seyn, und GOtt hatte nun kein anderes Volk, als diejenigen, welche seinen Sohn als ihren HErrn, und Meister, annahmen (an ihn glaubten), und ihm gehorchten. Dieß war die ἀπείθεια, der Unglaube, wovon hier geredet wird: und ich möchte gerne einen andern Verstand von Glauben, oder Unglauben, wissen, nach welchem solcher, wie hier augenscheinlich geschiehet, einem ganzen Volke (f) kann zugeschrieben werden, und wodurch es, GOttes Volk, oder ein sichtbarer Unterthan seines Reiches hier auf Erden, zu seyn aufhöret, oder anfänget. In der That wird sowohl in diesem, als in jedem andern, Reiche nicht allein erfordert, den Fürsten, und die Gültigkeit seiner Gesetze, zu

gen, sein Volk zu werden, d. i. er hat zugegeben, daß Juden und Heyden, beyde in ihrer Ordnung, nicht

33. O

erkennen, sondern auch denselben Gehorsam zu leisten (g). Denn, ein Jud konnte die Macht GOttes, und seines durch Mosen gegebenen Gesetzes, bekennen, und dergestalt so gut, als Jemand, ein treuer Unterthan, und ein Mitglied des gemeinen Wesens von Israel seyn, und gleichwohl durch Ungehorsam gegen das Gesetz sein Leben verwirken (h): und so kann auch ein Christ die Herrschaft JEsu Christi, und des Evangelii, bekennen, und dennoch des ewigen Lebens durch den Ungehorsam gegen dessen Befehle (i) verlustig werden; wie man Cap. VII. 8. 9. sehen kann.

(a) In dieser ganzen Anmerkung verräth Locke seine socinianische Denkungsart so deutlich, daß man nicht daran zweifeln kann. Er setzet den Unglauben in den Ungehorsam, und besonders in die Abgötterey, wie aus lit. b. erhellet; da doch diese Laster erst aus dem Unglauben entspringen. Erst achteten die Menschen die ihnen nach dem Falle gegebenen evangelischen Gnadenverheissungen nicht; darnach wurden sie ihnen immer dunkler; darauf verdunkelte sich auch bey den meisten der geoffenbarte Begriff von dem wahren GOtt immer mehr und mehr: so entstand nach und nach eine immer gröbere Abgötterey, und das abscheuliche Leben, welches Paulus oben Cap. I. 18 – 32. beschreibet. Freylich waren also die meisten Völker der Welt GOtt ungehorsam: allein, sie waren erst unglaubig.

(c) Locke gehet hier in seiner Erzählung zu schnelle. Er sollte nicht sagen: Abraham, Isaac, und Jacob, und die Israeliten —— wurden wieder GOttes Volk, dem er ein Gesetz gab; und noch weniger: sie begaben sich wieder in ihre Pflicht ——. Denn, hier ist offenbar ein grosses Stück der Geschichte ausgelassen. Abraham suchte nicht GOtt, sondern GOtt berief den Abraham; und GOtt gab ihm nicht Gesetz, sondern evangelische Gnadenverheissungen, wie seine ganze Geschichte lehret. Diese Verheissungen wurden Isaac, und Jacob theils wiederholt, und aufs neue bekräftigt, theils weiter aufgekläret. Paulus saget Galat. III. 17. und 19. ausdrücklich, daß das Gesetz das Testament, welches zuvor bestätiget war auf Christum, nicht aufheben könne, und daß es nur um der Sünde willen neben eingekommen sey. Also war das Evangelium eher, als das Gesetz. Ja, selbst da, da Israel aus Aegypten ziehen, und das Gesetz empfangen sollte, giengen erst Gnadenverheissungen voran; wie das 2te Buch Mosis lehret. Als nun Israel das Gesetz empfangen hatte, und durch seine besondere kirchliche, und politische, Verfassung von andern Völkern abgesondert war: so bestand der Unterschied zwischen Juden und Heyden nicht blos darinnen, daß die ersten ein Gesetz hatten, welches sie meistens schlecht hielten, und vollkommen keiner halten konnte, sondern hauptsächlich darinnen, daß sie die Verheissungen von dem zukünftigen Erlöser der Welt theils in ihren Opfern sinnlich abgebildet sahen, theils von den Propheten immer deutlicher, und vollständiger, erklärt hörten. Wenn daher Petrus in der Apostelgeschichte die Vorzüge der Juden vor den Heyden erklären will, so beruft er sich Cap. II. 38. 39. und III. 25. 26. nicht auf das Gesetz, sondern auf die Verheissung von JEsu Christo, und spricht: Euer, und eurer Kinder ist diese Verheissung; Ihr seyd der Propheten, und des Bundes Kinder. Hieraus wird

(d) deut-

nicht sein Volk waren, damit er den ganzen
Haufen, sowohl Juden, als Heyden, dahin
33. O Oo 2 brächte,

(d) deutlich seyn, daß die Aufrichtung des Reiches GOttes unter seinem Sohne JEsu Christo weder ein neues Reich hervorgebracht, noch neue Gesetze, und Ordnungen, zum Grunde habe, sondern vielmehr die Erfüllung der erstgedachten Verheissungen. JEsus kam, wie von ihm geschrieben war, in die Welt, den Willen GOttes zu thun, dem Opfer, und Speisopfer, an und für sich nicht gefielen, Ps. XL. 7 – 9; er opferte ein Opfer, das ewiglich gilt, Hebr. X. 10. 12. Neue Gesetze aber gab er nicht, sondern erfüllete die alten, Matth. V. 17. Es bestehet also

(e) die Aufruhr des jüdischen Volkes eben darinnen, worinnen ehehin die Aufruhr der heydnischen Völker bestanden hatte; nämlich, daß sie die evangelischen Verheissungen nicht achteten, und daher, als sie erfüllet wurden, meistens gar nicht mehr erkannten, unter dem Messias sich nicht ein Opfer für die Sünde, sondern einen weltlichen Herrn, vorstellten, deswegen nicht an JEsum glaubten, und seiner Versöhnung sich so wenig trösteten, daß sie gar nichts davon wissen, sondern durch die Werke des Gesetzes vor GOtt gerecht werden, wollten. Dieß ist

(f) der Begriff des Unglaubens, den Locke nicht erkennen will, weil solcher, wie er sich einbildet, nicht einem ganzen Volke zugeschrieben werden könne. Allein, er irret sich, wenn er meynet, daß Paulus von dem ganzen jüdischen Volke in so strengem Verstande rede, daß gar keine jüdische Seele davon auszuschliessen sey. Er redet von den meisten Juden, die Christum nicht annahmen, von den Unglaubigen, die eben dadurch, daß sie keine wahre Christen würden, Juden blieben. Und warum soll bey einer solchen Absonderung, da ein Theil eines Volkes von den übrigen, die dazu gehören, ausgehet, und Glaubige, und Unglaubige, sich von einander trennen, nicht von den zurücke gebliebenen gesagt werden können, daß sie um des Unglaubens willen nicht mehr GOttes Volk seyen? Locke verwirret

(g) und (h) die Begriffe, wenn er schreibt, es sey in keinem Reiche genug, den Fürsten, und die Gültigkeit seiner Gesetze, zu erkennen, man müsse auch Gehorsam leisten. Denn, es saget kein rechtglaubiger Christ, daß die Glaubigen ungehorsam seyn dürfen, sondern man zeiget nur den Glauben als die Quelle des wahren, und gottgefälligen, Gehorsams an. Lockens Gehorsam ist, da er nicht aus dem Glauben gehet, Sünde. Das ist, eigentlich betrachtet, falsch, daß ein Jud, wenn er nur den einigen GOtt, als seinen GOtt, und die Gültigkeit des mosaischen Gesetzes mit dem Munde bekennete, dadurch ein treuer Unterthan GOttes, und ein Mitglied des israelitischen gemeinen Wesens wurde. Er wurde dadurch nichts, als ein Heuchler: und dieß waren freylich erstaunend viele Juden. Allein,

(i) noch irriger ist, daß Locke zum Juden, und Christen, nichts, als äusserliches Bekenntniß, fordert, da doch Paulus oben Cap. II. 28. 29. den wahren Juden inwendig, im Verborgenen, suchet, und Cap. IX. 9. glauben mit dem Herzen, und bekennen mit dem Munde, als zwey unzertrennliche Eigenschaften eines wahren Gliedes der Kirche GOttes, im alten, und neuen, Testamente mit einander verbindet. Man kann daher sicher gegen ihn behaupten, daß kein wahrhaftig glaubiger Christ, durch Ungehorsam gegen die göttlichen Befehle, des ewigen Lebens verlustig werde.

brächte, daß sie sein Volk würden (*).

33. O welch eine Tiefe des Reichthums, der
Weisheit und Erkenntniß GOttes (23)! Wie
unbe-

33. O welch eine Tiefe
des Reichthums, beyde
der

(*) Aus allem, was bisher erinnert worden, wird deutlich seyn, daß Lockens oben stehende Umschreibung unnatürlich sey; und daß sich dieser gelehrte Mann, da er die Rebellen in einen einzigen Schaafstall einschliessen läßt, vergessen habe. Denn, er hat Galat. III. 22. die ähnliche Redensart συνέκλεισε τὰ πάντα ὑπὸ ἁμαρτίαν so umschrieben: Die Schrift machet zwischen Juden und Heyden keinen Unterschied, sondern fasset alle Menschen, Juden, und Heyden, als Sünder, die des Todes schuldig sind, zusammen. Man umschreibe hier συνέκλεισε τοὺς πάντας εἰς ἀπείθειαν, nach seinem eigenen Beyspiele, eben so: Denn, GOtt machet hier zwischen Juden, und Heyden, keinen Unterschied, sondern fasset alle Menschen, Juden, und Heyden, als Unglaubige zusammen, auf daß er sich aller erbarme; so wird der Verstand des Verses nimmer schwer seyn. GOtt hat die Juden nicht verworfen, da er an ihrer statt die glaubigen Heyden in seine Kirche aufgenommen hat; er will sie vielmehr durch das Beyspiel der glaubigen Heyden reizen, nicht in ihrem Unglauben zu bleiben. So war es ehehin auch mit den Heyden, da sie unglaubig waren; GOtt wollte sie reizen, da er die israelitische Kirche aus ihnen ausführte, und absonderte. Eben dieß hat er jetzo, da er sich der glaubigen Heyden erbarmet hat, in Ansehung der unglaubigen Juden zur Absicht. Denn, er betrachtet keinen Menschen, als Juden, oder Heyden, sondern mit einander, als das, was sie von Natur sind, als Unglaubige. So kann er sich aller erbarmen, da sie einander alle gleich sind; so hat er keinen Gefallen am Tode des Sterbenden; so erbarmet er sich wirklich aller, welche die ihnen im Evangelio kräftig angebothene Gnade annehmen, und nicht widersetzlich von sich stossen. Hieraus wird man den Grund des nun folgenden bewundernden Ausrufes einsehen.

(23) Dieser nachdrückliche Beschluß scheinet, auf eine besondere Weise, die Juden anzugehen, die der Apostel hiemit lehren wollte, bescheiden zu seyn, und sich unter die allmächtige Hand GOttes zu demüthigen, da sie ihn doch wegen seines gnädigen Verfahrens mit den Heyden nicht zur Rede setzen könnten. Seine Weisheit, und seine Wege, sind unendlich weit über ihre Einsichten erhaben: wie wollen sie sich also unterfangen, ihn, was er thun soll, zu lehren? Oder, ist ihnen GOtt etwas schuldig? Wofür? Er wird es ihnen bezahlen. Dieß ist ein sehr derber Verweis für die Juden, aber, wie man siehet, wohl überlegt, und sehr gelinde und unanstößig vorgetragen. So bemühet sich der Apostel immer, mit seinem Volke umzugehen (a).

(a) Dieß sind lauter zufällige Gedanken unsers Paraphrasten. Warum soll er in diesen Worten die Juden Bescheidenheit, und Demuth, lehren? Der verstockte Jud las seinen Brief nicht: und der bekehrte Jud ließ sich ohnehin nicht einfallen, gegen GOtt zu murren, daß er auch die Heyden berufen hatte. Denn, dieß konnte er aus den Propheten wissen, daß solches von GOtt längst verheissen war. Man bleibe bey dem Zusammenhange, und dem klaren Texte. Die Worte heissen nach dem Griechischen: O, wie unergründlich reich ist GOtt an Weisheit und Erkenntniß! Wie unbegreiflich sind seine heiligen Rathschlüsse? und wie unerforschlich die Mittel, und Wege, wodurch er sie ausführet? Der Apostel bewundert darinnen Weisheit, und Erkenntniß. GOttes,

der Weisheit und Erkenntniß GOttes! wie gar unbegreiflich sind seine Gerichte, und unerforschlich seine Wege!	unbegreiflich sind seine Gerichte, und wie unerforschlich seine Wege!
34. Denn, wer hat des HErrn Sinn erkannt? Oder wer ist sein Rathgeber gewesen?	34. Denn, wer hat des HErrn Sinn erkannt? oder, wer ist mit ihm zu Rathe gesessen?
35. Oder, wer hat ihm etwas zuvor gegeben, das ihm werde wieder vergolten?	35. Oder, wer ist ihm zuvor gekommen, daß er ihm etwas gegeben hätte, welches GOtt ihm wieder ersetzen müßte (24)? Dieses nur zu denken, ist abgeschmackt.

GOttes, die sich in der Heilsordnung offenbaret. GOtt hat alles beschlossen unter dem Unglauben, in welchem von Natur alle Menschen stecken, und siehet die gefallenen Menschen, einen wie den andern, in keiner andern Absicht an. Dieß ist ein Beweis der göttlichen Weisheit, daß GOtt gerade den Glauben an den Sohn GOttes, und die blosse willige Annahme seiner Gnade, zum Mittel der Seligkeit gewählet hat; das leichteste, das allgemeinste Mittel, das sich für alle Menschen, nach ihren verschiedenen Arten, und Fähigkeiten, am besten schicket, und zugleich zeiget, daß GOtt alles, was er nur zur Seligkeit der Menschen thun können, wirklich gethan habe. Es ist aber auch ein Beweis der unendlichen Erkenntniß GOttes, nach welcher er alles, was zur Seligkeit der gefallenen Menschen nöthig war, von Ewigkeit her voraus übersehen, nach welcher er, was zu dessen Ausführung, und Anwendung, erfordert wurde, erkannt, und selbst die Hindernisse, die sich noch itzt bey allen Menschen finden, auf eine seiner Weisheit, und Heiligkeit, anständige Art, gesehen, und zu heben gewußt hat. Seine heiligen Rathschlüsse sind über allen endlichen Verstand erhaben u. s. w. κρίμα hat hier eben die Bedeutung, welche das hebräische מִשְׁפָּט hat, das nicht immer göttliche Strafgerichte, noch weniger aber, ja niemals, unbedingte Richtersprüche anzeigt. So spricht David Ps. XXXVI. 7. Deine Gerechtigkeit stehet wie die Berge GOttes, und dein Recht (מִשְׁפָּטְךָ) wie grosse Tiefe, und Ps. CXIX. 91. es bleibet täglich nach deinem Wort, eigentlich: nach deinen Rathschlüssen stehet alles noch jetzo.

(24) Dieß zielet offenbar auf die Juden, welche das Recht zu haben glaubten, GOttes Volk zu seyn (a); daß daher S. Paulus sich genöthigt siehet, Cap. IX. 14. GOttes Gerechtigkeit zu vertheidigen; und auch hier die Thorheit dieses Anspruches zu entdecken, und zu beschämen.

(a) Man lasse nur den Gedanken, GOttes Volk seyn, weg, der ohnehin nicht im Texte stehet; so schicket sich dieser Vers, nach dem ganzen Zusammenhange, so gut auf alle Menschen, als auf die Juden allein. Kein Mensch hat GOtt jemals eine Gefälligkeit erzeiget, für welche er wiederum erkenntlich seyn müßte.

36. Denn, von ihm haben alle Dinge ihr Wesen, und ihren Ursprung; er gebiethet, und befiehlt, über alles; und zu ihm, und zu seiner Ehre ist alles geschaffen, und eingerichtet. Ihm sey Ehre in Ewigkeit. Amen.

36. Denn, von ihm, und durch ihn, und in (zu) ihm sind alle Dinge. Ihm sey Ehre in Ewigkeit. Amen.

Zehnter Abschnitt.

Cap. XII. Vers 1 — 21.

S. Paulus hat zu Ende des vorhergehenden Capitels den wunderschönen evangelischen Vortrag an die Kirche zu Rom, welcher die eilf erklärten Capitel einnimmt, mit einem sehr feyerlichen Ausrufe beschlossen. Er war an zwo Gattungen von Bekehrten, nämlich Juden, und Heyden, gerichtet, in welche er durch diese ganze Epistel alle Menschen, als in zween verschiedene Haufen, eintheilet, und nach dieser Eintheilung gleichsam als zwo abgesonderte Gesellschaften betrachtet.

1. Was die Heyden anbelangt, so bemühet er sich, ihnen zu zeigen, daß sie zwar, weil sie von GOtt zur Abgötterey, und Verehrung falscher Götter, abgefallen, von GOtt seyen verlassen worden, in Sünde und Blindheit, ohne GOtt, in der Welt gelebet, und ihn weder erkennet, noch ihm gedanket hätten, daß aber dennoch die Gnade GOttes durch JEsum Christum sich auch auf sie erstreckte, und dadurch ihnen nunmehr der Weg offen stünde, GOttes Volk zu werden. Denn, da kein Mensch durch seine eigene Gerechtigkeit selig werden könnte, und nicht einmal die Juden durch die Werke des Gesetzes; so sey, beydes für Juden, und Heyden, der Glaube an Christum der einzige Weg zur Seligkeit. Auch die Juden hätten nun kein anderes Mittel, noch ferner GOttes Volk zu bleiben, als daß sie das Evangelium annähmen, welches eben so gut den Heyden offen stünde, und sie eben wohl, als die Juden, und allein unter der Bedingung des Glaubens, zu dem Reiche GOttes gelangen liesse. [Die Heyden hätten also durchaus nicht nöthig, sich beschneiden zu lassen, und das Judenthum anzunehmen, um der Wohlthaten des Evangelii theilhaftig zu werden.]

2. Was die Juden betrift, so ist in der vorhergehenden Abhandlung der andere grosse Endzweck des Apostels, das Aergerniß wegzuräumen, welches die Juden deswegen an dem Evangelio nahmen, weil die Heyden, als GOttes Volk, in die Kirche aufgenommen, und, als Unterthanen, in dem

dem Reiche des Meßiä erkannt wurden. Um sie auf bessere Gesinnungen zu bringen, zeiget er ihnen aus der heiligen Schrift, daß sie durch die Werke des Gesetzes nicht selig werden könnten, und also die Lehre von der Rechtfertigung aus dem Glauben ihnen nicht so fremde scheinen dürfte. Was ihre Verwerfung anbelangt, da sie wegen ihres Unglaubens nicht mehr GOttes Volk seyn, und die Heyden an ihrer statt angenommen werden sollten; so thut er klärlich dar, daß solches in dem alten Testamente geweissaget sey, und GOtt ihnen dadurch kein Unrecht thue. GOtt ist unumschränkter HErr über alle Menschen, und kann zu seinem Volke, wen er will, mit eben der Freyheit wählen, mit welcher er die Nachkommen Abrahams vor allen Völkern auf Erden, und unter diesen wiederum die Nachkommen Jacobs, vor den Nachkommen des ältern Bruders Esau, und dieß, ehe die Kinder gebohren waren, und weder Gutes, noch Böses, gethan hatten, ehehin gewählet hat. In diesem ganzen Vortrage sind die Auserwählten, von welchen er redet, nur Völker, oder ganze politische Gesellschaften in dieser Welt, nicht aber einzelne Personen, in Absicht auf ihre ewige Seligkeit in der zukünftigen (*).

Nachdem er die Hauptabsicht seines Briefes dergestalt ausgeführet hat, so beschliesset er solchen nunmehr, wie alle seine Briefe, nach seiner Gewohnheit mit praktischen, und moralischen, Ermahnungen, deren einige in diesem Capitel stehen, und die wir der Ordnung nach durchgehen wollen.

(*) Alles, was bis hieher in dieser Einleitung stehet, und bereits an seinem Orte widerleget worden, ist nichts als eine überflüssige Wiederholung dessen, was unser gelehrter Paraphrast schon öfters gesaget, und nie gründlich erwiesen, hat. Er redet nicht anders, als ob der Apostel seinen Brief auch an die verstockten Juden gerichtet hätte; da doch diese gewiß nicht zu den Cap. I. 7. erwähnten berufenen Heiligen, noch unter die gehören, von deren Glauben man, nach V. 8. in aller Welt saget. Nur die noch übrigen Worte gehören zur Sache.

Text.	Paraphrastische Erklärung.
1. Ich ermahne euch, lieben Brüder, durch die Barmherzigkeit GOttes:	1. Da dem also ist, daß ihr an statt der Juden GOttes Volk worden seyd (*), so unterlasset ja nicht, ihm dasjenige Opfer zu bringen, das

(*) Die Worte: daß ihr —— worden seyd, haben keinen Grund im Texte. Da nun nach dem Zusammenhange dieses Capitel gar nicht besonders an die Heyden gerichtet seyn muß, sondern eben sowohl neben ihnen auf die bekehrten Juden, und also auf alle christliche Römer überhaupt, gehen kann: so werden sie besser ausgelassen. Es ist hiernächst, die bekehrten Juden hier mit einzuschliessen, auch deswegen billig, weil die Ermahnung, die Leiber GOtt zum Opfer zu begeben, die bekehrten Juden, die nun keine Opfer mehr hatten, auf sehr hohe, und heilige, Gedanken leiten konnte.

das ihm zu bringen billig ist: ich meyne eure Leiber (1); nicht, daß sie sollen getödtet werden, sondern

tes: daß ihr eure Leiber begebet zum Opfer, das Da

(1) Eure Leiber. S. Paulus scheinet zwo Ursachen zu haben, warum er dieß, daß sie ihre Leiber GOtt unbefleckt darbringen sollten, zu seiner ersten Vermahnung macht. 1. Weil er zuvor, besonders Cap. VII. so stark darauf gedrungen hat, daß der Leib die grosse Quelle sey, woraus die Sünde entspringet (a). 2. Weil die heydnische Welt, und besonders die Römer, derjenigen schändlichen Leidenschaften schuldig waren, deren er Cap. I. 24–27. gedenket.

(a) Dieser irrige Satz ist immer, wenn ihn Locke bisher vortrug, nach Gelegenheit widerleget worden. Es läßt sich ein besserer Grund angeben, warum der Apostel vermahnet, unsere Leiber GOtt zum Opfer darzubringen. Da er unsere Leiber als lebendige Opfer beschreibet, und die Darbringung derselben einen vernünftigen Gottesdienst nennet; so setzet er diese Opfer todten Opfern, und diesen Gottesdienst dem unvernünftigen entgegen. Die Opfer des alten Testamentes mußten nicht nur an und für sich gewisse Eigenschaften haben, nach welchen sie GOtt geheiligt werden konnten, sondern auch, wenn sie GOtt gefallen sollten, auf die von ihm vorgeschriebene Art dargebracht werden: unterdessen wurden diese erst todt auf den Altar gebracht; es waren nicht die Leiber derer, die da opferten, sondern die Leiber unvernünftiger Thiere; ja, es wurden endlich, da Christus sich selbst GOtt aufgeopfert hatte, diese Opfer ein unvernünftiger Gottesdienst. Auf eine herrlichere, und vernünftigere, Art opfern die Glaubigen im neuen Testamente GOtt sich selber auf, zwar nicht zum Opfer für die Sünde; denn, dieß hat Christus GOtt dargebracht: jedoch zum Lob- und Dankopfer, zum freywilligen Opfer. Ihr Opfer ist also heilig; da es von denen, die durch das Blut Christi geheiliget sind, da ein Leib, der ein Tempel des Heiligen Geistes ist, dargebracht wird; es ist GOtt wohlgefällig, da es im Glauben auf das vollkommene, und ewig geltende, Opfer JEsu Christi geschiehet; es ist ein vernünftiger Gottesdienst, da die Vernunft selbst es für besser erklären muß, sich selber GOtt zu heiligen, als unvernünftige Thiere; es ist ein lebendiges Opfer, da ihm nicht todte, sondern lebendige, Leiber, die ihr Leben durch heilige Handlungen beweisen, dargebracht werden. Locke sagt in seiner Umschreibung zu wenig, wenn er zu diesem Opfer allein die Tödtung der fleischlichen Lüste erfordert: es gehöret auch, nach dem Begriffe eines lebendigen, und heiligen, Opfers die Anwendung des Leibes, und seiner Glieder, Augen, Ohren, Hände, Füsse, Zunge u. s. w. zu wirklich heiligen Handlungen hinzu. Es ist leicht einzusehen, warum Paulus nicht der Seele gedenket. Er redet mit Glaubigen, und Gerechtfertigten. Er drücket ihren Eifer in dem Dienste GOttes, und der Heiligung, durch das Bild der Aufopferung aus. Da er nun sagt, daß sie GOtt etwas zum Opfer darbringen sollen: so muß er den Leib nennen, da er sonst sagen müßte, sie sollten sich selbst GOtt aufopfern; so muß er sie ermahnen, aufmerksam zu seyn, daß alles, was an ihnen ist, und nicht allein ihre Seele, GOtt zum Dienste, und Wohlgefallen, geheiliget werde. Hiezu kommt, daß er V. 2. der Erneuerung des Sinnes besonders erwähnet. Die lockische Umschreibung kann hieraus also verbessert werden: Ich ermahne euch also, meine Brüder, um der grossen und vielen Barmherzigkeit

da lebendig, heilig, und GOtt wohlgefällig, sey, welches sey euer vernünftiger Gottesdienst.

sondern daß ihr derselben Lüste tödtet. Wenn ihr euren Leib von den Flecken, und Unreinigkeiten, der Sünde säubert, so wird dieß GOtt ein angenehmes Opfer, und eine Art des Gottesdienstes seyn, die einem vernünftigen Geschöpfe anständig ist. Deswegen bitte ich euch um GOttes Barmherzigkeit willen, ihm, der euch zu seinem Volke gemachet hat, dieses Opfer darzubringen.

2. Und stellet euch nicht dieser Welt gleich, sondern verändert euch durch Ver-

2. Richtet euch auch nicht nach der Gewohnheit dieser Welt (2): sondern nehmet durch die Erneuerung eures Gemüthes (3) eine andere Gestalt

herzigkeit willen, die euch GOtt in eurer Erlösung, Berufung, Wiedergeburt, und Rechtfertigung, erwiesen hat, die er euch auch noch täglich erweiset, und die ihr ja nicht geringe achten werdet, daß ihr nunmehr alles, was an euch ist, und selbst eure Leiber, mit allen ihren Gliedmassen, GOtt als ein lebendiges, heiliges, und ihm wohlgefälliges, Opfer darbringet, und darinnen euren vernünftigen Gottesdienst suchet.

(2) Nach der Gewohnheit dieser Welt, oder, wie es S. Petrus ausdrückt: stellet euch nicht, wie vorhin, da ihr in Unwissenheit nach den Lüsten lebtet, 1 Petr. I. 14.

(3) Verändert euch durch Verneuerung eures Sinnes. Der Zustand der Heyden wird Eph. IV. 17–19. also beschrieben, daß sie wandelten in der Eitelkeit ihres Sinnes, daß ihr Verstand verfinstert sey, und sie entfremdet seyen von dem Leben, das aus GOtt ist, durch die Unwissenheit, so in ihnen ist, durch die Blindheit ihres Herzens; daß sie ruchlos seyen, und ergeben sich der Unzucht, und treiben allerley Unreinigkeit, sammt dem Geiz. Und Col. I. 21. daß sie fremde, und Feinde, seyen durch die Vernunft in bösen Werken. Es bestehet also die Erneuerung ihres Gemüthes, oder, wie der Apostel Eph. IV. 23. spricht, im Geiste ihres Gemüthes darinnen, daß sie in einen Zustand treten, der das Gegentheil von demjenigen ist, in welchem sie zuvor (vor ihrer Bekehrung, und Rechtfertigung,) waren (a), d. i. um mich des Apostels eigener Worte zu bedienen, daß die Augen ihres Verstandes erleuchtet werden, und daß sie den neuen Menschen anziehen, der da verneuert wird zu der Erkenntniß, nach dem Ebenbilde des, der ihn geschaffen hat; daß sie wandeln als die Kinder des Lichts, und prüfen, was dem HErrn angenehm sey, und keine Gemeinschaft haben mit den Werken der Finsterniß; daß sie nicht unweise sind, sondern verstehen, was des HErrn Wille sey. Denn, dieß ist der Wille GOttes, unsere Heiligung; daß ihr meidet die Hurerey, daß ein jeder wisse sein Faß zu behalten in Heiligung und Ehren, nicht in der Lustseuche, wie die Heyden, die von GOtt nichts wissen.

(a) Locke hat ganz Recht, daß der Stand der Erneuerung das Gegentheil sey, von dem Stande, worinnen sich die Menschen zuvor, d. i. vor ihrer Bekehrung,

Gestalt an, damit ihr untersuchen, und finden, möget, was der gute, der wohlgefällige, und vollkommene, Wille GOttes sey, [als welcher(*) sich nun unter dem Evangelio geoffenbaret hat, daß er auf ein reines, und heiliges, Leben ziele. Die gesetzlichen Caeremonien, welche GOtt ehehin eingesetzet hat, waren nicht dieser gute, wohlgefällige, und vollkommene, Wille, den er jederzeit zur Absicht gehabt hat; sie waren nur die Vorbilder, und Vorbereitungen, zu diesem vollkommnern Zustande unter dem (4) Evangelio.]

3. Denn, kraft meines Amtes, das mir durch GOttes Gnade ist aufgetragen worden, bitte ich, als der Heyden Apostel, einen Jeden unter euch, nicht höher von sich selbst zu denken, als er denken darf, sondern vernünftige, und bescheidene, Gedanken von sich zu hegen, nach dem Maasse der

Verneuerung eures Sinnes: auf daß ihr prüfen möget, welches da sey der gute, der wohlgefällige, und der vollkommene GOttes Wille.

3. Denn, ich sage durch die Gnade, die mir gegeben ist, Jedermann unter euch, daß Niemand weiter von ihm halte, denn sichs gebühret zu halten: sondern

Wiedergeburt, und Rechtfertigung, befinden. Damit aber erkläret er doch die Erneuerung nicht genau. Denn, in diesen Stand tritt man schon in der Bekehrung, und Wiedergeburt; und der Stand der Erneuerung ist eigentlich derjenige Zustand, in welchem sich der Mensch der ihm von GOtt geschenkten geistlichen Kräfte, und Gnadenmittel bedienet, die ihm noch anklebende Sünde immer mehr abzulegen, und heiliger zu werden.

(*) Was von hier an in der Umschreibung folget, ist ein blosser willkührlicher Zusatz des Paraphrasten; wie der Augenschein, und noch mehr der socinianische Inhalt, lehret, der voller Verwirrung, und Vorurtheile, steckt. Einmal ist es falsch, daß der Wille GOttes, in wie ferne er unsere Heiligung zur Absicht hat, erst im Evangelio sey geoffenbaret worden. Denn, was ist deutlicher, als die gesetzlichen Befehle: ihr sollt heilige Leute vor mir seyn, 2 B. Mos. XXII. 31. ihr sollt euch heiligen, daß ihr heilig seyd, denn, ich bin heilig, 3 B. Mos. XI. 44. u. d. g. m.? Sodenn sind die im Gesetze vorgeschriebenen Caeremonien eigentlich nicht Vorbilder von dem vollkommnern Zustande unter dem Evangelio, sondern von Christo, gewesen. Dieses Stück der Umschreibung ist also überflüssig.

(4) In diesen zween ersten Versen wird der Vorzug des Evangelii vor dem Zustande der Heyden, und der Anweisung der Juden, gezeiget (a).

(a) Dieß kann man gerne zugeben, daß Juden, und Heyden, durch das Evangelium seyen in einen glücklichern Zustand versetzet worden: daraus aber folget nicht, was Locke in seiner Paraphrase saget; weil das Wesen des Evangelii nicht in der Sittenlehre bestehet.

dern daß er von ihm mässiglich halte, ein jeglicher, nachdem GOtt ausgetheilet hat das Maaß des Glaubens.

der geistlichen Gaben (5), welche GOtt ihm verliehen hat.

4. Denn, gleicher Weise, als wir in einem Leibe viel Glieder haben, aber alle Glieder nicht einerley Geschäfte haben:

4. Denn, gleichwie in einem, und eben demselben, Leibe viele Glieder, aber nicht alle Glieder zu einerley Verrichtung bestimmet sind:

5. Also sind wir viel ein Leib in Christo, aber unter einander ist einer des andern Glied.

5. also machen wir, die wir viele sind, alle nur einen Leib in Christo aus, und sind alle einer des andern Mitglied (6).

6. Und haben mancherley Gaben, nach der Gnade, die uns gegeben ist.

6. Allein, da wir, nach Beschaffenheit der Gnade, die einem jeden insbesondere gegeben ist, ein jeder eine verschiedene Gabe haben:

7. Hat Jemand Weissagung, so sey sie dem Glauben ähnlich. Hat Jemand

7. so lasset uns, wenn es die Gabe zu weissagen (7) ist, weissagen nach dem Verhältnisse des Glaubens (8), oder der Gabe der Weissagung.

(5) Μέτρον πίστεως, Maaß des Glaubens. Einige Abschriften lesen χάριτος, Gnade: beydes läuft auf eines, nämlich die Gaben des Geistes, hinaus.

(6) Eben dieses Gleichniß, zu eben der Absicht gebraucht, finden wir 1 Korinth. XII.

(7) Die Weissagung wird im neuen (sowohl, als im alten) Testamente unter die Gaben des Heiligen Geistes gerechnet, und bedeutet bald die Auslegung der heiligen Schrift, und der bereits geschehenen Weissagungen, bald die Vorherverkündigung zukünftiger Dinge.

(8) Nach dem Verhältnisse des Glaubens. Der Zusammenhang in diesem, und den drey vorhergehenden, Versen leitet uns ohne Schwierigkeit zum Verstande dieses apostolischen Ausdruckes an. Das XII. und XIV. Cap. der 1sten Epistel an die Korinthier zeigen uns, wie geneigt die Neubekehrten waren, wegen ihrer verschiedenen Gaben hochmüthig zu werden; und daß ein jeder, wie es in solchen Fällen zugehen pflegt, voreilig war, seine eigene Gabe zu erheben, und weiter, als sie sich in der That erstreckte, anzuwenden. Daß hier S. Pauli Absicht sey, dieser Unordnung vorzukommen, oder solche abzustellen, und einen jeden im Gebrauche seiner besondern Gabe in seinen gehörigen Schranken zu erhalten, ist daraus deutlich, daß er V. 3. wo er zum rechtmässigen Gebrauche dieser Gaben ermahnet (denn auf die geistlichen Gaben ist in diesem Verse seine Absicht gerichtet), das Maaß des Glaubens, oder der geistlichen Gaben, die ein jeder für sich von GOttes Gnade ein

sagung, die uns gegeben ist, d. i. in so weit, als wir durch göttliche Offenbarung, und ausserordent-

Jemand ein Amt, so warte er des Amts. Lehret

empfangen hat, zum Maasse dieses bescheidenen, und rechtmässigen, Gebrauches machet, d. i. ermahnet, daß darinnen Niemand weiter gehen soll, als ihm gegeben ist, und er wirklich hat. Ausser dieser sehr deutlichen Anzeige aber ist noch eine Stelle in diesem Verse, die, wenn man sie genau betrachtet, diese Erklärung fordert. S. Paulus spricht: ich sage durch die Gnade GOttes, die mir gegeben ist. Er wollte die Römer in dem Gebrauche ihrer verschiedenen geistlichen Gaben einschränken, und hie kann er für das, was er nun sagen will, keinen überzeugendern Grund anführen, als sein eigenes Exempel. „Ich ermahne euch, saget er, „daß ein Jeder von euch im Gebrauche, und der Anwendung, seiner geistlichen „Gaben in den Schranken, und dem Maasse, derjenigen Gabe, die er empfangen „hat, bleibe. Ich selber, indem ich euch diese Ermahnung gebe, thue solches „durch die Gnade, die mir gegeben ist; ich thue es vermöge des Amtes, und „der Macht, die mir von GOtt gegeben ist, und diese überschreite ich nicht". Solche Ausdrücke, wie diese, möchten bey Jemand, der sich zuvor selbst für einen Apostel erkläret hat, ohne besondere Ursachen dazu zu haben, überflüssig, und manchem gar abgeschmackt, scheinen: wenn man sie aber auf diese Art betrachtet, so liegt viele Schönheit, und Stärke, darinnen. Man darf S. Pauli Schriften nur mit Ernste lesen; so wird man bald in eine gerechte Verwunderung gerathen, wie er so geschickt, und künstlich, alles, was er sagt, zur Ausführung der vorliegenden Sache anzuwenden weiß. „Ich (saget er), durch die Gnade, die mir gegeben „ist, unterrichte euch, wie ihr eure Gaben gebrauchen sollet, welche nach der Gnade, „die euch gegeben ist, verschieden sind, daß ihr, wenn euch die Gabe der Weissagung verliehen ist, weissaget nach dem Verhältnisse, oder Maasse, dieser Gabe, „oder Offenbarung, die ihr habt. Niemand denke, daß, weil ihm einiges geoffenbaret ist, ihm deswegen alles offenbaret sey". Die nämliche Regel wegen der nämlichen Sache giebt S. Paulus Eph. IV. 16. daß ein jedes Glied nach dem Maasse seiner eigenen Kraft, Stärke, und Geschicklichkeit, wirken soll. 1 Korinth. XIV. 29 – 32. kann dieser Stelle auch Licht geben. Es stehet also hier gar nicht, daß ein Ausleger der heiligen Schrift dieselbe nach dem Lehrgebäude seiner besondern Secte, welches eine jede die Analogie des Glaubens nennet, erklären soll (a). Denn, auf diese Art würde der Apostel dasjenige zur Regel der Auslegung angeben, was erst lange nach seinen Zeiten sein Wesen bekommen, und von Menschen, welche irren können, seinen Ursprung hat. Das Maaß des Glaubens, V. 3. und das Verhältniß des Glaubens in diesem Verse bedeuten einerley, nämlich, so viel von eines jeden besonderer Gabe, als GOtt, einem jeden zu geben, gefallen hat.

(a) Wenn die Analogie des Glaubens dasjenige wäre, wofür sie Locke ausgiebt; so würde das, was er hier saget, unstreitig seyn. Es ist ein Fehler, daß jede christliche Religionsparthey die Schrift nach ihrem besondern Lehrgebäude erkläret. Allein, dieß ist auch die Analogie des Glaubens nicht. Die wahre Analogie des Glaubens ist der ganze Zusammenhang aller in der heiligen Schrift enthaltenen Wahrheiten, die zum geoffenbarten Lehrbegriffe von der Heilsordnung gehören. Hier ist von den Meynungen besonderer Partheyen die Rede nicht. Sie können sich irren, und glauben, daß ihr System in der Schrift

ret Jemand, so warte er der Lehre.

deutliche Erleuchtung, etwas einzusehen, und auszulegen, geschickt gemachet sind, und nicht weiter: Oder, ist es der Kirchendienst (das Amt eines Diaconi), so lasset uns dieses Dienstes warten. Wer ein Lehrer ist, der sorge dafür, daß er lehre.

8. Ermahnet Jemand, so warte er des Ermahnens. Giebt Jemand, so gebe er einfältiglich. Regieret Jemand, so sey er sorgfältig. Uebet Jemand Barmherzigkeit, so thue ers mit Lust.

8. Derjenige, der die Gabe zu ermahnen hat, sey fleisig im Ermahnen. Wer da giebt, thue es milde (zeige seine von GOtt erlangte Gabe darinnen, daß er es redlich, und aufrichtig, thut), und ohne Vermischung mit Eigennutz. Wer ein Vorsteher (9) ist, verwalte sein Amt mit Fleis. Wer andern Barmherzigkeit erweiset, der thue es mit Liebe (*).

9. Die

9. Die

Schrift eben so, wie in ihren Büchern, zusammenhänge: deswegen aber hänget es darinnen nicht zusammen; und sie haben also diese Analogie nicht, welche sich auf die Analogie der Schrift gründet. Und warum soll man sich nun in der Auslegung der heiligen Schrift nicht nach dieser Analogie richten? Dieß ist ja nichts anders, als Schrift aus Schrift erklären: und diese Regel nimmt Locke selber im seiner Vorrede zur Erklärung der Briefe Pauli an. Ich will wider das, was er in obenstehender Anmerkung zur Erklärung unserer Stelle beybringt, gar nicht disputiren. So viel werde ich aber doch derselben zusetzen dürfen, daß, wenn es in der ersten Kirche ein Misbrauch der Gabe der Weissagung war, solche zum Werkzeuge der Eitelkeit, und des Hochmuthes, oder gar der Einfalt, zu machen, und sich einzubilden, daß einem alles offenbaret sey, weil man von einer, oder der andern, Sache göttliche Offenbarung hatte, es noch ein viel grösserer Misbrauch dieser Gabe gewesen wäre, wenn sich Jemand aus thörichtem Eigendünkel unterfangen hätte, gegen den Zusammenhang der bereits geoffenbarten, und in der heiligen Schrift enthaltenen, Wahrheiten zu weissagen. Hieraus folget, daß es ein eben so grosses Versehen ist, wenn ein blosser Ausleger der heiligen Schrift, der die Gabe der Weissagung niemals gehabt hat, die besagte Analogie leichtsinnig aus den Augen setzet.

(9) ὁ προϊστάμενος, wer regieret, sagt unsere Uebersetzung: der Zusammenhang aber ist mehr für den Verstand, worinnen ich dieses Wort genommen habe. S. *Vitringa de Synagog.* L. II. C. 3.

(*) Alle bisher V. 7. 8. erzählte Gaben beziehen sich besonders auf den Zustand der apostolischen Kirche, die aus Juden und Heyden gesammelt wurde, und viele geschickte Männer zu allerhand Verrichtungen brauchte, aber daran bey ihrem täglich grössern Wachsthume wirklich würde Mangel gelitten haben, wenn nicht GOtt viele von ihren Gliedern mit ausserordentlichen Gaben, von allerhand Art, ausgerüstet

9. Die Liebe sey ohne Verstellung. Verabscheuet das Böse, hänget dem an, was Gut ist.

10. Seyd einander mit brüderlicher Liebe von Herzen gewogen: einer lasse dem andern an Ehre den Vorzug.

11. Seyd in euren Geschäften nicht träge, sondern ämsig, und munter, in euren Entschliessungen, und wendet alles zum Dienste Christi, und des Evangelii, an.

12. Freuet euch in eurer Hofnung auf den Himmel, und die ewige Seligkeit; seyd geduldig in Trübsalen; bethet oft, und eifrig.

13. Seyd bereit, nothleidenden Christen nach ihren Bedürfnissen zu helfen; befleisiget euch der Gastfreyheit.

14. Segnet diejenigen, die euch verfolgen: segnet sie, und fluchet nicht.

15. Freuet

9. Die Liebe sey nicht falsch. Hasset das Arge; hanget dem Guten an.

10. Die brüderliche Liebe unter einander sey herzlich. Einer komme dem andern mit Ehrerbiethung zuvor.

11. Seyd nicht träge, was ihr thun sollt. Seyd brünstig im Geist. Schicket euch in die Zeit.

12. Seyd frölich in Hofnung, geduldig in Trübsal, haltet an am Gebeth.

13. Nehmet euch der Heiligen Nothdurft an. Herberget gerne.

14. Segnet, die euch verfolgen: segnet, und fluchet nicht.

15. Freuet

rüstet hätte. Daher kommen in diesem Verzeichnisse Namen von Verrichtungen vor, die man heut zu Tage in der Kirche vergeblich suchet, oder wenigstens nicht so, wie hier, unterschieden antrift, z. E. Lehren, Ermahnen, Geben, ein Vorsteher seyn, Barmherzigkeit üben. Allein, man bedenke, daß von lauter unmittelbaren Gaben des Heiligen Geistes die Rede sey, und daß diese, nach den in der 8ten Anmerkung angeführten Stellen, verschiedentlich ausgetheilet waren, so daß z. E. wer die Gabe der Weissagung hatte, nicht auch die Gabe zu einem ordentlichen Lehrer der Heilswahrheiten, oder, die Gabe, nachdrücklich, und kräftig, zu ermahnen besaß: so wird man sich nicht wundern, daß hier manches getrennet ist, was heut zu Tage bey einem Lehrer verbunden seyn muß. Man wird aber auch verstehen, was die Gabe zu geben u. s. w. sey. Da nämlich unter den ersten Christen verschiedene ihre Aecker, oder Häuser, verkauften, und das Geld zur Erhaltung der Armen anwendeten, Apost. Gesch. IV. 34. 35; so war es eine göttliche Gabe, daß sich Menschen dazu entschliessen konnten. Paulus selbst zeiget dieses an 1 Korinth. XIII. 3. und wenn ich alle meine Habe den Armen gäbe. Das προϊστάμενος hat Locke wohl übersetzt: Vorsteher. Denn, es bedeutet eigentlich nicht einen weltlichen Regenten, sondern einen Vorsteher, der über die Gelder der Kirche, die eingehenden Allmosen, und deren Anwendung, die Aufsicht hat, und vermuthlich in unserer Stelle nicht zugleich Lehrer ist; weil er nicht unter den Gattungen der Lehrer erzählet wird. Was endlich das Ueben der Barmherzigkeit anbelanget; so ist es wohl am wahrscheinlichsten die Gabe, Kranke, und Elende, zu verpflegen: und wird so am besten von dem Geben unterschieden.

15. Freuet euch mit den Frölichen, und weinet mit den Weinenden.

16. Habt einerley Sinn unter einander. Trachtet nicht nach hohen Dingen, sondern haltet euch herunter zu den niedrigen.

17. Haltet euch nicht selbst für klug. Vergeltet Niemand Böses mit Bösem. Fleissiget euch der Ehrbarkeit gegen Jedermann.

18. Ists möglich, so viel an euch ist, so habet mit allen Menschen Friede.

19. Rächet euch selber nicht, meine Liebsten, sondern gebet Raum dem Zorn. Denn, es stehet geschrieben: Die Rache ist mein, ich will vergelten, spricht der HErr.

20. So nun deinen Feind hungert, so speise ihn: dürstet ihn, so tränke ihn. Wenn du das thust, so wirst du feurige Kohlen auf sein Haupt sammlen.

21. Laß dich nicht das Böse überwinden, sondern überwinde das Böse mit Gutem.

15. Freuet euch mit den Frölichen, und weinet mit den Weinenden.

16. Seyd einerley Sinnes gegen einander. Strebet nicht bloß nach hohen Dingen, sondern richtet euch nach dem schlechten Stande, und den geringen Angelegenheiten derer, die unter euch sind.

17. Haltet euch nicht selbst für weise. Vergeltet Niemand Böses mit Bösem: sondern suchet euern Wandel so einzurichten, daß er von allen Menschen möge gebilliget werden.

18. Wenn es möglich ist, so lebet, so viel an euch liegt, friedlich mit allen Menschen.

19. Ihr Liebsten, rächet euch nicht selber, sondern überlasset dieß lieber GOtt. Denn, es stehet geschrieben: Die Rache ist mein, ich will vergelten, spricht der HErr.

20. Wenn also deinen Feind hungert, so speise ihn; ist er durstig, so gieb ihm zu trinken. Thut dieß seine Wirkung an ihm; so hast du einen Feind überwunden, und einen Freund gewonnen: Fähret er aber dennoch in seiner Feindschaft fort, so sammelst du durch dieses Verhalten Kohlen auf sein Haupt, d.i. du übergiebst ihn dem Zorne GOttes; welcher dein Rächer seyn wird.

21. Laß dich das Böse, das du leidest, nicht überwinden, noch verleiten, solches wieder zu vergelten: sondern bemühe dich, die Bosheit des Feindes, der dich beleidiget, dadurch zu dämpfen, daß du ihm dafür liebreich, und dienstfertig, begegnest.

Eilfter

Eilfter Abschnitt.

Cap. XIII. Vers 1 — 7.

Dieser Abschnitt beschreibet die Pflichten der Christen gegen die weltliche Obrigkeit. Um ihn recht zu verstehen, müssen wir auf zwey Dinge Achtung geben.

1. Daß diese Regeln solchen Christen gegeben werden, die Glieder eines heydnischen Staates waren: um ihnen zu zeigen, daß sie, als Christen, und Unterthanen des Reiches Christi, durch die evangelische Freyheit von keiner derjenigen Verbindlichkeiten, Pflichten, und Obliegenheiten, befreyet worden, unter welchen sie nach den Landesgesetzen stunden; und daß sie vor den Landesherren, und Obrigkeiten, ungeacht es Heyden seyen, mehr Ehrfurcht tragen müßten, als selber ihre heydnischen Unterthanen. Allein, auf der andern Seite schränken sie diese Regeln nicht so ein, daß sie sich derjenigen Rechte, die ihnen nach dem Rechte der Natur, oder den Landesgesetzen, zukommen, nicht eben sowohl, als ihre Mitbürger, die keine Christen waren, bedienen dürften. Was irgend einer von ihren Mitbürgern, der sich mit ihnen in gleichen Umständen befand, ohne Sünde thun konnte, das war ihnen nicht verwehret; das konnten sie auch noch, als Christen, thun. Es ist hier die nämliche Regel, welche S. Paulus 1 Korinth. VII. 17. giebt: Ein jeglicher, wie ihn der HErr berufen hat, also wandle er. Was man im bürgerlichen Leben als recht zu beobachten, oder, als unrecht, zu vermeiden hat, das wird durch das Christenthum nicht anders gemacht, als es vorher war.

2. Daß S. Paulus in dieser Ermahnung an die Römer nicht sowohl die damals zu Rom lebenden Obrigkeiten beschreibt, als vielmehr zeigt, woher dieselben, und alle Obrigkeiten in der Welt, ihre Gewalt haben, und zu welchem Ende sie solche haben, und brauchen sollen. Und dieß thut er, seiner Klugheit gemäß, um den Christen keinen Vorwurf von Seiten ihrer heydnischen Obrigkeiten, besonders so hochmüthigen, und lasterhaften, zuzuziehen, als damals zu Rom waren, die sich schlechterdings nicht an ihre Schuldigkeit erinnern liessen, und dergleichen klare Wahrheiten, wenn sie nach Art anderer Lehren wären vorgetragen worden, gar leicht für freche, aufrührische, und verrätherische, Sätze würden ausgegeben haben: eine Beschimpfung, wovor die christliche Religion sorgfältig bewahret werden muß. Doch schmeichelt er in dem, was er hier sagt, auch im geringsten dem römi-

römischen Kaiser nicht; es mag damals, wie einige wollen, Claudius, oder, wie andere glauben, Nero die Regierung gehabt haben. Denn, er redet hier von der Oberkeit, die Gewalt hat, d. i. von der höchsten weltlichen Obrigkeit, die in jedem Staate von GOtt herkommt, und überall einerley Gewalt hat, d. i. frey, und durch nichts eingeschränkt ist, aber zu dem Ende, wozu sie GOtt gesetzet hat; nämlich, das Beste des Volkes aufrichtig zu beförderen, nach aller Geschicklichkeit, die sie besitzet: und so soll man ihr nicht widerstreben. Wie aber Menschen auf eine rechtmässige Weise zu dieser Gewalt gelangen, oder wer auf solche Weise dazu gekommen seye, davon schweiget er ganz stille, ohne ein Wort zu sagen. Wenn er dieß hätte untersuchen, und über weltliche Rechte sprechen, wollen, so würde er gegen die Absicht des Evangelii, und das Beyspiel unseres Heilandes, gehandelt haben, der sich in dergleichen Sachen nicht einlassen wollte, und Luc. XII. 14. die entscheidende Frage that: **Wer hat mich zum Richter, oder Erbschichter, über euch gesetzt?**

Text.	Paraphrastische Erklärung.
1. Jedermann sey unterthan der Oberkeit, die	1. Ein Jeder von euch, keiner ausgenommen (1), sey der Obrigkeit, die in dem Staate,

(1) Jedermann, wenn er auch mit den Wundergaben des Heiligen Geistes versehen, oder in der Kirche Christi zu einer Ehrenstelle erhaben, ist. Denn, daß dergleichen die Menschen verführen konnte, zuviel von sich selbst zu halten, ist aus dem klar, was S. Paulus 1 Korinth. XII. zu den Korinthern, und hier Cap. XII. 3 – 5. zu den Römern saget. Allein, vor allen waren die Juden geneigt, eine innerliche Widerspenstigkeit, und Verbitterung, gegen ihre vorgesetzte heydnische Obrigkeit zu hegen; weil sie ihr Amt für ein ungerechtes, und tyrannisches, Verfahren gegen sich ansahen, da sie GOttes Volk, und besser, als sie, wären. Diese Einbildung findet der Apostel nöthig, einzuschränken, und sagt daher in der Sprache der Juden, eine jede Seele, d. i. ein jeder unter euch, Jud, oder Heyde, muß der weltlichen Obrigkeit unterthänig seyn. Aus dem, was S. Petrus bey einer ähnlichen Gelegenheit sagt, siehet man, daß es sehr nöthig war, den Christen diese Pflicht einzuschärfen, damit unter ihnen ja Niemand seine Freyheit zum Deckel der Bosheit, oder des Ungehorsams, brauchte, 1 Petr. II. 13 -- 16. Die Lehre der Christen ist eine Lehre der Freyheit: und S. Paulus hat in dieser Epistel den Römern gezeiget, daß alle Christen vom mosaischen Gesetze frey seyen (a). Hieraus konnten böse, und unverständige, Leute, absonderlich bekehrte Juden, die, wie wir bemerket haben, ohnehin nicht gerne Heyden gehorchten, leicht den Schluß ziehen, daß die Christen auch von dem Gehorsam gegen die Gesetze der heydnischen Obrigkeit befreyet wären. Diesem kommt er zuvor, indem er saget, daß alle Obrigkeiten, und nicht allein die jüdische, ihre Gewalt von GOtt bekommen hätten, wenn gleich nicht ihre ganze Regierungsform unmittelbar, so wie die jüdische (b), von ihm herrührete.

Staate, worinnen er lebt, regieret (2), unterthan. Es ist keine Obrigkeit, ausser die von GOtt ist: die Obrigkeiten, die wirklich vorhanden sind, sind von GOtt verordnet.

2. Wer also der Obrigkeit widerstehet, der widerstehet der Ordnung GOttes: und diejenigen, die widerstehen, werden von diesen Obrigkeiten (*), denen sie widerstehen, gestrafet werden.

3. Was braucht ihr, euch vor ihnen zu fürchten? Obrigkeiten sind nicht denen ein Schrecken, die da Gutes thun, sondern denen, die

die Gewalt über ihn hat. Denn, es ist keine Oberkeit, ohne von GOtt: wo aber Oberkeit ist, die ist von GOtt verordnet.

2. Wer sich nun wider die Oberkeit setzet, der widerstrebet GOttes Ordnung: die aber widerstreben, werden über sich ein Urtheil empfahen.

3. Denn, die Gewaltigen sind nicht den guten Werken, sondern den bösen,

(a) Diese Meynung ist schon öfters wiederleget worden. Gesetzt aber, daß sie wahr wäre, so erinnert Locke billig, daß nur böse, und unverständige, Leute einen falschen Schluß daraus ziehen könnten. Denn, es folget nicht: Christen sind von den mosaischen Caeremonial- und Policeygesetzen frey: also sind sie gar keinem Gesetze unterworfen.

(b) Ob die jüdische Regierungsform, so wie sie zu Pauli Zeiten beschaffen war, unmittelbar von GOtt herrührete? ist eine Frage, die sich schwerlich behaupten läßt. Sie hier zu untersuchen, ist nicht zum Verstande unsers Textes nöthig.

(2) Man mag Obrigkeit entweder in Abstracto nehmen, für die weltliche Macht, oder in Concreto für die Personen, die solche Macht, und Herrschaft, wirklich ausüben, so bleibet einerley Verstand, nämlich: Christen sind, als Christen, auf keine Weise vom Gehorsam gegen die weltliche Obrigkeit frey, und dürfen ihr auf keinerley Art widerstehen. Doch scheinet es nach V. 3. daß S. Paulus hier die obrigkeitlichen Personen verstehe, die solche rechtmässige Macht wirklich besitzen, und ausüben. Ob aber die wirklich vorhandenen Obrigkeiten rechtmässig seyen, oder nicht, und man folglich ihnen gehorchen müsse, oder nicht, dieß darf man nach dem Christenthume nicht untersuchen. Daher sehen wir, daß, wenn der Apostel V. 7. zur Entrichtung der Steuern, und Abgaben, ermahnet, er sich dieser Worte bedienet: Gebet Jedermann, was ihr schuldig seyd, Schoß, dem der Schoß gebühret, Ehre, dem die Ehre gebühret, u. s. w. Wer es sey, dem man eines dieser Gefälle, oder Rechte, schuldig ist, das entscheidet er nicht. Denn, das läßt er die Gesetze, und Landesordnungen, bestimmen.

(*) Auch von GOtt. Denn, daß die Obrigkeiten in aller Welt die Widerspenstigen strafen, ist ohnehin bekannt; und folglich würde damit Paulus den Römern nichts neues sagen. Hingegen lehret die heilige, und weltliche, Geschichte, daß immer die den Obrigkeiten erzeigte Untreue, und Widerspenstigkeit, ausserordentlich von GOtt bestraft worden sey.

sen, zu fürchten. Willst du dich aber nicht fürchten vor der Oberkeit, so thue Gutes: so wirst du Lob von derselbigen haben.

4. Denn, sie ist GOttes Dienerinn, dir zu Gut. Thust du aber Böses, so fürchte dich: denn, sie träget das Schwerd nicht umsonst, sie ist GOttes Dienerinn; eine Rächerinn zur Strafe, über den, der Böses thut.

5. So seyd nun aus Noth unterthan: nicht allein um der Strafe willen, sondern auch um des Gewissens willen.

6. Derhalben müsset ihr auch Schoß geben: denn, sie sind GOttes Diener, die solchen Schutz sollen handhaben.

7. So gebet nun Jedermann, was ihr schuldig seyd: Schoß, dem der Schoß gebühret; Zoll, dem der Zoll gebühret; Furcht, dem die Furcht gebühret; Ehre, dem die Ehre gebühret.

die da Böses thun. Willst du also vor der weltlichen Obrigkeit nicht in Furcht leben? Thue, was Gut, und Recht, ist; so ist dir die Obrigkeit nichts, als Lob schuldig.

4. Denn, sie ist GOttes Befehlshaber, und Diener, und bloß zu deinem Besten gesetzet. Thust du aber Böses, so hast du Ursache, dich zu fürchten. Denn, sie trägt das Schwerd nicht umsonst. Denn, sie ist GOttes Diener, und soll an denen, welche Böses thun, GOttes Zorn, und Strafe, vollziehen.

5. Da dieß der Endzweck der Regierungen, und das Geschäfte der Obrigkeiten, ist, die Guten zu schützen, und die Bösen zu strafen: so müsset ihr derselben nothwendig unterthan seyn, nicht allein aus Furcht vor der Strafe, welche euch der Ungehorsam zuziehen würde, sondern auch um des Gewissens willen, weil dieß eine Pflicht ist, die GOtt von euch fordert.

6. Dieß ist die Ursache, warum ihr auch Abgaben zahlen müsset. Denn, diese gehören der Obrigkeit, weil sie ihre Sorge, Zeit, und Mühe, zum gemeinen Besten anwendet, indem sie die Bösen, und Lasterhaften, strafet, und einschränket, und die Tugendhaften, und Guten, beschirmet, und unterstützet.

7. Gebet also einem jeden, was ihr ihm schuldig seyd: Steuer, dem die Steuer gebühret; Zoll, dem der Zoll gebühret; Furcht, dem die Furcht gebühret; und Ehre, dem die Ehre gebühret.

Zwölfter Abschnitt.

Cap. XIII. Vers 8 — 14.

Der Apostel ermahnet zur Liebe, welche in der That die Erfüllung des ganzen Gesetzes ist (V. 8. 9. 10. und überhaupt zu einem christlichen Leben, V. 11 - 14).

Paraphrastische Erklärung.

8. Seyd Niemand nichts schuldig, als Liebe, und wechselsweise Gewogenheit: denn, wer den andern aufrichtig, wie sich selber, liebet, der hat das Gesetz erfüllet.

9. Denn, das Geboth, du sollst nicht ehebrechen; du sollst nicht tödten; du sollst nicht stehlen; du sollst nicht falsch Zeugniß geben; du sollst dich nicht lassen gelüsten; und was sonst noch für ein Geboth auf die gesellschaftlichen Pflichten gehen mag, ist alles kurz in diesem Gebothe begriffen: du sollst deinen Nächsten lieben, als dich selbst.

10. Die Liebe erlaubt uns nicht, unserm Nächsten Leid zuzufügen: und folglich ist sie die Erfüllung des ganzen Gesetzes der andern Tafel.

11. Und alles dieses thut, in der Betrachtung, daß es nun hohe Zeit ist, uns zu ermuntern, vom Schlafe los zu machen, und wachsam, und eifrig, der Pflichten eines christlichen Lebens zu befleißigen. Denn, die Zeit unseres Abzuges aus

Text.

8. Seyd Niemand nichts schuldig, denn daß ihr euch unter einander liebet: denn, wer den andern liebet, der hat das Gesetz erfüllet.

9. Denn, das da gesagt ist, du sollt nicht ehebrechen; du sollt nicht tödten; du sollt nicht stehlen; du sollt nicht falsch Gezeugniß geben; dich soll nichts gelüsten; und so ein ander Geboth mehr ist: das wird in diesem Wort verfasset, du sollt deinen Nächsten lieben, als dich selbst.

10. Die Liebe thut dem Nächsten nichts Böses. So ist nun die Liebe des Gesetzes Erfüllung.

11. Und weil wir solches wissen, nämlich die Zeit, daß die Stunde da ist, aufzustehen vom Schlaf; sintemal unser Heil

Heil jetzt näher ist, denn da wirs glaubten.

aus dieser Welt, wo wir nur zur Uebung, und Probe, sind, ist jetzt näher, als da wir uns das erste Mal zur christlichen Religion bekenneten (1).

(1) Es hat aus diesem, und dem 12ten, Verse das Ansehen, als wenn S. Paulus die Zukunft Christi, als nicht entfernt, betrachtete; und damit stimmen in seinen Episteln auch noch verschiedene andere Stellen überein, s. 1 Korinth. I. 7. (a).

(a) Dieß glaubt unser Paraphrast: er ist aber bey Gelegenheit schon widerleget worden. Ausser dem ist es ein schwacher Grund, die römischen Christen dadurch zu einer täglichen ernstlichen Busse, und Erneuerung, ermuntern zu wollen, daß sie nun, da Paulus dieses schreibt, ihrem Abschiede aus dieser Welt näher wären, als damals, da sie das Evangelium das erste Mal annahmen. Es wäre ein Bewegungsgrund, wenn der Apostel überhaupt sagte, daß sie doch dem Tode immer näher rückten, und sich also immer mehr dazu vorbereiten müßten: allein, es ist kein Grund mehr, wenn man die Annäherung zum Tode von ihrer Bekehrung zum Evangelio an rechnet, als wenn sie da erst angienge, da sie doch von des Menschen Geburt anfängt. Die Meynungen der Gelehrten sind freylich über diese Stelle verschieden: sie lassen sich aber, wie mich dünkt, vereinigen, wenn man unter unserm Heile Christum, nach einem sehr gewöhnlichen biblischen Ausdrucke, verstehet, und an statt, denn da wirs glaubten, übersetzet, denn da wir glaubig wurden. Der Apostel nimmt augenscheinlich seinen Bewegungsgrund, wodurch er die christlichen Römer zur Ablegung ihrer alten Sünden, und zum eifrigsten Bestreben nach täglich grösserer Heiligkeit, antreiben will, aus der Beschaffenheit der Zeit, worinnen sie durch GOttes Gnade leben. Denn, nach V. 12. ist die Nacht vergangen, der Tag aber herbey kommen. Er kann unter diesem Tage unmöglich, wie Locke meynet, den jüngsten Tag, oder Todestag, verstehen. Denn, was ist dieß für ein Schluß: V. 11. „Unser Abschied aus der Welt ist jetzo näher, „als da wir uns das erste Mal zur christlichen Religion bekenneten. V. 12. „Die Nacht, der finstere Zustand dieser Welt; worinnen sich Gute und Böse „kaum unterscheiden lassen, ist schon ziemlich zu Ende, der Tag, der einen jeden „in seiner eignen Gestalt, und Farbe, darstellen wird, ist nahe. Also lasset uns „suchen, das Gesetz zu erfüllen"? Ein Schluß nach dem lockischen System: aber nicht nach dem biblischen; nach welchem er vielmehr, wie V. 14. heissen müßte: also ziehet an den HErrn JEsum Christ. Allein, σωτηρία heisset auch nicht eigentlich der Abschied aus der Welt, sondern das Heil, sowohl Christus, als dessen einziger Grund, als alles, was er uns verdienet hat, und uns durch ihn in dieser, und der zukünftigen, Welt zu Theile wird. Paulus saget also eigentlich: wir sind jetzo mit Christo, unserm Heile, näher verbunden, als damals, da wir erst, aus Juden, und Heyden, glaubig wurden; wir leben nicht mehr in der Zeit, da Finsterniß die Völker, und Dunkel das Erdreich bedeckte; die Nacht der heydnischen Finsterniß, und der jüdischen Schattenbilder, ist vergangen, der helle Tag des Evangelii ist angebrochen: also lasset uns ——. Er giebt einen doppelten Bewegungsgrund zum Wachsthume in der Heiligung an, 1. die nähere Vereinigung mit Christo, in welcher die Glaubigen nun genauer mit Christo verbunden seyen, als sie im Anfange ihrer

12. Die Nacht, der finstere Zustand dieser Welt, worinnen Gute, und Böse, kaum unterschieden werden können, ist schon ziemlich zu Ende. Der Tag, der einen jeden in seinem eigenen Aufzuge (seiner eigenen Gestalt), und Farbe, zeigen wird, ist nahe (*). Lasset uns also diejenigen Werke ablegen, deren wir uns, ausgenommen im Finstern, schämen müssen; und lasset uns Kleidung (2), und Schmuck, anlegen, womit wir uns gerne im Lichte sehen lassen (**).

13. Lasset uns ehrbar leben, und so betragen, daß wir nicht das Licht, noch die Augen der Menschen, scheuen dürfen; lasset uns nicht in unordentlichen Schmausereyen, und Trunkenheit, leben,

12. Die Nacht ist vergangen, der Tag aber herbey kommen: so lasset uns ablegen die Werke der Finsterniß, und anlegen die Waffen des Lichts.

13. Lasset uns ehrbarlich wandeln, als am Tage; nicht in Fressen, und Saufen, nicht in Kammern, und Unzucht, nicht

ihrer Bekehrung waren, und durch welche sie nun auch mehr Kräfte zur Heiligung hätten, als ehehin. 2. Die grössere Erkenntniß derselben bey dem hellen Lichte des Evangelii. Es haben schon die alten Ausleger das καὶ τῦτο, womit dieser Vers anfängt, mit der Vermahnung des 8ten Verses: Seyd Niemand nichts schuldig —— verbunden, und es als einen Uebergang zu der folgenden allgemeinen Vermahnung, was aber V. 8. 9. 10. dazwischen stehet, als eine Parenthesin, angesehen. Nimmt man dieses in Acht; so kann man diesen 11ten Vers so umschreiben: Und dieses, nämlich einander nach V. 8. zu lieben, seyd ihr um so viel mehr schuldig, je deutlicher ihr selbst wisset, in welcher Zeit wir jetzo leben, daß nämlich jetzo vornehmlich Zeit ist, uns täglich mehr aus dem Schlafe der Unwissenheit, Trägheit, und Sicherheit, aufzumuntern. Denn, unser Heil, Christus, ist uns nun viel näher, als damals, da wir das erstemal das Evangelium glaubig aufnahmen. Wir sind bisher immer genauer mit ihm vereiniget worden; wir sind auch zu einer grössern Erkenntniß gelanget. Die Nacht ist vergangen u. s. w.

(*) Dieses Stück der Umschreibung ist schon im vorhergehenden Verse beurtheilt worden.

(2) Ὅπλα, Waffen. Dieses Wort wird im Griechischen oft für den Anzug, die Kleidung, und den Schmuck des Leibes, gebraucht.

(**) Die Werke der Finsterniß beschreibet Paulus selbst V. 13. so wie die Waffen des Lichtes V. 14. Es sind nämlich Werke der Finsterniß überhaupt diejenigen Handlungen, welche Menschen begehen, deren Verstand noch verfinstert ist, und die von dem Leben, das aus GOtt ist, entfremdet sind. Einige Beyspiele derselben stehen V. 13.

nicht in Hader, und Neid:

14. Sondern ziehet an den HErrn JEsum Christ; und wartet des Leibes, doch also, daß er nicht geil werde.

leben, nicht in Muthwillen, und Unkeuschheit (3), nicht in Hader, und Neid (4).

14. Sondern wandelt in einem neuen Leben [im Gehorsam gegen die Gebothe des Evangelii (*), wie es denen geziemet, die zum Glauben an Christum getaufet sind]; und wendet nicht alle eure Gedanken, und Sorgen, gänzlich dahin an, daß ihr eurem Leibe Vorrath schaffet, damit ihr eure sündlichen Lüste befriedigen könnet.

(3) Diese Sünden scheinet er, in Absicht auf die vor erwähnte Nacht, zu nennen, weil gewöhnlicher Weise die Nacht dazu angewendet wird.

(4) Dieser gedenket er allem Ansehen nach in Absicht auf die allgemeine Liebe, und Wohlgewogenheit, wozu er hier besonders ernstlich vermahnet hat.

(*) Wenn man diesen socinianischen Gedanken, und Ausdruck, unsers Paraphrasten nicht schon gewohnt seyn könnte; so würde ich diese Umschreibung geändert haben. So ist aber schon so oft gezeiget worden, daß das Evangelium, als Evangelium, keine Gebothe gebe, daß ich, wenn ich hier davon reden wollte, nur ohne Noth wiederholen müßte; und diese Umschreibung der Worte: sondern ziehet an den HErrn JEsum Christ, ist auch so ungeschickt gezwungen, daß, wenn diese Art zu erklären richtig wäre, 1 B. Mos. XXVII. 15. stehen müßte: Jacob habe dem Esau die Erstgeburt abgekauft, statt daß es heisset: Jacob habe Esaus Kleider angezogen. Ja, was noch mehr ist, Locke vergißt, und widerspricht, sich hier selber, seiner Gewohnheit nach, so gut er kann. Man sehe seine Anmerkung über Galat. III. 27. und vergleiche sie mit dieser Umschreibung; so wird man sehen, daß er wegen dessen, was er oben Cap. XII. 7. gegen die Glaubensanalogie geeifert hat, hier seine Strafe leidet. Seine Begriffe, die er den biblischen Redensarten giebt, sind nie beständig, sondern verändern sich immer, nachdem es ihm der Vorsatz, einer Stelle einen Verstand zu geben, nöthig macht. Hier muß er sich allem Ansehen nach nicht darein haben finden können, wie das Anziehen des HErrn JEsu Christi den V. 13. erzählten Sünden entgegen stehen könne: er macht also eine wahre Frömmigkeit daraus. Hätte er aber den rechten Begriff von der Wiedergeburt, und Rechtfertigung, gehabt; so würde er eingesehen haben, daß die Waffen des Lichts, oder die Kleider des Heils, Christi Gerechtigkeit seyen, die uns zugerechnet wird, und durch deren Zurechnung wir in eine wahre Gemeinschaft, und Vereinigung, mit Christo, treten, deren Wirkung die Einwohnung des Heiligen Geistes ist, die den Menschen zum Tempel GOttes, und zu allen guten Werken tüchtig machet. Lutheri kurze, und buchstäbliche, Uebersetzung hat also vor der lockischen Umschreibung hier den Vorzug.

Drey=

Dreyzehnter Abschnitt.

Cap. XIV. Vers 1 — XV. 13.

S. Paulus unterrichtet hier sowohl Starke, als Schwache, in ihren wechselsweisen Pflichten, die sie gegen einander in gleichgültigen Dingen zu beobachten haben, und lehret sie, daß die Starken sich ihrer Freyheit nicht bedienen sollen, wenn sie dadurch einen schwachen Bruder ärgern können, noch die Schwachen die Starken, wenn sie sich ihrer Freyheit gebrauchen, tadeln.

Paraphrastische Erklärung.	Text.
1. Denjenigen, der im Glauben schwach, d. i. von seiner christlichen Freyheit im Gebrauche einiger gleichgültiger Dinge nicht völlig überzeuget, ist, nehmet in eure Freundschaft, und in euern Umgang (1), auf, ohne ihm kaltsinnig, oder auf besondere Weise, zu begegnen. Verwickelt ihn hierüber nur nicht in Untersuchungen, und Streitigkeiten.	1. Den Schwachen im Glauben nehmet auf, und verwirret die Gewissen nicht.
2. Denn, die Menschen sind in ihren Meynungen von der christlichen Freyheit so unterschieden, daß der eine glaubet, er dürfe ohne Einschränkung alles essen, der andere aber so zweifelhaft ist, daß er nichts, als Kraut, isset.	2. Einer glaubet, er möge allerley essen: welcher aber schwach ist, der isset Kraut.
3. Wer von seiner Freyheit überzeugt ist, und isset, der verachte den nicht, der wegen seiner Gewissenszweifel nicht isset; und wer zweifelhafter	3. Welcher isset, der verachte den nicht, der da nicht isset; und welcher nicht

(1) Daß die hier gedachte Aufnahme keine andere sey, als die Aufnahme in einen freundschaftlichen, und ordentlichen, Umgang, ist aus Cap. XV. 7. klar, wo er sie, einander wechselsweise aufzunehmen, ermahnet, und eben dieses Wort προσλαμβάνεσθε braucht. Er will sagen: lebet frey, und freundschaftlich mit einander, der Schwache mit dem Starken, und der Starke mit dem Schwachen, ohne darauf zu sehen, daß ihr wegen der Rechtmässigkeit einiger gleichgültiger Sachen verschiedener Meynungen seyd. Ihr möget wegen solcher Sachen eben derselben, oder verschiedener, Meynung seyn, so lebet einmüthig mit einander.

nicht isset, der richte den nicht, der da isset: denn, GOtt hat ihn aufgenommen.

hafter ist, und nicht isset, verdamme, und tadle den nicht, welcher isset: denn, GOtt hat ihn in seine Kirche, und sein Haus, aufgenommen (2).

4. Wer bist du, daß du einen fremden Knecht richtest? Er stehet, oder fället, seinem Herrn. Er mag aber wohl aufgerichtet werden, denn, GOtt kann ihn wohl aufrichten.

4. Und wer bist du, daß du dich unterstehest, über eines andern Knecht zu urtheilen, ob er zu dessen Familie gehöre, oder nicht? Sein Herr allein kann entscheiden, ob er sein Knecht sey, oder bleiben werde, oder nicht. Was hast du dich in diese Sache zu mischen? Bekümmere dich hierum nur nicht, er wird in der Familie bleiben, und verharren. Denn, GOtt kann machen, daß er derselben gleichförmig wird, und ihn darinnen befestigen.

5. Einer hält einen Tag vor dem andern; der andere aber hält alle Tage gleich.

5. Einer urtheilet (3), daß GOtt einen Tag mehr, als den andern, abgesondert habe, ein anderer urtheilet, daß GOtt alle Tage gleich seyen.

(2) Durch den, welcher isset, scheinet S. Paulus die Heyden zu verstehen, welche wegen des Gebrauches gleichgültiger Dinge sich weniger Gewissen machten; und durch den, der nicht isset, die Juden, die in Essen und Trinken, und Tagen, einen grossen Unterschied hatten, und darinnen ein wichtiges, und, wie sie glaubten, nothwendiges, Stück des wahren GOttesdienstes suchten. Den Heyden giebt der Apostel die Warnung, daß sie die Juden nicht verachten sollten, als schwache, und kurzsichtige, Leute, die auf so unerhebliche Sachen so gewaltig drängen, und der Religion an diesen gleichgültigen Dingen so viel gelegen zu seyn glaubten. Auf der andern Seite ermahnet er die Juden, nicht zu schlüssen, daß diejenigen, welche die jüdischen Gewohnheiten in Speisen, und Feyertagen, nicht beobachteten, noch immer Heyden wären, oder schon wieder ins Heydenthum zurück treten wollten. Nein, saget er, GOtt hat sie angenommen, und sie gehören in sein Haus, und du bist nicht befugt, zu urtheilen, ob sie in seinem Hause bleiben werden, oder nicht; dieß kommt einzig ihm, dem HErrn des Hauses, zu, er kann sprechen, ob sie in seinem Hause bleiben, oder nicht bleiben werden. Sie werden aber, deiner Urtheile, und harten Gedanken, von ihnen unerachtet, nicht abfallen; denn, GOtt ist im Stande, sie in seinem Hause, in seiner Kirche, zu erhalten, wenn du gleich aus ihrem freyen Gebrauche gleichgültiger Dinge argwöhnest, daß sie zum Heydenthume zu sehr geneigt seyen, oder sich demselben zu sehr näherten.

(3) Da der Apostel in dem vorhergehenden Verse das κρίνειν ἀλλότριον οἰκέτην in dem Verstande gebrauchet hat, daß es hiesse: urtheilen, ob Jemand eines andern Knecht sey, oder nicht sey; so scheinet er, hier dieses Wort κρίνειν noch weiter in dieser Bedeutung zu behalten, daß es anzeiget: von einem Tage urtheilen, daß er GOtt vor einem andern besonders zugehöre.

seyen. Ein jeder sehe, wie er in dieser Sache seinem eigenen Gewissen Genüge thue, tadle (4) aber in dem, was er thut, einen andern nicht.

6. Derjenige, welcher einen Tag beobachtet, beobachtet ihn, als ein Knecht des HErrn, aus Gehorsam gegen ihn: und derjenige, der ihn nicht beobachtet; unterläßt diese Beobachtung, als ein Knecht des HErrn, auch aus Gehorsam gegen ihn. Derjenige, welcher isset, wessen sich ein anderer wegen seiner Zweifel enthält, isset als ein Knecht des HErrn: denn, er danket GOtt. Und derjenige, welcher sich wegen seiner Zweifel des Essens enthält, thut es auch, als ein Knecht des HErrn. Denn, er danket GOtt, selbst für das, was er thut, und glaubt, er dürfe nicht essen.

7. Denn, keiner von uns Christen lebet, als sein eigner Herr, der völlig Gewalt über sich selber hat: und auch keiner stirbet so.

8. Denn, wir mögen entweder leben, so gehöret unser Leben dem HErrn; oder wir mögen sterben, so sterben wir ihm, als seine Knechte. Wir mögen also leben, oder sterben, so sind wir sein, in seinem Hause, seine Knechte (5), wir gehören ihm.

9. Denn,

gleich. Ein Jeglicher sey in seiner Meynung gewiß.

6. Welcher auf die Tage hält, der thuts dem HErrn: und welcher nichts darauf hält, der thuts auch dem HErrn. Welcher isset, der isset dem HErrn: denn, er danket GOtt. Welcher nicht isset, der isset dem HErrn nicht: und danket GOtt.

7. Denn, unser keiner lebt ihm selber, und keiner stirbt ihm selber.

8. Leben wir, so leben wir dem HErrn: sterben wir, so sterben wir dem HErrn. Darum, wir leben, oder sterben, so sind wir des HErrn.

9. Denn,

(4) Es läßt sich schlüssen, daß dieß des Apostels Meynung sey. Denn, das worauf er hier dringet, ist, daß die Christen einander nicht wegen des Gebrauches gleichgültiger Dinge tadeln sollen; besonders daß die Juden nicht die Heyden wegen verabsäumten Unterschiedes in Tagen, oder Speisen, verdammen sollen. Dieses Urtheilen ist es, was S. Paulus hier hauptsächlich einzuschränken sucht, als eine Sache, die der evangelischen Freyheit zuwider ist, welche die Unterlassung dieser nunmehr abgeschaften gesetzlichen Gebräuche erlaubet, s. Galat. IV. 9–11. und V. 1. 2.

(5) Diese Worte: so sind wir des HErrn, machen die Auslegung der Redensarten: dem HErrn essen und trinken, leicht. Denn, man siehet daraus, daß man sie auf das Ende des 3ten Verses ziehen muß: GOtt hat ihn aufgenommen, d. i. GOtt hat alle diejenigen, die das Evangelium bekennen, und sich nach JEsu Christi Namen nennen (an JEsum Christum glauben), in seine Familie aufgenommen, und sie zu seinen Knechten gemacht. Derowegen dürfen wir einander nicht beurtheilen, noch tadeln; denn, ein jeder Christ ist des HErrn Knecht, der ihm, als ein Knecht in seinem Hause, gehöret: alles also, was er in diesem Zustande thut, ist anzusehen, als ob es dem HErrn geschehe, und dafür sonst Niemanden Rechenschaft zu geben.

9. Denn, dazu ist Christus auch gestorben, und auferstanden, und wieder lebendig worden, daß er über Todte, und Lebendige, HErr sey.

10. Du aber, was richtest du deinen Bruder? oder, du ander, was verachtest du deinen Bruder? Wir werden alle vor dem Richterstuhl Christi dargestellet werden.

11. Nachdem geschrieben stehet: So wahr als ich lebe, spricht der HErr, mir sollen alle Knie gebeuget werden, und alle Zungen sollen GOtt bekennen.

12. So wird nun ein jeglicher für sich selbst GOtt Rechenschaft geben.

13. Darum lasset uns nicht mehr einer den andern richten: sondern das richtet vielmehr, daß Niemand seinem Bruder einen Anstoß, oder Aergerniß, darstelle.

14. Ich

9. Denn, zu dem Ende ist Christus gestorben, und auferstanden, und wieder lebendig, damit er der HErr, und Eigenthümer (6), von uns sey, wir mögen todt, oder lebendig seyn.

10. Was hast du also für Recht, über deinen Bruder zu urtheilen, der nicht dein Knecht, sondern deines Gleichen, ist? Oder, wie unterstehest du dich, von ihm verächtlich zu denken? Denn, du, und er, und wir alle, werden vor den Richterstuhl Christi gebracht werden, und da wird ein jeder für sich selbst unserm HErrn, und Meister, Rechenschaft geben müssen.

11. Denn, so stehet geschrieben: so wahr als ich lebe, spricht der HErr, mir sollen alle Knie gebeuget werden, und alle Zungen sollen GOtt bekennen.

12. Es wird also ein jeder von uns GOtt für sich selbst Rechenschaft geben.

13. Darum lasset uns nicht das unternehmen, daß einer den andern verurtheile, sondern vielmehr die Entschliessung fassen, daß Niemand seinem Bruder einen Stein des Anstosses, oder eine Gelegenheit zu fallen, in den Weg lege (7).

14. Ich

(6) Κυριεύσῃ, HErr sey, muß hier so verstanden werden, wie es mit dem vorhergehenden Verse übereinstimmt. Dorten stand: wir, d. i. wir Christen sind, wir mögen leben, oder sterben, des HErrn Eigenthum: denn, der HErr ist gestorben, und wieder auferstanden, daß wir, sowohl todt, als lebendig, sein werden sollen.

(7) Er hat bisher die Schwachen gewarnet, welche die Starken wegen des Gebrauches ihrer Freyheit tadelten. Nun schränket er auch die Starken ein, daß sie nicht ihre schwachen Brüder durch den Gebrauch ihrer Freyheit ärgern, und sich desselben, da, wo er Anstoß geben kann, enthalten sollen.

14. Ich weiß, und bin durch den HErrn JEsum vollkommen versichert, daß nichts an und für sich unrein, oder zu essen unerlaubt, ist. Nur dem ist es unrein, der etwas für unrein hält.

15. Allein, wenn dein Bruder durch deine Speise gekränket (8) wird, so ist dein Verfahren gegen ihn lieblos. Verderbe durch dein Essen den nicht, für welchen Christus gestorben ist.

16. Machet also nicht, daß von eurer Freyheit, welche ein Gut (9) ist, dessen ihr unter dem Evangelio genießet, Böses geredet werde.

17. Denn, die Freyheiten, und Vorzüge, des Reiches GOttes bestehen nicht in dem Genusse mehrerer verschiedenen Speisen, und Getränke, sondern in der Gerechtigkeit (des Glaubens, und) des Lebens, in Friede von allen Arten, in Freude über die Gaben, und Wohlthaten, des Heiligen Geistes unter dem Evangelio.

18. Denn, wer in diesen Dingen JEsu Christo seinen treuen Dienst, als ein gehorsamer Unterthan in seinem Reiche, leistet, der ist GOtt gefällig, und findet unter den Menschen Beyfall.

19. Lasset uns also ernstlich nach der Erhaltung, und Beförderung, alles dessen trachten, was zum Frieden, zu guter Gesinnung gegen einander, und zu wechselsweiser Erbauung, dienet.

20. Zer-

14. Ich weiß, und bins gewiß in dem HErrn JEsu, daß nichts gemein ist an ihm selbst: ohne der es rechnet für gemein, demselbigen ists gemein.

15. So aber dein Bruder über deiner Speise betrübet wird, so wandelst du schon nicht nach der Liebe. Lieber, verderbe den nicht mit deiner Speise, um welches willen Christus gestorben ist.

16. Darum schaffet, daß euer Schatz nicht verlästert werde.

17. Denn, das Reich GOttes ist nicht Essen und Trinken: sondern Gerechtigkeit, und Friede, und Freude, in dem Heiligen Geist.

18. Wer darinnen Christo dienet: der ist GOtt gefällig, und den Menschen werth.

19. Darum lasset uns dem nachstreben, das zum Friede dienet, und was zur Besserung unter einander dienet.

20. Lie-

(8) Betrübet bedeutet hier nicht schlechthin, durch das, was ein anderer thut, in Kummer gerathen, sondern in Verwirrung, und Unruhe, versetzt werden, einen Stoß, oder Wunde, bekommen, wie denen geschiehet, die durch eines andern Beyspiel verleitet werden, das zu thun, was sie für unerlaubt halten. Diesen Verstand bekräftigen die Worte: Verderbe den nicht mit deiner Speise, und auch das, was 1 Korinth. VIII. 9–13. in einem ähnlichen Falle vorkommt.

(9) S. 1 Korinth. X. 30.

20. Lieber, verstöre nicht um der Speise willen GOttes Werk. Es ist zwar alles rein: aber es ist nicht gut dem, der es isset mit einem Anstoß seines Gewissens.

20. Zerstöre doch, um einer geringen Speise willen, nicht einen Menschen, der GOttes Werk (10), und keines gemeinen Meisters Arbeit, ist. Es sind zwar alle Arten der sämtlichen Speisen rein, und beflecken eines Menschen Gewissen nicht: allein, es wird doch das Essen demjenigen schädlich, der etwas isset, wodurch er seinem Bruder einen Anstoß giebt.

21. Es ist besser, du essest kein Fleisch, und trinkest keinen Wein, oder das, daran sich dein Bruder stösset, oder ärgert, oder schwach wird.

21. Es ist besser, daß du dich des Fleisches, und Weines, und anderer Dinge, enthaltest, als daß du durch den Gebrauch deiner Freyheit in gleichgültigen Dingen etwas begehest, woran sich dein Bruder stösset, oder ärgert, oder schwach wird (11).

22. Hast du den Glauben, so habe ihn bey dir selbst vor GOtt. Selig ist, der ihm selbst kein Gewissen machet in dem, das er annimmt.

22. Du bist völlig überzeugt, daß du die Speise, welche du issest, mit Rechte essen dürfest: das ist gut. Selig ist der, den in dem, was er thut, nicht sein eigenes Gewissen verdammet! Allein, behalte diesen Glauben, oder diese Ueberzeugung, sorgfältig bey dir selber; lasse ihn zwischen GOtt, und deinem eigenen Gewissen, bleiben: errege keinen Streit darüber, und mache dich deswegen (12) nicht durch deine Handlungen vor andern groß.

23. Wer aber darüber zwei-

23. Wer aber zweifelt, und ungewiß ist (13), wird

(10) Die Stärke von diesem Beweise siehe Matth. VI 25. Das Leben ist mehr, denn die Speise (und Eph. II. 10. wir sind sein Werk geschaffen in Christo JEsu — und Joh. VI. 29. das ist GOttes Werk, daß ihr glaubet —).

(11) Aergert, oder schwach wird, d. i. daß er veranlasset wird, etwas zu thun, von dessen Rechtmäßigkeit er nicht völlig überzeuget ist, und welches ihm deswegen zur Sünde gereichet.

(12) Diese zwo Sachen, einmal, nicht über diese Materie zu disputiren, welches der Apostel V. 1. untersagt; und sodenn, sich seiner Freyheit vor Niemand, der sich daran stossen könnte, bedienen, kann man als den Inhalt der Worte annehmen: habe ihn bey dir selbst.

(13) διακρινόμενος, wer zweifelt, ist hier, so wie Röm. IV. 20. entgegen gesetzt dem ἐνεδυναμώθη τῇ πίστει, er ward stark im Glauben, oder dem πληροφορηθεὶς, er wußte aufs allergewisseste, wie es im folgenden Verse heisset.

wird durch sein eigenes Gewissen verdammet, weil er es ohne völlige Ueberzeugung (*), daß es recht sey, thut. Denn, alles, was ein Mensch thut, ohne von dessen Rechtmässigkeit in seinem Gewissen überzeuget zu seyn, das ist Sünde.

Cap. XV. 1. Derohalben sind wir, die wir stark sind, verbunden, mit den Gebrechlichkeiten der Schwachen Geduld zu tragen, und unsern eigenen Begierden, und Neigungen, in dem Gebrauche gleichgültiger Dinge, nicht so nach zu hängen, daß wir dadurch die Schwachen ärgern.

2. Ein jeder von uns suche seinem Nächsten zu gefallen, und schicke sich in dessen Schwachheiten, zu seinem Besten, und zur Erbauung.

3. Denn, selbst Christus, unser HErr, hatte nicht an sich selbst Gefallen: sondern, wie geschrieben stehet, die Schmach derer, die dich schmähen, sind auf mich gefallen.

4. Denn, alles, was zuvor, d. i. in dem alten Testamente geschrieben ist, das ist uns zur [illegible] Lehre [illegible]

zweifelt, und isset doch, der ist verdammt: denn es gehet nicht aus dem Glauben. Was aber nicht aus dem Glauben gehet, das ist Sünde.

Cap. XV. 1. Wir aber, die wir stark sind, sollen der Schwachen Gebrechlichkeit tragen, und nicht Gefallen an uns selber haben.

2. Es stelle sich aber ein jeglicher unter uns also, daß er seinem Nächsten gefalle zum Guten, zur Besserung.

3. Denn auch Christus nicht an ihm selber Gefallen hatte, sondern wie geschrieben stehet: die Schmach derer, die dich schmähen, sind über mich gefallen.

4. Was aber zuvor geschrieben ist, das ist uns [illegible] zur [illegible]

(*) Locke hat bey dieser Erklärung desjenigen, was nicht aus dem Glauben gehet, mehrere Ausleger auf seiner Seite. Es ist aber noch die Frage, ob sich diese Redensart nicht erklären lasse, ohne von dem ordentlichen Begriffe des Glaubens im geringsten abzugehen? Paulus redet von einer Handlung, die man unternimmt, ungeacht man von derselben Rechtmässigkeit nicht überzeuget ist. Von dieser sagt er, ὅτι οὐκ ἐκ πίστεως, daß sie nicht aus dem Glauben entstehe. Und was ist deutlicher, als daß der wahre seligmachende Glaube, der nichts hervorbringet, was Sünde ist, auch keine Handlung erzeugen könne, von welcher derjenige, der sie begehet, noch zweifelt, ob sie nicht eine Sünde sey, und sie auf den Fall, daß sie sündlich wäre, dennoch begehet? Eine solche Handlung, saget Paulus, komme nicht aus dem Glauben; und sein Beweis, daß man nichts aus zweifelndem Gewissen thun dürfe, wird dadurch sehr stark; indem er eine solche Handlung mit dem Verluste des wahren Glaubens, und folglich auch der ewigen Seligkeit, verbindet.

zur Lehre geschrieben: auf
daß wir durch Geduld und
Trost der Schrift Hof-
nung haben.
5. GOtt aber der Ge-
duld, und des Trostes,
gebe euch, daß ihr einerley
gesinnet seyd unter einander nach JEsu Christ:
6. Auf daß ihr einmü-
thiglich mit einem Munde
lobet GOtt und den Va-
ter unsers HErrn JEsu
Christi.
7. Darum nehmet euch
unter einander auf, gleichwie euch Christus hat
aufgenommen zu GOttes
Lobe.
8. Ich

Lehre geschrieben, damit wir (unsere) Hofnung
(des ewigen Lebens) unter Geduld, und vermittelst des Trostes, den uns die Schrift giebt,
haben mögen.
5. Nun GOtt, welcher der Geber der Geduld,
und des Trostes, ist, mache, daß ihr einig unter
einander seyd, nach dem Willen (und Beyspiele)
JEsu Christi;
6. auf daß ihr mit einem Herzen, und einem
Munde GOtt, und den Vater unsers HErrn
JEsu Christi, preisen möget.
7. Derowegen lasse einer den andern (14) zu
seiner Gesellschaft, und Vertraulichkeit, zu,
und nehmet einander ohne Kaltsinn, und Mistrauen, unerachtet eurer verschiedenen Meynungen über gleichgültige Dinge, auf, gleichwie
Christus

(14) Προσλαμβάνεσθε, nehmet euch unter einander auf, kann nicht die Meynung haben, daß einer den andern zur kirchlichen Gemeinschaft aufnehmen soll.
Denn, es ist nicht wahrscheinlich, daß die bekehrten Juden, und Heyden, zu Rom
wegen ihrer Streitigkeiten über Essen, und Trinken, und Tage, sich in verschiedene
Gemeinden getheilet haben. Wir müßten von S. Paulo mehr davon gehöret haben,
wenn zwo verschiedene Versammlungen, d.i. zwo christliche Kirchen, die sich wegen
der Mitteldinge getrennet hätten, zu Rom gewesen wären. Ueber dieß kann man
einzelne Christen nicht ermahnen, einander in diesem Verstande aufzunehmen.
Das Aufnehmen muß also hier so verstanden werden, wie ein Mensch den andern
in seine Gesellschaft, Umgang, und Vertraulichkeit, aufnimmt; d. i. der Apostel
will haben, daß Juden, und Heyden, in ihrem Umgange mit einander allen Unterschied, und Kaltsinn, und alles Mistrauen, bey Seite setzen, und als Knechte von
einem Hause, freundschaftlich, und vertraut, unerachtet ihrer verschiedenen Meynungen wegen dieser Cäremonien, neben einander leben sollen. Daher ermahnet er sie
V. 5. sich mit einander in Freundschaft zu vereinigen, damit sie mit einem Herzen,
und einer Stimme, GOtt gemeinschaftlich preisen könnten; und einander mit eben
der Willfährigkeit aufzunehmen, wie Christus die Juden aufgenommen habe
εἰς δόξαν τοῦ Θεοῦ, damit sie seine Wahrheit in Erfüllung der den Erzvätern geschehenen Verheissungen priesen, und wie er die Heyden aufgenommen habe, damit sie
GOtt für seine ihnen erzeigte Barmherzigkeit lobten. Er sagt also, daß Juden, und
Heyden, Ursache hätten, ihre kleinen Streitigkeiten über Mitteldinge bey Seite zu legen,
und sich mit einander herzlich zum Lobe GOttes zu vereinigen.

Christus uns Juden (und Heyden) zur Ehre GOttes (15) aufgenommen hat,

8. (denn (16), ich muß euch, ihr bekehrten Römer, sagen, daß Christus ist zu den Juden gesendet worden, und während seines ganzen Amtes (17) sich mit denen aus der Beschneidung beschäftiget hat,) um seiner Wahrheit willen, damit er die den Vätern, d. i. Abraham, Isaac, und Jacob, geschehenen Verheissungen erfüllete;

8. Ich sage aber, daß JEsus Christus sey ein Diener gewesen der Beschneidung, um der Wahrheit willen GOttes, zu bestätigen die Verheissung den Vätern geschehen.

9. und wie er auch Heyden aufgenommen hat, daß ihr GOtt für seine euch erzeigte Barmherzigkeit lobtet, wie geschrieben stehet: **Darum will ich dich loben unter den Heyden, und deinem Namen singen.**

9. Daß die Heyden aber GOtt loben um der Barmherzigkeit willen, wie geschrieben stehet: Darum will ich dich loben unter den Heyden, und deinem Namen singen.

10. Und abermal spricht er: **Freuet euch ihr Heyden mit seinem Volk.**

10. Und abermal spricht er: Freuet euch ihr Heyden mit seinem Volk.

11. Und

11. Und

(15) εἰς δόξαν τοῦ Θεοῦ, zu GOttes Lobe, d. i. GOtt zu loben; nach der nämlichen Redensart, wie Röm. III. 22. und 26. πίστις Ἰησοῦ, der Glaube JEsu für den Glauben an JEsum gebrauchet wird. Die Sache, wozu sie S. Paulus hier ermahnet, ist, GOtt einmüthig zu loben. Man siehet dieß aus den unmittelbar vorhergehenden Worten V. 6. und aus den folgenden V. 9. 10. 11. Es ist also kein Zweifel, daß der Verstand dieser Worte folgender sey: Christus hat uns glaubige Juden aufgenommen, damit wir die Wahrheit GOttes priesen, und die glaubigen Heyden, damit sie GOttes Barmherzigkeit lobten. Diesen Verstand fordert die Verbindung der Worte, und der Inhalt der Gedanken des Apostels.

(16) (Ich sage aber, daß JEsus Christus sey ein Diener gewesen der Beschneidung.) Diese Worte sind augenscheinlich eine Parenthesis (a), und enthalten einen Nachdruck, um die aus den Heyden bekehrten Römer zu warnen, die bekehrten Juden nicht, wie sie nach Cap. XIV. 3. geneigt waren, zu ἐξουθενεῖν, für nichts zu achten, noch wegen ihrer hartnäckigen Beobachtung des Unterschiedes in Essen und Trinken, u. d. g. geringschätzig zu halten.

(a) Und wenn sie solches auch nicht sind: so bleibet doch der nämliche Zusammenhang.

(17) διάκονον περιτομῆς. ein Diener der Beschneidung. Wie Christus den Juden dienete, kann man aus einem ähnlichen Ausdrucke S. Pauli sehen, da er V. 16. sich selbst einen Diener JEsu Christi unter die Heyden, zu opfern das Evangelium GOttes, nennet.

11. Und abermal: Lobet den HErrn, alle Heyden, und preiset ihn alle Völker.	11. Und abermal: Lobet den HErrn, alle ihr Heyden, und preiset ihn, alle ihr Völker.
12. Und abermal spricht Jesaias: Es wird seyn die Wurzel Jesse, und der auferstehen wird zu herrschen über die Heyden, auf den werden die Heyden hoffen.	12. Und abermal spricht Jesaias: Es wird seyn die Wurzel Jesse, und der auferstehen wird zu herrschen über die Heyden, auf den werden die Heyden hoffen.
13. GOtt aber der Hofnung erfülle euch mit aller Freude und Friede im Glauben: daß ihr völlige Hofnung habt durch die Kraft des Heiligen Geistes.	13. Nun der GOtt des Friedens erfülle euch mit aller Freude, und allem Frieden, damit ihr durch die Kraft des Heiligen Geistes (18) überschwengliche Hofnung bekommet.

(18) Die Gaben (a) des Heiligen Geistes, welche die Heyden bekommen hatten, waren für sie ein Grund, zu hoffen, daß sie durch den Glauben GOttes Kinder, und Volk, so gut, als die Juden, seyen.

(a) Der Apostel redet nicht von den Gaben des Heiligen Geistes; und von den Wundergaben, welche Locke nach seinem System zu verstehen scheint, am allerwenigsten: er redet von der Kraft und Wirkung des Heiligen Geistes, wodurch die Hofnung des ewigen Lebens in den Glaubigen hervorgebracht wird. Dieß lehren seine Worte.

Vierzehnter Abschnitt.

Cap. XV. Vers 14 — 33.

In dem übrigen Theile dieses Capitels rechtfertiget sich S. Paulus sehr liebreich, und geschickt, wegen dieser Epistel, bezeiget ein ernstliches Verlangen, zu ihnen zu kommen, führet die Gründe an, die ihn bisher daran gehindert haben, bittet sie, daß sie für ihn bethen möchten, damit er auf seiner vorhabenden Reise nach Jerusalem von den Juden befreyet werde, und verspricht, daß er sie auf seiner Reise nach Spanien besuchen wolle.

Paraphrastische Erklärung.

14. Was meine eigenen Gedanken von euch, meine Brüder, anbelangt, so bin ich überzeugt, daß ihr, sowohl als andere, voller Gütigkeit seyd, einen Ueberfluß an aller Art der Erkenntniß habt, und einander selber unterrichten könnet.

15. Nichts desto weniger habe ich euch, meine Brüder, in einigen Stücken ziemlich frey geschrieben, um euch zu erinnern; und dazu habe ich mir die Freyheit genommen, wegen des Amtes, welches GOtt, mir gnädig anzuvertrauen, gefallen hat,

16. da er mich zum Diener JEsu Christi gemachet hat, der das Evangelium den Heyden verkündigen soll; und in diesem heiligen Amte diene ich GOtt so, daß ich die Heyden GOtt als ein angenehmes Opfer (1), welches durch den Heiligen Geist, der über sie ausgegossen worden, geheiliget ist, darzubringen suche.

17. Ich habe also Grund, mich durch JEsum Christum zu rühmen, was diese GOtt gehörige (2) Dinge anbelangt.

18. Denn,

Text.

14. Ich weiß aber fast wohl von euch, lieben Brüder, daß ihr selber voll Gütigkeit seyd: erfüllet mit aller Erkenntniß, daß ihr euch unter einander könnet ermahnen.

15. Ich habs aber dennoch gewaget, und euch etwas wollen schreiben, lieben Brüder, euch zu erinnern, um der Gnade willen, die mir von GOtt gegeben ist:

16. Daß ich soll seyn ein Diener Christi unter die Heyden, zu opfern das Evangelium GOttes; auf daß die Heyden ein Opfer werden, GOtt angenehme, geheiliget durch den Heiligen Geist.

17. Darum kann ich mich rühmen in JEsu Christ, daß ich GOtt diene.

18. Denn,

(1) Ein Opfer, s. Jes. LXVI. 20.

(2) Τὰ πρὸς θεόν. GOtt gehörige Dinge, oder, die GOtt gehören. Die nämliche Redensart finden wir Hebr. V. 1. wo es Dinge bedeutet, welche GOtt im Tempel geopfert werden. S. Paulus redet, durch eine Anspielung, im folgenden Verse von den Heyden, als von einem Opfer, das GOtt gebracht wird; und von sich selbst, als von dem Priester, der dieses Opfer zubereitet, und darbringet; und daher sagt er hier, daß er Ursache habe, sich wegen dieses Opfers zu rühmen, d. i. daß es ihm glücklich von Statten gegangen sey, die Heyden zu bekehren, und sie GOtt, als ein lebendiges, heiliges, und wohl gefälliges, Opfer darzubringen. Den Verlauf davon erzählt er in den vier folgenden Versen.

18. Denn, ich dürfte nicht etwas reden, wo dasselbige nicht Christus durch mich wirkte; die Heyden zum Gehorsam zu bringen, durch Wort und Werk,	18. Denn, ich darf es nicht wagen, für mich selbst euch mit etwas zu beschweren; ich darf nichts reden, ausser, was Christus, um die Heyden zum Christenthume zu bringen, durch mich wirket, sowohl in Worten, als in Werken,
19. Durch Kraft der Zeichen und Wunder, und durch Kraft des Geistes GOttes: alsó, daß ich von Jerusalem an und umher bis an Illyricum, alles mit dem Evangelio Christi erfüllet habe;	19. durch mächtige Zeichen, und Wunder, durch die Kraft des Heiligen Geistes, so daß ich von Jerusalem, und den benachbarten Gegenden, an, der Reihe nach bis in Illyricum das Evangelium Christi mit grossem Nachdrucke gepredigt habe,
20. Und mich sonderlich geflissen, das Evangelium zu predigen, wo Christi Name nicht bekannt war, auf daß ich nicht auf einen fremden Grund bauete;	20. doch so, daß ich mich sorgfältig hütete, dasselbe an solche Orte zu bringen, wo es bereits gepredigt, und das Volk schon christlich, war, damit ich nicht auf eines andern Grund bauete (3),
21. Sondern wie geschrieben stehet, welchen nicht ist von ihm verkündiget, die sollens sehen; und welche nicht gehöret haben, sollens verstehen.	21. sondern wie geschrieben stehet (4): Welchen nicht ist von ihm verkündiget, die sollens sehen; und welche nicht gehöret haben, sollens verstehen.
22. Dieß ist auch die Sache, darum ich vielmal verhindert bin, zu euch zu kommen.	22. Dieß hat mich oft gehindert, zu euch zu kommen.
23. Nun ich aber nicht mehr Raum habe in diesen Ländern, habe aber Ver-	23. Allein, nun habe ich in diesen Ländern keinen Ort mehr, wo man nicht von Christo gehöret hätte, und ich das Evangelium predigen müßte,

(3) S. 1 Korinth. III. 10. 2 Korinth. X. 16.

(4) Jes. LII. 15.

müßte, aber seit verschiedenen Jahren ein Verlangen, zu euch zu reisen.

24. Ich will also, wenn ich nach Spanien reise, meinen Weg zu euch nehmen. Denn, ich hoffe, euch alsdenn zu besuchen, und von euch auf meiner Reise weiter gebraucht zu werden, wenn ich zuvor eine Zeitlang eurer Gesellschaft genossen, und mein Verlangen nach euch in etwas gestillet habe.

25. Gegenwärtig aber reise ich nach Jerusalem, um den dasigen Heiligen zu dienen.

26. Denn, es hat den Christen in Macedonien, und Achaja, gefallen, für die Armen unter den Christen zu Jerusalem eine Steuer zusammen zu legen.

27. Es hat ihnen gefallen, dieses zu thun: und sie sind wirklich ihre Schuldner. Denn, sind die Heyden ihrer geistlichen Güter theilhaftig worden, so sind sie auf ihrer Seite verbunden, ihnen zur Erhaltung dieses zeitlichen Lebens behülflich zu seyn.

28. Wenn ich also dieses Geschäfte werde verrichtet, und ihnen diese Frucht meiner Bemühungen in die Hände geliefert haben: so will ich auf meiner Reise nach Spanien zu euch kommen.

29. Und ich weiß, daß, wenn ich zu euch komme, ich euch vollkommene Ueberzeugung, wegen des Seegens, den ihr durch das Evan-

gelium

Verlangen, zu euch zu kommen, von vielen Jahren her:

24. Wenn ich reisen werde in Hispanien, will ich zu euch kommen. Denn, ich hoffe, daß ich da durchreisen, und euch sehen werde, und von euch dorthin geleitet werden möge: so doch, daß ich zuvor mich ein wenig mit euch ergötze.

25. Nun aber fahre ich hin gen Jerusalem, den Heiligen zu Dienst.

26. Denn, die aus Macedonia, und Achaja haben williglich eine gemeine Steuer zusammen gelegt den armen Heiligen zu Jerusalem.

27. Sie habens williglich gethan, und sind auch ihre Schuldener. Denn, so die Heyden sind ihrer geistlichen Güter theilhaftig worden: ists billig, daß sie ihnen auch in leiblichen Gütern Dienst beweisen.

28. Wenn ich nun solches ausgerichtet, und ihnen diese Frucht versiegelt habe: will ich durch euch in Hispanien ziehen.

29. Ich weiß aber, wenn ich zu euch komme, daß ich mit vollem See-

gen

gen des Evangelii Christi kommen werde.

30. Ich ermahne euch aber, lieben Brüder, durch unsern HErrn JEsum Christ, und durch die Liebe des Geistes, daß ihr mir helfet kämpfen mit Bethen für mich zu GOtt:

31. Auf daß ich errettet werde von den Unglaubigen in Judäa, und daß mein Dienst, den ich gen Jerusalem thue, angenehm werde den Heiligen;

32. Auf daß ich mit Freuden zu euch komme, durch den Willen GOttes, und mich mit euch erquicke.

33. Der GOtt aber des Friedes sey mit euch allen, Amen.

gelium von Christo erhaltet (5), mitbringen werde.

30. Nun aber bitte ich euch, meine Brüder, um unsers HErrn JEsu Christi willen, und um der Liebe willen, welche von dem Geiste GOttes kommet, mir, mit ernstlicher Fürbitte für mich zu GOtt, beyzustehen,

31. daß ich von den Unglaubigen in Judäa errettet werde, und daß der Dienst, welchen ich den dasigen Heiligen thue, ihnen möge angenehm seyn.

32. Auf daß ich, wenn es GOttes Wille ist, mit Freuden zu euch komme, und mich mit euch etwas erhole.

33. Nun der GOtt des Friedens sey mit euch allen. Amen.

(5) Man kann seine Meynung hier so verstehen, daß er im Stande seyn werde, sie zu überzeugen, daß durch das Evangelium Vergebung der Sünden erhalten werde (a). Denn, dieß zeiget er Cap. IV. 6–9. Und sie hatten durch das Evangelium so viel Recht dazu, als die Juden selbst. Dieß hat er ihnen in diesem Briefe bewiesen (b).

(a) Locke verdrehet hier die Worte Pauli recht unverantwortlich, nur, damit seine einmal angenommene Hypothese einigen Schein gewinne. Der Apostel saget deutlich, er werde mit vollem Seegen des Evangelii von Christo kommen. Davon schweiget er stille, daß er sie überzeugen wolle, das Evangelium verkündige Vergebung der Sünden: denn, daran konnten die Römer, als Christen, nicht zweifeln, weil sie es aus der Erfahrung, von dem Anfange ihrer Bekehrung her, wußten. Diese Ueberzeugung ist auch der Seegen des Evangelii nicht, sondern nur eine Benehmung des Irrthums, den Locke in der Gemeinde zu Rom vermuthet, ohne ihn beweisen zu können. Da das Evangelium die Predigt von Christo, und der durch sein Verdienst erworbenen Seligkeit ist; so kann der volle Seegen des Evangelii nichts anders seyn, als eine rechte reichliche Verkündigung desselbigen, und die daraus bey den Glaubigen entstehenden seligen Wirkungen. Lutheri Kürze sagt also hier mehr, als Lockens weitläuftige Umschreibung.

(b) Dieß ist Lockens falsche Meynung, die ihn zu mehreren Irrthümern in der Erklärung dieses Briefes verleitet hat.

Funfzehnter Abschnitt.

Cap. XVI. Verse 1 — 27.

Die bisherigen Theile dieser Epistel geben uns Gründe, zu schlüssen, daß die Trennungen, und Feindseligkeiten, welche in der römischen Kirche waren (*), zwischen bekehrten Juden, und Heyden, gewesen seyen; weil jene, aus allzu grossem Eifer für das Caeremonialgesetz, die Beschneidung, und andere mosaische Gebräuche, als etwas, das alle Christen nothwendig beobachten müßten, einzuführen suchten, diese aber, ohne die gehörige Nachsicht gegen die Schwachheit der Juden, diese Gebräuche, die unter ihnen in so grossem Ansehen standen, allzu offenbar verachteten. Je grösserer Schaden hieraus für die Kirche Christi entstand, desto näher gieng es S. Paulo, und desto sorgfältiger war er, dieser, nach dem Zeugnisse der Apostelgeschichte, und verschiedener Stellen seiner Briefe, fast überall einreissenden Unordnung vorzukommen. Er kann daher nicht umhin, nachdem er seinen Vortrag mit dem Ende des vorhergehenden Capitels ordentlich geschlossen hat, mitten unter seinen Grüssen sie vor den Urhebern, und Unterhaltern, solcher Spaltungen zu warnen; und dieß sehr nachdrücklich, V. 17 – 20. Der übrige Theil dieses Capitels enthält sonst fast nichts, als Grüsse. Bloß die vier letzten Verse fassen den Beschluß, so wie ihn S. Paulus zu machen pflegt, in sich.

(*) Es ist nicht wahrscheinlich, daß in der Kirche zu Rom zwischen bekehrten Juden, und Heyden, Trennungen, und Feindseligkeiten, öffentlich sollen obgewaltet haben. Wir müßten, daß ich mich Lockens eigener Worte aus der Anmerkung über Cap. XV. 7. und seiner dortigen Gedanken, bediene, mehr davon gehöret haben, u. s. w. Das aber ist leicht zu vermuthen, daß die bekehrten Heyden zu Rom den Umgang, und die Freundschaft, der bekehrten Juden eben nicht sehr gesucht haben mögen. Die Juden waren überhaupt bey den Römern nicht gar hoch angesehen; und ihre schwachglaubige Beobachtung des Unterschiedes in Speisen, und Tagen, mochte, selbst den Bekehrten, zu Rom manchen Anstoß geben. Paulus ermahnet also beyde zur brüderlichen Eintracht; und da es nichts unmögliches war, daß sich zu Rom, so wie in andern Gemeinden, z. E. in Galatien, und Korinth, jüdische Verführer einschlichen: so warnet er zugleich, sich vor solchen zu hüten.

Text.	Paraphrastische Erklärung.
1. Ich befehle euch aber unsere Schwester Phoeben, welche ist am Dienst der Gemeine zu Cenchrea:	1. Ich empfehle euch unsere Schwester, Phoebe, welche eine Dienerin (Diaconissa) der Kirche zu Cenchrea (1) ist,
2. Daß ihr sie aufnehmet in dem HErrn, wie sichs ziemet den Heiligen; und thut ihr Beystand in allem Geschäffte, darinnen sie euer bedarf. Denn, sie hat auch vielen Beystand gethan, auch mir selbst.	2. daß ihr sie, um Christi willen, so wie sichs für Christen schicket, aufnehmet, und ihr in allen Angelegenheiten, worinnen sie eurer nöthig hat, beystehet. Denn, auch sie hat vielen, und insbesondere mir, beygestanden (2).
3. Grüsset die Priscam, und den Aquilam, meine Gehülfen in Christo JEsu:	3. Grüsset Priscilla, und Aquila, meine Mitarbeiter am Evangelio,
4. Welche haben für mein Leben ihre Hälse dargegeben; welchen nicht allein ich danke, sondern alle Gemeinen unter den Heyden.	4. welche für mein Leben ihr eigenes in Gefahr gesetzet haben, welchen nicht allein ich, sondern auch alle aus den Heyden gesammelte Kirchen, danken.
5. Auch grüsset die Gemeine in ihrem Hause. Grüsset Epänetum, meinen Liebsten, welcher ist der	5. Grüsset auch die Kirchen, die in ihren Häusern sind. Grüsset meinen vielgeliebten Epänetus, welcher Christi Erstling aus Achaja ist.
	6. Grüs-

(1) Cenchrea war der Seehafen zu Korinth.

(2) Προστάτις, Beystand, scheinet hier Wirthinn zu bedeuten, nicht in einem gemeinen Gasthofe; denn, solche Gasthöfe, wie in unsern Ländern, gab es nicht: sondern eine solche Person, deren Haus der Ort war, in welchem diejenigen, die die Kirche als ihre Gäste aufnahm, Wohnung, und Verpflegung, fanden. Auf solche schickt sich der Name προστάτις sehr wohl. Ob sich aber S. Paulus dieses Wortes bedienet in Absicht auf das vorhergehende παραστῆτε, thut ihr Beystand, überlasse ich denen zu beurtheilen, die auf S. Pauli Schreibart mit Vorsatz Achtung geben.

6. Grüsset die Maria, welche sich um unsert willen viele Mühe gemachet hat.

7. Grüsset den Andronicus, und Junias, meine Anverwandten, und Mitgefangenen, die unter den Aposteln angesehen, und auch vor mir Christen gewesen, sind.

8. Grüsset den Amplias, meinen Geliebten in dem HErrn.

9. Grüsset den Urbanus, unsern Helfer in Christo, und den Stachys, meinen Geliebten.

10. Grüsset den Apelles, der in Christo bewähret ist. Grüsset diejenigen, die aus des Aristobulus Hause sind.

11. Grüsset den Herodion, meinen Anverwandten. Grüsset aus des Narcissus Hause alle diejenigen, die das Evangelium angenommen haben.

12. Grüsset die Tryphena, und die Tryphosa, die an dem Evangelio gearbeitet haben. Grüsset die liebe Persis, die viel in dem HErrn gearbeitet hat.

13. Grüsset den Rufus, der zum Jünger des HErrn erwählt, und auserseben ist, und seine, und meine, Mutter.

14. Grüs-

der Erstling unter denen aus Achaja in Christo.

6. Grüsset Mariam, welche viel Mühe, und Arbeit, mit uns gehabt hat.

7. Grüsset den Andronicum, und den Juniam, meine Gefreundte, und meine Mitgefangene: welche sind berühmte Apostel, und vor mir gewesen in Christo.

8. Grüsset Amplian, meinen Lieben in dem HErrn.

9. Grüsset Urban, unsern Gehülfen in Christo, und Stachyn, meinen Lieben.

10. Grüsset Apellen, den Bewährten in Christo. Grüsset, die da sind von Aristobuli Gesinde.

11. Grüsset Herodionem, meinen Gefreundten. Grüsset, die da sind von Narcissus Gesinde, in dem HErrn.

12. Grüsset die Tryphena, und die Tryphosa, welche in dem HErrn gearbeitet haben. Grüsset die Persida, meine Liebe, welche in dem HErrn viel gearbeitet hat.

13. Grüsset Ruffum, den Auserwählten in dem HErrn, und seine, und meine, Mutter.

14. Grüs-

14. Grüsset Asyncritum, und Phlegontem, Herman, Patroban, Hermen, und die Brüder bey ihnen.	14. Grüsset den Asyncritus, Phlegon, Hermas, Patrobas, Hermes, und die Brüder, welche bey ihnen sind.
15. Grüsset Philologum, und die Julian, Nereum, und seine Schwester, und Olympan, und alle Heiligen bey ihnen.	15. Grüsset den Philologus, und Julias, den Nereus, und seine Schwester, und den Olympas, und alle Heiligen, die bey ihnen sind.
16. Grüsset euch unter einander mit dem heiligen Kuß. Es grüssen euch die Gemeinen Christi.	16 Grüsset einander mit einem heiligen Kusse. Die Kirchen Christi grüssen euch.
17. Ich ermahne aber euch, lieben Brüder, daß ihr aufsehet auf die, die da Zertrennung, und Aergerniß, anrichten, neben der Lehre, die ihr gelernet habt, und weichet von denselbigen.	17. Nunmehr bitte ich euch, meine Brüder, auf diejenigen, welche gegen die Lehre, die ihr gelernet habt, Trennungen, und Aergernisse, anstiften, Achtung zu geben, und dieselben zu meiden.
18. Denn, solche dienen nicht dem HErrn JEsu Christo, sondern ihrem Bauch: und durch süsse Worte, und prächtige Rede, verführen sie die unschuldigen Herzen.	18. Denn, sie dienen (3) nicht unserm HErrn JEsu Christo, sondern ihrem eigenen Bauche, und betrügen durch freundliche Worte, und schmeichlerische Reden, wodurch sie sich einschleichen, wohlgesinnte unschuldige Leute.
19. Denn, euer Gehorsam ist unter Jedermann auskommen. Derohalben freue ich mich über euch. Ich will aber, daß ihr	19. Eure Bekehrung, und geschwinde Willfährigkeit gegen die Lehre des Evangelii, da solche zu euch gebracht wurde, ist in der Welt bekannt (4), und man redet überall davon. Ich freue mich eurethalben, daß ihr dem Evangelio

(3) Wir finden Leute, wie diese, Tit. I. 10. 11. beschrieben.

(4) S. Cap. I. 8.

gelio so willig gehorsam worden seyd. Allein, erlaubet mir, euch zu ermahnen, weise, und vorsichtig, zu seyn, um euch beständig bey dem, was weise, und gut (5), ist, zu erhalten, und gar keine Gedanken, oder Geschicklichkeit, auf anderer Hintergehung, oder Beleidigung, anzuwenden. In dieser Absicht seyd recht aufrichtig, und einfältig.

ihr weise seyd aufs Gute, aber einfältig aufs Böse.

20. Denn, GOtt, welcher der Urheber, und Liebhaber, des Friedens ist, wird euch bald von diesen Dienern des Satans (6), von diesen Friedensstörern, die Spaltungen unter euch (7) anfangen (wollen), frey machen. Die Gnade unsers HErrn JEsu Christi sey mit euch allen. Amen.

20. Aber der GOtt des Friedes zertrete den Satan unter eure Füsse in kurzem. Die Gnade unsers HErrn JEsu Christi sey mit euch.

21. Timotheus, mein Mitarbeiter, und Lucius, und Jason, und Sosipater, meine Anverwandten, grüssen euch.

21. Es grüssen euch Timotheus, mein Gehülfe, und Lucius, und Jason, und Sosipater, meine Gefreundten.

22. Ich Tertius, der ich diesen Brief geschrieben habe, grüsse euch in dem HErrn.

22. Ich Tertius grüsse euch, der ich diesen Brief geschrieben habe, in dem HErrn.

23. Gajus, mein, und der ganzen Kirche, Wirth, grüsset euch. Erastus, der Stadt Rentmeister, grüsset euch, und Quartus, der Bruder.

23. Es grüsset euch Gajus, mein, und der ganzen Gemeine, Wirth. Es grüsset euch Erastus, der Stadt Rentmeister: und Quartus, der Bruder.

24. Die

24. Die

(5) Eine Anweisung, welche der gegenwärtigen sehr ähnlich ist, haben wir 1 Korinth. XIV. 20. und Eph. IV. 13-15.

(6) So werden diejenigen genennt, welche Spaltungen in der Kirche zu Korinth machten, 2 Korinth. XI. 14. 15.

(7) Zertrete den Satan, d. i. er wird die Macht, und die Anfälle, des Satans vernichten, der durch diese seine Werkzeuge euren Frieden stören, und euch in Zänkereyen, und Uneinigkeit, verwickeln will.

24. Die Gnade unsers HErrn JEsu Christi sey mit euch allen. Amen.

25. Dem aber, der euch stärken kann, laut meines Evan-

24. Die Gnade unsers HErrn JEsu Christi sey mit euch allen. Amen.

25. Nun demjenigen, der euch befestigen, und Kraft geben, kann, bey meinem Evangelio (8) zu

Tt 2

(8) Laut meines Evangelii. Wahrscheinlicher Weise hätte S. Paulus diesen Ausdruck nicht gebrauchen können, wenn er nicht gewußt hätte, daß das, was er predigte, von dem, was andere predigten, gewisser massen verschieden sey (a). Und dieser Unterschied bestehet klärlich in dem Geheimnisse, wie er es immer nennt, oder in dem Vorsatze GOttes, die Heyden unter dem Meßias zu seinem Volke anzunehmen, und zwar, ohne dieselben der Beschneidung, oder dem Gesetze Mosis, zu unterwerfen. Dieß ist es, was er hier τὸ κήρυγμα Ἰησοῦ Χριστοῦ, die Predigt von JEsu Christo, heißt; denn, ohne dieß glaubte er nicht, daß Christus den Heyden recht geprediget würde: und nennet es daher in verschiedenen Stellen seiner Epistel an die Galater die Wahrheit, und die Wahrheit des Evangelii; und bedienet sich an die Epheser, und Colosser, ähnlicher Ausdrücke. Dieß ist das Geheimniß, worinnen er die Epheser so sorgfältig zu unterrichten, und feste zu setzen, suchet, das Geheimniß, welches ihm nach diesem Evangelio geoffenbaret, und zu dessen Diener er bestellet ist; wie man weitläuftig in dieser Epistel, und besonders Cap. III. 6. 7. sehen kann. Das nämliche erkläret er den Colossern in seiner Epistel an sie, besonders Cap. I. 27 – 29. und II. 6 – 8. Denn, daß er diese Lehre auf eine besondere Art, und so, wie keiner von den übrigen Aposteln, predigte, kann man aus Apost. Gesch. XXI. 18 – 25. XV. 6. 7. sehen. Denn, ungeacht die Apostel, und Aeltesten der Kirche zu Jerusalem, beschlossen hatten, daß sich die Heyden allein vom Götzenopfer, vom Blute, vom Erstickten, und von der Hurerey, enthalten sollten: so ist doch aus dem, was sie Apost. Gesch. XXI. 20 – 24. sagen, deutlich genug, daß sie an das, was S. Paulus den Ephesern frey erkläret, daß das Gesetz Mosis durch den Tod Christi aufgehoben sey, Eph. II. 15. nicht dachten (b), noch wahrscheinlicher Weise denken konnten. Denn, wenn S. Petrus, und S. Jacobus, hierinnen so viel, als S. Paulus, eingesehen hätten, so würde S. Petrus, wegen seines Galat. II. 12. u. f. erwähnten Verhaltens, nicht öffentlich von ihm bestrafet worden seyn. Allein, in allem diesem kann man die Weisheit, und Güte, GOttes sowohl gegen Juden, als gegen Heyden, sehen. S. die Anmerkung über Eph. II. 15.

(a) In der Hauptsache, hat das, was Paulus predigte, von dem, was andere Apostel predigten, nicht verschieden seyn können. Denn, sonst wäre einer von beyden Theilen verflucht gewesen, Galat. I. 8. 9. Was nun insbesondere

(b) die Annehmung der Heyden, und die Abschaffung des mosaischen Cäremonial- und Polizeygesetzes, anbelangt, worinnen Locke das hier gerühmte Geheimniß suchet, so machet er hier eine grosse Verwirrung. 1. Ist es eine Verwirrung, daß er sich einbildet, die andern Apostel hätten hierinnen nicht so viel, als Paulus, eingesehen; und eben die Stellen, die er für sich anführet, widerlegen ihn. Denn, wie hätten die Apostel Apost. Gesch. XV. 6. u. f f. beschlies-

beschliessen können, daß man die Neubekehrten aus den Heyden nicht mit dem Joche des Caeremonialgesetzes beschweren sollte, V. 10. wenn sie nicht gewußt hätten, daß solches durch den Tod Christi seine Gültigkeit verlohren habe? Die Apostel, und Aeltesten, zu Jerusalem müßten recht jesuitisch geheuchelt haben, wenn sie die bekehrten Heyden von etwas losgesprochen hätten, wozu sie dieselben noch verbunden zu seyn glaubten. Sie hätten auch Apost. Gesch. XXI. 20. wegen dessen, was Paulus unter den Heyden ausgerichtet hatte, nicht den HErrn loben können, wenn sie nicht vollkommen eingesehen hätten, daß Paulus in allem recht gelehret, und recht gethan, hatte. Daß sie aber in den folgenden Versen Paulo den allda befindlichen Rath geben, rühret nicht aus Unwissenheit, sondern aus Vorsicht, und Liebe zum Frieden, her. Sie sagen nicht, daß sie selbst Eiferer über dem Gesetze seyen, sondern daß es viele tausend Juden, die da glaubig worden, seyen. Um diese gleichsam mit Paulo, von welchem sie übel berichtet worden, als lehre er, man dürfe das Gesetz Mosis nicht halten, V. 21. auszusöhnen, geben sie ihm diesen Rath. Und diesem konnte auch Paulus um so viel leichter nachkommen, da nach dem Tode Christi bis zur Zerstörung Jerusalems die jüdischen Caeremonien etwas gleichgültiges waren, wie Locke in seinen Anmerkungen über den vierzehnten Abschnitt, der Billigkeit gemäß, selbst erkennet; da Paulus auch selbst solche, wenn er sich unter den Juden befand, als ein gebohrner Jude, beobachtete (s. Apost. Gesch. XVI. 1 – 3. 1 Korinth. IX. 20.), und nur nicht ohne Noth die bekehrten Heyden mit diesen, zur Seligkeit nicht mehr nöthigen, Dingen, als ob sie dazu nöthig wären, beschweren wollte. Es folget also aus den angeführten Stellen nicht, daß Paulus die Lehre von der Aufhebung des mosaischen Gesetzes auf eine besondere Art, und so, wie keiner der übrigen Apostel, geprediget habe. Da sie nicht so viel mit Heyden zu thun hatten, als Paulus, der Heyden Apostel, so konnten sie auch nicht so oft der Streitigkeit erwähnen, daß die Heyden die Beobachtung der mosaischen Caeremonien nicht zur Seligkeit nöthig hätten. Daß aber nach Galat. II. 12. u. f f. Petrus heuchelt, ist zwar ein Beweis seiner menschlichen Schwachheit, aber nicht seiner Unwissenheit. Er fürchtete sich vor denen aus der Beschneidung, und hatte, ehe diese gekommen waren, mit den Heyden gegessen. Es ist also hier nicht einmal ein Schein einer Unwissenheit. 2. Eine andere Verwirrung, welche in dieser Stelle Locke macht, ist diese, daß er das hier erwähnte Geheimniß in der Annehmung der Heyden zu GOttes Volke sucht. Warum soll das von der Welt her verschwiegene Geheimniß nicht lieber das gottselige Geheimniß seyn, daß GOtt offenbaret im Fleisch, gerechtfertiget im Geist, erschienen den Engeln, geprediget den Heyden, geglaubet von der Welt, und aufgenommen ist in die Herrlichkeit, 1 Timoth. III. 16? Dieß ist ja das Geheimniß, welches nach 1 Petr. I. 11. 12. auch die Engel einzuschauen gelüstet. Daß die Heyden durch den Messias in die Kirche GOttes sollten aufgenommen werden, konnte zu den Zeiten des alten Testamentes denen, welche die heilige Schrift lasen, gerade kein Geheimniß seyn. Denn, es ist in den Propheten so oft, und so deutlich, vorher verkündigt worden, daß sich in dieser Epistel Paulus selbst mehr als einmal zu dem Ende auf solche Weissagungen, als auf etwas bekanntes, beruft. Die glaubigen Juden hören daher Apost. Gesch. XI. 18. auf, mit Petro wegen seines Umganges mit den Heyden zu zanken, da er ihnen erzählet, daß GOtt denselben den Heiligen Geist gegeben habe. Allein,

(*) Locke

Evangelii und Predigt von JEsu Christo, durch welche das Geheimniß offenbaret ist, das von der

zu bleiben (*), und bey demjenigen, was ich euch von JEsu Christo in meiner Predigt gelehret habe, nach dem Inhalte der Offenbarung des Geheimnisses (9), welches in den Zeiten der Perio-

(*) Locke hat, um seiner Meynung einen Schein zu geben, den größten Theil dieses Verses falsch umschrieben. Paulus saget nicht: Dem, der euch befestigen kann, bey meinem Evangelio zu bleiben ——, sondern κατὰ τὸ εὐαγγέλιόν μου, nach meinem Evangelio; und die Umschreibung wird also müssen abgefasset werden: Dem aber, der allein vermögend ist, euch im Glauben zu stärken, und gegen alle Anfälle, und Versuchungen des Teufels, und gegen alle Aergernisse der Welt zu verwahren, laut meines Evangelii, und der Predigt von JEsu Christo (oder, wie ich in meinem Evangelio, und der Predigt von JEsu Christo, jederzeit lehre), laut der Offenbarung des Geheimnisses von seinem Sohne JEsu Christo, das sehr lange verschwiegen gewesen, V. 26. nun aber durch die prophetischen Schriften, nach dem Befehle des ewigen GOttes, offenbaret, und allen Völkern ist bekannt gemacht worden, damit sie dem Glauben gehorsam würden (oder, sich gehorsam in die göttliche Heilsordnung schickten, die nichts, als den Glauben an JEsum, fordert): dem allein weisen GOtt ————. Er sagt deutlich, nicht, daß das geoffenbarte Geheimniß in der Bekehrung der Heyden bestehe, sondern daß das Geheimniß allen Völkern, oder Heyden, sey bekannt gemacht worden, damit sie dem Glauben gehorsam würden, εἰς ὑπακοὴν πίστεως εἰς πάντα τὰ ἔθνη γνωρισθέντος. Es muß also dieses Geheimniß etwas anders, als ihre Annehmung seyn; es ist das Geheimniß von JEsu Christo, das lange verdeckt lag, aber erst recht deutlich durch die prophetischen Schriften aufgekläret, und an den Tag gebracht wurde, als JEsus im Fleische erschien, und die Propheten erfüllete, selbst predigte, und durch seine Apostel in aller Welt predigen ließ, was nach Cap. XV. 21. so vielen Völkern nie zuvor so feyerlich verkündiget worden, und sie nie so reichlich gehöret hatten. Paulus verbindet in den angeführten Worten heilige Wünsche für die Römer mit der rührendesten Lobpreisung GOttes. Der Wunsch ist gleichsam nur in einem Zwischensatze angebracht: der euch stärken kann, aber mit dem mächtigen Grunde befestiget: laut meines Evangelii, und Predigt von JEsu Christo, laut des nun geoffenbarten Geheimnisses ————. Die Lobpreisung ist in den Worten: Dem aber, der euch stärken kann, dem allein weisen GOtt, sey Ehre ————. Der Apostel wünschet den Gläubigen zu Rom Stärke von GOtt, und er verheisset sie ihnen zugleich, indem er ihnen sagt, daß sie solche vermöge des Evangelii, und der Predigt von Christo, der sie glaubten, und vermöge der herrlichen Offenbarung des Geheimnisses von seinem Sohne JEsu Christo, erwarten könnten; weil diese nichts anders, als den Glauben aller Völker zur Absicht hätte.

(9) Daß das Geheimniß, wovon er hier redet, die Berufung der Heyden sey (a), kann man aus den folgenden Worten sehen; denn, diese nennet er in verschiedenen seiner Episteln ein Geheimniß. S. Eph. I. 9. und III. 3–9. Col. I. 25–27.

(a) Dieser Gedanke ist schon bey Gelegenheit der 8ten Anmerkung widerleget worden. Was die hier angeführten Stellen anbelangt; so reden sie zwar von dem

Perioden (10) unerklärt geblieben,

26. nun

der Welt her verschwiegen gewesen ist,

26. Nun

dem Geheimnisse JEsu Christi, daß solches auch den Heyden sey bekannt gemacht worden: nirgends aber stehet, daß die Bekehrung der Heyden ein nun erst entdecktes Geheimniß sey. Die Stellen aus der Epistel an die Epheser werden an ihrem Orte geprüfet werden; und von denen aus dem Briefe an die Colosser liesse sich, wenn es der Raum verstattete, leicht ein Gleiches thun.

(10) χρόνοις αἰωνίοις, in Zeiten von Perioden, oder in den Zeiten unter dem Gesetze. Die Ursache, warum die unter dem Gesetze verlaufenen Zeiten χρόνοι αἰώνιοι heissen, läßt sich aus ihren Jubeljahren entdecken, welche αἰῶνες, Saecula, oder Zeitperioden, waren, nach welchen alle Zeit unter dem Gesetze berechnet wurde: und so wird χρόνοι αἰώνιοι 2 Timoth. I. 9. Tit. I. 2. gebraucht. So wird auch αἰῶνες für die gesetzliche Zeit, oder die Jubelzeiten, genommen, Luc. I. 70. Apost. Gesch. III. 21. 1 Korinth. II. 7. X. 11. Eph. III. 9. Col. I. 26. Hebr. IX. 26. So heisset GOtt der Fels, עולמים, αἰώνων, der Zeiten, Jes. XXVI. 4. in eben dem Verstande, in welchem er Jes. XXX. 29. der Fels Israels heißt, d. i. die Stärke, und Hülfe des jüdischen Staates: denn, von den Juden redet hier der Prophet. Auf gleiche Weise bedeutet 2 B. Mos. XXI. 6. לעולם, εἰς τὸν αἰῶνα, nicht, wie wir es übersetzen, ewiglich, sondern bis zum Jubeljahre: und dieß wird man sehen, wenn man 3 B. Mos. XXV. 39 -- 41. und 2 B. Mos. XXI. 2. vergleicht. Siehe Burthogg's Christianity a revealed Mystery, p. 17. 18. Daß aber die unter dem Gesetze verflossenen Zeiten die Zeiten sind, wovon hier S. Paulus redet, erhellet daraus, daß er sagt, GOttes Vorsatz, die Heyden unter dem Messias zu seinem Volke anzunehmen, sey während aller dieser Zeiten ein Geheimniß gewesen (a). Denn, dieß war es zu keiner andern Zeit; sondern allein so lange, als die Juden GOttes eigenthümliches Volk, und von andern Völkern auf Erden abgesondert, waren. Vor dieser Zeit war kein solcher Name, oder Begriff von einem Unterschiede zwischen Juden, und Heyden. Vor den Zeiten Abrahams, Isaacs, und Jacobs, war die Berufung der Israeliten zu GOttes Volk ein so grosses Geheimniß, als nachher die Berufung anderer Völker wurde. Alles, was S. Paulus hier, und in andern Stellen, wo er dieses Geheimnisses gedenket, zur Absicht hat, ist dieß, daß er zeigen will, GOtt habe zwar den Juden diesen seinen Vorsatz durch die Weissagungen seiner Propheten entdecket, er sey aber doch von ihnen nicht eingesehen worden; er sey ihnen ein Geheimniß geblieben, sie hätten nichts davon verstanden; Niemand habe nur Muthmassungen, oder Gedanken, davon geschöpfet, bis bey der Ankunft des Messias solcher öffentlich durch S. Paulum Juden, und Heyden, erkläret, und aus den Schriften der Propheten, welche nun deutlich waren, bewiesen worden sey.

(a) Diese Anmerkung ist eine der schlechtesten in diesem ganzen Werke. Χρόνοι αἰώνιοι sind freylich nicht ewige Zeiten: denn, dieß fasset im eigentlichen Verstande einen Widerspruch in sich. Allein, deswegen müssen es nicht die Zeiten unter dem Gesetze, die Zeiten von Perioden seyn (Secular times, wenn ich

26. Nun aber offenbaret, auch kund gemacht durch

26. nun aber geoffenbaret, und durch die Schriften der Propheten, nach dem Befehle des ewigen

ich anders diesen unverständlichen Ausdruck so recht übersetzet habe). Lockens Gründe, womit er dieses beweisen will, sind überaus seichte. Die Juden, sagt er, rechneten alles nach ihren Jubeljahren. Ich weiß es nicht. Liest man das alte Testament, so wird gerne von dem Ausgange aus Aegypten, oder den Jahren der Könige, selbst der medischen, und persischen, an gerechnet. Daß sie den Dienst ihrer israelitischen Knechte, und den Werth der verkauften Güter, nach den Jubeljahren, die sie zu feyern gar oft unterliessen, berechnen sollten, machet keine allgemeine Zeitrechnung aus; so wenig als die typischen Berechnungen, z. E. der 70. Wochen beym Daniel. Gesetzt aber, daß dieß alles seine Richtigkeit hätte, so sehe ich nicht, warum die Perioden von 7. Jahren, oder von einem Jubeljahre zum andern, ja selbst von 50. Jahren, von einem grossen Jubeljahre zum andern, αἰῶνες, saecula, heissen sollen. Warum heisset αἰὼν hier saeculum? oder wie machet ein solcher Jubelperiode ein Saeculum aus? Alle die angeführten Stellen beweisen dieses nicht. Dieß wäre doch seltsam, wenn 2 Timoth. I. 9. Paulus sagte: GOtt habe uns seine Gnade in Christo JEsu vor den jüdischen Jubeljahren gegeben; warum nicht vor vor dem babylonischen Thurmbaue? Eben so wunderlich ist es, Tit. I. 2. zu erklären: GOtt habe das ewige Leben vor den Jubeljahren verheissen; er hat es ja auch während derselben verheissen. Luc. I. 70. und Apost. Gesch. III. 21. müßte stehen, GOtt habe durch die Propheten nicht eher von Christo reden lassen, als nach der Gesetzgebung; Eph. III. 9. und Col. I. 26. GOtt habe das Geheimniß von JEsu Christo vor der Gesetzgebung verborgen; 1 Korinth. II. 7. GOtt habe vor der Gesetzgebung beschlossen, durch die Offenbarung dieses Geheimnisses die Apostel, und Kirche, JEsu Christi herrlich zu machen: ein wunderlicher Zeitpunct für die göttlichen Rathschlüsse! Es sollte fast scheinen, als ob Locke die Ewigkeit derselben nicht geglaubet hätte. Zufälliger Weise schickt sich die lockische Erklärung der χρόνων αἰωνίων noch einiger maassen auf 1 Korinth. X. 11. und Hebr. IX. 26. allein, blos zufälliger Weise. Denn, von 1 Korinth. X. 11. ist oben gezeigt worden, daß man es natürlicher anders erklären könne; und eben diese Erklärung läßt sich auch Hebr. IX. 26. brauchen. Die Erklärung von Jes. XXVI. 4. ist so elend, daß sie keiner Widerlegung bedarf. Die übrigen angeführten Stellen beweisen weiter nichts, als daß עוֹלם, und αἰὼν, nicht überall die Ewigkeit in dem heutigen metaphysischen Verstande bedeute. Und dieß hat sich auch noch kein vernünftiger Ausleger einfallen lassen. Es bedeutet dieses Wort überhaupt eine lange Dauer; und die Verbindung, in welcher es stehet, muß allemal lehren, ob es eine endliche, oder unendliche, eine Dauer mit einer Zeitfolge (successio), oder ohne dieselbe, sey. Eine ewige Zeit ist also eine sehr lange Zeit; wie wir selber in unserer deutschen Sprache das ewig nennen, was sehr lange währet.

Nun wird sich leicht urtheilen lassen, was von dem übrigen Theile der lockischen Anmerkung zu halten sey. Da er nämlich das Geheimniß in der Annehmung der Heyden suchet, welche solches, wie oben gezeiget worden, nicht

ewigen GOttes, allen heydnischen Völkern verkündigt worden ist, um sie zum Gehorsam [des Gesetzes (*)] des Glaubens zu bringen:

27. Dem allein weisen GOtt sey Ehre, durch JEsum Christum, in Ewigkeit. Amen.

durch der Propheten Schriften, aus Befehl des ewigen GOttes, den Gehorsam des Glaubens aufzurichten unter allen Heyden:

27. Demselbigen GOtt, der allein weise ist, sey Ehre durch JEsum Christ, in Ewigkeit. Amen.

nicht ist, so lieset er alles zusammen, was seiner Meynung einigen Schein geben kann; und beruft sich unter andern darauf, daß man vor Abrahams, Isaacs, und Jacobs, Zeiten nichts von dem Unterschiede zwischen Juden, und Heyden, gewußt habe; daß GOtt zwar im alten Testamente die Berufung der Heyden vorher verkündigt, Niemand aber dieselbige so deutlich, als nachher, da sie wirklich geschahe, eingesehen habe. Dieß ist alles wahr: aber daraus folget nicht, daß diese Berufung das Geheimniß sey, wovon Paulus in so vielen Stellen, mit so grossem Nachdrucke, redet. Sie kann in gewissem Verstande ein Geheimniß seyn, ist aber deswegen nicht gerade dieses. Daß Paulus allein solches erkläret habe, ist falsch.

(*) Des Gesetzes, ist ein lockischer Zusatz, der keinem Leser mehr ungewohnt seyn wird; so wenig, als die Quelle, woraus er geflossen ist, unbekannt.

Ende der Epistel S. Pauli an die Römer.

Paraphrastische Erklärung und Anmerkungen über die Epistel S. Pauli an die Epheser.

Inhalt.

Unser Heiland (*) hat seinen Jüngern die Zerstörung des Tempels so offenbar, und deutlich, verkündigt, daß sie auf keine Weise weder an der Sache selbst, noch an ihren Folgen, zweifeln konnten; nämlich, daß die ἔθη, Sitten, oder Weisen, des mosaischen Gesetzes, wie sie Apost. Gesch. VI. 14. und XXI. 21. genennet werden, mit demselben aufhören sollten. Dieß scheinet auch S. Stephanus, wie ihm Apost. Gesch. VI. 13. 14. zur Last geleget wird, gelehret zu haben. Aus diesem Grunde mag es auch wohl herrühren, daß die Apostel, und die Kirche zu Jerusalem, von den bekehrten Heyden nichts, als die Beobachtung solcher Dinge forderten, wodurch sie den Juden hinlänglich bewiesen, daß sie keine Heyden, und Abgötter, mehr wären. Was aber die übrigen mosaischen Gebräuche anbelangt, so begehrten sie nicht, daß die bekehrten Heyden, welchen das mosaische Gesetz nicht gegeben war, solche halten sollten. Denn, es war eine sehr natürliche, und leichte, Folge, die sie nothwendig einsehen mußten, daß, wenn durch die Zerstörung des Tempels, und jüdischen Gottesdienstes, diese

(*) Diese ganze weitläuftige Einleitung dienet zu nichts, als Lockens Meynung von dem Endzwecke aller, in diesem Werke befindlichen, paulinischen Briefe einen Schein zu geben, und die Leser zu überreden, daß Paulus auch hier gegen Juden streite. Es muß ihm aber schwer gefallen seyn, dieses selbst zu glauben. Denn, er holet die Scheingründe, womit er sich zu helfen suchet, allzuweit her, und suchet sie gar zu mühsam zusammen. Ich will in den folgenden Anmerkungen nur beurtheilen, was besonders Anstössiges in gegenwärtiger Einleitung ist: von der Hauptsache wird sich in den Anmerkungen über die Umschreibung weiter reden lassen.

diese Gebräuche bald abgeschaft werden sollten, sie von dem Volke GOttes nicht nothwendig beobachtet werden müßten, noch dasselbe beständig verbinden könnten. So weit waren offenbar alle Apostel unterrichtet, und überzeuget, daß die bekehrten Heyden Freyheit hätten, sich nach dem Caeremonialgesetze nicht zu richten. Ob ihnen aber eben so deutlich, als S. Paulo, geoffenbaret worden, daß die Juden sowohl, als die bekehrten Heyden, von ihrer ehemaligen Verbindlichkeit zu dem mosaischen Gesetze entlediget, und von diesen Gebräuchen frey, seyen; das ist noch zweifelhaft. Denn, wie wir sehen, so haben sie nicht alle ihre Bekehrten aus der Beschneidung unterrichtet, daß sie von diesem Joche los seyen: und sie würden es doch, nach aller Wahrscheinlichkeit, gewiß gethan haben, wenn sie selbst davon überzeugt gewesen wären (*). Denn, in allem, was Apost. Gesch. XV. 1 – 21. von

(*) Diese Meynung ist schon zum Theile bey Gelegenheit der 8ten Anmerkung über Röm. XVI. 25. lit. b. widerleget worden. Wenn Locke hier hinzusetzet, daß doch die Apostel die Glaubigen aus der Beschneidung ihrer Befreyung von dem mosaischen Joche, wenn sie selbst davon unterrichtet gewesen wären, versichert haben würden, ist ein Satz, der noch starke Beweise brauchet. Denn, 1. ist uns nicht alles, was die Apostel mit den bekehrten Juden geredet, und gehandelt, haben, vollständig in der heiligen Schrift aufgezeichnet; es folget also nicht: sie haben die Juden in diesem Stücke nicht unterrichtet; und noch weniger: sie sind selbst nicht unterrichtet gewesen. 2. Was uns die Schrift aufgezeichnet hat, lehret uns vielmehr das Gegentheil. Apost. Gesch. IV. 12. sagt Petrus vor den Hohenpriestern, und Obersten, des Volkes, es sey in keinem andern Heil, und man könne durch nichts selig werden, als durch den Namen JEsu; er läugnet also deutlich die Gültigkeit aller andern Mittel, und selbst des mosaischen Gesetzes, zur Seligkeit. Apost. Gesch. XI. 1 – 18. berichtet Petrus die bekehrten Juden, daß GOtt auch den Heyden, ohne sich erst beschneiden zu lassen, den Heiligen Geist gegeben, und ihn selbst zuvor im Gesichte deswegen gehörig unterrichtet, habe. Sie loben deswegen V. 18. GOtt. Nach V. 19. und 20. predigen einige bekehrte Juden den Juden allein, andere aber auch den Heyden. Es müssen also nicht alle bekehrte Juden in diesem Stücke einerley Gesinnungen gehabt haben. Was Apost. Gesch. XV. berichtet wird, lehret uns ebenfalls deutlich, was die Apostel, und die Gemeine, zu Jerusalem von der Nothwendigkeit der Beobachtung des mosaischen Gesetzes gehalten haben. Es stehet V. 5. mit klaren Worten, daß nur etliche, die ehehin Pharisäer gewesen, so vielen Eifer für das Gesetz bezeiget hätten. Die andern bekehrten Juden also, und noch vielmehr die Apostel, waren in diesem Stucke besser unterrichtet. 3. Wir können aus dem, was Paulus Röm. XIV. 1 – XV. 13. schreibet, auch die Vorstellungen, und Begriffe, der übrigen Apostel von dieser Sache begreifen. Er beschreibt daselbst die bekehrten Juden, die noch so eifrig an den mosaischen Satzungen hiengen, als Schwachglaubige, und ermahnet die bekehrten Heyden, sich auf keine Weise von ihnen abzusondern, noch sich ihrer zu äussern: allein, er verdammet sie nicht wegen der Beobachtung ihrer väterlichen Caeremonien, und preiset die bekehrten Heyden, wegen derselben Unterlassung, nicht selig. Es müssen also diese Caeremonien bis zur Zerstörung des Tempels, wenn

von dieser Frage vorkommt, stehet nicht eine Sylbe, daß der Glaube an den Messias die Juden von der Beobachtung einer einzigen mosaischen Caeremonie befreye (*). Man kann sich auch nicht vorstellen, daß die Apostel der Beschneidung ihre Schüler jemals dergleichen gelehrt, oder, zu vermuthen, veranlaßt haben. Denn, wer kann glauben, daß sie solches unterlassen hätten, wenn es ihnen wäre geoffenbaret, und eben dadurch befohlen, worden? Sie haben gewiß ihre Bekehrten niemals dergleichen gelehret. Denn, S. Jacobus selbst berichtet uns Apost. Gesch. XXI. 20. daß die vielen tausend Juden, die gläubig worden, alle Eiferer über dem Gesetze seyen. Und was er selbst von diesen Gebräuchen hielte, kann man aus V. 24. sehen, wo er die Beobachtung dieser Gebräuche ordentlich wandeln (**) heißt, und dafür sorget, daß S. Paulus für einen strengen Verehrer derselben gehalten werde. Alles dieses würde nicht geschehen seyn,

wenn sie Niemand, als nothwendig zur Seligkeit, aufgedrungen wurden, gleichgültig gewesen seyn. Daher beobachtet sie Paulus, als ein gebohrner Israelite, selber, wenn er sich unter Israeliten befindet, wie wir Apost. Gesch. XXI. lesen: er unterläßt sie, wenn er in heydnischen Ländern lebet; und streitet dawider, wenn jüdisch gesinnte Christen, solche den Bekehrten aus den Heyden als ein Mittel zur Seligkeit anpriesen, wie man in der Epistel an die Galater siehet. Man überlege hienach nur den Zustand, in welchem sich diejenigen Apostel befanden, die, wie Locke annimmt, das Evangelium blos den Juden predigten. Sie hatten genug, wenn sie den gebohrnen Juden sagten, daß sie nicht durch das Gesetz Mosis, sondern allein durch das Verdienst Christi, selig werden könnten; wie solches auch Paulus Apost. Gesch. XIII. 38. 39. den Juden sagt, und Petrus Apost. Gesch. XV. 10. 11. Nun konnten Verständige das übrige selbst einsehen, und sahen es mit der Zeit immer mehr und mehr ein; und die Zerstörung des Tempels machte endlich die Erfüllung der hauptsächlichsten Caeremonien ohnehin unmöglich. Indessen wurden durch diese weise Mäßigung desto mehr Schwache gewonnen, die auf ein förmliches Verboth ihrer väterlichen Satzungen gewiß sich dem Evangelio so sehr würden widersetzet haben, so sehr sie Paulum haßten, wenn sie glaubten, daß er dieselben schlechterdinges verachte.

(*) Dieser Satz wird sich aus der vorhergehenden Anmerkung beurtheilen lassen. In den folgenden schlüßt Locke falsch, daß die Apostel diese Caeremonien nothwendig hätten verbiethen müssen, wenn sie gewußt hätten, daß sie nimmer verbinden könnten. Sie konnten sie dulden, und nach Gelegenheit selbst mit beobachten, ohne sie deswegen für nöthig zu halten. Denn, sie waren doch nicht sündlich; wie wenn z. E. Paulus wegen eines Gelübdes sein Haupt zu Cenchrea beschor, Apost. Gesch. XVIII. 18. Gelübde sind ja allezeit, wenn kein Misbrauch dabey ist, in der ersten Gesetztafel gebothen.

(**) Es heissen diese Worte im Griechischen nicht, ordentlich wandeln, wie sie Locke ausdrückt, sondern, daß auch du dein Verhalten nach dem Gesetze einrichtest. Nun wird Lockens Beweis für sich selbst wegfallen.

wenn ihnen so deutlich, und gewiß, als S. Paulo, wäre geoffenbaret gewesen, daß alle diejenigen, die an den Meßias glauben, sowohl Juden, als Heyden, von dem Gesetze Mosis frey, und zu der Beobachtung der darinnen vorgeschriebenen Caeremonien nicht länger verbunden, seyen, weil sie unter dem neuen Reiche des Meßias dem Volke GOttes nicht mehr nöthig waren. Auch war es in der That nicht nöthig, daß dieser besondere Umstand gleich anfänglich auch den andern Aposteln geoffenbaret wurde. Denn, sie waren zu ihrer Sendung, und zur Bekehrung ihrer Brüder aus den Juden, genugsam unterrichtet, indem sie der Heilige Geist, wie ihnen verheissen war, alles dessen, und zwar nach seinem wahren Verstande, erinnerte, was ihnen unser Heiland während seines Lebens unter ihnen gesaget hatte. Wären sie mit dem Auftrage, daß das Gesetz abgeschaffet sey, zu den Juden gesendet worden, so würde dieß eben so viel gewesen seyn, als wenn GOtt den eigentlichen Endzweck ihrer Sendung vereitelt, den Juden einen Abscheu vor ihrer Lehre beygebracht, ihre Ohren verstopft, und ihr Herz davon abgewendet hätte. Allein, da S. Paulus seine ganze Erkenntniß des Evangelii unmittelbar vom Himmel durch GOttes Offenbarung erhalten hatte, so scheinet er diese besondere Anweisung vor andern bekommen zu haben, damit er zu dem Amte, wozu er erwählet war, tüchtig, und seine Predigt kräftig würde. Er wurde also von der nothwendigen Wahrheit, daß das Gesetz abgeschaffet sey, sogleich unterrichtet, an statt daß die andern Apostel solche erst mit der Zeit, und da Gelegenheit dazu kam, einsehen lernten. Ich lasse einen Jeden urtheilen, ob nicht dem also sey.

Wenigstens ist dieses gewiß, daß man S. Paulum allein, mehr als alle andere Apostel; davon predigen höret, daß durch Christi Ankunft das Gesetz aufgehoben, und in dem Reiche GOttes unter dem Meßias die Beobachtung desselben weder nöthig, noch nützlich; daß der Glaube an Christum für Juden und Heyden das einzige Mittel zum Eingange ins Reich GOttes sey; daß alle, die da glauben, sie mögen beschnitten, oder unbeschnitten, seyn, nun auf gleiche Weise GOttes Volk seyen. Dieß konnten die Juden, die für das Gesetz eiferten, durchaus nicht vertragen, weil sie dasselbe für unwiederruflich, für das unveränderliche Kennzeichen des Volkes GOttes, und das beständige Gesetz seines Reiches, hielten. Da sie also dieses von S. Paulo erzählen hörten, so geriethen sowohl Bekehrte, als andere, in Zorn, sahen ihn für einen gefährlichen Neuling, und Feind der wahren Religion, an, und überfielen ihn im Tempel, Apost. Gesch. XXI. Er wurde bey dieser Gelegenheit, als ein Gefangener, nach Rom gebracht, und schrieb daselbst diese Epistel. Seine Sorge scheinet darinnen dahin zu gehen, daß nicht jetzo, da er, als der Heyden Apostel, der die Lehre von der

Freyheit vom Gesetze allein behauptete, und vertheidigte, um eben dieser Ursache willen gefangen war, die jüdisch gesinneten Christen, welche lehrten, daß die Heyden, ohne nach mosaischem Gebrauche beschnitten zu seyn, nicht selig werden könnten, Gelegenheit nehmen möchten, seiner Neubekehrten Gemüther wankelhaft, und ihren Glauben ungewiß, zu machen. Denn, dieses war die Streitigkeit, woraus die grosse Verwirrung, und Gefahr, entstand, welche zu unsers Apostels Zeiten die aus den Heyden gesammelten Kirchen irre machte. Was die aus dem Heydenthume zum christlichen Glauben Bekehrten hauptsächlich beunruhigte, und im Glauben zweifelhaft machte, war diese Lehre, daß sie der im Evangelio verheissenen Wohlthaten nicht theilhaftig werden könnten, woferne sie nicht beschnitten, und hiedurch dem Gesetze, und den jüdischen Gebräuchen, unterwürfig würden. Dieß siehet man durch die ganze Apostelgeschichte, und fast in allen paulinischen Briefen. Da also S. Paulus hörte, daß die Epheser im Glauben beständig wären, als worunter er ihr Vertrauen auf ihr Recht zu den Vorzügen, und Wohlthaten, des Evangelii, ohne sich dem Gesetze zu unterwerfen, verstehet (*) (denn, die Einführung der gesetzlichen Caeremonien erkläret er für einen Umsturz des Evangelii, und etwas dem grossen, und herrlichen, Endzwecke des Reiches des Meßiä ganz zuwider laufendes): so danket er ihrentwegen GOtt; und bethet, indem er GOttes gnädige, und herrliche, Absicht gegen sie erkläret, daß sie erleuchtet werden mögen, alles, was GOtt ihrentwegen Grosses gethan, und die unendlichen Vortheile, die sie dadurch erhalten haben, einzusehen. In allem diesem entwirft er den herrlichen Zustand des Reiches JEsu Christi: aber nicht in einem gewöhnlichen Vortrage, noch in ordentlichen Schlüssen. Denn, diese finden in einem Briefe, wie der gegenwärtige, der in einem Feuer, und einer viel höhern Schreibart, abgefasset ist, als man in einem gewöhnlichen lehrenden Vortrage brauchet, keine Statt; seine Absicht ist nicht, sie etwas zu lehren, sondern er kleidet alles, was er ihnen beybringen will, in Danksagungen, und Gebethe, ein.

(*) Diese Erklärung des Glaubens ist sonderbar: man wird sie aber von unserm Paraphrasten, der das Mittleramt, und die Genugthuung JEsu Christi, socinianisch läugnet, schwerlich anders erwarten. Sie widerleget sich, zum Glücke, selber. Ist der Glaube ein Vertrauen auf die in dem Evangelio verheissenen Vorzüge, und Wohlthaten: so muß das Evangelium solche Vorrechte, und Wohlthaten, verheissen. Nun verheisset das Evangelium alles allein um des Verdienstes, der Genugthuung, und Erlösung JEsu Christi willen, alles von ihm, als dem Grunde unsers Heils. Der Glaube ist also am Ende doch das Vertrauen auf Christum, und dessen unendliches Verdienst, und Genugthuung. Da diese Erklärung hier nur im Vorbeygehen angebracht ist, so kann ich sie, ohne zu weit von dem Endzwecke dieser Einleitung abzugehen, nicht weiter untersuchen.

Da hiedurch seine Gedanken mehrere Freyheit, und einen höhern Schwung, bekommen; so trägt er sie in edlen, und erhabenen, Ausdrücken vor, wie solche die in dem Werke der Erlösung geoffenbarte unerforschliche Weisheit, und Güte, GOttes erfordert. Ungeacht dieses bey dem ersten Ansehen seine Meynung etwas dunkel, und seine Ausdrücke etwas unverständlicher, machen kann: so läßt sich doch vermittelst der zween folgenden Briefe, die in eben den Umständen des Verfassers, bey eben der Gelegenheit, und in eben der Absicht, geschrieben sind, der Sinn, und die Lehre, des Apostels so deutlich einsehen, und so vollkommen begreifen, daß schwerlich Jemanden, der sie aufmerksam untersucht, und sorgfältig mit einander vergleicht, ein Zweifel darüber übrig bleiben wird. Die Epistel an die Colosser scheinet zu der nämlichen Zeit geschrieben zu seyn, und noch in dem vorigen Flusse, und dem nämlichen Feuer, der Gedanken, so daß in verschiedenen Stellen eben dieselben Ausdrücke, die ihm noch in frischem Gedächtnisse waren, wiederholt erscheinen. Die Einrichtung, die Redensarten, der Inhalt, und alle Theile, dieser zwo ganzen Episteln stimmen mit einander so vollkommen überein, daß man sich gar nicht irren kann, wenn man die eine zur Erklärung der andern für tüchtig hält. Und wenn man die Epistel an die Philipper aufmerksam betrachtet, die S. Paulus gleichfalls zu Rom in seinen Banden geschrieben hat, so wird man darinnen eben den Endzweck wahrnehmen, welchen die zwo andern haben. Man wird also in diesen drey Episteln zusammen genommen den grossen Inhalt des Evangelii entworfen finden, nach welchem es das Gesetz an Herrlichkeit, Grösse, Umfang, Schönheit, und Güte, bey weitem übertrift; man wird daraus sehen, wie diejenigen Feinde, und keine Beförderer, der wahren evangelischen Lehre, und des Reiches GOttes, seyen, die solches in die engen, und armseligen, Satzungen des mosaischen Caeremonialgesetzes, wie solche S. Paulus nennet, einschränken wollen. Folglich ist S. Pauli Endzweck in dieser, und den zwo folgenden, Episteln, die von ihm bekehrten heydnischen Gemeinden in dem Glauben, worinnen er sie unterrichtet hatte, zu stärken, und von der Unterwerfung unter die mosaischen Gebräuche in dem Reiche Christi durch eine edlere, und herrlichere, Vorstellung des Evangelii abzuhalten (*). Es verlohnte

(*) Es ist ganz gewiß, daß Paulus in den drey angeführten Episteln den Endzweck hat, die Gemeinden, an welche er schreibt, im Glauben zu stärken, und, welches daraus folget, zu einem wahrhaftig heiligen Wandel zu vermahnen: allein, deswegen muß er nicht in allen dreyen sie auf gleiche Weise vor der Verführung der Jüdischgesinnten warnen, und gegen die Beobachtung des mosaischen Gesetzes disputiren. Von dem letzten findet sich wenigstens in der Epistel an die Epheser nicht die geringste Spur; und Locke schlüsset blos von der Gelegenheit, und Veranlas-

lohnte sich wohl der Mühe, zu besserm Verstande dieser Episteln ihre durchgängige Uebereinstimmung zu zeigen. Da aber in gegenwärtiger Einleitung kein Raum dazu ist, so werden mir nachfolgende Umschreibung, und Anmerkungen, Gelegenheit geben, verschiedene Stellen, worinnen sich dieselbe offenbaret, auszuzeichnen.

Der letzte Theil dieser Epistel enthält, nach S. Pauli gewöhnlicher Lehrart, praktische Regeln, und Vermahnungen.

Wer da sehen will, was uns die heilige Schrift wegen der Kirche zu Ephesus, der Hauptstadt in dem eigentlich so genannten Asien, berichtet, der darf nur das XIXte und XXte Capitel der Apostelgeschichte lesen.

anlassung, zu dieser Epistel, so wie er sich solche vorgestellet hat, auf derselben Endzweck Es folget aber nicht: Weil Paulus diesen Brief aus seiner Gefangenschaft schreibet, worein er durch die Juden, die ihn für einen Feind ihres Gesetzes ansahen, gerathen war; so muß er darinnen die bekehrten Heyden warnen, sich ja nicht diesem Gesetze zu unterwerfen. Weit natürlicher ist der Schluß: Paulus ist durch die Bosheit seiner Feinde, der Juden, in die Gefangenschaft gerathen, und kann also seine Gemeinden nicht selbst besuchen, nicht persönlich im Glauben stärken, nicht mündlich ermahnen, dem Evangelio würdiglich zu wandeln, nicht mit vollem Seegen des Evangelii Christi zu ihnen kommen (Röm. XV. 29.); er thut demnach dieses alles durch Briefe. Die Stärkung des Glaubens bestehet nicht allein in der Verwahrung vor falscher Lehre, wie sich Locke einbildet; denn, so wäre der Glaube allein im Verstande zu suchen: sie erstrecket sich auch auf den Willen. Es gehöret demnach alles, was zur Stärkung des Glaubens dienet, zum Endzwecke, dessen Erhaltung Paulus in diesem Briefe suchet. Will man in diesem Verstande die Widerlegung des Wahnes, daß die Bekehrten aus den Heyden sich dem mosaischen Gesetze unterwerfen müßten, dahin ziehen, so kann es geschehen: allein, es kommt nichts davon in der Epistel vor. Der Apostel stellet vielmehr den Ephesern vor, wie groß die Seligkeit sey, deren sie in der Gemeinschaft Christi, und seiner Kirche, theilhaftig worden, er vermahnet sie, sich das Leiden, das er um des Evangelii willen ausstehe, sich nicht zum Abfalle von Christo bewegen zu lassen, und schlüsset mit Ermahnungen zu einem heiligen Wandel. Dieser kurze Entwurf wird sich bey Gelegenheit der lockischen Anmerkungen weiter entwickeln lassen.

Erster

Erster Abschnitt.

Cap. I. Vers 1. 2.

Diese zween Verse enthalten S. Pauli Aufschrift, oder Einleitung, zu dieser Epistel. Was darinnen merkwürdig ist, und wodurch sich dieselbe von seinen andern Briefen unterscheidet, wollen wir in den Anmerkungen zeigen.

Paraphrastische Erklärung.

1. Paulus, der durch den ausdrücklichen Willen, und die besondere Bestimmung, GOttes zum Apostel JEsu Christi ernennet worden ist (schreibet diesen Brief), den Bekennern des Evangelii (1) zu Ephesus, den Bekehrten, die

Text.

1. Paulus, ein Apostel JEsu Christi, durch den Willen GOttes, den Heiligen zu Epheso, und Gläubigen an

(1) Ungeacht τοῖς ἁγίοις recht übersetzt wird, den Heiligen; so bedeutet es doch keine andere Heiligkeit, als die einem ganzen Volke zukommt (National-Heiligkeit); dergleichen die Juden hatten, da sie von den Heyden abgesondert, und von GOtt zu seinem besondern Volke angenommen wurden: nicht aber, daß ein jeder von dem ehemaligen heiligen jüdischen Volke, oder von der heiligen Kirche Christi unter dem Evangelio, in demjenigen Verstande heilig sey, in welchem wir das Wort gemeiniglich heut zu Tage nehmen, nämlich von Personen, die wirklich im Stande der Gnade stehen (a).

(a) Es ist nicht nöthig, dieses Wort in unserer Stelle in diesem strengen Verstande zu nehmen: man kann es doch durch Heilige übersetzt lassen, ohne zu einer blossen Nationalheiligkeit, oder dem einzigen Bekenntnisse des Evangelii seine Zuflucht zu nehmen. Die Epheser, an welche Paulus diesen Brief schreibt, waren alle getauft; sie waren also gereiniget durch das Wasserbad im Wort, auf daß sie wären heilig, und unsträflich, Cap. V. 26. 27; der Heilige Geist war in der Taufe über sie ausgegossen worden, Tit. III. 5. 6. Warum soll sie der Apostel, da sie GOtt sich geheiliget hatte, nicht Heilige nennen, gesetzt auch, daß, wie leicht zu erachten, nicht alle Glieder dieser Gemeine eben damals, als Paulus schrieb, sich in wirklichem Stande der Heiligung befanden? Eben dieß ist von den Juden im alten Testamente zu merken. Sie waren durch die Beschneidung in den Bund mit GOtt aufgenommen, und dadurch wirklich geheiliget. Dieß ist mehr, als eine blosse Nationalheiligkeit: denn, Beschneidung, und Taufe, geben in beyden Testamentern, als kräftige Gnadenmittel, den Beschnittenen, und Getauften, wenn sie auch wirklich in Sünde gefallen sind, so bald sie sich bekehren, das Recht zu den göttlichen Bundesverheissungen, die auf Seiten GOttes immer unveränderlich bleiben.

an Christo JEsu.

2. Gnade

die im Glauben (2) an Christum JEsum feste stehen.

2. Gnade,

(2) Πιστοῖς, Gläubigen. Wir haben oben bemerket, daß diese Epistel, und die Epistel an die Colosser, durchgängig eine grosse Aehnlichkeit haben; sie stimmen in ihren Zügen mit einander so überein, daß man sie für Zwillingsbriefe halten kann, die zusammen zu einer Zeit geschrieben, und abgesendet, worden; so daß die Ausdrücke in der einen, weil sie S. Paulo noch in frischem Gedächtnisse waren, sich auch in der andern finden. Daß sie beyde durch einerley Bothen, den Tychicus, abgesendet worden, ist ein neuer wahrscheinlicher Beweis, daß sie zu einer Zeit geschrieben seyen. Da also πιστοῖ nur in dem Eingange zu diesen zwo Episteln, und zu keiner andern, stehet, so schlüsset man hieraus billig, daß sich dieser Ausdruck auf seinen gegenwärtigen Begriff von denen, an die er schrieb, und der Sache, wovon er schrieb, beziehe. Ich glaube also, daß er unter Glaubigen an Christo JEsu solche verstehe, die im Glauben an Christum JEsum beständig waren; als wozu er die nicht rechnen konnte, welche die Beschneidung für nöthig zur Seligkeit, und eine jüdische Caeremonie für ein wesentliches Stück der christlichen Religion, hielten (a). Dieß ist deutlich aus seinen klaren Worten Galat. V. 1. 2. So bestehet nun in der Freyheit, womit uns Christus befreyet hat; und lasset euch nicht wiederum in das knechtische Joch fangen. Siehe, ich Paulus sage euch, wo ihr euch beschneiden lasset, so ist euch Christus kein Nütze u. s. w. Auch nennet er diejenigen, welche auf die Beobachtung des Gesetzes drangen, Verkehrer des Evangelii, Galat. I. 7; wie man denn überhaupt noch mehr hieher gehöriges in dieser Epistel finden kann. Wir werden Gelegenheit haben, diese Erklärung des Wortes πιστὸς, glaubig, noch weiter zu bestätigen, wenn wir V. 15. die Bedeutung des Wortes πίστις, Glaube, betrachten werden. Diejenigen, welche nicht zugeben wollen, daß καὶ, und, hier blos erklärungsweise stehe, und glauben, daß unter dem Namen Glaubige an Christo JEsu die Christen in Asien verstanden werden, bitte ich, Coloss. I. 2. und 1 Korinth. I. 2. zu lesen, und daraus zu beurtheilen, in welchem Verstande sie: und Glaubigen an Christo JEsu, hier nehmen müssen (b).

(a) Da dieser Art Leute weder in gegenwärtigem Verse, noch in der ganzen Epistel, mit einem Worte gedacht wird; da sich aus der Epistel an die Galater gar nicht auf die Epistel an die Epheser schlüssen läßt, so lange nicht bewiesen ist, daß sie beyde einerley Gegenstand haben; und da es auch ein schlechter Beweis ist, daß Glaubige hier diejenigen, die im Glauben standhaft bleiben, seyn müssen, weil dieses Wort sonst in keinem Eingange zu einer Epistel, als zu dieser, vorkommt: so kann man sich leicht vorstellen, daß Locke bey dieser Erklärung weitere Absichten habe. Er hat nämlich diese, die er in der Anmerkung über den 15ten Vers entdeckt, den Glauben in ein blosses standhaftes Bekenntniß des Evangelii, in wie weit solches nichts von mosaischen Caeremonien weiß, zu verwandeln, ohne ihn auf Christum, und dessen Genugthuung, zu gründen. Die Sache bekommt freylich einen Schein, so lange man Paulum immer so ergänzt, wie ihn Locke erweitert. Da aber dieses alles augenscheinliche lockische Zusätze sind, so fallen auch die darauf gebaueten Erklärungen des Glaubens,

2. Gnade, und Friede, sey euch von GOtt, unserm Vater, und dem HErrn JEsu Christo.

2. Gnade sey mit euch, und Friede von GOtt, unserm Vater, und dem HErrn JEsu Christo.

und der Glaubigen, nieder. Paulus denket in diesem Briefe nicht unmittelbar an die Streitigkeit: ob die bekehrten Heyden das Gesetz Mosis halten müßten? Er beziehet sich also auch nicht unmittelbar mit dem Ausdrucke Glaubige darauf. Er nimmt das Wort: Glaubige in dem Verstande, den es in der Schrift oft deutlich hat, da es diejenigen bezeichnet, die nicht allein die Lehre von der Gnade GOttes durch JEsum Christum mit dem Verstande gefaßt haben, sondern sich auch von ganzem Herzen darauf verlassen, und darinnen allein ihre ganze Ruhe, und Zufriedenheit, finden. So hängen Glaubige an Christo JEsu mit den Heiligen zusammen, und ist das letzte, wie Locke lit. b. recht erinnert, nur eine genauere Erklärung des erstern. Denn, es ist gar zu gezwungen, unter Glaubigen die Christen in Asien überhaupt zu verstehen. Allein, dem ungeacht ist die Umschreibung frostig: den Bekennern des Evangelii zu Ephesus, den Bekehrten, die im Glauben an JEsum Christum feste stehen. Diese Weitläuftigkeit entkräftet den Nachdruck der Worte Pauli: den Heiligen zu Ephesus, und den Glaubigen an Christum JEsum, oder, denen, die an Christum JEsum glauben. Daß die Glaubigen standhaft seyn müssen, ziehet ohnehin Niemand in Zweifel.

Zweeter Abschnitt.

Cap. I. Vers 3 — 14.

In diesem Abschnitte lobet S. Paulus GOtt für seine Gnade, und Güte, gegen die Heyden (*); und erkläret dabey, sowohl GOttes gnädigen Vorsatz, die Heyden in sein Reich unter dem Messias einzuführen, als auch, wie er ihnen, um sie in dieses himmlische Königreich wieder vollkommen einzusetzen, wirklich alle Arten des Seegens in JEsu Christo ertheile. Nicht nachdrücklicher hätte er die Epheser, und andere bekehrte Heyden, ermahnen können, das Gesetz, und das unter demselben auf die mosaische Einsetzung gegründete, und für einen geringen Bezirk der Welt, und geringen Haufen Menschen, eingerichtete niedrigere Reich GOttes jetzo nicht mehr für nöthig zu halten, da GOtt sein geistliches, und himmlisches, Reich unter JEsu Christo errichtet hatte, welches Menschen von allen Völkern in sich begreifen, und

(*) Ob bloß von den Heyden hier geredet werde, wird sich bey der 2ten Anmerkung untersuchen lassen.

und sich bis an die äussersten Gränzen der Erde zu grösserer Ehre GOttes, oder, wie S. Paulus spricht, zu Lobe seiner herrlichen Gnade erstrecken sollte (*).

(*) Bey einer andern biblischen Stelle würde diese Einleitung sich sehr wohl lesen lassen: da aber das, was Paulus hier saget, sich sowohl der persischen Religion, als der jüdischen, entgegen setzen läßt; so ist sie hier völlig überflüssig. Ich werde von dem Inhalte dieses Abschnittes an desselben Ende reden, und indessen die unnöthigen Zusätze der Umschreibung mit diesen Zeichen [ ] absondern.

Text.	Paraphrastische Erklärung.
3. Gelobet sey GOtt und der Vater unsers HErrn JEsu Christi,	3. Gelobet, und gepreiset, sey der GOtt (*), und Vater, unsers HErrn JEsu Christi, der in JEsu Christo, und durch JEsum Christum (1) uns

(*) Locke folget hier der englischen Uebersetzung, die ebenfalls der GOtt, und Vater, statt: GOtt, und der Vater, hat. Bey einem andern Lehrgebäude, als dem seinigen, hat diese Uebersetzung keine Bedenklichkeit.

(1) Ἐν Χριστῷ, durch Christum, glaube ich, stehet hier des Nachdrucks wegen (a), und soll eben das bedeuten, was V. 23. heißt: der alles in allem erfüllet, welches Col. III. 11. vollständiger erkläret wird: Da nicht ist Grieche, Jude, Beschneidung, Vorhaut, Ungrieche, Scytha, Knecht, Freyer, sondern alles, und in allen Christus.

(a) Wenn der Nachdruck darinnen bestehet, daß den Worten, und Redensarten, ihre natürliche Bedeutung genommen wird, oder sie gar nichts bedeuten: so hat Locke hier treflich erkläret. Niemand wird begreifen, wie die Worte: GOtt hat uns in Christo, und durch Christum, gesegnet heissen können: Christus erfüllet alles in allem. Sie könnten mit eben so viel Rechte heissen: Christus sitzet zur rechten Hand GOttes. Allein, unser Paraphrast arbeitet hier seinen Absichten vor. Da er die Genugthuung JEsu Christi läugnet, da er die ewige Gottheit JEsu Christi nicht erkennet; so darf er nicht zugeben, daß uns GOtt wirklich durch und in Christo gesegnet habe. Sonst entstehet wider ihn die Frage: wie kann uns GOtt durch, und in, Christo segnen, wenn Christus nicht derjenige ist, der diesen Seegen verdienet hat, und der ihn als GOtt und Mensch auch unter die Seinigen, die GOtt dem Vater allein durch, und in, ihm angenehm sind, austheilet? Dieser Frage suchet er durch obige Erklärung vorzubeugen. Es sind aber die Worte unsers Textes deutlich: GOtt hat uns gesegnet in Christo, oder durch Christum, um Christi willen; wie es auch V. 4. heisset, daß er uns in ihm, oder, um desselben willen, erwählet habe, d. i. GOtt hat uns gesegnet, weil er uns nicht als Menschen, und Sünder, sondern als Glaubige, betrachtet, die in Christo, als Glieder an seinem Leibe, und in seiner Gemeinschaft, sind, und so hat er uns auch in Christo erwählet. Christus wird unten Cap. IV. 8. u. ff. ausdrücklich als die verdienstliche Ursache, und

uns (2) (Juden und) Heyden mit allen Arten von Seegen begnadiget hat, um seines himmlischen

sti; der uns gesegnet hat mit allerley geistlichem Segen

und der Urheber, alles geistlichen Seegens in himmlischen Gütern beschrieben; und es ist überhaupt bekannt, daß er schon im alten Testamente, als der Saamen Abrahams, vorgestellet wird, in welchem alle Völker auf Erden gesegnet werden sollen: anderer hieher gehörigen, und hinlänglich bekannten, Schriftstellen zu geschweigen. Was ist also nöthig, sich hier mit unserm Paraphrasten einen Seegen über die Glaubigen zu gedenken, der nur des Nachdruckes wegen Christo zugeschrieben wird; da uns die ganze heilige Schrift allein auf Christum, als die Quelle, und Ursache, alles göttlichen Seegens weiset?

(2) Uns. Der rechte Verstand dieses Abschnittes, und in der That dieser ganzen Epistel, kommt sehr viel darauf an, daß man genau wisse, wer eigentlich unter den Ausdrücken Uns und Wir von V. 3. bis 12. gemeynet werde. Denn, Uns muß entweder bedeuten 1. S. Paulum selbst für seine Person. Allein, diesem widerspricht der offenbare Inhalt des Vortrages gleich bey dem ersten Anblicke. Darnach schicket es sich nicht für S. Pauli Bescheidenheit, sich selbst insbesondere so viel beyzumessen, als dem Uns, und Wir, in diesem Abschnitte zugeschrieben wird; und wenn man auch denken könnte, daß er mit etwas Freyheit von sich rede, so stößt doch der 12te Vers auf einmal alles um. Denn, ἡμᾶς τοὺς προηλπικότας, wir, die wir zuvor auf Christum hoffen, kann auf keine Weise von S. Paulo allein für seine Person gesaget seyn. Hiezu kommt, daß selbst in diesem Capitel, und gleich V. 15. S. Paulus, wenn er von sich selbst redet, in der einfachen Zahl Ich saget; und eben so Cap. III. 7. 8. Oder

2. es muß die Glaubigen überhaupt bedeuten. Allein, dazu schickt sich das dabey stehende προηλπικότας nicht. Denn, Wir, die ersten Glaubigen, kann nicht so viel seyn, als: wir alle, die wir glauben, sondern es schränket diese Personen auf eine gewisse Art von Menschen, welche damals anfieng, zu glauben (a), d. i. auf die Heyden ein; und so hängen die V. 13. folgenden Worte damit leicht, und natürlich, zusammen: wir Heyden, die wir zuerst an Christum glauben, unter welchen auch ihr Heyden, auch ihr Epheser, nachdem ihr gehöret habt, glaubet.

(a) Daß es eine höchst gezwungene Auslegung sey, προελπίζειν durch zuerst glauben zu erklären, braucht wohl keines Beweises, indem solches schon die Wörterbücher lehren.

3. Oder, es muß die bekehrten Juden bedeuten. Würde es aber nicht etwas verkehrtes seyn, wenn S. Paulus GOttes Gnade, und Güte, gegen die Juden so sehr in einer an bekehrte Heyden geschriebenen Epistel rühmte (a); und zwar in derjenigen, worinnen er sich, gegen die Juden, zu den bekehrten Heyden (b) hält, und ihnen saget, daß sie neben ihnen Bürger in dem Reiche des Messias werden sollten, welches ihnen durch die Abschaffung des mosaischen Gesetzes geöfnet wäre (c). Denn, dieß erkläret er in diesem Abschnitte von V. 7 – 10. deutlich, und rühmet den Reichthum der Güte GOttes gegen die durch Uns bezeichneten Personen, daß GOtt alle Dinge, d. i. Menschen von allen Arten, unter Christo dem Haupte zusammengefasset hätte; welches nicht die Juden allein seyn können. Jedoch, hievon

redet

Segen in himmlischen Gütern, | lischen Reiches [ohne einigen Beystand von dem Gesetze

Xx 3

redet er im folgenden öffentlich. Ferner, es muß das Wir in unserer Stelle, und das Wir Cap. II. 3. einerley seyn, und einerley Personen bezeichnen (d). Das Wir aber Cap. II. 3. kann weder S. Paulum allein, noch die Glaubigen überhaupt, noch die bekehrten Juden insbesondere, bedeuten, wie der klare Verstand der Stelle zeiget. Denn, weder S. Paulus kann Wir Alle heissen, noch ist es wahr, daß alle bekehrte Juden ihren Wandel unter den Heyden gehabt haben, wie unsere (englische) Bibel das Griechische übersetzt (e): und wenn man es anders verstehen muß, so kann es offenbar nicht auf die Juden gedeutet werden. Da also diese nicht durch Wir und Uns hier gemeynet seyn können; so bleibt nichts übrig, als daß solches überhaupt die bekehrten Heyden sind. Daß S. Paulus, als der Heyden Apostel, sich oft auf eine liebreiche Weise vermittelst der Ausdrücke Uns und Wir, zu den bekehrten Heyden gesellet, als wenn er selbst einer wäre (f), davon giebt es so viele Beyspiele, daß es in diesem Abschnitte gar nimmer ungewohnt scheinen kann. Röm. V. 1 -- 11. redet er unter dem Namen Uns durchgängig von den bekehrten Heyden (g): und verschiedene Stellen dieser gegenwärtigen Epistel beweisen eben dieß. Cap. I. 11. saget er: Wir sind zum Erbtheil kommen. Diese Wir sind nach Cap. III. 6. die Heyden. Eben so stehet Cap. II. 5. da wir, d. i. die bekehrten Heyden, todt waren in Sünden: denn, ich erinnere mich nicht, daß S. Paulus irgendwo die Juden todt in Sünden nennet (h); dieß ist eines von den unterscheidenden Kennzeichen der Heyden. Wir sehen auch in dem nämlichen Verse, daß er das Wir in Ihr verwandelt: und auf gleiche Weise saget er V. 6. und 7. von den bekehrten Heyden Uns, in der ersten Person, und verwechselt es im Anfange des folgenden Verses mit Ihr, d. i. ihr Epheser, ein Theil von diesen Heyden. Ich will hiezu noch eine Stelle aus der Parallel-Epistel an die Colosser, Cap. I. 12. 13. setzen, wo er das ὑμᾶς, uns, für die bekehrten Heyden braucht, und das ihr im 10ten Verse in uns im 12ten verwandelt. Denn, die Sache, wofür er danket, ist immer einerley, vom 3ten Verse an, wo der Dank anfängt, und im 12ten Verse, wo sie wiederholet wird, nämlich die Versetzung der Heyden aus dem Reiche des Teufels, und der Finsterniß, in das Reich seines lieben Sohnes, oder, wie er Eph. I. 6. redet: durch welche er uns hat angenehm gemacht in dem Geliebten. In eben dem Verstande brauchet er ἡμῶν, uns, Col. II. 14. Denn, diejenigen, welchen die Handschrift der Satzungen zuwider war, waren die Heyden (i), wie er Eph. II. 14. 15. erkläret; diese konnten wegen derselben nicht GOttes Volk werden: und darinnen bestand die Feindschaft zwischen Juden, und Heyden, welche nun aufgehoben wurde. Deswegen schafte Christus diese Satzungen ab, damit er zur Vereinigung der Juden, und Heyden, unter sich, als dem Haupte, den Weg bahnete. Andere Stellen, die zur Erklärung der gegenwärtigen dienen, werden wir gelegenheitlich im Folgenden anzeigen (k).

(a) Es ist gar nichts Verkehrtes. Denn, wenn Paulus Röm. III. 1. 2. IX. 4. 5. die Vorzüge der Juden vor andern Völkern, und zwar auch im Angesichte der Heyden, erzählet, so ist dieß ebenfalls nichts anders, als daß er die den Juden von GOtt erzeigte Güte, und Gnade, rühmet.

(b) Dieß ist Lockens Meynung, die im Texte keinen Grund hat.

(c) Durch die Abschaffung des Gesetzes ist den Heyden das Reich Christi nicht geöfnet worden, sondern durch die blutige Erlösung JEsu Christi, s. V. 7.

(d) Dieß

Gesetze nöthig zu haben], theilhaftig zu wer- den (*),

4. nach-

Gütern, durch Christum.

4. Wie

(d) Dieß ist nicht nöthig; und es würde in der Schrift nichts, als Verwirrung, entstehen, wenn dieser Satz eine hermenevtische Regel werden sollte. Man lese Apost. Gesch. XXVII. 1. 2. 4. 5. 15. 16. 17. 18. 19. 26. XXVIII. 14; so wird man sehen, daß das Wir, selbst in Erzählungen, nicht immer einerley, und die nämlichen, Personen anzeiget.

(e) Locke erkläret hier die englische Uebersetzung recht gewaltthätig nach seinem Sinne. Sie redet nicht von den Heyden, sondern von den Kindern des Unglaubens.

(f) Daß sich Paulus aus Höflichkeit zu den bekehrten Heyden rechne, ist ein völlig ungereimtes Vorgeben. Er spricht vielmehr Galat. II. 15. den bekehrten Heyden ins Gesicht: wiewohl wir von Natur Juden, und nicht Sünder aus den Heyden sind. Wenn er von sich, und den Heyden, Wir spricht, so betrachtet er sie nicht, als Heyden, sondern entweder, als Glaubige, die mit den glaubigen Juden nur einen geistlichen Leib ausmachen, Cap. IV. 4–6. 1 Korinth. XII. 13. oder, als Menschen überhaupt.

(g) Man sehe die Anmerkungen über diese Stelle. Was die übrigen anbelangt, so werden sie in der Folge deutlich werden.

(h) Wenn Locken erlaubt ist, die Stellen der Schrift nach seinem Gefallen auszulegen: so werden freylich die Juden nirgends in Sünden todt genennet. Man überlege aber selbst die angeführte Stelle nur unpartheyisch, so wird man sehen, daß sie von den Juden redet; man vergleiche damit Röm. XI. 15. so wird die Sache noch deutlicher werden; und wenn man aus 1 Korinth. XV. 22. verglichen mit Röm. V. 15. 17. 18. 19. 21. dazu setzet, daß alle Menschen in Adam Sünder worden, und gestorben, sind: so wird kein Zweifel mehr übrig bleiben, daß, wer ein Mensch ist, auch von Natur in Sünden todt sey.

(i) Warum nicht auch die Juden? Christus sagt Joh. V. 45. daß Moses die Juden vor dem Vater verklage: und auf was kann er sie verklagen, als auf sein Gesetz? Dieses Gesetz ist also die Handschrift, welche vornehmlich den Juden zuwider war.

(k) In dieser weitläuftigen Anmerkung hat Locke lauter vergebliche Arbeit gethan. Denn, die ganze Untersuchung, wer von V. 3–12. unter dem Wir und Uns gemeynet sey? ist unnöthig, weil mit eben so vielem Rechte Paulus verschiedene Personen, und Gattungen von Menschen dadurch anzeigen kann, und wirklich verschiedene Gattungen von Menschen in Christo erwählet, in die Kirche Christi versammlet, und mit geistlichem Seegen von GOtt gesegnet worden sind. Er verstehet also von V. 3–10. unter dem Wir und Uns alle Glaubige, sie seyen aus Juden, oder Heyden, V. 11. und 12. die Glaubigen aus den Juden, und V. 14. wieder die Glaubigen überhaupt. Der Augenschein wird einen jeden lehren, welche von beyden Erklärungen die natürlichste sey, und den ungezwungensten Verstand gebe.

(*) Diese Umschreibung ist falsch. Es heisset im Griechischen nicht: GOtt habe uns gesegnet, um seines himmlischen Reiches theilhaftig zu werden, sondern: GOtt habe uns in Christo mit allen Arten geistlichen Seegens, wodurch wir

4. Wie er uns denn erwählet hat durch denselbigen, ehe der Welt Grund geleget war: daß wir	4. nachdem er uns [Heyden] allein um Christi willen (3) [ehe das Gesetz war, ja selbst] ehe der Welt Grund geleget war, erwählet hat, daß wir sein Volk (4) unter JEsu, dem Messia, (heilig)

wir himmlische Güter erhielten, gesegnet. Die Worte: um seines himmlischen Reiches theilhaftig zu werden, stehen nicht im Texte. Locke hat sie zugesetzet, um hier dem Verdienste Christi keinen Platz zu lassen. Da aber Paulus saget: GOtt habe uns in Christo gesegnet, so ist sowohl hieraus, als aus dem Folgenden, deutlich, daß er Christi Verdienst, und Erlösung, voraus setze, und daraus unsere Gnadenwahl, Wiedergeburt, Rechtfertigung, und Heiligung, herleite. Der geistliche Seegen in himmlischen Gütern ist der Inbegriff aller sowohl ordentlichen, als ausserordentlichen (Cap. IV. 7–12.), Gaben des Heiligen Geistes, die den Glaubigen, als Gliedern Christi, um seines Verdienstes willen, von GOtt ertheilet werden. Sie heissen ein Seegen, weil sie solche nicht verdienen, und doch reichlich erhalten; ein geistlicher Seegen, weil sie den Heiligen Geist zum Urheber haben, nur geistlichen Menschen (Röm. VIII. 5–9.) gegeben werden, und zur Stärkung, und Erhaltung, des geistlichen Lebens dienen; ein Seegen in himmlischen Gütern, im Gegensatze auf die irrdischen, in Absicht auf das Reich Christi, als das Himmelreich, in welchem allein diese Güter erlanget werden können. Hieraus wird sich die lockische Umschreibung verbessern lassen. Lutheri Uebersetzung drücket das Griechische vollständig aus.

(3) Ἐν αὐτῷ, in demselbigen, d. i. in Christo. In dem vorhergehenden Verse stehet: εὐλογήσας ἡμᾶς ἐν πάσῃ εὐλογίᾳ πνευματικῇ ἐν Χριστῷ; und hier heisset es: καθὼς ἐξελέξατο ἡμᾶς ἐν αὐτῷ. Alles dieß, zusammen genommen, giebt folgenden Verstand: „Gleichwie GOtt ehehin, ehe der Welt Grund geleget war, allein,
„ in Absicht auf Christum, uns (Juden, und) Heyden (kurz, alle Glaubige) zu
„ seinem Volke, (und zu Erben seiner ewigen Herrlichkeit,) erwählet hat; so sind
„ nun, da er, der Messias, erschienen ist, aller Seegen, und Wohlthaten, die
„ wir in seinem himmlischen Reiche erhalten sollen, in ihm beysammen, und kön-
„ nen allein durch den Glauben an ihn, und in der Verbindung mit ihm, erhal-
„ ten werden [ohne einige Absicht auf das Gesetz, oder eine andere Bedingung]“.

(4) Ἅγιοι, Heilige, bedeuten in S. Pauli Briefen bekanntlich Christen, d. i. Leute, die das Evangelium bekennen (a); denn, diese sind nun das Volk GOttes.

(a) Das Bekenntniß des Evangelii ist nicht genug: sonst müßten auch Heuchler Heilige seyn. Es wird eine wahre Heiligung des Geistes erfordert, wenn von den göttlichen Absichten bey unserer Gnadenwahl durch Christum die Rede ist. Da uns GOtt durch Christum erwählet hat, so hat er auf dessen, von uns im Glauben ergriffenes, Verdienst gesehen. Christus aber hat nach Cap. V. 25. u. f. sich selbst für seine Gemeine gegeben, auf daß er sie heiligte, und hat sie gereiniget durch das Wasserbad im Wort, u. s. w. Dieß ist keine blosse Beförderung des Bekenntnisses, sondern eine wirkliche Heiligung.

(heilig) seyn, und ein unsträfliches Leben (5) vor ihm, in aller Liebe, und Gewogenheit (6), gegen alle Heilige, oder Glaubige, von welchem Volke sie immer sind, führen sollten;

5. in-

wir sollten seyn heilig und unsträflich vor ihm in der Liebe.

5. Und

(5) Dieser Vers wird Col. I. 22. erkläret; und wenn man den angeführten mit dem vorhergehenden 21sten vergleichet, so wird man einen neuen Grund finden, das hier vorkommende Uns von den bekehrten Heyden zu verstehen. Denn, es wird daselbst das nämliche allein auf die bekehrten Heyden zu Colossen angewendet (a).

(a) Hieraus folget nicht, was Locke will. Als Christen befinden sich bekehrte Heyden, und Juden, in gleichen Umständen, 2 Korinth. V. 16. 17. Was dem einen Theile gilt, gilt auch dem andern. Paulus redet in unserer Stelle, wie schon erinnert worden, von Glaubigen überhaupt.

(6) Liebe gegen alle Heilige. Daß dieß der Verstand dieser Worte sey, kann man aus V. 15. sehen, womit dem wahren Glauben an Christum, dessen sich der Apostel freuet, die ἀγάπη εἰς πάντας τοὺς ἁγίους, Liebe zu allen Heiligen, verbunden wird (a). Eben dieß zeiget er Coloss. I. 4. mit eben diesen Worten an. Warum der Liebe in dieser Epistel so oft gedacht wird, als Cap. III. 18. und IV. 2. 15. 16. V. 2. VI. 23. davon läßt sich ein Grund Cap. II. 11 -- 22. finden, wo der Feindschaft zwischen Juden und Heyden gedacht wird, deren Ursache Christus weggenommen habe (b). Wenn also Jemand von dieser Feindschaft abließ, so war es ein grosses Zeichen, daß er den rechten Glauben, und richtige, und anständige, Begriffe von Christo habe, welcher den Zaun, der die Trennung verursachte, abgebrochen, und allen, die an ihn glauben, ohne den geringsten Unterschied ihres ehemaligen Volkes, Geschlechtes, Standes, oder Religion, das Himmelreich auf gleiche Weise geöfnet hatte. Denn, alles dieß war nunmehr von dem Friedensfürsten, JEsu Christo, der gerecht ist, abgeschaft, und ungültig gemacht, um einem grössern, und herrlichern, Königreiche Raum zu machen, worein man allein durch den Glauben an ihn gelanget, als welches nun den einzigen Unterschied unter den Menschen ausmachet; so daß alle, welche sich zu demselben bequemen, dadurch einander gleich, Brüder, und Mitglieder, in Christo, und GOttes Volk, oder Kinder werden, wie er in dem folgenden Verse sagt.

(a) Dieß ist wieder nicht alles gesagt; weil die Liebe gegen alle Glaubige noch nicht einmal die Liebe gegen die Feinde in sich faßt, der Apostel aber alle Arten der Liebe zusammen in eines schließt, wenn er spricht: wir sollen vor ihm unsträflich, untadelhaft, seyn in der Liebe. Locke hätte also zuvörderst in seiner Erklärung der Liebe gegen GOtt gedenken sollen, woraus die Liebe gegen die Brüder, alle Menschen, und selber die Feinde, entspringen muß. Lutheri kurze Uebersetzung saget hier mehr, als alle Umschreibungen: und ich will daher blos auf dieselbe verwiesen haben.

(b) Das Sonderbare in dieser Erklärung wird sich an seinem Orte beurtheilen lassen.

5. Und hat uns verordnet zur Kindschaft gegen ihm selbst, durch JEsum

5. indem er es vorher beschlossen hat, uns [Heyden] durch JEsum Christum (7) zu seinen Kindern (8), und seinem Volke, anzunehmen, nach

(7) Nicht wegen der Beobachtung des Gesetzes; sondern allein wegen des Glaubens an JEsum Christum, hatte GOtt vorher beschlossen, die Heyden an Kindesstatt anzunehmen. Dieß ist ein anderer Umstand, um welches willen S. Paulus im Namen der Heyden GOtt lobet; die Betrachtung desselben konnte die Epheser bewegen, ihre Gedanken über das Gesetz hinaus zu erheben, und bey der Freyheit des Evangelii beständig zu bleiben (a).

(a) Diese ganze Anmerkung ist auf die bereits bekannte lockische Hypothese eingerichtet. Man umschreibe den Vers genauer nach dem Griechischen, so wird er auch ohne Erläuterung deutlich seyn. V. 4. hat Paulus gesagt: GOtt habe uns schon von Ewigkeit in Christo erwählet, u. s. w. Nun erkläret er, worinnen diese Erwählung bestehe, genauer, und schreibt V. 5. indem er uns schon vorher dazu bestimmet hat, daß wir durch JEsum Christum, an den wir glauben, von ihm zu Kindern, und Miterben, Christi, nach dem Wohlgefallen seines heiligen, und weisen, Willens sollten angenommen werden.

(8) Υἱοθεσία, das Recht der Kindschaft stand vor der Ankunft des Messias allein den Juden zu, Röm. IX. 4. Denn, da die Völker der Erden von GOtt, ihrem HErrn, und Meister, abgefallen, und Knechte, und Verehrer, des Teufels worden waren, so ließ sie GOtt in der Knechtschaft, die sie sich selbst erwählet hatten, bleiben (a), und nahm keines zu seinem Eigenthume an, als die Israeliten, die er zu seinen Kindern, und seinem Volke, machte, s. 2 B. Mos. IV. 22. Jerem. XXXI. 9. Luc. I. 54. Diese Kindschaft wird dem Abraham 1 B. Mos. XVII. 7. also beschrieben: ich will dein GOtt seyn, und deines Saamens nach dir; und den Israeliten 2 B. Mos. VI. 7. und will euch annehmen zum Volk, und will euer GOtt seyn, und 3 B. Mos. XXVI. 12. und will unter euch wandeln, und will euer GOtt seyn: so sollt ihr mein Volk seyn. Auch sehen wir, daß diejenigen, die 2 B. Mos. IV. GOtt seine Söhne heisset, in verschiedenen andern Stellen sein Volk genennet werden, so daß beyde Namen, wenn von ganzen Völkern die Rede ist, einerley bedeuten (b).

(a) Nämlich ganze Völker, ohne sie durch so viele Wunder, und Zeichen, als bey den Israeliten geschehen, aus ihrer freywilligen Unwissenheit heraus zu ziehen; ob er sich gleich auch nicht unbezeugt liesse, Apost. Gesch. XIV. 17. Von einzelnen Personen gilt dieß gar nicht; da uns das alte Testament eine Menge Beyspiele zeiget, daß auch aus andern Völkern Menschen den wahren GOtt erkennet haben.

(b) Dieß ist wohl erinnert: wenn von ganzen Völkern die Rede ist. Da aber hier Paulus nicht, wie Locke meynt, von der Annahme ganzer Völker zur sichtbaren Kirche, sondern von der ewigen Gnadenwahl der Gläubigen aus allen Völkern überhaupt, redet: so muß auch der Begriff der hier erwähnten

nach dem gnädigen Wohlgefallen seines Willens (9).

6. zu

JEsum Christ, nach dem Wohlgefallen seines Willens:

6. Zu

Kindschaft mehr in sich fassen, als ihm Locke einräumet. Er bezeichnet nämlich den Genuß aller derjenigen Vorrechte, und Wohlthaten, die uns Christus durch sein Verdienst erworben hat, und die uns durch den Glauben an ihn, in dieser, und der zukünftigen, Welt zu Theile werden, z. E. Freyheit vom Fluche des Gesetzes, Freudigkeit des Geistes, die Einwohnung des Heiligen Geistes, eine kindliche Gesinnung, und freyer Zutritt zu GOtt, als unserm Vater, die kräftige Regierung, und Leitung, nebst der Fürsprache des Heiligen Geistes, getroster Muth in allen Widerwärtigkeiten, die gewisse Hofnung des ewigen Lebens, u. d. g. s. Galat. IV. 4 – 6. Röm. VIII. 14 – 17. 26. Zum Genusse aller dieser Seligkeiten hat uns GOtt schon von Ewigkeit durch Christum vorher bestimmet, und zu dieser sollte auch im alten Testamente das israelitische Volk, so viel bey Minderjährigen, nach Galat. IV. 1 -- 3. geschehen konnte, gebracht werden. Man wird hieraus die lockische Anmerkung verstehen.

(9) Nach dem Wohlgefallen seines Willens hat hier eben den Verstand, den die Aussprüche Röm. IX. 18. 23. 24. haben. GOtt nahm unter dem Gesetze die Israeliten, ohne ihr Verdienst, zu seinem Volke an: und so ist es eben auch sein blosses Wohlgefallen (a) gewesen, daß er sich vorgesetzet hat, unter dem Evangelio sein Reich zu erweitern, durch Annehmung aller derer von allen Völkern, die da kommen, und sich selbst, nicht dem Gesetze Mosis, sondern dem Scepter, und der Herrschaft, seines Sohnes JEsu Christi, unterwerfen würden; und dieß, wie es in den folgenden Worten heißt, zu Lobe seiner herrlichen Gnade.

(a) Ein blosses Wohlgefallen im Gegensatze auf alles eigene Verdienst; aber nicht im Gegensatze auf einen weisen, und heiligen, Willen. Dieß ist schon über die aus Röm. IX. angezogenen Stellen erinnert worden. εὐδοκία bedeutet, nach dem Buchstaben, das Gutdünken, Gutbefinden, folglich nicht einen unüberlegten Einfall. GOtt wollte das gefallene menschliche Geschlecht nicht verlohren gehen lassen, sondern selig machen; dieß ist der Wille GOttes: er dachte, menschlich zu reden, auf Mittel, ihm zu helfen, und fand, nach seiner unendlichen Weisheit, das als das beste, und anständigste, seinen Sohn zu senden, und diejenigen, welche an ihn glauben, selig zu machen; dieß ist das Wohlgefallen seines Willens, wie Christus sagt: das ist der Wille des, der mich gesandt hat, daß, wer den Sohn siehet, und glaubet an ihn, habe das ewige Leben, Joh. V. 40. So hat GOtt die Glaubigen durch Christum erwählet, nachdem er einmal den gedachten weisen, und gnädigen, Schluß gefasset hat, zur Kindschaft gegen ihm selbst, εἰς αὐτὸν, oder, sich zu Kindern (!), wie schon Grotius diese Stelle erkläret hat), damit sie aller Seligkeit, die er geben kann, (und was kann er nicht geben?) theilhaftig würden. Dieß ist der Grund des V. 3. gerühmten geistlichen Segens in himmlischen Gütern durch Christum.

6. Zu Lobe seiner herrlichen Gnade, durch welche er uns hat angenehm gemacht in dem Geliebten.

6. zu dem Ende, daß ihn auch die Heyden (wir ihn) für seine Gnade, und Barmherzigkeit, gegen sie (uns) preisen, und alle Menschen seine Herrlichkeit, wegen seiner überschwenglichen Güte gegen sie (uns), rühmen möchten, daß er sie (uns) so milde in das Reich des Messias aufgenommen hat, um sein Volk zu seyn, und wieder mit ihm (10) Friede zu haben, allein, um dessen willen, der sein Geliebter (11) ist:

7. An Yy 2 7. in

(10) S. Cap. II. 12 – 14. Apost. Gesch. XV. 14. u. ff.

(11) Schwerlich konnte etwas mehr Nachdruck haben, die Gedanken der Epheser über alle jüdische Caeremonien hinaus zu führen, und bey der evangelischen Freyheit zu bestätigen, als was hier S. Paulus sagt; nämlich, daß GOtt vor der Schöpfung der Welt (d. i. von Ewigkeit) bey sich selbst beschlossen habe, die Heyden in sein Reich, und zu seinem Volke, aufzunehmen, damit seine milde Gnade der ganzen Welt offenbar werden, und alle Völker ihn preisen möchten; und dieß um seines Sohnes JEsu Christi willen, welcher sein Geliebter sey, und in allem diesem hauptsächlich betrachtet werde; daß man also die Absicht des Evangelii entweder nicht kenne, oder verkehre, und diese herrliche Haushaltung erniedrige, wenn man dieselbe zum Besten der jüdischen Caeremonien anwende, oder sich einbilde, daß das mosaische Gesetz in dem Reiche des Messias etwas helfen, oder in demselben behalten werden könne: weil dieses Reich von grösserm Umfange, und auf einen ganz andern Grund gebauet, sey; an statt daß die mosaische Haushaltung enge eingeschränkt war, und nur schwache, und bildliche, Vorstellungen enthielte (a).

(a) Umschreibung, und Anmerkungen, sind hier zu weitläuftig, und überflüssig; weil in dem Texte der Heyden wiederum mit keinem Worte gedacht wird. Es hänget dieser Vers mit dem 4ten zusammen: „ GOtt hat uns von Ewigkeit „ in Christo erwählet, daß wir sollten seyn heilig, und unsträflich vor ihm in „ der Liebe, V. 5. indem er uns alle diejenigen Seligkeiten, der wir in diesem, „ und dem zukünftigen, Leben durch Christum theilhaftig werden, zugedacht „ hat, V. 6. zu Lobe seiner herrlichen Gnade"; d. i. damit sowohl unsere Erwählung durch JEsum Christum, seinen geliebten Sohn, als unser ganzes Leben, zum Lobe seiner herrlichen Gnade gereiche. Der Apostel nennet die Gnade GOttes in unserer Erwählung eine herrliche Gnade, oder eine Gnade, worinnen sich GOttes Herrlichkeit, alle seine unendlichen Eigenschaften, offenbaren, so daß man sie daraus, wenn man diese Gnadenwahl aufmerksam nach der Schrift betrachtet, in ihrer völligen Grösse, und Schönheit, kann erkennen lernen. Wir sind von Ewigkeit erwählet; o welch eine Tiefe des Reichthums der Weisheit, und Erkenntniß, GOttes! wir sind erwählet, ohne unser Verdienst; o welche Gnade! durch Christum; also wegen Christi unendlicher Genugthuung, die wir im Glauben ergreifen: hier offenbaret sich die Liebe, und Gerechtigkeit, GOttes; wird sind verordnet zur Kindschaft GOttes: dieß ist eine unbegreifliche Barmherzigkeit; wir sind erwählet, heilig, und unsträflich, zu seyn: GOtt ist also heilig, u. s. w. Diese Gnade sollen wir erkennen lernen, diese sollen wir mit dem Munde, aber auch mit unserm Leben, preisen.

7. in welchem wir (12) die Erlösung durch sein Blut, nämlich die Vergebung der Sünden, haben, nach seiner grossen Gnade, und Liebe,

7. In welchem wir haben die Erlösung durch sein Blut, nämlich die Vergebung der Sünden, nach dem Reichthum seiner Gnade:

8. die er uns recht überflüßig erzeiget hat, da er uns eine so vollkommene Erkenntniß, und Einsicht, in den ganzen Inbegriff, und Endzweck, des Evangelii (13), und die Klugheit, euch (uns)

8. Welche uns reichlich wiederfahren ist, durch allerley Weisheit und Klugheit.

9. Und

(12) Wir stehet hier offenbar für die Belehrten aus den Heyden, wie in der Parallelstelle Col. I. 13. 14. (a).

(a) In keiner von beyden. Denn, es haben ja alle Glaubigen, sie mögen Juden, oder Heyden, Barbarn, oder Griechen, gewesen seyn, die durch das Blut Christi verdiente, und erworbene, Erlösung vom Fluche des Gesetzes, und Zorne GOttes, u. s. w. nämlich die Vergebung der Sünden.

(13) Daß S. Paulus durch [illegible] den Verstand des im Evangelio geoffenbarten Willens GOttes, und besonders des geheimnißvollen göttlichen Vorsatzes, verstehe, die Heyden zu berufen, und zu seinem Volke und Erbtheil in dem Reiche des Messias zu machen (a), wird man einsehen, wenn man diesen Vers mit Col. I. 9. 10. 28. und II. 2. 3. vergleicht. Wenn man diese Verse mit Aufmerksamkeit auf den Zusammenhang liest, so zeigen sie deutlich, was hier S. Paulus meyne.

(a) Der im Evangelio geoffenbarte Wille GOttes stehet mit wenigem von Christo selbst Joh. V. 40. beschrieben, nämlich an den Sohn GOttes zu glauben, und durch den Glauben an ihn das ewige Leben zu erlangen. Diesen zu erkennen, und zu beobachten, wird freylich göttliche Weisheit, und Klugheit, erfordert. Denn, nach 1 Korinth. II. 7. 8. hat diese heimliche verborgene Weisheit GOttes keiner von den Obersten dieser Welt erkannt, weil sie nach V. 6. nur Weisheit bey den Vollkommenen ist. Liegt aber die von GOtt den Glaubigen geschenkte Weisheit, und Klugheit, hierinnen, wie selbst Locke in seiner Anmerkung nicht völlig läugnen kann; so ist es ein unverantwortlicher Sprung im Schlüssen, durch gedachte Weisheit besonders das zu verstehen, daß Jemand aus GOttes Wort begreife, GOtt wolle auch die Heyden in seiner Kirche haben, u. s. w. Daß dieser Beruf an und für sich kein Geheimniß sey, ist schon über Röm. XVI. 25. gezeiget worden. Gesetzt aber auch, daß bey demselben, wie ich gar nicht läugnen will, manches den Juden geheimnißvoll schiene: so kann sich doch Paulus nicht darauf bey den Ephesern, als Heyden, berufen. Sie wußten, daß GOtt auch sie berufen habe, sie hatten die Predigt des Evangelii gehört, sie hörten sie noch täglich, sie glaubten derselben, sie empfanden die Wirkungen derselben, sie waren gesegnet mit geistlichem Seegen in himmlischen Gütern: was für ein Geheimniß konnte es für sie

(uns) demselben gehörig (14) zu unterwerfen, verliehe;

9. Und hat uns wissen lassen das Geheimniß seines Willens, nach seinem Wohl-

9. dadurch, daß er euch (uns) das gnädige Wohlgefallen seines Willens, und Vorsatzes, bekannt machte, welches ein Geheimniß (15) war,

sie seyn, daß GOtt auch die Heyden berufe? In den aus der Epistel an die Colosser angeführten Stellen wird Niemand das finden, was Locke darinnen siehet; und Coloss. II. 3. ist völlig wieder ihn. In Christo liegen alle Schätze der Weisheit, und der Erkenntniß, verborgen; also nicht in der Berufung der Heyden.

(14) Daß dieß der Verstand dieses Verses sey, können meine Leser Col. I. 9. 10. sehen (a).

(a) Also ist Locke seiner Meynung selbst nicht gewiß. Denn, diese Stelle bestätiget das, was ich erst gegen ihn erinnert habe.

(15) Ich kann nicht glauben, daß GOttes Vorsatz, die Heyden zu berufen, der so oft ein Geheimniß genennet, und so nachdrücklich, als vor der Welt verborgen, und dem Apostel besonders geoffenbaret, beschrieben wird, und nur in dieser Epistel diesen Namen fünfmal, so wie in der Epistel an die Colosser viermal führet, von ungefähr, oder ohne besondere Ursache, so heisse (a). Die Frage war, ob die bekehrten Heyden den Juden folgen sollten, die sie zu überreden suchten, daß sie sich nothwendig der Beschneidung, und dem Gesetze, unterwerfen müßten, oder S. Paulo, welcher sie anders gelehret hatte? Durch nichts konnte hier der Apostel dem Ansehen der Juden nachdrücklicher Abbruch thun, als daß er zeigte, die Juden könnten von dieser Sache nichts wissen, sie seye für sie ein vollkommenes Geheimniß, ihrer Einsicht verborgen, und zu rechter Zeit, da es GOtt gefiel, bey der Ankunft des Messias, bekannt gemacht, am genauesten aber S. Paulo durch unmittelbare Offenbarung entdecket worden, daß er darinnen die Heyden unterrichtete; die Heyden hätten also Ursache, an dieser grossen Wahrheit fest zu halten, und sich von dem Evangelio, das er sie gelehret hatte, nicht abwendig machen zu lassen.

(a) Der Text sagt wieder mit keiner Sylbe, daß die Berufung der Heyden das Geheimniß sey, welches GOtt den Ephesern bekannt gemacht habe. Es gilt also auch zum Verstande dieses Verses, was bey dem vorhergehenden erinnert worden ist; und man darf ihn nur genauer, als Locke gethan hat, nach dem Griechischen umschreiben, so wird die Sache für sich selbst deutlich seyn: „dadurch, daß er uns das Geheimniß, bekannt gemachet hat, was „sein Wille gegen uns sey, nach derjenigen gnädigen Gesinnung, und „Entschliessung, die er sich in Ansehung unserer in ihm, in Christo, „vorgesetzet hat“. Darinnen bestehet die V. 8. erwähnte Weisheit, und Klugheit, die uns von GOtt reichlich gegeben worden ist, daß er uns das Geheimniß, welches kein Mensch, ja kein Engel, wissen konnte, was sein gnädiger Wille gegen uns, nach seinen ewigen liebreichen, von ihm allein gefaßten, und ihm allein bekannten, Rathschlüssen, sey, bekannt gemachet hat. Es wird V. 10. weiter erkläret. Locke hat statt γνωρίσας ἡμῖν, vermuthlich seiner Hypothese zu Gefallen, ὑμῖν, euch, gelesen, und hierauf schon in der Umschreibung des 8ten Verses vorgearbeitet.

war, das er sich vorgesetzet hatte (16),

10. bis die rechte Zeit dieser Haushaltung käme, in welcher er alle Dinge, sowohl im Himmel, als auf Erden, [wieder] unter ein Haupt (17) in Christo zu bringen sich vorgenommen

Wohlgefallen; und hat dasselbige hervorgebracht durch ihn:

10. Daß es geprediget würde, da die Zeit erfüllet war; auf daß alle Dinge zusammen unter ein Haupt

(16) S. Cap. III. 9.

(17) Ἀνακεφαλαιώσασθαι bedeutet eigentlich die Haupttheile einer Rede wiederholen, und in Eines zusammen ziehen (a). Da aber dieß hier unmöglich der Verstand der Worte seyn kann: so müssen wir das, was S. Paulus dabey denket, in der Lehre des Evangelii, und nicht in der Eigenschaft der griechischen Sprache, aufsuchen.

(a) Es müssen nicht gerade Theile einer Rede seyn, sondern was irgend für Dinge gesammelt, und unter einen Hauptbegriff, Hauptsumme, u. d. g. gebracht werden können. So kommt dieses Wort Röm. XIII. 9. von den verschiedenen Theilen des Gesetzes vor, die alle unter dem Gebothe der Liebe, als dem vornehmsten Gebothe, eingeschlossen stehen. Hier heisset das Wort im genauesten Verstande: unter ein Haupt zusammen bringen.

1. Es ist aus der heiligen Schrift deutlich, daß Christus vom Anfange die Herrschaft, und Hoheit, über alles hatte, und das Haupt über alles war, s. Coloss. I. 15–17. Hebr. I. 8.

2. Es wird auch in der heiligen Schrift deutlich gezeiget, daß einer der vornehmsten Engel, mit einer grossen Menge anderer Engel, die ihm anhiengen, sich gegen dieses Reich GOttes empöret, und durch eine boshafte Aufruhr sich selbst, dem Reiche GOttes zuwider, ein Reich errichtet, Luc. X. 17–20. und darinnen die ganze heydnische Welt (a) zu Vasallen, und Unterthanen, gehabt habe, Luc. IV. 5–8. Matth. XII. 26–30. Joh. XIII. 31. XIV. 30. XVI. 11. Eph. VI. 12. Coloss. I. 13. Röm. I. 18. Apost. Gesch. XXVI. 18. u. s. w.

(a) Ueberhaupt alle Unglaubige. Sonst könnte Christus nicht zu den unglaubigen Juden Joh. VIII. 44. sagen: Ihr seyd von dem Vater, dem Teufel, und nach eures Vaters Lust wollet ihr thun.

3. Daß Christus dieses Reich wieder eroberte, und in der Fülle der Zeit wieder, als das Haupt, zu dieser höchsten Herrschaft gelangte (a), als er kam, das Reich der Finsterniß, wie es S. Paulus in dieser Epistel nennet, durch seinen Tod, und seine Auferstehung, zu zerstören. Daher saget er Joh. XII. 31. unmittelbar vor seinem Leiden: Jetzt gehet das Gericht über die Welt, nun wird der Fürst dieser Welt ausgestossen werden. Hieraus kann man die Stärke des Beweises Christi Matth. XII. 28. einsehen: So ich aber die Teufel durch den Geist GOttes austreibe, so ist je das Reich GOttes zu euch kommen. Denn, die Juden wußten, daß der Geist GOttes, welcher ihnen (nach seinen ausserordentlichen Gaben) entzogen

Haupt verfasset würden
in Christo, beyde das im
Himmel und auch auf
Erden ist, durch ihn selbst.
11. Durch

nommen hatte;

11. (in

entzogen worden war, ihnen nicht wieder gegeben werden sollte, bis der Messias käme, unter welchem das Reich GOttes würde aufgerichtet werden. Siehe auch Lucä X. 18. 19.

(a) Eigentlich hatte er sie nie verlohren. Die Teufel erkennen sie, wenn sie, selbst in dem Stande seiner Erniedrigung, aus den Besessenen mit ihm reden; und fürchten nur Matth. VIII. 29. vor der Zeit von ihm gequälet zu werden. Er hatte also, um die Herrschaft über sie wieder zu erobern, nicht nöthig, zu sterben, und von den Todten aufzustehen. Allein, Locke verwirret hier Christi Macht- und Gnadenreich. Jenes hat nie aufgehöret, und wird nie aufhören: dieses hat angefangen, so bald dem gefallenen menschlichen Geschlechte ein Mittler nöthig war, der dasselbe, als Prophet, den Weg GOttes lehrete, als König schützte, und regierte, und als Hoherpriester für dasselbe stürbe; und es wird aufhören, wenn alle Feinde Christi zum Schemel seiner Füsse werden geleget, wenn auch der letzte Feind, der Tod, aufgehaben seyn, und Christus das Reich GOtt, und dem Vater, überantworten wird, 1 Korinth. XV. 25. 26. 24. Dieses Mittleramt, das einzig und allein zur Erlösung der Menschen abzielet, weil Christus nirgends die Engel an sich genommen hat, Hebr. II. 16. ist die Absicht, warum der Sohn GOttes Mensch worden ist. Da er durch sein ganzes verdienstliches Leben, Leiden, und Sterben, die Menschen erlösete, so zertrat er freylich zugleich der Schlange den Kopf, 1 B. Mos. III. 15, oder, zerstörte die Werke des Teufels, 1 Joh. III. 8. d. i. er zernichtete alles, was der Teufel durch die Verführung der ersten Menschen ausgerichtet hatte, und nahm durch seinen Tod die Macht dem, der des Todes Gewalt hatte, das ist dem Teufel, Hebr. II. 14. Der Teufel hatte die Menschen, durch den Fall, der göttlichen Gnade, des Ebenbildes GOttes, des Ruhmes, den sie an GOtt haben sollten, der Unsterblichkeit, der Hofnung des ewigen Lebens, des Friedens mit GOtt, der Liebe zu GOtt, u. s. w. verlustig, und des göttlichen Zornes, des Todes, und der Verdammniß, schuldig gemacht; er hatte noch nach dem Falle dieses sein erstes Werk, wodurch er ein Mörder von Anfang ist, unter den Kindern der Welt, sowohl aus Juden, als aus Heyden, fortgesetzet, und sich in dieser Finsterniß der Welt gleichsam zu einer Obrigkeit aufgeworfen, Coloss. I. 13. Christus kam, und erlösete die, so durch Furcht des Todes im ganzen Leben Knechte seyn mußten. Hebr. II. 15. er verkündigte im Evangelio den Frieden denen, die da ferne, und denen, die da nahe waren, Ephes. II. 17. So wurde der Fürst dieser Welt ausgestossen: allein, damit hat Christus nichts wieder erobert. Er hat zwar dem Starken, Gewafneten, den Harnisch ausgezogen: er hat ihn aber dadurch nicht erst sich unterwürfig gemacht. Er hat diejenigen von der Obrigkeit der Finsterniß errettet, die darunter standen; er hat sie in sein Gnadenreich versetzet: die Obrigkeit der Finsterniß selbst aber ist dadurch nicht erst wieder aufs neue seinem Scepter unterthänig worden; er hat gesieget, nicht für sich, um sein Machtreich zu erweitern, sondern für diejenigen,

die

die an ihn glaubten, und noch glauben würden, um sie in seinem Gnadenreiche selig zu machen.

4. In welchem Zustande sich diese seine Macht, und Herrschaft, seit dem Falle der Engel, und der Errichtung des Reiches der Finsterniß, bis zur Wiederherstellung derselben in der Fülle der Zeit befunden habe, davon ist in der heiligen Schrift wenig geoffenbaret (a); weil dieß mit der Wiederherstellung, und Aufnahme, der gefallenen Menschen in das Reich GOttes keinen sonderlichen Zusammenhang hat. GOtt sammlete sich zwar ein Volk, und richtete unter dem kleinen jüdischen Volke ein Reich auf Erden auf, welches er so lange erhielte, bis das Reich seines Sohacs anfieng (b), Apost. Gesch. I. 3. und II. 36. welches in Zukunft GOttes einziges Reich auf Erden seyn sollte. Zum Haupte dieses Reiches, welches die Kirche heißt, setzte er seinen Sohn JEsum Christum: und nicht allein dieses, sondern er gab ihm auch, da er durch seinen Tod, und seine Auferstehung den Satan überwunden hatte, Joh. XII. 31. XVI. 11. Coloss. II. 15. Hebr. II. 14. Eph. IV. 8. alle Gewalt im Himmel, und auf Erden (c), und setzte ihn zum Haupt der Gemeine über alles, Matth. XXVIII. 18. XI. 27. Joh. III. 35. Eph. I. 20–22. Hebr. I. 2–4. II. 9. 1 Korinth. XV. 25. 27. Phil. II. 8–11. Coloss. II. 10. Hebr. X. 12. 13. Apost. Gesch. II. 33. V. 31. Da er also wieder zu dieser höchsten Gewalt gelanget ist, und, nach seinem Siege über den Teufel, die oberste Stelle, welche er zuvor über alle Dinge hatte, wieder vollkommen erhalten hat, und uns das Evangelium, wie man aus den angeführten, und andern, Stellen sehen kann, dieses offenbaret: so überlasse ich es der Beurtheilung meiner Leser, ob nicht S. Paulus in diesem Verse, und in dem Gebrauche des Wortes ἀνακεφαλαιώσασθαι, wahrscheinlicher Weise hierauf ziele. Allein, wenn ich diese Sache völlig untersuchen wollte, wovon ich bey meiner geringen Belesenheit noch nichts vollständiges gefunden habe, so müßte ich eine besondere Abhandlung schreiben.

(a) Wenn man nur nicht das Reich der Allmacht, und der Gnaden, mit einander verwirret, so offenbaret die heilige Schrift genug davon. Die gefallenen Engel gehören, da sie keine Erlösung zu hoffen haben, unter das Machtreich des Sohnes GOttes. Hier ist keine besondere Offenbarung von dessen Zustande nöthig, da es eben das Reich ist, welches der Vater hat, und solches mit der Begnadigung der gefallenen Menschen nicht unmittelbar zusammen hänget. Was aber das Reich der Gnaden anbelanget, so giebt uns die Kirche des alten Testamentes vor, und unter, dem Gesetze das deutlichste Beyspiel davon. Locke unterscheidet lit. b. das Reich GOttes, und das Reich des Sohnes GOttes, ganz irrig. JEsus Christus ist gestern und heute, Hebr. XIII. 8. Er, der Sohn des ewigen Vaters, ist es, der, als der Engel des Bundes, und das Wort des HErrn, so oft den Vätern vor Mose, und so oft unter der mosaischen Haushaltung, den Glaubigen des alten Testamentes erschien; er ist das Angesicht des HErrn, das Israel in das verheissene Land führete, 2 B. Mos. XXXIII. 15. der Mittler, der für Israel bethet, 2 B. Mos. XXXIV. 5–7; er erschien dem Josua als der Fürst über das Heer GOttes, und machte ihn muthig, Josua V. 13–15; er erweckte Richter, er sendete Propheten, u. s. w. So wie schon Abraham froh war, daß er seinen Tag sahe, und ihn sahe, und sich freuete, Joh. VIII. 56: so hat er sich während der ganzen Zeit des alten Testamentes in der Erhaltung, Regierung, und Beschützung, der auf ihn hoffenden Kirche geschäftig erwiesen, bis er endlich als GOtt und Mensch, allen

Völkern

Völkern zum Troste, seinen Tempel herrlich machte, Hagg. II. 8. Wie kann man also sagen, daß das alte Testament nichts von dem Reiche Christi melde? Man ist es aber schon von Juden, Socinianern, und gewissen andern Gelehrten, gewohnt, daß sie Christum nicht im alten Testamente sehen. Diese Sache nach allen Umständen auszuführen, ist eher

(b) einer besondern Abhandlung würdig, als was Locke meynt. Man wird hieraus urtheilen können, daß das Gnadenreich JEsu Christi schon im alten Testamente gewesen sey, und nicht erst im neuen angefangen habe. Die angeführten Stellen enthalten nichts, was die lockische Meynung beweiset.

(c) Nicht erst nach seinem Tode, und seiner Auferstehung, sondern durch die persönliche Vereinigung schon in dem ersten Augenblicke seiner Empfängniß. Man sehe die Stellen Matth. XI. 27. und Joh. III. 35. in welchen an den Tod, und die Auferstehung, Christi gar noch nicht gedacht wird. Da sagt Christus: Mir ist gegeben alle Gewalt ——. Der Vater hat den Sohn lieb, und hat ihm alles in seine Hände gegeben. Er redet vom Vergangenen, und nicht von der Zukunft. Unser Paraphrast hat den rechten Begriff von dem Stande der Erhöhung nicht, wie die folgenden Worte zeigen.

Für jetzt mag es genug seyn, zu bemerken, daß diese seine Erhöhung Phil. II. 9. 10. so erkläret wird, daß sich in seinem Namen alle Knie derer, die im Himmel, und auf Erden, sind, beugen sollen (a); welches Offenb. Joh. V. 13. weiter ausgeführet wird. Vielleicht wollten die hochmüthigen Engel, welche fielen, ihm diese Ehre, und Macht, nicht zugestehen, und wurden daher aufrührisch.

(a) Dieß ist nicht der rechte Begriff des Standes der Erhöhung Christi, sondern eine Folge daraus. Der Hauptbegriff stehet Phil. II. 9. Darum hat ihn auch GOtt erhöhet, und ihm einen Namen gegeben, der über alle Namen ist. Ich muß bekannte Sachen wiederholen. Name bedeutet in der heiligen Schrift: Ruhm, Majestät, Herrlichkeit. Wenn also Christo ein Name über alle Namen gegeben wird; so ist es unendliche Majestät, und Herrlichkeit, Herrlichkeit, die dem Stande seiner Erniedrigung entgegen gesetzet ist, in welchem er in göttlicher Gestalt war, aber, GOtt gleich seyn, nicht für einen Raub hielte. Daß diese Herrlichkeit, und Majestät, Christo nicht erst nach seinem Sterben, und Auferstehen, ertheilt worden sey, ist aus V. 6. 7. 8. ganz deutlich. Denn, Christus war, nach V. 6. in göttlicher Gestalt, und GOtt gleich. Da er dieses, auch nach seiner menschlichen Natur, von seiner Empfängniß an, war: so äusserte er sich hernach selbst, und nahm Knechtsgestalt an, u. s. w. Er hat also in dem Stande seiner Erhöhung nichts bekommen, was er nicht zuvor gehabt hatte: sondern er hatte in seiner Erniedrigung sich des Gebrauches seiner göttlichen Herrlichkeit entäussert, und Knechtsgestalt angenommen; da ihn GOtt erhöhete, legte er diese Knechtsgestalt wieder ab, und bediente sich seiner göttlichen Majestät, und Herrlichkeit, vollkommen, und ohne Einschränkung. Dieß ist der eigentliche Begriff des Standes der Erhöhung, nicht aber dieß, daß ihn selbst die Engel anbetheten. Denn, sie dienten ihm schon in dem Stande seiner Erniedrigung, Matth. IV. 11. Die ihm von den Engeln erzeigte Ehre der Anbethung ist vielmehr eine Folge dieser Erhöhung. Denn, gebrauchet er sich nunmehr seiner göttlichen Majestät, so müssen auch die Engel vor ihm, als ihrem GOtt, und Schöpfer, die Knie beugen.

Wenn unsere Uebersetzer das ἀνακεφαλαιώσασθαι recht übersetzet haben: in eines versammeln, so kann solches denen zur Vertheidigung dienen, die unter dem, was im Himmel, und auf Erden, ist, die jüdische, und heydnische Welt, verstehen. Denn, von beyden saget S. Johannes deutlich Cap. XI. 52. daß JEsus sterben sollte, nicht für das Volk allein, sondern auch, daß er συναγάγῃ εἰς ἕν, die Kinder GOttes, die zerstreuet waren, zusammen brächte, d. i. die Heyden, welche glaubig, und durch den Glauben GOttes Kinder werden sollten; wovon Christus Joh. X. 16. also spricht: Ich habe noch andere Schaafe, die sind nicht aus diesem Stalle. Und dieselbigen muß ich herführen: und sie werden meine Stimme hören, und wird eine Heerde, und ein Hirte, werden. Dieß ist die Versammlung, wovon unser Heiland redet; und sie schicket sich zu des Apostels gegenwärtigem Vorhaben sehr wohl. Denn, er sagt Eph. II. 14. ausdrücklich, daß Christus aus beyden, Juden, und Heyden, eines gemachet habe. Daß S. Paulus Juden, und Heyden, Himmel, und Erden, nennt, wird Niemanden fremde vorkommen, der überlegt, daß selbst Daniel das jüdische Volk den Himmel nennt, Dan. VIII. 10. Unser Heiland selbst giebt ein Beyspiel hiezu, da er Luc. XXI. 26. unter den Kräften der Himmel offenbar die Grossen im jüdischen Volke verstehet. Auch ist in dieser Epistel S. Pauli an die Epheser dieses nicht die einzige Stelle, welche diese Erklärung des Himmels, und der Erde, leidet. Wer die funfzehn ersten Verse des dritten Capitels liest, die Ausdrücke genau erwäget, und auf des Apostels Endzweck in denselben Achtung giebt, wird wahrnehmen, daß man, ohne S. Pauli Meynung Gewalt anzuthun, unter den Kindern im Himmel, und auf Erden, V. 15. die aus Juden, und Heyden, vereinigten Christen, die noch immer unter diesen zwo, in ihrem Unglauben verharrenden, Arten von Menschen leben, verstehen kann (a).

(a) Diese gekünstelte Erklärung des Himmels und der Erde ist hier so unnöthig, als die lockische selber. Man braucht die Worte nicht im uneigentlichen Verstande zu nehmen, da sie sich im eigentlichen erklären lassen. Eph. III. 15. gedenket Paulus der Familien der Kinder GOttes im Himmel, und auf Erden; und Coloss. I. 20. saget er, es sey durch Christum alles versöhnet worden, es sey auf Erden, oder im Himmel. Der einfältigste Sinn der letzten Stelle ist, Christus habe nicht nur diejenigen Menschen mit GOtt versöhnet, die noch auf Erden lebten, und künftig leben würden, sondern auch diejenigen, die bereits vor seiner geleisteten Genugthuung im Glauben an ihn gestorben, und kraft seines ewig gültigen Verdienstes in die Herrlichkeit eingegangen seyen. Diesemnach stellet er sich diejenigen, die diese allgemeine Erlösung im Glauben annehmen, als zwo Familien der Kinder GOttes vor, eine im Himmel, und die andere auf Erden, und nennet den Vater unsers HErrn JEsu Christi den rechten Vater ihrer aller. Es kann nun nicht mehr schwer seyn, was er in gegenwärtigem Verse durch ἀνακεφαλαιώσασθαι anzeigen will. Christus hat alles versöhnet, was von Menschen im Himmel, und auf Erden, ist; durch ihn sind alle Glaubige, sie mögen im Himmel, oder auf Erden, seyn, GOttes Kinder: Christus ist also das Haupt, unter welchem sie alle stehen; und indem seine triumphirende, und streitende, Gemeine, als sein Leib (V. 23.) auf das genaueste mit ihm verbunden ist, so ist alles, was im Himmel, und auf Erden, ist, unter ihm zusammen verfasset, als unter dem gemeinschaftlichen Haupte. Daß beyde Kirchen unter Christo mit einander verbunden seyen, saget Paulus auch Hebr. XII. 22-24. Das ἀνακεφαλαιώσασθαι drückt also nichts anders aus, als GOttes Wollen,

11. Durch welchen wir auch zum Erbtheil kommen

11. (in (*) ihm), in welchem wir sein Eigenthum (18), und das Loos seines Erbtheils, worden

Z 3 2

und Veranstaltung, daß beyde Kirchen mit seinem Mensch gewordenen Sohne, und unter sich selbst, vereiniget seyn sollen: und Christum das Haupt der Kirche, die sämmtlichen Glaubigen aber seinen Leib, und unter einander Glieder, zu nennen, ist der heiligen Schrift, und besonders Paulo, etwas gar gewöhnliches. Wenn Locke in seiner Umschreibung sich eine Wieder-Vereinigung vorstellet, so ist dieser Gedanke so wenig in der Bedeutung des griechischen Wortes, als das, was er von den Engeln saget, in der Sache selbst, gegründet. Paulus beschreibt in unserm Verse die Weisheit, und Klugheit, weiter, die den Glaubigen nach V. 8. reichlich wiederfahren ist, und erkläret nun auch den V. 9. gerühmten göttlichen Willen, und in Absicht auf Christum gefaßten gnädigen Vorsatz, in den Worten: ἀνακεφαλαιώσασθαι τὰ πάντα, u. s. w. daß alles unter Christo, als dem gemeinschaftlichen Haupte, vereinigt seyn soll, was im Himmel, und auf Erden ist, daß ausser ihm keine Gnade, und in ihm Leben, und volle Genüge seyn soll. Die vorhergehenden Worte εἰς οἰκονομίαν τοῦ πληρώματος τῶν καιρῶν gehören eigentlich noch zum 9ten Verse, und sollten von ἐν αὐτῷ abgesondert seyn. So wäre die Umschreibung also abzufassen: V. 9. die er sich in Ansehung unserer in Christo vorgesetzet hat. V. 10. für die in der Fülle der Zeit einzuführende Haushaltung, um solche in derselben ins Werk zu richten, und aller Welt bekannt zu machen; daß nämlich unter Christo, als dem gemeinschaftlichen Haupte, alles, was im Himmel, und auf Erden, ist, vereinigt seyn soll;

(*) In ihm, ἐν αὐτῷ. Diese Worte stehen noch im Griechischen, nachdrücklich, um anzuzeigen, daß nicht nur unsere Gnadenwahl, sondern auch unser Beruf zur Kirche GOttes, und alle davon abhängende Wohlthaten, ihren Grund in Christo haben.

(18) Dieß wird das griechische Wort ἐκληρώθημεν bedeuten, wenn es, wie nach meinem Bedünken geschehen kann, im Passivo genommen wird, d. i. wir Heyden, die wir ehehin unter der Herrschaft des Teufels waren, sind nun wider durch Christum in GOttes Reich, Herrschaft, und Besitz, gebracht worden. Dieser Verstand scheinet sich sehr gut zu dem Endzwecke der gegenwärtigen Stelle zu schicken, welcher dahin gehet, daß die heydnische Welt nun in Christo einen offenen Weg habe, wieder in das Eigenthum GOttes, unter ihrem eigenen Haupte JEsu Christo (a) einzugehen. Hierauf schicken sich die folgenden Worte, daß wir, die wir zuerst unter den Heyden die Versöhnung durch Christum angenommen haben, zum Lobe seiner Herrlichkeit seyn möchten, d. i. daß wir, die wir unter den Heyden zuerst glaubten (b), thun möchten, als wäre nun ein neuer Schauplatz der Ehre, und Herrlichkeit, GOttes geöfnet, da wir wieder zu seinem Volke angenommen, und ein Theil seines Eigenthumes, worden sind; eine Sache, die man zuvor nicht verstand, noch voraus sahe, s. Apost. Gesch. XI. 18. und XV. 3. 14–19. Der Apostel hat hier die Absicht, die Epheser zu überzeugen, daß die Heyden durch den Glauben an Christum wieder in alle Vorrechte des Volkes GOttes, so gut als die Juden, eingesetzet seyen, s. Cap. II. 11–22.

den sind, die wir hiezu vorher bestimmet waren, nach dem Vorsatze dessen, der das, was er sich vorgesetzet hat (19), auch jederzeit gewiß ins Werk richtet:

12. auf

men sind, die wir zuvor verordnet sind, nach dem Vorsatz des, der alle Dinge wirket nach dem Rath seines Willens:

12. Auf

11–22. besonders V. 19. Was das ἐκληρώθημεν anbelangt, so thut man, nach meiner unvorgreiflichen Meynung, der Stelle keine Gewalt an, wenn man es erklärt: wir sind sein Erbtheil worden, statt: wir haben ein Erbtheil bekommen. Denn, dieß ist die Art, wie GOtt mit seinem Volke, den Israeliten, redet. So saget er 5 B. Mos. XXXII. 9. von ihnen: Des HErrn Theil ist sein Volk, Jacob ist die Schnur seines Erbes, siehe auch 5 B. Mos. IV. 20. 1 B. Kön. VIII. 51. und andere Stellen. Und das Erbtheil, welches die Heyden erlangen sollten, bestand darinnen, daß sie ererbt, und, wie aus Coloss. I. 12. 13. zu sehen ist, aus dem Reiche des Satans in das Reich Christi versetzt werden sollten. Man mag es also nehmen, wie man will, wir haben ein Erbtheil bekommen, oder wir sind sein Erbtheil worden, so lauft es in der That auf eines hinaus: und folglich kann ich hier meinen Lesern die Wahl überlassen.

(a) Man wird in diesem Werke öfters gewahr werden, daß Locke bey seinen Auslegungen immer zweifelhaft ist, und selten bey einem gewissen Grunde, obgleich immer bey seinen einmal angenommenen Vorurtheilen, bleibt: man kann dieß auch in dieser Stelle sehen. In der 17ten Anmerkung macht er Christum zum Haupte über die Engel, und ist gegen das Ende derselben nicht entgegen, wenn man ihn zum Haupte der aus Juden, und Heyden, bekehrten Kirche machen will: nun nennet er ihn das eigene Haupt der bekehrten Heyden. Eine Unbeständigkeit, die nicht grösser seyn kann!

(b) Daß es ganz unnatürlich, und wider alle Wörterbücher, sey, προηλπικότας zu übersetzen, zuerst glauben, ist schon über die 2te Anmerkung Num. 2. erinnert worden. Hier zeiget sich das Gezwungene noch deutlicher. 1. Warum zählet sich S. Paulus, aus Höflichkeit, zu den ersten Heyden, die da glaubten, da er nicht zu den letzten der glaubig gewordenen Juden gehöret? 2. Warum rechnet er die Epheser unter die Heyden, die zuerst glaubig worden sind, da sie doch nach der Erzählung der Apostelgeschichte von Cap. XI -- XIX. offenbar nicht darunter gehören?

(19) D. i. GOtt hat sich, ehe er die Israeliten zu seinem Volke machte, vorgesetzt, die Heyden durch den Glauben an Christum wieder zu seinem Volke anzunehmen: und was er sich vorsetzet, das vollbringet er auch, ohne Jemandes Rath, oder Einwilligung, einzuholen; ihr könnet also dieses eures Erbtheiles, die Juden mögen darein willigen, oder nicht, versichert seyn (a).

(a) Natter könnte diese Stelle nicht erkläret werden. Dieß ist aber die Folge von Lockens Meynung, daß das Wir hier schlechterdings die Bekehrten aus den Heyden bezeichnen müsse, und Paulus gegen die Juden disputire. Giebt man auf die Sache genau Achtung, so hängen der 11te und 12te Vers zusammen,

12. Auf daß wir etwas seyn zu Lobe seiner Herrlichkeit,

12. auf daß wir, die wir zuerst unter den Heyden durch Christum Hofnung bekommen haben (20), GOtt

men, und sollten auf keine Weise von einander getrennet worden seyn. Die προορισθέντες, Zuvorverordneten, sind die προηλπικότες, die zuvor hoffen, oder gehoffet haben. Sie werden entgegen gesetzt, denen, die nach V. 13. gehöret haben das Wort der Wahrheit, und, welches sich von selbst verstehet, nicht zuvor auf Christum gehoffet haben, aber gleichwohl auch in Christo zum Erbtheil kommen sind. Denn, so muß man den 11. 12. und 13ten Vers construiren, wenn ein ordentlicher, und ganzer, Zusammenhang herauskommen soll. Und so ist nichts deutlicher, als daß der Apostel in diesen drey Versen Juden, und Heyden, mit einander vergleichet. Dieß zeiget auch das καὶ V. 11. und V. 13. ἐν ᾧ καὶ ἐκληρώθημεν προορισθέντες: —— ἐν ᾧ καὶ ὑμεῖς, nämlich ἐκληρώθητε, ἀκούσαντες ——. Die Juden hatten zuvor auf Christum gehoffet; wer kann dieß läugnen? Die Heyden hatten nicht auf ihn gehoffet, weil sie die Weissagungen von ihm nicht wußten. Da nun in der Fülle der Zeit GOttes gnädige Gesinnung gegen das menschliche Geschlecht ausgeführet worden, da alles, was im Himmel, und auf Erden, ist, unter Christo, dem gemeinschaftlichen Haupte der triumphirenden, und streitenden, Kirche vereinigt worden ist; so haben in ihm sowohl (καὶ) die Glaubigen aus den Juden, die schon lange auf ihn gehoffet hatten, als erwachsene Söhne das verheissene Erbe bekommen, und an den durch Christum erworbenen Heilsgütern Antheil genommen, als auch (καὶ) die Epheser, welche die Predigt des Evangelii gehöret, und glaubig angenommen haben. Man verwandle jetzt das καὶ, καὶ, sowohl, als auch, in nicht nur, und sondern auch, welches in diesen Zusammenhange völlig einerley Verstand giebt; so wird man diese Verse also umschreiben können: V. 11. In ihm, in welchem nicht nur wir, die wir, nach dem gnädigen Vorsatze dessen, der, so wie überall, also auch in dem Werke unserer Seligkeit, alles nach dem heiligen Rathe seines weisen Willens wirket, vorher verordnet waren, das uns verheissene Erbtheil erlanget haben, V. 12. daß wir als Glaubige, die schon vorher alle Hofnung allein in Christo hatten, in allem, was wir sind, zum Lobe seiner Herrlichkeit gereichten, V. 13. sondern in welchem auch ihr, die ihr das Wort der Wahrheit, das Evangelium von eurer Seligkeit, gehöret habt, zu diesem Erbtheile gelanget, in welchem ihr, da ihr geglaubet habt, mit dem verheissenen Heiligen Geiste versiegelt worden seyd ——.

(20) Es war ein Stück von dem Charakter der Heyden, daß sie ohne Hofnung waren; s. Cap. II. 12. Da sie aber das Evangelium von JEsu Christo annahmen, so hörten sie auf Gäste, und Fremdlinge, unter Israel zu seyn, und wurden GOttes Volk, und hatten Hofnung, sowohl als die Juden, oder, wie es S. Paulus im Namen der bekehrten Römer ausdrückt, Röm. V. 2. Wir rühmen uns der Hofnung der zukünftigen Herrlichkeit, die GOtt geben soll. Dieß ist ein neuer Beweis, daß ἡμᾶς, Wir, hier für die bekehrten Heyden stehet (a). Daß die Juden nicht ohne Hofnung, noch ohne GOtt in der Welt, waren, erhellet aus der

eben

GOtt preisen, und loben, möchten (*).

13. Und ihr Epheser seyd auch in JEsu
Christo GOttes Volk, und Erbe (21), geworden;

lichkeit, die wir zuvor auf Christum hoffen.

13. Durch welchen
auch ihr gehöret habt das Wort

eben angeführten Stelle Eph. II. 12. wo die Heyden durch eine unterscheidende, und ihnen eigenthümlich zukommende, Beschreibung von ihnen abgesondert werden. Die heilige Schrift redet von dem hebräischen Volke, dem Volke GOttes, nirgends so, als ob es ohne GOtt, oder ohne Hofnung, wäre, sondern thut überall das Gegentheil, s. Röm. II. 17. XI. 1. Apost. Gesch. XXIV. 15. XXVI. 6. 7. XXVIII. 20. Daher mochte der Apostel wohl sagen, daß diejenigen unter den Heyden, welche die Hofnung in Christo zuerst bekamen, zum Lobe der Herrlichkeit GOttes seyen. Alle Menschen hatten also nunmehr eine neue, und wichtige, Ursache, für diese grosse, und unaussprechliche Gnade, und Gütigkeit, GOttes gegen sie, wovon sie zuvor nichts gewußt, woran sie nicht gedacht, und worauf sie nicht gehoffet hatten, GOtt zu loben, und zu preisen.

(a) Wenn gleich dieses alles, und überhaupt das, was von dieser Anmerkung nicht allbereits widerlegt worden ist, seine Richtigkeit hat, so folgt doch das nicht daraus, was Locke will, nämlich, daß dieser Vers von den bekehrten Heyden, und besonders denjenigen, handle, welche die Hofnung durch Christum zuerst bekommen haben. Vorher hoffen ist nicht so viel als: Hofnung bekommen; man mag die Hofnung zuerst, oder zuletzt, bekommen, so hat man solche nicht schon vorher gehabt. Die ganze Anmerkung bestätigt also die Meynung, die Locke widerlegen will, daß dieser Vers von den Juden, und besonders den Glaubigen unter ihnen, rede. Sind die Juden, nach dem Zeugnisse der Schrift, nie ohne Hofnung gewesen: so sind sie es, und nicht die Heyden, die zuvor auf Christum gehoffet haben.

(*) Nicht nur: GOtt preisen, und loben, sondern in allem, was wir sind, zum Lobe seiner Herrlichkeit gereichen. Man sehe die Erinnerung über die 19te Anmerkung.

(21) Ἐν ᾧ καὶ ὑμεῖς scheinet sich nach dem Inhalte, und der Verbindung, der Worte auf ἐν ᾧ ἐκληρώθημεν, V. 11. zu beziehen. S. Paulus stellet hier eine Vergleichung zwischen denjenigen Heyden, die zuerst glaubig worden sind, und zwischen den Ephesern, an, und sagt, daß, so wie jene, welche das Evangelium vor ihnen gehört, und angenommen haben, GOttes Volk, zum Lobe, und Preise, seines Namens worden, also auch sie, die Epheser, durch den Glauben GOttes Volk, zum Lobe, und Preise, seines Namens seyen (a). In diesem einzigen Verse ist ἐκληρώθητε durch eine Ellipsin ausgelassen.

(a) Hier offenbaret sich wieder Lockens Unbeständigkeit. Bisher hat er immer so geredet, als ob die Epheser unter die ersten bekehrten Heyden von Paulo gerechnet würden: nun erkläret er sich auf einmal näher, und läßt Paulum die Heyden, die sich früher, oder später, bekehret haben, mit einander selber vergleichen. Wie schwach wird aber dadurch der Gedanke des Apostels, selbst nach

Wort der Wahrheit, nämlich das Evangelium von eurer Seligkeit: Durch welchen ihr auch, da ihr gläubetet, versiegelt worden seyd mit dem Heiligen Geist der Verheissung;

14. Welcher ist das Pfand unsers Erbes zu unserer Erlösung, daß wir sein

worden; indem ihr das Wort der Wahrheit, die guten Zeitungen von eurer Seligkeit, gehöret habt, und seyd, da ihr daran geglaubet habt, versiegelt worden mit dem Heiligen Geist;

14. welcher verheissen worden, und das Pfand, und Kennzeichen, des Volkes GOttes (22) ist, da dessen Erbschaft zur Erlösung (23) des erwor-

nach der Art, wie ihn Locke ausdrückt! „Andere Heyden sind, um GOtt zu „loben, und zu preisen, vor euch bekehret worden; und ihr seyd, GOtt zu „loben, und zu preisen, nach ihnen bekehret worden". Wußten das die Epheser nicht ohnehin? und konnten sie wohl zweifeln, daß sie durch den Glauben so gut, als andere vor ihnen bekehrte Heyden, GOttes Volk worden seyen? Sie waren ja so gut, als andere. Ein neuer Beweis, daß hier die bekehrten Heyden den V. 11. und 12. erwähnten bekehrten Juden entgegen gesetzet seyen!

(22) Der Heilige Geist war den Heyden, als Abtrünnigen, und Feinden GOttes, weder verheissen, noch gegeben, sondern allein dem Volke GOttes. Da also die bekehrten Epheser den Heiligen Geist empfangen hatten, so konnten sie dadurch versichert seyn, daß sie nun GOttes Volk seyen, und sich mit diesem Unterpfande beruhigen (a).

(a) Hierinnen liegt ein neuer Beweis für meine vorhergehende Erinnerung, daß hier nicht Heyden mit Heyden verglichen werden.

(23) Erlösung heisset in der heiligen Schrift nicht allemal (a) im strengen Verstande, ein Lösegeld für einen aus der Knechtschaft zu befreyenden Sclaven bezahlen, sondern überhaupt die Versetzung aus einem sclavischen Zustande in die Freyheit: So erkläret sich GOtt gegen die Kinder Israel in Aegypten 2 B. Mos. VI. 6. und will euch erlösen durch einen ausgereckten Arm. Was er dadurch verstehe, ist aus den vorhergehenden Worten dieses Verses deutlich, welche heissen: und will euch ausführen von euren Lasten in Aegypten, und will euch erretten von euren Fröhnen, und aus dem folgenden Verse: und will euch annehmen zum Volk, und will euer GOtt seyn. Es ist hier von einerley Sache die Rede. So wie GOtt in der angeführten Stelle unter dem Worte erlösen die Befreyung aus der Knechtschaft verspricht, so saget er zu demselben 5 B. Mos. VII. 8. er hat euch ausgeführet mit mächtiger Hand, und hat dich erlöset von dem Hause des Dienstes, aus der Hand Pharao, des Königs in Aegypten: und diese Erlösung vollbrachte GOtt, der deswegen der HErr der Heerschaaren, ihr Erlöser, heißt, ohne Erlegung eines Lösegeldes. Allein, hier ist es eine περιποίησις, Erkaufung; und was die erkaufte Sache sey, kann man Apost. Gesch. XX. 28. sehen, nämlich die

erworbenen Eigenthumes gegeben wird (24), sein Eigenthum würden, damit zu

die Gemeine GOttes, ἣν περιεποιήσατο, welche er durch sein eigen Blut erworben hat; zu einem Volke, das des HErrn Theil, und die Schnur seines Erbes seyn sollte; wie Moses 5 B. Mos. XXXII. 9. zu den Kindern Israel spricht. Daher nennet S. Petrus die Christen 1 Petr. II. 9. λαὸς εἰς περιποίησιν welches am Rande unserer (englischen) Bibel recht übersetzt ist, ein erkauftes Volk. Allein, wenn Jemand V. 11. ἐκληρώθημεν erklärt: wir haben ein Erbtheil bekommen (b), so bedeutet κληρονομία in diesem Verse dieses Erbtheil, εἰς ἀπολύτρωσιν τῆς περιποιήσεως, bis zur Erlösung dieses erkauften Erbes, d. i. bis zur Erlösung unseres Leibes, oder, der Auferstehung zum ewigen Leben (b). Es scheinet aber dieß nicht allein einen allzu harten, und gezwungenen, Verstand zu geben (c), da die vorhergehende Auslegung der Schreibart, und Gewohnheit, der heiligen Schrift gemässer ist, sondern sie stimmt auch, welches für mich am wichtigsten ist, nicht mit S. Pauli gegenwärtiger Absicht überein, nach welcher er die Epheser gewiß zu überzeugen sucht, daß sie, und alle andere Heyden, die an Christum glauben, GOttes Volk, sein Eigenthum, und Erbtheil, so gut, als die Juden, seyen, und mit ihnen an allen hieher gehörigen Rechten, und Vorzügen, gleichen Antheil haben; wie aus dem Inhalte dieses 2ten Capitels sichtbar ist. In diesem Verstande gedenket auch S. Paulus der Ausdrückung des Siegels GOttes 2 Tim. II. 19. daß es anzeigen soll, wer die Seinigen sind. Eben so finden wir es Offenb. Joh. VII. 3. an den Stirnen seiner Knechte, daß man sie als die Seinigen erkennen könnte, Cap. IV. 1. Denn, diejenigen, welche sich Knechte kauften, thaten dieß, als wenn sie durch das auf ihre Stirne gemachte Kennzeichen sie in Besitz nähmen.

(a) An dieses nicht allemal hätte unser Paraphrast auch in der 17ten Anmerkung über Röm. III. 24. denken, und nicht so schlechthin behaupten sollen, daß Erlösung so viel als eine Befreyung sey. Ich will wegen dessen, was etwa hier zu sagen seyn möchte, auf meine dortigen Erinnerungen verweisen.

(b. c) S. die Erinnerung zur folgenden Anmerkung.

(24) Die Ertheilung des Heiligen Geistes (nach seinen Gnaden- und Heiligungsgaben), und die Gabe der Wunder, waren die grossen Mittel, wodurch die Heyden zur Annehmung des Evangelii bewegt, und GOttes Volk, wurden (a).

(a) Wenn man diese Anmerkung mit der Paraphrase des 14ten Verses, und lit. b. c der vorhergehenden Anmerkung, zusammen hält: so wird man nichts als Dunkelheit, und Verwirrung, wahrnehmen. In der Umschreibung heisset der Heilige Geist das Pfand, und Kennzeichen, des Volkes GOttes, dessen Erbschaft zur Erlösung des erworbenen Eigenthums gegeben wird (the Pledge and Evidence of being the People of God, his Inheritance given out for the Redemption of the purchased Possession). Es scheinet also, als ob nach Lockens Meynung entweder der Heilige Geist unser Erlöser sey, oder, nach lit. b. c der 24sten Anmerkung das Erbtheil, welches wir bis zur Auferstehung der Todten besitzen sollen; welche Meynung er doch selbst für hart, und gezwungen, erkläret. Wenn er nun in gegenwärtiger Anmerkung die Ertheilung des Heiligen Geistes das Mittel nennt, wodurch die Heyden (warum nicht

nicht auch die Juden?) zur Annehmung des Evangelii bewegt, und GOttes Volk worden sind: so weiß man nicht, in welcher Absicht man hier den Heiligen Geist betrachten soll; soll er das Pfand unseres Erbes, oder die Erbschaft selber, seyn? ist er unser Erlöser, oder das Mittel, wodurch wir, die Erlösung anzunehmen, bewogen werden? bestehet unsere Erlösung in der Annahme des Evangelii? u. s. w. Diese Fragen lassen sich unmöglich aus dem lockischen Vortrage entscheiden. Ich will mich nicht dabey aufhalten, da aus allem so viel erhellet, daß Locke sich in den eigentlichen Verstand des 13ten und 14ten Verses nicht hat finden können: wie denn auch seine Verbindung zwischen dem 13ten und 12ten sehr unnatürlich klinget: und ihr Epheser seyd auch u. s. w. Man setze die oben bey Gelegenheit der 19ten Anmerkung angefangene Umschreibung also fort: V. 13. sondern in welchem auch ihr, da ihr geglaubet habt, mit dem verheissenen Heiligen Geiste, V. 14. der das Pfand unseres Erbes ist, versiegelt worden seyd, zur Versicherung, daß ihr Erlöste seyd, die GOtt mit seinem eigenen Blute zu Lobe seiner Herrlichkeit erkaufet hat. Der 13te und 14te Vers sollten wieder nicht von einander getrennet seyn; da sie ein einiges Zeitwort verbindet, dessen Auslassung den 14ten schlechterdings dunkel macht. Der Apostel saget von dem Heiligen Geiste in diesen Worten zweyerley; 1. daß die Glaubigen durch den Heiligen Geist versiegelt seyen, εἰς ἀπολύτρωσιν περιποιήσεως. Grotius hat schon angemerkt, daß ἀπολύτρωσις hier nicht die Erlösung, sondern die Erlöseten anzeige, und nach der hebräischen Sprachart das Abstractum für das Concretum gesetzt sey. Es kann dieß auch allenfalls, so wie aus sehr vielen Stellen des alten Testamentes, aus Eph. IV. 8. bewiesen werden; wo unstreitig Gefängniß für Gefangene stehet. Construirt man nun ferner hebräisch, und erkläret das εἰς nach der Bedeutung der Partikel ל, so fallen sowohl die Schwierigkeiten weg, welche die lockische Umschreibung hat, als auch diejenigen, welche die deutsche Uebersetzung dunkel machen: welcher ist das Pfand unseres Erbes zu unserer Erlösung, daß wir sein Eigenthum würden ——. Denn, der Verstand ist nunmehr deutlich der: ihr seyd versiegelt worden zu Erlöseten, die erkauft sind, d. i. „Da GOtt euch Glaubigen den Heiligen „Geist in die Herzen gegeben hat, darinnen, als in seinem Tempel, zu wohnen, „so hat er dadurch auf eure Erlösung, wodurch er sich euch zum Eigenthume „mit seinem Blute erworben hat, das Siegel gedrückt; so seyd ihr versichert, „daß ihr GOttes Kinder seyd. Denn, welche der Geist GOttes treibet, „die sind GOttes Kinder, Röm. VIII. 14. 15. 16. s. auch Galat. IV. 6." Dieß ist der erste Satz. 2. Saget Paulus, der Heilige Geist sey das Pfand unseres Erbes, d. i. des ewigen Lebens, s. Tit. III. 7. 1 Petr. I. 4. daß wir es gewiß erhalten werden, daß wir wegen der gewissen Hofnung desselben schon hier selig sind, Röm. VIII. 24. daß wir uns deshalben rühmen können: hinfort ist mir beygelegt die Krone der Gerechtigkeit, 2 Tim. IV. 8. daß wir die Kräfte der zukünftigen Welt schon hier schmecken, Hebr. VI. 5. Die Versiegelung mit dem Heiligen Geiste, und der Besitz des Heiligen Geistes, als des Pfandes unseres Erbes, sind also in der That verschiedene Begriffe, aber deswegen nicht sogleich bey dem ersten Anblicke der Worte zu unterscheiden, weil sie sich beyde auf die Einwohnung des Heiligen Geistes in den Wiedergebohrnen, und Gerechtfertigten, gründen. Es ist daher kein Wunder, wenn Locke dieselben verworren, und seine Umschreibung dadurch dunkel gemachet hat.

damit auch ihr GOtt preisen, und loben, möget (25). | zu Lobe seiner Herrlichkeit.

(25) Wie er V. 6. und 12. erkläret, daß die andern Heyden (die Bekehrten aus Juden, und Heyden, überhaupt,) indem sie glaubig, und GOttes Volk, worden sind, die Ehre, und Herrlichkeit, der göttlichen Gnade, und Güte, vermehren: so sagt er dieses hier, V. 14. insbesondere von den Ephesern, an die er schreibt, um ihnen den seligen Zustand, worinnen sie sich nun, als Christen, befanden, und wofür er V. 3. und noch in den folgenden Worten, GOtt danket, recht fühlbar zu machen (a).

(a) Diese letztern Gedanken sind geschickter, dem Leser einen kurzen Begriff von den Inhalt dieses Abschnittes zu geben, als das, was Locke davon in der Einleitung zu demselben gesaget hat. Der Augenschein lehret, daß der Apostel die Seligkeit derer beschreibe, die als Glaubige mit Christo ihrem Haupte, und durch ihn mit der Kirche GOttes im Himmel, und auf Erden, vereiniget, und aller Seligkeiten, die aus dieser herrlichen Gemeinschaft entstehen, theilhaftig sind. Da sein Vortrag besonders an die Epheser gerichtet ist; so fänget er denselben mit einer Danksagung an, V. 3. daß sie so selig worden seyen. Er zeiget hierauf von V. 4–10. den Grund dieser Seligkeit 1. in der ewigen Gnadenwahl wegen des Verdienstes Christi, als des geliebten Sohnes GOttes, durch welchen allein der Vater sich der gefallenen Menschen erbarmen kann. V. 4–6. 2. in der wirklichen Zueignung, und Anbiethung, dieses allgemeinen Verdienstes V. 7–10. das allen, die es glaubig annehmen, zu Gute kommt, und die seligsten Wirkungen hat, sie mögen Juden V. 11. 12. oder Heyden seyn, V. 13. 14.

Dritter Abschnitt.

Cap. I. Vers 15 — II. 10.

Der Apostel hat in dem vorhergehenden Abschnitte GOtt für die grosse Gnade, und Barmherzigkeit, die er von Ewigkeit den Heyden (sowohl als den Juden) unter dem Messias zu erzeigen beschlossen, in einer solchen Beschreibung dieses göttlichen Vorsatzes gedanket, welche die Epheser auf höhere Betrachtungen leiten sollte, als ihnen das Gesetz, oder, wie S. Paulus redet, die dürftigen Satzungen der jüdischen Verfassung, darbiethen konnten; als die in Vergleichung mit dem grossen, und herrlichen, Endzwecke des Evangelii nichts sind. Da er nun von ihrer Beständigkeit im Glauben, worinnen sie von ihm unterrichtet worden, Nachricht bekommen hatte, so danket er GOtt auch dafür, und bethet, daß er die bekehrten Epheser erleuchten möge, alles, was Grosses für sie wirklich geschehen, und den herrlichen

herrlichen Zustand, worinnen sie sich unter dem Evangelio befinden, vollkommen einzusehen. Von diesem Zustande giebt er in gegenwärtigem Abschnitte einen solchen Abriß, daß er ihnen in jedem Theile desselben zeiget, sie seyen in dem Reiche Christi weit über die mosaischen Caeremonien hinaus, und geniessen der geistlichen, und unbegreiflichen, Wohlthaten desselben, nicht kraft der Beobachtung einiger weniger äusserlicher Gebräuche, sondern allein durch den Glauben an Christum; mit Christo seyen sie vereiniget, und seine Glieder: da nun Christus über alle Gewalt, Macht, und Herrschaft erhöhet sey, so seyen auch sie mit ihm, als ihrem Haupte, erhöhet (*).

(*) Locke will schlüssen: Weil Christus erhöhet ist; so sind auch die Glaubigen, als seine Glieder, über das Gesetz erhöhet. Der Ausdruck, über das göttliche Gesetz erhöhet seyn, es sey von welcher Art es wolle, ist aber so wenig schriftmässig, als der Gedanke selber. Es ist genug, daß sie davon befreyet sind: und dieß sind sie nicht durch die Erhöhung, sondern durch die Genugthuung JEsu Christi, der das Gesetz an ihrer statt erfüllet, und die Strafe für sie gelitten hat; eine Wahrheit, vor deren Bekenntnisse sich Locke in gegenwärtigem Werke fleissig hütet. Ueberhaupt verfehlt er auch hier wieder der Absicht des Apostels; oder muß sie besser gewußt haben, als sie im Texte ausgedrucket ist, wenn er in diesem Abschnitte eine feine Warnung vor den jüdischen Caeremonien suchet. Der Apostel danket V. 15. 16. GOtt für der Epheser Wachsthum, und Standhaftigkeit, im Glauben, und der Liebe; er rufet hierauf V. 17–19. GOtt an, daß er ihnen durch seinen Heiligen Geist immer mehr Einsicht in die Grösse der schon erhaltenen, und noch zu erwartenden, Seligkeit, wie auch der hierzu nöthigen göttlichen Gnadenwirkungen, zur Stärkung ihres Glaubens, schenken möge. Den Grund dieses Gebethes deutlich zu machen, zeiget er von V. 20–23. die unendliche Macht, welche GOtt an Christo, dem Haupte der Glaubigen, bewiesen, und Cap. II. 1–10. wie er eben diese Kraft in der Bekehrung der Glaubigen aus Juden, und Heyden, an den Tag geleget habe.

Text.	Paraphrastische Erklärung.
15. Darum auch ich, nachdem ich gehöret habe von dem Glauben bey euch an den HErrn	15. Da also auch ich, in meiner Gefangenschaft, von der Beständigkeit eures Glaubens an Christum JEsum, und von eurer Liebe zu allen Heiligen (1), gehö-

(1) Allen Heiligen. Man darf diese Worte nur lesen, so wird man gewahr, daß das Wort Alle hier einen Nachdruck habe, und aus einer gewissen besondern Ursache da stehe. Ich kann aber, welches ich bekennen muß, keine andere einsehen, als diese, daß sich die Epheser durch die Jüdischgesinnten nicht im geringsten von ihrer Liebe, und Hochachtung, gegen diejenigen Christen, welche unbeschnitten waren, und die jüdischen Caeremonien nicht beobachteten, abwendig machen liessen (a); welches für den Apostel ein Beweis war, daß sie in ihrem Glauben, und der evangelischen Freyheit, feste stünden.

(a) Gerade das Gegentheil läßt sich mit eben so vielem, und noch mehrerem, Grunde

gehöret (2) habe,

HErrn JEsum, und von eurer Liebe zu allen Heiligen;

16. so

16. Höre

Grunde schlüssen. Die Epheser waren bekehrte Heyden; es war also für sie natürlich, andere bekehrte Heyden zu lieben: aber nicht andere bekehrte Juden. Dieß alles stehet also wahrscheinlicher für Bekehrte aus Juden, und Heyden, als für Heyden allein. Wenn sich Locke nur an seine Anmerkungen über den 13ten Abschnitt der Epistel an die Römer erinnert hätte; so würde er diese Muthmassung nicht gewaget haben, nach welcher die Epheser schon halbe Juden gewesen zu seyn scheinen: da doch gewiß Paulus nicht so gar milde in diesem Falle an sie geschrieben haben würde; wie sich aus Vergleichung der Epistel an die Galater schlüssen läßt.

(2) Ἀκούσας τὴν καθ' ὑμᾶς πίστιν ἐν τῷ Κυρίῳ Ἰησοῦ, Darum auch ich, nachdem ich gehöret habe von dem Glauben bey euch an den HErrn JEsum. S. Pauli Hören von dem hier erwähnten Glauben kann nicht heissen, er sey berichtet worden, daß sie das Evangelium angenommen hätten, und an Christum glaubig worden seyen. Dieß konnte er ihnen nicht füglich schreiben, da er, wie bereits bemerket worden, selber sie bekehret, und eine geraume Zeit unter ihnen gelebet hatte. Wir müssen also eine andere Ursache suchen, warum er meldet, daß er von ihrem Glauben gehöret habe; und dieß muß etwas anders bedeuten, als daß er blos, sie seyen Christen (a), berichtet worden sey. Diese Ursache können wir Cap. III. 13. in diesen Worten finden; darum bitte ich, daß ihr nicht müde werdet um meiner Trübsalen willen, die ich für euch leide. Er, als der Heyden Apostel, hatte allein Freyheit vom Gesetze gepredigt, wovon die andern Apostel, die, da sie Juden bekehrten (b), diesen Auftrag nicht hatten (s. Galat. II. 9.), nichts gesagt zu haben scheinen; wie aus Apost. Gesch. XXI. 20. 21. erhellet. Um deswillen, daß er predigte, die Christen seyen nicht verbunden, die gesetzlichen Caeremonien zu beobachten, und das Gesetz sey durch den Tod Christi abgeschafft, wurde er zu Jerusalem ergriffen (c), und als ein Uebelthäter, der sich auf Leib und Leben verantworten mußte, nach Rom gesendet, wo er nun ein Gefangener war. Da er also in Sorgen stand, es möchten die Epheser, und andere bekehrte Heyden, wenn sie ihn dergestalt in Verfolgung, Gefängniß, und Todesgefahr, sähen, und blos deswegen, weil er der Prediger, eifrige Diener, und Ausbreiter, dieses grossen Artikels des christlichen Glaubens war, dessen Beförderung, und Vertheidigung, gänzlich auf ihn zu beruhen schien, denselben fahren lassen, und in dem von ihm erlernten Glauben nicht beständig bleiben; so freuete er sich, da er in seiner Gefangenschaft hörete, daß sie in ihrem Glauben, und in ihrer Liebe zu allen Heiligen, d. i. sowohl gegen die bekehrten Heyden, die sich nicht nach den jüdischen Gebräuchen richteten, als gegen die bekehrten Juden, die sich darnach richteten (d), standhaft wären. Dieß, glaube ich, will er mit seinem Hören von ihrem hier erwähnten Glauben sagen; und in eben dieser Meynung ersuchet er sie Cap. VI. 19. 20. um ihre Fürbitte, daß er mit freudigem Aufthun des Mundes das Geheimniß des Evangelii kund (e) machen möge, dessen Bothe er in der Kette sey. Dieses Geheimniß des Evangelii war, wie aus Cap. I. 9. u. ff. und Cap. III. 3 – 7. zu sehen ist (f), GOttes gnädiger Vorsatz, die Heyden, als Heyden (g), zu seinem Volke unter dem Evangelio

gelis anzunehmen. S. Paulus schrieb, während seiner Gefangenschaft zu Rom, noch an zwo andere Kirchen, an die Philipper, und an die Colosser. Coloss. I. 4. gebrauchet er, meistens buchstäblich, eben die Ausdrücke, die er hier hat: nachdem wir gehöret haben von eurem Glauben an Christum JEsum, und von der Liebe zu allen Heiligen. Er danket GOtt für ihre Erkenntniß, und Beständigkeit, in der Gnade GOttes, nach der Wahrheit, worinnen sie Epaphras unterrichtet, und solches S. Paulo, sowohl als ihre Liebe gegen ihn, gemeldet hatte. Er zeiget hierauf, wie viel ihm daran gelegen sey, daß sie bey diesem Glauben bleiben, und sich zu keiner jüdischen Gesinnung verführen lassen möchten: wie man von dem 14ten Verse dieses Capitels an, bis an das Ende des IIten, sehen kann (h). Wenn er also zu den Ephesern, und Colossern, sagt, er habe von ihrem Glauben gehöret, so heißt dieß nicht, er habe gehöret, daß sie Christen, sondern daß sie in dem Glauben, wozu sie bekehrt, und worinnen sie unterrichtet worden, standhaft wären, nämlich darinnen, daß sie GOttes Volk, und allein durch den Glauben an Christum in das Reich GOttes seyen aufgenommen worden, ohne sich der mosaischen Haushaltung, und der Beobachtung des Gesetzes, zu unterwerfen. Denn, dazu, fürchtete er, möchten sie sich, da er nun von ihnen entfernt, und in der Gefangenschaft, war, entweder durch ihre eigene Zaghaftigkeit, oder durch das Ungestümm anderer (i), verleiten, und die von ihm gepredigte Wahrheit, und evangelische Freyheit, fahren lassen.

(a) Ein Christ, im lockischen Verstande, seyn, heißt auch nicht eigentlich, den wahren seligmachenden Glauben haben. Wenn also Paulus sagt, er habe von dem Glauben der Epheser gehört; so verstehet er unter Glauben sowohl das Wachsthum, als die Beständigkeit, im Glauben, der das Verdienst Christi ergreift, und in guten Werken fruchtbar ist.

(b) Dieß ist schon bey der Einleitung zu diesem Briefe näher geprüft worden.

(c) Nicht so schlechthin um dieser Ursache willen, sondern weil man zu Jerusalem glaubte, er verböthe auch den Juden, die unter den Heyden wohnten, ihre Kinder zu beschneiden, und ihn überhaupt für einen Feind des Gesetzes erklärete, s. Apost. Gesch. XXI. 21. und 28.

(d) S. die erste Anmerkung.

(e) Es wäre das Geheimniß des Evangelii gar ein schlechtes Geheimniß, wenn Paulus nichts weiter hätte davon predigen können, als was hier Locke dazu rechnet.

(f) Dieß ist allbereits an seinem Orte widerlegt.

(g) Nicht: als Heyden, in so weit sie heydnisch, sondern in wie weit sie nicht beschnitten sind.

(h) Es ist an dem angeführten Orte nicht allein von jüdischen, sondern auch von damaligen philosophischen Lehrsätzen, die Rede; wie man aus Cap. II. 8. sehen kann. Lockens Beweis schlüsset also nur halb, wenn auch sonsten die Epistel an die Epheser mit der an die Colosser völlig parallel wäre.

(i) Waren denn die Juden damals so mächtig? oder war Pauli Gegenwart zur Standhaftigkeit der Glaubigen so unumgänglich nöthig?

In der nämlichen Absicht schreibt er an die Philipper, und sagt Cap. I. 3 – 5. daß er GOtt danke ἐπὶ πάσῃ τῇ μνείᾳ ὑμῶν, so oft ihrer gedacht würde, so oft er Nachricht bekäme, daß sie in der Gemeinschaft, und dem Bekenntnisse, des Evangelii, so wie er es bey ihnen gelehret habe, ohne die geringste Veränderung, und Wankelmüthigkeit, beständig blieben. Dieß ist eben so viel, als wenn er hier spricht, daß er von ihrem Glauben höre; und deswegen bethet er unter andern hauptsächlich, daß sie möchten vor jüdischen Meynungen bewahret werden. Dieß siehet man V. 27. 28. wo das, was er von ihnen zu hören wünscht, darinnen bestehet, daß sie stehen in einem Geiste, und einer Seele, und sammt ihm kämpfen für den Glauben des Evangelii, und sich in keinem Wege erschröcken lassen von den Widersachern. Nun war aber damals keine Secte, welche sich dem von S. Paulo gepredigten Evangelio widersetzte, und mit welcher die bekehrten Heyden in Streit gerathen konnten, als diejenigen, welche behaupteten, daß man die Beschneidung, und jüdischen Gebräuche, unter dem Evangelio beybehalten müßte (k). Diese waren es, von welchen S. Paulus allein befürchtete, daß sie etwa die bekehrten Heyden erschröcken, und, als scheu, aus dem Wege des Evangelii bringen möchten; als welches die eigentliche Bedeutung des πτυρόμενοι ist. Ungeacht diese Stelle deutlich genug zeiget, was er von ihnen gerne hörte, und immer hören wollte, so zeiget er doch noch offenbarer, daß er von den Verfechtern des Judenthums für sie Gefahr besorge, damit, daß er sie ausdrücklich vor dieser Art von Menschen warnet, Cap. III. 2. 3. Das hier gemeldete Hören bestehet also darinnen, daß er von diesen drey Gemeinen hörte (l), sie blieben feste bey dem evangelischen Glauben, worinnen er sie unterrichtet hatte, ohne sich im geringsten zu jüdischen Meynungen verführen zu lassen. Dafür dankte S. Paulus GOtt; und allem Ansehen nach würde er, wenn er, während seiner Gefangenschaft zu Rom, an andere aus den Heyden bekehrte Gemeinen, bey einem ähnlichen Verhalten, geschrieben hätte, ihnen eben dieses geschrieben haben. Es ist also die Hauptabsicht dieser drey Episteln, welche S. Paulus während seiner Gefangenschaft zu Rom geschrieben hat, die Beschaffenheit des Reiches GOttes unter dem Messias [wovon die Heyden nun nicht länger durch gesetzliche Verordnungen ausgeschlossen waren], zu erklären, und die Gemeinen in diesem Glauben zu stärken (m). Da S. Paulus von GOtt erwählet, und gesendet, war, den Heyden das Evangelium zu predigen, so zeigte er in allen seinen Predigten die Grösse, und Freyheit, des Reiches GOttes, das nun auch den Heyden offen stand, nachdem der Zaun, der sie davon ausschloß, abgebrochen worden. Dieß machte ihm die Juden zu Feinden, und um dieser Ursache willen ergriffen sie ihn, und er war nun zu Rom ein Gefangener. Da er sich fürchtete, die Heyden möchten jetzt, da er entfernet war, und um des Evangelii willen litte, verleitet werden, sich dem Gesetze zu unterwerfen, so meldet er diesen drey Gemeinen, daß er sich über ihre Beständigkeit im Glauben freue: und deswegen schreibet er ihnen, um ihnen zu erklären, und zu beweisen, wie das Reich GOttes unter dem Messias beschaffen sey, in welches nun alle Menschen durch den Glauben an Christum gelangen konnten, ohne Absicht auf die Bedingungen, unter welchen ehehin die Juden darein kamen. Die Vorstellung der Grösse dieses Reiches, und des freyen Zuganges in dasselbe, die beyde so sehr zu GOttes Ehre gereichen, und seine Güte, und Barmherzigkeit, gegen die Menschen so deutlich entdecken, daß er solches als eine neue Schöpfung beschreibet, ist augenscheinlich der Endzweck dieser drey Episteln, welche so auf eines hinauslaufen, daß, wer sie liest, unmöglich den Sinn des Apostels verkennen kann, weil immer eine der andern Licht giebt (n).

16. Höre ich nicht auf zu danken für euch, und gedenke eurer in meinem Gebeth:

16. so höre ich nicht auf, für euch zu danken, und gedenke eurer in meinem Gebethe;

17. Daß der GOtt unsers HErrn JEsu Christi, der Vater der Herrlichkeit,

17. daß der GOtt unsers HErrn JEsu Christi, der Vater der Herrlichkeit (3), eure Seelen mit Weisheit (4), und Offenbarung (5), begaben

(k) Dieß ist falsch. Coloss. II. 8. gedenket Paulus auch der damaligen Philosophen, und Tit. I. 10. vieler frecher, und unnützer, Schwätzer, ματαιολόγων, und Verführer, worunter sich freylich besonders die Beschnittenen hervorthaten; des Gezänkes der falschberühmten Kunst, oder, der fälschlich so genannten Gnosis, ψευδωνύμου γνώσεως, wodurch einige des Glaubens fehlen, V. 21. des Hymenäus und Alexanders, 1 Timoth. I. 20. Die Götzendiener widerstehen ihm, Apost. Gesch. XIX. und der Zauberer Elymas, Apost. Gesch. XIII. 8. Er stand also nicht allein wegen der Juden in Sorgen.

(l) Man kann feste im Glauben bleiben, ohne von Juden nur angefochten zu werden.

(m. n.) Aus diesen beyden Stellen siehet man, daß Locke den Endzweck unserer Epistel einiger massen erkennet, da er aber keinen Begriff von dem Verdienste Christi, und den Gnadenwirkungen des Heiligen Geistes, hatte, nur durch sein System verwirret habe. Denn, etwas muß diese Epistel sagen; sie saget aber demjenigen, der obige Glaubensartikel nicht weiß, oder läugnet, sehr wenig: er hat sie also lieber in eine Streitschrift gegen die jüdisch gesinnten Christen verwandelt.

(3) Vater der Herrlichkeit, ist ein hebräischer Ausdruck, der sich nicht wohl ändern läßt, weil er denjenigen bedeutet, der an sich selber herrlich ist, von welchem alle Herrlichkeit, als aus ihrer Quelle, herkommet, und dem auch alle Ehre, und Herrlichkeit, muß gegeben werden. In allen diesen Bedeutungen kann man ihn hier nehmen, da keine Ursache, eine der andern vorzuziehen, vorhanden ist.

(4) Weisheit stehet hier augenscheinlich für den rechten Begriff, und Verstand, des Evangelii. S. die Anmerkung über den 8ten Vers.

(5) Offenbarung wird von S. Paulo nicht allein für unmittelbare göttliche Eingebung gebraucht, sondern bedeutet hier, und in den meisten (a) andern Stellen, solche Wahrheiten, die nicht durch die menschliche Vernunft erfunden werden können, und zuerst durch die Offenbarung entdeckt worden sind, ungeachtet nachgehends Menschen solche Wahrheiten durch das Lesen der heiligen Schrift, wo sie zu ihrem Unterrichte geschrieben stehen, erlernet haben.

(a) Wenn nur nicht von den meisten Stellen so zuverläßig geredet wird, so kann diese Anmerkung wohl Statt haben. Denn, wer hat die Stellen gezählet?

ben möge (*), wodurch ihr ihn erkennen könnet;

18. und die Augen eures Verstandes erleuchten, daß ihr einsehet, welche Hofnungen euer Beruf zum Christenthume mit sich bringe, und welche überschwengliche Herrlichkeit es für die Heiligen sey, sein Volck, und das Loos seines Erbtheiles, zu werden (**);

19. und

keit, gebe euch den Geist der Weisheit, und der Offenbarung, zu seiner selbst Erkenntniß;

18. Und erleuchtete Augen eures Verständnisses, daß ihr erkennen möget, welche da sey die Hofnung eures Berufs, und welcher da sey der Reichthum seines herrlichen Erbes an seinen Heiligen;

19. Und

(*) Diese Umschreibung gehet zu weit vom Texte ab. So wie der Vater unsers HErrn JEsu Christi der Vater der Herrlichkeit ist: so ist der Heilige Geist der Geist der Weisheit und der Offenbarung; der Geist, der alle Weisheit und Erkenntniß besitzet, als der Geist der Weisheit, und des Verstandes, Jes. XI. 2. und solche den Gliedern, und Jüngern, JEsu Christi mittheilet; der Geist der Offenbarung, als der Geist, der die heiligen Männer GOttes, die geschrieben haben, getrieben hat, 2 Petr. I. 21. und noch beständig durch die in der heiligen Schrift enthaltene göttliche Offenbarung an den Menschen arbeitet, durch dieses Wort, und die Sacramente, gegeben wird, und durch dieselben sich kräftig beweiset. Seine Gabe, und Wirkung, vermehret sich in den Glaubigen bey dem rechten Gebrauche der Gnadenmittel beständig. Denn, wer da hat, dem wird gegeben, daß er die Fülle habe, Matth. XIII. 12. Man kann daraus auch die Worte ἐν ἐπιγνώσει αὐτοῦ erklären. Der Heilige Geist beweiset sich nämlich als den Geist der Erkenntniß, und der Offenbarung, in der Erkenntniß GOttes, die er in den Glaubigen beständig grösser, und fruchtbarer, macht; und man darf die lockische Umschreibung nur also ändern: daß der GOtt ——— euch den Geist der Weisheit, und der Offenbarung, gebe, der sich in Hervorbringung und Vermehrung seiner Erkenntniß (der Erkenntniß GOttes) geschäftig, und wirksam erweiset.

(**) Die Umschreibung: und welche überschwengliche Herrlichkeit, u. s. w. weichet zu sehr vom Griechischen ab, und giebt den Worten des Apostels einen unrechten Verstand. Der Apostel wünschet den Ephesern immer mehrere Erleuchtung, damit sie erkennen mögen, welch ein überaus herrliches Erbtheil GOtt auch für sie unter seinen Heiligen zubereitet habe. Πλοῦτος δόξης, Reichthum der Herrlichkeit, ist so viel, als überaus herrlich, unaussprechlich herrlich. Der Reichthum seines herrlichen Erbes ist also sein überaus herrliches Erbe. Dieses weiset der Apostel den Ephesern ἐν ἁγίοις an, unter den übrigen Glaubigen, oder, wie Hebr. XII. 23. 24. stehet, unter der Gemeine der Erstgebohrnen, die im Himmel angeschrieben sind, unter den Geistern der vollendeten Gerechten, nicht an seinen Heiligen, wie es Lutherus übersetzet hat; noch weniger schränket er diese Herrlichkeit darauf ein, daß eine Gemeine bloß zu GOttes Volk gehöret. Man kann also die angeführten Worte besser so umschreiben: und wie überaus herrlich das Erbtheil sey, das er auch euch unter seinen Heiligen zubereitet hat.

19. Und welche da sey die überschwengliche Grösse seiner Kraft an uns, die wir glauben, nach der Wirkung seiner mächtigen Stärke,

20. Welche er gewirket hat in Christo, da er ihn von den Todten auferwecket hat, und gesetzt zu

19. und welche unendlich grosse Kraft er an uns (6), die wir glauben, gewendet hat:

20. eine Kraft, welche mit derjenigen mächtigen Kraft übereinkommt, die er gebrauchte, da er Christum von den Todten erweckte, und ihn neben sich (*) über alle auf sein himmlisches Reich

(6) Uns hier, und ihr Cap. II. 1. und uns Cap. II. 5. zeiget offenbar einerley Personen an, nämlich diejenigen, die todt waren, und die Wirkung derjenigen grossen Kraft empfanden, die Christum von den Todten erweckte, d. i. die bekehrten Heyden (a); und alle diese herrlichen Dinge machet er ihnen von V. 18 – 23. bekannt, indem er bethet, daß sie sehen mögen, sie seyen ihnen, wie er in diesem 19ten Verse meldet, als Glaubigen, nicht aber als Anhängern des mosaischen Gesetzes, zu Theile geworden.

(a) Locke beweiset gar zu seltsam. Ihr und uns sind gewiß dem Buchstaben nach nicht einerley Personen, und der Sache nach hier noch viel weniger. Das Uns sind in unserm Verse die Glaubigen aus Juden, und Heyden; denn, bey der Bekehrung des Juden ist nicht weniger göttliche Kraft, als bey der Bekehrung des Heyden, nöthig: Cap. II. 1. sind die Ihr die Epheser, und V. 5. sind die Uns wieder vorzüglich Bekehrte aus den Juden, wegen V. 3; es sind aber auch die Heyden nicht völlig ausgeschlossen, wegen V. 8. Der Augenschein dient hier statt alles Beweises.

(*) Neben sich. Ich weiß nicht, warum Locke nicht lieber die Worte zu seiner Rechten beybehalten hat, wenn er nicht besorgt gewesen ist, er möchte dadurch Christum zu weit erhöhen, und ihm gleiche Majestät, und Herrlichkeit, mit dem Vater zugestehen. Die englischen Worte, die ich durch neben sich übersetzt habe, scheinen wenigstens dieses anzudeuten: in setting him next to himself. Hiezu kommt auch die zweydeutige Umschreibung: über alle auf sein himmlisches Reich sich beziehende Dinge, die sehr willkührlich für das Griechische ἐν τοῖς ἐπουρανίοις, im Himmel, gesetzet ist. Wer hat Locken gesaget, daß ἐπουράνια die auf das Himmelreich sich beziehende Dinge sind? ist denn Christus nicht über alle Dinge gesetzt? Dieß wird sich bey seiner unmittelbar folgenden Anmerkung genauer untersuchen lassen. Jetzt will ich nur anmerken, daß τὰ ἐπουράνια, nach allen Sprachregeln, nichts anders anzeigen kann, als was sonst im neuen Testamente ἐν οὐρανοῖ sind; und nicht eben supracoelestia, überhimmlische Dinge, wie viele Ausleger wollen. Denn, 1 Korinth. XV. 40. giebet es σώματα ἐπουράνια, welches doch nichts anders, als himmlische Körper, sind; und eben daselbst heisset V. 47. Christus ὁ Κύριος ἐξ οὐρανοῦ, der HErr vom Himmel, und gleich darauf V. 48. ὁ ἐπουράνιος, der himmlische. GOtt der Vater heißt Matth. XVIII. 35. ὁ ἐπουράνιος, der

Reich (7) sich beziehende Dinge setzte, zu seiner Rechten im Himmel,

21. weit

21. Ueber

der himmlische Vater, und Matth. VI. 9. ὁ ἐν τοῖς οὐρανοῖς. Phil. II. 10. werden unterschieden alle Knie, derer, die im Himmel, auf Erden, und unter der Erden, sind. Man siehet aus diesen Stellen deutlich, daß die Sylbe ἐπ' in dem Worte ἐπουρανίοις nichts die Bedeutung vermehre, sondern dieses Wort eben so viel, als οὐρανοῖς, anzeige; wie es denn auch damit augenscheinlich Matth. VI. 14. 26. 32. XV. 13. verwechselt wird: und folglich in denselben nur das Himmlische dem Irdischen, oder Unterirdischen, entgegen gesetzt sey. Lutherus hat also gründlich übersetzt: zu seiner Rechten im Himmel.

(7) ἐν τοῖς ἐπουρανίοις, in den himmlischen Gegenden, sagt unsere (englische) Uebersetzung, und so auch V. 3. Vielleicht aber wird man der Randglosse: in himmlischen Dingen, den Vorzug geben, wenn man den 22sten Vers damit vergleicht. Er hat ihn zu seiner Rechten gesetzt heißt also: er hat ihm seine Gewalt übertragen; ἐν ἐπουρανίοις, d. i. in seinem himmlischen Königreiche (a), oder, er hat ihn zum Haupte in seinem himmlischen Reiche gesetzt; s. V. 22. Dieses Reich heisset in dem Evangelio bald βασιλεία θεοῦ, das Reich GOttes, bald βασιλεία τῶν οὐρανῶν, das Himmelreich. GOtt hatte schon ein Reich, und Volk, in dieser Welt, nämlich das Reich, welches er sich aus den Juden aufgerichtet, und aus dem abgefallenen Haufen des rebellischen, und widerspenstigen, menschlichen Geschlechtes gesammelt, und gerettet, hatte. Bey diesem Volke hielte er sich auf, unter demselben hatte er seine Wohnung, und regierete es als König in einem eigenen Reiche: daher sehen wir, daß unser Erlöser Matth. VIII. 12. die Juden die Kinder des Reiches nennet. Allein, dieses Reich, ungeacht es GOttes Reich war, war doch nicht βασιλεία τῶν οὐρανῶν, das Himmelreich: dieses kam mit Christo, s. Matth. III. 2. und X. 7. Es war, in Vergleichung mit diesem ἐπουρανίῳ, himmlischen Reiche, welches unter JEsu Christo errichtet werden sollte, nur ἐπίγειος, irdisch; und in dieser unterschiedlichen Bedeutung scheinet unser Heiland Joh. III. 12. die Worte ἐπίγεια, irdisch, und ἐπουράνια, himmlisch, zu gebrauchen. Er saget allda dem Nicodemus, in seinem Gespräche mit ihm, daß ein Mensch, wenn er nicht wiedergebohren wäre, das Reich GOttes nicht sehen könnte. Dieß wiedergebohren werden machte dem Nicodemus Zweifel, die ihm Christus verweiset; weil er ein Lehrer in Israel war, und nicht verstand, was zur jüdischen Verfassung gehörte, nach welcher das als eine Wiedergeburt angesehen, und auch so genennet, wurde, wenn sich Jemand, um in dieses Reich zu kommen, taufen ließ (b). Deswegen saget er: da ihr mich nicht verstehet (c), indem ich mit euch von irdischen Dingen rede, von Dingen, die zu eurer eigenen irdischen Verfassung gehören; wie werdet ihr mich verstehen, wenn ich euch τὰ ἐπουράνια, himmlische Dinge, d. i. von dem Reiche, das bloß himmlisch ist, sage (d)? Diesem nach lassen sich S. Pauli Worte Ephes. I. 10. τὰ τε ἐν τοῖς οὐρανοῖς καὶ τὰ ἐπὶ τῆς γῆς, welche Cap. III. 15. Coloss. I. 16. 20. wieder vorkommen; vielleicht nicht übel von dem himmlischen Reiche GOttes erklären, im Gegensatze auf das irdische Reich der Juden, dessen Gebräuche, und Einrichtung, S. Paulus weltliche Satzungen nennt, Galat. IV. 3. Coloss. II. 8. 9. Beyde wurden, als der Messias kam, vereinigt, und unter einem

Haupte, JEsu Christo, wieder mit einander aufgerichtet (e). Denn, der ganze Endzweck dieses, und der zwey folgenden Capitel, ist, zu zeigen, daß Juden, und Heyden, unter Christo, dem Haupte des Himmelreiches, in einen Leib vereiniget seyen (f). Wer auch Ephes. II. 16. und Coloss. I. 20. in welchen beyden Stellen der Apostel offenbar von einerley Sache redet, nämlich von der Versöhnung der Juden und Heyden durch das Kreuz Christi, mit einander gelassen vergleichet, der wird sich schwerlich etwas anders vorstellen können, als daß das, was im Himmel, und auf Erden, ist, die Menschen in diesen beyden Reichen bedeute (g).

(a) Wenn die Worte: er hat ihn zu seiner Rechten gesetzt, heissen; er hat ihm seine Gewalt übertragen; so ist eben damit bewiesen, daß Christus nicht allein im Himmelreiche das Haupt sey. Denn, die Gewalt GOttes gehet über alles, was sichtbar, und unsichtbar, wirklich, und möglich, ist. [illegible] zeiget auch nicht bloß das Himmelreich an: sonst müßte der himmlische Vater Matth. XVIII. 35. weiter nichts seyn, als der Vater des Himmelreiches; welches für diese Stelle zu wenig gesagt wäre. Hiezu kommt, daß Paulus unten V. 22. auf welche Stelle sich Locke selbst beziehet, ausdrücklich saget: und hat alle Dinge unter seine Füsse gethan, und hat ihn gesetzt zum Haupt über alles. Das Himmelreich machet aber nicht alles aus.

(b) Verständige Leser werden ohne mein Erinnern sehen, daß Locke hier sein Glaubensbekenntniß ablege, und das Sacrament der heiligen Taufe von der eingebildeten jüdischen Proselyten-Taufe herleite. Es ist hier der Ort nicht, diese Meynung, welcher von gründlichen Gottesgelehrten schon so oft widersprochen worden, umständlich zu prüfen. Ich begnüge mich also mit der einzigen Erinnerung, daß alles, was er aus derselben zur Erklärung der angezogenen Stelle beybringt, weil es auf so seichtem Grunde beruhet, falsch seyn müsse.

(c. d) Christus rechnet die Wiedergeburt, die in der heiligen Taufe geschiehet, nicht deswegen unter die irdischen Dinge, weil sie, nach Lockens Meynung, zur irdischen Verfassung der Juden gehöret: sondern weil sie hier auf Erden geschehen muß, noch beym gegenwärtigen Zustande der Menschen hier auf Erden; und setzet sie damit den himmlischen entgegen, die sich erst nach diesem Leben, wenn wir ihn sehen werden, wie er ist, 1 Joh. III. 2. mit den Glaubigen begeben werden; s. Baumgartens Auslegung des Evangelii S. Johannis. Man kann auch die Wiedergeburt deswegen unter die irdischen Dinge rechnen, weil sie an irdischen Menschen geschehen muß, und so demjenigen entgegen setzen, was nach V. 13. 14. mit Christo selbst vorgehen sollte, der vom Himmel gekommen, und der HErr vom Himmel ist, 1 Korinth. XV. 47.

(e) Das irdische Reich der Juden ist niemals wieder aufgerichtet worden, nicht einmal in dem Verstande, in welchem es diese Anmerkung nimmt. Denn, sonst könnten ja im neuen Testamente die levitischen Caeremonien nicht abgeschaft seyn. Locke hat sich hier entweder vergessen, oder nicht vorsichtig genug ausgedrückt.

(f) Dieß ist nicht der Endzweck dieser Capitel; wie schon lit. m. n. über die Anmerkung zum 15ten Verse erinnert worden ist.

(g) Wieder ein Beweis von der lockischen Unbeständigkeit! In der Anmerkung über den 10ten Vers trug Locke diese Erklärung dessen, was im Himmel, und auf Erden, ist, als eine fremde Meynung vor: und nun nimmt er sie auf einmal selber an. Ich darf mich hier bloß auf meine dortige Erinnerung beziehen.

21. weit über alle Fürstenthümer, und Gewalt, und Macht, und Herrschaft (8), und alles, was wir, als noch höher, und vortreflicher, entweder in dieser, oder der zukünftigen, Welt mögen kennen lernen, oder nur nennen hören:

21. Ueber alle Fürstenthum, Gewalt, Macht, Herrschaft, und alles, was genannt mag werden, nicht allein in dieser Welt, sondern auch in der zukünftigen.

22. und ihm alle Dinge unterwarf; und ihn, mit der Gewalt über alle Dinge bekleidet, zum Haupte der Kirche setzte (*),

22. Und hat alle Dinge unter seine Füsse gethan, und hat ihn gesetzt zum Haupt der Gemeine über alles:

23. welche sein Leib ist, der von ihm allein (9) erfüllet

23. Welche da ist sein Leib,

(8) Diese abstracten Namen zeigen, nach dem morgenländischen Sprachgebrauche, im neuen Testamente oft diejenigen an, welche Macht und Herrschaft u.s.w. besitzen; und zwar nicht allein hier auf Erden unter den Menschen, sondern auch unter höhern Wesen im Himmel: und so werden sie oft gebraucht, die verschiedenen Würden, und Stufen, der Engel auszudrücken. Ungeachtet sie nun, nach aller Uebereinstimmung, hier eben das bedeuten, so ist doch kein Grund, die irdischen Mächte von diesem Texte auszuschliessen, da πάσης sie nothwendig einschließt, und nach der Schrift, und unsers Heilandes eigener Erklärung, Luc. XII. 11. und XX. 2. die Gewaltigen auf Erden eine Gattung der ἀρχῶν, und ἐξουσιῶν, sind. Da hier überdieß des Apostels vornehmster Endzweck ist, daß er die Epheser überzeuge, sie seyen nicht dem Gesetze Mosis (a), und der Regierung derer, welche darnach richteten, unterworfen, sondern zum Reiche des Messias berufen: so ist gar nicht anders zu vermuthen, als daß er hier, wo er von der Erhöhung Christi zur höchsten Gewalt, und Herrschaft, über alle andere redet, zugleich seine Absicht auf diese kleine, und niedrige, Herrschaft der Juden, der sich die Unterthanen des herrlichen Reiches JEsu Christi bald selbst unterworfen hätten, richten soll. Dieß bestärken die folgenden Worte weiter (b).

(a) Wenn auch dieß des Apostels Endzweck, wie man leicht sehen kann, nicht ist: so hat doch bis hieher die Anmerkung ihre Richtigkeit, da Fürstenthum, u.s.w. in dieser Welt gewiß die weltlichen Mächte anzeigen.

(b) Sie sagen aber auch noch mehr.

(*) Eigentlich heisset es: er hat ihn zum Haupte über alles gesetzt, der Kirche, nämlich, zum Besten.

(9) Πλήρωμα, wird hier im leidenden Verstande gebraucht, für eine Sache, welche erfüllet, oder voll gemachet, wird; wie die folgenden Worte lehren, des, der alles in allem erfüllet; d.i. Christus ist das Haupt der Kirche, der allen Gliedern derselben alles giebt, und verschaffet, um sie dazu zu machen, was sie an diesem Leibe sind, und seyn sollen, s. Cap. V. 18. Coloss. II. 10. III. 10. 11.

Leib, nämlich die Fülle des, der alles in allen erfüllet.

erfüllet wird, von ihm, von welchem alles kommt, was den Gliedern der Kirche eine Art des Vorzuges, und der Vollkommenheit, giebt [ob sie Juden, oder Griechen, beschnitten, oder unbeschnitten, Barbarn, oder Scythen, Sclaven, oder Freye, seyen, daran ist nichts gelegen; mit ihm vereiniget seyn, und an seinem Einflusse, und Geiste, Theil nehmen, ist alles in allem].

Cap. II. 1. Und auch euch, da ihr todt waret durch Uebertretung und Sünden,

Cap. II. 1. Und (10) auch euch, die ihr todt waret in Uebertretungen, und Sünden,

2. In Bbb 3 2. In

(10) Καὶ, Und, machet hier die Verbindung in dem paulinischen Vortrage aus, den man, ohne seinen Zusammenhang einzusehen, unmöglich verstehen kann: er ist, ohne diese Einsicht, einem Haufen Goldstaube gleich, in welchem alle Theile vortreflich, und kostbar, sind, aber ohne Ordnung, und Verbindung, zusammengetragen zu seyn scheinen. Dieses Und verknüpfet zwar also die Theile mit einander; und zeiget die Verbindung, und den Zusammenhang des paulinischen Vortrages an: allein, es ist von dem ἐνήργησεν, gesetzt, V. 20. im vorhergehenden Capitel, und συνεζωοποίησε, lebendig gemacht, in dem 5ten Verse des gegenwärtigen, als welche zween Verse es an einander hänget, so weit entfernet, daß einer, der nicht mit S. Pauli Schreibart bekannt ist, solches kaum wahrnehmen, oder zugeben, wird. Es wird also nicht unrecht seyn, wenn ich es so deutlich mache, daß es auch ein gemeiner Leser einsehen kann. S. Paulus bethet V. 18–20, daß GOtt die Epheser so erleuchten möge, daß sie die grossen Vortheile, die sie durch das Evangelium erlanget haben, einsehen können. Diese Vorzüge, die er hier namhaft machet, sind folgende. 1. Was ihnen dasselbe für grosse Hofnungen gebe. 2. Welch herrliches Erbtheil GOtt auch ihnen unter seinen Heiligen zubereitet. 3. Was für eine überschwenglich grosse Kraft er zu ihrem Besten angewendet habe, da sie mit derjenigen Kraft übereinkomme (einerley sey), wodurch er Christum von den Todten auferweckte, und zu seiner Rechten setzte. Da bey dieser Vorstellung seine Seele von einem so herrlichen Bilde voll ist, so läßt er seiner Feder den Lauf, und beschreibet die Erhöhung Christi bis zum Ende dieses Capitels, und fähret alsdenn wieder in seiner vorigen Abhandlung fort. Sie hänget ganz so zusammen: „Ich bitte GOtt, daß er die Augen „eures Verstandes erleuchte, daß ihr erkennen möget, welche überschwenglich grosse „Kraft er an uns, die wir glauben, angewendet habe: (κατὰ τὴν) derjenigen Kraft „gemäß, womit er Christum auferweckte, und zu seiner Rechten setzte; denn, so „hat er auch euch auferwecket, die ihr in Uebertretungen, und Sünden, todt waret; „Uns, sage ich, die wir in Uebertretungen, und Sünden, todt waren, hat er „lebendig gemacht, und mit Christo auferweckt, und sammt ihm in sein himmlisches „Reich versetzet“. Dieß ist kürzlich der Zusammenhang, und die Verbindung, seines Vortrages von Cap. I. 18. bis II. 5. ob er gleich durch manche dazwischen kommende Gedanken unterbrochen wird, die er, nach seiner Gewohnheit, gelegenheitlich

V. 2. in welchen ihr Heyden vor eurer Bekehrung zum Evangelio, nach dem Zustande, und Brauche,

2. In welchen ihr weiland gewandelt habt, nach dem

heitlich ausführet, und sodenn wieder auf sein Hauptwerk zurücke gehet. Denn, hier in dem 1sten Verse dieses IIten Capitels müssen wir wieder bemerken, daß er bey der Anzeige, sie seyen in Uebertretungen, und Sünden, todt gewesen, diesen verlohrnen Zustand der Heyden vor ihrer Bekehrung erst ausführlich beschreibet, und denn wieder zu seinem Vorhaben kommet, daß sie GOtt nach seiner grossen Barmherzigkeit auferwecket, und mit Christo in sein himmlisches Reich versetzet, habe. In allem diesem siehet er offenbar mehr auf die Gedanken, die er vorträgt, als auf eine sorgfältige Verbindung der Worte nach der Grammatik. Denn, καὶ, und, V. 1. und καὶ, und, V. 5. verbinden deutlich συνεζωοποίησε, lebendig gemacht, mit ἐκάθισεν, gesetzt, V. 20. im vorhergehenden Capitel; wie die zwey V. 6. folgenden Worte καὶ συνήγειρε καὶ συνεκάθισεν ἐν ἐπουρανίοις, er hat uns auferwecket, und sammt ihm in das himmlische Wesen gesetzt, lehren können. S. Paulus will die grosse Macht, und Kraft, GOttes beschreiben, die er an den Heyden bewiesen hat, da er sie in sein Himmelreich einführte, und erkläret dieselbe, daß sie sey κατὰ τὴν ἐνέργειαν, in einerley Verhältnisse mit der Kraft, wodurch er JEsum von den Todten erweckte, und zu seiner Rechten setzte. Um diese Gleichheit auszudrücken, behält er einerley Worte bey. Von Christo saget er Cap. I. 20. ἐγείρας αὐτὸν ἐκ τῶν νεκρῶν καὶ ἐκάθισεν ἐν δεξιᾷ αὐτοῦ ἐν τοῖς ἐπουρανίοις, er hat ihn von den Todten auferwecket, und gesetzt zu seiner Rechten im Himmel. Von den bekehrten Heyden (und Juden) sind seine Worte Cap. II. 5. 6. καὶ ὄντας ἡμᾶς νεκροὺς τοῖς παραπτώμασι συνεζωοποίησε τῷ Χριστῷ, καὶ συνήγειρε καὶ συνεκάθισεν ἐν ἐπουρανίοις, auch uns, die wir todt waren in den Sünden, hat er sammt Christo lebendig gemacht, und hat uns sammt ihm auferwecket, und sammt ihm in das himmlische Wesen gesetzt. Es ist also deutlich, daß ὑμᾶς, euch, V. 1. und ἡμᾶς, uns, V. 5. beyde von dem Zeitworte συνεζωοποίησε, er hat lebendig gemacht, regieret werden V. 5. Ist gleich die grammatikalische Wortfügung in etwas unterbrochen, so wird sie doch durch den Sinn wieder hergestellet, welcher folgender ist. „ GOtt hat durch seine mächtige
„ Kraft Christum von den Todten erwecket; durch eben diese mächtige Kraft hat er
„ auch euch Heyden zu Ephesus, ja, was sage ich, euch zu Ephesus, uns,
„ alle Bekehrte (aus Juden, und) aus den Heyden, da wir in Uebertretungen,
„ und Sünden, todt waren, lebendig gemacht, und von den Todten auferwecket.
„ Ihr Epheser waret todt in Uebertretungen, und Sünden, in welchen ihr gewan-
„ delt habt, nach dem Lauf dieser Welt, und nach dem Fürsten, der in der Luft
„ herrschet, nämlich nach dem Geist, der zu dieser Zeit sein Werk hat in den Kindern
„ des Unglaubens; und so waren wir, alle wir übrige, die wir aus dem (Juden-
„ thume, und) Heydenthume bekehret sind, wir alle waren von völlig gleicher Art,
„ wir lebten eben so, und hatten unsern Wandel in den Lüsten unsers Fleisches,
„ denen wir vollkommen gehorchten, und thaten, was unser fleischlicher Wille,
„ und verblendeter Verstand, von uns forderten; wir waren also eben so wohl Kinder
„ des Zorns, und hatten eben so wohl Zorn, und Strafe, verdienet, als diejenigen,
„ die noch immer Kinder des Ungehorsams, d. i. unbekehrt, bleiben: aber GOtt ist
„ reich an Barmherzigkeit (denn, aus Gnaden seyd ihr selig worden), und hat uns

„ auf-

dem Lauf dieser Welt, und nach dem Fürsten, der in der Luft herrschet; nämlich nach dem Geist, der

Brauche, dieser Welt (11) gewandelt, und euch nach dem Willen, und Wohlgefallen, des Fürstens des Luftreiches (12) gerichtet habt, des Geistes, der noch jetzt seine Wohnung, und Wir-

auferwecket, u. s. w. " Dieß ist S. Pauli Sinn in einer etwas weitläuftigern Ausführung, der sich in seiner kurzen Schreibart, worinnen er viele Begriffe so, wie sie seine Seele erfüllen, in einander menget, nicht leicht nach den Regeln der Sprachlehre ordnen läßt. Daß er Wir und Uns ohne Unterschied gebraucht, und Ihr so gerne mit dem andern verwechselt, zeiget, wie wir schon erinnert haben, deutlich, daß beyde für einerley Art von Menschen, d. i. für Christen, die zuvor Heyden (oder Juden) waren, und deren ehemaliger Zustand, und Lebenswandel, hier umständlich beschrieben wird, gesetzet sind.

(11) Αἰὼν bedeutet im neuen Testamente den langwierigen Zustand, und Brauch, in den grossen Geschlechten, und Haufen, der Menschen, wenn man solche in Absicht auf das Reich GOttes betrachtet (a). Es wird also durch das Wort αἰῶνες, wenn es allein stehet, wo ich nicht irre, ein doppelter, besonders vorzüglicher, und merkwürdiger, Zustand angedeutet; und dieser ist ὁ νῦν αἰὼν, diese gegenwärtige Welt, welche denjenigen Zustand der Welt anzeiget, in welchem die Kinder Israel GOttes Volk waren, und sein Königreich auf Erden ausmachten, während daß die Heyden, d. i. alle übrige Völker der Welt, sich in dem Zustande der Abtrünnigen, und Rebellen, befanden, und öffentliche Diener, und Unterthanen, des Teufels waren, dem sie anhiengen, gehorchten, und die Ehre der Anbethung erzeigten. Der andere ist αἰὼν μέλλων, die zukünftige Welt, d. i. die Zeit des Evangelii, worinnen GOtt durch Christum den Zaun, welcher die Trennung zwischen Juden, und Heyden, machte, abbrach, und den Weg öfnete, den übrigen Theil der Menschen wieder mit sich zu vereinigen, und die Heyden unter JEsu Christo wieder in sein Reich aufzunehmen.

(a) Nicht gerade in Absicht auf das Reich GOttes, sondern überhaupt einen Zeitlauf, einen Perioden: und je weniger man auch hier an dem αἰὼν künstelt, desto deutlicher wird dieser Vers seyn. Paulus sagt, die Epheser hätten ehedin gelebt κατὰ τὸν αἰῶνα τοῦ κόσμου τούτου, nach dem Zeitperioden dieser Welt, d. i. so wie es die Sitten, und die Denkungsart, der Welt in dem Perioden, in welchem sie lebten, mit sich brachten. Nachdrücklicher, und kürzer, könnte er den Zustand eines sichern Unwiedergebohrnen nicht beschreiben, nach welchem er nichts von GOtt, und dessen Gesetze, weiß, sondern sich in allem, was er thut, blos nach der Denkungsart, und Gewohnheit, seiner Zeiten richtet. Ein Charakter, der auch noch viele sogenannte Christen bildet!

(12) In diesen Worten beschreibet S. Paulus den Teufel, den Fürsten der von GOtt abgefallenen Geschöpfe, und das Haupt des Reiches, welches dem Reiche JEsu Christi entgegen gesetzet, und mit demselben in Krieg verwickelt ist (a).

(a) Daß er den Teufel beschreibe, zeiget der Zusammenhang deutlich: daß er ihn aber ἄρχοντα τῆς ἐξουσίας τοῦ ἀέρος nennt, den Fürsten, der in der Luft herrschet,

Wirkung (13), in den Kindern des Ungehorsams (14) (Unglaubens) hat.

3. Zu deren Anzahl ehehin auch wir alle gehörten (15), da wir in den Lüsten unsers Fleisches lebten, und dessen Begierden, und die Triebe

der zu dieser Zeit sein Werk hat in den Kindern des Unglaubens.

3. Unter welchen wir auch alle weiland unsern Wandel gehabt haben in den

herrschet, hat wohl zur Absicht, die Weitläuftigkeit, und Grösse, seiner Herrschaft auszudrücken, daß er solche über alles, was sich in der untern Luft befindet, auszuüben suche, und grossen Theils wirklich ausübe. Denn, die bösen Geister einzutheilen, daß einige in der Luft, andere auf der Erde, herrschen, mag wohl Grund im Plato, und den jüdischen Schriftstellern, haben: die heilige Schrift aber giebt uns kein Recht dazu. S. Grotii Annotationes über diese Stelle.

(13) Ἐνεργοῦντος ist das eigentliche Wort, wodurch die Griechen anzeigen, daß Jemand von einem bösen Geiste besessen, und regieret, werde (und also um so viel geschickter, die hier beschriebene geistliche Besitzung auszudrücken).

(14) Kinder des Ungehorsams (Unglaubens) sind diejenigen Heyden, die in ihrem Abfalle, unter der Herrschaft des Satans, der sie regieret, und treibet, beständig bleiben, und von ihrer Röm. I. 18. u. f f. beschriebenen Aufruhr, sich nicht wieder ins Reich GOttes begeben, da doch JEsus Christus allen denen, die seinem Berufe nicht ungehorsam sind, den Eingang dazu geöfnet hat. So werden sie Cap. V. 6. genennet.

(15) Ἐν οἷς kann nicht bedeuten, unter welchen auch wir alle unsern Wandel gehabt haben. Denn, der Satz ist falsch, es mag ἡμεῖς, Wir, entweder für die bekehrten Juden, oder für die Bekehrten überhaupt, stehen. Wenn Wir für die bekehrten Heyden stehet, wie man augenscheinlich siehet, so hat der Apostel weder Nachdruck, noch Endzweck, wenn er saget: wir, die bekehrten Heyden, lebten ehehin unter den unbekehrten Heyden (a). Hingegen redet er nachdrücklich, und seinem Endzwecke, die unverdiente Gnade GOttes zu rühmen, gemäß, wenn er spricht: wir Heyden, die wir nun in das Reich GOttes gekommen sind, waren ehehin selbst von derjenigen Art Menschen, über welche der Fürst des Luftreiches herrschet, wir lebten in den Lüsten unsers Fleisches, und gehorchten desselben Willen, und Neigungen, und waren daher dem Zorne GOttes so gut unterworfen, als diejenigen, welche noch immer in ihrem Abfalle, und unter der Herrschaft des Teufels, beharren.

(a) Schwerlich wird Jemand nur im Traume auf die Gedanken gerathen, die Worte: unter welchen wir auch alle unsern Wandel gehabt haben, wie Locke besorgt, im eigentlichen Verstande zu nehmen. Denn, es ist ungereimt, diejenigen, die hier durch Wir bezeichnet werden, mögen seyn, wer sie immer wollen. Hingegen ist alles deutlich, wenn man das Wandeln, wie Locke gethan, im uneigentlichen Verstande für die Einrichtung des sittlichen Verhaltens nimmt; und selbst die unmittelbar folgenden Worte: in den Lüsten unsers

den Lüsten unsers Fleisches, und thaten den Willen

Triebe unserer blinden, verkehrten, Seele (16) vollbrachten (und so gut, als die übrigen Menschen,

sers Fleisches ——— fordern, und lehren, diese Erklärung. Allein, nun ist es noch eben so ungereimt, unter denen, welche hier Wir heissen, die bekehrten Heyden zu verstehen. Wie hängt es zusammen: V. 2. Ihr Heyden habt vor eurer Bekehrung (also redet er mit bekehrten Heyden;) in Sünden, und Uebertretungen, gelebt ——— nach dem Willen, und Wohlgefallen, des Teufels, der noch jetzt seine Wohnung und Wirkung in den Kindern des Unglaubens hat, V. 3. zu welchen auch wir (bekehrte Heyden) ehehin gehöret haben, u. s. w? Sind diese zween Verse nicht auf solche Weise eine völlige Tavtologie? Wer die in beyden vorkommenden Sätze mit einander vergleicht, wird nicht mehr daran zweifeln können. Es redet also Paulus V. 2. von den bekehrten Heyden, und hier V. 3. von den bekehrten Juden. Denn, es ist hie kein Unterschied. Sie sind allzumal Sünder, Röm. III. 23. So enthalten diese zween Verse einen Gegensatz, und die Tavtologie fällt weg.

(16) Dieß war der Zustand, welchem die heydnische Welt überlassen war (a), s. Röm. I. 21. 24. Eine Parallelstelle von diesem 3ten Verse haben wir Cap. IV. 17 – 20. in eben dieser Epistel, wo καθὼς καὶ τὰ λοιπὰ ἔθνη, wie die andern Heyden, mit dem ὡς καὶ οἱ λοιποί, wie die andern, deutlich übereins kommt; und ἐν ματαιότητι τοῦ νοὸς αὐτῶν ἐσκοτισμένοι τῇ διανοίᾳ, in der Eitelkeit ihres Sinnes, welcher Verstand verfinstert ist, mit ἐν ταῖς ἐπιθυμίαις τῆς σαρκὸς ἡμῶν ποιοῦντες τὰ θελήματα τῆς σαρκὸς καὶ τῶν διανοιῶν, in den Lüsten unseres Fleisches, und thaten den Willen des Fleisches, und der Vernunft. Wer diese Stellen vergleichet, und bedenkt, daß das, was im vierten Capitel stehet, eine Beschreibuug der heydnischen Welt, von welcher die Rede ist, enthalte; wer, sage ich, diese zwo Stellen liest, und wohl mit einander vergleicht, und auf ihre Uebereinstimmung Achtung giebt, kann an dem Verstande, worinnen ich diesen Vers nehme, gar nicht zweifeln, noch, daß S. Paulus hier unter den Worten Wir und Uns die bekehrten Heyden verstehe.

(a) Aber auch die jüdische, s. Röm. II. 17. u. f f. und III. Alles, was in der Anmerkung folget, beweiset nichts, ungeacht die Stellen sehr richtig parallel sind. Man stelle sich nur einen ähnlichen Fall vor! Gesetzt, ein heutiger Schriftsteller schriebe eine Satyre gegen diejenigen, deren Kleider immer den neuesten pariser Schnitt haben, die so wenig einen Tag des Frisirers, und der Pommade, als des Brodes, entbehren können, u. s. w; gesetzt, er beschriebe im größten Theile seines Werkes die Thorheiten der Franzosen; er wäre aber ein Deutscher; er spräche hie und da durch Wir und Uns: läßt sich jetze aus den Parallelstellen beweisen, daß, weil er einmal von Franzosen redet, er überall davon reden müsse? daß er sich, aus Höflichkeit, selbst zu den Franzosen zähle? daß Wir und Uns die Franzosen, und nicht vielmehr seine thörichten Landsleute, seyen? Man wende dieß auf Juden, und Heyden, in den Zeiten Pauli an.

Menschen, von Natur Kinder des Zorns (*) waren).

Willen des Fleisches und der Vernunft: und waren auch Kinder des Zorns von Natur, gleichwie auch die andern.

4. GOtt aber (17), der da reich ist an Barmherzigkeit (18), durch seine grosse Liebe, womit er

4. Aber GOtt, der da reich ist von Barmherzigkeit,

(*) Es ist schröcklich, was sich ein Ausleger unterstehet, wenn er einmal mit Vorurtheilen eingenommen ist. Locke läßt diese ganze in Parenthesin eingeschlossene Stelle in seiner Umschreibung aus. Ich würde diese Auslassung für einen Druckfehler, oder höchstens eine Uebereilung, ansehen, wenn er nicht die Stelle zu Ende der 15ten Anmerkung, wiewohl höchst verstümmelt, beygebracht, und dadurch seine ganze Absicht verrathen, hätte. Er ist, wie wir in der Epistel an die Römer gesehen haben, kein Vertheidiger der Erbsünde: er läßt also in gedachter Anmerkung die Worte von Natur so aus, als ob sie nicht im Texte stünden, und leitet den Zorn GOttes blos aus den wirklichen Sünden her. Er gewinnet damit bey Lesern, die blos seiner Umschreibung folgen, so viel, daß sie desto leichter seiner Meynung, als ob Paulus in diesem Verse von den bekehrten Heyden rede, beytreten; welches nicht geschehen kann, so lange von Natur im Texte stehet: weil es gar nichts sonderbares ist, daß Heyden, ohne Taufe, und Bekehrung, Kinder des Zornes sind. Allein, der Text hat besagte Worte deutlich: und dieß ist ein neuer Beweis, daß der Apostel in diesem Verse von den Juden rede.

(17) ὁ δὲ, aber, verbindet diesen Vers ungemein schön mit dem unmittelbar vorhergehenden, vermittelst welches die Theile dieser mitten in den Zusammenhang eingerückten Nebenabhandlung verknüpfet sind. Da diese mit gegenwärtigem Verse ein Ende hat, so fängt S. Paulus mit dem 5ten Verse seinen eigentlichen Vortrag wieder an, als wenn nichts dazwischen gekommen wäre; obgleich ὁ δὲ, aber, im Anfange des 4ten Verses den Sinn des Ganzen mehr trennet, als verbindet. S. die Anmerkung über V. 1.

(18) Reich an Barmherzigkeit. Da des Apostels Absicht ist, in dieser Epistel die den Heyden durch das Evangelium erzeigte unaussprechliche Güte, und Barmherzigkeit, GOttes ausführlich zu beschreiben, wie aus Cap. III. erhellet, so ist klar, daß ἡμᾶς, uns, in diesem Verse die bekehrten Heyden bedeuten müsse (a).

(a) Was ist dieß für ein Schluß: Weil Paulus den Heyden GOttes Güte, und Barmherzigkeit, preiset, die er in dem Evangelio Jedermann, und nicht allein den Heyden, anbeuth: so muß in unserm Verse das Uns die Heyden anzeigen? Er würde noch einigen Schein haben, wenn GOtt den Juden durch das Evangelium nicht eben so viele Gnade, als den Heyden, erzeiget hätte. Dem ganzen Zusammenhange nach sind also diese Uns die Juden, und nicht die Heyden; so wie sie es sind, die V. 3. in den Lüsten ihres Fleisches wandelten, u. s. w. Diesem stehet nicht entgegen, daß es V. 5. heisset: aus Gnaden seyd ihr selig worden. Denn, diese Worte sind eine Parenthesis, in welcher Paulus die Epheser im Vorbeygehen ermahnet, sich dessen, was er von den Juden saget, auch anzunehmen.

keit, durch seine grosse Liebe, womit er uns geliebet hat,	er uns geliebet hat,
5. Da wir todt waren in den Sünden hat er uns sammt Christo lebendig gemacht (denn, aus Gnaden seyd ihr selig worden);	5. hat auch uns [Heyden], die wir in Sünden todt (19) waren, mit Christo lebendig (20) gemacht (aus Gnaden werdet ihr selig),
6. Und	6. und

Ccc 2

(19) Todt in Sünden heisset hier nicht, unserer Sünden wegen der Todesstrafe schuldig, und unterworfen (a), sondern dergestalt unter der Macht, und Herrschaft der Sünde, in demjenigen Zustande, in welchen wir durch unsern Abfall aus GOttes gerechtem Gerichte gerathen sind, so hülflos seyn, daß wir zu unserer Befreyung aus demselben nicht mehr Gedanken, Hofnung, oder Geschicklichkeit, hatten, als ein todter, und begrabener, Mensch hat, aus seinem Grabe zu kommen. Diesen Stand des Todes erkläret er für den Stand der Heyden (b), Coloss. II. 13. in den Worten: und hat euch auch mit ihm, d. i. mit Christo, lebendig gemacht, da ihr todt waret in den Sünden, und in der Vorhaut eures Fleisches.

(a) Es heisset solches allerdings. Denn, wer sich in dem Zustande befindet, den hier Locke beschreibt, ist wegen seiner Sünde der Todesstrafe schuldig. Daß er dabey, nach Lockens Meynung, in einem hülflosen Zustande sey, ist ohnehin deutlich.

(b) Es ist aber auch der Stand der fleischlichen Juden, s. Röm. XI. 15. IX. 24.

(20) Lebendig gemacht. Dieß Lebendigmachen geschahe durch den Geist GOttes, der denen gegeben wurde, die durch den Glauben mit Christo vereiniget (a), Glieder Christi, und Kinder GOttes, und durch den Heiligen Geist in einen Stand des Lebens gesetzet wurden; siehe Röm. VIII. 9–15; in welchem sie Kraft bekamen, wenn sie wollten, GOtt zu loben, nicht aber der Sünde in ihren Lüsten zu gehorchen, oder ihre Glieder der Sünde zu Waffen der Ungerechtigkeit zu übergeben, sondern sich selbst GOtt zu begeben, als die da aus den Todten lebendig sind, und ihre Glieder GOtt zu Waffen der Gerechtigkeit: wie der Apostel die bekehrten Römer ermahnet Röm. VI. 11–13.

(a) Locke verwirret hier die Ordnung der Gnadenwirkungen des Heiligen Geistes wunderlich. Die Lebendigmachung des in Sünden todten Menschen folget nicht erst auf den Glauben, sondern gehet in der Wiedergeburt, oder der Schenkung des Glaubens, selber vor. So bald der Mensch den wahren Glauben hat, so bald hat er auch das geistliche Leben. Dieß bringet der Begriff der Wiedergeburt mit sich. Es wird aber dieses geistliche Leben in der täglichen Erneuerung durch den Heiligen Geist immer vermehret. Dieß ist das geistliche Wachsthum, wovon Eph. II. 21. IV. 15. die Rede ist: und dieses hat Locke mit der Schenkung des Lebens verwechselt.

6. und hat uns mit Christo auferwecket (21), und in, und mit, JEsu Christo der Herrlichkeit [und Gewalt] seines himmlischen Reiches, welches GOtt in seine Hände gegeben, und seiner Regierung unterworfen hat, theilhaftig gemacht:
7. auf daß er in den zukünftigen Zeiten (22) den

6. Und hat uns sammt ihm auferwecket, und sammt ihm in das himmlische Wesen gesetzt, in Christo JEsu:
7. Auf daß er zeigete in den

(21) Worinnen diese Auferweckung bestehe, kann man Röm. VI. 1–10. sehen.

(22) Die grosse Gnade, und Güte, GOttes offenbaret sich in der Seligmachung der Sünder zu allen Zeiten: was aber die Herrlichkeit seiner Gnade am vorzüglichsten entdecket, sind diejenigen, welche zu allererst aus dem Heydenthume zum christlichen Glauben bekehret, und aus dem Reiche der Finsterniß, worinnen sie, als Todte, ohne Leben, Hofnung, oder nur den geringsten Gedanken der Seligkeit, oder eines bessern Zustandes, lebten, in das Reich GOttes versetzet worden sind (a). Daher saget der Apostel Cap. I. 12. auf daß wir, die wir zuerst glaubig worden sind, zum Preise seiner Herrlichkeit gereichen möchten (b). Hierauf scheinet er auch in diesem Verse zu zielen; weil die erste Bekehrung der Heyden eine erstaunende, und wundervolle, Wirkung, und Probe, von GOttes überschwenglicher Güte gegen sie war, welche, zum Preise seiner Gnade, durch alle künftige Zeiten bewundert, und erkennet, werden sollte. Auf diese Weise reden Paulus und Barnabas davon Apost. Gesch. XIV. 27. Sie verkündigten, wie viel GOtt mit ihnen gethan hätte, und wie er den Heyden hätte die Thür des Glaubens aufgethan. Eben so loben Apost. Gesch. XXI. 19. 20. Jacobus, und die Aeltesten zu Jerusalem, den HErrn, da sie hörten, was GOtt durch S. Pauli Amt unter den Heyden gethan hätte.

(a) Die ersten, welche sich aus dem Heydenthume zur christlichen Religion bekehrten, waren nicht mehr ohne Leben, und Hofnung zur Seligkeit, als diejenigen, welche sich nach ihnen bekehret haben, und überhaupt alle Menschen ohne die göttliche Gnade sind. Es kann sich also die göttliche Gnade nicht an ihnen vorzüglich, und am allerwenigsten zur Bewunderung aller künftigen Zeiten, entdecken. Zu Anfange des neuen Testamentes erregte ihre Bekehrung, vornehmlich bey Juden, das größte Aufsehen; nachher wurden Heydensbekehrungen, da die Juden das Wort GOttes von sich gestossen, und sich selbst des ewigen Lebens unwerth geachtet hatten, immer gemeiner, so daß eher die Bekehrung eines Juden etwas seltenes war. Wo bleibet also die Bewunderung der künftigen Zeiten, in welchen man aus GOttes Wort so deutlich hat einsehen lernen, daß GOtt Christum seinen Sohn zum Lichte der Heyden gemachet habe, Esai XLIX. 6? Allein, Locke mußte die zukünftigen Zeiten erklären, und seiner willkührlich angenommenen Hypothese, daß hier bloß von bekehrten Heyden die Rede sey, einen Schein geben. Da durfte er denn ἐπερχομένοις αἰῶσι nicht durch die zukünftige Welt, oder die Ewigkeiten, erklären; weil an dieser auch die Bekehrten aus den Juden Theil haben werden. Es sind aber diese αἰῶνες ἐπερχόμενοι augenscheinlich nichts anders, als der αἰὼν μέλλων, Cap. I. 21. und Hebr. VI. 5. die zukünftige Welt, wie schon Grotius über diese Stelle angemerket hat. Denn, ἐπερχόμενος, und μέλλων, ist eins. So ist der Verstand dieser Verse leicht; V. 6. „GOtt hat uns mit „Christo

den zukünftigen Zeiten
den überschwänglichen
Reichthum seiner Gnade,
durch seine Güte über
uns in Christo JEsu.
8. Denn, aus Gnaden
seyd ihr selig worden,
durch den Glauben: und
dasselbige nicht aus euch,
GOttes Gabe ist es;

den überschwenglichen Reichthum seiner Gnade,
in seiner Güte gegen uns durch Christum JEsum,
zeigete.
8. Denn, aus GOttes unverdienter Gnade
seyd ihr (23) durch den Glauben an Christum
selig (24), in GOttes Reich aufgenommen,
und sein Volk worden,

„ Christo auferwecket (welches ganz recht aus Röm. VI. 1. u. ff. erkläret wird) „ und in Christo, oder als seine Glieder, und kraft seines uns zugerechneten „ Verdienstes, neben, und mit ihm in das himmlische Wesen, d. i. in die durch „ ihn erworbenen Seligkeiten, und Heilsgüter, die er als der Sohn GOttes, „ dem vom Vater alles übergeben ist, austheilet (nicht in gleiche Gewalt, und „ Herrlichkeit, mit ihm), versetzet; V. 7. auf daß er in der zukünftigen Welt „ den unermeßlichen Reichthum seiner Gnade, vermöge dieser in Christo JEsu „ uns schon hier erwiesenen Güte, vollkommen offenbare". Der Apostel beschreibet in dem 7ten Verse die Absicht, welche GOtt bey der Bekehrung, und Erneuerung, des Menschen hier im Reiche der Gnaden hat. Sie ist nämlich, sie dereinsten mit JEsu vollkommen herrlich, und solcher Seligkeiten theilhaftig, zu machen, wodurch sie den ganzen Reichthum seiner Gnade erkennen; oder, wie es Röm. VIII. 30. heisset, sie dorten herrlich zu machen, wie er sie hier gerecht gemachet hat. Dieß wird er thun ἐν χρηστότητι ἐφ' ἡμᾶς ἐν Χριστῷ Ἰησοῦ, nicht, wegen unsers Verdienstes, sondern wegen, und kraft, der Liebe, die er uns schon hier in Christo JEsu, und um seinet willen, erzeiget hat, und die er dadurch, daß er uns nach diesem Leben noch reichere, und grössere, Gnade erzeigen wird, nur fortsetzet.

(23) Ihr. Die Verwechslung des Wir im vorhergehenden Verse in Ihr, die man auch V. 1. und 5. wahrnehmen kann, zeiget deutlich, daß die Personen, von welchen unter dieser doppelten Benennung geredet wird, von einerley Art (a), d. i. bekehrte Heyden, sind. S. Paulus verwandelt, bloß um desto nachdrücklicher mit denen, an welche er schreibt, reden zu können, das Wir in Ihr; und thut, als wenn nur ein geringer Unterschied zwischen ihnen wäre, damit das, was er sagt, bey denselben desto mehr Eingang finde.

(a) Bekehrte Juden, und bekehrte Heyden, sind überhaupt, als Sünder, und gefallene Menschen, betrachtet, von einerley Art; was dem einen gilt, gilt auch dem andern: es kann also Paulus in unserm Verse mit völligem Rechte das von den bekehrten Heyden sagen, was er in den vorhergehenden von den bekehrten Juden, oder den Glaubigen überhaupt, sagte.

(24) Selig. Wer S. Paulum aufmerksam liest, muß nothwendig gewahr werden, daß, wenn er von den Heyden redet, er zu sagen pflegt, sie seyen selig worden, womit er anzeiget, sie seyen aus ihrem abtrünnigen Zustande wieder ins Reich GOttes gekom-

9. nicht um irgend eines Werkes willen, das ihr

9. Nicht aus den Werken,

gekommen (a). Denn, bevor sie unter dem Messias wiederum zu GOttes Volke angenommen wurden, waren sie, wie sie in dieser Epistel beschrieben werden, Fremde, Feinde, ohne Hofnung, ohne GOtt, todt in Uebertretungen, und Sünden. Da sie also durch den Glauben an Christum (kraft des ergriffenen Verdienstes Christi) wieder versöhnet wurden, wieder in den Bund mit GOtt kamen, und seine Unterthanen, und Vasallen, wurden; so waren sie auf dem Wege zur Seligkeit, und konnten, wenn sie darinnen beharreten, der Erlangung derselben nicht verfehlen, ungeacht sie dieselbe noch nicht wirklich besassen. Der Apostel, dessen Endzweck in dieser Epistel ist, ihnen von GOttes ausserordentlicher Gnade, und Güte, gegen sie einen recht hohen Begriff zu geben [und ihre Gedanken weit über alle gesetzliche Caeremonien zu erhöhen], zeiget ihnen, daß nichts an ihnen sey, keine Handlungen, noch Werke, und nichts, was sie thun könnten, sich zu dieser Gnade vorzubereiten, oder bey GOtt beliebt zu machen, nichts, was zu ihrer Aufnahme in das Reich GOttes etwas beytragen könne; daß alles lediglich ein Werk der Gnade sey, weil sie alle in Uebertretungen, und Sünden, todt waren, und nicht das geringste, keinen Schritt, noch die geringste Bewegung, zu ihrer Begnadigung vornehmen konnten. Der Glaube, welcher ihnen allein Zutritt verschaffet, und den Glaubigen das Himmelreich allein geöfnet hatte, war allein GOttes Gabe; denn, Menschen konnten durch ihre natürlichen Kräfte nicht dazu gelangen. Der Glaube war die Quelle, und der Anfang, dieses neuen Lebens; und die Heyden (und Juden), welche sich so etwas weder vorstellen, noch hoffen, konnten, konnten so wenig sich selber helfen, noch etwas zu dessen Erlangung beytragen, so wenig ein Todter sich das Leben geben kann. GOtt thut hier alles. Indem er ihnen dasjenige offenbarete, was sie aus eigenen natürlichen Kräften niemals entdecken konnten, so brachte er ihnen die Erkenntniß des Messias, und den Glauben an das Evangelium hervor; und so bald sie dieses annahmen, so waren sie in dem Reiche GOttes, in einem neuen Stande des Lebens: und da sie also durch den Heiligen Geist waren lebendig gemachet worden, so konnten sie nun, als lebendige Menschen, wenn sie wollten, wirken. Daher saget S. Paulus Röm. X. 17. der Glaube kommt aus der Predigt, und das Predigen aus dem Worte GOttes. In den vorhergehenden Versen hatte er erklärt, daß kein Glaube ohne Hören, kein Hören ohne Prediger, und kein Prediger sey, ohne daß er gesandt werde, d. i. die frohen Nachrichten von der Seligkeit durch den Messias, und die Lehre vom Glauben, können weder seyn, noch von Jemand erkannt werden, ausser von denen, welchen sie GOtt durch die Predigt der Propheten, und Apostel, bekannt machet, als welchen er solche geoffenbaret, und bey ihrer Sendung den Befehl, sie auszubreiten, gegeben hat. Also gab nun GOtt den Ephesern, und andern Heyden, zu welchen er S. Paulum, und andere seine Mitarbeiter, sendete, den Glauben, um ihnen die Erkenntniß des Heils, der Versöhnung, und Aufnahme in sein messianisches Reich, beyzubringen (b). Denn, obgleich alles dieses schon in den Schriften des alten Testamentes durch den Heiligen Geist geoffenbaret war: so wurden doch die Heyden durch das mosaische Caeremonialgesetz, als durch eine Scheidewand, welche sie als Fremde, und Feinde, entfernet hielt, von der Erkenntniß desselben gänzlich ausgeschlossen (c). GOtt aber riß nun diese Scheidewand, nach seinem gnädigen, schon vor ihrer Aufführung gefaßten, Vorsatze, nieder, offenbarete ihnen die Lehre vom Glauben, und machte sie, wenn sie solche annah-

ken, auf daß sich nicht Jemand | ihr gethan, und womit ihr solches verdienet habt; es

annahmen, aller Vorzüge, und Freyheiten, seines Reiches theilhaftig. Alles dieses that er aus blosser Gnade, ohne daß sie es verdienten, oder sich nur darum bemüheten; er wurde gefunden, von denen, die ihn nicht suchten, und offenbaret, denen, die nicht nach ihm fragten. Wer dieses IIte Capitel der Epistel an die Epheser recht verstehen will, der vergleiche damit aufmerksam Röm. X. und 1 Korinth. II. 9-16; so wird er finden, daß der Glaube ein blosses Werk der Offenbarung des Heiligen Geistes, und der mitgetheilten Erleuchtung der heiligen Männer GOttes, sey, welche diese Erkenntniß nicht durch ihre natürlichen Kräfte, sondern durch die Offenbarung des Heiligen Geistes, erhielten (d). Der Glaube ist also, wie wir sehen, GOttes Gabe; und mit demselben bekommt der Mensch, wenn er durch die Taufe in das Reich GOttes aufgenommen wird, den Heiligen Geist, der das Leben mit sich bringet (besser: der dieses neue geistliche Leben in dem Menschen gewirket hat, und nun erhält). Um diese Gabe des Glaubens zu erlangen, thut der Mensch nichts, und kann nichts thun; die Gnade thut bis hieher alles, und die Werke sind völlig ausgeschlossen. GOtt selber schaffet uns, gute Werke zu thun. Allein, wenn wir durch ihn in dieser neuen Schöpfung lebendige Geschöpfe worden sind, so wird von uns erwartet, daß wir, als lebendige Wesen, uns auch wirkend bezeigen. Und von nun an werden Werke erfordert; nicht, als die verdienstliche Ursache der Seligkeit, sondern als eine nothwendige, und unentbehrliche, Eigenschaft der Unterthanen GOttes in dem Reiche seines Sohnes, JEsu Christi (e); weil unmöglich Jemand zu gleicher Zeit ein Rebell, und ein Unterthan, seyn kann. Ob nun gleich Niemand ein Unterthan in dem Reiche GOttes seyn kann, ausser diejenigen, die in dem ihnen geschenkten Glauben beharren, und sich aufrichtig bestreben, den Gesetzen ihres HErrn, und Meisters, JEsu Christi (f) nachzukommen, und GOtt allen diesen das ewige Leben, und zwar diesen allein, giebt: so ist doch das ewige Leben eine Gabe GOttes, und ein Geschenk seiner unverdienten Gnade, weil ihre aus aufrichtigem Gehorsam geschehene Werke ihnen im geringsten kein Recht dazu geben. Denn, ihre Gerechtigkeit ist unvollkommen, d. i. sie sind alle (an und für sich, und ausser der Gemeinschaft mit Christo betrachtet) ungerecht, und verdienen also den Tod: GOtt aber giebt ihnen das Leben in Absicht auf seine Gerechtigkeit (g), s. Röm. I. 17. nämlich wegen der Gerechtigkeit des Glaubens an JEsum Christum; und so sind sie noch immer aus Gnaden selig.

Daß nun GOtt von den Menschen, nachdem er sie in das Reich seines Sohnes berufen, lebendig gemacht, und aus unverdienter Gnade in Christo JEsu zu guten Werken geschaffen hat, Werke fordere (h), ist daraus zu ersehen, daß sie dazu ermahnet, und ermuntert werden, würdiglich vor GOtt zu wandeln, der sie berufen hat zu seinem Reich, und zu seiner Herrlichkeit, 1 Thessal. II. 12. ingleichen Ephes. IV. 1. Phil. I. 27. Coloss. I. 10--12. So gar werden von denen, die im Reiche GOttes sind, und wirklich im Gnadenbunde stehen, gute Werke ernstlich, und bey Verlust des ewigen Lebens, gefordert: wo ihr nach dem Fleisch lebet, so werdet ihr sterben müssen; wo ihr aber durch den Geist des Fleisches Geschäfte tödtet, so werdet ihr leben, Röm. VIII. 13. Und so wird Röm. VI. 11. 13. befohlen, sie sollen GOtt gehorchen, als die da aus den Todten lebendig sind. Dahin gehet das ganze neue Testament. Die abtrünnigen Heyden waren todt, und in diesem Zustande unvermögend, etwas zu ihrer Versetzung in das Reich GOttes, welche lediglich ein Werk der Gnade war, beyzutragen: als sie aber das

es ist ein unverdientes Gnadengeschenk GOttes. Jemand rühme.
der 10. Denn,

das Evangelium annahmen, wurden sie durch den Glauben, und durch den Geist GOttes, lebendig (i); und nun waren sie in einem Stande des Lebens, und Wirken, und Werke, wurden von ihnen erwartet. Also stehen Gnade, und Werke, ohne Schwierigkeit beysammen (k). Was aber Verwirrung, und anscheinende Widersprüche, verursachet hat, ist dieses, daß sich einige einen falschen Begriff von dem Reiche GOttes gemachet haben. GOtt richtete in der Fülle der Zeit sein (neutestamentisches) Reich unter seinem Sohne auf, und nahm alle diejenigen darein, die an ihn glaubten, und JEsum, den Messias, für ihren HErrn erkannten. Also wurden sie durch den Glauben an JEsum Christum GOttes Volk, und Bürger seines Reiches; und werden, nachdem sie durch die Taufe in dieses Reich gekommen sind, von nun an, bey ihrer Beständigkeit im Glauben, und dem Bekenntnisse des Evangelii, für Heilige, Geliebte GOttes, Glaubige in Christo JEsu, und das Volk GOttes, angesehen, und selig. Denn, in diesen, und ähnlichen, Ausdrücken redet die heilige Schrift von ihnen. Und in der That sind diejenigen, welche also in das Reich des Sohnes GOttes versetzet worden, nicht mehr in dem todten Zustande der Heyden; sondern da sie aus dem Tode ins Leben übergegangen sind, so befinden sie sich in dem Stande des Lebens, auf dem Wege zum ewigen Leben, welches sie gewiß erhalten, wenn sie in dem Leben bleiben, welches das Evangelium fordert, nämlich, im Glauben, und aufrichtigen Gehorsam. Allein, dieses Leben ist noch nicht der wirkliche Besitz des ewigen Lebens in dem Reiche GOttes in der zukünftigen Welt; denn, es kann, ob es gleich zuweilen die Seeligkeit genennt wird, durch Abfall, oder Ungehorsam, verwirket, und verlohren, werden: statt, daß derjenige, welcher einmal jenes besitzet, wirklich ein ewiges, und unverwelkliches, Erbe im Himmel hat. Diese zween Begriffe des Himmelreiches haben einige verwirret, und in einen einzigen gebracht (l). Sie haben also geschlossen, daß, wer einmal in das Reich GOttes hier auf Erden allein aus Gnaden, ohne Werke, gekommen ist, weil allein der Glaube, in dasselbige zu gelangen, erfordert wird, nun auch zur Erlangung des ewigen Lebens, oder des Reiches GOttes in der zukünftigen Welt, allein den Glauben, und nicht gute Werke (l), nöthig habe: welches doch den deutlichen Worten der Schrift, und dem ganzen Inhalte des Evangelii, widerspricht. Freylich gelangen wir nicht um unserer guten Werke willen zum ewigen Leben, sondern werden auch in dieser Betrachtung aus Gnaden selig, weil alle unsere Gerechtigkeit unvollkommen ist, und wir durch unsere Sünden Verdammniß, und Tod, verdienen. Wir kommen also aus Gnaden in beyde Reiche. Allein, in das Reich GOttes hier auf Erden treten wir blos durch den Glauben, ohne Werke: in das himmlische Reich aber durch Glauben, und Gehorsam, zusammen genommen (m), in einem eifrigen Bestreben, alle diejenigen Pflichten zu erfüllen, und alle diejenigen guten Werke zu thun, wozu wir verbunden sind, und wozu wir von unserer Bekehrung an, bis zu unserm Tode, Gelegenheit haben.

(l) Es ist auch in der That einerley: ins Reich GOttes kommen, und selig werden. Christus verwechselt selbst diese Ausdrücke Joh. III. mit einander. Er fordert V. 3. und 5. zum Eingange ins Reich GOttes die Wiedergeburt; und wenn er in der Ausführung dieser Materie fortfähret, so gedenket er V. 16. des Reiches GOttes nicht mehr, sondern des ewigen Lebens, und der Seligkeit. Man muß nur die Stufen der Seligkeit, die angefangene, und die vollen-

der euch, wenn es ihm gefallen hätte, mit Recht
10. Denn, in

vollendete (beatitudinem inchoatam, & consummatam), fleißig in Acht nehmen. Paulus unterscheidet sie, nicht allein bey bekehrten Heyden, sondern bey den Glaubigen überhaupt. Er schreibt Röm. VIII. 24. wir sind wohl selig, doch in der Hofnung. Eben so schreibet Johannes 1 Joh. III. 2. wir sind nun GOttes Kinder: und ist noch nicht erschienen, was wir seyn werden. Warum sollen diejenigen nicht schon hier selig seyn, die wahre Glieder der unsichtbaren Kirche, und Bürger mit den Heiligen, und GOttes Hausgenossen, sind; da sie nach Cap. I. 3. mit allerley geistlichem Seegen in himmlischen Gütern durch Christum gesegnet worden sind? Dieß ist ja in der That eine Seligkeit, die dereinst in jenem Leben nur wird fortgesetzet, und vollendet, werden.

(b) Man siehet aus dieser Stelle aufs neue, daß Locke kein gewisses System hat, und wirklich nicht weiß, was der Glaube ist. Sonst erkläret er ihn immer durch die Erkenntniß der geoffenbarten Wahrheiten: nun setzt er den Glauben voraus, und die Erkenntniß folget erst darauf; da doch aus der von ihm angeführten Stelle deutlich folget, daß, weil der Glaube aus der Predigt kommet, die Erkenntniß, oder Erleuchtung, eher seyn müsse, als der Glaube selber. Er hätte also eigentlich so schreiben sollen: „Also brachte nun GOtt den Ephesern, und andern Heyden, die Erkenntniß des Heils ——— bey, und gab „ihnen den Glauben“.

(c) Niemals sind die Heyden zur Zeit des alten Testamentes durch das mosaische Caeremonialgesetz, wohl aber durch ihre eigene Nachläßigkeit (s. Röm. I. 19. u. f f.) von der Erkenntniß der Heilswahrheiten ausgeschlossen worden. Wenn dieses wäre, so müßte GOtt selbst an ihrer Blindheit Schuld gewesen seyn: denn, er hat dieses Gesetz gegeben. Wir finden aber nirgends, daß GOtt den Heyden die Gelegenheit dazu benommen habe. Waren sie nach 5 B. Mos. XXIII. ein paar Völker ausgenommen, nicht einmal von der Aufnahme in die israelitische Kirche ausgeschlossen: wie viel weniger kann ihnen der Weg zur geoffenbarten Erkenntniß GOttes durch das Caeremonialgesetz versperret gewesen seyn? Dieß war vielmehr gegeben, sie aufmerksam zu machen, und zur Bemühung nach einer nähern Erkenntniß anzureizen. Man kann daher auch gar nicht sagen, daß keine Heyden zur Zeit des alten Testamentes den wahren GOtt erkennet hätten. Salomons Gebeth 1 Kön. VIII. 41 – 43. lehret das Gegentheil. Die vielen Proselyten, deren so oft unter dem Namen der Fremdlinge gedacht wird, und zu deren Besten in den Büchern Mosis so vortrefliche Gesetze stehen, bestätigen es. Und wer wird Lockens Meynung glauben; da so bekannt ist, daß nach der babylonischen Gefangenschaft das alte Testament in die griechische Sprache übersetzt, und eben dadurch den Heyden, die es lesen wollten, in die Hände gegeben wurde?

(d) Hier setzet Locke den Glauben wieder blos in die Erkenntniß, und vergisset den vom Heiligen Geiste gewirkten Beyfall, und das daraus, ebenfalls durch seine Kraft, entstehende zuversichtliche Vertrauen.

(e) Besser: als Früchte des Glaubens; weil der Glaube ohne Werke todt ist, Jacob. II. 20. und sich kein geistliches Leben ohne geistliche Handlungen gedenken läßt.

in eurem verlohrnen Zustande hätte lassen können:

10. Denn,

(f) Besser: dem Gesetze GOttes, im neuen Wesen des Geistes, Röm. VII. 25. 6. Christus hat kein neues Gesetz gegeben: die Glaubigen aber sind verbunden, nicht ihnen selbst, sondern dem zu leben, der für sie gestorben, und auferstanden ist, 2 Korinth. V. 15. Dieß geschiehet, wenn sie nicht nach dem Fleische leben, sondern nach dem Geiste, Röm. VIII. Der Heilige Geist hat aber im neuen Testamente kein anderes Gesetz, zu dessen Beobachtung er den Glaubigen Kräfte schenket, als im alten. Denn, dieses Gesetz ist, und bleibet, heilig, recht, und gut, Röm. VII. 12. es ist geistlich, V. 15.

(g) Eigentlich: wegen der Gerechtigkeit JEsu Christi, die ihnen zugerechnet wird. Denn, dieß ist der Verstand der Stelle Röm. I. 17.

(h) Er fordert sie nicht, als eine Bedingung, oder ein Mittel, zur Erhaltung der ewigen Seligkeit, sondern suchet vielmehr in den hieher gehörigen Schriftstellen die falschen Begriffe zu widerlegen, welche sich die Menschen so gerne von der Rechtfertigung aus dem Glauben machen; z. E. Röm. VI. 1. 2. Sollen wir denn in der Sünde beharren, auf daß die Gnade desto mächtiger werde? Das sey ferne! V. 15. Sollen wir sündigen, dieweil wir nicht unter dem Gesetz, sondern unter der Gnade sind? Das sey ferne! Cap. VIII. 12. So sind wir nun Schuldner: nicht dem Fleisch, daß wir nach dem Fleisch leben, u. s. w. Bey solchen Abhandlungen müssen freylich ernstliche Ermahnungen zur wahren Heiligung, als einer Folge der Wiedergeburt, und Rechtfertigung aus dem Glauben, vorkommen.

(i) Deutlicher: Der Heilige Geist wirkete in ihnen durch das Evangelium den Glauben; und so wurden sie lebendig.

(k) Sie stehen nicht beysammen, als Ursachen, die neben einander wirken, oder, gemeinschaftlich das ihrige zur Erlangung der ewigen Seligkeit beytragen. Die Gnade GOttes in JEsu Christo thut hier allein alles. Sie berufet, erleuchtet, bekehret, rechtfertiget, erneuert; sie machet auch selig. Aus ihr entspringen die Werke, als aus ihrer Quelle, da durch sie die Menschen Kräfte zu guten Werken bekommen. Gnade, und Werke, stehen also eigentlich nicht beysammen, sondern die Werke folgen aus der Gnade.

(l) Diese Verwirrung ist blos in Lockens Einbildung gegründet. Denn, die heilige Schrift machet zwischen dem Reiche GOttes hier auf Erden, und dorten im Himmel, in Ansehung der Ursachen, und Mittel, wodurch wir darein gelangen, keinen Unterschied. Christus fordert zum Eingange ins Reich GOttes hier auf Erden die Wiedergeburt aus Wasser und Geist, Joh. III. 3. Paulus schlüßt Galat. III. 26. 27. aus dieser Wiedergeburt auf die Kindschaft GOttes, und Röm. VIII. 17. von dieser Kindschaft auf die Erbschaft des ewigen Lebens, ohne der guten Werke mit einer Sylbe zu gedenken; Und V. 30. schreibet er: welche er aber hat gerecht gemacht, die hat er auch herrlich gemacht. Er verbindet also unsere Verherrlichung aufs genaueste mit unserer Rechtfertigung. Unsere Rechtfertigung aber kommt allein aus dem Glauben, wie selber Locke nicht läugnet. Freylich ist es nöthig, daß diejenigen, welche selig werden sollen, gute Werke thun; weil sie der Glaube selig macht, und der

Glaube

nen: damit kein Mensch, sich, oder seine eigenen Werke, oder Verdienste, zu rühmen, einen Vorwand habe.

10. Denn, wir sind sein Werk, geschaffen in Christo JEsu zu guten Werken: zu welchen GOtt uns zuvor bereitet hat,

10. In diesem neuen Zustande in dem Reiche GOttes sind wir also, und müssen uns selbst betrachten, nicht als Leute, die etwas von sich selber haben, sondern lediglich als GOttes Werk, geschaffen (25) in Christo JEsu, zu dem Ende,

daß

Glaube nothwendig gute Werke, so wie ein guter Baum gute Früchte, bringet. Allein, eben deswegen darf der guten Werke in Erzählung der Mittel zur Seligkeit nicht besonders Meldung geschehen, weil sie nur eine Folge, und Wirkung, des Glaubens sind, und, wo dieser ist, sich ohnehin finden. Daß Locke dieses nicht einsiehet, und gute Werke zur Seligkeit nöthig zu seyn glaubet, ob er sie gleich nicht für die verdienstliche Ursache der Seligkeit hält, rühret daher, daß er den Glauben allein im Verstande suchet, und also dessen wahre Beschaffenheit nicht kennet.

(m) Man wird dieß zusammen genommen aus dem unmittelbar vorhergehenden verstehen, und leicht urtheilen können, daß sich Locke hier ungeschickt, und zweydeutig, ausgedrückt habe. Der neue Gehorsam folgt aus dem Glauben, als seiner Ursache. Wir werden also allein selig durch den wahren Glauben, so wie wir durch denselben allein gerecht werden. Eben so leicht wird man erkennen, daß alles, was Locke in dieser Anmerkung von der Verschiedenheit der Mittel, hier auf Erden in das Reich GOttes, und dorten ins ewige Leben, zu kommen, gesaget hat, ungegründet ist.

(25) GOttes Werk, geschaffen. Wir Heyden (a) sind weder kraft der Werke des Gesetzes, noch wegen unserer Unterwerfung unter die mosaische Haushaltung, noch wegen einiger Verbindung mit dem jüdischen Volke, in das Reich Christi gekommen: wir sind hierinnen gänzlich GOttes Werk, und von ihm gleichsam geschaffen, gebildet, und geschickt gemacht, diejenigen guten Werke zu verrichten, in welchen wir von nun an leben sollen: und folglich haben wir von diesem unserm neuen Wesen, in diesem neuen Zustande, keiner Zubereitung, oder Geschicklichkeit, die wir durch die jüdische Kirche, oder irgend eine Verbindung mit ihr, erlanget hätten, das geringste zuzuschreiben. Daß dieß der Verstand dieser neuen Schöpfung unter dem Evangelio sey, ist aus 2 Korinth. V. 16 – 18. deutlich, wo S. Paulus selber erkläret, daß, in Christo JEsu seyn, so gut, als eine neue Creatur, sey, und daß er deswegen von nun an Niemand mehr nach dem Fleische kenne, d. i. darinnen gar keinen Vorzug erkenne, daß Jemand von jüdischer Abkunft sey, oder die jüdischen Gebräuche beobachte; weil alle diese alten Dinge vergangen, und unter dem Evangelio alles neu worden, und von GOtt allein sey.

(a) Wenn Locke den Verstand der Redensart: wir sind sein Werk, geschaffen ——— nach ihrer biblischen Bedeutung eingesehen hätte, so hätte er diese gezwungene Erklärung nicht nöthig gehabt. Alle Wiedergebohrne, sie mögen aus Juden, oder aus Heyden, seyn, sind GOttes Werk. So heisset Jesaia

XIX.

daß wir gute Werke thun sollen, zu welchen er uns zubereitet, und darinnen zu leben (26), geschickt gemachet hat, daß wir darinnen wandeln sollen.

XIX. 25. Assur seiner Hände Werk. Psalm C. 3. wird von aller Welt gesaget, daß sie GOtt zu seinem Volke, und zu Schaafen seiner Weide, gemachet habe, Ps. CXLIX. 2. aber von Israel, daß es GOtt gemachet habe. Die Wiedergeburt, und die darinnen erlangten neuen Kräfte zu einem geistlichen Leben, sind allein GOttes Werk; und da sie nach Cap. I. 19. 20. von seiner unendlichen Allmacht herrühren, so kann diese neue Geburt auch eine neue Schöpfung, und die Wiedergebohrnen GOttes Werk, und eine neue Creatur heissen; weil die darinnen wirkende göttliche Allmacht eben diejenige ist, womit er die Welt erschuf, oder das Licht aus der Finsterniß hervor leuchten hieß, wie Paulus 2 Korinth. IV. 6. redet.

(26) Dieß kommt mit dem überein, was V. 5. 6. stehet, daß GOtt die Heyden (und Juden), die in Uebertretungen, und Sünden, todt waren, mit Christo lebendig gemacht, und auferwecket, habe, da sie mit ihm durch den Glauben vereiniget, und [eben] des Geistes des Lebens [welcher ihn von den Todten auferweckte], kraft seiner Auferstehung von den Todten, theilhaftig wurden; wodurch sie, als lebendig gemachte Menschen, Kräfte bekamen, wenn sie nicht widerstreben, noch den Geist dämpfen, wollten, GOtt in Gerechtigkeit, und Heiligkeit, zu leben, so wie sie ehehin unter der Herrschaft des Teufels, und ihrer eigenen Lüste, lebten.

Vierter Abschnitt.

Cap. II. Vers 11 — 22.

Aus dieser Lehre, daß GOtt aus unverdienter Gnade, nach seinem ewigen Vorsatze, die bekehrten Heyden (so gut, als die Juden) mit Christo lebendig gemacht, und auferwecket, und mit ihm in sein himmlisches Reich versetzet, habe, ziehet S. Paulus in gegenwärtigem Abschnitte [um sie von allen jüdischen Gesinnungen zu entfernen] den Schluß, daß sie zwar ehehin, nach dem Zustande der heydnischen Welt, als Unbeschnittene, von dem Reiche GOttes ausgeschlossen, in Ansehung der Bundesverheissungen fremde, und ohne Hofnung, und GOtt, in der Welt waren, aber nun durch Christum, der das Caeremonialgesetz, diese Scheidewand, welche sie absonderte, und entfernte, hinweggenommen [ohne sich dem mosaischen Gesetze zu unterwerfen], GOttes Volk, eben des Rechtes, welches die Juden zum Reiche GOttes hatten, theilhaftig, und mit denselben nun zu Einem neuen Menschen oder einer Gesellschaft von Menschen, geschaffen worden seyen; so, daß sie sich nun nicht länger, als Fremde, oder von dem Reiche GOttes mehr, als die Juden, entfernet, zu betrachten hätten (*).

(*) Es ist ganz recht, daß dieser gegenwärtige Abschnitt, wenn man ihn, mit unserm Paraphrasten, von dem vorhergehenden trennen will, als ein Schluß aus demselbigen betrachtet werden kann. Denn, die Verbindung: darum gedenket daran —— giebt selber dazu Anleitung. Allein, eben hieraus läßt sich der Inhalt desselben kürzer fassen. Paulus fähret darinnen, wie er schon im zweeten Abschnitte angefangen hatte, fort, die grosse Seligkeit der Epheser in ihrer Gemeinschaft mit Christo sowohl in dieser Zeit, als in der Zukunft, zu beschreiben. Dieß thut er so, daß er ihren gegenwärtigen Zustand mit ihrem ehemaligen vergleicht. Ehehin waren sie ohne Christo, fremde, u. s. w. V. 11. 12. Nun sind sie nahe, V. 13. Bürger mit den Heiligen, und GOttes Hausgenossen, u. s. w. V. 19. 22. Die Ursache dieser Seligkeit wird in den letzten Worten des 13ten Verses, und V. 14 – 18. beschrieben, nach der gewöhnlichen Lehrart Pauli, alles dasjenige, was zur vollständigen Erklärung, und Bestätigung, eines Satzes gehöret, demselben sogleich anzuhängen, noch ehe die angefangene Materie völlig ausgeführet ist, die er erst nachher weiter fortsetzet.

Text.	Paraphrastische Erklärung.
11. Darum gedenket daran, daß ihr, die ihr weiland nach dem Fleisch Heyden gewesen seyd, und die Vorhaut genennet wurdet, von denen, die genennet sind die Beschneidung nach dem Fleisch, die mit der Hand geschicht:	11. Erinnert euch also, daß ihr, die ihr ehehin Heyden, und von den Juden, die durch eine Beschneidung, welche mit der Hand an ihrem Fleische geschehen ist, beschnitten sind, unterschieden, und abgesondert, gewesen, dadurch, daß ihr an eurem Fleische (1) unbeschnitten seyd,
12. Daß ihr zu derselbigen Zeit waret ohne Christo, fremde, und ausser	12. zu selbiger Zeit ohne alle Erkenntniß des Meßias, oder ohne alle Erwartung der Erlösung, oder Rettung, durch ihn (2), in dem gemeinen Wesen

(1) Diese Absonderung war so groß, daß unter den Juden die unbeschnittenen Heyden für so schändlich, und unrein, gehalten wurden, daß sie dieselben nicht allein von ihren heiligen Orten, und Handlungen, sondern sogar von ihrem Tische, und ordentlichen Umgange, ausschlossen.

(2) Daß dieß heisse, ohne Christo seyn, erhellet daraus, daß das, was S. Paulus hier saget, den Endzweck hat, den unterschiedenen Zustand der Heyden, und Juden, vor der Erscheinung unsers Erlösers zu zeigen.

Wesen der Israeliten (3) Ausländer, und in Ansehung der Bundesverheissungen (4) Fremde waret, zu dergleichen Dingen keine Hofnung hattet, und, ohne den wahren GOtt zu eurem GOtt zu haben (5), oder sein Volk zu seyn, in der Welt lebtet.

13. Nun aber seyd ihr (die ihr jetzo in Christo JEsu, und seine Glieder, seyd) statt, daß ihr ehehin entfernet, und abgesondert, waret, durch JEsum

ausser der Bürgerschaft Israel, und fremde von den Testamenten der Verheissung; daher ihr keine Hofnung hattet, und waret ohne GOtt in der Welt.

13. Nun aber, die ihr in Christo JEsu seyd, und weiland ferne gewesen, seyd

(3) Die damals allein GOttes Volk waren.

(4) Bundesverheissungen. GOtt erneuerte seine Abraham, Isaac, und Jacob, und den Kindern Israel, gethanene Verheissung, daß er unter den ihnen vorgelegten Bedingungen (a) ihr GOtt seyn wollte, und sie sein Volk seyn sollten, mehr als einmal.

(a) Nur müssen diese Verheissungen, und Bedingungen, recht erkläret werden. Die Verheissungen waren nichts anders, als Wiederholungen dessen, was GOtt dem Abraham zugesaget hatte, daß in seinem Saamen alle Völker der Erden gesegnet werden sollten, daß der Sohn GOttes nach dem Fleische aus ihnen gebohren werden, die ewige Gerechtigkeit ihnen, und allen Völkern, bringen, die Zerstreueten aus Israel sammeln, und zuvörderst unter ihnen sein geistliches Reich aufrichten sollte, welches schon durch Davids, und Salomons, ruhmvolles Reich war abgebildet worden. Dahin gehen am Ende alle Verheissungen, die Israel bekam, und die andern Völkern nicht so unmittelbar, und häufig, bekannt gemacht wurden, noch sie so nahe betrafen, daß sie, aus ihren Geschlechtern den Sohn GOttes im Fleische zu sehen, hoffen konnten. Die Bedingungen aber waren, daß sie in glaubiger Erwartung aller dieser Seligkeiten das Gesetz Mosis bis zur Ankunft des Messias beobachten sollten. S. Malach. IV. 4 – 6.

(5) In diesem Verstande werden die Heyden ἄθεοι genennet. Denn, wie wir das Wort heut zu Tage nehmen, für Menschen, welche das Daseyn eines höchsten Wesens läugnen, so gab es unter ihnen wenige Atheisten; und viele unter ihnen erkannten nur einen einigen höchsten, und ewigen, GOtt. Allein, wie S. Paulus Röm. I. 21. saget, sie erkannten zwar GOtt, preisten ihn aber nicht, als GOtt, sie erkannten nicht ihn allein, sondern wendeten sich von dem unsichtbaren GOtte zur Verehrung der Bilder, und falschen Götter ihrer Länder (a).

(a) Also war es wirklich so gut, als wenn sie den wahren GOtt gar nicht erkannt hätten, ob sie gleich nicht Atheisten in dem heutigen philosophischen Verstande waren. Wenn nach 1 Joh. II. 23. derjenige, der den Sohn läugnet, auch den Vater nicht hat; so müssen noch vielmehr die Heyden ohne GOtt gewesen seyn, die nicht nur nichts von dem Sohne, und Heiligen Geiste, wußten, son-

seyd nun nahe worden durch das Blut Christi.
14. Denn, er ist unser Friede,

JEsum Christum vermittelst seines (6) Todes (seines Blutes) in die Nähe gebracht worden.
14. Denn, er ist derjenige, der uns (7) [mit

sondern auch größtentheils sehr irrige Gedanken von den göttlichen Eigenschaften, und Vollkommenheiten, hegten, seinen Willen nicht wußten, und nicht zu wissen verlangten. Auf diese Weise kann die lockische Anmerkung ergänzt werden.

(6) Wie dieses geschehen sey, erklären die folgenden Worte, und Coloss. II. 14. (a).

(a) Wenn Locke beyde Stellen recht verstanden hätte, so wäre dieß Erklärung genug. Da sich aber aus seiner Erklärung des 14ten Verses nichts anders, als das Gegentheil, schlüssen läßt; so ist auch dieß schon verdächtig, daß er in gegenwärtiger Stelle statt seines Blutes gesetzet hat seines Todes. Allerdings gehöret der Tod Christi zu unserer Versöhnung. Allein, unvorsichtige Leser denken bey dem blossen Namen des Todes nicht so leicht an den Begriff eines für die Sünde der Welt sterbenden Opfers, als sie bey dem Namen des Blutes thun müssen, den sie hier nicht so bald sehen können, als sie denken müssen, daß Christus, als ein Opfer, sein Blut vergossen habe, damit durch dieses Blut des neuen Testamentes auch den Heyden der Zugang zu den Verheissungen GOttes geöfnet würde.

(7) Ἡμῶν, unser, muß in diesem Verse Personen von eben der Beschaffenheit anzeigen, als diejenigen waren, die er in dem vorhergehenden durch ὑμᾶς, ihr, anredet; sonst ist des Apostels Beweis schwankend, und schlüsset nicht genug (a). Nun aber zeiget Ihr in dem vorhergehenden Verse unstreitig die bekehrten Heyden an: es muß sie also auch in dem gegenwärtigen das ἡμῶν, unser, anzeigen.

(a) Dieß ist Lockens beständiger Beweis für seine willkührlich angenommene Meynung. Man überlege aber nur, ob es möglich sey, daß Paulus sich hier selber unter die Heyden rechne, wenn er schreibt: denn, er, Christus, ist unser Friede, derjenige, der uns mit den Juden versöhnet hat? Wie hat Christus Paulum mit den Juden versöhnet? Er war ja ein gebohrner Jude, der mit ihnen, ausgesöhnet zu werden, nicht nöthig hatte. Und will man hier an die Feindschaft der Juden gegen ihn denken, die er empfand, da er der Heyden Apostel war: so hat ihn Christus gewiß nicht versöhnet. Sie verfolgten ihn eben deswegen, wie man aus den letzten Capiteln der Apostelgeschichte siehet; und er gestehet es Röm. XI. 28. Nach dem Evangelio halte ich sie für Feinde, um euret willen. Sollen die Worte Pauli, wie oben Locke meynte, hier wider ein Compliment seyn? Es wird Niemand, der auf die heilige Schrift Achtung giebt, begreifen können, wie die Worte: er ist unser Friede, so viel heissen sollen, als: Christus hat uns Heyden mit den Juden versöhnet. Müßten die Juden nicht ein recht herrliches, heiliges, und vollkommenes, Volk seyn, wenn GOtt seinen Sohn (so nennet doch auch Locke Christum) in die Welt gesandt hätte, alle Völker mit ihnen zu versöhnen? hatte

[mit den Juden] versöhnet, und uns, und sie, die wir zuvor in einer unversöhnlichen Feindschaft lebten, mit einander vereiniget hat, indem er die Scheidewand (8), die zwischen uns war, und uns von einander entfernte, hinwegnahm, und die Ursache der Feindschaft (9), oder Entfernung, zwischen uns aufhub,

15. da

Friede, der aus beyden eines hat gemacht, und hat abgebrochen den Zaun, der dazwischen war, in dem, daß er durch sein Fleisch wegnahm die Feindschaft,

15. Nämlich

hatte Christus sonst nichts zu thun? und was hatten die Epheser den Juden, oder die Juden den Ephesern gethan, daß sie Christus mit einander versöhnen mußte? Es wird wohl hieraus deutlich seyn, daß er ist unser Friede nicht recht umschrieben sey: er hat uns mit den Juden versöhnet, und diese Worte vielmehr bedeuten: „Christus ist derjenige, der uns auf alle Arten „Friede verdienet, und erworben hat, und auch wirklich giebt; aller Welt „Friede mit GOtt, Juden den Frieden mit den Heyden, und den Heyden „Frieden mit den Juden". Die Sache hängt so zusammen. Christus ist der Friedefürst, Jes. IX. 6. als der ewige Sohn des Vaters, als der Mittler zwischen GOtt und Menschen, auf welchen die Strafe geleget wurde, auf daß wir Friede hätten, Jes. LIII. 5. Daher wird bey seiner Geburt Luc. II. 15. von den Engeln der Erde Friede verkündiget; und unten V. 17. heisset es: er hat verkündiget im Evangelio den Frieden, euch, die ihr ferne waret, den Heyden; und denen, die nahe waren, den Juden: welche Stelle Locke selbst nicht anders erklären kann. Die Juden haben also an diesem Frieden mit GOtt, welchen Christus erworben, und ertheilet, hat, eben sowohl Theil, als die Heyden: und aus diesem entspringet der Friede zwischen Juden, und Heyden, als eine Folge. In Christo sind, nach Cap. I. 10. alle Dinge unter ein Haupt zusammen verfasset, beyde das im Himmel, und auch auf Erden ist; also auch die Christen aus Juden, und Heyden. Dieß heißt in unserm Texte: er hat aus beyden Eines gemacht: und dieß ist der Friede, der z. E. Jes. XI. 6. u. f f. LXV. 25. schon verkündiget wird. Die Heyden verabscheueten nun die Juden nicht mehr, und diese hielten jene nicht mehr für unrein; beyde waren in Christo ein Leib, und ein Geist, beyde hatten einerley Hofnung ihres Berufes, einen HErrn, einen Glauben, eine Taufe, einen GOtt, und Vater, Eph. IV. 4--6. Was die lockische Umschreibung von der unversöhnlichen Feindschaft meldet, in welcher sie vorher lebten, ist nicht im Texte gegründet, und auch nicht völlig nach der Geschichte richtig. Wenn die Juden von den Heyden verfolget wurden, wie z. E. unter dem Antiochus Epiphanes, so lebten freylich beyde Theile in Feindschaft: allein, sonst lebten die Juden auch mitten unter den Heyden zu andern Zeiten in Ruhe, genossen ihre freye Religionsübung, und oft treflicher Vorzüge. Freylich hatte die jüdische Religion unter den Heyden hie und da Spötter: welche Religion aber hat sie nicht?

(8) S. Coloss. I. 20.

(9) Das jüdische Caeremonialgesetz erhielt zwischen Juden, und Heyden, eine

unver-

15. Nämlich das Gesetz, so in Geboten

15. da er denjenigen Theil des Gesetzes, welcher in willkührlichen Gebothen, und Befeh-

unversöhnliche Feindschaft (a), so daß sie sich auf keine Weise vereinigen konnten. Es war dieselbe so stark, daß selbst, nachdem Christus gekommen war, und die Verbindlichkeit dieses Gesetzes aufgehoben hatte, sie mit einander auszusöhnen, fast unmöglich war; und dieß hinderte auch anfänglich den Lauf des Evangelii am meisten, und machte die bekehrten Heyden irre.

(a) In dem Caeremonialgesetze die Ursache der vermeynten Feindschaft zwischen Juden, und Heyden, zu suchen, gehet unmöglich an, da auf diese Weise GOtt, der Urheber dieses Gesetzes, die Ursache dieser Feindschaft seyn, und sie selber gestiftet, und gesucht haben müßte. S. lit. c. bey der 24sten Anmerkung, V. 8. und was über die unmittelbar vorhergehende 7te Anmerkung erinnert worden ist. Ein göttliches Gesetz, das eine unversöhnliche Feindschaft stiften soll, ist schon ein unerträglicher Gedanke. Es ist aber auch ein Zaun, oder eine Scheidewand, nicht an und für sich eine Ursache der Feindschaft, wie Locke hier fälschlich zum Grunde setzet: sie ist eine blosse Gränze, und ein Kennzeichen, wie weit das Unsrige gehet. So war das Caeremonialgesetz in den Zeiten des alten Testamentes, zwischen Juden, und Heyden, die Scheidewand, oder der Zaun, der da GOttes Volk von dem übrigen Haufen der Menschen, die ohne GOtt in der Welt lebten, absonderte; nicht, daß die letzten sich nicht ebenfalls hätten zu GOtt nahen sollen, noch dürfen, sondern daß auch ein äusserlicher Unterschied wäre, an welchem Jedermann, ja selbst die ausser dieser Scheidewand befindlichen Heyden, wahrnehmen konnten, sie stünden mit GOtt in keiner so nahen Verbindung, wie die Juden. Die glaubigen Israeliten trotzten auf den Bund, welchen GOtt mit ihnen in der Beschneidung gemachet hatte, 1 Sam. XVII. 26. 36; diese Zuversicht hatte kein Heyde: sie opferten; und wußten die, allen Heyden unbekannte, geheime Absicht ihrer Opfer, und trösteten sich derselben: sie feyerten des HErrn Feste; und kein Feind konnte während dieser vergnügten Feyer in ihr Land einfallen: sie säeten, und erndeten in ihren Jubeljahren nicht, und hatten doch keinen Mangel, 3 B. Mos. XXV. 20 – 22. kurz, die Israeliten wußten, bey ihrer Verbindlichkeit an das Caeremonialgesetz, wen sie anbetheten, Joh. IV. 22: und die Heyden wußten es nicht. Moses saget daher billig 5 B. Mos. IV. 8. wo ist so ein herrlich Volk, das so gerechte Sitten, und Gebothe, habe, als alle das Gesetz, das ich euch heutiges Tages vorlege? In diesem Verstande war das Caeremonialgesetz ein Zaun, welcher zwischen Juden, und Heyden, eine Scheidung machte, daß sie, so lange es gültig blieb, in eigentlichem Verstande nicht ein Volk werden konnten. Die letzten blieben, wenn sie auch, mit Verlassung der heydnischen Gräuel, den wahren GOtt erkenneten, und verehreten, doch in Ansehung der kirchlichen Verfassung der Juden so lange Fremdlinge, bis sie sich beschneiden liessen, und dadurch zur Beobachtung des Caeremonialgesetzes verbindlich machten.

Diese Scheidewand hat Christus weggenommen; nicht durch Aufhebung des Caeremonialgesetzes, wie sich Locke in der Umschreibung des folgenden Verses einbildet; sondern durch sein Fleisch, oder in seinem Fleische, welche

Befehlen, bestand, abschaffte (10), damit ehen gestellet war: auf
er daß

Worte er in der Umschreibung dieses 14ten Verses gar ausgelassen hat. Die Gedanken Pauli hängen vom 13ten Verse an also zusammen. V. 13. Ihr Epheser, die ihr ehehin ferne, und nach V. 12. ohne GOtt, gewesen seyd, seyd nun durch das Blut Christi nahe, nämlich GOtt, und nicht allein den Belehrten aus den Juden. (So hat das nahe seyn seinen Gegensatz. Vorher waren die Heyden ohne GOtt, ohne Christo, fremde, und ausser, der Kirche GOttes, ferne von den göttlichen Verheissungen: nun gehören sie GOtt, vermöge des Blutes JEsu Christi, so nahe an, als die Glaubigen aus den Juden, sie sind in der Kirche GOttes, sie haben Theil an allen seinen Verheissungen. Die Ursache ist das Blut Christi: und diese wird von V. 14–18. ausgeführet). V. 14. Denn, Christus ist unser Friedensstifter, und Mittler, der uns mit dem erzürnten Vater versöhnet hat; er ist ὁ ποιήσας τὰ ἀμφότερα ἕν, der aus beyden Eines hat gemacht, nicht zunächst, und unmittelbar, durch Vereinigung der Juden und Heyden in eine Kirche, sondern erst durch ihre gemeinschaftliche Versöhnung mit GOtt, dem erzürnten Richter, welchem er für beyde, als ob sie Eines wären, genug gethan hat, indem er sie als Sünder, zwischen welchen kein Unterschied war, und die GOtt alle unter dem Unglauben beschlossen hatte, durch sein Blut wieder bey ihm in Gnade brachte, und die Scheidewand, die sie, als ein Zaun, von einander trennete, wegnahm, ohne hier einen Unterschied zwischen Juden, und Heyden, zu machen, die beyde durch die Gnade JEsu Christi selig werden mußten; er ist derjenige, der in seinem Fleische, in welchem die Sünde, als in einem Sündopfer (nach Röm. VIII. 3.), verdammet wurde, oder (nach 1 Petr. II. 24.), unsere Sünden auf dem Holz geopfert wurden, die Feindschaft, welche zwischen GOtt, der den Uebelthätern feind ist, und den Menschen, sowohl Juden, als Heyden, war, aufgehoben, V. 15. und das Gesetz, das in Gebothen, die nothwendig gehalten werden mußten (νόμον ἐντολῶν ἐν δόγμασι), bestand, und das uns beständig, als eine Handschrift, die wider uns ausgefertiget worden, das Andenken unserer Schuld, und die Furcht des Todes, erneuerte, uns zu verdammen unkräftig gemachet hat (Coloss. II. 14.): auf daß er aus zween, u.s.w. Ich glaube nicht, daß nach dieser Umschreibung unseres Verses noch etwas darinnen dunkel seyn kann. Sie beruhet bloß auf einer etwas genauern Interpunction, als Locke, und selbst der sel. Luther, beobachtet haben. Man lasse sich V. 14. die Wörtchen in dem, und V. 15. das Nämlich in der deutschen Uebersetzung nicht irren: sie stehen nicht im Griechischen. Sonst habe ich alle Worte in ihrer ordentlichen Bedeutung gelassen. καταργῶν, welches auf τὴν ἔχθραν, und νόμον, zugleich gezogen werden muß, begreift die Bedeutungen, die ich ihm gegeben habe, zugleich in sich; und von dem νόμῳ ἐντολῶν ἐν δόγμασι wird sich im folgenden Verse bey Gelegenheit der lockischen weitläuftigen Anmerkung weiter reden lassen.

(10) Da er abschaffte. Ich erinnere mich nicht, in der Schrift gelesen zu haben, daß das Gesetz Mosis, oder ein Theil desselben, durch irgend einen förmlichen Widerruf sey abgeschaffet worden; und dennoch stehet hier, und in andern

Stellen

daß er aus zween Einen er auf diese Weise zween, nämlich Juden,
neuen Eee 2 und

Stellen des neuen Testamentes, es sey abgeschaffet (a). Wie ich vermuthe, so hat ein Misverstand, was dieses Abschaffen sey, und worinnen es eigentlich bestehe, zur unrechten Auslegung verschiedener Schriftstellen Gelegenheit gegeben. Es wird mir also erlaubt seyn, zu melden, was die heilige Schrift in Ansehung dieser Sache mir zu sagen scheint, bis irgend Jemand, der geschickter ist, sie gründlicher untersucht. Nach dem allgemeinen Abfalle des menschlichen Geschlechtes von der Erkenntniß, und dem Dienste, des einigen wahren, unsichtbaren, GOttes, ihres Schöpfers, wurden die Kinder Israel dadurch, daß sie sich GOtt willig unterwarfen, und ihn für ihren GOtt, und höchsten HErrn, erkenneten (b), GOttes Volk, und er, durch einen besondern Bund, ihr König: und so errichtete er sich in dieser Welt ein Reich aus diesem Volke, dem er durch Mosen ein Gesetz gab, welches der Israeliten, seines Volkes, Gesetz seyn sollte, wobey er zugleich den Vorsatz hatte, dieses sein Reich in der Welt zu seiner Zeit dem Messias zu übergeben (c), als welchen er, wie er den Juden vorhergesagt, und verheissen, hatte, zum Fürsten, und Regenten, seines Volkes senden wollte. In dieses Reich seines Sohnes beschloß er auch die übrigen Völker der Erde so gut, als Abrahams, Isaacs, und Jacobs, Nachkommen, unter künftig zu offenbarenden neuen Bedingungen (d), als in ein weitläuftigeres Reich, aufzunehmen, und sie, und zwar allein, hinfort zu seinem Volke zu machen (e): dieß verkündigte er auch zuvor (e). Daher kam es, daß, wenn gleich das Gesetz Mosis nie wiederrufen worden war, und also nicht aufhörete, das Gesetz der Juden zu seyn, solches doch nicht das Gesetz des Volkes, und Reiches, GOttes in dieser Welt blieb (f); weil die Juden, die den Messiam, welchen GOtt zum künftigen König, und einzigen Regenten, seines Reiches gesendet hatte, nicht annahmen, nicht mehr GOttes Volk, noch Unterthanen seines Reiches waren. Und also hat JEsus Christus, da er durch seinen Tod dieses Reich übernahm, nachdem er alles, was zu dessen Erlangung gehörte, erfüllet hatte (g), dem Gesetze Mosis ein Ende gemacht, und allen Menschen, sowohl Juden, als Heyden, einen von dem mosaischen Gesetze ganz unterschiedenen Weg zum Reiche GOttes geöfnet, nämlich, den Weg durch den Glauben an JEsum Christum, durch welchen ein jeder, der da wollte, vermittelst der einzigen, leichten, und einfältigen, Caeremonie der Taufe (h), in das Reich GOttes kommen konnte. Obgleich dieß vorher verkündiget war, so verstanden es doch die Juden nicht, weil sie, als GOttes auserwähltes Volk, eine allzu hohe Meynung von sich selbst, und von ihrem Gesetze, als von GOtt selbst gegeben, hatten; und schlossen also, daß sie nicht nur beständig GOttes Volk bleiben, sondern auch unter dem nämlichen Gesetze, welches nie abgeschaffet werden könnte, bleiben sollten. Daher sahen sie das, was ihnen von dem Reiche Christi in Absicht auf die Abschaffung ihrer Gebräuche, und der Aufnahme der Heyden unter gleichen Bedingungen mit ihnen, zuvor gesaget war, niemals ein; und S. Paulus nennet dieß daher beständig ein Geheimniß, und ein von der Welt her verborgenes Geheimniß (i).

(a) Es war keine förmliche Abschaffung nöthig, da nach Galat. III. 19. und Röm. V. 20. das Gesetz nur neben ein gekommen war, bis der Saame käme, dem die Verheissung geschehen ist. Da dieser in der Person Christi erschienen war, und es erfüllet hatte: so hörte seine Verbindlichkeit von selbsten auf.

(b) Diese

und Heyden, zu einer neuen Gesellschaft, neuen Menschen in ihm oder selber

(b) Diese willige Unterwerfung ist etwas sehr zweydeutiges. Rechnet Locke die Zeit, da Israel GOttes Volk wurde, von der Gesetzgebung an, so kann man nicht sagen, daß es sich willig unterworfen habe; denn, bey dem Donnern, Blitzen, und andern schröcklichen Erscheinungen am Berge Sinai, würde sich ein jedes anderes Volk, wenn es da gestanden hätte, eben so willig, als die Israeliten, unterworfen haben: war aber Israel schon eher GOttes Volk, wie es wirklich diesen Namen schon 2 B. Mos. V. 1. und in andern Stellen, führet; so hat es diesen Vorzug nicht wegen seiner willigen Unterwerfung, sondern wegen des göttlichen Gnadenbundes mit Abraham, Isaac, und Jacob, bekommen. Locke hätte also schreiben sollen: „Die Kinder Israel wurden „GOttes Volk dadurch, daß bey dem fast allgemeinen, und täglich zunehmenden, Abfalle der Völker GOtt den Abraham aus seinem Vaterlande rief, „1 B. Mos. XII. 1. einen Bund mit ihm machte, 1 B. Mos. XV. 18. und „diesen Bund seinen Nachkommen, Isaac, und Jacob, öfters bestätigte". So heisset uns die biblische Geschichte die Sache ansehen; und so rühret alles aus der Gnade des Berufers, und nicht aus Verdienst der Werke, her, Röm. IX. 12.

(c) Es war bey Christo, in Ansehung seiner göttlichen Natur, keine Uebergebung nöthig: in Ansehung der menschlichen aber saget der Vater freylich Ps. II. 6. von ihm: ich habe meinen König eingesetzt auf meinem heiligen Berge Zion; und V. 8. ich will dir die Heyden zum Erbe geben, und der Welt Ende zum Eigenthum. In Ansehung der göttlichen Natur hat sich Christus schon im alten Testamente, so gut, als der Vater, bald als das Wort des Vaters, bald als das Angesicht des HErrn, geschäftig erzeiget.

(d) Es ist im neuen Testamente nichts weiter, als ein Mittel, ins Reich GOttes zu gelangen, offenbaret worden, als was schon im alten bekannt war. Im neuen ist dieses Mittel der Glaube, wie Locke zum Ueberflusse in dieser Anmerkung selber bekennet: und im alten war er es auch der Glaube. Abram glaubete dem HErrn, und das rechnete er ihm zur Gerechtigkeit, 1 B. Mos. XV. 6. HErr, deine Augen sehen nach dem Glauben, Jerem. V. 3. Der Gerechte lebet seines Glaubens, Habak. II. 4. Die levitischen Caeremonien huben den Glauben nicht auf, so wenig als das Gesetz die göttlichen Gnadenverheissungen, Galat. III. 17.

(e) Wenn, neben den Nachkommen Abrahams, auch die übrigen Völker der Erden GOttes Volk in dem Reiche Christi sind: so wird Niemand einsehen, warum Locke schreibt: und sie, und zwar allein. Denn, so ist hier kein Unterschied mehr. Eben so wenig wird man einsehen, warum er gleich darauf schreibet: dieß verkündigte er auch zuvor, und doch zu Ende dieses Absatzes wieder behauptet, daß die Bekehrung der Heyden für die Juden ein so grosses Geheimniß gewesen sey.

(f) Sinnreich genug ist diese Erklärung: nur nicht gründlich. Das Gesetz Mosis ist zur Zeit des neuen Testamentes auch nicht mehr der Juden Gesetz: sonst müßten sie es noch halten können. Sie können aber, da sie weder Tempel, noch Altar, noch Priester, haben, die Hauptthelle desselben nicht halten; und GOtt

selber schaffete, und oder einem Körper des Volkes GOttes, in
Friede einer

GOtt ist hieran selber Schuld, da er sie unter die Völker zerstreuet hat: GOtt muß sie also selber an der Beobachtung dieses Gesetzes hindern, und durch die verhinderten levitischen Opfer auf das Opfer JEsu Christi verweisen wollen; es muß die Zeit seyn, von welcher gilt, was Jes. LXVI. 3. stehet: wer einen Ochsen schlachtet, ist eben, als der einen Mann erschlüge; wer ein Schaaf opfert, ist, als der einem Hunde den Hals bräche, u. s. w. Die wahre Ursache dieser Aufhebung ist lit. a. angezeiget.

(g) Diese Redensarten lassen sich erklären: Locke hat aber schwerlich dabey gedacht, was sie nach einer gesunden Erklärung bedeuten können. Es ist offenbar zu wenig von dem thuenden, und leidenden, Gehorsam Christi gesagt, daß er dadurch sich allein die Herrschaft über das Volk GOttes erworben, und alles, was zu deren Erlangung gehörte, erfüllet habe. Ich fürchte, daß dieß die lockische Meynung sey. Christus hat nichts sich, sondern alles uns, erworben, nichts für sich, sondern alles für uns, erfüllet. Er hat auch sein Reich nicht erst durch seinen Tod übernommen, sondern er war schon damals König auf dem Berge Zion, als die Könige im Lande sich wider ihn auflehnten, und die Herren mit einander rathschlagten, s. Ps. II; er ist als der HErr in der Stadt Davids gebohren, Luc. II. 11. Nur muß man seinen Stand der Erniedrigung, und den Stand der Erhöhung, unterscheiden; den Besitz dieses Reiches, von dem nie unterbrochenen Glanze der Majestät in dessen Regierung.

(h) Wenn die Taufe eine blosse Caeremonie ist, wie Locke hier wieder socinianisch schreibet; so läßt sich nicht einsehen, warum GOtt, um dieselbe einzuführen, die Beschneidung abgeschaffet hat. Caeremonie ist Caeremonie. War in dieser Betrachtung die Beschneidung, die ich, nach dem irrigen lockischen Grundsatze, auch eine Caeremonie nennen will, nicht eben so gut, als die Taufe? Es ist nur ein Scheingrund, daß die Taufe eine leichte, und einfältige, Caeremonie sey. Denn, die Juden, wie wir noch heut zu Tage sehen, und die Heyden, die sich, wie z. E. die Aegypter, beschnitten, hielten die Beschneidung auch nicht für schwer, oder gekünstelt. Umgewendt, die Beschneidung war zu einer Caeremonie besser, als die Taufe: denn, sie enthielt mehreres, das die Sinnen rührt; und dieß muß eine Caeremonie haben. Würde hier GOtt nicht spielen, und bloß Caeremonie mit Caeremonie verwechseln, wenn bey der Einsetzung der heiligen Taufe alles darauf ankäme, daß nur eine einfältigere, statt einer künstlichern, gesetzet würde? Wir finden aber nirgends in der heiligen Schrift, daß GOtt Caeremonien geändert hat, ausser, da er die mosaischen Caeremonien gar abschafte. Ueber dieß würde auch das neue Testament vor dem alten keinen Vorzug haben, wenn es bloß andere Caeremonien, und nicht vielmehr den Körper selbst, in Christo, enthielte. Dieß will ich gar nicht anführen, daß wenn die Taufe das Bad der Wiedergeburt im Heiligen Geist, Tit. III. 5. der Bund eines guten Gewissens mit GOtt, 1 Petr. III. 21. u. d. g. genennet wird, sie dadurch weit über alle Caeremonien hinausgesetzet ist.

(i) S. die Anmerk. (*) über Röm. XVI. 25.

Wer nun dieses Reich GOttes unter diesen zwo verschiedenen Haushaltungen, dem Gesetze, und dem Evangelio, etwas genauer betrachtet, wird finden, daß GOtt solches errichtet, und die Menschen, welche alle abgefallen waren, dazu berufen habe, zum größten Heile, und wahren Besten derer, die, indem sie darein kommen, sich wieder in seinen Gehorsam begeben, und hiedurch wieder in den Stand gesetzet werden, das ewige Leben zu erlangen, welches sie alle in Adam verlohren hatten, und, so lange sie Verehrer, und Diener, des Teufels, und folglich von GOtt verbannet, und seine Feinde, in dem Reiche, und der Herrschaft, des Teufels, waren, unmöglich wieder erhalten konnten. Denn, wer auch noch so partheyisch gesinnet ist, kann doch nie hoffen, daß GOtt Anfruhr, und Abfall, mit der ewigen Seligkeit belohnen, und diejenigen, die wirkliche Diener, und Verehrer, seines Erzfeindes, des Teufels, sind, zu Gnaden annehmen, und ihnen das ewige Leben, nebst dem Anschauen seines Angesichtes, und des vergnügten Aufenthaltes zu seiner Rechten, unmittelbar geben werde. Es ist also das Reich GOttes in dieser Welt gleichsam der Eingang in das Reich GOttes in der zukünftigen, und der Sammelplatz, und Vorbereitungsort, derjenigen, die an jenem ewigen Erbe Antheil bekommen wollen (k). Daher heisset das jüdische Volk heilig, auserwählt, und der Sohn GOttes; so wie nachher die Christen Heilige, Auserwählte, Geliebte, und Kinder GOttes, u. s. w. genennet werden. Nur ist in dem, was von den Unterthanen in diesem Reiche unter der gesetzlichen, und der evangelischen, Haushaltung gesaget wird, dieser merkwürdige Unterschied, daß die Christen, und Bekenner des Evangelii, öfters selig gepriesen werden, welches, so viel ich mich erinnere, von den Juden, und ihren Proselyten, niergends vorkommt (l). Die Ursache ist, daß sie während dieser Verfassung des Reiches GOttes, unter dieser Bundesbedingung: Thue das, so wirst du leben, GOttes Volk wurden (m), und derjenige, der diese Bedingung nicht beständig beobachtete, sterben mußte. Allein, in dem Reiche GOttes unter dem Messias ist die Bundesbedingung, wodurch wir GOttes Volk werden: Glaube, und thue Busse (n), so wirst du selig werden, d. i. nimm Christum für deinen HErrn an [und thue aufrichtig alles, was du kannst, um sein Gesetz (o) zu erfüllen], so wirst du selig werden. Nach jenem Bunde, welcher deswegen der Bund der Werke heißt, konnten diejenigen, welche wirklich in dem Reiche GOttes waren, das ewige Erbe nicht erlangen (p): nach diesem aber, welcher der Gnadenbund genennet wird, können sie desselben nicht verfehlen, wenn sie nur so, wie sie angefangen haben, fortfahren, d. i. im Stande des Glaubens, und der Busse, d. i. in der Unterwürfigkeit unter Christo, bey seinem Bekenntnisse, und dem beständigen, unablässigen, Vorsatze, sein Gesetz nicht zu übertreten (q), beharren wollen. Sie können also in der That selig genennet werden, da sie auf dem unfehlbaren Wege zur Seligkeit begriffen sind. Also sehen wir, wie das Gesetz Mosis durch Christum unter dem Evangelio abgeschaffet ist; nicht zwar durch einen förmlichen Wiederruf, sondern so, daß es bey Seite gesetzt wurde, und aufhörete, das Gesetz des dem Messias übergebenen, und unter ihm aufgerichteten, Reiches GOttes zu seyn (r), welches dergestalt errichtete Reich alle diejenigen in sich begreift, die GOtt für sein Volk in dieser Welt erkennet, oder erkennen will. Da das Gesetz auf diese Weise ist abgeschaffet worden, so wurde dadurch denen, die vor ihrer Bekehrung zum Evangelio beschnitten, und unter dem Gesetze, waren, die Beobachtung dieser Caeremonien nicht verbothen; sie waren gleichgültige Sachen, welche die bekehrten Juden, wie sie es für gut fanden, beobachten, oder nicht beobachten mochten. Das war unerlaubt, und wider das Evangelium, wenn sie die Beobachtung dieser Caeremonien, als noth-

nothwendig zur Rechtfertigung, mit dem Glauben verbanden; wie Apost. Gesch. XV. diejenigen thaten, welche die Brüder lehrten, daß sie nicht selig werden könnten, wenn sie sich nicht nach der Weise Mosis beschneiden liessen. Also verlohr zwar dieses Gesetz dadurch, daß es nach Coloss. II. 14. an das Kreuz Christi geheftet worden, seine verbindende Kraft gegen die Unbeschnittenen, daß sie, um GOttes Volk zu werden, sich nicht mußten beschneiden lassen, noch demselben unterwerfen: es war dadurch aber keinem, der schon vor seiner Bekehrung beschnitten war, verbothen, solches ferner zu beobachten. So sehen wir Galat. II. 11. daß S. Paulus eigentlich das an S. Petro tadelt, daß er die Heyden zwang, jüdisch zu leben. Wäre dieß nicht gewesen, so würde er ihn wegen seines Verhaltens zu Antiochien so wenig getadelt haben, als wegen seiner Beobachtung des Gesetzes zu Jerusalem.

(k) So gut sich dieses alles lesen, und bey jedem, der das lockische System nicht kennet, entschuldigen läßt: so ist es doch im Grunde socinianisch; weil Locke hier wieder den Glauben in dem Gehorsam gegen die Gebothe Christi suchet. Es ist ganz richtig, daß alle Glieder des Reiches Christi GOtt gehorsam seyn müssen: aber dadurch werden sie nicht in den Stand gesetzt, das ewige Leben zu erlangen, sondern sie beweisen ihren Glauben; und dieser war das Mittel zur Seligkeit im alten sowohl, als im neuen Testamente. Wenn wir also gleich in dem Reiche GOttes hier auf Erden zum Eingange in jenes ewige Reich zubereitet werden: so bestehet doch diese Zubereitung eigentlich nicht in unserm Gehorsam, sondern in der Uebung, und dem beständigen Wachsthume, unsers Glaubens, in welchem wir an Christo, als unserm Haupte, zunehmen müssen, daß wir ein vollkommener Mann werden in der Maasse des vollkommenen Alters Christi. Man vergleiche Röm. V. 2 -- 5. mit Eph. IV. 13. Da unser Gehorsam nie beständig, und nie vollkommen, ist, s. Röm. VII. so kann er schlechterdings keine Vorbereitung zum ewigen Leben seyn, in wie weit er dem Glauben, als eine mitwirkende Ursache, an die Seite gesetzt wird.

(l) Entweder hat hier Locke, indem er blos der Uebersetzung gefolget ist, sich selbst betrogen, oder andere, seine Erklärung anzunehmen, blenden wollen. Allerdings werden auch die Glaubigen des alten Testamentes selig gepriesen. Der XXXIIste Psalm saget V. 1. und 2. Wohl dem, dem die Uebertretungen vergeben sind, dem die Sünde bedecket ist. Wohl dem Menschen, dem der HErr die Missethat nicht zurechnet ——. Hier wird augenscheinlich die Seligkeit, selbst nach der Erklärung Pauli, Röm. IV. 6–8. aus der Vergebung der Sünden, die aus dem Glauben folget, hergeleitet; und was in unserer deutschen Uebersetzung Wohl dem heisset, heißt im Hebräischen אַשְׁרֵי, welches die LXX. durch Μακάριοι übersetzet haben. Man darf nur die in jedem guten Wörterbuche verzeichneten Stellen, wo dieses אַשְׁרֵי vorkommt, aufsuchen, so wird man finden, daß sich Locke nicht recht erinnert hat. Es wird aber auch, um diese Seligkeit auszudrücken, nicht allemal das Wort selig gebraucht, sondern kommt oft an dessen statt das Wort Leben, und andere, vor, bey welchen man mehr auf den Sinn, als auf den Buchstaben, zu sehen hat.

(m) Sie warden es nicht durch ihr Thun, sondern sie sollten das, was das Gesetz vorschrieb, thun, weil sie GOttes Volk waren. Wie warden sie es also? Durch

durch die Beschneidung, durch welche sie in den Bund, den GOtt mit Abraham gemachet hatte, aufgenommen wurden, 1 B. Mos. XVII. 9–14. also durch ein evangelisches Gnadenmittel, welches Abraham empfieng, zum Siegel der Gerechtigkeit des Glaubens, den er noch in der Vorhaut hatte, Röm. IV. 11.

(n) Umgekehrt: Thut Busse, und glaubet an das Evangelium, Marc. I. 15. Die Busse gehet nach diesem Ausspruche Christi, welchen Locke nicht ändern kann, voran; der Glaube folget. Die Sache ist an sich aus unsern gemeinsten Lehrbüchern so bekannt, daß sie hier weiter auszuführen, überflüssig ist.

(o) Es ist vorlängst bewiesen, daß Christus kein Gesetz gegeben habe: es kann also auch keine Erfüllung desselben gefordert werden. Und was hätten die Glieder der Kirche des neuen Testamentes vor den Juden zum Voraus, wenn sie von dem Gesetze Mosis wären befreyet, und dem Gesetze Christi unterwürfig worden? So hiesse es ja noch immer: thue das, so wirst du leben; so wäre zwischen der gesetzlichen, und evangelischen, Haushaltung GOttes gar kein Unterschied. In der That wird auch denselben Niemand gewahr werden, der die Worte der Anmerkung überlegt: Allein in dem Reiche GOttes unter dem Messias ist die Bundesbedingung ————, so wirst du selig werden. Anfänglich scheinet es, als wenn Locke nur Busse und Glaube nennete, und also wirklich etwas anders, als: thue das, so wirst du leben, beybrächte. Allein, sein darauf folgendes das ist machet gleich seine wahre Meynung deutlich, daß er unter dem Glauben blos verstehe, JEsum für seinen HErrn im Reiche GOttes, nicht aber für seinen Mittler, und Hohenpriester, annehmen, und unter Busse thun: sich bemühen, sein Gesetz zu erfüllen. Gewiß, eine seltsame Erklärung der Busse, die man von keinem Philosophen, geschweige denn von Jemand, der die Schrift gelesen hat, erwarten sollte! So bleibt also, nach Lockens Meynung, das Thun noch immer ein Weg zur Seligkeit. Es ist diese Verwirrung lit. q. wiederholt zu lesen.

(p) Sie konnten es nicht erlangen durch ihre Werke: sie erlangten es aber durch die Gnade unsers HErrn JEsu Christi. Apost. Gesch. XV. 11.

(q) Diese Erklärung ist hier nur wiederholt, und bereits lit. o. das Nöthige dagegen erinnert worden. Indessen siehet man hieraus den Grund ein, warum Locke eine andere Heilsordnung, als Christus, lehret, und den Glauben der Busse vorsetzet, wie lit. n. bemerket worden. Er verstehet nämlich unter der Busse etwas ganz anders, als der größte Theil der Christenheit, dem göttlichen Worte gemäß, sich darunter vorstellet.

(r) Diese Erklärung ist bereits lit. f. beurtheilet.

Der Apostel meldet uns hier, welcher Theil des mosaischen Gesetzes von Christo durch seinen Tod abgeschaffet sey, nämlich: ὁ νόμος τῶν ἐντολῶν ἐν δόγμασι, das Gesetz der Gebothe in Befehlen, d. i. die willkührlichen (s) Gebothe des mosaischen Gesetzes, welche Dinge betrafen, die ihrer Natur nach gleichgültig waren, und blos durch einen ausdrücklichen Befehl (s) eine verbindende Kraft bekamen; und von S. Paulo in der Parallel-Stelle Coloss. II. 14. χειρόγραφον τοῖς δόγμασιν, die Handschrift, welche durch Satzungen entstund, genennet werden. Sonst stand noch ausser demselben in dem Gesetzbuche Mosis das Naturgesetz, oder, wie

es

es gemeiniglich heisset, das Sittengesetz, diese unveränderliche Regel der Gerechtigkeit, die beständig verbindet. Diese hat JEsus Christus so wenig abgeschafft, daß er sie vielmehr unter dem Evangelio aufs neue, und zwar vollständiger, und deutlicher, als in der mosaischen Verfassung, oder sonst irgendwo, geschehen ist, verkündiget (t), und, indem er dessen Gebothe durch sein eigenes göttliches Ansehen bekräftigte, die Erkenntniß dieses Gesetzes viel leichter, und gewisser, als sie zuvor war, gemachet hat (u); so daß die Unterthanen seines Reiches, dessen Gesetz es nun ist, an ihrer Schuldigkeit gar nicht zweifeln, noch sich in Ansehung derselben irren können, wenn sie nur die Sittenlehren, welche unser Erlöser, und seine Apostel, in der heiligen Schrift neues Testamentes in den deutlichsten Worten vorgetragen haben, lesen, und betrachten wollen.

(s) Ich will nicht läugnen, daß das Caeremonialgesetz Befehle enthält, die blos von der göttlichen Willkühr abhängen: es folgt aber nicht daraus, daß Paulus hier vorzüglich auf das Willkührliche in diesem Gesetze gesehen habe; er kann mit dem Worte δόγμασι auch auf die Nothwendigkeit der Beobachtung zielen. In diesem Verstande, den ich in der Umschreibung, die unter der 9ten Anmerkung stehet, ausgedrücket habe, kann das Gesetz Coloss. II. 14. viel eher eine Handschrift, die wider uns war, genennet werden, als nach der lockischen Erklärung. Denn, Paulus redet in unserer Stelle, und Coloss. II. 14. nicht davon, von welcher Natur die Gesetze seyen, und wie sie ihrem Ursprunge nach beurtheilt werden müssen, sondern davon, was sie für Wirkung auf den Sünder gehabt, wie sie denselben bey unterlassener vollkommener Erfüllung verdammet haben, und wie Christus dieselben, uns zu verdammen, unkräftig gemachet hat. δόγμα bedeutet im neuen Testamente einen Befehl von gedachter Art; z. E. Luc. II. 1. Apost. Gesch. XVII. 7. XVI. 4. Nimmt man das Wort in diesem Verstande, der dem Endzwecke Pauli so gemäß ist, so sind die δόγματα nicht allein Caeremonialgesetze, sondern begreifen auch das Sittengesetz unter sich, welchem Christus ebenfalls seine verdammende Kraft benommen hat; und man siehet um so viel deutlicher ein, warum Christus V. 14. unser Friede genennet wird.

(t) Locke bekennet sich hier recht deutlich zu der socinianischen Lehre, ob er gleich keiner neuen Gesetze Christi gedenket; wenn man anders von ihm sagen kann, daß er irgend einem System, von welcher Art es auch seyn mag, gefolget sey. Nur begehet er den Fehler, daß er nicht zugleich weiset, wie Christus das Sittengesetz vollständiger, und deutlicher, als vor ihm geschehen war, aufs neue verkündiget habe. Man giebt ihm gerne zu, daß Christus auch das Gesetz gelehret, erkläret, bewiesen, von falschen Erklärungen gerettet habe, u. s. w; man muß auch gestehen, daß wenn wir die moralischen Predigten Christi, die er gehalten hat, alle aufgezeichnet hätten, dieselben das Nachdrücklichste, Schönste, und Reizendste, den übrigen, die auch von GOtt herrühren, dadurch nichts benommen, seyn würden. Allein, einmal giebt Locke, indem er Christum nicht eigentlich als das Versöhnopfer für die Sünde der Welt erkennet, zu deutlich zu verstehen, daß er diese Gesetzpredigten, und die Erwerbung seines Reiches, zur einzigen Beschäftigung Christi auf Erden mache: welches völlig socinianisch ist. Sodenn ist es unmöglich, zu beweisen, daß die Sittenlehre vor Christi Zeiten so dunkel sey vorgetragen worden. Wer sich die Mühe geben wollte, aus den Büchern des alten Testamentes eine Sitten-

einer neuen Verfassung unter sich selbst (11). Friede machete;

mach: 16. Und

lehre zu sammeln, würde gerade das Gegentheil darthun können. Man muß nicht schlüssen: weil JEsus Matth. V. 20. u. f f. das Sittengesetz von den elenden Auslegungen der Pharisäer rettet, so ist es auch im alten Testamente nicht besser ausgeleget. Die Pharisäer waren blind, und blinde Leiter, Matth. XV. 14: es läßt sich also von ihnen nicht auf die Lehrer des alten Testamentes überhaupt schlüssen. Die heydnischen Sittenlehrer, auf welche Locke in den Worten: oder sonst irgendwo, zu zielen scheinet, gehören gar nicht hieher. Denn, da sie weder das Verderben der menschlichen Natur, noch die eigentliche Beschaffenheit der wahren Tugend, kenneten; so verdienet das, was sie davon geschrieben haben, mit den Lehren Christi, und seiner Apostel, nicht in Vergleichung gezogen zu werden.

(u) Wie dieses zugehe, wird Niemand einsehen. Freylich wird eine Lehre, Evangelium sowohl, als Gesetz, in Ansehung derer, für welche sie gehöret, immer leichter, und deutlicher, je öfter sie vorgetragen, erkläret, und bewiesen wird. Ob sie aber an und für sich gewisser werde? ist eine andere Frage. Wahrheit bleibet Wahrheit, wenn sie auch Niemand erkennet, oder glaubet. Wie Christus das Gesetz, wenn er es lehrete, durch sein göttliches Ansehen bekräftiget habe? ist eben so dunkel. Da er, und der Vater, eines sind; so hatte es seine Kraft, und Verbindlichkeit, von seinem ersten Ursprunge her von ihm. Will etwa Locke sagen: Christus lehrete gewaltiglich, und nicht wie die Schriftgelehrten? Marc. I. 22.

(11) Da dieß, wie ich glaube, der Verstand ist, so fraget man wohl nicht umsonst nach der Ursache, warum sich S. Paulus so nachdrücklicher Worte bedienet: auf daß er aus zween einen neuen Menschen in ihm selber schaffete? Nach meiner geringen Einsicht schickten sich diese Ausdrücke am besten zu den Begriffen, die er hatte, und waren nach seiner Absicht bey so wenigen Worten lebhafter, und stärker. Er hatte beständig JEsum Christum im Sinne, als das Haupt der Kirche, welche sein Leib ist, und von ihm, und durch ihn, allein, da sie mit ihm vereiniget ist, in allen ihren Gliedern, Leben, Kraft, und Stärke, und alle ihr in diesem Zustande zufliessende Wohlthaten, erhält. Dieses zeiget ungemein schön, daß diejenigen, welche mit diesem Haupte vereiniget sind, auch mit einander selbst vereinigt seyn müssen, und daß alle Rechte, und Vorzüge, deren sie geniessen, einzig und allein von ihrer Verbindung, und dem Zusammenhange, mit diesem ihrem Haupte herrühren. Diese zwey Dinge schärfet er hier (a) den bekehrten Heyden zu Ephesus ein, um ihnen zu zeigen, daß sie nunmehr unter dem Evangelio GOttes Volk seyen, allein durch den Glauben an JEsum Christum, und indem sie ihn zum Haupte hätten, nicht aber durch die Beobachtung des mosaischen Caeremonialgesetzes, welches Christus abgeschaffet, und so Juden, und Heyden, den Weg geöfnet habe, in Christo Eines zu werden, weil nun der Glaube allein, ohne die Beobachtung des Gesetzes, sie unter ihm, als dem Haupte, zu einem Leibe vereinige (a). Dieß heisset: und also Friede stiftete. Dieß geringe Anmerkung wird, wie ich hoffe, gemeinen Lesern eine Einleitung in S. Pauli Schreibart geben, und ihnen zugleich seine figürliche (b) Redensart verständlich machen, indem sie ihnen derselben Ursache entdeckt.

Wenn

Wenn die Juden JEsum, als den Messias, angenommen, und erkennet, hätten, so wären sie ferner GOttes Volk geblieben: nachdem aber der größte Hause dersel-ben ihn verworfen, nicht über sich wollen herrschen lassen, getödtet, und so ihre Pflicht aus den Augen gesetzet, und sich selbst dem Reiche GOttes, das er nun seinem Sohne übergeben, entrissen hatte: so waren sie GOttes Volk nicht mehr. Es hatten also alle diejenigen von dem jüdischen Volke, die sich nach diesem wieder in ihre Pflicht begeben wollten, einer Versöhnung nöthig, um wieder in das Reich GOttes aufgenommen, und ein Theil seines Volkes zu werden (c), das nun unter ganz andern Bedingungen, und Gesetzen, als Jacobs Nachkommen, oder Beobachter des mosaischen Gesetzes, zu seyn, mit ihm Friede hatte, und im Bunde stand.

(a) Wenn S. Paulus in diesem Briefe die Absicht hätte, die Locke darinnen sucht; so würde dieser Schluß richtig seyn. So aber gehöret er blos zu den lockischen Ausschweifungen; besonders, da es zu niedrig von dem Mittleramte Christi geredet ist, ihn deswegen unsern Frieden zu nennen, weil er durch Abschaffung des Caeremonialgesetzes Juden, und Heyden, unter sich zu einem Leibe vereiniget hat.

(b) Die Redensart: aus zween Einen neuen Menschen in ihm selber schaffen, ist eigentlich nicht figürlich; so wenig, als die neue Creatur, und die Wiedergeburt. S. die Erinnerung über die 25ste Anmerkung zum 10ten Verse dieses Capitels. Will man das Uneigentliche darinnen suchen, daß bey der Bekehrung der Juden und Heyden zu Christo nicht Juden, und Heyden, erst zu Menschen, und wirklichen Dingen, im Reiche der Natur geworden sind: so hat man einigen Schein vor sich, hier eine Figur anzunehmen. Bedenket man aber, daß in der Wiedergeburt der Juden, und Heyden, eben diejenige unendliche Kraft wirket, welche sich in der ersten Schöpfung geoffenbaret hat, und daß durch dieselbe diejenigen, die in der Stadt GOttes zuvor nichts waren, in derselben Etwas, und wirklich, worden sind: so wird sich der Schein dieser Figur um so viel eher verlieren, da kein Wort in der Sprache ist, welches diese mit dem Menschen vorgehende übernatürliche, grosse, Veränderung geschickter, und eigentlicher, ausdrücken kann.

(c) Dieß ist ein kleines Bekenntniß, und eine Bestätigung dessen, was ich oben über die 7te Anmerkung zum 7ten Verse dieses Capitels erinnert habe, daß die Juden selbst einer Versöhnung bedurften. Bey dem allen aber verräth Locke seine böse Sache noch immer. Er nimmt hier eine Versöhnung an: aber was für eine? 1. nur eine Versöhnung derjenigen Juden, die, nachdem sie Christum schon verworfen, und zu seinem Tode das Ihrige mit beygetragen hatten, sich hinten drein bekehrten; gerade, als wenn nicht alle Welt, und also auch diejenigen Juden, die an dem Tode Christi unschuldig waren, durch denselben versöhnet worden wären. 2. Eine so verwirrte Versöhnung, daß wirklich Niemand einsehen wird, was er eigentlich damit sagen will. Ist es eine Versöhnung mit GOtt? Dieß saget Locke nicht? und wie wäre sie nach seinen Vorurtheilen möglich, oder wirklich? Ist es aber eine Versöhnung der später bekehrten Juden mit Juden, und Heyden, die schon Christen waren: so heisset dieß weder nach der gemeinen, noch nach der Bibel-Sprache, eine Versöhnung, wenn Jemand in eine Gesellschaft tritt, die schon meistens vor seinem Eintritte groß genug ist. Es sind auch vor dem Tode Christi die wenigsten Juden, und nach demselben erst die meisten, in seine Kirche getreten; hernach folgten die Heyden. So wenig hängen zum Troste der evangelischen Wahrheit die Schrifterklärungen ihrer Feinde zusammen!

machte (12), und bildete, und also unter ihnen Friede stiftete;

16. Und beyde, die dergestalt in ihm in einen Leib vereiniget waren, mit GOtt versöhnete durch das Kreuz, wodurch er diejenige Feindschaft, oder Unverträglichkeit, die zwischen ihnen war, vertilgte (*), indem er das Caeremonialgesetz, das sie von einander trennete, an sein Kreuz heftete.

17. Er

16. Und daß er beyde versöhnete mit GOtt in einem Leibe, durch das Kreuz, und hat die Feindschaft getödtet durch sich selbst.

17. Und

(12) Machte. Das griechische Wort ist κτίσῃ, welches nicht allezeit eine Schöpfung im strengen Verstande bedeutet (a).

(a) Wenn von göttlichen Werken die Rede ist, bedeutet es solche allerdings, die Schöpfung seye im Reiche der Natur, oder der Gnaden. S. lit. b. bey der vorhergehenden Anmerkung.

(*) Diese Umschreibung ist auf alle Weise dunkel. Christus hat Juden und Heyden mit GOtt versöhnet durch das Kreuz, wodurch er die Feindschaft, die zwischen Juden, und Heyden, war, vertilget hat. Wie kann dieß eine Versöhnung mit GOtt seyn, wenn Juden und Heyden vereiniget werden? Man stelle sich ein Land voller Rebellen vor, die alle von ihrem rechtmässigen Herrn abgefallen, und unter einander selber uneinig sind; die Rebellen vereinigen sich mit einander, und fahren entweder in ihrer Aufruhr fort, oder suchen mit einander bey ihrem Herrn Gnade: sind sie durch diese Vereinigung mit ihm versöhnet? Noch unverständlicher wird sie durch den letzten Zusatz: indem er das Caeremonialgesetz ———. Diesem nach hat Christus Juden, und Heyden, mit GOtt versöhnet durch das Kreuz, indem er zur Vereinigung der Juden, und Heyden, das Caeremonialgesetz an sein Kreuz geheftet hat. Kann man sich eine gezwungenere Erklärung der Versöhnung JEsu Christi vorstellen? Was hat Christus nöthig, am Kreuze zu sterben, wenn nur Juden und Heyden mit einander auszusöhnen sind, da diese Versöhnung durch viel leichtere Mittel, und, nach der lockischen eigenen Hypothese, durch die blosse Aufhebung des Caeremonialgesetzes, möglich war? ja, man bedenke, ob GOtt, um ein paar Völker mit einander zu vereinigen, sein Gesetz aufheben wird? Dieß heißt die Menschenliebe GOttes, zum Nachtheile seiner Weisheit, und übrigen Eigenschaften, zu weit treiben. Gesetzt, GOtt hätte, um diese Feindschaft zwischen Menschen zu endigen, sein Gesetz aufheben wollen, mußte es gerade so aufgehoben werden, daß es Christus an sein Kreuz heftete, und darüber selber unter den Uebelthätern, auf die schmerzlichste Weise, den Geist aufgab?

Man wird aus allem diesem sehen, daß Locke die Versöhnung der Welt mit GOtt durch den Kreuzestod JEsu Christi zwar nicht völlig, gegen den klaren Ausspruch Pauli, läugnen, oder aus unserm Verse weglassen, kann, aber doch, so viel an ihm ist, dergestalt vorzustellen sucht, daß wenigstens unvorsichtige Leser durch seine Umschreibung verblendet werden, Christum am Kreuze nicht als den Mittler zwischen GOtt und Menschen, sondern als den Friedensstifter zwischen Juden, und Heyden, nicht als das Opfer für die Sünde der Welt, das in den Opfern des Caeremonialgesetzes abgebildet worden, sondern als denjenigen göttlichen Menschen

zu

zu betrachten, der am Kreuze starb, um das Caeremonialgesetz aufzuheben, und das Natur- oder Sittengesetz mit neuer Kraft wieder herzustellen, daß er vermöge desselben seine neuen Unterthanen beherrsche. Daß dieses Lockens Meynung gewesen sey, ist aus mehr, als einer, Stelle dieses Werkes deutlich. Man sehe aber nur die Worte Pauli, man sehe ihren Zusammenhang, und selbst die grammatikalische Verbindung an: so wird man zugleich ihre Richtigkeit erkennen. Man muß in der Mitte des 15ten Verses [illegible] —— auf daß er aus zween —— anfangen, da, wo ich lit. a. über die 9te Anmerkung meine Umschreibung abgebrochen habe. Denn, das [illegible] regieret beydes, das [illegible] V. 15. und das [illegible] V. 16. Zu dem Ende hat Christus nach V 14. die Feindschaft zwischen GOtt, und den Menschen, aufgehoben, und dem Gesetze, indem er es erfüllete, und in seinem Fleische die in demselben gedrohete Strafe erlitte, seine verdammende Kraft benommen, und hierdurch die Scheidewand zwischen Juden, und Heyden, abgebrochen, [illegible] auf daß er aus zween einen neuen Menschen in ihm selber schaffete, V. 15. und beyde in einem Leibe mit GOtt versöhnete durch das Kreuz, V. 16. Was ist hier deutlicher, als die Folge dessen, was GOtt zur Erlösung des menschlichen Geschlechtes gethan hat, in derjenigen Ordnung, welche die evangelische Kirche lehret? Paulus beschreibet von V. 11. an die Seligkeit der Epheser, daß sie nun nahe seyen. Die Ursache ist V. 13. das Blut Christi, durch welches auch sie versöhnet sind. Hier kann das [illegible], der aus beyden Eines hat gemacht, nicht gleich die Vereinigung aller Völker in eine Kirche andeuten. Denn, sie müssen erst, ehe sie eine Kirche werden, als ein Haufe Ungläubiger mit GOtt versöhnet seyn. Diese gemeinschaftliche, oder allgemeine, Versöhnung durch das Blut JEsu Christi wird V. 14. und in der ersten Hälfte des 15ten Verses beschrieben: und nun kommt erst die dem Zusammenhange der folgenden Worte mit V. 11. und 12. gemässe Absicht: auf daß er aus zween ——; die aus dieser Versöhnung entstehende Vereinigung der Juden, und Heyden mit GOtt, und folglich auch zu einer Kirche. Es müssen also diese Worte so umschrieben werden: „Zu dem Ende hat Christus die Menschen ohne Unterschied mit GOtt versöhnet, auf daß er aus zween, die beyde gleicher Verdammniß schuldig, und in ihm, dem Bürgen, und Mittler, dessen Genugthuung ihnen zugerechnet wurde, in dieser Absicht vereinigt waren, indem er zwischen GOtt und Menschen Friede machte, einen einzigen neuen Menschen schaffte, und beyde in einem Leibe, indem er die Feindschaft zwischen GOtt und den Menschen, in seinem für die Feinde erlittenen Tode (Röm. V. 10.), und also an sich selber, tödtete, durch das Kreuz wieder mit GOtt vereinigte". Man muß, um dieses zu verstehen, nur merken, daß von V. 14. an nicht immer von einer einzigen, und eben derselben, Art der Vereinigung die Rede ist; als welches eine Tavtologie verursachen würde. V. 14. sind Juden und Heyden vereiniget (der aus beyden Eines hat gemacht), als Sünder in gleicher Verdammniß, zwischen welchen das Gesetz keine Scheidewand mehr ist, und die blos durch Christum, der durch sein Fleisch die Feindschaft wegnimmt, mit GOtt versöhnet werden konnten; V. 15. als zwo Arten Sünder, die kraft der Versöhnung Christi, wenn sie solche im Glauben annehmen, eine Kirche, einen neuen Menschen, eine neue Creatur, einen geistlichen Leib an Christo, dem Haupte, vorstellen sollen (auf daß er aus zween einen neuen Menschen schaffete); V. 16. als Versöhnte, die durch die Versöhnung JEsu Christi in einem Leibe wieder mit GOtt vereinigt worden sind.

17. Er ist auch gekommen, und hat die angenehmen Nachrichten vom Frieden euch Heyden verkündigt, die ihr von dem Himmelreiche entfernet waret, und den Juden, die da nahe [und bereits innerhalb desselben Gränzen] waren.

17. Und ist kommen, hat verkündiget im Evangelio Friede; euch, die ihr ferne waret; und denen, die nahe waren:

18. Denn, durch ihn haben wir beyde, so wohl Juden, als Heyden, den Zutritt zum Vater, durch einen, und eben denselben, Geist.

18. Denn, durch ihn haben wir den Zugang alle beyde in einem Geist zum Vater.

19. Also seyd ihr Epheser, die ihr nun an Christum glaubt, wenn ihr gleich ehehin Heyden waret, nun nicht mehr Fremde, und Ausländer, sondern [ohne weitere Bemühung] Mitbürger der Heiligen, und Leute, die zu GOttes Hausgesinde gehören;

19. So seyd ihr nun nicht mehr Gäste und Fremdlinge, sondern Bürger mit den Heiligen, und GOttes Hausgenossen;

20. Erbauet auf den Grund, welchen die Propheten, und Apostel, geleget haben, dessen Eckstein JEsus Christus ist:

20. Erbauet auf den Grund der Apostel und Propheten, da JEsus Christus der Eckstein ist:

21. In welchem das ganze Gebäude recht in einander gefüget ist, daß es in dem HErrn zu einem heiligen Tempel wächset:

21. Auf welchem der ganze Bau in einander gefüget, wächset zu einem heiligen Tempel in dem HErrn;

22. In welchem auch die Heyden mit den glaubigen Juden zugleich erbauet werden (in welchem auch ihr mit erbauet werdet) zu einer Wohnung GOttes durch den Geist (13).

22. Auf welchem auch ihr mit erbauet werdet, zu einer Behausung GOttes im Geist.

(13) Ich gebe dieser Allegorie folgenden Verstand. Es ist aus den Versicherungen der Apostel, und Propheten, klar, daß die Heyden, welche an Christum glaubten, durch diesen Glauben Glieder seines Reiches, und unter ihm, als ihrem Haupte in einem so wohlgestalten Körper, in welchem eine jede Person ihre eigene Stelle, Ordnung, und ihrer Fähigkeit gemässe Verrichtung, hat, vereinigt worden sind, daß sie GOtt zu seinem Volke annimmt, und an ihnen seine Lust hat, und unter ihnen wohnet, als in einem wohl eingerichteten, und ihm besonders gewidmeten, Gebäude, wovon einen Theil die Heyden ausmachen, und worein sie, ohne von den Juden unterschieden zu seyn, durch den Geist GOttes mit den glaubigen Juden vermischt, und in Gleichheit gesetzt worden sind, daß sie ein einiges Volk würden, unter welchem GOtt wohnen, und ihr GOtt seyn will, so wie sie sein Volk seyn sollen.

Fünfter

Fünfter Abschnitt.

Cap. III. Vers 1 — 21.

Dieser Abschnitt giebt dem vorhergehenden viel Licht, und kläret die Absicht dieser Epistel noch deutlicher auf. Denn, hier meldet S. Paulus den Ephesern mit deutlichen Worten, daß er, diese Lehre zu predigen, welche bis hieher ein Geheimniß, und in den vorigen Zeiten verborgen, gewesen, nämlich, daß die Heyden Miterben der glaubigen Juden seyn, mit ihnen einen einigen Körper, oder Volk, ausmachen, und an den unter dem Messias zu erhaltenden Verheissungen Theil nehmen sollten, daß er, sage ich, aus GOttes besonderer Gnade, und Verordnung, zum Prediger dieses Geheimnisses (*) gemacht worden sey. Hierauf ermahnet er sie, sich von

(*) Was die Hauptstücke dieses Abschnittes anbelangt, so hat Locke ganz recht, daß selbiger die Absicht dieser Epistel noch deutlicher aufkläre, und daß Paulus die Epheser ermahne, sich nicht durch seine Gefangenschaft von der Beständigkeit im Bekenntnisse des Evangelii abschröcken zu lassen, u. s. w. Allein, er bestimmet die Absicht dieses Briefes unrecht, wie schon oben gezeigt worden ist; und leget die Verwirrung, die er hierinnen machet, in gegenwärtiger Einleitung noch deutlicher an den Tag. Ich läugne gar nicht, daß Paulus deswegen ein Gefangener war, weil er den Heyden das Evangelium predigte, und zwar, ohne sie zugleich zur Haltung des mosaischen Gesetzes anzuhalten: allein, war denn das, was er predigte, weiter nichts, als daß die Heyden Miterben der glaubigen Juden seyn sollten, und wie die Worte oben weiter heissen? war dieß der ganze Glaube der bekehrten Heyden? war dieß ihr ganzes Bekenntniß? war dieses so ein grosses Geheimniß? kann dieses V. 3. so schlechthin τὸ μυστήριον, das Geheimniß, und V. 4. das Geheimniß Christi heissen? Die Sache lehret es selbst, daß Paulus die Lehre von Christo predigte, daß diese die Heyden glaubig annahmen, und bekenneten; und daß diese ein Geheimniß sey, wird Niemand in Zweifel ziehen. Diese ist also das Geheimniß, wovon Paulus redet, und nicht das, was Locke meynet. So hänget dieser Abschnitt nicht nur mit dem vorhergehenden vierten, sondern auch mit dem dritten, zusammen. Nachdem Paulus den Ephesern die Grösse ihrer Seligkeit in dem Reiche JEsu Christi, worein sie als Heyden, die zuvor in Sünden todt waren, durch GOttes unendliche Kraft, und Güte, aus dem Reiche des Satans versetzet worden, vorgestellet hat; so kommet er wiederum zum Gebethe: Derhalben ich Paulus ——— V. 1. Er träget aber dieses Gebeth noch nicht vor. Der Anblick seiner Banden, die er um Christi willen träget, hindert ihn daran. Er macht sich in Gedanken den Einwurf, der bey den Ephesern entstehen konnte: was ist es für eine Herrlichkeit, Bürger mit den Heiligen, und GOttes Hausgenossen, zu seyn, da selbst die Apostel JEsu Christi nur Bande, und Gefängniß, zu Lohn bekommen? Diesem

von dem Glauben, oder Bekenntnisse, dieser Wahrheit nicht dadurch abschröcken, oder wankend machen, zu lassen, daß er um derselben willen verfolget, und gefangen, sey: denn; was er, als der Prediger derselben, litte, könne sie so wenig von der Beständigkeit im Glauben daran mit Recht zaghaft machen, daß es ihnen vielmehr zur Ehre gereichen, und zur Bestätigung dieser grossen evangelischen Wahrheit, die er besonders lehrete, dienen müßte. Deswegen saget er weiter, daß er deswegen GOtt anrufe, damit sie hierinnen gestärket, und fähig, würden, die Grösse der Liebe GOttes in Christo zu begreifen, wie sie sich nicht allein, nach der Einbildung der Juden, auf das jüdische Volk, und dessen Verfassung, sondern weit über die Gedanken derer, erstreckte, die solche aus Eigenliebe einzig, und allein, auf diejenigen, welche Glieder der jüdischen Kirche wären, und ihre Caeremonien beobachteten, einschränken wollten.

Diesen Einwurf widerleget er; und daraus entstehet nach seiner Schreibart eine Parenthesis von V. 1–13. Nun kommet erst V. 14. das schon V. 1. angefangene Gebeth ordentlich fortgesetzt: Derhalben beuge ich meine Knie, u. s. w. Der Inhalt dieses Abschnittes ist also, nach dem Zusammenhange des ganzen Briefes betrachtet, der: es sey übernatürliche Erleuchtung, und Kraft, vonnöthen, die Seligkeit, die uns in der Gemeinschaft JEsu Christi zu Theile wird, zu erkennen, und wegen dieser Erkenntniß im Glauben an JEsum standhaft zu bleiben. Diese erbittet Paulus den Ephesern von GOtt: und dieses Gebeth beschließt den theoretischen Theil dieses Briefes. Die Leser mögen urtheilen, welcher Entwurf der Gedanken Pauli der richtigste sey.

Paraphrastische Erklärung.

1. Weil ich Paulus dieses predige (1), so bin ich um des Evangelii JEsu Christi willen, das ich euch Heyden (2) verkündige, gefangen:

2. Denn, daran könnet ihr nicht zweifeln, da (3) ihr von der Beschaffenheit der göttlichen Gnade

Text.

1. Derhalben ich Paulus, der Gefangene Christi JEsu für euch Heyden,

2. Nachdem ihr gehöret habt von dem Amt der

(1) S. Col. IV. 3. 2 Timoth. II. 9. 10.

(2) S. Phil. I. 7. Coloss. I. 24.

(3) Εἴγε bejahet manchmal, und bedeutet im Griechischen eben das, was siquidem im Lateinischen anzeigt: und diese Bedeutung will hier der Verstand haben. Denn, es ist nicht anders zu vermuthen, als daß die Epheser, bey welchen sich S. Paulus so lange aufgehalten hat, gehöret haben müssen, daß er durch GOttes ausdrücklichen Befehl zum Apostel der Heyden ernennet, und durch unmittelbare Offenbarung in der Lehre, die er ihnen predigen sollte, unterrichtet worden sey; und ein wichtiges,

der Gnade GOttes, die mir an euch gegeben ist,	Gnade, die mit in Absicht auf euch Heyden gegeben ist, gehöret habt:
3. Daß mir ist kund wor-	3. Daß [vorzüglich] mir (4) das Geheim- niß

und nothwendiges, Stück derselben (a) war, daß sie allein durch den Glauben, an Christum, ohne sich beschneiden zu lassen, oder sonst zur Beobachtung des Gesetzes zu verbinden, Glieder des Reiches GOttes seyen. Dieß verhelete auch S. Paulus so wenig, daß die Welt davon ertönete, Apost. Gesch. XXI. 28. Wenn nun, wie kein Zweifel ist, seine Predigten, und Schriften, von einerley Inhalt waren, so verbarg er den Heyden, denen er predigte, das ihm durch göttliche Offenbarung mitgetheilte Geheimniß, von GOttes Vorsatze in ihrer Berufung, nicht.

(a) Wenn es nur ein Stück der Lehre Pauli war, so war es nicht seine ganze Lehre, so war es auch nicht die Hauptsache, die Paulus lehrete. Locke redet aber immer, und selbst in dieser Anmerkung, so, als wenn sonst Paulus nichts geprediget, und diese Wahrheit den ganzen Glauben der bekehrten Heyden ausgemachet hätte.

(4) Ungeacht S. Petrus vermittelst eines Gesichtes zu dem Cornelius, einem Heyden, nach Apost. Gesch. X. von GOtt gesendet worden war, so lesen wir doch nicht, daß dieser göttliche Vorsatz, die Heyden, ohne Absicht auf die Beschneidung, oder andere mosaische Gebräuche, so gut, als die Juden, zu seinem Volke zu berufen, ihm, oder einem andern Apostel, als eine Lehre, die sie der Welt predigen, und bekannt machen, sollten, geoffenbaret worden sey. Es war auch in der That nicht nöthig, da sie allein Apostel der Beschneidung waren (a), ihnen dieses mit anzubefehlen, damit sie es in ihren Predigten an die Juden einfliessen liessen. Denn, es würde dieß nur den Juden Anlaß gegeben haben, ihre Ohren zu verstopfen, und auch andere Theile des Evangelii nicht zu hören, die ihnen zu wissen, und zu hören, nothwendiger waren.

(a) Locke schlüsset in dieser Anmerkung überhaupt schlecht, da er von dem Stillschweigen der Schrift einen Grund nimmt, eine Sache, welche geschehen können, und allem Ansehen nach geschehen ist, zu läugnen. Insbesondere behauptet er, was sich niemals beweisen läßt, wenn er alle Apostel, ausser Paulo, Apostel der Beschneidung nennt. Einige mögen es gewesen seyn: aber wer kann es von allen beweisen? Wo ist die Apostelgeschichte aller Apostel? Wo haben also diejenigen, von welchen wir in der heiligen Schrift nichts lesen, geprediget? Unter den Juden, die in der ganzen Welt zerstreuet waren? Ich will es zugeben. Aber waren denn in den Schulen der Juden nicht überall auch gottesfürchtige Heyden, oder Proselyten? Dergleichen hat immer Paulus angetroffen, und sich zu ihnen gewendet, wenn die Juden das Wort GOttes von sich stiessen; und zu diesen sammelten sich hernach noch andere Heyden. Eben so muß die Predigt anderer Apostel, alles wohl überlegt, durch die Welt ergangen seyn. Sie hatten also das vermeynte Geheimniß so gut, als Paulus, zu wissen nöthig. Daß Locke in seiner Umschreibung setzt: vorzüglich mir, ist ein willkührlicher Zusatz, der im Grundtexte mit keinem Buchstaben stehet. Eben so ist das, wenn er sich auf Cap. I. 9. berufet, nur nach seiner Umschreibung für ihn, sonst aber wider ihn: wie ihm denn auch die Sache selbst schon widerspricht. Denn, was

niß (5) durch besondere Offenbarung entdecket worden sey (wie ich euch oben [nämlich Cap. I. 9.] gemeldet habe.

4. Ihr dürfet dieses nur lesen, so müsset ihr von meiner Einsicht (in dem Geheimniß von Christo) in diesen ehemals verborgenen, und unbekannten, Theil des Evangelii von Christo (6) überzeuget werden),

5. wel

worden dieses Geheimniß durch Offenbarung, wie ich droben aufs kürzeste geschrieben habe;

4. Daran ihr, so ihrs leset, merken könnet meinen Verstand an dem Geheimniß Christi:

5. Wel

was ist für einen Feind Christi, und Verfolger seiner Gemeine, dergleichen Paulus war, eigentlicher ein Geheimniß? die Lehre von Christo? oder, die Berufung der Heyden?

(5) S. Coloss. I. 26.

(6) Es möchte Jemand fragen, zu was Ende der Apostel in dieser Parenthesi von sich selber redet? Und, ohne auf den Endzweck dieser Epistel zu sehen, wird man diese Frage schwerlich beantworten können. Giebt man aber auf diesen Acht, so ist nichts deutlicher, noch überzeugender, und geschickter, angebracht, als dieser Zwischensatz. Denn, was konnte sie zur Beständigkeit in der Lehre S. Pauli, daß sie von der Beschneidung und den gesetzlichen Caeremonien, frey wären, kräftiger ermuntern? Wenn ihr gehöret habt, wie ich euch auch in meinem Briefe versichert, daß dieses Geheimniß des Evangelii mir auf eine besondere Art vom Himmel geoffenbaret worden ist (a). Ihr dürft dieses nur lesen, so müsset ihr überzeuget werden, daß ich in dieser Wahrheit wohl unterrichtet bin, und daß ihr euch auf das, was ich euch in Ansehung derselben gelehret habe, sicher verlassen könnet, wenn ich gleich deswegen gefangen bin. Dieß gereichet euch zur Ehre, weil ich um einer Wahrheit willen leide, die euch so nahe angehet, s. Cap. VI. 19.

(a) Wo stehet dieß in gegenwärtigem Briefe? Cap. I. 9. welche Stelle nach der lockischen Umschreibung des 3ten Verses hieher gehören soll, ist nichts davon zu lesen. Es heißt nach der gemeinen Leseart: und hat uns wissen lassen —, und nach der lockischen: daß er euch — bekannt machte. Es ist also dieses Geheimniß nicht dem Apostel allein, oder vorzüglich, geoffenbaret worden, sondern auch andern; und noch dazu ist es nicht die Lehre von der Berufung der Heyden, sondern die Lehre von Christo: wie bereits oben erinnert worden. Locke hätte V. 3. nicht die Stelle Cap. I. 9. anführen sollen, als wenn Paulus gerade auf diese zielte. Denn, es heisset nach dem Griechischen: καθὼς προέγραψα ἐν ὀλίγῳ, wie ich euch kürzlich im vorhergehenden geschrieben habe, V. 4. πρὸς ὃ δύνασθε —, zu dem Ende, damit ihr, wenn ihr es leset, meine Einsicht in das Geheimniß Christi einsehen könnet. Es redet also Paulus V. 3. von dem, was er Cap. I. und II. von dem Geheimnisse Christi, und seiner Gemeine, wie er es Cap. V. 32. nennet, geschrieben hat. Denn, das ist das vorhergehende. Und hieraus läßt sich der Grund der hier vorkommenden Parenthesis so gut, als aus der lockischen Erklärung, ersehen.

[illegible]

5. Welches nicht kund gethan ist in den vorigen Zeiten den Menschenkindern, als es nun offenbaret ist seinen heiligen Aposteln und Propheten, durch den Geist;

6. Nämlich, daß die Heyden Miterben seyn,

5. welches in den vorigen Zeiten den Menschenkindern nicht so bekannt gemachet worden, wie es nun den heiligen Aposteln, und Propheten (*) durch den Geist geoffenbaret ist,

6. nämlich (**), daß die Heyden, mit den Juden (7), sollen Miterben, in einen Leib vereinigt,

Paulus hat die geheimnißvolle Lehre von Christo durch unmittelbare göttliche Offenbarung erlernet; diese hat er Cap. I. und II. dieser Epistel kürzlich vorgetragen: daraus konnten die Epheser abnehmen, daß sie ihm bekannt sey, und er folglich, da er jetzo um der Predigt dieses Geheimnisses willen, gefangen war, seine Meynung nicht ändern, sondern Christum auch bis in den Tod bekennen werde. Hieraus konnten sie auch für sich Gründe zur Standhaftigkeit im Glauben, und in der Heiligung, sammeln.

(*) Diese Worte sind der lockischen Meynung, daß Paulo allein, oder vorzüglich, die Aufnahme der Heyden in die Kirche GOttes geoffenbaret worden sey, schnurstracks zuwider; gesetzt auch, daß sie das hier gerühmte Geheimniß wäre. Denn, es heisset deutlich, daß dieses Geheimniß den heiligen Aposteln, und Propheten, also andern so gut, als Paulo, geoffenbaret worden sey.

(**) Dieses Nämlich, das auch unsere deutsche Uebersetzung hat, ist mit keinem Buchstaben im Griechischen zu finden: gleichwie es auch nicht in der englischen Uebersetzung stehet. Es fällt also hiedurch auf einmal der Beweis weg; der sonst sich aus diesem Verse für die lockische Meynung nehmen liesse, daß hier die Berufung der Heyden zu dem bisher immer erwähnten Geheimnisse gemachet werde. Es hat V. 5. geheissen: das Geheimniß sey in den vorigen Zeiten nicht so kund gethan worden, wie es nun den heiligen Aposteln, und Propheten, geoffenbaret ist. Warum ist es denn nun so herrlich, und reichlich, geoffenbaret? Die Antwort stehet V. 6. εἶναι τὰ ἔθνη —. Was man hier am natürlichsten, und leichtesten, ergänzen kann, ist [illegible] damit auch die Heyden Miterben, Mitglieder an dem Leibe Christi, und neben den Glaubigen aus den Juden der göttlichen Verheissungen, die sich auf Christum gründen, theilhaftig würden. Deswegen ist das Geheimniß von Christo so deutlich, und reichlich, geoffenbaret worden, damit es nicht wieder, wie im alten Testamente, ein besonderer Vorzug der israelitischen Kirche zu seyn scheinen, sondern auch die Heyden der lebendigen Erkenntniß desselben, und alles daher entstehenden Seegens, theilhaftig werden möchten.

(7) Ungeacht die Juden hier nicht ausdrücklich genennet werden, so ist doch aus dem vorhergehenden Capitel, V. 11. u. ff. klar, daß der Apostel sagen wolle, die Heyden seyen mit ihnen vereinigt, und GOttes Volk, und aller Vorrechte, und Wohlthaten, des Evangelii, mit ihnen theilhaftig geworden. Eben dieß saget er Galat. III. 26–29.

einigt, und seiner Verheissung (8) in Christo, zur Zeit (9) des Evangelii (durch das Evangelium) theilhaftig seyn.

7. Zum Diener (10) dieser Lehre bin insbesondere

und mit eingeleibet, und Mitgenossen seiner Verheissung in Christo, durch das Evangelium,

7. Des ich ein Diener worden

(8) Die Verheissung, deren hier Meldung geschiehet, ist die Verheissung des Heiligen Geistes; s. Galat. III. 14. (a). Dieser wurde Niemand, als GOttes Volk, und Kindern, gegeben: die Heyden bekamen ihn also nicht, bis sie zur Zeit des Evangelii durch den Glauben an Christum GOttes Volk wurden.

(a) Ungeacht Appst. Gesch. I. 4. der Heilige Geist die Verheissung des Vaters heisset, und hier nicht darf ausgeschlossen werden: so werden doch die gegenwärtigen Worte zu sehr eingeschränkt, wenn man unter der Verheissung in Christo weiter nichts, als den Heiligen Geist, und besonders nach seinen Wundergaben, wie Locke ihn gerne zu erklären pflegt, verstehen will. Die Verheissung in Christo ist alles, was uns GOtt in, und durch, Christum zu geben verheissen hat. Dieß ist selbst aus Galat. III. 14. klar.

(9) Διὰ τοῦ εὐαγγελίου bedeutet hier: zur Zeit des Evangelii, so wie δι' ἀκροβυστίας, die Zeit, da er noch unbeschnitten war (a), Röm. IV. 11. s. die Anmerkung über Röm. VII. 5. Es wird hier eben das gesagt, was Cap. I. 10. also ausgedrückt ist: auf daß, da die Zeit erfüllet war, d. i. zur Zeit des Evangelii, alle Dinge zusammen unter ein Haupt verfasset, oder vereiniget, würden, in Christo, oder (und) durch Christum.

(a) Es ist keine Folge: weil διὰ zuweilen heißt: während, zur Zeit; so heißt es immer so. Die gewöhnliche Bedeutung der Worte gehet immer der ungewöhnlichen vor. Wenn Locke also nicht seinen besondern Meynungen hier etwas hätte zum Besten thun wollen; so hätte er διὰ τοῦ εὐαγγελίου gar wohl übersetzen können: durch das Evangelium. Denn, da das Evangelium den Glauben wirket, und wir durch diesen GOttes Kinder, allzumal Einer in Christo JEsu, und nach der Verheissung Erben, werden, Galat. III. 26–29; so werden wir durch das Evangelium Miterben, und der Verheissung in Christo theilhaftig. Allein, ich erinnere mich nicht, daß Locke irgendwo in diesem Werke dem Evangelio so viele Kraft zuschreibe.

(10) Ungeacht er nicht ausdrücklich läugnet, daß auch andere Apostel zu Dienern derselben bestellet seyen, als welches sich weder für seine Bescheidenheit, noch Hochachtung gegen die übrigen Apostel, geschickt haben würde (a), so geben doch seine Ausdrücke solches sehr deutlich zu verstehen, besonders, wenn man die zween folgenden Verse aufmerksam liest. Denn, dergleichen Auftrag war demjenigen nöthig, welcher gesendet wurde, um die Heyden zu bekehren (b), wenn schon diejenigen, die unter ihre Brüder, die Juden, giengen, dieselbige zu verkündigen, keinen Befehl hatten. Dieser einzige Heyden-Apostel (c) konnte durch den glücklichen Fortgang seiner Predigt unter den Heyden, durch die Wunder, womit er solche bestätigte, und die Gabe des Heiligen Geistes, nebst dem, was Petrus aus besonderm göttlichen

Befehl

worden bin, nach der Gabe, aus der Gnade GOttes, die mir nach seiner

sondere Ich gemachet worden, nach der unverdienten, und gnädigen, Gabe GOttes, die er mir durch die kräftige Wirkung seiner Macht, womit

Befehle bey dem Cornelius that, die übrigen Apostel gelegenheitlich von dieser Wahrheit sattsam überzeugen; wie von ihm auch wirklich Apost. Gesch. XV. und Galat. II. 6-9. geschehen ist (d). Wie S. Paulus diese Lehre für sehr wichtig, und derselben Verkündigung für seine besondere Amtsverrichtung gehalten habe, kann man aus dem sehen, was er Cap. VI. 19. 20. saget; als woraus einem jeden deutlich wird, daß man ihm, da er um dieser Ursache willen gefangen war, ganz anders, als andern Aposteln, begegnete (e), und folglich hierinnen seine Predigt von der übrigen verschieden war, und er deswegen als ein Uebelthäter gehalten wurde, wie er selbst 2 Timoth. II. 9. meldet. Die Geschichte davon stehet Apost. Gesch. XXI. 17. u. ff. (f), wie wir anderwärts bemerket haben. Weil er nun diese Lehre predigte (g), und der Welt diese unbekannte Wahrheit, die er überall ein verborgenes Geheimniß nennet, offenbarete, so giebt er demjenigen, was er predigte, den unterscheidenden Namen seines Evangelii, Röm. XVI. 25; und die Bezeugung seiner Sorgfalt, daß sie GOtt darinnen befestigen möge, machet den Hauptendzweck der Epistel an die Römer, und der gegenwärtigen an die Epheser, aus. Daß er so sehr darauf dringt, daß er aus besonderer göttlicher Gnade durch einen ihm allein gegebenen Befehl, zur Verkündigung der Lehre von GOttes Vorsatze, die Heyden zu berufen, gesendet worden sey, ist keine Prahlerey, sondern zu seinem gegenwärtigen Vorhaben sehr dienlich, weil darinnen eine wichtige Ursache liegt, warum die Epheser vielmehr ihm, ihrem Apostel, glauben sollen, dem diese Lehre geoffenbaret, und, zu predigen, befohlen worden, als den Juden, welchen sie verborgen, und ein Geheimniß, so wie sie an sich selber ἀνεξιχνίαστος, den Menschen, wenn sie auch die besten Gaben, und Fähigkeiten, besitzen, unerforschlich ist.

(a) Ich sehe nicht ein, warum hier Locke wiederum den Heiligen Geist durch Paulum Complimente machen läßt. In GOttes Sache findet keine Hochachtung gegen Menschen statt. Paulus giebt auch selber in diesem Stücke 2 Korinth. XI. 5. seine Gesinnung genugsam zu erkennen, ingleichen Galat. II. 6-9. welche Stelle Locke selbst in seiner Anmerkung anführet.

(b) Was für ein Auftrag? Dieser, welches Locke hiemit sagen will, daß Paulus predigen sollte, GOtt wolle die Heyden, ohne sie an das mosaische Gesetz zu binden, selig machen? Dieß hat Paulus in den Stellen, wo wir von seinen Predigten Entwürfe lesen, nicht geprediget, und er konnte es nicht wohl predigen. Er hat es nicht geprediget: man lese nur die Apostelgeschichte. Er konnte es auch nicht wohl predigen. Die Heyden, welche nach Ephes. II. 12. ohne GOtt in der Welt waren, mußten erst zur Erkenntniß des wahren GOttes gebracht werden, womit er auch Apost. Gesch. XIV. 15. anfängt. Um die jüdischen Caeremonien bekümmerten sie sich nicht, oder wußten gar nichts davon. Wie konnte er sie davor verwahren? Es war genug, daß er sie nicht dazu anwiese. Sie mußten JEsum, und sein Verdienst, und die Gnadenordnung GOttes, zuvörderst kennen lernen. Hierinnen kommt kein Streit von Caeremonien vor. Ueberhaupt läßt sich mit Menschen, die von Wahrheiten noch gar nichts wissen, nicht die dahin gehörige Polemik treiben.

(c) Pau-

womit er die Heyden so wunderbar durch meine Predigt bekehret (11), gegeben hat;

8. Mir, sage ich, der ich weniger, als der Geringste unter allen Heiligen, bin, ist diese Gnade zu Theile geworden, daß ich unter den Heyden [illegible]

ner mächtigen Kraft ge- geben ist.

8. Mir, dem allerge- ringsten unter allen Heili- gen, ist gegeben diese [illegible]

(c) Paulus ist der einzige Heyden-Apostel, den uns die heilige Schrift mit [illegible] grössesten Ruhme bekannt machet: aber nicht der einzige, der Heyden in [illegible] gebracht hat. S. die Erinnerung zur 4ten Anmerkung.

(d) Apost. Gesch. XV. hat Paulus nicht die Apostel, sondern etliche von der Pharisäer Secte, durch den Beystand der Apostel, überzeugt, s. V. [illegible] Galat. II. 6–9. saget auch Paulus nicht, daß er die grössten Apostel [illegible] habe, sondern daß sie ihm nichts anders gelehret hätten, [illegible] dieses hat sich Locke nur eingebildet.

(e) Warum, und wie, anders? Jacobus wird von Herode mit dem Schwerdt getödtet, Apost. Gesch. XII. 2. Petrus eben das. V. 6. gebunden mit [illegible] Ketten im Gefängnisse gehalten, um nach Ostern hingerichtet zu werden. Wurden diese Apostel nicht auch als Uebelthäter gehalten? Christus hat Joh. XVI. 2. allen seinen Jüngern vorher gesagt: Sie werden euch in den Bann thun. Es kömmt aber die Zeit, daß, wer euch tödtet, wird meynen, er thue GOtt einen Dienst daran, s. auch Matth. XXIV. 9. Marc. XIII. 9.

(f) Der 2te Brief Pauli an den Timotheum ist in dessen zweyten römischen Gefangenschaft geschrieben: die angeführte Stelle aber handelt von der ersten.

(g) Nämlich die Lehre von Christo, auf welche sich alles, was in der Anmerkung folget, weit besser schickt, als auf die besondere, und eigene, Lehre Pauli, die sich Locke einbildet. Deswegen bleibet das Evangelium, das er predigte, dennoch sein Evangelium, wenn es gleich von dem Evangelio der übrigen Apostel nicht unterschieden war. Denn, ein Amt, ein Dienst, den Jemand mit andern gemeinschaftlich verrichtet, ist, seiner Mit-Diener ungeacht, noch immer sein Dienst.

(11) Dieß scheinet die hier erwähnte mächtige Kraft GOttes zu seyn, wie aus dem erhellet, was er von S. Petro, und sich selbst, Galat. II. 8. saget: ὁ ἐνεργήσας Πέτρῳ εἰς ἀποστολὴν τῆς περιτομῆς ἐνήργησε καὶ ἐμοὶ εἰς τὰ ἔθνη, der mit Petro kräftig gewesen ist zum Apostelamt unter die Beschneidung, der ist mit mir auch kräftig gewesen unter die Heyden, oder, hat kräftig in mir gewirket, wie ἐνήργησε hier übersetzet ist: und dieß zu sagen, hindert ihn seine grosse Bescheidenheit nicht. 1. Korinth. XV. 9. 10. sagt er eben so: Ich bin der geringste unter den Aposteln; als der ich nicht werth bin, daß ich ein Apostel heisse, darum, daß ich die Gemeine GOttes verfolget habe. Aber von GOttes Gnade bin ich, das ich bin: und seine Gnade an mir ist nicht vergeblich gewesen, sondern ich habe viel mehr gearbeitet, denn sie alle; nicht aber ich, sondern GOttes Gnade, die mit mir ist. Diese Stelle kommt mit dem, was er im gegenwärtigen, und folgenden, Verse saget, sehr wohl überein.

Gnade, unter die Heyden zu verkündigen den unausforschlichen Reichthum Christi;

9. Und zu erleuchten Jedermann, welche da sey die Gemeinschaft des Geheimnisses, das von der Welt her in GOtt verborgen

Heyden den unaussprechlichen Reichthum Christi (12) predigen sollte;

9. und allen Menschen (13) begreiflich machen, wie dasjenige Geheimniß nunmehr der Welt mitgetheilet (14) würde, welches vor allen vergangenen Zeitaltern verheelet war, und in dem geheimen Rathschlusse GOttes, der diese ganze neue

(12) D. i. den überschwenglichen Schatz der Barmherzigkeit, Gnade, und Liebe GOttes, der in JEsu Christo nicht allein für die Juden, sondern auch für die ganze Welt der Heyden, gesammelt (a) ist, dessen Entdeckung allen menschlichen Scharfsinn übersteigt, und allein durch die göttliche Offenbarung erlanget werden kann.

(a) Deutlicher: den JEsus Christus durch sein Verdienst erworben hat, und denen, die an ihn glauben, mittheilet. Hier stehet deutlich, was Paulus unter den Heyden geprediget hat; und es ist daher zu wundern, wie sich Locke so einen seltsamen Begriff von seinen Predigten unter den Heyden, als wir bisher gesehen haben, hat machen können.

(13) Allen Menschen, d. i. Menschen von allen Arten, und Völkern (a), Heyden sowohl, als Juden.

(a) Warum nicht allen einzelnen Menschen, denen Paulus hat predigen können, und die ihn haben hören wollen? Daß Paulus nicht allen einzelnen Menschen in der ganzen Welt geprediget habe, ist ohnehin deutlich.

(14) Τίς ἡ κοινωνία, welche da sey die Gemeinschaft (a), d. i. daß sie von mir Licht bekommen möchten, die Ursache, und den Grund, des ihnen nunmehr durch JEsum Christum entdeckten, und mitgetheilten, Geheimnisses zu erkennen, und einzusehen, nachdem derselbe der Welt erschienen ist, und GOtt die ganze Einrichtung dieser Haushaltung ihm übergeben hat.

(a) Wenn man nach einer gegründeten Leseart für κοινωνία liest οἰκονομία, so wird dieser Vers viel deutlicher, und darf nur so umschrieben werden: und alle Menschen so erleuchten, daß sie einsehen, wie weise, und gnädig, GOtt in Offenbarung desjenigen Geheimnisses verfahre, welches —. Οἰκονομία τοῦ μυστηρίου ist die ganze Einrichtung, und Beschaffenheit, des Geheimnisses von Christo, wie GOtt solches zum Besten der Menschen von Ewigkeit her beschlossen, nach seiner Weisheit in der Zeit immer mehr und mehr geoffenbaret, am allerdeutlichsten, und reichlichsten, aber durch die Apostel zur Zeit des neuen Testamentes hat bekannt machen lassen. Wenn man gegen diese Offenbarung alles hält, was davon im alten Testamente bekannt war, so ist es, gegen dieses helle Licht des Evangelii, Dunkelheit, und Schatten. Man wird hieraus den übrigen Theil dieses Verses verstehen, und die oben stehende lockische Erklärung beurtheilen können.

neue Schöpfung durch JEsum Christum gebildet, und eingerichtet, hat (15), verborgen lag.

10. In

borgen gewesen ist, der alle Dinge geschaffen hat durch JEsum Christ:

10. Auf

(15) Um uns zum rechten Verstande dieser Redensart: τῷ τὰ πάντα κτίσαντι διὰ Ἰησοῦ, den Weg zu bahnen, wird zuvörderst nöthig seyn, die Worte derselben zu betrachten, und wie solche von S. Paulo gebrauchet werden.

1. Was κτίσαντι, geschaffen hat, anbelangt, so muß man bekennen, daß dieses das Wort ist, welches nach dem gewöhnlichen Gebrauche der Schrift die Schöpfung, d. i. die Hervorbringung aus Nichts, bedeutet: daß es aber S. Paulus nicht immer in diesem Verstande gebrauche, ist aus dem 15ten Verse des vorhergehenden Capitels zu ersehen, wo unsere (englischen) Uebersetzer κτίσῃ mit Recht durch machen ausgedrücket haben; wie es denn offenbar ungereimt seyn würde, dieses Wort daselbst in dem ordentlichen Verstande des Schaffens zu nehmen (a).

(a) Man sehe die Erinnerung über diesen 15ten Vers.

2. Man muß merken, daß S. Paulus von dem Werke der Erlösung durch Christum gar gerne, als von einer Schöpfung, redet. Ob er es deswegen thut, weil solches der Hauptendzweck der Schöpfung war, oder weil sich in demselbigen nicht weniger Weisheit, Macht, und Güte, GOttes, als in der ersten Schöpfung, zeiget, und die Versetzung verlohrner, und abgefallener, Menschen aus dem Tode der Sünden in ein neues Leben ein eben so grosses Werk ist, und von einer eben so grossen Kraft herrühret, als da er das erstemal aus Nichts Etwas machte, oder weil die ἀνακεφαλαίωσις unter JEsu Christo, dem Cap. I. 10. erwähnten Haupte eine Wiederherstellung der Schöpfung in ihren ersten Zustand, und Rang, ist, die Apost. Gesch. III. 21: ἀποκατάστασις πάντων, die Wiederbringung aller Dinge, genennet wird, die mit der Predigt S. Johannis, des Täufers (welcher der Elias war, der alles zu rechte bringen, Matth. XVII. 11, d. i. das Himmelreich den Glaubigen aus allen Völkern (a) öfnen sollte, Luc. XVI. 16.), anfieng, und, wenn Christus am jüngsten Tage in der Herrlichkeit seines Vaters mit seinen Heiligen kommen wird, ihr Ende hat: ob, sage ich, alle, oder eine, von diesen erzählten Muthmassungen der Grund davon ist: so ist doch gewiß, daß S. Paulus von dem Werke der Erlösung unter dem Namen einer Schöpfung redet. So saget er 2 Korinth. V. 17. Ist Jemand in Christo, so ist er eine neue Creatur; und Galat. VI. 15. In Christo JEsu gilt weder Beschneidung, noch Vorhaut, sondern eine neue Creatur.

(a) Wenn den Glaubigen aus allen Völkern das Himmelreich öfnen so viel heissen soll, als: Juden und Heyden predigen, wie man es leicht verstehen könnte; so weiß ich nicht, ob sich dieses so genau von Johanne, dem Täufer, sagen läßt. Die Stelle Luc. XVI. 16. beweiset solches, nach einer genauen Erklärung nicht. Daß auch Heyden ihn mögen gehöret haben, dergleichen z. E. die Kriegsknechte waren, machet die Sache noch nicht aus. Hat aber Locke die Meynung gehabt, daß Johannes Busse, und Glauben an Christum, geprediget hat, ohne dabey die Beobachtung der mosaischen Caeremonien einzuschärfen, so läßt es sich begreifen.

Man

10. Auf daß jetzt kund würde den Fürstenthümern,	10. In der Absicht, daß nun unter dem Evangelio die manchfaltige Weisheit GOttes, in

Man muß also überlegen, von welcher Schöpfung (b) das τὰ πάντα κτίσαντι, der alle Dinge geschaffen hat, hier zu verstehen sey. S. Paulus bemühet sich in dieser Stelle, zu zeigen, daß GOttes Vorsatz, die Heyden unter dem Evangelio (vermittelst der Predigt des Evangelii) zu seinem Volke anzunehmen, ein in den vorigen Zeiten unbekanntes Geheimniß (c), und nun unter dem Reiche des Messias (d), der Welt zu predigen, ihm befohlen sey.

(b) Es kann von beyden verstanden werden, ungeacht von der andern hier vorzüglich die Rede ist. Denn, durch den Sohn hat GOtt auch die Welt gemacht, Hebr. I. 2.

(c) Dieß ist, wie ich hoffe, bereits genug widerlegt.

(d) Das Reich des Messias hat nicht erst mit dem neuen Testamente angefangen, Hebr. I. 8.

Dieß ist hier so offenbar S. Pauli Absicht, daß Niemand dieselbe verkennen kann. Wenn nun die Schöpfung der Körperwelt, der sichtbaren Dinge, Sonne, Mond, und Sterne, der himmlischen Körper, die über uns sind, und der Erde, die wir bewohnen, mit diesem Geheimnisse, mit dem Vorsatze GOttes, die Heyden in das Reich seines Sohnes zu berufen (e), ganz gewiß keinen unmittelbaren (f) Zusammenhang hat: so machet man S. Paulum zu einem elenden Schriftsteller, und entkräftet seine Beweise, wenn man ihn mitten in einem Vortrage, worinnen er die Epheser sehr feste zu halten, und recht ernstlich in sie zu dringen scheinet (denn, er thut solches hier mehr, als irgendwo) Dinge sagen läßt, die gar nicht zu seiner Absicht gehören, und nichts zu derselben Ausführung helfen können. Wir müssen also die Schöpfung, und geschaffenen Dinge, hier für die neue Schöpfung nehmen, nämlich für diejenigen, aus welchen das Reich Christi bestehet, das die neue Schöpfung ist; und in diesem Verstande ist das τὰ πάντα κτίσαντι διὰ Ἰησοῦ Χριστοῦ, der alle Dinge geschaffen hat durch JEsum Christ, eine Ursache, woraus man sehen kann, warum GOtt seinen Vorsatz, die Heyden zu Miterben der Heiligen, oder, wie er es Cap. II. 10. ausdrückt, zu seinem Werke, geschaffen in Christo JEsu zu guten Werken, geschickt zu machen, vor den vorigen Weltaltern verborgen hat (g); weil nämlich diese neue Schöpfung durch JEsum Christum geschahe, so liesse sie sich am besten, als er gekommen war, predigen, und bekannt machen (h). Dieß wird durch die Worte des folgenden Verses bekräftigt: auf daß jetzt, zur rechten Zeit, durch dieses sein neues Werk, nämlich die Kirche, kund würde die manchfaltige Weisheit GOttes. Diese Aufnahme der Heyden in das Reich GOttes, und nachher die Wiederherstellung der verworfenen Juden (i), betrachtet S. Paulus als einen so grossen, und deutlichen, Beweis der Weisheit GOttes, daß er darüber Röm. XI. 33. ausruft: O, welch eine Tiefe des Reichthums, beyde der Weisheit und Erkenntniß GOttes! Wie gar unbegreiflich sind seine Gerichte, und unerforschlich seine Wege!

(e) S. lit. c.

in Anordnung, und Einrichtung, seines Himmelreiches, den Fürstenthümern, und Herrschaften, durch die Kirche (16) bekannt werde,

mern, und Herrschaften, in dem Himmel, an der Gemeine, die manchfaltige Weisheit GOttes,

11. nach

11. Nach

(f) Also doch einen mittelbaren. Folglich wird Pauli Vortrag dadurch nicht elend, wenn man diese Worte, wie lit. b. geschehen, erkläret. So wie durch den Sohn GOttes die Welt geschaffen ist: so hat ihn auch die neue Schöpfung zum Urheber. Er ist ja, nach Eph. I. 22. das Haupt der Gemeine über alles.

(g) Auch dieß ist schon widerlegt worden. Man kann den angeführten Gründen zusetzen, daß Jes. LXV. 17. verkündiget wird: ich will einen neuen Himmel, und neue Erde schaffen. Himmel und Erde drücken nach der Sprache der Schrift den ganzen Inbegriff der geschaffenen Dinge aus, s. 1 B. Mos. I. 1. Ein neuer Himmel, und eine neue Erde, zeigen also eine neue Schöpfung an.

(h) Sie ließ sich auch vorher predigen, um die Menschen auf deren Erwartung vorzubereiten.

(i) Dieser Gedanke ist schon an gehörigem Orte beurtheilt, und eingeschränket, worden.

(16) Zwey Dinge sind in diesem Verse, welche machen, daß ich den eigentlichen Verstand desselben nicht recht bestimmen kann. Das erste ist, daß ich nicht recht weiß, was hier ἀρχαὶ und ἐξουσίαι bedeuten. Diese Worte bezeichnen manchmal in der heiligen Schrift weltliche Obrigkeiten; und so braucht solche unser Heiland Luc. XII. 11. und S. Paulus, Tit. III. 1. Manchmal bedeuten sie überhaupt diejenigen, welche mit einer gewissen Macht bekleidet sind, es mögen Engel, oder Menschen, seyn, z. E. 1 Korinth. XV. 24. Manchmal bedeuten sie böse Engel, z. E. Cap. VI. 12. Manchmal werden sie von guten Engeln gebraucht, wie Coloss. I. 16. Welche von diesen Bedeutungen nun ich, den Verstand zu bestimmen, hier wählen soll, sehe ich, wie ich bekennen muß, nicht recht ein. Es könnte mir zwar das ἐν τοῖς ἐπουρανίοις, in dem Himmel, einige Anleitung geben, wenn es recht ungezweifelt gewiß wäre, ob diese Worte auf ἀρχαῖς, und ἐξουσίαις, oder auf σοφία (a) gehen, d. i. ob sie von den Fürstenthümern, und Herrschaften, im Himmelreich (b), oder von der Weisheit GOttes in desselben Anordnung, zu verstehen seyen. Ist das erste, so ist deutlich, daß sie die himmlischen Heerschaaren der guten Engel bedeuten, die zur Beschützung, und Beförderung, des Reiches Christi gebrauchet werden. Allein, da die Erkenntniß, welche diesen Fürstenthümern, und Herrschaften, mitgetheilet wird, lediglich eine Folge von S. Pauli Predigt seyn soll (c); so ist schwer zu begreifen, wie die Offenbarung, und der Befehl, welchen S. Paulus erhalten, das Geheimniß von dem göttlichen Vorsatze, die Heyden in die Kirche aufzunehmen, dazu bestimmt seyn kann, daß gute, oder böse, Engel in dieser grossen, und wichtigen, Wahrheit, worinnen sich die göttliche Weisheit so herrlich offenbaret, Unterricht bekommen, und weder vorher, noch auf andere Weise, Kenntniß davon haben sollen. Dieß ist so eine grosse Schwierigkeit, daß sie mich fast überzeugt, die hier gedachten Fürstenthume, und Herrschaften, seyen in dieser Welt. Nur stehet dieser Meynung sogleich der Einwurf im Wege, daß sich die heydnischen Obrigkeiten um das, was S. Paulus predigte, nicht viel bekümmerten, noch auf seine Erklärung, daß GOtt

auch

auch die Heyden unter dem Messias zu seinem Volke annehmen wolle, aus dieser Verfassung der Kirche einen Beweis für die Weisheit GOttes nahmen. Wenn ich also eine Muthmassung wagen darf; denn ich darf in einer Stelle, die ich, nicht völlig zu verstehen, selbst bekenne, nichts gewisses behaupten, so halte ich dieß für den Verstand derselben. Die Hohenpriester, Schriftgelehrten, und Pharisäer, welche die Gesetzgeber des jüdischen Volkes waren, und allein in diesen Sachen verlangten, sprechen zu können, wollten die bekehrten Heyden schlechterdings nicht für GOttes Volk erkennen, weil sie das Gesetz, und die Beschneidung, und die übrigen Gebräuche, nicht annahmen, wodurch GOtt sein Volk von dem übrigen Theile der Welt abzusondern, und sich selbst zu heiligen (d), bestimmet hatte. Und in so ferne stimmten mit ihnen die meisten bekehrten Juden überein, daß sie die bekehrten Heyden nicht für Glieder, und Unterthanen, in dem Reiche des Messias erkennen wollten, ohne daß sie sich beschneiden liessen, und den jüdischen Gesetzen, und Caeremonien, unterwürfen, als der einzigen Religion, und Art des Gottesdienstes, wodurch sie zu GOttes Volk zugelassen, und angenommen werden, könnten. Nun, saget S. Paulus, hat mir GOtt aus besonderer Gnade aufgetragen, diesen seinen verborgenen Versatz, die Heyden in das Reich seines Sohnes aufzunehmen, der Welt zu predigen, damit auf diese Weise durch die Kirche, die aus Gliedern bestehet, die, ohne beschnitten zu seyn, oder die andern mosaischen Gebräuche zu beobachten, so wenig solches auch die Juden begreifen können, GOttes Volk sind, den Häuptern, und Vorstehern, dieses Volkes (e) die manchfaltige Weisheit GOttes bekannt, und erklärt werden möchte, wie sie sich nicht nach der Juden eigensinnigen Einbildung einschränken läßt, sondern ihren Vorsatz durch verschiedene Wege, und durch Mittel, woran sie nicht denken, ausführen kann. Dieß scheinet mit der Meynung des Apostels überein zu kommen. Denn, ungeacht hiedurch die Juden nicht bekehret wurden, so diente es doch, wenn sich die bekehrten Heyden darauf beriefen, ihnen das Maul zu stopfen, und zugleich die Heyden in der evangelischen Freyheit zu befestigen. Und also wurde dieses Geheimniß durch die Kirche, welcher S. Paulus Coloss. I. 24. und II. 2. sagt, daß GOtt es nunmehr durch seine Predigt habe offenbaren wollen, den Fürstenthümern, und Herrschaften, d. i. den Vorstehern, und Lehrern, des jüdischen Volkes bekannt, indem die Christen, welche durch S. Pauli Predigt desselben gewürdigt worden waren, sich darauf beriefen, und es ihnen offenbareten (f). Zu diesem Verstande unserer Stelle scheinen sich auch die zwey Worte νῦν, nun, und πολυποίκιλος, manchfaltig, vollkommen zu schicken; so nämlich: nun, da die unbeschnittenen Heyden an Christum glauben, und durch die Taufe in die Kirche sind aufgenommen worden, wird die Weisheit GOttes den Juden bekannt gemacht, daß sie nicht, wie sie glauben, an eine unveränderliche Weise, und Form, gebunden, sondern sich, nach ihrem eigenen Gutbefinden, auf unterschiedene Arten offenbare (g).

(a) Wenn es auf σοφία gehen soll, so hat Paulus die Construction entsetzlich verworfen; wie ein Jeder, der das Griechische lesen will, sogleich einsehen muß. Ist nun eine ungezwungene Construction einer gezwungenen vorzuziehen, so gehören ἀρχαῖ —— ἐν τοῖς ἐπουρανίοις nach der natürlichen Folge der Worte zusammen.

(b) Wenn das Himmelreich die Kirche ist, so giebt es keine Fürstenthümer und Herrschaften darinnen, Luc. XXII. 25. 26.

(c) Dieß saget S. Paulus nicht, sondern Locke dichtet es ihm an, um seiner Meynung, daß das so oft erwähnte Geheimniß die Bekehrung der Heyden sey,

11. nach derjenigen Vorbereitung (17) der Zeital-

11. Nach dem Vorsatz von

einen Schein zu geben. Es sind aber eben die Schwierigkeiten, die ihn an der Erklärung unserer Stelle hindern, ein Beweis, daß seine Meynung falsch sey. Das Geheimniß, worinnen sich die manchfaltige Weisheit GOttes offenbaret, ist das Geheimniß Christi, V. 4. Dieses wird den Fürstenthümern, und Herrschaften, im Himmel kund, d. i. den Engeln, die Coloss. I. 16. Eph. I. 21. 1 Petr. III. 22. diese, und ähnliche, Namen führen. Denn, wenn wir gleich nicht verstehen, wie sie durch diese Namen unterschieden sind, so ist doch klar, daß dieselben verschiedene Grade unter den Engeln anzeigen. Nun gelüstet, nach 1 Petr. I. 12. die Engel, das in dem Evangelio geoffenbarte Geheimniß von Christo zu schauen. Sie sahen also nunmehr, da Christus im Fleische erschienen war, und ganze Völker an ihn, als den Sohn GOttes glaubig wurden, dasselbige deutlicher, als vorher, ein; nicht durch die Predigt Pauli, sondern durch die Gemeine, an welcher sie die übernatürlichen Wirkungen der göttlichen Kraft des Evangelii wahrnahmen, und folglich GOttes Weisheit in der Anordnung dieses ganzen Werkes bewundern mußten. Es heisset die Weisheit GOttes eine manchfaltige Weisheit, weil sie sich in dem Werke der Erlösung auf eine manchfaltige Weise geäussert hat. So ist die ganze Schwierigkeit, vor der sich Locke fürchtet, gehoben; und der Vers darf nur so umschrieben werden: auf daß jezt nicht allein Menschen, sondern auch den Fürstenthümern, und Herrschaften, im Himmel, durch die Gemeine JEsu Christi die manchfaltige Weisheit GOttes, die sich in dem grossen Werke der Erlösung zeiget, bekannt werde. Man darf die manchfaltige Weisheit GOttes nicht allein in Anordnung, und Einrichtung, des Himmelreiches suchen, wie Locke thut. Denn, dieß stehet nicht im Texte. Sie offenbaret sich in dem Werke der Erlösung überhaupt, und dazu gehöret auch die Sammlung der Kirche des neuen Testamentes.

(d) Dieser Erklärung stehet eben das entgegen, was Locke selbst als einen gegründeten Einwurf ansiehet, warum die Fürstenthümer die heydnischen Obrigkeiten nicht seyn können. Denn, wenn diese sich um Pauli Predigt wenig bekümmerten, so wollten die Hohenpriester, und Schriftgelehrten, dieselbe so wenig, als der andern Apostel Predigten, wissen, sondern gebothen, nicht zu reden in dem Namen JEsu, Apost. Gesch. V. 40. Und wie kommen die jüdischen Hohenpriester, Schriftgelehrten, und Pharisäer, dazu, daß sie Fürstenthümer, und Herrschaften, im Himmel heissen?

(e) Wie konnte sie ihnen bekannt, und erkläret, werden, da sie weder von Christo, noch von seiner Kirche, hören wollten?

(f) Sie durften nicht einmal mit ihnen davon reden, s. Apost. Gesch. V. 40. IV. 18. Die gerichtliche Verantwortung eines Beklagten überzeugt einen wider ihn vorher eingenommenen Richter nicht, der zugleich seine Gegenparthey ist.

(g) Dieß wird sich aus lit. c. beurtheilen lassen. Darinnen offenbaret sich auch eigentlich nicht die göttliche Weisheit, sondern die göttliche Macht.

(17) Es mögen durch αἰῶνες hier die verschiedenen Haushaltungen, unter welchen sich die Menschen vom Anfange, bis zu Ende, befanden, oder die zwo grossen Haushaltun-

von der Welt her, welche er beweiset hat in Christo JEsu, unserm HErrn;

12. Durch

Zeitalter, oder den verschiedenen Haushaltungen, die er in Christo JEsu, unserm HErrn, getroffen hat;

12. durch

haltungen, unter dem Gesetze, und unter dem Evangelio (denn, daß diese in der heiligen Schrift durch αἰῶνες angezeiget werden (a), daran wird hoffentlich kein aufmerksamer Leser zweifeln) bedeuten: so scheinet doch der Verstand der Stelle offenbar der zu seyn, daß alle diese Haushaltungen in den verschiedenen Altern der Kirche, durch die Vorherbestimmung des göttlichen Vorsatzes in Christo JEsu, unserm HErrn, eingerichtet, und abgefasset, seyen, d. i. in Absicht auf Christum, welcher zum HErrn, und Haupte, über alles bestimmet, und verordnet, war (b). Dieß schicket sich, nach meinem Bedünken, gut zu τὰ πάντα κτίσαντι διὰ Ἰησοῦ Χριστοῦ, der alle Dinge geschaffen hat durch JEsum Christum (c), V. 9.

(a) Je mehr man aufmerkt, desto mehr läßt sich daran zweifeln; wie in diesem Werke gelegenheitlich mehr, als einmal, gezeigt worden ist.

(b) Wenn die Umschreibung dieses Verses dunkel ist: so ist diese Anmerkung nicht deutlich. Was sollen gleich zu Anfange derselben die verschiedenen Haushaltungen seyn, unter welchen sich die Menschen vom Anfange bis zu Ende, oder, von der ersten bis zu der letzten, befanden; da die Schrift keine andere göttliche Haushaltung, als die gesetzliche, und evangelische, namhaft macht, und Locke doch diese zwo von den andern unterscheidet? Ich verstehe es nicht. Dieß aber sehe ich, daß Paulus nicht von verschiedenen göttlichen Haushaltungen in den unterschiedlichen Altern der Kirche, sondern von der πρόθεσι τῶν αἰώνων redet. Πρόθεσις heisset nach der gewöhnlichen Bedeutung, die es in der heiligen Schrift hat, Vorsatz; und so hat es selbst Locke Röm. VIII. 28. Ephes. I. 11. übersetzt. Πρόθεσις τῶν αἰώνων ist also der ewige Vorsatz, welchen GOtt in Christo JEsu, unserm HErrn, gefasset hat, d. i. wegen seines Verdienstes, das bey allen Gnadenwerken, die GOtt den gefallenen Menschen erzeigt, zum Grunde lieget; so wie es Cap. I. 4. heisset: GOtt habe uns in Christo erwählet, und V. 6. er habe uns in ihm, dem Geliebten, angenehm gemacht. Dieß ist der natürlichste Verstand dieses Verses. Da aber Locke, das Verdienst Christi in der für uns geleisteten Genugthuung zu erkennen, nicht für gut befindet: so muß sich alles zum Besten seiner Meynung schicken. Πρόθεσις muß, wider allen Sprachgebrauch, Vorbereitung heissen; αἰῶνες die verschiedenen göttlichen Haushaltungen; GOtt hat diesen Vorsatz in Christo JEsu gefaßt, so viel als: GOtt hat die gesetzliche Haushaltung eingesetzet, damit er im neuen Testamente Christum zum HErrn, und Haupte, über alles machte. Denn, man überlege nur, ob die Worte der Anmerkung: d. i. in Absicht auf Christum — verordnet war, einen andern Verstand haben können; so wie die vorhergehenden: daß alle diese Haushaltungen — und abgefasset seyen, schlechterdings unverständlich sind. Und, was ist dieß für ein Verstand: GOtt hat die gesetzliche Haushaltung im alten Testamente eingesetzt, damit er im neuen Christum zum HErrn, und Haupte, über alles machte? So hänget das alte Testament nicht mit

12. durch welchen wir Freudigkeit, und Zugang zu GOtt dem Vater, haben, mit Zuversicht durch den Glauben (18) an ihn.

13. Dero-

12. Durch welchen wir haben Freudigkeit und Zugang, in aller Zuversicht,

durch

mit dem neuen zusammen, und gehet auch Christum nichts an: wie es ihn denn auch nach Lockens Meynung wirklich nicht angehet. Wo bleibet also die Vorbereitung, deren die Umschreibung gedenket? Es war keine nöthig, wenn Christus bloß HErr, und Haupt, über alles, nicht aber der Erlöser werden, wenn nicht das Blut der Opfer sein Blut vorbilden, und den Glaubigen solches täglich, und auf mehr, als eine, Art tröstlich machen sollte? So sehr verwirret Locke diesen Vers! und so deutlich ist er gleichwohl, wenn man ihn ohne vorgefaßte Meynungen liest! Paulus prediget nach V. 8. und 9, damit allen Menschen das Geheimniß von Christo offenbar werde, auf daß, nach V. 10. auch die Engel, wenn sie die Kirche Christi betrachten, die manchfaltige Weisheit GOttes bewundern mögen, V. 11. dem ewigen Vorsatze zu Folge, den GOtt in Christo JEsu unserm HErrn, oder, wegen Christi JEsu, unsers HErrn, den gefallenen Menschen zu Gute gefasset hat. So sollte dieser Vers umschrieben werden. Der ewige Vorsatz selbst wird hier nicht umständlich beschrieben: daß er aber kein anderer sey, als um Christi willen diejenigen, die an ihn glauben, selig zu machen, ist aus dem 12ten Verse deutlich.

(c) So wird doch gelegenheitlich auch diese Stelle entkräftet, und was Locke etwa Gutes darüber gesaget hat, wieder unverständlich, und zweydeutig, gemacht. Weder die alte, noch die neue, Schöpfung, bestehet darinnen, daß Christus zum HErrn, und Haupte, über alles gemachet ist; beyde fordern eine wirkende Kraft, die aus Nichts Etwas macht. Dieß lehret der Wortverstand.

(18) Πίστις αὐτοῦ, Glauben an ihn. Daß in der heiligen Schrift der Genitivus sowohl den Gegenstand, als die wirkende Ursache, anzeige, ist aus so vielen Beyspielen bekannt, daß jetzo, weiter davon zu reden, unnöthig ist (a):

(a) Diese Erklärung ist sehr gut: ob sie sich gleich nicht recht zum lockischen Begriffe des Glaubens schickt, der keine Zuversicht in sich fasset, und daher auch hier durch eine gezwungene Trennung der Zuversicht von der Freudigkeit, und dem Zugange zum Vater, hat müssen sicher gestellet werden; da doch nach der natürlichsten Wortfügung ἐν πεποιθήσει, und τὴν προσαγωγὴν, zusammen gehören, wie sie auch Lutherus verbunden hat, und sonst ἐν πεποιθήσει, in Zuversicht, als ein Gedanke, der schon im Begriffe des Glaubens stecket, gewisser massen überflüssig ist. In Christo, saget Paulus, haben wir, wenn wir an ihn glauben, eine rechte Freudigkeit zu GOtt dem Vater, und können uns mit völliger Zuversicht, als Kinder, zu ihm nahen, und vor ihn treten. So hat er Cap. II. 18. gesagt: durch ihn haben wir Zugang zum Vater, und Röm. V. 2. durch welchen wir auch einen Zugang haben .... und rühmen uns der Hofnung der zukünftigen Herrlichkeit, die GOtt geben soll. Die letzte Stelle machet besonders deutlich, was Paulus hier durch die Freudigkeit, und den Zugang in aller Zuversicht, verstehe. Man wird also die lockische Umschreibung nur ein wenig ändern dürfen: In welchem wir Freudigkeit zu GOtt dem Vater haben, und zu demselben uns im Glauben an ihn (Christum JEsum) mit völliger Zuversicht nahen dürfen.

durch den Glauben an ihn.

13. Darum bitte ich, daß ihr nicht müde werdet um meiner Trübsalen willen, die ich für euch leide, welche euch eine Ehre sind;

14. Derohalben beuge ich meine Knie gegen dem Vater unsers HErrn JEsu Christi,

15. Der

13. Derohalben bitte ich, daß ihr nicht kleinmüthig werdet, wegen meiner gegenwärtigen Trübsal, die ich um euret willen leide, und die euch in der That eine Ehre ist, welche euch Muth machen, und in euren Entschliessungen befestigen muß.

14. In dieser Absicht bethe ich mit gebogenen Knien zu dem Vater unsers HErrn JEsu Christi (19),

15. von

(19) Vater unsers HErrn JEsu Christi. Wenn ich diese Worte, so wie sie zu Ende dieses Verses stehen, mit der Absicht des Apostels in gegenwärtiger Stelle vergleiche, so scheinen sie mir den Verstand, welchen ich derselben gegeben habe, so deutlich zu enthalten, daß ich gar nicht sehe, was für Zweifel man noch dagegen haben kann (a). In dem vorhergehenden Capitel, V. 19. hatte Paulus die bekehrten Heyden zu Ephesus versichert, daß sie nun, da sie an Christum glaubten, nicht mehr Gäste, und Fremdlinge, sondern Bürger mit den Heiligen, und GOttes Hausgenossen, seyen: hier gehet er weiter, und sagt, daß sie zu GOttes Haus, und Geschlecht, gehörten, indem sie mit JEsu Christo, der bereits im Himmel (und vom Himmel gekommen) ist, GOttes Söhne (b) wären. Was konnte mehr Nachdruck haben, sie in der Lehre zu bestätigen, die er ihnen gepredigt hatte, und worinnen er, sie standhaft zu machen, sich durch diese ganze Epistel bemühet, nämlich in dieser, daß sie nicht nöthig hätten, sich beschneiden zu lassen, oder dem mosaischen Gesetze zu unterwerfen, da sie durch den Glauben an Christum bereits GOttes Kinder, und von Christi Geschlecht, und Stamm (c), seyen, der als GOttes Sohn sein Erbtheil in der Herrlichkeit bereits in Besitz genommen habe (d)?

(a) Wegen des Verstandes dieser Worte ist in gegenwärtigem Verse gar kein Zweifel. Locke fänget aber in dieser Anmerkung, die bey so einer leichten Stelle ganz überflüßig ist, eine Verwirrung an, die ihm, den folgenden noch verwirrter zu umschreiben, Gelegenheit giebt.

(b) Es muß der sehr bekannte Unterschied hier nicht vergessen werden, daß JEsus Christus GOttes eingebohrner Sohn, kraft der ewigen Zeugung, ist, die Glaubigen aber nur angenommene, und um Christi willen begnadigte, Söhne sind. Christus, und seine Glaubigen müssen also hier nicht, wie Locke thut, so schlechthin als gleich betrachtet werden, da sie so weit als das Unendliche, und Endliche, von einander unterschieden sind. Es ist daher,

(c) genau betrachtet, ein falscher Gedanke, daß die Glaubigen von Christi Geschlecht, und Stamme seyen; und Locke zeiget hier nichts, als seinen Grundirrthum in der Lehre von Christi ewiger Gottheit, an. Denn, siehet man auf die menschliche Natur Christi, so ist es kein Vorzug für die Glaubigen allein, sondern

15. von welchem das ganze Geschlechte, oder der ganze Stamm, sowohl im Himmel, als auf Erden, seinen HErrn hat, nämlich JEsum Christum, der bereits im Himmel ist(*), und

die

15. Der der rechte Vater ist über alles, was da Kinder heisset im Himmel, und auf Erden:

16 Daß

sondern für alle Menschen, mit ihm von einerley Geschlecht, und Stamme, zu seyn: siehet man aber auf seine göttliche Natur; so sind die Glaubigen schlechterdings nicht mit ihm von einerley Geschlecht. Sonst könnte Christus nicht der Sohn seyn, der in des Vaters Schoosse ist; sonst wäre er auch nur ein angenommener Sohn GOttes, ein Sohn im uneigentlichen Verstande, wie sich Locke eingebildet hat. Folglich ist in dieser Anmerkung

(d) ferner grundfalsch, daß Christus sein Erbtheil in der Herrlichkeit in Besitz genommen habe, und die Glaubigen solches aus diesem Grunde gleichfalls zu hoffen haben. Die Schrift saget nirgends, daß Christus ein Erbtheil in der Herrlichkeit habe; und er kann keines haben, da der Vater in ihm, und er in dem Vater (Joh. XVII. 21.), und folglich HErr über alles ist. Nach seiner menschlichen Natur hat er zwar durch die persönliche Vereinigung seine Herrlichkeit erst in der Zeit erlanget: allein, nicht erst nach seiner Himmelfarth, sondern von dem ersten Augenblicke seiner Empfängniß an; weswegen er sie auch, selbst in dem tiefsten Stande seiner Erniedrigung, auf Erden schon besessen hat, s. Joh. XVII. 24. Wenn die Glaubigen ihrer Seligkeit aus dem Grunde gewiß sind, weil Christus, ihr Haupt, vor ihnen in die Herrlichkeit eingegangen ist; so hat dieß nicht den Verstand, daß sie so gut als er, und nur der Ordnung, und Würde nach, so wie etwa jüngere Brüder von dem Erstgebohrenen, unterschieden wären, und folglich mit ihm gleiches Recht hätten, sondern die Schrift saget damit: Christus, als GOtt und Mensch, habe sich nach vollbrachtem Werke der Erlösung zur Rechten des Vaters gesetzet, und führe nun auch seine Glaubigen in die von ihm ihnen, nicht sich, verdiente Herrlichkeit ein, daß sie seine Herrlichkeit sehen, Joh. XVII. 24. und durch den Anblick derselben ebenfalls herrlich werden. Christus ist ihr Haupt, nicht in wie ferne er vor ihnen vorangegangen, sondern in wie ferne er seines Leibes Heiland ist, Ephes. V. 24. Ueberhaupt hätte diese Anmerkung weg bleiben sollen, da sie keine weitere Absicht hat, als diesen, und den folgenden Vers gewaltthätig zur Bekräftigung der lockischen Hypothese anzustrengen, daß Paulus darinnen vor der Beschneidung warne, deren er doch mit keiner Sylbe gedenket.

(*) Wenn man mit der heiligen Schrift so verfahren darf, wie Locke mit diesem Verse verfährt, so läßt sich aus derselben alles, und selbst die Reichshistorie, beweisen. Seinen HErrn haben, JEsum Christum, der bereits im Himmel ist, stehet mit keinem Buchstaben im Texte. Dieser heisset ἐξ οὗ πᾶσα πατριὰ ἐν οὐρανοῖς καὶ ἐπὶ γῆς ὀνομάζεται, d.i. von welchem alle Geschlechte der Kinder GOttes, sowohl im Himmel, als auch auf Erden, den Namen haben. Ich ziehe das ἐξ οὗ auf das unmittelbar vorhergehende Ἰησοῦ Χριστοῦ, womit es nach allen Regeln natürlicher zusammenhängt, als mit dem entfernten τὸν πατέρα; und so hat dieser Vers den ungezwungenen Verstand: von JEsu, oder durch JEsum, führen alle Geschlechte

der

die Glaubigen, die noch auf Erden sind, alle GOtt zum Vater haben, alle GOttes Kinder sind;

16. Daß er euch Kraft gebe nach dem Reichthum seiner Herrlichkeit, stark zu wer-

16. daß er euch [nach der grossen Herrlichkeit, die er für euch Heyden, welche unter dem Messia (20) das Evangelium annehmen sollten, bestim-

der Kinder GOttes, so wohl im Himmel, als auf Erden, diesen Namen, nämlich der Kinder GOttes. Es saget Paulus, nach dieser der ganzen Wortfügung so gemässen Uebersetzung, nichts anders, als was Joh. I. 12. stehet: wie viel ihn aber aufnahmen, denen gab er Macht, GOttes Kinder zu werden, die an seinen Namen glauben. JEsus Christus ist es nämlich allein, der uns das Rechts und den Namen, der Kinder GOttes erworben hat; er hat es denen erworben, die bereits zur Zeit der durch ihn geschehenen Erlösung, als vollendete Gerechte, ihr Erbtheil im Himmel angetreten hatten, sie mochten vor dem Gesetze, oder unter dem Gesetze, durch den Glauben an ihn selig worden seyn, aber auch denen aus allen Völkern, und Zungen, und Sprachen, die damals auf Erden lebten, und künftig leben, und durch den Glauben an ihn die Kindschaft empfangen, werden. Nun wird es leicht seyn, statt der lockischen Umschreibung eine richtigere, und verständlichere, zu liefern: von welchem, nämlich Christo, alle diejenigen, die GOttes Kinder sind, sie mögen schon im Himmel, oder noch auf Erden, seyn, diesen herrlichen Namen bekommen. Die lockische hänget gar nicht zusammen; wie ein jeder einsehen wird, der auf die Verbindung Acht hat: Von welchem das ganze ——— im Himmel ist, und die Glaubigen ———. Von wem haben die Glaubigen alle GOtt zum Vater? Von GOtt, wenn diese Paraphrase gilt.

(20) Man kann den Verstand dieser Stelle, wie ich ihn ausgedrücket habe, Coloss. I. 27. und mit geringem Unterschiede Cap. I. 17. sehen (a).

(a) Locke giebt hier einen Beweis, daß Vorurtheile selbst die Weltweisen blind machen können. Coloss. I. 27. nennet Paulus den herrlichen Reichthum des unter den Heyden gepredigten Geheimnisses, und oben Cap. I. 17. GOtt den Vater der Herrlichkeit. Wie folget nun hieraus: also ist der Reichthum der Herrlichkeit GOttes die grosse Herrlichkeit, die er für die Heyden bestimmet hat? Gerade das Gegentheil ist aus diesen Stellen deutlich. GOttes, und seiner Geheimnisse, Herrlichkeit, ist nicht die den Heyden bestimmte Herrlichkeit. Es heißt auch in unserer Stelle nicht δόξης αὐτοῦ, welches sich allenfalls noch nach Lockens Meynung erklären liesse, sondern αὐτοῦ. Der Reichthum seiner Herrlichkeit ist also, philosophisch zu reden, der ganze unendliche Inbegriff aller herrlichen Eigenschaften GOttes. Nach diesem wünschet Paulus den Ephesern, daß GOtt mit ihnen verfahren, und ihnen verleihen möge, durch seinen Geist ———. Man muß also die in der Umschreibung eingeschlossenen Worte dem Texte gemässer so erklären: nach seinem unendlichen Reichthume an allem, was gut und vollkommen ist, nach welchem er nicht nur alles vollkommene Gute allein besitzet, sondern auch alle gute, und vollkommene, Gaben allein geben kann, Jac. I. 17. Dieß ist δόξα.

bestimmet hat] verleihe, durch seinen Geist mit Kraft an dem inwendigen Menschen (21) gestarket zu werden;

17. daß Christus in eurem Herzen durch den Glauben wohnen möge; daß ihr, in dem Gefühle der Liebe GOttes in Christo JEsu gegen euch (und der daher entstehenden Liebe zu GOtt) beruhiget, und befestiget,

18. im Stande seyn möget, mit allen Christen die Länge, und Breite, und Höhe, und Tiefe, dieses Geheimnisses [des göttlichen Vorsatzes, die Heyden zu berufen, und in dem Reiche seines Sohnes (22) zu seinem Volke zu machen,] zu begreifen, (oder: im Stande seyn möget, mit allen

werden durch seinen Geist an dem inwendigen Menschen,

17. Und Christum zu wohnen durch den Glauben in eurem Herzen, und durch die Liebe eingewurzelt, und gegründet werden;

18. Auf daß ihr begreifen möget mit allen Heiligen, welches da sey die Breite, und die Länge, und die Tiefe, und die Höhe;

19. Auch

(21) Was der inwendige Mensch sey, s. Röm. VII. 22. 2 Korinth. IV. 16.

(22) Da dieses Geheimniß hier der Gegenstand der Rede S. Pauli ist (a), und es sich, ihnen solches erhaben vorzustellen, und sie darinnen zu befestigen, bemühet; so kann die Höhe, und Breite, u. s. w. deren er in diesen Worten gedenket, und die er auf nichts anders anwendet, nach einem richtigen Verstande von nichts anders erkläret werden.

(a) Es ist schon oft gezeiget worden, daß Paulus nicht davon rede. Es stehet auch nicht hier, daß sie die Höhe und Breite —— eines Geheimnisses begreifen sollen, sondern, nach dem Griechischen, daß sie begreifen sollen τί τὸ πλάτος, welche unermeßliche Weite, u. s. w. vorhanden sey. Ist also ein Geheimniß zu verstehen: so ist es das Geheimniß von Christo, und seiner Gemeine Eph. V. 32. überhaupt, nicht aber von der Annehmung der Heyden allein insbesondere. Es wird aber keines Geheimnisses gedacht, sondern die Wünsche Pauli sind, dem einfältigen Wortverstande nach, folgende: GOtt wolle sie durch seinen Geist am inwendigen Menschen immer mit mehrerer Kraft stärken, und die Wirkungen der Einwohnung Christi, folglich auch des Vaters, und des Heiligen Geistes, immer lebhafter empfinden lassen, damit sie (ἵνα), indem sie auf diese Weise von der unendlichen Liebe GOttes gegen sie immer stärker aus der Erfahrung überzeuget, und in derselben, so wie Dinge, die einwurzeln, oder auf einen festen Grund geleget sind, recht befestiget werden, auch daher GOtt wiederum herzlich lieben, mit allen Glaubigen begreifen, und einsehen mögen, was hier für eine Breite, Länge u. s. w. sey. Worinnen diese Breite, Länge u. s. w. nun bestehe, muß aus dem Zusammenhange ergänzet werden. Da der Apostel von dem Einwurzeln, und gegründet werden in der Liebe redet; so ist das natürlichste, hier eine solche Breite, Länge, Tiefe, und Höhe, zu verstehen, in welche sie täglich tiefer wurzeln, und breiter, und länger,

allen Christen zu begreifen, welche Länge, und Breite, und Höhe, und Tiefe, hier sey.)

19. Auch erkennen, daß Chri-

19. und die überschwengliche (23) Liebe GOt-tes

länger, und höher, wachsen können. Der Apostel redet also sowohl von der Liebe GOttes, die für die Glaubigen immer auf alle Arten höher, und unbegreiflicher, wird, je mehr sie dieselbe erkennen, und an sich empfinden, als von der Liebe gegen GOtt, in welcher sie immer desto mehr wachsen, and zunehmen, müssen, je mehr sie gewachsen sind, und zugenommen haben. Man wird hieraus die lockische Umschreibung für sich selbst verbessern können.

(23) Ὑπερβάλλουσα, überschwenglich, scheinet hier zu stehen, um die Liebe GOttes in Mittheilung der Erkenntniß Christi mit etwas anderm zu vergleichen, und über dasselbe zu erhöhen (a); und giebt man Acht, was der Apostel selbst bey eben der Gelegenheit, Phil. III. 8. saget, so ist das, womit er sie vergleichet, die Beschneidung, und die übrigen gesetzlichen Anordnungen, welche die Juden, als das Kennzeichen des höchsten Grades der Liebe GOttes gegen sich, ansahen, als wodurch sie geheiliget, von dem übrigen Theile der Welt abgesondert, und der göttlichen Gnade versichert wurden. Man kann dem zusetzen, was S. Paulus von eben dieser Sache Coloss. II. 2. u. f f. sagt. Denn, er hat in diesen dreyen Briefen einerley Absicht; und dieß giebt uns Licht genug, den Verstand der gegenwärtigen Stelle einzusehen.

(a) Locke muß den ersten Theil unsers Verses so construirt haben: γνῶναί τε τὴν ὑπερβάλλουσαν ἀγάπην τῆς γνώσεως τοῦ Χριστοῦ: sonst könnte er nicht einmal im Traume auf seine Erklärung gerathen seyn. Allein, einmal werden durch diese Construction Worte, die schon in ihrer natürlichen Verbindung einen guten, und den übrigen Aussprüchen der heiligen Schrift gemässen, Verstand haben, gewaltsam gezwungen, einen andern Verstand zu geben; sodenn geben sie nicht einmal den Verstand, den Locke darinnen suchet; und endlich stimmt seine Anmerkung auch nicht mit seiner Umschreibung überein. Ich sage: unsere Worte geben nicht denjenigen Verstand, welchen Locke darinnen suchet. Denn, wenn Paulus sagen wollte, die Erkenntniß Christi sey vortreflicher, als die Beschneidung; so müßte es im Griechischen heissen: τὴν ὑπερβάλλουσαν γνῶσιν τοῦ Χριστοῦ, und nicht τῆς γνώσεως. Dieß hat auch Locke selbst gemerket, und daher in seiner Umschreibung, ganz anders als in der Anmerkung, τὴν ὑπερβάλλουσαν τῆς γνώσεως ἀγάπην τοῦ Χριστοῦ übersetzt: die überschwengliche Liebe GOttes, womit er uns zur Erkenntniß Christi gebracht hat; gezwungen genug, da ἀγάπη Χριστοῦ, und nicht Θεοῦ, die Liebe Christi, und nicht GOttes im Texte stehet, und τῆς γνώσεως τοῦ Χριστοῦ unmöglich übersetzt werden kann: er hat uns zur Erkenntniß Christi gebracht. Indem er also den Text so elend verdrehet hat, so ist alles überflüssig, was er in der Folge seiner Anmerkung weiter für seine Meynung disputirt. Denn, die angeführten Stellen reden von der Erkenntniß Christi, und die gegenwärtige von der Liebe Christi.

Die

tes einzusehen, womit er uns zur Erkenntniß Christi gebracht hat: damit ihr mit dieser Erkenntniß, und allen übrigen Gaben, mit der Fülle GOttes erfüllet werden, oder zu demjenigen Grade der Fülle, der seinem liebreichen, und gnädigen, Vorsatze gegen euch (24) gemäß ist, gelangen möget.

Christum lieb haben, viel besser ist, denn alles wissen, auf daß ihr erfüllet werdet mit allerley GOttes Fülle.

20. Nun demjenigen, der in uns mit einer Kraft (25) wirket, wodurch er überschwenglich mehr, als alles, was wir bitten, oder denken, können, thun kann:

20. Dem aber, der überschwenglich thun kann über alles, das wir bitten oder verstehen, nach der Kraft, die da in uns wirket:

21. Dem sey Ehre in der Kirche durch Christum JEsum, durch alle Zeitalter, von Ewigkeit zu Ewigkeit. Amen.

21. Dem sey Ehre in der Gemeine, die in Christo JEsu ist, zu aller Zeit, von Ewigkeit zu Ewigkeit. Amen.

Die natürlichste Erklärung unserer Worte ist diejenige, die der Wortfügung des Textes folget: und die allen Verstand übersteigende Liebe Christi zu erkennen. Der Apostel fähret fort, dasjenige zu beschreiben, was die Glaubigen in ihrem täglichen Wachsthume in der Erneuerung, und durch die Einwohnung Christi in ihrem Herzen, erkennen sollen; und dieß ist die Liebe Christi, die er zu uns träget. Daß diese in ihrer wahren Grösse unsern Verstand übersteige, bedarf keines Beweises: denn, sie ist unendlich.

(24) Εἰς πᾶν τὸ πλήρωμα τοῦ Θεοῦ, zu der Fülle GOttes. Die Fülle GOttes ist eine solche Fülle, wie GOtt zu geben gewohnt ist, d. i. woran nichts fehlet, sondern wodurch ein Jeder mit so vielem erfüllet ist, als er fassen kann. Dieß bedeutet, wie ich glaube, εἰς τὸ πλήρωμα Θεοῦ; und denn kann πᾶν πλήρωμα so verstanden werden, daß es eine Fülle anzeiget, nach welcher man nicht blos an einem Dinge Ueberfluß, und an einem andern Mangel, hat, sondern mit allen denjenigen Gaben erfüllet ist, die einem nöthig, und zu seinem eigenen, oder der Kirche, Besten nützlich sind (a).

(a) Dieser Anmerkung zu Folge hätte Locke die Umschreibung dieses Verses kürzer, und deutlicher, also fassen können: und die Liebe Christi gegen uns, die allen Verstand übersteiget, zu erkennen: damit ihr mit geistlichem Seegen in himmlischen Gütern immer mehr und mehr, und so vollkommen, erfüllet werdet, als GOtt seine Kinder damit zu erfüllen pflegt.

(25) Was dieß für eine Macht sey, siehe Cap. I. 19. 20.

Sechster

Sechster Abschnitt.

Cap. IV. Vers 1 — 16.

Nachdem S. Paulus mit dem vorhergehenden Capitel den besondern Theil dieser Epistel beschlossen hat; so kommet er in dem gegenwärtigen, seiner Gewohnheit nach, auf praktische Ermahnungen. Er fängt mit der Ermahnung zur Einigkeit, Liebe, und Verträglichkeit, an, und schärfet ihnen diese Pflichten aus einem Grunde ein, dessen er sich in mehreren seiner Briefe bedienet, daß sie nämlich alle Glieder an einem einzigen Leibe seyen, dessen Haupt Christus ist.

Text.	Paraphrastische Erklärung.
1. So ermahne nun euch Ich Gefangener in dem HErrn, daß ihr wandelt, wie sichs gebühret eurem Beruf, darinn ihr berufen seyd,	1. Derohalben bitte ich euch, ich, der ich um des Evangelii willen gefangen bin, dem Berufe, womit ihr berufen seyd, würdig zu wandeln,
2. Mit aller Demuth und Sanftmuth, mit Geduld, und vertraget einer den andern in der Liebe:	2. mit Demuth, und Sanftmuth, mit Langmuth, daß einer den andern in Liebe ertrage;
3. Und seyd fleisig zu halten die Einigkeit im Geist, durch das Band des Friedes.	3. und ihr euch befleisiget, die Einigkeit des Geistes durch das Band des Friedens zu erhalten,
4. Ein Leib, und Ein Geist: wie ihr auch berufen seyd auf einerley Hofnung eures Berufs.	4. indem ihr euch selbst als einen einzigen Leib betrachtet, der durch einen einzigen Geist belebet, und regieret, wird; wie ihr denn auch alle zu einer Hofnung berufen seyd.
5. Ein HErr, ein Glaube, eine Taufe:	5. Es ist ein HErr, ein Glaube, eine Taufe,
6. Ein GOtt, und Vater, unser aller, der da ist über euch alle, und durch euch alle, und in euch allen.	6. ein GOtt, und Vater, eurer aller, welcher ist über alle, und mitten unter euch allen, und in jedem von euch allen.

7. Einem jeden unter uns aber ist ein mildes Geschenk gegeben worden, nach dem Maasse der Gaben, welche Christus einem jeden zugetheilet hat.

7. Einem jeglichen aber unter uns ist gegeben die Gnade nach dem Maaß der Gabe Christi.

8. Darum spricht der Psalm (1): **Er ist aufgefahren in die Höhe, und hat das Gefängniß gefangen geführet, und hat den Menschen Gaben gegeben** (*).

8. Darum spricht er: er ist aufgefahren in die Höhe, und hat das Gefängniß gefangen geführet, und hat den Menschen Gaben gegeben.

9. (Was ist das, daß er aufgefahren ist, anders, als daß er zuvor in die untern Theile der Erde herunter gekommen ist?

9. Daß er aber aufgefahren ist: was ists, denn daß er zuvor ist hinunter gefahren in die untersten Oerter der Erden?

10. Der, welcher herunter gekommen ist, ist eben derjenige, welcher über alle Himmel aufgefahren ist, auf daß er [daselbst die Fülle der Macht (**) bekäme, und] alle seine Glieder (2) [erfüllen könnte] besser: mit seinen Gaben erfüllete.)

10. Der hinunter gefahren ist, das ist derselbige, der aufgefahren ist über alle Himmel, auf daß er alles erfüllete.

11. Und

(1) Ps. LXVIII. 19.

(*) Wenn diese Stelle, die in den Uebersetzungen nicht sehr deutlich ist, nach dem hebräischen Texte, und dem gegenwärtigen Endzwecke Pauli, umschrieben wird, so lautet sie also: Er ist gen Himmel gefahren, er hat, als ein Sieger, seine Feinde gefangen im Triumph geführet, er hat den Menschen Geschenke, als Früchte seines Sieges, gegeben.

(**) Hier ist wieder einer von Lockens Grundirrthümern, da er glaubet, Christus habe die Fülle seiner Macht, seine Glieder erfüllen zu können, erst in seiner Himmelfahrt bekommen; da doch Christus selbst Matth. XI. 27. noch in dem Stande seiner Erniedrigung sagt: Alle Dinge sind mir übergeben von meinem Vater; und Joh. XVI. 15. Alles, was der Vater hat, ist mein; und Joh. XVII. 10: und alles, was mein ist, das ist dein, und was dein ist, das ist mein.

(2) Die Art, wie S. Paulus in diesen zween Versen schlüsset, stimmet sehr geschickt mit dem Hauptendzwecke dieser Epistel überein. Die bekehrten Heyden wurden von den unbekehrten Juden angegriffen, als von Leuten, welche geschworne Feinde des Begriffes von einem gestorbenen Messias wären. Diesen Einwurf zu entkräften, beweiset S. Paulus V. 8. aus dem Psalm, daß er habe sterben, und begraben werden, müssen. Ausser den unglaubigen Juden machten auch verschiedene von denen, die zum Evangelio bekehret waren, oder, bekehret zu seyn, vorgaben, den bekehrten Heyden Einwürfe, und suchten sie zu überreden, daß sie in dem Reiche

des

11. Und er hat etliche zu Aposteln gesetzt, etliche aber zu Propheten, etliche zu Evangelisten, etliche zu Hirten und Lehrern:

12. Daß die Heiligen zugerichtet werden zum Werk des Amts, dadurch der

füllete.) Da also er allein die Einrichtung seines neuen Reiches machet, aus eigener Macht nach einem solchen Plan, und solchen Regeln, die er für die besten hält:

11. so hat er einige zu Aposteln, andere zu Propheten, andere zu Evangelisten, und andere zu Hirten, und Lehrern, gemacht,

12. und also die verschiedenen Glieder seines neu gesammelten Volkes in eine so geschickte Ordnung, und Form, gebracht (*), daß ein jedes in

des Messias nicht GOttes Volk werden, noch die geringsten Vorzüge desselben erlangen könnten, wenn sie sich nicht beschneiden liessen, und völlig unter die jüdische Verfassung begäben (a). Um sie dieser Unruhe zu entledigen, hatte er schon vieles in den drey ersten Capiteln vorgebracht: nun nimmt er aber Gelegenheit, ihnen einen neuen Beweis an die Hand zu geben, indem er ihnen meldet, daß Christus, der nämliche JEsus, der gestorben, und ins Grab geleget worden, zur rechten Hand GOttes über alle Himmel, zur allerhöchsten Würde, und Macht, erhöhet worden sey (b); damit, da er selbst mit der Fülle GOttes erfüllet worden (c), alle Glaubige, als seine Glieder, unmittelbar von ihm, als ihrem Haupte, eine Fülle der göttlichen Gaben, und Gnade, unter keinen andern Bedingungen, als, weil sie seine Glieder sind, erhalten möchten.

(a) Dieß ist in der Epistel an die Römer, und der gegenwärtigen, schon zum Ekel oft da gewesen.

(b) Dieser einzige Gedanke in dieser ganzen Anmerkung gehöret zur Sache: das andere ist alles überflüssig, oder gar falsch. Paulus hat V. 5. die Christen zur Einigkeit ermahnet, daß sie alle nur einen HErrn hätten, nämlich Christum, der aber einem jeden seine eigene Gabe zugemessen habe, V. 7. Das letzte beweißt er V. 8. aus dem Psalm: und das erste führet er V. 9. und 10. so aus, daß er zeiget, auch Christus seye immer die einzige, und nämliche, Person, jetzo, nachdem er gen Himmel gefahren ist, eben diejenige, die er in seinem Wandel auf Erden war. Da also Christus sich nicht ändert, sondern immer einer, und eben derselbe, bleibet, so können die verschiedenen Gaben, die er austheilet, keinen Unterschied unter seinen Gliedern machen, noch ihnen zu Trennungen Anlaß geben: sie müssen vielmehr, auch aus dieser Ursache, einerley Gesinnung behalten, und zu einerley gemeinschaftlichem Endzwecke, zur Ehre GOttes, und zum Besten der Kirche, ihre verschiedenen Gaben anwenden.

(c) Siehe die Anmerkung (**).

(*) Ich weiß nicht, ob diese Umschreibung den Worten πρὸς τὸν καταρτισμὸν τῶν ἁγίων εἰς ἔργον διακονίας Genüge leiste? Lutherus hat sie weit deutlicher ausgedrückt: Daß die Heiligen zugerichtet werden zum Werk des Amts. Die Heiligen

in seinem eigenen Orte, und Amte, dem Ganzen
diene, und zur Erbauung des Leibes Christi helfe,

der Leib Christi erbauet
werde;

13. bis wir alle, in einem Glauben, und einer
Erkenntniß, des Sohnes GOttes auf das festeste
vereinigt, in den vollkommenen Zustand eines
erwachsenen Mannes, und zu demjenigen Maasse
der Grösse gelangen, welche durch die Fülle
Christi vollkommen werden soll:

13. Bis daß wir alle
hinan kommen in einerley
Glauben und Erkenntniß
des Sohnes GOttes, und
ein vollkommen Mann
werden, der da sey in der
Maasse des vollkommenen
Alters Christi;

14. damit wir nicht mehr Kinder seyen, die
sich hin und her bewegen, und durch jeden Wind
der Lehre von Menschen herum treiben lassen, die
in betrügerischen Künsten geübt sind, und ihre
listigen Kunstgriffe zur Verführung anderer gebrauchen:

14. Auf daß wir nicht
mehr Kinder seyn, und
uns wegen, und wiegen,
lassen von allerley Wind
der Lehre, durch Schalk-
heit der Menschen und
Täuscherey, damit sie uns
erschleichen zu verführen.

15. sondern vielmehr in rechtschaffener (*),
und

15. Lasset uns aber
recht-

gen sind die Christen, καταρτισμὸς ist eine solche Zubereitung, da etwas zu dem Endzwecke, wozu es bestimmet ist, tüchtig gemachet wird; der hier angegebene Endzweck ist ἔργον διακονίας, das Werk des Amtes, oder die Arbeit des Dienstes, oder im Dienste, nämlich der Kirche. Der Sinn Pauli ist also der: Christus habe zu dem Ende seiner Kirche so vielerley verschiedene Arten von Lehrern gegeben, und dieselben mit so mancherley ausserordentlichen Gaben versehen, damit die zum Christenthume Bekehrten nach und nach selber tüchtig würden, an dem Werke des HErrn, oder im Dienste der Kirche, mit zu arbeiten, und die ausserordentlichen Lehrer nicht beständig nöthig wären, wenn immer mehrere ordentliche entstünden. Man wird daher diesen Vers richtiger so umschreiben müssen: damit die Heiligen, oder Glaubigen, zubereitet, und tüchtig, werden, an dem Dienste der Kirche, zur Erbauung des Leibes Christi, selber zu arbeiten.

(*) Ἀληθεύοντες ἐν ἀγάπῃ u. s. w. wird wohl richtiger übersetzt: sondern vielmehr, indem wir uns der Wahrheit, bey wechselsweiser Liebe, befleissigen, in allen Stücken ———. So stehet das ἀληθεύοντες dem beweget und gewieget, werden V. 14. entgegen. Der Apostel verlanget keine Liebe, die sich auf eine Gleichgültigkeit in den Glaubenswahrheiten gründet, sondern daß ein jeder Glaubiger seine von GOtt erlangten Gaben, und Kräfte, zur Erbauung des Leibes Christi durch Belehrung, und Besserung, anderer Christen, und Menschen anwende, V. 16. Er will also, daß es mit der Kirche nach und nach so weit kommen soll, daß sie durch Gewohnheit, oder Uebung, geübte Sinnen haben, zum Unterschied des Guten, und Bösen, Hebr. V. 14. und verbindet daher die Liebe zur Wahrheit mit der Liebe gegen die Brüder.

rechtschaffen seyn in der Liebe, und wachsen in allen Stücken, an den, der das Haupt ist, Christus:

16. Aus welchem der ganze Leib zusammen gefüget, und ein Glied am andern hanget, durch alle Gelenke; dadurch eins dem andern Handreichung thut, nach dem Werk eines jeglichen Gliedes in seiner Maasse; und machet, daß der Leib wächset zu seiner selbst Besserung, und das alles in der Liebe.

und ungeheuchelter, Liebe beständig bleiben, und in allen Stücken wachsen, in einer festen Vereinigung mit Christo, welcher das Haupt ist,

16. von welchem der ganze künstlich zusammen gesetzte, und fest in einander gefügte, Leib, dadurch, daß ein jegliches Glied nach seiner eigenen Kraft, und Maasse, das seinige thut, sein Wachsthum im Ganzen bekommt, und sich selbst in der Liebe, oder wechselsweisen Fürsorge der Theile für einander (3), erbauet.

(3) Es laufet alles, was S. Paulus in dieser figürlichen Vorstellung saget, darauf hinaus, daß die Christen, da sie alle Glieder eines einzigen Leibes sind, dessen Haupt Christus ist, kraft der von GOtt erlangten Gaben, so viel einem jeden möglich ist, sorgfältig, und gerne, zum Besten, und Wachsthume, des Ganzen arbeiten sollen, bis sie zu derjenigen Fülle gelangen, die sie in Christo JEsu haben sollen. Dieß ist der kurze Inhalt der in diesem Abschnitte enthaltenen Ermahnung; und dadurch wird, wenn man besonders die bis zu Ende dieses Briefes folgenden Ermahnungen dazu nimmt, deutlich zu verstehen gegeben (a), daß die mosaischen Gebräuche nicht zu den Pflichten, oder Kennzeichen, eines Christen gehören, sondern von den Gliedern des Reiches Christi zu unterlassen, und zu vermeiden, seyen.

(a) Also läßt sich solches nur aus dem, was Paulus saget, folgern, und wird von ihm nicht unmittelbar gesagt, so daß erst, ob Paulus diese Streitigkeit vor Augen gehabt habe, bewiesen werden muß.

Siebenter Abschnitt.

Cap. IV. Vers 17 — 24.

In diesem Abschnitte vermahnet der Apostel die Epheser, ihren ehemaligen Wandel, den sie als Heyden führeten, gänzlich zu lassen, und hingegen so zu leben, wie es sich nun für sie, als Christen, schickte. Hier sehen wir also die heydnische, und christliche, Lebensart beschrieben, und einander entgegen gesetzt.

Paraphrastische Erklärung.

17. Dieß sage, und bezeuge, ich euch also auf Befehl des HErrn, daß ihr hinfort nicht wandelt, wie die unbekehrten Heyden wandeln, die der Eitelkeit ihres Sinnes (1) folgen,

18. die einen verfinsterten Verstand haben, die [von dem Gesetze, das Unterthanen, und Diener, des wahren GOttes erkennen, und darnach leben müssen, abgewichen (2) sind,] von dem geistlichen Leben, das GOtt giebt, entfernet sind, durch die Unwissenheit, die in ihnen ist, durch die Blindheit ihres Herzens;

19. die alles Gefühl verlohren, und sich der Geilheit ergeben haben, alle Unreinigkeit, sogar mit

Text.

17. So sage ich nun, und zeuge in dem HErrn, daß ihr nicht mehr wandelt, wie die andern Heyden wandeln in der Eitelkeit ihres Sinnes:

18. Welcher Verstand verfinstert ist, und sind entfremdet von dem Leben, das aus GOtt ist, durch die Unwissenheit, so in ihnen ist, durch die Blindheit ihres Herzens;

19. Welche ruchlos sind, und ergeben sich der Unzucht,

(1) Diese Eitelkeit des Sinnes ist nach Röm. I. 21. u. ff. der Abfall der Heyden von dem wahren GOtte in die Abgötterey, und folglich in alles das gottlose Leben, welches daraus entstand, und von S. Paulo allda beschrieben wird.

(2) Diese Abweichung ist nichts anders, als daß sie sich nicht mehr für Unterthanen des wahren GOttes bekennen, noch diejenigen Gesetze beobachten wollten, welche er denjenigen Menschen, die sein Volk geblieben sind, und sich dafür bekennet haben, gegeben hat (a); s. Cap. II. 12.

(a) Die Worte, welche ich in der Umschreibung eingeschlossen, und durch andere ersetzet habe, können so wenig, als diese Anmerkung, das ἀπηλλοτριωμένοι τῆς ζωῆς τοῦ Θεοῦ erklären. Vielleicht hat Locke gedacht, was Grotius über diese Stelle geschrieben, und durch Galat. II. 19. zu bestätigen gesuchet hat, daß ζωὴ τοῦ Θεοῦ so viel sey, als ein Leben, das GOtt zu Ehren geführet wird. Allein, nicht nur saget nach dieser Erklärung Paulus mit diesen Worten nichts anders, als was er schon in den letzten Worten des 17ten Verses gesaget hat, sondern es läßt sich auch die Redensart: entfernet von dem Leben GOttes seyn, nicht anders, als durch Umschweife endlich auf gedachten Sinn hinausführen. Denn, Niemand siehet ein, warum ein Leben, das GOtt zu Ehren geführet wird, das Leben GOttes heißt. Hingegen ist alles deutlich, wenn man es durch das Leben, das GOtt giebt, erkläret; so wie δικαιοσύνη Θεοῦ, die Gerechtigkeit GOttes, öfters die Gerechtigkeit bedeutet, welche von GOtt den Glaubigen zugerechnet wird: daß also Θεοῦ hier die wirkende Ursache anzeiget.

sucht, und treiben allerley Unreinigkeit sammt dem Geiz.

mit Ueberschreitung der natürlichen Triebe (3), auszuüben.

20. Ihr aber habt Christum nicht also gelernet:

20. Ihr aber, die ihr in der Lehre Christi unterrichtet worden seyd, habet andere Sachen gelernet;

21. So ihr anders von ihm

21. wenn ihr anders seine Schüler geworden, und

Kkk 2

(3) Πλεονεξία, Geiz, bedeutet nach dem gemeinen Gebrauche dieses Wortes, wenn wir unsere Begierden auf das gehen lassen, wozu wir nach dem Gesetze kein Recht haben. Allein, S. Paulus brauchet es in seinen Briefen manchmal für die unmäßigen, und ausschweifenden, Begierden nach fleischlichen Ergötzungen, welche die Schranken der Natur überschreiten. Wer mit dem gegenwärtigen Verse Cap. V. 3. Coloss. III. 5. 1 Thess. IV. 5. 6. 1 Korinth. V. 10. 11. vergleichen, und wohl auf den Zusammenhang sehen will, wird entweder den Grund einsehen, warum ich dem Worte hier diesen Verstand gegeben habe, oder die angeführten Schriftstellen nur schwerlich verstehen. In eben diesem Verstande nimmt der gelehrte D. Hammond πλεονεξία, Röm. I. 29. Ob sich gleich dieses nicht recht aus der griechischen Sprache beweisen läßt, so fordert es doch des Apostels Schreibart, der oft die griechischen Worte nach der weitläuftigen hebräischen Bedeutung braucht, die ihnen im Uebersetzen gegeben wird, wenn sie schon dieselbige im Griechischen gar nicht haben. So haben insbesondere die LXX. das hebräische בצע Ezech. XXXIII. 31. durch μιασμὸς übersetzt: und in diesem Verstande brauchet hier der Apostel das Wort πλεονεξία (a). Wir haben also in diesem, und den zween vorhergehenden, Versen eine Beschreibung des jämmerlichen, und sündlichen, Zustandes der Heyden, die noch nicht zum christlichen Glauben bekehrt, und von dem Reiche GOttes entfernet sind. Man kann hinzusetzen, was von diesen heydnischen Sündern Cap. II. 11 – 13. Coloss. I. 21. 1 Thess. IV. 5. Coloss. III. 5 – 7. Röm. I. 30. 31. stehet.

(a) In der Hauptsache liegt in der That wenig daran, welche von beyden Bedeutungen man hier dem Worte πλεονεξία giebt. Da es unterdessen ordentlich den Geiz bedeutet, so kann es solchen auch hier bedeuten. Die einzige Schwierigkeit ist, daß man nicht gleich einsiehet, warum der Apostel von der Unzucht, und Unreinigkeit, sogleich auf den Geiz kommet. Allein, diese Schwierigkeit verliert sich, wenn man bedenket, daß aus der Unzucht, und Unreinigkeit, so wie sie selbst die alten heydnischen Schriftsteller beschreiben, daß sie mit der größten Schwelgerey, und Verschwendung, verbunden war, der Geiz nothwendig entstehen muß. So hat wenigstens Sallustius die Räubereyen, und Ungerechtigkeiten, der Grossen zu Rom aus ihrer unersättlichen Ueppigkeit, und Verschwendung, hergeleitet. Man muß in unserer Stelle nicht gerade einen lächerlichen Geiz verstehen: es kann auch ein solcher Geiz seyn, da man alles zusammen zu betrügen, und zu stehlen, bemühet ist, um seine unersättlichen Lüste zu stillen. So bleibet das Wort in seiner gewöhnlichen Bedeutung.

und in der Wahrheit, so wie sie in dem Evangelio JEsu Christi enthalten ist, unterrichtet worden seyd: (denn (*), ihr habt ja von Christo gehöret, und seyd in der Lehre von ihm so unterrichtet worden, wie es, so wahr (**) JEsus ist, sich in der Wahrheit verhält:

22. Ihr seyd, sage ich, gelehret worden:) daß ihr euren ehemaligen Wandel ändern, und diejenigen betrügerischen Lüste, wodurch ihr gänzlich verdorben werdet, verlassen sollet (***):

23. und erneuret im Geiste des Gemüthes (aber euch im Geiste eures Gemüthes (****) erneuern)

24. (und)

ihm gehöret habet, und in ihm gelehret seyd, wie in JEsu ein rechtschaffen Wesen ist.

22. So leget nun von euch ab, nach dem vorigen Wandel, den alten Menschen, der durch Lüste im Irrthum sich verderbet.

23. Erneuert euch aber im Geist eures Gemüthes;

24. Und

(*) Da die lockische Umschreibung zu sehr vom Griechischen abweicht, so habe ich hier eine andere beygefügt, und das εἴγε in dem Verstande genommen, den Locke selbst Cap. III. 2. in der 3ten Anmerkung vertheidigt hat.

(**) Ἐν τῷ Ἰησοῦ, wie oben Röm. IX. 1. ἐν Χριστῷ. Es ist eine Nachahmung der hebräischen Redensart באלהים.

(***) Ungeacht diese Umschreibung ganz deutlich ist, so ist doch darinnen der Hauptbegriff, nämlich die Ablegung des alten Menschen, ausgelassen. Sie kann also folgendermassen geändert werden: daß ihr, was euren vorigen Wandel betrift, den alten Menschen, der durch die betrüglichen Lüste ins Verderben gestürzet wird, ablegen sollet.

(****) Das Gemüth ist Röm. VII. 25. der Inbegriff der neuen Kräfte, die in der Wiedergeburt erlanget werden. Ist es nun schwer, zu erklären, was auf diese Weise der Geist des Gemüthes sey; so ist es nach meiner geringen Einsicht am natürlichsten, τῷ πνεύματι als einen Ablativum anzusehen, und den Geist des Gemüthes durch den Heiligen Geist zu erklären, der diese neuen Kräfte den Wiedergebohrnen gegeben hat, und erhält, und täglich vermehret. Nun darf man nur das ἀνανεοῦσθαι, wie es der griechischen Sprache gar gemäß ist, übersetzen: erneuert werden, sich erneuern lassen; so wird man diesen Vers am kürzesten, und deutlichsten, so umschreiben können: und euch durch den Heiligen Geist, der euch zuerst wiedergebohren, und mit neuen Kräften versehen, hat, und in euch, als in seinem Tempel, wohnet, erneuern lassen, und also den neuen Menschen anziehen sollet, der nach GOtt, oder dem göttlichen Ebenbilde, geschaffen ist in Gerechtigkeit, und rechtschaffener Heiligkeit.

24. Und ziehet den neuen Menschen an, der nach GOtt geschaffen ist in rechtschaffener Gerechtigkeit und Heiligkeit.

24. (und) ein neuer Mensch werden sollet (4), der nach dem Willen GOttes gebildet, und eingerichtet (geschaffen), ist in Gerechtigkeit, und wahrer Heiligkeit.

(4) Was der παλαιὸς ἄνθρωπος, der alte Mensch sey, den man ausziehen, und der καινὸς ἄνθρωπος, der neue Mensch, den man anziehen soll, ist aus den einander entgegen gesetzten Beschreibungen frommer, und gottloser, Menschen in dem folgenden Theile der gegenwärtigen, und verschiedenen andern Episteln S. Pauli, einzusehen.

Achter Abschnitt.

Cap. IV. Vers 25 — V. 2.

Nachdem S. Paulus im Beschlusse des vorhergehenden Abschnittes die Epheser überhaupt ermahnet hat, ihren ehemaligen heydnischen Lebenswandel zu lassen, und völlig neue Menschen zu werden; so kommt er nun auf besondere Ermahnungen, und ermuntert zu den grossen gesellschaftlichen Tugenden, Gerechtigkeit, Liebe, u. s. w.

Text.	Paraphrastische Erklärung.
25. Darum leget die Lügen ab, und redet die Wahrheit: ein jeglicher mit seinem Nächsten, sintemal wir unter einander Glieder sind.	25. Darum leget die Lügen ab, und ein jeder rede mit seinem Nächsten die Wahrheit: denn, wir sind unter einander Glieder.
26. Zürnet und sündiget nicht: lasset die Sonne nicht über eurem Zorn unter-	26. Kommen euch Gelegenheiten vor, die euch zum Zorne reizen, so hänget denselben ja nicht so weit nach, daß er sündlich wird (*): ver-

(*) Wie man dem Zorne, ohne zu sündigen, nur im geringsten Platz lassen könne, ist unmöglich zu begreifen. Die Rede ist von einem ungerechten Zorne, der aus dem natürlichen Verderben des Menschen entstehet. Da dieser schon in seiner Wurzel, der Erbsünde, sündlich ist: so müssen auch desselben erste Bewegungen sündlich seyn. Die Umschreibung ist also in diesem Stücke unrichtig; und werden die

versparet dessen Unterdrückung nicht, bis der Schlaf eure Seele beruhigt, sondern suchet, euch sogleich zu fassen, und euer Gemüth in Ruhe zu bringen;

untergehen.

27. damit ihr dem Teufel nicht Gelegenheit gebet, durch eure in Unordnung gebrachte Leidenschaften Unglück zu stiften (*).

27. Gebet auch nicht Raum dem Lästerer.

28. Wer gestohlen hat, der stehle nicht weiter, sondern bemühe sich vielmehr, durch einen rechtmässigen Beruf so viel zu erwerben, daß er andern, die es bedürfen, zu Hülfe kommen könne.

28. Wer gestohlen hat, der stehle nicht mehr: sondern arbeite, und schaffe mit den Händen etwas Gutes, auf daß er habe zu geben dem Dürftigen.

29. Lasset keine unflätigen Reden, oder nur ein unanständiges Wort, aus eurem Munde gehen, sondern redet, was sich zur Sache schickt, und zur Erbauung dienet, und denen, die es hören, auf eine geziemende Weise angenehm seyn kann.

29. Lasset kein faul Geschwätz aus eurem Munde gehen: sondern was nützlich zur Besserung ist, da es Noth thut, daß es holdselig sey zu hören.

30. Und betrübet nicht den Heiligen Geist GOttes, womit ihr auf den Tag der Erlösung versiegelt (1) seyd.

30. Und betrübet nicht den Heiligen Geist GOttes, damit ihr versiegelt

31. Alle

seyd

die Worte, die Paulus aus den LXX. hier angeführet hat, besser nach der gemeinen Art ironisch erklärt, daß er damit sagen will: wie könnet ihr euch über einander erzürnen, ohne zu sündigen? Nach dem Grundtexte des IVten Psalms, V. 5. leiden die Worte noch eine bequemere Erklärung, die aber hier nicht statt hat, da der Apostel augenscheinlich der Uebersetzung folget.

(*) Ungeacht ich diese Umschreibung nicht schlechterdings verwerfen will: so glaube ich doch, daß man dem Endzwecke Pauli, und dem Zusammenhange gemäß, der Uebersetzung Lutheri mit grösserm Rechte folgt, als Locke der englischen gefolget ist. Paulus warnet V. 26. vor dem Zorne; er setzet also natürlich V. 27. eine hieher gehörige andere Warnung hinzu, die zur Vermeidung des Zornes ein Mittel wird, nämlich: den Verläumdern kein Gehör zu geben, die nichts, als Zorn, und Feindschaft, unter den Menschen anrichten können.

(1) Versiegelt, d. i. ihr traget (dadurch) GOttes Zeichen an euch, daß ihr seine Diener (Kinder, und Erben) seyd, und dieß giebt euch Versicherung, daß ihr in sein Reich werdet aufgenommen werden, an dem Tage der Erlösung, d. i. der Auferstehung, wo ihr zu dem wirklichen Besitze einer Stelle in seinem Reiche unter den Seinigen gelangen werdet, wovon nun der Heilige Geist das Unterpfand ist. S. die Anmerkung über Cap. I. 14.

seyd auf den Tag der Erlösung.

31. Alle Bitterkeit, und Grimm, und Zorn, und Geschrey, und Lästerung, sey ferne von euch, sammt aller Bosheit.

32. Seyd aber unter einander freundlich, herzlich: und vergebet einer dem andern, gleichwie GOtt euch vergeben hat in Christo.

Cap. V. 1. So seyd nun GOttes Nachfolger, als die lieben Kinder:

2. Und wandelt in der Liebe, gleichwie Christus uns hat geliebet, und sich selbst dargegeben für uns, zur Gabe und Opfer, GOtt zu einem süssen Geruch.

31. Alle Unfreundlichkeit, und Zorn, und Grimm, und Geschreη, und Schimpfworte, seyen ferne von euch, sammt aller Bosheit:

32. seyd vielmehr gegen einander liebreich, und zärtlich, gesinnet, und vergebet einander, so wie auch GOtt euch um Christi willen vergeben hat.

Cap. V. 1. Stellet euch also, wie es GOttes geliebten, und theuren, Kindern geziemet, GOtt zum Beyspiele der Nachahmung vor;

2. und lasset die Liebe euren ganzen Wandel regieren, wie auch Christus uns geliebet, und sich selbst für uns, als eine Gabe, und ein angenehmes Opfer (2), GOtt dargegeben hat.

(2) Zu einem süssen Geruch, ist, nach der Sprache der heiligen Schrift, ein solches Opfer, das GOtt angenehm, und gefällig, war. S. 1 B. Mos. VIII. 21.

Neunter Abschnitt.

Cap. V. Vers 3 — 20.

Die nächste Art von Sünden, wovor S. Paulus die Epheser warnet, sind die Sünden der Unmässigkeit, besonders der Unreinigkeit, die unter den Heyden so gemein, und gar nicht eingeschränkt, waren.

Para-

Paraphrastische Erklärung.

3. Hurerey aber, und alle Unreinigkeit, oder ausschweifende Begierden nach fleischlichen Ergötzungen (1), lasset, wie es Heiligen gebüh-

Text.

3. Hurerey aber, und alle Unreinigkeit, oder Geiz, lasset nicht von euch

(1) Das griechische Wort ist πλεονεξία, welches eigentlich Geiz, oder eine übermässig heftige Begierde nach Reichthum, anzeiget: nach der züchtigen Schreibart der heiligen Schrift aber wird es gebraucht, die zügellosen Begierden nach unordentlichen, und unerlaubten, fleischlichen Ergötzungen auszudrücken. Dieß läßt sich, fast überzeugend, schon daraus erkennen, daß es mit dieser Art von Sünden in allen denjenigen Stellen verbunden ist, welche D. Hammond in seinen Anmerkungen über Röm. I. 29. anführet; wenn man aber erst Cap. IV. 19, in dieser Epistel, und V. 5. dieses Vten Capitels mit der gegenwärtigen Stelle vergleichet, so wird man noch deutlicher sehen, was hier πλεονεξία bedeute. Hiezu kömmt noch, daß hinter Geiz die Worte folgen: lasset, wie es Heiligen gebühret, nicht einmal unter euch genennet werden; welche diese Bedeutung vollend ausser allem Zweifel setzen. Denn, was ist es unter den Christen für ein Uebelstand, den Geiz zu nennen (a)? πλεονεξία muß also solche Sünden bedeuten, die man unter den Christen nicht einmal nennen darf, so daß πᾶσα ἀκαθαρσία ἢ πλεονεξία hier nicht gerade für verschiedene Arten von Sünden zu stehen, sondern durch zween verschiedene Namen einerley Sache zu erklären, scheinet. Dergestalt giebt uns dieser Vers einen rechten Begriff, was πορνεία im neuen Testamente sey; und ohne diesen siehet man verschiedene Schriftstellen nicht ein, wenn man πορνεία für eine besondere Art der Unreinigkeit nimmt, und sie in der fleischlichen Vermischung eines unverheiratheten Paares sucht: da hingegen alle Dunkelheit aus dem gewöhnlichen Verstande des Wortes wegfällt, wenn man es nach der weitläuftigen Bedeutung erkläret, welche ἀκαθαρσία und πλεονεξία hier anzuzeigen scheinen. Es haben einige aus dem Schreiben der Apostel an die bekehrten Heyden zu Antiochien, Apost. Gesch. XV. 28. wo der Hurerey neben zwo bis drey andern Handlungen gedacht wird, schlüssen wollen, daß dieselbe von einer gleichgültigen Handlung höchstens nicht sehr unterschieden sey: sie haben aber, wie mich dünkt, den Verstand des Textes dadurch sehr verwirrt. Die Juden, die sich zum Evangelio bekehret hatten, wollten durchaus nicht zugeben, daß diejenigen Heyden, welche nur noch etwas von ihrer alten Abgötterey behielten, ob sie sich schon zum Glauben an Christum bekenneten, in ihre Gemeinschaft, als GOttes Volk, aufgenommen würden; und in so weit hatten sie auch Recht, auf Sicherheit zu denken, daß sie die Abgötterey völlig liessen. Die Gemeine (b) drang darauf, daß sie sich beschneiden, der Beobachtung des Gesetzes unterwerfen, und dadurch den gewöhnlichen Beweis der Proselyten, daß sie von allen Ueberbleibseln der Abgötterey vollkommen frey seyen, ablegen sollten. Die Apostel hielten dieß für unnöthig, und verbothen den bekehrten Heyden nur das Essen des Götzenopfers; und Blutes, es mochte entweder aus dem Thiere abgelaufen, oder, wenn es ersticket worden, darinnen geblieben seyn, ingleichen die Hurerey, in dem weitläuftigen Verstande dieses Wortes, da es alle Arten der Unreinigkeit bedeutet; als Dinge, welche die Juden gewöhnlich für Kennzeichen der Abgötterey hielten:

um

euch gesagt werden, wie den Heiligen zustehet:
4. Auch schandbare Worte, und Narrentheidinge, oder Scherz; welche euch nicht ziemen, sondern vielmehr Danksagung.
5. Denn,

gebühret, nicht einmal unter euch genennet werden;
4. auch keine unflätigen, noch läppischen Reden, noch Scherze von dieser Art, die sich mit einander nicht geziemen, sondern vielmehr Danksagung.
5. Denn,

um den Juden kein Aergerniß zu geben, und die Trennung zwischen den Bekennern des Evangelii zu verhüten (c). Dieses Verboth wurde also den bekehrten Heyden von den Aposteln der Beschneidung nicht als eine beständige evangelische Lebensregel gegeben; sonst hätte es viel mehrere besondere Stücke enthalten müssen: sie wußten wohl, daß sie S. Paulus, ihr Lehrer, in dem Sittengesetze, das sie als Unterthanen JEsu Christi beobachten mußten, eifrig unterrichtete. Alles, was sie ihnen jetzt vorschrieben, war ihnen nur nöthig, um in die Gesellschaft, und Gemeine, der bekehrten Juden zu kommen, als welche sie gewiß vermieden habeu würden, wenn sie sie eines von diesen Dingen hätten thun sehen. Daß die Hurerey, oder alle Arten der Unreinigkeit, aus der Abgötterey folgen, und sie begleiten, sehen wir Röm. I. 29; und wie bekannt ist, so wurde sie durch den heydnischen Gottesdienst befördert. Daher wird überall die Ausübung dieser Sünden als das unterscheidende Kennzeichen der abgöttischen Heyden angegeben; da die Juden sowohl vermöge ihres Gesetzes, als ihrer Lebensart, und allgemeinen Gewohnheit, von diesen Gräueln frey waren. Denn, dieß gehörte zu denjenigen Stücken, worinnen GOtt sein Volk von den abgöttischen Völkern hauptsächlich unterschied, wie man 3 B. Mos. XVIII. 20. u. f f. sehen kann. Daher, glaube ich, wird πλεονεξία, wenn es eine ausschweifende Unmäßigkeit in unerlaubten, und unnatürlichen, Lüsten bedeutet (d), in dem neuen Testamente Abgötterey, und πλεονέκτης ein Götzendiener genennet: s. 1 Korinth. V. 11. Coloss. III. 5. Eph. V. 5. weil sie das sichere, und untrügliche Kennzeichen eines heydnischen Götzendieners ist.

(a) Es ist allerdings der größte Uebelstand, und ein Geizhals des christlichen Namens unwürdig. Allein, vera perdidimus rerum nomina: wir nennen, und sehen, täglich mehrere Laster in der Christenheit; wovon wir nicht einmal die Namen kennen sollten. Dieser Beweis unsers Paraphrasten ist also sehr seichte.

(b) Nicht die Gemeine, sondern nach V. 5. etliche von der Pharisäer Secte, die glaubig worden waren.

(c) Man muß billig hinzusetzen, um die Heyden von einem ihnen zur Gewohnheit gewordenen Laster, das sie für etwas gleichgültiges ansahen, desto kräftiger abzuhalten.

(d) Wenn nämlich πλεονεξία dieses bedeutet. Die Hauptgründe für diese Bedeutung des Wortes sind schon bey der Anmerkung über den 19ten Vers des IVten Capitels geprüfet worden. Wenn wir den sittlichen Zustand der Epheser vor ihrer Bekehrung genauer wüßten: so würden wir auch genauet von der Verbindung dieser Worte Pauli urtheilen können. Doch, dünkt mich, gehöre der Geiz auch unter die Arten der Unreinigkeit.

5. Denn, davon seyd ihr ja vollkommen unterrichtet, und wisset es, daß kein Hurer, noch
Unreiner, noch unzüchtiger, und geiler, hierinnen
ausschweifender Mensch (noch Geiziger), der in
der That ein Götzendiener ist, an dem Reiche
Christi, und GOttes, Theil haben wird.

5. Denn, das sollt ihr
wissen, daß kein Hurer,
oder Unreiner, oder Geiziger (welcher ist ein Götzendiener), Erbe hat an
dem Reich Christi, und
GOttes.

6. Lasset euch Niemand durch eitles, und leeres,
Geschwätz verführen (2); denn, diese Dinge sind
an und für sich selbst GOtt höchstens verhaßt,
und eben das, warum über die heydnische (und
jüdische) Welt, welche sich nicht in den Gehorsam Christi begeben will, GOttes Gericht kommen wird (3).

6. Lasset euch Niemand
verführen mit vergeblichen
Worten: denn, um dieser
willen kommet der Zorn
GOttes über die Kinder
des Unglaubens.

7. Nehmet also nicht mit ihnen Antheil
daran.

7. Darum seyd nicht
ihre Mitgenossen.

8. Denn, ihr waret ehehin in eurem heydnischen

8. Denn, ihr waret
wel-

(2) Man möchte hiedurch fast auf die Gedanken gerathen, daß, wenn es Juden gab, welche sie überreden wollten, daß alle Christen nothwendig beschnitten werden, und das Gesetz Mosis halten müßten, sich auch Leute fanden, die bey ihrem alten Heydenthume so hartnäckig hielten, daß sie die bekehrten Heyden zu überreden suchten, diese fleischlichen Gräuel, und Unreinigkeiten, seyen nichts; als, wofür sie die Heyden hielten, völlig gleichgültige Handlungen, welche GOtt nicht beleidigten, und gar wohl mit seinem Dienste bestehen könnten, ihre Unterlassung seye ein Stück des besondern, und willkührlichen, jüdischen Caeremonialgesetzes, wodurch sich dieses Volk von andern Völkern unterschiede, und für heiliger, als andere Menschen, achtete, eben so, wie es sich durch seinen Unterschied zwischen reinen, und unreinen, Speisen absonderte; da doch diese Handlungen an und für sich so gleichgültig, als diese Speisen, seyen. Dieß widerlegt der Apostel in den folgenden Worten.

(3) Kinder des Unglaubens sind hier, und Cap. II. 2. ingleichen Coloss. III. 6. offenbar die Heyden (a), welche nicht zu dem Evangelio kommen, und sich demselben unterwerfen wollten. Ein jeder, der diese Stellen, und ihren Zusammenhang, aufmerksam ließt, wird dieses einsehen.

(a) Warum nicht auch die Juden? da sie sich dem Evangelio eben so wenig, als die Heyden, unterwerfen. Die angeführten Stellen beweisen gar nicht, daß di Kinder des Unglaubens die Heyden sind. Ueberhaupt hätte in der Umschreibung für die Weitläufigkeit: heydnische Welt — begeben will, nur kurz die unglaubige Welt gesetzt werden dürfen.

weiland Finsterniß, nun aber seyd ihr ein Licht in dem HErrn.

9. Wandelt wie die Kinder des Lichts. Die Frucht des Geistes ist allerley Gütigkeit, und Gerechtigkeit, und Wahrheit.

10. Und prüfet, was da sey wohlgefällig dem HErrn.

11. Und habet nicht Gemeinschaft mit den unfruchtbaren Werken der Finsterniß, strafet sie aber vielmehr.

12. Denn, was heimlich von ihnen geschicht, das ist auch schändlich, zu sagen.

13. Das

schen Zustande völlig im Finstern (4). Nun aber ist euch, da ihr an Christum glaubet, und das Evangelium annehmet (5), Licht, und Erkenntniß, gegeben.

9. Wandelt als solche, die sich in dem Stande der Erleuchtung befinden (denn (6), die Frucht des Geistes bestehet in aller Gütigkeit, und Wahrheit,)

10. und thut das, was ihr nach reifer Untersuchung dem HErrn wohlgefällig findet.

11. Und nehmet nicht Antheil an den unfruchtbaren Werken der Finsterniß (7); übet diese schändlichen Handlungen nicht aus, als ob sie gleichgültig wären, sondern strafet sie vielmehr.

12. Denn diese Dinge, welche die heydnischen Götzendiener (8) im Verborgenen thun, sind so unflätig, und abscheulich, daß es schon eine Schande ist, sie zu nennen.

13. Dieß

(4) S. Paulus nennet die Heyden, um die grosse Finsterniß, worinnen sie sich befanden, auszudrücken, die Finsterniß selber (a).

(a) Nach dem gewöhnlichen Sprachgebrauche der heiligen Schrift, zu Vermehrung des Nachdruckes für das Concretum das Abstractum zu setzen.

(5) Dieß wird Coloss. I. 12. 13. also ausgedruckt: Und danksaget dem Vater, der uns tüchtig gemacht hat zu dem Erbtheil der Heiligen im Licht; welcher uns errettet hat von der Oberkeit der Finsterniß, und hat uns versetzt in das Reich seines lieben Sohnes. Das Reich des Satans über die heydnische Welt war ein Reich der Finsterniß; s. Eph. VI. 12: und so sehen wir, daß JEsus vom Simeon ein Licht, zu erleuchten die Heyden, genennet wird, Luc. II. 32.

(6) Diese Parenthesis dienet, uns den buchstäblichen Verstand von allem dem zu geben, was der Apostel in diesem verblümten Vortrage von dem Lichte fordert.

(7) Diese Werke der unbekehrten Heyden (Menschen), welche in dem Reiche der Finsterniß bleiben, werden von S. Paulo Röm. VI. 21. also beschrieben: Was hattet ihr nun zu der Zeit für Frucht? Welcher ihr euch jetzt schämet: Denn das Ende derselbigen ist der Tod.

(8) Daß durch ihnen hier die unbekehrten Heyden verstanden werden, ist so klar, daß man, diese Auslegung zu rechtfertigen, gar nichts zu sagen hat.

13. Dieß sehet ihr nun ein; und dieß ist ein Beweis, daß ihr erleuchtet seyd. Denn, alle Dinge, die als böse erkennt werden, werden durch das Licht offenbar; denn, alles, was sie in dieser Gestalt zeiget, ist Licht (9).

14. Darum spricht er: Wache auf, der du schläfest, und stehe auf von den Todten, so wird dich Christus erleuchten (*).

15. Weil

13. Das alles aber wird offenbar, wenns vom Licht gestraft wird. Denn, alles, was offenbar wird, das ist Licht.

14. Darum spricht er: Wache auf, der du schläfest, und stehe auf von den Todten, so wird dich Christus erleuchten.

15. So

(9) S. Joh. III. 20. Der Beweis, wodurch S. Paulus die bekehrten Epheser verwahren will, sich nicht von denen, die sie überreden wollten, daß die heydnischen Unreinigkeiten etwas gleichgültiges seyen, verführen zu lassen, ist daher genommen, daß sie nun besser erleuchtet seyen. Zu dem Ende saget er V. 5. sie wüßten, daß keine solche Person an dem Reiche Christi, und GOttes, Antheil habe. Dieß, meldet er V. 8. u. f f. seye das Licht, welches sie durch das Evangelium empfangen, und vor ihrer Bekehrung nicht gehabt, hätten, da sie in völliger Finsterniß, und Unwissenheit, lebten: nun aber seyen sie besser belehret, und sähen den Unterschied ein; dieß sey ein Zeichen des Lichtes; sie sollten also dem Lichte folgen, nachdem sie es von Christo, der sie aus den Heyden, die noch immer todt, und in Ansehung ihres bösen Lebens, und Zustandes, völlig unempfindlich, wären, erwecket, ihnen Licht, und Hofnung zu einem künftigen Zustande gegeben, und den Weg zur ewigen Seligkeit gezeiget, erlanget hätten (a).

(a) Es läßt sich dieser Vers noch kürzer erklären. Das, was die Kinder des Unglaubens im Verborgenen thun, saget Paulus V. 12. sey schon schändlich, zu nennen; deswegen sollten die glaubigen Epheser, V. 11. so wenig Theil daran nehmen, daß sie vielmehr bey jeder Gelegenheit ihr Misfallen darüber bezeigten, und das Schändliche derselben offenbarten (ἐλέγχετε). Was dieß für einen Nutzen habe, zeiget er V. 13. nämlich: es werden solche dermassen bestrafte, getadelte, und verabscheuete, Handlungen immer von mehreren, als abscheulich, erkannt, und durch das Licht, das ihnen der Widerspruch frommer Christen giebt, als sündlich, offenbar. Man darf demnach den Vers nur so umschreiben: Alles aber, was auf eine überzeugende, und christliche, Weise getadelt, und gestrafet, wird, wird durch das Licht, das es durch diese Bestrafung bekommt, nach seiner wahren Beschaffenheit offenbar. Denn, alles, was in seiner wahren Gestalt offenbar ist, ist nicht mehr zweifelhaft, noch dunkel, sondern als ein Licht helle, und deutlich.

(*) Da diese Worte mit Jes. LX. 1. 2. woraus sie, weil sie sonst nirgends in der Schrift stehen, genommen seyn müssen, nicht nach dem Buchstaben, übereinkommen: so muß hier Paulus dieselben nicht sowohl nach den Worten, als in einer Erklärung liefern, die zugleich derselben Anwendung enthält. Im Jesaia wird die Kirche ermuntert, Licht zu werden, weil ihr Licht komme. Paulus erkläret hier dieses Licht werden durch aufwachen aus dem Schlafe, und aufstehen von

den

15. So sehet nun zu, wie ihr vorsichtiglich wandelt, nicht als die Unweisen, sondern als die Weisen:

15. Weil ihr also im Lichte seyd, so bedienet euch eurer Augen, den rechten Weg genau zu treffen, nicht als Thoren, die auf Gerathewohl hin und her schweifen, sondern als Weise, die auf einem beständigen, recht ausgesuchten, Wege bleiben,

16. Und schicket euch in die Zeit, denn, es ist böse Zeit.

16. und verwahret euch (10) durch einer klugen Betragen vor den Unfällen dieser schweren Zeiten, die euch Gefahr drohen.

den Todten, und das Licht, welches kommt, durch Christum, welcher die Menschen erleuchtet. So wie aber Jesaias nicht saget, daß sich die Menschen selber erleuchten, sondern dem Lichte, das da kommt, Platz geben sollen (werde Licht); so saget auch Paulus nicht, daß sie selbst sich erwecken, und von den Todten aus eigener Kraft aufstehen, sondern durch JEsum Christum, das Licht der Welt, sich sollen erleuchten, und aus dem geistlichen Schlafe, und Tode, erwecken lassen. Es enthält also dieser Vers den Beweis des vorhergehenden; und ist sein Sinn kurz dieser: es ist eine Pflicht der Christen, in der Erleuchtung, die ihnen Christus giebt, sich immer weiter bringen zu lassen, und auch andere dieser ihrer geistlichen Einsicht theilhaftig zu machen.

(10) S. Paulus giebt V. 6. zu verstehen, daß die unbekehrten Heyden, unter welchen die christlichen Epheser lebten, geneigt seyen, sie wiederum zu ihrem ehemaligen schändlichen, und gottlosen, Leben zu verführen; blos um sie zu verwahren, daß sie sich nun, da sie aus dem Evangelio (Worte GOttes) erkannten, wie diese Handlungen GOtt erzürnten, und seine Strafe an dem künftigen Weltgerichte nach sich zögen, auf dieser Seite nicht verleiten liessen. Er warnet sie also sorgfältig, alle diese den Heyden so gewöhnlichen Befleckungen zu vermeiden, aber zugleich, vermittelst eines klugen Verhaltens den Heyden, unter welchen sie lebten, keinen Anstoß zu geben, damit sie dergestalt der Gefahr, und Unruhe, entgehen möchten, die sonst aus dem Ungestümme, und der Gewaltthätigkeit, der abgöttischen Heyden, deren schändliches Leben der Wandel der Christen beschämte, über sie kommen würde. Dieß scheinet der Verstand des Kaufens der Zeit zu seyn (a); und Coloss. IV. 5. als die andere Stelle, wo diese Redensart vorkommt, scheinet auch diese Erklärung offenbar zu bestätigen, und ihr Licht zu geben. Wenn dieß nicht der Verstand des Kaufens der Zeit in gegenwärtiger Stelle ist: so muß ich bekennen, daß ich selbst nicht weiß, was diese Redensart hier bedeuten soll.

(a) Ich will diese Erklärung des [illegible] gar nicht widerlegen, da sie mehrere Ausleger angenommen haben, sondern nur so viel erinnern, daß deswegen eine sehr gewöhnliche Erklärung, nach welcher diese Redensart heisset: alle Gelegenheiten, etwas Gutes zu thun, so fleisig, und sorgfältig gebrauchen, als ob man sie kaufen müßte, nicht ungegründet sey. Wie wenn beyde Erklärungen, nach der weitläuftigen Bedeutung der griechischen Redensart, neben einander stehen könnten, und sie so viel hiesse, als: die Zeit genau in Acht nehmen, was sich nach Beschaffenheit derselben in aller Betrachtung unternehmen läßt? Die Stelle Dan. II. 8. worauf bey der ersten Erklärung alles ankommt, widerspricht auch dieser nicht.

17. Werdet also nicht unweise, sondern lernet verstehen, was des HErrn Wille sey.

18. Betrinket euch auch nicht mit Wein, weil solches eine Ausschweifung (11) ist; suchet nicht, durch schädliches, und unmässiges, Trinken die Zeit vergnügt hinzubringen;

19. sondern wenn aus Liebe einer dem andern ein Vergnügen machen will, so bedienet euch hiezu der Gaben, womit euch der Heilige Geist erfüllet hat, und singet unter einander Lieder, und Psalmen, und geistliche Gedichte; diese machen das Herz wahrhaftig, und beständig, frölich, und sind selbst GOtt, zu hören, angenehm;

20. und danket allezeit GOtt und dem Vater für alles in dem Namen unsers HErrn JEsu Christi.

17. Darum werdet nicht unverständig, sondern verständig, was da sey des HErrn Wille.

18. Und saufet euch nicht voll Weins, daraus ein unordig Wesen folget, sondern werdet voll Geistes:

19. Und redet unter einander von Psalmen, und Lobgesängen, und geistlichen Liedern, singet, und spielet dem HErrn in eurem Herzen;

20. Und saget Dank allezeit für alles, GOtt und dem Vater, in dem Namen unsers HErrn JEsu Christi.

(11) S. Paulus warnet sie vor allzu unvorsichtigem Gebrauche des Weines, weil solcher eine Ausschweifung ist. Das griechische Wort ist ἀσωτία, welches Schwelgerey, oder Ueppigkeit, bedeuten kann, d. i. ein Trinken, das sich nicht wohl zur christlichen Enthaltsamkeit, und Keuschheit, schicket, sondern den lüstern und unreinen Begierden, als dem Laster, wovor S. Paulus gewarnet hat, offene Bahn machet: oder, es kann ἀσωτία Unmässigkeit, und Unordnung, bedeuten; so stehet sie dem vernünftigen, und klugen, Verhalten in Erkaufung der Zeit entgegen.

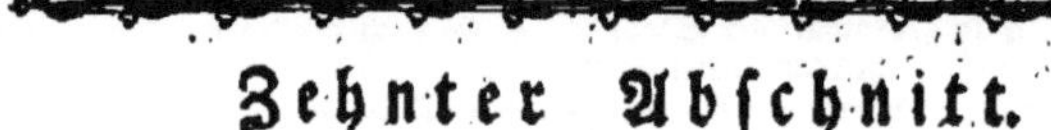

Zehnter Abschnitt.

Cap. V. Vers 21 — VI. 9.

In diesem Abschnitte kommen Regeln, welche die Pflichten der Christen, nach ihren verschiedenen Verhältnissen in der menschlichen Gesellschaft, beschreiben. Es werden insbesondere folgende drey eingeschärfet: Pflichten der Ehemänner, und Eheweiber; Pflichten der Aeltern, und Kinder; Pflichten der Herren, und Knechte.

Text.

Text.

21. Und seyd unter einander unterthan in der Furcht GOttes.

22. Die Weiber seyn unterthan ihren Männern, als dem HErrn.

23. Denn, der Mann ist des Weibes Haupt: gleichwie auch Christus das Haupt ist der Gemeine, und Er ist seines Leibes Heiland.

24. Aber wie nun die Gemeine ist Christo unterthan, also auch die Weiber ihren Männern, in allen Dingen.

25. Ihr

Paraphrastische Erklärung.

21. Seyd einander in der Furcht GOttes unterthan (1).

22. Zum Exempel, ihr Weiber seyd euren Männern so unterthan, wie ihr, als Glieder der Kirche, dem HErrn unterthan seyd.

23. Denn, der Mann ist des Weibes Haupt, wie Christus das Haupt der Kirche ist; ja, er ist das Haupt, das diesen seinen Leib (2) erhält: eben diese Verhältniß ist zwischen Mann und Weibe.

24. Wie derohalben die Kirche Christo unterthan ist: so müssen auch die Weiber ihren Männern in allen Dingen unterthan seyn.

25. Und

(1) Ungeacht diese Worte nach der grammatikalischen Verbindung zum vorhergehenden gehören, so können sie doch, nach meinem Bedünken, als eine Einleitung zu dem, was in diesem Abschnitte folgt, und als eine allgemeine Regel für die Epheser, angesehen werden, sich denjenigen Pflichten zu unterziehen, wozu sie ihr verschiedenes Verhältniß, in dem sie gegen einander stehen, verbindet.

(2) Von dem Haupte erhält der Leib seine Gesundheit, Stärke, und Leben (a); dieß saget hier S. Paulus von Christo, als dem Haupte der Kirche, damit er durch dieses Gleichniß, worunter er das Verhältniß zwischen Mann und Weib ausdrückt, sowohl den Weibern die Billigkeit des Gehorsams gegen die Männer, als auch den Männern ihre Schuldigkeit zeige, ihre Weiber zu lieben, und zu erhalten: wie er in den folgenden Versen weiter thut.

(a) Locke leget hier wieder ein ungefähres Bekenntniß ab; daß nämlich Christus dadurch das Haupt seiner Kirche sey, daß er sie erhält, beschützet, kurz in alle Glieder derselben eben den natürlichen Einfluß hat, den das Haupt in die Glieder des Leibes hat. So hat er oben nicht geredet, sondern Christum immer nur in der Absicht das Haupt genennet, weil er der Oberste, der HErr, und König, der Kirche ist. Unterdessen ist auch dieses Gute, das ihm hier ungefähr entgangen ist, noch nicht völlig nach dem Texte richtig. Christus heisset in demselben Texte, der Heiland seines Leibes, für welchen er sich nach V. 25. dahin gegeben hat. Da dieser Begriff Locken nach seiner eigenen Meynung von Christo nicht anstehen konnte, so hat er in seiner Umschreibung, statt der Erlösung des Leibes, lieber dessen Erhaltung gesetzt.

25. Und ihr Männer, auf eurer Seite, liebet eure Weiber, wie Christus auch die Kirche geliebet, und sich selbst für sie in den Tod gegeben hat,

26. auf daß er sie heiligen, und sich zubereiten möchte, indem er sie durch das Bad der Taufe reinigte, das mit der Predigt, und Annehmung, des Evangelii (3) verbunden ist;

27. auf

25. Ihr Männer, liebet eure Weiber: gleichwie Christus auch geliebet hat die Gemeine, und hat sich selbst für sie gegeben,

26. Auf daß er sie heiligte; und hat sie gereiniget durch das Wasserbad im Wort,

27. Auf

(3) Ἐν ῥήματι durch das Wort. Die Reinigung des Menschen wird durch das ganze neue Testament dem Worte, d. i. der Predigt des Evangelii, und der Taufe, so oft zugeschrieben (a), daß man gar nichts, zum Beweise dafür anzuführen, nöthig hat; s. Joh. XV. 3. und XVII. 17. 1 Petr. I. 22. Tit. III. 5. Hebr. X. 22. Coloss. II. 12. 13. und die weitläuftige Ausführung im ersten Theile des VIten Capitels der Epistel an die Römer.

(a) Obgleich nicht alle angeführte Stellen die geschicktesten sind, das zu beweisen, was Locke damit beweisen will: so ist doch die Sache an sich selbst richtig, daß die Seelen der Menschen durch Wort, und Taufe, gereiniget werden. Nur redet Locke in seiner Umschreibung, und Anmerkung, so unbestimmt, daß man nicht daraus sehen kann, ob er die Kraft der Taufe an, und für, sich, ohne die Predigt des Evangelii, betrachtet, erkenne, oder nicht? Das letzte ist nach seinem Lehrbegriffe, der die Sacramente zu blossen Caeremonien machet, wahrscheinlich; zumal, da er in der Umschreibung die reinigende Kraft der Taufe nicht anders, als in der Verbindung mit der Predigt, und Annahme, des Evangelii, zu erkennen scheinet; woraus nothwendig folget, daß er die Kraft der Kindertaufe nicht zugestehe. Es beruhet aber sein ganzer Irrthum auf der falschen Uebersetzung der Worte: τῷ λουτρῷ τοῦ ὕδατος ἐν ῥήματι, die er durch das Bad, das mit der Predigt, und Annahme, des Evangelii verbunden ist, erkläret, da sie doch bloß das Wasserbad im Worte heissen, und weiter nichts sagen, als daß bey dem Wasser in der heiligen Taufe auch das Wort seyn müsse. Nun ist aber das Wort der Einsetzung, wodurch Christus die Taufe befohlen, und derselben Art, und Weise, vorgeschrieben hat, auch ein Wort; und die Taufe bleibt also, wenn sie nach demselben verrichtet, und mit demselben, wie in der christlichen Kirche geschiehet, verbunden wird, ein Wasserbad im Wort, ohne zugleich auf die vorhergehende, oder nachfolgende, Predigt, und Annahme, des Evangelii zu sehen. Locke hat demnach in seine Umschreibung mehr gesetzt, als er im Texte gefunden, oder daraus zu schlüssen, Grund gehabt hat: und da auf diese Weise die Taufe an und für sich ein Wasserbad im Worte bleibet, und ihr die Reinigung von Sünden ausdrücklich, als eine Wirkung, zugeschrieben wird; so ist sie keine blosse Caeremonie, sondern ein kräftiges Gnadenmittel, das seine Kraft zu wirken von Christo, seinem Stifter, bekommt, der sich für seine Gemeine dahin gegeben hat, damit er sie durch das Wasserbad im Worte heiligen könnte. Nun darf man die hieher gehörigen Worte der Umschreibung nur so ändern: indem er sie durch das mit GOttes Wort verbundene, und nach GOttes Wort, und Befehl, verrichtete, Wasserbad der Taufe reinigte.

27. Auf daß er sie ihm selbst darstellete eine Gemeine, die herrlich sey, die nicht habe einen Flecken, oder Runzel, oder des etwas, sondern daß sie heilig sey, und unsträflich.

27. auf daß er dermassen selbst (4) sich eine herrliche Braut darstellete, die nicht den geringsten Flecken der Unreinigkeit, noch irgend einen übel stehenden Gesichtszug, noch sonst etwas Schändliches, hätte, sondern heilig, und ohne allen Tadel seyn möchte.

28. Also sollen auch die Männer ihre Weiber lieben, als ihre eigene Leiber. Wer sein Weib liebet, der liebet sich selbst.

28. Eben so müssen Männer ihre Weiber lieben, als ihre eigenen Leiber; wer sein Weib liebet, der liebet sich selbst.

29. Denn, Niemand hat jemals sein eigen Fleisch gehasset: sondern er nähret es, und pfleget sein, gleichwie auch der HErr die Gemeine.

29. Denn, Niemand hat jemals sein eigen Fleisch gehasset, sondern er nähret, und pfleget es, gleichwie auch der HErr Christus der Kirche thut.

30. Denn, wir sind Glieder seines Leibes, von seinem Fleisch, und von seinem Gebeine.

30. Denn, wir sind Glieder seines Leibes, von seinem Fleische, und von seinem Gebeine.

31. Um deswillen wird ein Mensch verlassen Vater und Mutter, und seinem Weibe anhangen: und werden zwey ein Fleisch seyn.

31. Um dieser Ursache willen wird ein Mensch Vater, und Mutter, verlassen, und an sein Weib verbunden bleiben, und werden diese zwey ein Fleisch seyn (5).

32. Das

32. Diese

(4) Er selbst sich. So liest die alexandrinische Handschrift; αὐτὸς, und nicht αὐτὴν, welches des Apostels Meynung gemässer ist. Denn, er will, daß die Männer, in ihrer Liebe, und Zärtlichkeit, gegen ihre Weiber, Christi Liebe gegen die Kirche nachahmen sollen, und zeiget daher, daß, da sich andere Bräute selbst zu schmücken, und, um dem Bräutigam zu gefallen, auf alle Weise nett, und reinlich, zu kleiden, pflegen, Christus selbst seine eigenen Schmerzen, und sein Blut, nicht geachtet habe, um die Kirche zu seiner Braut zu reinigen, und zuzubereiten, damit er sich dieselbe ohne Flecken, oder Runzel, darstellen möchte.

(5) Der 30ste, und 31ste, Vers scheinen hier nicht am rechten Orte zu stehen, den Zusammenhang zu zerreissen, und den Nachdruck im Schlüssen zu entkräften, und zu schwächen, wenn man mehr auf die grammatikalische Ordnung, und Verbindung, der Worte S. Pauli Achtung giebt, wie sie niedergeschrieben sind, als auf

32. Diese Worte enthalten wirklich einen geheimen Verstand in sich (6), ich meyne, in Absicht auf Christum, und die Kirche.

33. Doch,

32. Das Geheimniß ist groß: ich sage aber von Christo, und der Gemeine.

33. Doch

auf seine Gedanken, die er, als er schrieb, im Sinne hatte. Offenbar siehet aber hier der Apostel auf zwey Dinge. Das eine ist, durch das Beyspiel der Liebe Christi gegen seine Kirche die Männer zur Liebe gegen ihre Weiber anzutreiben; und die Stärke dieses Beweises lieget darinnen, daß ein Mann, und sein Weib, ein Fleisch seyen, so wie Christus, und seine Kirche, eines sind. Da nun dieses letztere unter diesen zwo Wahrheiten die wichtigste ist; so suchet er sie, ungeacht sie nur eine Erläuterung enthält, seinen Lesern so gut, als die andere, in deren Abhandlung er eigentlich beschäftiget ist, einzuprägen. Da er also V. 29. gesaget hat, daß ein jeder sein eigen Fleisch, so wie Christus die Gemeine, nähre, und pflege, so war es natürlich, auch die Ursache davon beyzubringen, nämlich: weil wir Glieder seines Leibes, und von seinem Fleische, und Gebeine, sind; ein Satz, den er eben sowohl will angenommen wissen, als den, daß es eines Mannes Schuldigkeit sey, sein Weib zu lieben. Nachdem er nun diese Lehre, daß Christus, und seine Gemeine, eines seyen, aus 1 B. Mos. II. 23. (welche Worte eigentlich Adam und Eva angehen, und er, nach seiner kurzen Schreibart, sowohl von dem Weibe, als von der Kirche, verstehet), bewiesen hat; so führet er bey 1 B. Mos. II. 24. fort, wo daraus, daß Mann und Weib ein Fleisch sind, der Grund angegeben wird, warum ein Mann mit seinem Weibe genauer, als mit seinen Aeltern, oder andern Anverwandten, verbunden sey.

(6) Man siehet aus V. 30. und der hier folgenden Anwendung der Worte aus 1 B. Mos. II. 23. auf Christum, und die Kirche, daß der Apostel unterschiedliche Stellen des alten Testamentes in Absicht auf Christum (a), und das Evangelium, verstehet; und diesen geheimen, und evangelischen, Verstand sahe man nicht ein, bis durch Beystand des Heiligen Geistes die Apostel solchen erklärten, und offenbareten (b). Dieß ist, was S. Paulus, wie wir hier offenbar sehen, ein Geheimniß nennet (c). Wer gerne einen rechten Begriff von dieser Sache haben möchte, der lese 1 Korinth. II. mit Fleis, wo sie S. Paulus ausführlich erkläret.

(a) Und dieß mit Recht; weil diese Stellen entweder mit so vielen Worten von Christo reden, oder Vorbilder enthalten, die allein von ihm können erkläret werden.

(b) So deutlich sahe man ihn freylich nicht ein, als solchen die Apostel erklärten, und selbst der Ausgang lehrete. Allein, man sahe ihn doch ein: sonst wären alle Vorbilder, wodurch Christus den Glaubigen des alten Testamentes vorgestellet wurde, blosse Spielwerke gewesen, an welchen man sich, ohne sie zu verstehen, belustiget hätte; sonst könnte auch David nicht Ps. LI. 8. sagen: du lässest mich wissen die heimliche Weisheit.

(c) Paulus saget nicht, wie Locke umschreibt: diese Worte enthalten einen geheimen Verstand in sich, sondern: dieses Geheimniß ist groß, nämlich, die Vereinigung Christi mit seiner Kirche. Diese ist wirklich ein Geheimniß, das Niemand vollkommen erklären kann. Wenn man die Geheimnisse blos in

den

33. Doch auch ihr, ja ein jeglicher habe lieb sein Weib, als sich selbst. Das Weib aber fürchte den Mann.

33. Doch dieß bey Seite gesetzt, so verbindet euch der buchstäbliche Verstand derselben. Ein jeder von euch Männern insbesondere liebe demnach sein Weib so, wie sich selbst: das Weib aber habe Ehrfurcht vor ihrem Manne.

Cap. VI. 1. Ihr Kinder seyd gehorsam euren Aeltern in dem HErrn: denn, das ist billig.

Cap. VI. 1. Ihr Kinder seyd euren Aeltern gehorsam, und thut das, was hiezu von unserm HErrn JEsu Christo erfordert wird (*); denn, dieß ist recht, und dem Gebothe gemäß:

2. Ehre Vater und Mutter: das ist das erste Geboth, das Verheissung hat;

2. Ehre deinen Vater, und deine Mutter (welches das erste mit Verheissung verknüpfte Geboth ist),

3. Auf daß dirs wohl gehe, und lange lebest auf Erden.

3. auf daß dirs wohl gehe, und du lange lebest auf Erden.

4. Und ihr Väter, reizet eure Kinder nicht zu Zorn, sondern ziehet sie auf in der Zucht und Vermahnung zum HErrn.

4. Und, ihr Väter, verachtet, und kränket, eure Kinder, auf der andern Seite, nicht durch allzu strenges Verhalten gegen sie, sondern ziehet sie auf eine solche Art auf, und gebet ihnen solche Lehren, die dem Evangelio gemäß sind.

5. Ihr Knechte, seyd gehorsam euren leiblichen Herren,

5. Ihr, die ihr Sclaven seyd, seyd denjenigen, die nach der gegenwärtigen menschlichen Einrichtung

den typischen Verstand der Schriftstellen des alten Testamentes setzet: so werden wenige Geheimnisse in der Religion übrig bleiben, da dieser durch die Erfüllung der Vorbilder nun meistens sehr deutlich ist. Man wird also unsern Vers so umschreiben müssen: Dieses Geheimniß ist groß: ich rede in Absicht auf Christum, und die Kirche. V. 33. Und da GOtt, die ehliche Verbindung zum Bilde einer so geheimnißvollen Sache zu machen, gewürdiget hat; so liebe ein Jeder von euch Männern insbesondere sein Weib, u. s. w.

(*) Sollte wohl ἐν Κυρίῳ, in dem HErrn, nicht besser übersetzt werden: wie ihr als Glieder der Kirche dem HErrn gehorsam seyn müsset? So hat Locke diese Redensart V. 22. selber erkläret. Der Grund des Gehorsams wird nämlich nicht von der natürlichen Zeugung, noch von den Wohlthaten der Aeltern, u. d. g. hergeleitet, sondern von der Vereinigung der Kirche in einen Leib an dem Haupte JEsu Christo, nach welcher Paulus in der Kirche eine heilige Ordnung fordert, wodurch in Absicht auf Christum immer ein Stand dem andern unterworfen ist, Cap. V. 21. Locke hat in seiner Umschreibung vermuthlich wieder die Gebothe Christi, nach seiner irrigen Meynung, im Sinne gehabt.

tung eure Herren sind, mit vieler Ehrfurcht, und Unterthänigkeit, gehorsam, und mit so aufrichtigem Herzen, womit ihr Christo selber gehorchet:

6. nicht durch einen Dienst, der allein in denjenigen äusserlichen Handlungen, die ins Gesicht fallen, bestehet, und auf weiter nichts zielen, als Menschen gefällig zu seyn: sondern als die Knechte Christi, die das, was GOtt von ihnen fordert, von ganzem Herzen thun,

7. und hierinnen gutwillig ihre Schuldigkeit gegen den HErrn erfüllen, und nicht gegen die Menschen,

8. weil sie wissen, daß alles Gutes, welches einer dem andern erzeigt, von GOtt erkannt, und belohnet, werden wird, es mag der, welcher es thut, ein Knecht, oder ein Freyer, seyn.

9. Ihr Herren aber, bedenket eben dieß, und seyd willig, euren Sclaven Gutes zu thun, und enthaltet euch der Schärfe gegen sie sogar in unnöthigen Drohungen: denn, ihr wisset, daß auch ihr einen HErrn im Himmel über euch habt, der euch sowohl, als sie, wegen eures Verhaltens gegen einander unpartheyisch zur Rede stellen wird, weil bey ihm kein Ansehen der Person gilt.

Herren, mit Furcht und Zittern, in Einfältigkeit eures Herzens, als Christo:

6. Nicht mit Dienst allein vor Augen, als den Menschen zu gefallen: sondern als die Knechte Christi, daß ihr solchen Willen GOttes thut von Herzen, mit gutem Willen.

7. Lasset euch dünken, daß ihr dem HErrn dienet, und nicht den Menschen:

8. Und wisset, was ein jeglicher Guts thun wird, das wird er von dem HErrn empfahen, er sey ein Knecht, oder ein Freyer.

9. Und ihr Herren, thut auch dasselbige gegen ihnen, und lasset das Dräuen: und wisset, daß auch euer HErr im Himmel ist, und ist bey ihm kein Ansehen der Person:

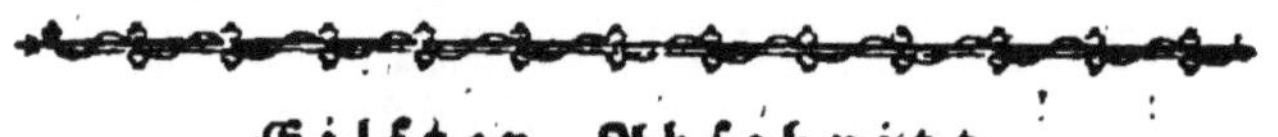

Eilfter Abschnitt.

Cap. VI. Vers 10 — 20.

Er beschließt diese Epistel mit einer allgemeinen Ermahnung, den Versuchungen des Teufels durch Ausübung der christlichen Tugenden (durch Anwendung der ihnen von GOtt verliehenen geistlichen Kräfte, dargebothenen Gnadenmitteln), und Gnadengaben, standhaft zu widerstehen; und stellet diese Tugenden, und Gaben, (diese mit einander), als eben so viele Stücke einer christlichen Rüstung vor, womit sie sich über und über bewafnen, und in dem Streite schützen, können.

Text.

Text.	Paraphrastische Erklärung.
10. Zuletzt, meine Brüder, seyd stark in dem HErrn, und in der Macht seiner Stärke.	10. Endlich, meine Brüder, bezeiget euch in dem Bekenntnisse des Evangelii unerschrocken (*), und verlasset euch auf diejenige Macht, und die Anwendung derjenigen Stärke, welche ihr zu eurer Unterstützung von JEsu Christo erwarten könnet;
11. Ziehet an den Harnisch GOttes, daß ihr bestehen könnet gegen die listigen Anläufe des Teufels.	11. und leget die ganze Rüstung GOttes an, damit ihr allen Anfällen des Teufels widerstehen könnet.
12. Denn, wir haben nicht mit Fleisch und Blut zu kämpfen, sondern mit Fürsten und Gewaltigen: nämlich mit den Herren der Welt, die in der Finsterniß dieser Welt herrschen, mit den bösen Geistern unter dem Himmel.	12. Denn, wir haben nicht bloß mit Menschen zu streiten, sondern mit Fürstenthümern, und Mächten (1), mit den Herren der Finsterniß, die unter den Menschen nach gegenwärtiger Verfassung der Welt ist, mit den geistlichen Beherrschern alles dessen, was sich dem Reiche GOttes widersetzt.
13. Um deswillen, so ergreifet den Harnisch GOttes: auf daß ihr an dem bösen Tage Widerstand thun, und alles wohl ausrichten, und das Feld behalten möget.	13. Um deswillen leget die ganze Rüstung GOttes an, damit ihr an dem bösen Tage, wenn ihr werdet angegriffen werden, Widerstand thun, und, wenn ihr euch in allem, wie sich gebühret, verhalten habt, den Platz behaupten könnet.

14. So Mmm 3 14. Steh

(*) Werdet stark in dem HErrn heisset mehr, als: sich in dem Bekenntnisse des Evangelii unerschrocken bezeigen, ungeacht dieses unerschrockene Bekenntniß nicht von dieser Stärke ausgeschlossen ist. ἐνδυναμοῦσθαι bedeutet eigentlich: an Kräften zunehmen, es mögen leibliche, oder geistliche, seyn. Da es nun hier heisset: ἐνδυναμοῦσθε ἐν Κυρίῳ, in dem HErrn; so ist für sich klar, daß der Apostel das Wachsthum an den geistlichen Kräften verstehe, die wir in der Wiedergeburt erhalten haben, und an welchen wir in der täglichen Erneuerung beständig zunehmen müssen. Eben der Gedanke wird Eph. III. 16. durch δυνάμει κραταιωθῆναι, ausgedrückt. Man könnte also die Umschreibung so ändern: zuletzt, meine Brüder, nehmet täglich zu an Kraft, und derjenigen mächtigen Stärke, welche euch der HErr bereits gegeben hat, und noch ferner geben wird.

(1) Fürstenthümer und Mächte stehen hier offenbar für diejenigen aufrührischen Engel, die sich dem Reiche GOttes widersetzen.

14. Stehet also feste, an den Lenden mit Wahrheit gegürtet, und mit dem Panzer der Gerechtigkeit bekleidet,

14. So stehet nun, umgürtet eure Lenden mit Wahrheit, und angezogen mit dem Krebs der Gerechtigkeit:

15. und an den Füssen mit einer Fertigkeit versehen, in dem Wege des Evangelii des Friedens zu wandeln, welches ihr wohl gelernet, und gefasset, habt.

15. Und an Beinen gestiefelt, als fertig zu treiben das Evangelium des Friedes, damit ihr bereitet seyd.

16. Vor allem ergreifet den Schild des Glaubens, womit ihr alle feurige Pfeile des Bösewichts, d. i. des Teufels, auffangen, und kraftlos machen, könnet.

16. Vor allen Dingen aber ergreifet den Schild des Glaubens, mit welchem ihr auslöschen könnet alle feurige Pfeile des Bösewichts.

17. Nehmet auch die Hofnung der Seligkeit statt eines Helmes, und das Schwerd des Geistes, welches das Wort GOttes (2) ist.

17. Und nehmet den Helm des Heils, und das Schwerd des Geistes, welches ist das Wort GOttes.

18. Verrichtet zu aller Zeit alles euer Gebeth, und alle eure Bitte, im Geist, und seyd zu dem Ende aufmerksam, und wachsam, mit aller Beständigkeit, und mit Fürbitte für alle Heiligen;

18. Und bethet stäts in allem Anliegen, mit Bitten und Flehen im Geist, und wachet dazu mit allem Anhalten und Flehen für alle Heiligen:

19. und für mich insbesondere, daß ich freudig, und auf eine leichte, und deutliche, Weise das Wort predigen, und denjenigen (*) Theil des Evan-

19. Und für mich, auf daß mir gegeben werde das Wort mit freudigem Auf-

(2) Da S. Paulus in der bisherigen Allegorie seinen christlichen Soldaten mit Waffen gegen alle Anfälle versichert, so ist unnöthig, genau zu untersuchen, wie die gemeldeten Tugenden, und Waffen, eigentlich mit einander übereinkommen. Denn, es ist deutlich genug, was seine Meynung sey, und womit er die Glaubigen zu ihrer Heerfarth gerüstet wissen wolle.

(*) Zum Beschlusse zwinget hier Locke noch einmal seine eigenen Gedanken, statt einer Erklärung des Textes, dem Leser auf. Es heisset im Texte nicht: denjenigen Theil des Evangelii ——— sondern das Geheimniß des Evangelii. Die Sache selbst erfordert es auch, daß Paulus, um Heyden zu bekehren, ihnen zuvörderst das Evangelium, nicht aber das predigen mußte, daß GOtt auch sie berufe. Denn, was wußten die Heyden vom Reiche GOttes, und der Berufung dazu?

Aufthun meines Mundes, daß ich möge kund machen das Geheimniß des Evangelii;

20. Welches Bothe ich bin in der Ketten, auf daß ich darin freudig handeln mö[illegible]ge, und reden, wie sichs gebühret.

Evangelii, der den Beruf der Heyden betrift, und bisher als ein Geheimniß verborgen gewesen, und gar nicht verstanden worden ist, offenbaren, und bekannt machen, möge;

20. Denn, ich bin als ein Gesandter abgeschickt, um solches der Welt bekannt zu machen, und eben deswegen jetzo gefangen. Allein, bethet für mich, daß ich, diesen meinen Auftrag zu vollbringen, klar, und unerschrocken, wie ein Gesandter GOttes reden soll, reden möge.

dazu? Man wird also diesen Vers besser so umschreiben können: und für mich insbesondere, daß mir, wenn ich den Mund aufthun und predigen, will, Kraft, und Weisheit, zu reden λογος) verliehen we[illegible], damit ich mit Freudigkeit das Geheimniß des Evangelii bekannt machen könne.

Zwölfter Abschnitt.

Cap. VI. Vers 21 — 24.

Beschluß.

Text.

21. Auf daß ihr aber auch wisset, wie es um mich stehet, und was ich schaffe: wirds euch alles kund thun Tychicus, mein lieber Bruder, und getreuer Diener in dem HErrn;

Paraphrastische Erklärung.

21. Tychicus, der liebe Bruder, und treue Diener des HErrn in dem Werke des Evangelii, wird euch melden, wie es um mich stehe, und was ich thue, und besondere Nachricht geben, wie alles hier beschaffen sey.

22. Welchen ich gesandt habe zu euch, um desselbl-gen willen, daß ihr erfahret, wie es um mich stehet, und daß er eure Herzen tröste.

22. Diesen habe ich zu dem Ende zu euch gesendet, damit er euch von meinen Angelegenheiten berichten, und eure Herzen trösten, möge.

23. Friede sey den Brüdern, und Liebe mit Glauben, von GOtt dem Vater, und dem HErrn JEsu Christo.

23. Friede sey den Brüdern, und Liebe, nebst Glauben, von GOtt dem Vater, und dem HErrn JEsu Christo.

24. Gnade sey mit allen, die

24. Gnade sey mit allen denen, welche unsern HErrn

HErrn JEsum Christum aufrichtig (1) lieben. Amen.

die da lieb haben unsern
HErrn JEsum Christ
unverrückt. Amen.

(1) Ἐν ἀφθαρσίᾳ, aufrichtig. So hat es unsere Uebersetzung gegeben. Das griechische Wort bedeutet Unverweslichkeit. S. Paulus beschliesset alle seine Episteln mit diesem Seegen: Gnade sey mit euch. Hier aber drücket er diesen Seegen auf so besondere Weise aus, daß wir nicht ohne Grund untersuchen mögen, was er damit zu verstehen geben wolle. Es ist mehr, als einmal, angemerket worden, daß in seinen Episteln sein Hauptgeschäfte immer das sey, was seine Seele erfüllete, und in seinem Vortrage seine Feder regierte (a). In dieser Epistel an die Epheser stellet er die evangelische Haushaltung so vor, daß sie in allen Stücken vortreflicher, als die gesetzliche, sey, daß man das Evangelium erniedrigen, verfälschen, und vernichten würde, wenn man die Beschneidung, und Beobachtung der gesetzlichen Caeremonien, als nothwendig, damit verbinden wollte. Da er diesen Brief in dieser Absicht geschrieben hat (b), so verkündigt er am Ende desselben, da er noch immer den nämlichen Gedanken im Sinne hat, denjenigen Gnade, welche den HErrn JEsum in Unverweslichkeit lieben, d. i. ohne mit ihm in dem Werke der Seligkeit etwas zu vermischen, oder zu verbinden, welches das Evangelium fruchtlos, und unkräftig, machen kann (c). Denn, so saget er Galat. V. 2. Wenn ihr euch beschneiden lasset, so ist euch Christus kein Nütze. Ich gebe dieß vernünftigen Lesern zu überlegen.

(a) Dieß ist das Hauptgeschäfte in jedem Vortrage eines jeden vernünftigen Schriftstellers, und also Paulo nicht vorzüglich eigen.

(b) Es ist schon mehr, als einmal, erinnert worden, daß Locke sich dieses nur so eingebildet habe.

(c) Ἐν ἀφθαρσίᾳ kann vermöge der Etymologie schwerlich so viel heissen, als ohne Vermischung, oder Verbindung, mit etwas andern. Denn, in der Verwesung ist eine gänzliche Zerstörung, und Trennung, desjenigen, das verweset: in der Vermischung aber bleibet das, was mit einem andern vermischet wird, noch vorhanden. Es hat daher schon Grotius diese Redensart lieber durch beständig übersetzt; und damit kommt das unverrückt in unserer deutschen Uebersetzung überein. Bedenket man aber, daß Paulus fast etwas überflüssiges sagt, wenn er denen, die JEsum unverrückt lieben, GOttes Gnade wünschet, da diejenigen, welche die erste Liebe verläugnen, und, JEsum zu lieben, aufhören, der göttlichen Gnade ohnehin verlustig werden; daß auch eine unverwesliche Liebe in gegenwärtiger Verbindung ein fast übertrieben sinnlicher Ausdruck ist, und die Liebe zu JEsu in einem solchen Grade fordert, in welchem sie gewiß bey keinem Glaubigen in diesem Leben angetroffen wird: so wird man nicht lange Bedenken tragen, das ἐν ἀφθαρσίᾳ mit ἡ χάρις zu verbinden, daß Paulus saget: Gnade sey mit allen, die unsern HErrn JEsum Christum lieben, ἐν ἀφθαρσίᾳ, in Unverweslichkeit, unveränderlich, unaufhörlich, bis ins ewige Leben. Die Construction widerspricht dieser Erklärung nicht; und ἀφθαρσία bedeutet in der heiligen Schrift den seligen Zustand, in welchem sich die Glaubigen hier im geistlichen, und dorten im ewigen, Leben befinden. Ich will dieß ebenfalls vernünftige Leser überlegen lassen.

Der Epistel St. Pauli an die Epheser, und des ganzen Werkes

E N D E.